南明五帝

抗争、困局与幻灭

张玉兴 著

岳麓書社·长沙

南京明故宫遗址

弘光通宝

史可法像

史可法祠（在江苏扬州）

祁彪佳像

陈子龙像

夏允彝、夏完淳父子像

侯峒曾像

黄淳耀像

吴易像

隆武通宝

南明隆武二年（1646）铁炮

黄道周像

黄道周纪念馆（在福建漳浦）

金声像

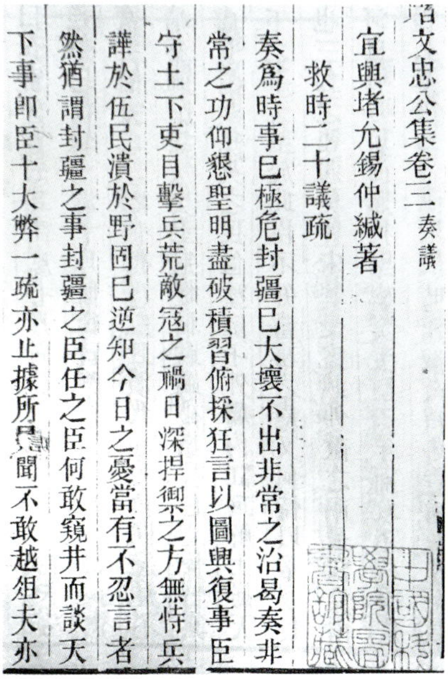

堵文忠公集卷三 奏議

宜興堵允錫仲緘著

救時二十議疏

奏爲時事已極危封疆已大壞不出非常之治曷奏非常之功仰懇聖明盡破積習俯採狂言以圖興復事臣守土下吏目擊兵荒敵寇之禍日深捍禦之方無恃兵譁於伍民潰於野固已逆知今日之憂當有不忍言者然猶謂封疆之事封疆之臣任之臣何敢窺井而談天下事即臣十大弊一疏亦止據所見聞不敢越俎夫亦

《堵文忠公集》书影

郑成功像

鲁监国时期铸造的大明通宝

张国维像

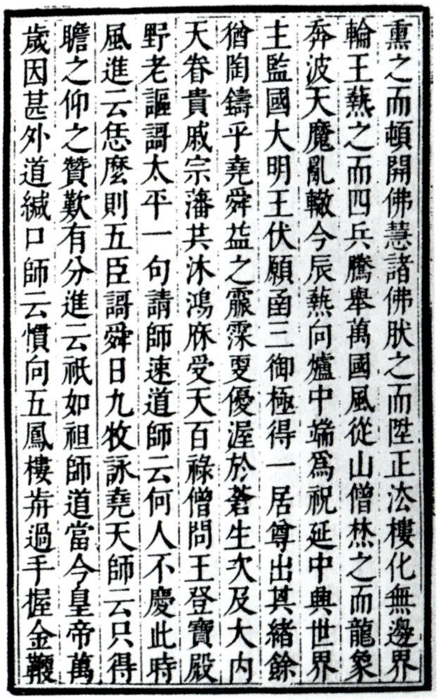

熏之而頓開佛慧諸佛肰之而陞正泫樓化無邊界
輪王爇之而四兵騰舉萬國風從山僧焫之而龍象
奔波天魔亂轍今辰爇向爐中端爲祝延中典世界
主監國大明王伏願函三御極得一居尊出其緒餘
猶陶鑄乎堯舜益之霢霂叓優渥於蒼生次及大内
天眷貴戚宗藩共沐鴻庥受天百祿僧問王登寶殿
野老謳謌太平一句請師速道師云何人不慶此時
風進云恁麼則五臣謌舜日九牧詠堯天師云只得
瞻之仰之贊歎有分進云祇如祖師道當今皇帝萬
歲因甚外道緘口師云慣向五鳳樓前過手握金鞭

《天童弘觉忞禅师语录》（又名《弘觉禅师语录》）书影

张煌言像

张煌言墓（在浙江杭州西湖南屏山）

明监国鲁王墓（在福建金门岛）

明绍武君臣冢（在广东广州越秀公园）

陈子壮像

陈子壮纪念馆（在广东广州市白云区）

张家玉像

永历帝玉玺“敕命之宝”拓影
（原物藏云南省博物馆）

永历通宝

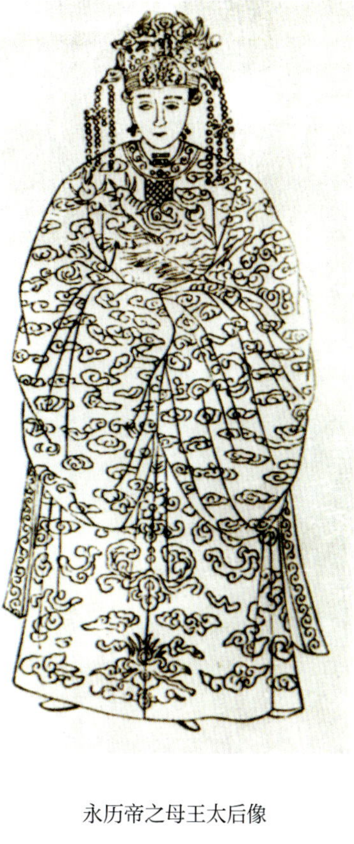

永历帝之母王太后像

瞿式耜、张同敞殉难处（在广西桂林叠彩山风洞前）

十八先生墓祠（在贵州安龙）

“明永历帝殉国处”碑（在云南昆明篦子坡）

《御制书命馆臣入吴三桂擒桂王由榔谕卷识语并诗》碧玉册

汉王庙遗址（在云南勐腊）

前　　言

公元1644年，乃明崇祯十七年、清顺治元年、大顺永昌元年，亦即夏历崇祯十七年。这年的春天，中国社会发生了一场翻天覆地的大事变，延续二百七十六年的大明王朝为李自成农民军一举推翻。但百足之虫死而不僵，南方的明朝大臣兴灭继绝，先后拥立明藩王为帝，打出明朝的旗号，接续明朝的正统，史称南明。由于时移势迁，波澜迭起，失败接踵，存亡相继，陆续出现了五位南明皇帝。本书便是这一特殊历史时期的五位特殊人物——南明皇帝的传略。

南明政权是阶级矛盾与民族矛盾极为错综复杂的产物。其出现的最初阶段，朝野士庶的阶级复仇之心特别强烈，讨“贼”成为一切政策的出发点。但随着形势的发展，这一十分明确的目标竟模糊起来：居然出现无“贼”可讨的局面。而无情的事实又摆在南明君臣面前：他们曾视为讨“贼”盟友，对其满怀希望的清朝，竟是必欲消灭自己的凶恶敌人。于是反清斗争便成为南明政权的主要任务。这样，它就自然而然地成为各阶层抗清斗争的领导者，成为全国所瞩望的抗清中心。当时许许多多不屈服于民族压迫的人士，不约而同地集聚在南明这面旗帜之下。他们赴汤蹈火，前仆后继，义无反顾地投入了抗清斗争，其间出现了许多可歌可泣的事迹，涌现了一大批对国家、对民族忠心耿耿、坚贞不屈的英烈人物，其事迹感人肺腑。

但历史的进程难遂人愿，人们曾寄予厚望的南明政权并未负起应负的责任。它继承了明朝的正统，但也延续了明朝的弊政。从它出现的第一天起，内部的倾轧与腐败便与之俱来，并愈演愈烈，竟置他们口口声声所宣称的收复失地、中兴明朝的大业于不顾。

南明政权在吸引、集合许多尽忠报国的忠义之士的同时，一群卑鄙龌龊、阴险邪佞之徒也招摇其间。他们结党营私，要君弄权，贪赃枉法，行凶肆虐，排斥忠良，诛除异己，致使朝政浊乱，一片乌烟瘴气，真是忠奸并现，鱼龙混杂。这造成了中国历史上少见的乱世景象。

当此之时，被拥戴登上皇帝宝座却非拨乱之才的几位南明皇帝，治国无方，驭下乏力，面对艰难时局竟苦于应付，其成为抗清斗争的失败者和内部倾轧的牺牲品的命运已必不可免。国家的损失与灾难，他们当然难辞其咎，自然会遭到世人的诟病。这几位皇帝尽管出身经历、素质教养、性格品行各不相同，但都有一点相同之处，就是他们始终未放弃中兴明朝的希望，历尽艰辛，竟以身殉，在这个特定的历史时期印下了十分奇特的历史痕迹，所以他们又留给后世不尽的思索。如果将他们如何进入历史的角色，以及历史如何难为他们的历程昭示出来，对人们认识历史、汲取历史教训，将不无意义。

自清末以来的百余年间，南明史研究一直是热门，且历久不衰，但有关南明诸帝传记却尚付阙如。这大概与南明这一特殊历史阶段有关。按朝代的断限，南明时期显然属于清史的范围，但它对于入主中国的新兴政权清朝来说，只不过是负隅顽抗最终被铲除的捣乱势力而已，是滚滚向前的历史洪流中暂时出现的一小股逆流或稍纵即逝的一个旋涡罢了，无足轻重。阐述这段历史，却对南明诸帝不予过多的笔墨，也就理所当然。而对明史来说，一般的看法是它已结束于北京陷落，即崇祯帝殉国之时，南明只不过是其余波。尽管它支撑了十八年，但大明王朝的辉煌已逝，它充其量不过是一小股微光爝火，几个帝王当然也难与大明历朝诸帝相提并论，于是其理所当然地被摒弃于明朝诸帝之外。但揆诸情理，如此处置实非所宜。

从传承关系和历史发展脉络来看，南明与明朝有着极其密切的内在联系，人们在讲述明史之时总不会缺少南明的内容，总会给南明留下位置和篇章，这是剪不掉的内容。讲清史不可不讲努尔哈赤与皇太极时期（而按朝代的断限，此时正属明朝）。为清朝帝王立传，没人遗漏太祖、太宗，会当然地将他们入传，这似乎早已不成问题，也无人提出疑问，而明史何不然耶？处理相同问题，标准只应有一个。南明诸帝理应列入明帝之中，而不应被摒除在外，如此而已。

1994 年，吉林文史出版社策划“明帝列传”之系列丛书，突破成见，特取南明诸帝殿其后，以成明朝帝王列传之完璧，识见卓然，令人钦佩！本人谬蒙厚意，受约写《南明诸帝》，乃不揣谫陋，欣然承命。在诸多师友的帮助下，特别是在孙文良、何龄修老师及李治亭、李尚英、李世愉、商传、王政尧、谢宝成、徐凯诸学兄，以及责任编辑王桂兰女士的热情支持与鼓励下，书稿于次年年中写成，1996 年 1 月正式出版。该书出版后颇受关注，不久责任编辑打电话告诉我说，拟再版，可做适当修订。此甚合吾意，因为当年写作时比较仓促，不遑修润，存在不少问题，愿借此机会加以订正，以给社会、给读者一个更好的交代。于是，我便欣然赞同，并说如确定再版时间，请赐告，我即动手修订，及时交稿，然而一直了无下文。我因忙于其他工作，修订之事便放了下来。

2011 年 9 月，岳麓书社胡宝亮先生来函称对拙作有兴趣，并说：“此书版权已到期，愿先生将其修订再版，我愿意将其出版。如先生愿意，我会将此书列入年度选题计划，通过后就可以具体操作了。”我很感谢他的厚意，欣然接受并表谢忱，但因此作系十多年前仓促而成，多有不当之处，需加修改。而现在有些项目尚未完成，难以集中思考此问题，故修订此书只能推后一些时日进行，不知可否。宝亮同意了我的日程安排，并建议充实内容，以《南明五帝：抗争、困局与幻灭》为书名面世。这里要说明的是，鲁监国朱以海虽然没有皇帝名义，却行使了皇帝职权，实际上等同于皇帝，因此本书也将其算作皇帝，故有“南明五帝”之名。

现在，修订稿终于完成。于此需要明确交代的是，这是在原作基础上深入考究、挖掘之作，是一部还原历史的人物传记，写的是真实的历史。回顾二十多年前所写的旧作，笔者深感问题颇多，但最大的问题则在历史真实方面。这是必须严肃认真面对的问题。

历史是客观存在的，真实是历史著作的生命。表述历史必须实事求是，完整准确，所谓“差之毫厘，谬以千里”，要做到准确无误，真实可靠，颇有难度。除将纷纭复杂的既有历史记录加以梳理、剥离、比对，去粗取精，去伪存真，更要对已有历史陈案、定案、惯说，加以审视、厘正。为澄清史实、推翻冤案，便不能因袭成说，而被历史谬论所左右，必须对大量史料重新翻检，仔细审视，以还原历史真相。这是一件极为繁杂、极难处理之事，但必须做好，下苦功夫、硬功夫、细功夫，认真完成。笔者持此信念，仔细认真做了一番历史探索，使不少疑惑得以消释，问题得以澄清，而史实更加明晰。其中，最突出的是对久负恶名的弘光帝朱由崧予以正名，恢复其本来面貌。

历来所谓弘光帝素多失德，如荒淫无耻、酗酒纵欲，乃至厌弃朝政等，几成通识。然而这些说法多系捕风捉影，恶意编造，道听途说，以讹传讹。此修订本对此悉加厘正，恢复其作为一位胸襟宽广、勤于政事、欲有所作为的君主的本来面貌。他一朝被拥立为皇帝，便能积极履行帝王的职责，且有意为明主，曾采取诸多争取人心的措施，以冀开拓新的局面。同时，他也有欠缺与巨大困惑，即不能认识和懂得怎样去改变紧紧制约他的客观条件。他的动机虽好，但所采取的措施多不切实际，甚至荒谬，故适得其反。他的致命欠缺是性情懦弱、没有远见、优柔寡断、宽大过度，以致纲纪废弛，不法廷臣及中官肆无忌惮，自己也被权臣所左右，难以自拔，终于造成个人乃至国家的悲剧。这些，书中皆一一道及。

此外，笔者吸收了学界的最新研究成果，如对隆武帝、鲁监国、绍武帝、永历帝及其朝中诸多相关的人物与史事，加以充实及厘正，使之再现清晰完整的实况，促成了一部真真切切的南明皇帝全传的问世。凡有征引皆加注明，以示学问之有自。

如此处置当否，敬祈读者审正。

此次修订，得好友李尚英先生、潘振平先生鼎力相助，解决了诸多史料难寻的问题。而责任编辑胡宝亮先生为我的深入研究，提供大量信息及颇富启发的建议，本书能写成问世是宝亮的热心推动促成的，殷殷厚意，令人感佩。王广勇先生、彭勇先生、魏子健先生为插图提供了部分照片。谨于此对诸位深表谢忱！

张玉兴

2016 年 9 月 9 日修订

2023 年 9 月 9 日修定

目　　录

绪论：南明五帝及其时代 …… 1
一、序幕：清军入关前的复杂形势 …… 2
二、正篇：南明皇帝的迭相出现与败亡 …… 9
三、余论：正确认识南明 …… 36

卷一　弘光帝：背负恶名 …… 41
第一章　身世显赫的福嗣王 …… 42
一、神宗皇帝宠儿之子 …… 42
二、凄惶无所，流浪江湖 …… 46
第二章　举止不凡的新皇帝 …… 48
一、声名狼藉，竟得大位 …… 48
二、谦逊登场，令人惊诧 …… 54
第三章　独理朝政的措施 …… 62
一、气度恢宏，宽容得众 …… 62
二、统筹勤政，局势焕然 …… 70
三、清理陈案，展示魄力 …… 75
四、选贤纳谏，颇有起色 …… 79
五、力排众议，起用大铖 …… 84
六、不计前嫌，拒绝报复 …… 97
七、激辩厂卫，最终纳谏 …… 102

第四章　贻权马、阮的祸患 …………………………………… 107
一、感念马、阮，另眼相看 …………………………………… 108
二、马、阮弄权，浊乱朝政 …………………………………… 114
三、可法被挤，朝臣遭辱 …………………………………… 121
四、忠耿之臣，相继离朝 …………………………………… 132
五、姑息武将，跋扈殃民 …………………………………… 147
六、马、阮罗织，诛除异己 …………………………………… 157
七、和战两失，偏安待毙 …………………………………… 167
第五章　疑案丛生的困惑 …………………………………… 178
一、狂僧大悲的纷扰 …………………………………… 179
二、北来太子的搅局 …………………………………… 182
三、童妃出现的恼怒 …………………………………… 194
四、“清君侧”引起的迷惘 …………………………………… 197
第六章　进退失据丢江山 …………………………………… 203
一、江北皆失，可法殉国 …………………………………… 203
二、战守无望，仓皇出逃 …………………………………… 213
三、无言而没，无尽遗恨 …………………………………… 219
四、“失德”诸端，负谤难明 …………………………………… 225
第七章　悲剧一生有由来 …………………………………… 235
一、历史积弊，深受其害 …………………………………… 236
二、慈悲为怀，不切实际 …………………………………… 237
三、倾心时尚，认知错位 …………………………………… 239
四、倚重马、阮，终坏全局 …………………………………… 241

卷二　隆武帝：壮志难酬 …………………………………… 244
第一章　厄运与转机 …………………………………… 244
一、屡经磨难，卓尔不群 …………………………………… 244
二、天下板荡，经历苦涩 …………………………………… 250

目　　录

三、时危势蹙，获众拥戴 …… 257
第二章　监国与称帝 …… 263
一、踌躇满志，迅入福建 …… 263
二、选贤任能，展开新局 …… 270
三、排除异议，勇登大位 …… 275
四、励精图治，广选贤才 …… 280
第三章　卓越与短视 …… 286
一、突破常规，举措非凡 …… 286
二、严于律己，誓为表率 …… 293
三、下诏亲征，布局五路 …… 296
四、缺乏远略，难破困局 …… 305
第四章　极大的困局 …… 309
一、郑氏跋扈，举步维艰 …… 309
二、朝政国事，每况愈下 …… 314
三、闽浙水火，竟成鹬蚌 …… 319
第五章　难挽的败局 …… 326
一、忠良赴义，徒增悲怆 …… 326
二、五路出兵，终皆无成 …… 335
三、亲征梦碎，以身殉国 …… 341

卷三　鲁监国：漂泊海上 …… 356
第一章　大好的机遇 …… 357
一、遍举义旗，共请监国 …… 357
二、接受大任，首战告捷 …… 364
第二章　失当的举措 …… 374
一、坚仇同姓，筹饷无方 …… 374
二、国势大坏，陆难立足 …… 384
第三章　海上的抗争 …… 394

一、重组政府，短暂辉煌 …… 394
二、频频失策，痛离舟山 …… 405
第四章　最后的岁月 …… 416
一、时危势蹙，削号归藩 …… 416
二、困不丧志，养晦以终 …… 418

卷四　绍武帝：时危高枕 …… 427
第一章　匆忙称帝的喜悦 …… 427
第二章　内讧获胜的陶醉 …… 434
第三章　毫无戒备中覆亡 …… 439

卷五　永历帝：闻警即逃 …… 444
第一章　永明王成永历帝 …… 444
一、显赫身世，多难经历 …… 444
二、才非拨乱，君临天下 …… 448
第二章　颠沛流离无宁日（上） …… 453
一、登极伊始，自乱朝纲 …… 453
二、临危扈跸，唯有式耜 …… 460
三、武冈受制，口坐汤火 …… 467
四、三忠赴义，粤西得安 …… 479
第三章　颠沛流离无宁日（下） …… 492
一、柳暗花明，难握良机 …… 492
二、喜得安逸，不思进取 …… 503
三、胜局突坏，诸帅丧亡 …… 511
四、无力止争，众臣相倾 …… 517
五、两粤危殆，瞿、张殉国 …… 531
六、可望邀封，苦于应付 …… 542
第四章　安龙岁月足心惊 …… 554

目　录

一、困居僻壤，处境愈危 …………………………… 554
二、密敕失密，再遭惨祸 …………………………… 562
三、山穷水尽，绝处逢生 …………………………… 571
第五章　滇都升平危机忘 …………………………… 579
一、君臣和辑，难得安定 …………………………… 579
二、得道多助，挫败可望 …………………………… 585
三、沉酣猛醒，危已难挽 …………………………… 593
第六章　一逃铸成千古恨 …………………………… 603
一、仓皇去国，背井离乡 …………………………… 603
二、追扈不及，忠良饮恨 …………………………… 610
三、流亡异域，抽身悔迟 …………………………… 618
四、希望幻灭，魂断昆明 …………………………… 625

附录：南明五帝大事年表 …………………………… 634

绪论：南明五帝及其时代

明亡之后，中国南方短时间内出现了失败接踵、存亡相继的五位南明皇帝，这是明清交替的特殊历史时期出现的特殊人物。他们率众与入主华夏的清朝展开搏斗，最终以血肉之躯书写了凄凉与悲壮的历史篇章。他们的出现及结局是复杂形势演变下的历史必然。此时的社会急剧变革，所处时代可谓天崩地解、天下大乱，令人不可思议。

这时社会结构重组，诸多因素错综交织，社会经济、政治、思想、文化、心态、信仰追求，乃至风俗时尚、价值取向等，皆发生了前所未有的重大变化。各种势力、各个集团之间的角逐极其激烈，形势瞬息万变，超乎想象。这是人们思想与动向发生急剧变化之时。谁能抓住先机，把握肯綮，因势利导，便能居于主宰地位，而掌控天下；若反应迟钝，坐失机会，则一输皆输，处处被动，虽竭蹶拼搏亦难以取胜，留下不尽遗憾。

在这种波诡云谲、瞬息万变的局势下，南明诸政权次第出现了，然而其初起时即授人以柄，继则章法全乱，犹豫不决，而无一可恃，进退失据，处处被动，如此演出一幕幕惊心动魄的凄苦活剧而终致覆灭。清朝却目标明确，占得先机，牢牢掌控形势，处处主动而得心应手，咄咄逼人，其全盘皆胜，终于消灭南明等一切反抗势力而拥有天下。然而令人惊讶甚至不解的是，南明艰难存续的短短十八年间，竟有那么多参与者为之奋斗献身，展现了那么多感人的事迹，留下了厚重的历史。这是一段十分值得重视的历史，认真梳理其演进过程，揭开复杂历史的内幕，足令人深思。

笔者将绪论分为三个部分——序幕、正篇与余论。序幕主要阐述清军入关前的复杂形势，这有助于读者了解南明出现的历史背景。正篇主要阐述清军入关后南明皇帝的迭相出现、其与清朝的艰难较量及最终败亡。余论则探讨如何正确认识南明。

一、序幕：清军入关前的复杂形势

1. 明末社会万象

明朝后期，全国发展越来越不平衡，地区差异极大。西部、北部一带由于自然灾害频仍，民生凋敝，一再发生民变，直至明末农民大起义爆发。东南一带拥有得天独厚的自然环境，商品经济发达，物资交流繁荣，对外贸易呈兴旺之势，思想文化颇为活跃。这里文人结社之风盛行，学术派别林立，享乐成风，社会时尚日新月异，更出现思想解放的潮流，王守仁及其弟子的学说影响甚巨，深入人心。宗教活动亦为频繁，佛、道盛行，遍布城乡，各树旗帜，各自标榜，而耶稣会士大量来华，随之而来的西方科学文化引人注目，其所传播的天主教亦颇有信众。总之，明末已是一个思想躁动的时代。

2. 明朝焦头烂额

清军入关前，中国政治与军事斗争出现四方势力，展现为三大战场，这就是明与清战场、明与大顺军战场及明与大西军战场。显见明朝是三面受敌，焦头烂额，左支右绌，窘迫万端，乱成一团，深陷困境。

3. 清军遭遇抵抗

明与清的战场在长城内外展开，至崇祯十七年（1644）年初，明朝虽然尚据守山海关与宁远，但宁远已成了孤岛，辽东绝大部分地区皆已失掉，而清军越战越强，一再冲毁长城，攻入内地扫荡，且愈发难以抵挡，京师一再告警，京畿一片恐慌。但清廷也难有大的进展，这是因为清廷多年来对内地频繁用兵，烧杀掳掠，激起广大汉人士庶的强烈反抗。因此，尽管明朝颓败不堪，难以振作，但清军一再入关骚扰掳掠，向明朝发起进攻时，明朝仍能处处进行抵抗，清军在行军作战时险象环生，颇不顺利，这是清军面临的最为棘手的问题。

4. 大顺势如破竹

在明清战事处于胶着之际，大顺、大西农民军愈战愈强，早已成燎原之势，特别是大顺军突飞猛进，实力迅速得到扩充。进入崇祯十七年（1644），李自成更于西安宣布建立大顺国，年号永昌，进而多路向明朝发起攻势，而明朝官军坐等挨打，已无还手之力。最后，大顺军顺利挺进，势如破竹，于三月十九日一举攻克北京，崇祯帝自杀身亡，统治中国二百七十六年的大明王朝宣告覆灭。大顺政权出人意料地获得非凡胜利，其冲击力极大，顷刻间，社会形势与人们思想取向亦为之一变。

5. 潮流所向，惊世震俗

明末农民大起义推翻了明朝，大顺军占据北京，夺取政权，实乃一次重大的改朝换代，这对社会、对人们思想的冲击极其剧烈。明亡后形势急剧变化，人们思想也随之发生了重大变化。

大顺政权深得民众的拥护。人们普遍地接受了大顺推翻明朝的既成事实，而士人表现尤为突出。

①从“贼”、从“逆”者甚多

大顺政权进驻北京后，迅速赢得广泛支持。尽管有一批抗拒不降而死难者，如大学士范景文、户部尚书倪元璐、协理京营戎政兵部右侍郎王家彦等人，以及一些逃跑者，但为数不多。诸多原明朝官僚士绅则纷纷投靠大顺，所谓从“贼”、从“逆”竟是人心所向，已成不可阻挡的潮流。大顺派出将领于黄河以北各地占领区安置官员，建立大顺地方政权，形成了大顺统治天下的格局。这是中国历史上前所未有的重大变化。然而历史又往往是统治者的历史，大顺政权尚未站稳脚跟即迅速瓦解，既没有自己的史家留下真切的史实记录，又因曾经降顺的诸多官员与文人学士，面对突如其来的事变，再次震惊之后又马上改变立场，做出新的政治选择，不少人投靠了清朝后对自己这段反复游移的经历讳莫如深，故大顺史事隐秘不彰。尽管如此，改朝换代的诸多情景与事实，在街谈巷议中流传广布，以至仍留下一些有心学者的记录。

夏允彝于崇祯十七年（1644）六月初七日称："所谓从贼者，都城破后屈节者耳。其最重者，如何瑞征、杨观光、韩四维、党崇雅、薛所蕴等，受贼宠任，为贼伪文臣也。周钟手草伪诏，指先帝为独夫，称逆贼为尧舜者也。杨枝起本无官，而投身请降，且伪任文选者也。光时亨阻先帝南迁，身又降贼者。杨廷鉴、陈名夏、魏学濂，或献条陈，或定仪注，或请催漕，此弥天罪也，为首等。"①

而《甲申纪事》《明季北略》等书更分门别类地详列了翰林院、吏部、户部、礼部、兵部、刑部、工部、六科给事中、御史、通政司、大理寺、尚宝司、光禄寺、中书科、国子监、太仆寺、行人司、顺天府、行取、候选癸未进士，乃至出狱从贼等二十一项，即降附于大顺者之所谓从"贼"、从"逆"者名单，达一百二十九人，并言"一时出狱者甚众，从逆当不止此，恨不能悉知"②。这些降顺之人确实"或献条陈，或定仪注，或请催漕"，即积极从各个方面为大顺巩固政权建言献策，贡献匪浅，可谓大顺政权的功臣。

尽管上述这些多为传闻，虚虚实实，真假参半，但众多士人迅速改变节操而唾弃明朝、投入大顺政权的怀抱则是不争的事实。

①李清：《南渡录》卷一，载黄宗羲等：《南明史料（八种）》，孟昭庚等校点，江苏古籍出版社，1997 年，第 154—155 页。各书记录卷数者，均统一为"卷×""卷××""卷×××"（×代表汉字数字）的格式。

②冯梦龙：《甲申纪事》卷二《绅志略》，载冯梦龙编著：《冯梦龙全集》第 17 册，吴伟斌、卞岐校点，江苏古籍出版社，1993 年，第 44 页。

②代表人物

归降大顺者中，比较出名的有杨观光、何瑞征、梁兆阳、周钟等人。

杨观光，山东招远人，崇祯元年（1628）进士，官右庶子兼侍读，大顺政权授予礼政府右侍郎。据《国难纪》所云，五月（按：五月有误，当为四月）初十日，李自成召杨观光入文华殿，问道："郊天何以不茹荤酒，不近女色，不行刑？亦有说乎？"观光叩头道："天人一气所感，不茹荤酒，欲其心志清明；不近女色，欲其呼吸灵爽；不行刑，欲养天地慈和之气，以感格上穹。"自成连连说道："有理！有理！先生说得是，以后先生常进来讲讲！"于是留坐待茶。观光"辞出打躬。自成送至檐下，亦答躬"。而《甲乙史》记载云："是日，观光持门生刺见刘宗敏，四轿开棍，俨然都堂。"① 他入仕新朝，春风得意之至。

何瑞征，河南信阳人，崇祯元年（1628）进士，官至少詹事兼侍读。大顺考选诸官时名列首位，被授予弘文馆学士、教习庶吉士。他积极为大顺效命，曾与降顺的韩四维、周钟、魏学濂等官员"领班劝进，朝贺最先"②。

梁兆阳，字皆林，广东番禺人，崇祯元年（1628）进士，官检讨。降大顺后授兵政府侍郎。他于大顺军初进北京的三月二十日，即首倡助饷之说，并连同降顺同僚寻求官职者一道各写五千金，托自成军师宋企郊先投手本。二十三日，即获自成召见，乃叩头道："先帝无甚失德，以刚愎自用，故君臣血脉不通，以致万民涂炭，灾害并至。"自成道："朕只为这几个百姓，故起义兵。"兆阳又向李自成叩头道："我皇上救民水火，自秦入晋，历恒、代抵都，兵不血刃，百姓皆箪食壶浆以迎王师，真神武不杀，直可比隆唐、虞，若汤、武不足道也。臣遭逢盛世，敢不精白一心，以答知遇殊恩。"自成大喜，遂留坐待茶，意甚款曲。兆阳告辞时向上打躬，自成亦向下打躬。兆阳平身后，自成

①计六奇：《明季北略》卷二二，魏得良、任道斌点校，中华书局，1984年，第599页。
②冯梦龙：《甲申纪事》卷二《绅志略》，载《冯梦龙全集》第17册，第30页。

尚未起身，兆阳又接连打躬，极其恭顺而退。这是大有遇不世之明主，欲全力辅佐以成伟业的举止。

当时最为轰动的是周钟降顺之举。周钟，字介生，南直隶金坛人，崇祯癸未（1643）科庶吉士，被授予弘文馆检讨。大顺政权上上下下深慕其名，称其为周先生。民间盛传恭请李自成登极称帝的《劝进表》即出于其手。其表文称颂李自成“比尧舜而多武功，迈汤武而无惭德”，他为此扬扬自得，逢人便夸此表“牛老师极为叹赏不止”。当时归降大顺入翰林院者尚羞羞答答，“多含涕忍耻，几幸生还，惟钟扬扬得意，乘马拜客，屡过梓宫，挥鞭不顾，一时辈中犹腹诽之”。[①] 周钟此举颇受非议。他通观历史，比较古今优劣，对李自成可谓佩服得五体投地，对大顺政权的前景充满信心，属于坚定不移的降顺而无顾忌者。

③一个典型——张家玉

翰林张家玉的降顺之举颇为出奇而备受争议，但其怪异行动中所反映的问题却具有普遍意义。

张家玉，字玄子，号芷园，广东东莞万家租人。万历四十三年十二月十三日（1616年1月31日）生于世代书香之家。幼秉家学，性情特异，年五六岁，即钦慕诸葛亮。聪敏刚毅，尝从其师林洊登黄旗峰，众皆足疲止步，家玉曰：“吾不绝顶不休。”[②] 年十九，为诸生。二十二岁，举于乡。崇祯十六年（1643），二十九岁，中进士，选授翰林院庶吉士。次年三月，大顺军攻下北京，明亡。家玉被执，李自成令其出仕。家玉认可大顺政权，但却并未直接受职，而是想拥有傲然不屈的节烈之名，乃以前朝遗民义士身份上书《陈情书》，略曰：

> 前明朝翰林院院官谨百拜称贺于大顺皇帝陛下，陈情左右……不没人之忠者，所以有忠臣；不没人之孝者，所以有孝子。家玉得君未及一年，有亲戚四老。君王处此，径当宾礼之而不臣，

---

①冯梦龙：《甲申纪事》卷二《绅志略》，载《冯梦龙全集》第17册，第32页。

②查继佐：《罪惟录·列传》卷九下《张家玉》，浙江古籍出版社，1986年，第1541页。

且比例于晋处士陶，旌别其门曰“明翰林庶吉士张先生之庐”，庶不伤人臣子之心，不辜尔苍生之望。不然，临以刀锯，设以鼎俎，家玉者形影相笑，从容而乐蹈之。耿耿此心，誓无后悔。

他还上《荐人才书》，请褒恤范景文、周凤翔等，隆礼刘宗周、黄道周，尊养史可程、魏学濂，以收人望，并自称：“若家玉，殷人从周，愿学孔子。”[①] 自成怒，召之入，令下跪，家玉曰：“前上书不肯上疏，请宾不肯请臣，今日当以宾礼相见。”[②] 遂长揖不跪。自成叹曰：“吾杀此曹多矣，临死澌战，不能作一语，未有若此人者。”[③] 因笑而言曰：“我定要尔做官。”家玉曰：“我定要不做官。”[④] 且数落自成有十罪。自成怒，捆绑其于午门外三日，逼迫投降，以极刑恐吓之，家玉不为所动。自成曰：“当磔汝父母!”[⑤] 家玉乃跪，受职降服于大顺政权。当时其父母皆在岭南，家玉骤然以此屈服，颇遭物议。但家玉真心折服于李自成，也不想一味假戏再演，对抗到底，一有台阶便下，痛快地降服大顺政权，愿为其效力则是确然无疑之事。

④追逐潮流的实质

上述林林总总的士人归附大顺之举，实乃时代潮流，人心所向。存在决定意识，大顺政权的胜利可谓天与人归，众多文士与文臣的归附就是这种社会现实的反映。

众多士人读儒家之书，多怀有经世之志，企盼致君尧舜，以实现平生宏伟的理想。不少人积极观察形势，反复衡量，决定弃取，他们痛感明朝已无可挽回地失败，而大顺政权必将统一区宇，主宰国家。大顺军攻入北京，他们便立即做出归顺的决断，其中政治嗅觉最为敏锐的，当数一群年轻精英，特别是崇祯癸未（1643）科庶吉士。这科

①计六奇：《明季北略》卷二二《从逆诸臣·张家玉》，第617—619页。

②屈大均：《文烈张公行状》，载张家玉：《张家玉集》，杨宝霖点校，广东高等教育出版社，1992年，第196—197页。

③温睿临：《南疆逸史》卷二五《张家玉》，中华书局，1960年，第177页。

④屈大均：《文烈张公行状》，载《张家玉集》第197页。

⑤计六奇：《明季北略》卷二二《从逆诸臣·张家玉》，第618页。

庶吉士共三十六人，令人惊诧的是“俱济济贼庭”[①]，即全部投顺，其中张家玉、周钟、史可程、朱积、魏学濂等人，堪称佼佼者。很显然，他们是预感到大顺主宰的清明盛世即将来临，希望趁此时机振衰起敝，拯世救民，遂毅然决然地挺身而出辅佐大顺政权，做大顺新朝的干练之臣，一展经世济民的抱负。他们希冀迎来中国历史上的又一盛世，留下辉煌业绩，做开国元勋而彪炳史册。然而残酷的现实却让他们大失所望，那就是大顺政权忽然间无可挽回地失败了。

6. 事发突然，惶惑混乱

然而，本来对大顺很有利的形势，却在一夕之间急转直下。究其原因，就是大顺政权自毁基业。

大顺军攻入北京之后，未能把握好时机，只是陶醉在胜利喜悦之中，在取得非凡胜利的同时，文治建设却没有跟上。其统治层并没有考虑深远的争取人心、争取士庶、稳定社会的周密计划与有效措施，没有一个让众多前来投奔自己者发挥有效作用的政策，亦未能吸纳一切拥护自己的力量。其用力重点，竟是独出心裁地实行追赃拷掠，目的是建立一个清明社会，一扫污浊，整肃已被腐败污染的社会。此举出发点很好，但实行起来竟不分青红皂白，对所有官员一律严加追赃，大顺政权自以为得计，殊不知这引发了社会极大的恐慌，使刚刚稳定的社会重陷动荡，大顺政权迅速失去人心，实乃自我孤立之举。

更为愚蠢的是，大顺政权一连串的政策失误，使本应辅佐自己的重要力量，转眼之间竟成为危害自己的敌对势力，为清军入关提供了千载难逢的大好机会。这就是对吴三桂招降的失败。

本来大顺政权已经争取到明平西伯、山海关总兵吴三桂，吴接受招降，并发布告示拟率军赴京师投奔新主，这对大顺来说本是大好消息，如此事顺利实现，必将对局势产生重大影响，大顺前途将一片光明。然而由于大顺领导层缺乏周密的全盘规划，及彼此协调以争取一

①冯梦龙：《甲申纪事》卷二《绅志略》，载《冯梦龙全集》第17册，第35页。

切可以争取的力量而区别对待的方针，特别是未能使吴三桂放心投奔，竟至出现不应出现的疏漏：吴三桂之父吴襄于北京被拷掠，吴三桂的爱妾陈圆圆被大将刘宗敏霸占，以致产生无可挽回的恶果——三桂得家人报告后立即停止前进，且杀大顺的招降使者，举兵反叛。风云突变，大顺政权措手不及，李自成仓促间亲自率兵出击吴三桂，未料吴三桂已向清求援，继而投降，清军乃顺势入关助战，大顺军在山海关一战后便兵败如山倒，落荒而逃。李自成不顾所有诚心诚意的拥护者，急速退出北京，进而丧失一切。这样一来，社会陷入了极大混乱，人们的思想也混乱起来，对于曾经降顺的诸多人士，何去何从成了他们最为现实的问题。

7. 大顺败亡后的严峻形势

倾覆明朝的大顺政权一夕之间土崩瓦解，给社会留下了诸多必须解决的矛盾。其中，已经冲进关内的清军与广大汉族士庶不可解结的尖锐矛盾，无可回避地摆在面前：大顺政权于地方得势及占据北京期间的诸多措施，已使官僚地主阶级惶惶不可终日，惊恐之心亟须安抚；而突然之间，广大汉族士庶对故明的兴灭继绝之思尤为突出。这对一切政治集团来说，都是极其严峻的挑战，亦是千载难逢的重大机遇，关键是看谁能抓住时机，把握肯綮。

二、正篇：南明皇帝的迭相出现与败亡

南明皇帝的存续阶段，是一个矛盾冲突迭起、令世人眼花缭乱的时代，这期间关键内容可以概括为：清朝因势乘便，稳得天下；南明皇帝迭相出现，终蹈败亡。

1. 南明各帝迭相兴灭的历程

①南明弘光朝仓促建立与覆灭，清军迅速入关及入主中原

南明弘光朝是在清军入关并占据北京之后仓促建立的，比清军晚了一大步，处于被动状态。其一步被动则步步被动，埋下了败亡祸根，

陷于困局中挣扎。

a. 清朝抢得先机，收拾乱局，一切得心应手

清军入关，形势陡变。清军入关后斗争更加激烈，形势更加复杂。清朝是在大顺政权严重失策、自断生路的情况下，在降而又叛大顺的原明平西伯、总兵吴三桂的请求下，打着替故明臣子报君父之仇的旗号，堂而皇之地趁机入关的，从而开创了从未有过的新局面。

本来，明末女真崛起，建立后金（清）政权，且逐渐发展壮大，占有全辽之后，一直积极谋划挺进关内夺取天下，但难以如愿。明宁远至山海关一带防线防守极严，至明末由总兵吴三桂统兵镇守，仍难以逾越。清朝对吴一再诱降，却毫无效果。而多年以来，清军一再毁边墙冲入内地烧杀抢掠，造成巨大灾难，以致广大汉族士庶的仇清意识很强烈，入关更是难上加难。然而大顺政权的严重错误，导致吴三桂降而复叛，竟至以卑辞向宿敌清朝求救。清朝乃趁千载难逢之良机，迅速出击，以异常高妙的手段，逼令吴三桂投降，并展示了雄伟的气魄、高明的远见：明确打出为故明臣子报君父仇的旗号。清军击败大顺军后，即顺利入关，同时一改烧杀抢掠的传统，明确宣布停止抢掠，严明军纪。大军所到秋毫无犯，于是在几乎未遇任何抵抗的情况下进占北京。

清朝为故明臣子报君父仇的旗号，极具诱惑力。此举拉近了其与明亡后又遭农民军打击而如丧考妣的汉族士庶的距离，使之得到极大安慰，是深得人心之举，从而瓦解了多年以来广大汉族士庶不可释怀的仇清心结。尤其在大顺政策失误，令举世大失所望，特别是众多官绅惶惶不可终日，思想空前混乱，“杀吾君者吾仇也，杀吾仇者吾君也”的逻辑竟成普遍认识。

抢得先机在手，一步主动，步步主动。清朝以往的凶敌形象，顷刻间竟极大扭转，成为出民水火的救世真主。此时，即便有看清清朝有欲夺取天下的目的者，欲奋然起兵与之对抗，却已无能为力。所以，黄河以北地区顿时被清朝控制，一切抗清复明的力量皆难以展开。这

无疑等于解除了人们继续抗清的思想武装，此真所谓不战而屈人之兵的高妙一招。

而清朝亦不失时机地接连颁布政策，广示招徕，大力招抚、任命投靠者为其效命。进京第二日，摄政王多尔衮即颁谕称："今本朝定鼎燕京，天下罹难军民皆吾赤子，出之水火而安全之。各处城堡，着遣人持檄招抚，檄文到日，剃发归顺者，地方官各升一级，军民免其迁徙。""至朱姓各王归顺者，亦不夺其王爵，仍加恩养。"又谕故明内外官民人等曰："各衙门官员俱照旧录用。"[①] 谕故明官员耆老兵民曰："流贼李自成原系故明百姓，纠集丑类，逼陷京师，弑主暴尸，括取诸王、公主、驸马、官民财货，酷刑肆虐，诚天人共愤，法不容诛者。我虽敌国，深用悯伤。今令官民人等为崇祯帝服丧三日，以展舆情。"如此争取人心，引起良好反响。清官书说："谕下，官民大悦，皆颂我朝仁义，声施万代云。"[②] 这并非溢美之词，清朝争取人心的手法可谓高妙。

清朝的政策灵活性、文武两手的交替并用，更成为清朝稳坐天下、安定天下的有力推手。

向以天下为己任的汉族士人，面对如此局面，当然没有理由排斥，甚至表达了十分复杂但由衷的欢迎及感激之情，其中一些志节凛然之士的态度很能说明问题。明兵部职方司主事、掌山东临清州印的凌駉，为抗击大顺政权，肃清其势力，于五、六月间，募兵三千，部署乡勇，擒斩"贼官"（即大顺所委派的地方官员），在间道使人上书南明弘光朝的同时，又"时时与新朝通书"，即与清朝保持密切联系，而清廷不失时机地"以兵科给事中授之"。[③] 尽管凌駉不受，最后更因参与抗清而献身，但此时凌駉主动与清廷联系之事，便反映了清朝争取广大汉族士庶的努力以及深得人心的情形。

---

①《清世祖实录》卷五，顺治元年五月庚寅，台湾华文书局，1970 年，第 51—52 页。

②《清世祖实录》卷五，顺治元年五月辛卯，第 52 页。

③徐秉义：《明末忠烈纪实》卷一二《凌駉》，张金庄校点，浙江古籍出版社，1987 年，第 217—218 页。

而且，清摄政王多尔衮“令在京内阁、六部、都察院等衙门官员，俱以原官同满官一体办事”[1]之谕，更使明亡后已被大顺军打得失魂落魄的原明朝官僚士绅吃了定心丸，此招果然见效，曾“济济贼庭”者，即曾归顺大顺政权的诸多官僚士绅，其中的大部分人一夜之间竟又投向清廷，投入清人的怀抱。《清世祖实录》顺治元年（1644）所载向清廷上建议奏章的官员，多数即这批人士。明朝灭亡前不论在朝在野的诸多官员，乃至所谓“清流”与“浊流”人士，此时更纷纷投奔清廷，且无一例外地被授以职位。正因如此，清朝庞大的国家机器才得以运转起来。然而对此亦有不同声音，投清并出任顺天巡按的柳寅东启言：“察吏务清其源，安民务定其志。……近见升除各官，凡前朝犯赃除名、流贼伪官一概录用，虽云宽大为治，然流品不清，奸欺得售，非慎加选择之道，其为民害不可胜言，是所当亟清其源也。”建议用官要辨明优劣，严加选择。多尔衮回报道：“经纶方式，治理需人，凡归顺官员，既经推用，不必苛求。”坚持广收人才、兼收并蓄的政策。同日，柳寅东又启言庙堂宜早定大计，建议调蒙古兵以入三边，举大兵以收晋豫，使农民军腹背受敌；又建议先计扼蜀汉之路，而次第定东南之局。摄政王“是其言”。[2]随后，顺天巡抚宋权上治平三策：请议崇祯庙号，以彰我朝厚德；禁革加派弊政，以苏民生；广罗贤才，以佐上理。同时推荐数名原明朝官员。对此，摄政睿亲王谕廷臣各举所知，于是产生连锁效应，不少大臣积极荐举，清廷更主动征召故明官员赴朝任职。而早在进京之初的五月，多尔衮即以书征召故明大学士、阉党人物冯铨，冯铨闻命即至。与此同时，明宗室人员亦具启“投诚”。

这样，清廷选官用人得心应手，完全处于主动地位，昔日与内地汉人士庶尖锐对立的状态几尽化解。清朝统治天下的政治局面已奠定，政权已趋巩固，实可谓先声夺人。

---

①《清世祖实录》卷五，顺治元年五月癸巳，第53页。
②《清世祖实录》卷五，顺治元年六月甲戌，第59—60页。

b. 弘光朝失机失势，陷于被动而败亡

弘光帝是在清军进占北京后的五月初三日，于南京宣布监国，十五日正式称帝的。他的朝廷以讨“贼”复仇，光复大明天下，延续大明正统为职志，但遗憾的是讨“贼”大“功”已为清人抢先获得，显见它比清军晚了一大步，相形见绌而底气不足。尽管如此，朝廷讨“贼”的大目标仍未丢弃，于是弘光帝在登极诏中，有号召万民要“戮力勛勷，助予敌忾”[①] 之言，发誓报仇雪恨，要竭尽全力对付曾倾覆京师逼死帝后的“流寇”，并据此部署战守，安排江北四镇，划定辖区，拟加进讨。随后，弘光帝制定国家大政方针。然而，此时“流寇”主力已退回陕西，而清朝这个昔日凶敌一举击败“流寇”，为明之臣民报了君父之仇后，突然出现在面前，令弘光政权迷惘迟疑、措手不及。当此之时，该如何确定新的大政方针，以提振军民同仇敌忾之心，弘光政权竟一时之间惶惑不知所向。

清人出现于前，这本是极其严重的问题，必须采取有效措施认真应对。然而弘光政权迟迟未认识到问题的严重性，这与清朝的诱敌政策有关。

清朝入关之初，为争取人心、站稳脚跟，摄政王多尔衮宣布：“其有不忘明室，辅立贤藩，戮力同心，共保江左者，理亦宜然，予不汝禁。但当通和讲好，不负本朝永怀继绝之恩，以敦睦邻之谊。”[②] 这具有相当大的迷惑性，令人感动，于是南方官僚勋贵便对清朝放松警惕，放心大胆地拥立新君即位，更对清朝怀有可以合作的幻想。在这种思想支配下，弘光朝向清朝派出了以左懋第为首的议和使团，当然这只不过是一厢情愿，不仅徒劳无功，遭到清廷的蔑视，更消耗了自己，耽误了备战自强的时间。

---

①顾炎武：《明季实录》卷一《福王登极诏书》，载《熹庙谅阴记事（外五种）》，严文儒等校点，上海古籍出版社，2012 年，第 75 页；计六奇：《明季南略》卷一《弘光登极诏》，任道斌、魏得良点校，中华书局，1984 年，第 10 页。

②彭孙贻：《流寇志》卷一三，浙江人民出版社，1983 年，第 202 页。

然而，仅两个月后，清朝于北京周全部署，站稳了脚跟，即露杀机。七月二十七日，摄政王多尔衮致书南明督师大学士史可法，指斥弘光朝之立为非法，书引《春秋》不讨贼新君不得即位之义，要其削号归藩，声言将移师问不当立者，要可法能识时知命，如翩然来归，则有吴三桂之典例在，并称南国安危，在此一举①，威逼其投降。这明显是要消灭南明弘光朝，事情至此已绝无商量余地。面对如此局面，以史可法为代表的弘光政权统治者，并未猛然清醒，看穿其要坚决消灭南明的本质，而仍把清朝视为合作伙伴，对清朝仍怀不切实际的幻想，执迷不悟地要与之“合师进讨，问罪秦中”②，欲与其合力对付农民军。此时已为九月十五日，史可法还有如此认识，这是很可悲的。

直到该年年末，史可法据左懋第的情报，方知议和破裂，清朝即将发兵南下，事已危急，乃痛感“今和议不成，惟有言战。战非诸镇之事，而谁之事也?”③ 于是紧急部署战守加以对付。然而积弊已深，一切已难如愿。而诸镇缺饷，皆迟疑不前。其时，军阀拥兵自重，目无朝廷。当年设四镇为的是捍卫国家，结果事与愿违，弘光政权存续期间，四镇彼此间一再争斗，且不听指挥，皆争先恐后地避敌南撤。只有高杰在史可法的激励下，率所部于岁末年初开赴前线抗清，但他在挺进至睢州时，为降清总兵许定国所杀，部下大乱，失去了抗敌勇气。而其余各镇皆无意北上抗清，驻扎江北不动。督师大学士史可法莫可如何。弘光帝面对凶险形势更是一筹莫展，只得听之任之。

而弘光朝内更是问题严重。弘光帝即位伊始，曾以博大的胸怀兼收并蓄，吸引诸多才能干练之士齐集报效，内部尚算安稳。然而他缺乏威断之力，并不能解决清浊两派大臣乃至勋臣武将与文臣之间的矛

---

①《清世祖实录》卷六，顺治元年七月壬子，第73—74页。

②蒋良骐：《东华录》卷四，林树惠、傅贵九校点，中华书局，1980年，第69页。

③史可法：《和议不成请励战守疏》，载张纯修编辑，罗振常校补：《史可法集》卷三，上海古籍出版社，1984年，第48页。

盾。各方矛盾日渐突出，彼此掣肘，自我消耗有生力量。特别是他倚重马士英、阮大铖所引发的诸多弊病，导致朝廷纷争加剧，他又无力调和，入朝忠耿之臣无法立足，相继愤然离去。朝中呈现离心离德的状态，危机四伏。弘光元年（1645）三月，左良玉的“清君侧”事起，累积的问题便愈加严重。他无力阻止马士英倾其武力对付左军的部署，清军乘虚长驱直入，史可法抵敌不住，四月于扬州殉国。清军渡江，弘光帝见大势已去，遂于五月初十日夜，弃臣民出逃，奔芜湖投依黄得功，希冀有所作为，然而竟于黄得功兵败自刎后被黄麾下的两个叛将执付清营，旋被押送北京，弘光朝彻底覆灭。第二年，弘光帝被清朝杀害。

弘光帝的败亡，是失机失势的结果，非止其个人的悲哀，更是辜负了天南海北曾麇集而至的无数志士仁人振兴明朝、抵御强敌的一片忠心、热血与期望。他们无疑被历史开了一个无限苦涩的大玩笑，这不啻是社会历史的一场大伤痛、大悲哀。

②南明隆武帝与鲁监国鹬蚌相争，自取毁灭；清朝坐收渔人之利，雄强无可阻挡

弘光朝虽然瓦解，但江南不屈服于清人统治者大有人在，乃于各地掀起了风起云涌的抗清斗争，可惜过于分散，未能形成合力。而一时组合起来颇具规模的是同时出现在闽浙的两支力量，即隆武与鲁监国两个政权。当弘光政权覆灭后，群集杭州的故明勋贵与军政要员，共同拥戴徒有虚名的潞王朱常淓监国，而毫无骨气的朱常淓竟然屈膝降清，清人唾手而得杭州。众人备受愚弄，极度失望之余，仓促中组建了两个南明政权——隆武政权与鲁监国政权。

唐王朱聿键在潞王朱常淓降清后，急速离开杭州南下，于衢州为众人拥戴，进入福建建宁，六月二十八日接受监国，旋至福州，于闰六月初七日举行监国之礼，二十七日正式称帝，是为南明隆武帝。七月十八日，鲁王朱以海在众人拥戴下，于绍兴监国，是为南明鲁监国。此监国虽无皇帝之名，却行使皇帝之权，鲁监国朝是名副其实的南明

政权。不久，隆武帝获悉绍兴监国之事。唐、鲁两王皆为明宗室之远支，皆无优势，然按辈分朱聿键乃朱以海之叔辈，且宣布监国与称帝皆在其前。于是隆武帝朱聿键便认为以情以理鲁监国当俯首称臣，接受隆武朝的号令，以勠力同心抗击清人，遂于十月遣官赴浙颁诏。鲁监国朝群臣为此展开了一场接诏与否的大辩论，最终鲁监国拍板：拒不接受隆武之诏。随后，浙闽彼此间互不服气，互相戒备，不仅形成不了合力，且形同水火。两派虽然都出击抗清，但皆属孤立行动，彼此绝无配合，这给清人以恣意行动而绝无后顾之忧的机会，两派最终被清朝各个击破。

隆武二年（1646）四月，隆武朝大将郑彩与清军交战失利，丢弃广信，奔入杉关，清军乘势夺取抚州。隆武帝五路出击抗清的计划彻底失败。五月，鲁监国朝江上师溃，大将方国安拔营而逃。六月，清军渡钱塘江，进取绍兴，监国朝大臣或降或死，顷刻瓦解，鲁监国逃遁入海。月末，郑鸿逵闻浙东江上师溃，弃仙霞关而逃。郑芝龙撤兵赴安平。八月，清军长驱挺进福建。二十七日，隆武帝出奔至汀州。次日，隆武帝后俱为清军所俘，不久皆死。隆武朝覆亡。

③南明绍武帝、永历帝同室操戈，永历帝在惶恐中播迁；清朝顺势而为，一匡天下

当隆武帝遇害、鲁监国漂泊海上之后，华南大地上又相继出现两个水火不容的南明皇帝——绍武帝与永历帝。隆武二年（1646）九月，广西巡抚瞿式耜、两广总督丁魁楚、侍郎吕大器等得悉隆武朝覆亡之讯，乃议立新君，认为永明王朱由榔以贤以亲，宜正大位，遂合词劝进。永明王朱由榔遂于十月十四日于肇庆监国，随之颁诏楚蜀滇黔。然而，广州明臣竟抢先一步拥立了皇帝——南明绍武帝。

本来在广西诸臣酝酿议立永明王时，原隆武朝大学士苏观生获悉，乃致书丁魁楚，欲参与定策。魁楚以其地位高于自己，担心他来后将会执政，拒不受。诸臣亦不屑其所为，不令与议。观生愤甚，继而获悉隆武帝之四弟唐王朱聿（钅粤）自闽航海而至，遂与顾元镜、王应华等人，

拥戴聿𨮁于十一月初二日监国，并迅速于初五日即帝位，改元绍武，颁诏于全国。绍武帝既立，观生为首辅大学士、建明伯，总揽朝政。此举激怒了肇庆方面。丁魁楚等闻讯不敢怠慢，乃于当月十八日，拥监国永明王朱由榔即帝位，是为永历帝。于是，两百里内竟出现二帝。故大学士陈子壮乃致书永历朝，请兴师东向，平靖唐藩。永历帝朱由榔认为应先遣使谕之，随即遣兵科给事中彭燿等往谕观生。彭燿入广州，极陈利害，责观生不顾强敌日逼，乃贪一时之利，不顾天下大计之非。观生无以对，乃怒杀彭燿等于市，且当日发兵讨伐肇庆。永历朝乃遣兵部右侍郎林佳鼎督诸军乘舟东下以应。二十九日，二军相遇于三水。永历军先胜后败，林佳鼎溺死。绍武君臣昏昏然正为大胜陶醉之时，不料厄运随之降临。就在绍武、永历两政权开战之际，清军已乘势大举南下，而绍武朝竟毫无察觉，十二月十五日，李成栋所率清军突至广州，城乃陷。苏观生见大势已去，自缢而死。绍武帝仓促中变服越墙走，终为清军所获，遂拒饮、拒食，亦自缢而死。至此，绍武朝覆灭。

永历帝还未从与绍武交战失利的震惊中缓过来，又突然得悉广州失陷、绍武朝覆灭，遂以肇庆难得安稳为由，乃立即举朝逃亡。实际上这是其即大位以来的第二次逃亡。十月十四日，朱由榔于肇庆被拥立监国后，闻清军攻陷赣州，惊恐之余，不顾瞿式耜等人劝阻，于二十日仓促移至梧州。旋即，他突闻苏观生于广州拥立朱聿𨮁称帝，建绍武政权后，又匆忙于十一月十二日急回肇庆，十八日称帝。此时，他又闻广州失陷，乃于十二月二十六日不顾劝阻再弃肇庆奔向梧州。

永历帝实乃生性软弱之人，胸无主见，胆小如鼠，其称帝后一直惶惶不安，闻警即逃，播迁无宁日。下述其播迁经历。

永历元年（1647）正月，永历帝从梧州逃至平乐，再走桂林。二月，清军破平乐，趋桂林。永历帝闻之大恐，不听瞿式耜劝阻，逃至全州。瞿式耜留守桂林。四月，永历帝移驻武冈，受制于军阀刘承胤。八月，刘承胤降清，永历帝逃离武冈。十月，永历帝逃至柳州，不久又逃至象州。十二月，移驻桂林。

永历二年（1648）二月，永历帝从桂林出奔，三月移驻南宁，六月移驻浔州，七月移驻梧州，八月朔还驻肇庆。因李成栋反清归明后，肇庆离前线较远，永历帝遂驻此地近一年半之久。

永历四年（1650）正月，因李成栋败亡后形势大坏，永历帝从肇庆出奔，二月逃至梧州。十一月桂林失守，瞿式耜被俘后遇害，永历帝仓促弃梧州至浔州，寻至南宁。

永历五年（1651）九月，永历帝从南宁出奔新宁州，后又由水道走土司，十二月，抵濑湍。

永历六年（1652）正月，永历帝逃至广南府城。二月初六日，他被接至安隆（安龙），受制于孙可望；驻此地四年间，局促而居，困窘万状。

永历十年（1656）三月，永历帝被李定国接至云南昆明，但安稳之日只有两年多光景。

永历十二年十二月十五日（1659 年 1 月 7 日），永历帝率臣民离昆明出逃。

永历十三年（1659）正月，永历帝驻永昌。闰正月（清历二月）经腾越，逃入缅甸，从此寄人篱下，失去依凭，历尽苦楚。

永历十五年十二月初三日（1662 年 1 月 22 日），缅人执永历帝献于吴三桂。永历朝覆亡。

康熙元年（1662）三月，吴三桂执永历帝还昆明。四月二十五日，永历帝被吴三桂以弓弦绞死于昆明篦子坡，结束了其多灾多难的一生。

十五年间竟流亡二十余地，永历帝、永历朝是名副其实的流亡皇帝、流亡政权，时刻都处在慌乱紧张之中，可谓狼狈万状，苦于应付，惶惶不可终日，一切发展大计皆无从谈起，一切抗清大业皆在困窘中艰难展开。尽管如此，抱定兴复大业的诸多仁人志士仍然不惧艰难险阻，义无反顾，坚定不移地奋斗献身，以热血和生命书写了大义凛然的悲壮篇章。永历朝建立以来，为其献身者甚多，笔者仅举一些著名人物。

隆武二年（1646）十一月二十四日，兵科给事中彭燿、主事陈嘉谟奉永历帝之命赴广州向朱聿𨮁宣诏。彭燿明知此乃凶险之行，仍慨然受命，结果被绍武朝大学士苏观生加以罪名杀害。陈嘉谟亦毫不屈服，同时被杀。此为永历朝最先献身者。

永历元年（1647）正月，清将李成栋既破广州，乃尽锐西征，直下平乐，桂林震动。原隆武朝兵部职方司主事陈邦彦深感永历朝岌岌可危，决定仿效“孙膑所以救赵”①，以奇兵径袭广州，并致书东莞张家玉曰：“是我致力于东而收功于西也。”② 遂于二月，联系地方武装猛攻广州。李成栋闻报，急撤师回返，桂林随之解围。邦彦旋又联络张家玉、南海陈子壮等义师起而抗清，互为声援。因清军势大，义军虽然一再发起进攻，但终难奏效。九月，陈邦彦兵败清远；十月，陈子壮兵败高明；二人皆被俘，拒不投降，遭磔刑英勇就义。十月，张家玉于增城与清军血战十余日，终不支，乃遍拜诸将，自投野塘中而死。三人在没有外界任何指令的情况下，自觉捍卫永历帝、永历朝，奋起抗清而死，被称颂为“三忠”。

永历三年（1649）正月十九日南昌城破，反清归明的金声桓投水自尽，王得仁被俘遇害。原弘光朝大学士，家居南昌的姜曰广，被归明后的金声桓、王得仁奉为盟主，在城破之际投池而死。正月二十一日，清军袭取湘潭，武英殿大学士兼兵部尚书何腾蛟被俘，坚拒清军统帅济尔哈朗的劝降，于二十七日英勇就义。三月，反清归明的李成栋兵败信丰，乱军中落水而死。是年冬，为抗清做出重大贡献的忠贞营统帅李赤心（李锦）病逝于南宁。十一月二十六日，堵胤锡病逝于浔江舟次。

永历四年（1650）春，督师大学士吕大器病逝于都匀。十一月初四日，桂林失守，督师大学士瞿式耜、总督张同敞被执。闰十一月

①温睿临：《南疆逸史》卷二五《陈邦彦》，第180页。

②屈大均：《皇明四朝成仁录》卷一〇《顺德起义臣传·陈邦彦》，载欧初、王贵忱主编：《屈大均全集》第3册，人民文学出版社，1996年，第851页。

（清历十二月）十七日，二人宁死不屈，慷慨殉国。

永历五年（1651）二月（清历闰二月），孙可望遣其部将贺九仪赴南宁，击杀了阻封孙可望为秦王的大学士严起恒，兵部尚书杨鼎和，给事中刘尧珍、吴霖、张载述等人。

永历六年（1652）五月，随李成栋反清归明后累封南阳伯、领宿卫的李元胤在防城被俘，于广州不屈遇害。十月，刘文秀兵败于四川保宁，大将王复臣死。

永历八年（1654）三月，永历帝于安龙受尽苦楚，大学士吴贞毓等策划皇帝颁发密敕，令李定国速来护卫事泄露，孙可望杀吴贞毓等十八人，史称“十八先生”。

永历十二年（1658）四月，蜀王刘文秀病故，上遗表称若有紧急情况，请永历帝幸蜀。

永历十三年（1659）闰正月（清历二月）二十九日，永历帝入缅甸。十一月，元江土知府那嵩起兵抗清，失败自焚。

永历十五年（1661）七月十九日，缅甸以饮咒水盟誓为名，杀永历帝大臣沐天波、王维恭、蒲缨等四十二人。

南明的忠臣义士相继杀身成仁，舍生取义，以血肉之躯书写了南明无可挽回的失败历史。但清朝胜多败少，最终彻底粉碎南明的所有抵抗，一统天下。

④鲁监国漂泊海上历尽艰辛，黯然谢幕，清朝掌控沿海益发雄强

鲁监国元年即隆武二年（1646）六月朔，清军渡钱塘江，进兵取绍兴。陆上鲁监国政权一朝瓦解，鲁监国逃经台州出海，开始了更为艰难的抗清历程。但其困不丧志，同拥戴之臣共同开创了抗清新局面。

鲁监国历经波折，初由张名振扈卫至南田岛，后又至舟山。前隆武朝永胜伯郑彩，慨然奉鲁监国渡海入闽抵福宁。十一月，鲁监国驻福建长垣，重组政府，以熊汝霖为东阁大学士、郑彩为建国公、张名振为定西侯。鲁监国二年（1647）二月，熊汝霖等出师抗清，连克海

澄、漳浦、建宁、邵武诸地。六月，钱肃乐入朝，获授兵部尚书。于是，漂泊在海上的鲁监国“兵威顿振”[1]。十月，前隆武朝大学士刘中藻起兵福安。至此，鲁监国军已连克三府一州二十七县。鲁监国以马思理为东阁大学士，与熊汝霖同辅政。这是鲁监国漂泊海上最为辉煌的时期。

然而次年（1648）正月，鲁监国移驻琅琦屿（在今福建福州以东海中）后，朝廷发生内讧。十七日，郑彩杀大学士熊汝霖，形势随之大坏。六月，大学士钱肃乐病卒。十月，大学士马思理卒于海岛。鲁监国四年（1649）正月，鲁监国移驻沙埕。四月，鲁监国所复之地皆失。十月，鲁监国进驻舟山，以张肯堂为东阁大学士。鲁监国六年（1651）二月（清历闰二月），张名振于舟山杀王朝先。七月，张名振率师奉鲁监国攻吴淞未果。九月，舟山失守，大学士张肯堂等死难，张名振奉鲁监国再次漂泊于海上。鲁监国七年（1652）正月，鲁监国由张名振、张煌言等扈驾至中左所（厦门），依附于郑成功，被安置于金门，此后无所作为。

鲁监国八年（1653）三月，鲁王朱以海自去监国之号，奉表永历帝朱由榔，鲁监国朝至此结束。

鲁王朱以海虽已削号归藩，但仍以抗清为己任，故深得臣下之心，许多大臣仍不忍离去，忠诚于他，矢志不渝。其中，张名振、张煌言等仍以鲁王的名义奔走呼号，从事抗清大业，一再出生入死，王忠孝、郭贞一、沈佺期、徐孚远等，亦不离其左右，认真“调护之”[2]。从某种意义上说，此时他虽无监国之名却有监国之实，他的面前仍是一个小朝廷。然而他毕竟漂泊海上，难以驻足陆地，且依附于始终感戴隆武帝而对鲁王耿耿于怀的郑成功，颇为困窘。

永历十年（1656），郑成功迁朱以海至广东南澳。永历十三年

---

①全祖望：《鲒埼亭集》卷七《明故兵部尚书兼东阁大学士赠太保吏部尚书谥忠介钱公神道第二碑铭》，载全祖望撰，朱铸禹汇校集注：《全祖望集汇校集注》，上海古籍出版社，2000年，第150页。

②徐鼒：《小腆纪年附考》卷一八，王崇武校点，中华书局，1957年，第690页。

(1659) 夏，郑成功又将朱以海迁回金门。① 康熙元年（1662），永历帝被害于昆明，郑成功攻取台湾不久后病逝。七月，闽南诸遗老与张煌言共谋奉朱以海称帝，请其速正大号，以维系人心。朱以海深感时移势迁，乃断然拒绝之。② 当年十一月十三日朱以海哮喘疾作，病逝于金门，结束了他坚定抗清的一生。

而此时，除金门、厦门及台湾在郑氏集团控制之下，大陆已皆在清廷的有效掌控之中。清朝的正规军队与地方武装团练密切配合，形成了完整的攻防体系。特别是清廷接连颁布禁海之令，不许沿海省份片帆入海，可谓釜底抽薪，不仅铲除了可以滋生反抗的土壤，更使活动于沿海一带的抗清武装失去了依凭。因而曾经普遍掀起的抗清斗争，至此已皆难存续。清朝已取得了绝对优势。

2. 高下悬殊的较量——明清胜败之因由梳理

南明政权存续是南明君臣与清朝激烈较量的过程。在许多节点上，清朝抢得先机而获胜，南明则处处被动。或谓此皆运气使然，非也。其实双方是高下悬殊的实力较量，最终胜败已是不可抗拒的必然规律。从南明与清朝的较量过程中，人们可以清楚地看到：清朝几乎是全方位的得宜，而南明则是全方位的困窘。这就注定了判然不同的结果，可谓规律难违，一切皆顺理成章。在双方的较量中，以下几个方面最为突出。

①主动与被动的悬殊较量

清朝抢得先机，占据舆论制高点，处处主动，得心应手地发展壮大自己。当大顺政权急速失掉民心之时，清朝明确提出替故明臣子报君父仇的口号，并停止抢掠，秋毫无犯。这是极其高明的战略，迅速赢得了人心，逐渐瓦解了汉族士庶多年来不可解结的仇清情绪。多年

---

①《皇明监国鲁王圹志》载：“至丙申，徙南澳，居三年。己亥夏，复至金门。”转引自陈春声：《在礼法正统与政治现实之间——鲁王在金门活动及相关历史记忆的研究》，《闽台文化研究》2013 年第 1 期。

②张煌言：《上鲁国主启（壬寅七月）》等文，载《张苍水集》，上海古籍出版社，1985 年，第 26—29 页。

来的凶残敌人，一时之间变成了拯民救世之主。于是其游刃有余地开创了夺取全国的新局面，占据主动地位。

南明则失机失势，处处被动，从而迷失方向，难得施展，更无法强化内部。南明弘光朝是大顺军攻下北京、一举推翻明朝后，以讨“贼”为目标建立起来的政权。而讨“贼”大功已为清军夺得，该政权遂失去主动，陷于被动；且不久又发现“贼”踪难寻，顿然迷惑起来。清军重创大顺军进占北京，即为故明臣子报了君父仇之后，名正言顺地推进自己夺取全国的攻势，且将取缔南明。而当南明发现这个自己曾感激为恩人的清朝竟是必欲消灭自己的敌人时，再调整战守为时已晚。这是南明政治上的一个致命失误。而继一朝失势而覆灭的弘光帝之后陆续而起的南明诸帝，竟延续被动局面，惯性不停，处处挨打，迄无翻身之日，直至相继沦亡。

②有权威与无权威的悬殊较量

清朝主政者有绝对权威，内部相对统一与协和。不论是睿亲王多尔衮摄政期间，还是顺治帝福临亲政之后，他们皆有着无与伦比的权威。他们发出的指令，不论是中央政府各部院，还是地方各级官员，皆凛遵而绝无迟疑。清军兵将在进攻南明时多能步调一致，积极效命，战胜攻取，一往无前，命令既下，多能达到预期目标。其所派出对付南明的统帅不多，但基本都能胜任，如灭亡弘光政权的豫亲王多铎，瓦解鲁监国政权、灭亡隆武政权的多罗贝勒博洛，灭亡永历政权的信郡王多尼、平西王吴三桂、固山额真卓布泰等，扫荡湖南、广西的定南王孔有德等，以及灭亡绍武政权的明降将李成栋，皆悍勇异常，无不顺利完成使命。这是政治上的巨大优势。

南明政权内部则腐败混乱，诸帝失掉威柄，大权旁落，难得掌控局面，一切呼应不灵。其内部一盘散沙，纷争不息，一步步失掉机会、失掉人心。

弘光帝登极之时即被普遍蔑视。不论是支持者还是曾经的怀疑与反对者，朝中众臣尊其为帝只是碍于既成事实，不得已而为之。众臣纷争，他难以平息。他任命的官员令下却不赴任，有的在任上稍不如意撂挑子即走，了无顾忌。他更惧怕权臣马士英，当弘光元年（1645）左良玉以“清君侧”为由于上游起兵时，弘光帝实欲倾力对付清军，不急于对付左军，并明确指示不可撤江防兵，却被马士英厉声镇住。他竟不能自主，绝无权威可言。

隆武帝可算是南明诸帝中最有思想、魄力的一位，然而他下令亲征，命二郑开路，就是行动不了。郑芝龙处处与其为难，最后无奈，只好自己统师出发，仅行进到建宁即止步不前，实乃不具权威所致。他指挥不了臣下，致其抗清伟愿完全落空，落得个政权覆灭而身死的结局。

鲁监国朝初起时虽然兵马云集，但各不统属，存在着严重的力量分散的问题。鲁监国面对军饷分配畸轻畸重的状况，明知有的臣子所提的饷额处理办法十分恰当，却不予推行，实是碍于方国安、王之仁而不敢决定。饷源匮乏以致义军溃散，忠臣愤离，监国朝廷国势大坏。

而永历帝原本即毫无主见的软弱之人，虽有赤胆忠心的瞿式耜、李定国竭诚辅佐，然而又屡遭邪佞如刘承胤、陈邦傅、孙可望、马吉翔等人的包围与挟持，如深陷汤火之中，困苦万分，绝无权威可言，只能得过且过，任人摆布。

南明皇帝以如此状态与清朝较量，希图获胜绝无可能，因而失败乃情理之中。这是南明政治上的又一大失败。

③决策清晰与模糊的悬殊较量

清朝对形势了如指掌，判断精准，目标十分明确。顺治元年（1644）四月，清廷在接受谋臣范文程进军中原、停止抢掠、赢得民心以成一统大业的建议时，即已明确了大政方针，遂统领大军“往定中原”①。清军接受吴三桂投降，于山海关内击败大顺军后，向北京挺进时，更郑重传谕：“今入关西征，勿杀无辜，勿掠财物，勿焚庐舍，不

①《清世祖实录》卷四，顺治元年四月乙丑，第42页。

如约者罪之。”[①] 且以内院大学士范文程的名义四处张贴告示称：“义兵之来，为尔等复君父仇，非杀尔百姓，今所诛者惟闯贼。”[②] 清军一改昔日的抢掠行径，而以吊民伐罪的姿态出现。这是抓住时机，扭转形象以赢得人心的重大方针，于是清军得以顺利进占北京，指挥全局。而后，清廷皆按预定方针一步步有条不紊地施行：追击被重创的大顺军，取得决胜，继而挥师南下，对付南明诸王朝。清廷一切按既定方针行事，故能收到预期效果，进而掌控全局。

南明则长时间对形势认识不清，处置失当。弘光朝曾以农民军为主要敌人，对已威胁其生存、实际上是最危险敌人的清朝，竟长时间内视其为盟友，因而难以制定切实有效的自卫政策，竟至纸上谈兵。当时最打动弘光帝的阮大铖被赐冠带陛见时，上守江之策，“陈三要、两合、十四隙疏”[③]，颇为称旨。弘光帝深感得到一名整军治国的奇才，于是力排众议，任命其为兵部尚书。然而阮大铖所言完全是昧于形势、脱离实际的夸夸其谈，对弘光朝军事不仅毫无建树，且使其丧失了自强的时机。弘光元年（1645）年初，清军已步步进逼，江北形势紧急，弘光朝毫无应对之策，阮大铖竟认不清危险所在，跟随马士英，指挥众军对付左良玉，故江北形势大坏，自食恶果。隆武帝虽然清醒认识到清朝是主要敌人，并为此明确了行动方向，然而其与鲁监国水火不容，不知唇亡齿寒之理，虽都抗清却各不相顾，因而被清军各个击破，实是昧于形势，因小失大，自取败亡。绍武、永历初期之争亦是蹈此覆辙，以致一亡一逃。永历帝历尽艰难被接入云南后，不知危险将至，竟安于现状而不秣马厉兵，积极备战，以求进取，实乃坐以待毙，空辜负众多为其奔波效命的仁人志士，最后落得个彻底失败。

①《清世祖实录》卷四，顺治元年四月己卯，第47页。

②李霨：《内秘书院大学士范文肃公墓志铭》，载钱仪吉辑：《碑传集》卷四，清道光六年刻本。

③温睿临：《南疆逸史》卷五六《阮大铖》，第446页。

④笼络人心与失去人心的悬殊较量

清朝政令所至雷厉风行，入关伊始，特别是进据北京后，高悬赏格，广示招徕，且兼收并蓄，如规定官来归者复其官，民来归者复其业，凡归顺官员各升一级。这不仅极大安抚了备受大顺农民军打击的官僚士庶，更使其有出头之日，稳定了社会。于是入朝归附清廷者纷至沓来，成为一时之风景。清朝更言出令行，实现诺言，归顺者皆大欢喜而安心入仕。清朝获得了笼络人心之效，因此迅速增强了实力，壮大了自己。

清朝在向南明用兵的同时，亦不停以高官显爵相诱，招降策反南明官员，以釜底抽薪的方式彻底瓦解南明。如顺治二年（1645）正月，清朝成功策反弘光朝驻守睢州的总兵许定国，许定国杀害了南明唯一率兵挺进抗清前线的兴平伯高杰，以致明江北防线崩溃。清朝招降手段屡屡成功，弘光朝的四镇总兵所统的数十万大军，连同左梦庚所率的十余万左军，皆先后投入清朝的怀抱。昔日南明的捍国干城，一时之间竟成为葬送弘光朝的凶敌。而后，清朝的招降策略一再得手，致使南明失去人心而分崩离析。如鲁监国的大将方国安，隆武朝大将郑芝龙，永历朝军阀刘承胤、陈邦傅与“国主”孙可望，皆于关键时刻投降清朝，造成无可挽回的巨大损失。

而顺治帝对孙可望投降的处理尤其展示其雄心与魄力。孙可望本来在对抗永历帝、李定国时已众叛亲离，狼狈降清，顺治帝获悉后却“深为忻悦”，称赞其为“识时俊杰”，并说“凡悔罪投诚，纳土归命者，不特赦其既往，抑且优加封爵，俾享尊荣”，立即诏封其为义王。[①]但清朝有些大臣却大惑不解，对孙可望“意怀轻忽”，甚至弹劾他。孙可望遂深感不安，而请求处分，并“疏辞封爵册印”。顺治帝亦看出问题所在，却说“王以孤踪疑畏，控辞册印，理亦宜然。但封爵出自朕裁，孰敢陵侮！虽系孤踪，不必疑畏”。[②] 此语表达了清朝的招抚的坚

①《清世祖实录》卷一一三，顺治十四年十二月甲戌，第1350页。

②《清世祖实录》卷一三六，顺治十七年六月庚寅，第1612—1613页。

定意志与许诺必践的信义。如此示范，意义极大。清朝连连策反成功，无疑是南明政治上的重大失败。

南明几个王朝建立之初，皆曾有众多热切报国的忠义之士齐集周围，大有朝政一新、前景光明的景象。然而，好景不长，由于各朝内部倾轧，党争激烈，而几位帝王更难以控制局面，人才荟萃的大好局面竟如昙花一现：弘光朝忠耿之人相继离朝；隆武朝因郑氏跋扈，才干之士望而却步，而既来之士皆难有所作为；鲁监国朝被方、王把持；永历朝由于皇帝一再惊恐播迁，党争迄未止息。它们皆留不住人才，不仅人才空耗，流失严重，甚而出现人才纷纷投敌的严重局面，这又无异于自我毁灭。

弘光朝建立之初，弘光帝设江北四镇，授将领以高爵，以为捍卫国家的干城，后来竟成为消灭自己的利器。当国家遭难时，不少四镇将领争先恐后降清，掉转矛头，做清朝鹰犬而绝不手软，这是极其不可思议的现象。这说明，弘光朝存续期间并未笼络住人心，不仅未将恢复大明、光复旧物作为奋斗目标，也未将抗击清军的意识贯彻到全社会，大众缺乏同仇敌忾之心，而武装集团内部毫无责任感与使命感，只有私利作祟。因此，当清军袭来时，只有黄得功一支军队尚能与之相抗，而黄突然遇难后，其部下竟立即降清，其余几镇亦尽倒戈投降。这是弘光朝弘光帝统治丧失人心造成的大失败，而隆武、永历乃至鲁监国各朝的人才也多有降清者。

⑤经济措施方面的悬殊较量

恢复经济与开辟财源是支撑一个政权发展的基本保证。在南明与清朝的激烈斗争中，双方做法迥异：南明诸帝毫无远略，财路无着，只知搜刮，以致社会矛盾加剧，政权失去支撑；清朝则通盘规划，措施周密得力，有条不紊，因而政权根基牢固。

南明各朝各帝在经济上绝无良策与长策，尽管其建立之初皆有冠冕堂皇的宣示，但不过是华而不实的空言，实际上言清行浊，大搞临时搜刮的扰民弊政，实乃自取败亡的下策。

如弘光朝建立之初公布的“国政二十五款”中有关经济的政策不下五款，其中决定“于弘光元年，不论本色、折色，量蠲一分。其本色仍改折二分”，“其辽饷名色，尽行蠲免”，并许愿“俟大仇既复，朝廷尚有浩荡之恩”。而改折漕粮、诏宽民间交易、鼓励开垦屯种等，皆有具体规定之条，并另有痛革以赎代罚的“虐政”，以及禁止专官采办，不许派扰商民等条款。[①] 这些条款看似颇有可行性，然而皆实行不了。实际状况是，当时为保证四镇庞大的饷额供应，弘光帝又明确决定本色、折色“悉听各属自行征取”，且“仍许各于境内招商收税”。[②] 这无疑是放纵和鼓励军阀们随意搜刮百姓。且弘光朝公开实行“开援例事件”[③]，即卖官。而马士英的“卖官鬻爵，乡邑哄传”[④]，更是明码标价。再如实行征酒税以助饷[⑤]等政策，皆是搜刮社会财富的措施。

隆武帝监国时颁谕要尽革杂税[⑥]，登极诏中特别强调要“省刑薄敛”[⑦]，以减轻百姓负担，纾解民困，其实是有名无实。实际上该政权为开拓饷源，或下令催收“借助银两”[⑧]，或推行“加纳事例”[⑨] 出卖功名或官职，或于汀州、邵武、惠州、潮州四府推行“三年预征”[⑩]。

永历朝则对各地军阀筹饷有“便宜之命”，如何腾蛟于湖南“骤加派义饷，兼预征一年，民田税每亩至六倍以上；不足，则开饷官、饷生之例，郡邑长吏皆以资为进退；又不足，则开募奸人告密，讦殷富罚饷，倾其产，分诸营坐饷。朝宣、先璧、承胤皆效之，湖南民展转

---

①计六奇：《明季南略》卷一《国政二十五款》，第13—14页。

②计六奇：《明季南略》卷一《史可法请设四镇》，第27页。

③李清：《南渡录》卷二，载《南明史料（八种）》第190页。

④计六奇：《明季南略》卷二《马士英请纳银》，第99页。

⑤李清：《南渡录》卷四，载《南明史料（八种）》第292页。

⑥佚名：《隆武纪略》，载陈支平主编：《台湾文献汇刊》第1辑第1册，厦门大学出版社，2004年，第16页。

⑦佚名：《隆武纪略》，载《台湾文献汇刊》第1辑第1册，第37页。

⑧陈燕翼：《思文大纪》卷四，载《虎口余生纪》，神州国光社，1951年，第193页。原书中《思文大纪》作者标示为“佚名”，据今人考证实为隆武朝官员陈燕翼。

⑨陈燕翼：《思文大纪》卷四，载《虎口余生纪》第207页。

⑩陈燕翼：《思文大纪》卷五，载《虎口余生纪》第211页。

蔓延，死亡过半”[①]。

上述种种行径，皆可谓敲骨吸髓，残民以逞，令人触目惊心。经济收入毫无保障，不仅加剧了社会矛盾，更危及政权的存在。

清朝的经济政策则有条不紊。其入关伊始，即规划周详，有稳定财源的经济措施。当时主政的内院大学士范文程为定赋税，乃召集诸部胥吏，收集钱粮册籍。有司欲于直省征求明末三饷加派的新册，文程明确表示反对。于是清廷下令田赋悉照万历年间则例征收，废除天启、崇祯时诸加派，使国家经济政策走上正轨。顺治九年（1652），南方战事正紧，各地久经战乱，社会极度凋敝，钱粮缺额至银四百余万两，财政严重困难。文程上疏道，此乃人口锐减，各直省地方土地荒芜所致。民赋亏，则兵饷必绌，国家大害在此；然民地荒，则军屯可兴。他还指出今湖广、江西、河南、山东、陕西五省，寇乱日久，人口稀少，建议于此五省实行军屯，并提出相关应举事宜。顺治帝准行。因有国家的权威、政权的稳定，一切皆顺利推行。如此，清朝的经济来源有了可靠保障，使国家实力增强，更使大军行动绝无后顾之忧，且一切按部就班，社会平稳，人民安居乐业，此实乃制胜之法宝。

⑥科举取士方面的悬殊较量

官僚队伍是我国古代国家政权赖以正常运行的基本保证，而官僚队伍需要不断地补充，其补充的一大重要途径则是科举取士。科举是面向全社会的选官制度，自唐朝以来，统治者为维持与巩固统治，皆重视科举，以网罗天下人才。在南明与清朝的较量中，各自的科举取士之举亦明显分出高下，清晰展示出彼此力量的强弱。

南明虽有科举考试，但规模很小，很是零散，纯属偶一为之。弘光朝虽曾宣示要举行会试，[②] 但并未施行。鲁监国朝亦未举行科举，只

①王夫之：《永历实录》卷七《何堵章列传》，岳麓书社，1982年，第63页。
②计六奇：《明季南略》卷一《国政二十五款》，第12页。

有其初起时，特赐崇祯举人张煌言为进士，加翰林院编修一事。[①] 隆武帝“锐意文事”，决心于隆武二年（1646）首开乡试，但郑芝龙以“兵兴过费”为由加以阻止。隆武帝拒绝道：“乡试不宜改期失信，且文事武备，原是一体。”[②] 坚持推行科举。四月谓首辅何吾驺曰：“文章之气可销甲兵，多士奋庸，务收俊乂（乂）。朕念福京士子，亟宜宾兴。”[③] 他充分认识到广收人才的重要性，遂决定于六月举行乡试。然至五月，又“钦定”“年青质美者”十二名为“萃士”，令于翰林院提调教习，许诸三年后有成者则“立赐同进士出身”。[④] 随后，礼部遵旨宣布拟于十月举行会试，催促各省各府做好准备。六月按时举行了乡试，取中一百七十五名为举人，另副榜六十五名。然而未到十月，隆武朝已覆灭，其笼络人才“赐同进士出身”的计划落空。永历朝则于永历三年十二月二十四日（1650 年 1 月 25 日），于肇庆开科取士。对此永历帝极为重视，特地临轩亲试，并发话道：“朕自即位以来，才有是举。”又敕谕内阁、吏部道：“朕亲试取中刘蒞、钱秉镫、杨在、李来、吴龙祯、姚子庄、涂弘猷、杨致和等八员，着即授翰林院庶吉士官，特谕。”[⑤] 显见极其隆重。而永历八年（1654），当永历帝困窘于安龙之际，孙可望则于昆明开科取士，共录取三十二名进士[⑥]，不过这是其准备自行称帝而收罗人才的僭越之举。永历帝被李定国等接至昆明后，举行武官考试，共取一等二名、二等二十四名、三等二百余名。[⑦] 以上是南明各朝笼络人才之举，零零星星，不成体统，人才难进，与

①李聿求：《鲁之春秋》卷一四《张煌言》，凌毅标点，浙江古籍出版社，1984 年，第 140 页。

②陈燕翼：《思文大纪》卷四，载《虎口余生纪》第 196 页。

③陈燕翼：《思文大纪》卷六，载《虎口余生纪》第 248 页。

④陈燕翼：《思文大纪》卷七，载《虎口余生纪》第 256 页。

⑤钱澄之：《所知录》卷三《永历纪年中》，诸伟奇辑校，黄山书社，2006 年，第 100—101 页。

⑥佚名：《明末滇南纪略·慕义开科》，载《狩缅纪事（外三种）》，丁红校点，浙江古籍出版社，1986 年，第 54 页。

⑦佚名：《明末滇南纪略·迎帝入滇》，载《狩缅纪事（外三种）》第 59—60 页。

清朝相比，可谓小巫见大巫。

清朝入关之后，即高度重视科举，将其列入国家施政的日程，并规定举行乡试、会试的年份："会试定于辰戌丑未年，各直省乡试定于子午卯酉年。"[①] 顺治二年（1645），江南初定，清廷便决定明年于全国开科取士。大学士范文程为广招人才，上疏建议加科："治天下在得民心。士为秀民，士心得，则民心得矣，今宜广其途以搜之。"[②] 遂请于三年（1646）二月会试后，八月再行乡试，而四年（1647）二月再行会试。其建议被采纳。从顺治三年（1646）至十八年（1661），清廷共举行八次会试，外加两次策试满洲进士科，共录取进士三千零六十五名。[③] 清廷所录取的进士尤以江南士子为多，足见其极力争取江南士人的姿态，而各直省分别举行的乡试所录取的举人更多达数万。积极开科取士为清朝地方各级政权机构的运行提供了充分的人才保证，则更不在话下。

⑦实行教化方面的悬殊较量

历朝历代的统治者施政伊始总要按其意图，实行教化，或移风易俗，或规范臣民。南明皇帝和清朝统治者亦不例外。其彼此较量，亦是高下悬殊，不可同日而语。

南明五帝中，不乏有思想有见解者，亦愿意将自己的理念展示于社会，然而他们的理念并不系统。其中，弘光帝朱由崧曾对直系先辈，即明成祖朱棣以来被废黜贬斥者予以翻案。这是非凡之举，展示了其博大的胸怀。他绝不追究曾反对拥立自己之人，甚至重用之；他勤政治国，努力稳定政局，对朝中尖锐对立的两派大臣，一再提出"和衷，勿偏竞"[④] 的要求，亦展示其非凡襟怀。可惜这些只有单独行动而无理论上的阐释，并未扩展于全社会，化导人心，形成普遍教育力量，故

---

①《清朝文献通考》卷四七《选举考》，浙江古籍出版社，1988 年。

②鄂尔泰等：《八旗通志》卷一七二《范文程》，东北师范大学出版社，1985 年，第 4191 页。

③江庆柏编著：《清朝进士题名录》上册，中华书局，2007 年，第 83 页。

④计六奇：《明季南略》卷一《刘孔昭凌侮张慎言》，第 19 页。

影响很有限。

南明诸帝中只有隆武帝充分认识到化导人心的重要性，提出“先教后刑，先请后发”① 的主张，积极主动采取教化措施，颇为可观。他颇有思想与文采，但凡发布谕旨皆能阐述道理，监国之后，颁布亲自撰写的《缙绅文》《戎政文》《儒林三便览序》。三篇文章都是他基于对现状的认识，经过深思熟虑后提出的看法和主张，充分体现了他的政治见解与治国思想，其实亦是对社会的教育措施。他登极后颁发亲自撰写的登极诏、分封诏、亲征诏则是鼓舞士气的讨清檄文，尽情抒发了驱逐清兵、恢复故国的情怀，“远近捧读，无不流涕，愿为效死”②。八月，当黄斌卿出征时，隆武帝颁发敕书，又赠之以诗，充分表达了他的理想与抱负；而为杨文骢出征所颁的一篇谕旨，更是充满感情，表示其念念不忘抗清大业。隆武二年（1646）正月，他为向四方宣传其理想，特派御史陆清源前往绍兴，令其携带致鲁王之书，及御制文《勉答鲁王书稿》三百册、《亲征后诏御营敕谕》三十册，用以昭示臣民，“以见朕无一日忘天下，无一念不笃亲亲之意”③。这些举动皆是为了向全社会宣传其思想理念，可谓用心之至。可惜其帝祚短促，影响有限。南明其他帝王，在向全社会施政化民方面皆不如隆武帝，乏善可陈。

清顺治帝福临于此则大不相同。他亲政之后，积极主动全方位地对百姓实行教化。顺治九年（1652）二月，颁行了《六谕卧碑文》。六谕文曰：孝顺父母、恭敬长上、和睦乡里、教训子孙、各安生理、无作非为。④ 全文共 24 字。此“圣谕”颁行于八旗及各省府州县乃至乡里，实行全民教育，影响极大。顺治帝深感尊孔读经的重要性，乃极力倡导。九年（1652）九月，他亲率诸王大臣等到太学隆重祭祀孔子，

---

①陈燕翼：《思文大纪》卷三，载《虎口余生纪》第 170 页。

②张岱：《石匮书后集》卷五《明末五王世家·唐王世家》，中华书局，1959 年，第 52 页。

③陈燕翼：《思文大纪》卷四，载《虎口余生纪》第 189 页。

④光绪《钦定大清会典事例》卷三九七，清光绪石印本。

亲行两跪六叩头礼，谕学官、诸生曰："圣人之道，如日中天，讲究服膺，用资治理。尔师生其勉之。"[①] 指示臣下认真读五经。十二年（1655）伊始，即颁诏编纂大书并亲自作序，陆续敕编之书有《资政要览》《劝善要言》《顺治大训》《人臣儆心录》《通鉴全书》《孝经衍义》等，又下诏开馆仿《贞观政要》《洪武宝训》等书，编辑《太祖圣训》《太宗圣训》。这无不是以儒家思想对全民进行教化，从而开清朝御制编书的先河。而且，他一再下令旌表各省的"忠孝节烈"之人。他还特为"身殉社稷"的崇祯帝朱由检立碑，赞扬他励精图治，追谥为"庄烈愍皇帝"[②]，并对"从君殉节"的明司礼太监王承恩立碑致祭，赐谥为"忠"。碑文明言，如此动作乃为民立极，"使尽忠者以为劝，不忠者以为戒，且以告夫天下万世之为人臣者"[③]。此种系统全面的教化措施，可谓高瞻远瞩，气魄宏大而深入人心。这是南明诸帝无法比拟的。

⑧利用宗教方面的悬殊较量

虽然中国历来以儒学治国，没有国教，但宗教盛行而信教者众多也是不争的事实，宗教在人们日常生活中影响巨大，故历朝历代统治者，往往重视与利用宗教，对其施加影响以巩固政权。对此南明与清朝皆不例外。

在此方面，南明也进行过一些努力。鲁监国二年（1647），漂泊海上的鲁监国特遣国戚陈廷镇潜回浙东，联络佛教高僧。陈入慈溪五磊山中，建报国道场，请佛教中颇有影响的临济宗和尚木陈忞上堂祝圣，木陈忞曾有"中兴世界主，监国大明王""四兵腾举，万国风从"的祝语，祝愿其即得"金轮统御三千界，宝历弥隆亿万春"。[④] 这显然是利用佛教制造舆论攻势，配合抗清，但收效如何不得而知。

---

①《清世祖实录》卷六八，顺治九年九月辛卯，第805页。

②《清世祖实录》卷一三〇，顺治十六年十一月甲申，第1543页。

③《清世祖实录》卷一四一，顺治十七年十月庚戌，第1670页。

④弘觉道忞（按：即木陈忞）：《天童弘觉忞禅师语录》卷三，载蓝吉富主编：《禅宗全书》语录部第29册，台湾文殊文化有限公司，1990年，第353—354页。

永历四年（1650）十月，已信奉天主教的永历帝嫡母王太后，面对永历朝危机丛生的形势深感不安，遂亲自致书罗马教皇，希求外援："伏乞圣父向天主前，怜我等罪人，……求天主保佑我国中兴太平。……更冀圣父多遣耶稣会士来，广传圣教。"[①] 书成，在华诸耶稣会士决定派耶稣会士、波兰人卜弥格持之返回欧洲呈递。然而历经波折，直到永历九年（1655），教廷方接待了卜弥格，并以拉丁文答复王太后来信。卜弥格既得复信，于次年登舟返华。卜弥格神父赴欧及在欧奔走之时，亦正是南明永历朝颠沛流离之际，而王太后早已故去。永历十二年（1658），卜弥格一行抵达暹罗时，澳门葡萄牙人恐得罪清廷，竟不许卜弥格进入澳门。卜弥格只得在安南与广西边界徘徊。不久，得知永历帝已流亡缅甸，卜弥格十分迷惘，竟于永历十三年（1659）七月初五日病逝于安南。永历帝最终也未收到回信，为挽救永历朝而联络罗马教皇之事最终落空。[②] 显然，这是无效的努力，对社会的影响更无从谈起。

清顺治帝福临利用宗教巩固统治之事却别开生面，多方入手，成就斐然。其亲政之初的顺治八年（1651）闰二月，诏免僧道纳银。[③] 而在此之前的顺治六年（1649）六月，清廷已授道教五十二代天师张应京为"正一嗣教大真人，赐敕印"[④]，掌天下道教事。十三年（1656），福临颁行《御注道德经》，肯定道家思想。他深悉蒙古、西藏笃信喇嘛教，因而坚持宠幸喇嘛的政策。顺治初年，多尔衮摄政时曾遵皇太极遗愿，遣官赴西藏请五世达赖喇嘛赴京，达赖应允顺治九年（1652）前来。福临亲政后即践诺遣官再请，特于北京建西黄寺一座，预为达赖到京下榻之用。十二月，达赖到京，福临特于南苑接见。当其返回时，福临又隆重送行，并于十年（1653）四月遣官赍

①方豪：《中国天主教史人物传》上，中华书局，1988 年，第 295 页。
②方豪：《中国天主教史人物传》上，第 306—309 页。
③《清世祖实录》卷五四，顺治八年闰二月丁丑，第 639 页。
④《清世祖实录》卷四四，顺治六年六月癸丑，第 523 页。

金册金印赐封五世达赖为“西天大善自在佛所领天下释教普通瓦赤喇怛喇达赖喇嘛”①，此号为后世沿用。十三年（1656）以后，福临对天主教、佛教的兴趣愈加浓烈。顺治帝亲政初期，即认识了钦天监正汤若望（耶稣会士，德意志人），尊称其为“玛法”②，即汉语“爷爷”之意。福临在与汤若望的频频接触中，向他请教有关天文历算、社会人生等问题，他总是因获得新鲜的知识而感到惬意，愈加尊敬汤若望，并于十年（1653）三月赐其“通玄教师”称号。他除常常召汤若望至宫中外，更多次亲临汤若望的教堂晤谈，十三（1656）、十四（1657）两年间就达二十四次。③ 双方关系颇为融洽，且影响良好。不久，福临因接触和尚而倾心佛教，对汤若望有所疏远，但对其尊敬与信任之情始终不变。

顺治十四年（1657）秋，福临获悉南苑海会寺有高僧在，遂前往，在那里见到了临济宗和尚憨璞性聪，甚为投缘。④ 随后，他向其询问南方的高僧大德，乃按其奏报，陆续召入北京。十六年（1659）三月，应召入京师的是玉林琇。福临对这位禅宗和尚十分敬重，当即封其为“大觉禅师”，并以禅门师长礼待之，自称弟子，起法名“行痴”，此后福临均自称弟子某某。⑤ 四月，玉林琇回还，福临特遣官送归，并颁诏召玉林琇弟子茚溪森。福临又封憨璞性聪为明觉禅师，并按其推荐，遣使往浙江宁波天童寺召木陈忞。七月茚溪森应召到京，与帝甚为契合。九月，木陈忞携其弟子旅庵月、山晓皙等到京。当时临济宗龙池派中的许多名僧大都云集京师，福临不时召见问对。木陈忞知识渊博，才华横溢，深得福临激赏、敬重，到京不久，便被封为“弘觉禅师”，受到优礼，不时被召入内廷。次年，木陈忞离京后，旅庵月、山晓皙被特

①《清世祖实录》卷七四，顺治十年四月丁巳，第880页。

②[德]魏特著，杨丙辰译：《汤若望传》，商务印书馆，1949年，第261页。

③[德]魏特著，杨丙辰译：《汤若望传》第277页。

④冯溥：《明觉聪禅师塔铭并序》，《明觉聪禅师语录》卷二〇，载《中华大藏经》编辑局编：《中华大藏经（汉文部分）》第81册，中华书局，1994年，第382—383页。

⑤超琦：《大觉普济能仁国师年谱》卷下，清刻本。

留西苑，令其说法于善果、隆安二大刹。从此，福临几乎与禅宗和尚形影不离。[①] 福临与宗教人士关系如此密切，其社会影响可想而知。

清朝在与南明的较量中，不仅全方位胜出，更展示出其非凡与高明之处。其在思想文化方面的诸多举措，实是在弘扬中国传统文化，且以卫道者的面孔出现。这就改变了其破坏文化的形象，变被动为主动，实属与南明之战中的釜底抽薪之术，缩小了南明活动空间，使其陷于被动而失去支撑，最终让自己赢得人心、赢得天下，可谓手法高明，高瞻远瞩。还应特别指出，这展示了清朝修正统治路线的理念。清朝此举不单单是手段与策略，还是治国理政的重要方针原则。

三、余论：正确认识南明

历史潮流不可抗拒，历史教训启示甚深。南明诸帝存续的十八年，是南明迭相兴灭与清朝不断获胜的历史。南明虽然以彻底失败告终，然而它却以丰厚的精神内涵，给人们以不尽的启示，具有深刻的历史意义。

1. 南明出现与存在的积极意义

南明出现与存在有其积极意义，表现为以下两点。

①南明是坚持抗清的一面旗帜

南明存在的最积极的意义在于其坚持抗清而成为一面旗帜。清初，清朝统治者推行的民族压迫政策，激化了国内的民族矛盾。南明作为与清朝对立的政权，是有一定的吸引力与号召力的。当时很多不屈服于清朝武力征服与民族压迫的人，齐集在南明这面抗清的旗帜之下，前仆后继、义无反顾地投入了抗清斗争。

②南明的惨痛教训足堪鉴戒

当然，不可否认，历史的进程难遂人愿。人们曾寄予厚望的南明政权并未很好地负起应负的责任。由于诸多难以预料的原因，南明继

---

①纯宗：《敕住善果旅庵月和尚奏对录》，清刻本。

承了明朝的正统，更延续了明朝的诸多弊政。而且，在该政权吸引、集合许多忠义之士尽忠报国的同时，一群卑鄙龌龊、阴险邪佞之徒也招摇其间，致使朝政浊乱，一片乌烟瘴气，严重干扰和破坏了抗清斗争。这些也正是南明的致命伤，教训深刻。而且，南明失败与覆灭的诸多惨痛教训也深深印在历史的年轮上，作为反面教材，足以警示人们。从这个意义上说，这也是一种财富，所谓殷鉴不远也。

2. 南明存续期间的亮点

不可忽视的是，南明具有特殊性。这是变化巨大、影响巨大的特殊时代。这个特殊时代的环境氛围影响、造就了惊世骇俗的特殊人群，使之具有不凡的经历、独特的亮点。这里有两点值得注意：

一是应该看到南明皇帝尽管是彻底的失败者，但并非一群浑浑噩噩、庸庸碌碌、干尽坏事之辈，其中还不乏有思想、颇有超乎前人见解者。二是应该看到南明出现了那么多以热血铸忠诚的杰出人物。谨此略举如下。

①勇翻历史冤案的弘光帝

被当时及后世严重丑化的弘光帝朱由崧，本是一位颇为正直、很有超前思想与见解的人物。他登极后并不记仇，且重用反对者，已足见其非凡的胸襟与气度。他更以大无畏的气概，推翻了自己直系祖先制造的历史冤案，即为朱标（懿文太子）、朱允炆（建文帝）、朱祁钰（景泰帝）及其夫人平反，追复他们为帝为后，并上谥号、庙号，恢复了历史公正。这是非同小可之事、惊世骇俗之举。上述冤案是明成祖以来的皇帝不敢触动之事，实际上皆是不敢正视被扭曲的历史的表现。而弘光帝敢于直面历史，以大公至诚之心于南明时期做到了明辨是非并公正处理，这是极其难得的壮举，是南明一大光彩之处。尽管弘光帝缺点很多，但仅就这点，亦足以让南明增辉。

②毅然接收农民军余部的隆武帝

隆武帝朱聿键称帝后，继续进行弘光帝清理明朝历史冤案的工作，亦展示了其不凡的见识。隆武帝更有寻常帝王难得之处，那就是他采纳湖北巡抚堵胤锡之请，毅然接受大顺农民军余部归明抗清，册封其首领为侯爵，并赐主导这次归明、深受大顺军敬重的李自成夫人高氏为贞义一品夫人。大顺军正是倾覆明朝逼死帝后者，是明宗室与臣子不共戴天的凶敌。隆武帝此时欣然接纳大顺军余部，转瞬之间，招抚数十万众，陡然间增强了抗清实力。他抓住主要矛盾，以集中力量对付主要敌人，展示了他突破陈腐观念束缚的勇气与担当。此外，他还有诸多通权达变的思想与举措，诸如提出“有发为义民，无发为难民”① 的灵活政策等，亦足以让南明生色。

③坦然就义的史可法

史可法是弘光朝的东阁大学士兼兵部尚书，文臣领袖，是独力支撑南明的关键人物。虽然他受排挤到扬州督师，并一再受到掣肘，但仍恪尽职守，悉心筹划抗清事宜。他拒绝清摄政王多尔衮威逼利诱之招降，明确表示“鞠躬致命，克尽臣节”②，为国家奋斗到底，直至献身。扬州被围时，坚拒清军统帅多铎的劝降。扬州陷落后，直面多铎劝降而不为所动，坦然就义。

④勇立潮头的张家玉

张家玉无疑是时代造就的英才。他思想敏锐，识见高远，一直引领潮流。早在大顺军攻下北京时，他就有超常的表现——认可大顺政权。后来，他又积极投入抗清斗争，深得隆武帝赏识。他得知湖北巡抚堵胤锡疏请招收李自成余部用以抗清后，反应迅速，极表赞成，再展示其非凡见解，乃上《破格收揽，以资中兴大业疏》，称“吾皇中兴，在此一举矣”，恳请皇帝：“念事功难成，机会不再，大破庸常之见，速俞楚抚之请，令胤锡即监其军，乘彼锐气，会师金陵。”③ 此疏说理透辟，隆武帝被深深打动而做出招抚决策，此事张家玉功不可没。而后，他为牵制清军、挽救永历朝，义无反顾地主动与陈邦彦、陈子

①陈燕翼：《思文大纪》卷五，载《虎口余生纪》第 219 页。

②史可法：《复摄政王》，载《史可法集》卷三，第 87 页。

③张家玉：《破格收揽，以资中兴大业疏》，载《张家玉集》第 50—51 页。

壮一道，组织义军英勇奋战而壮烈殉难。

⑤胆识过人的堵胤锡

堵胤锡通权达变，乃南明最有远见卓识之人。隆武二年（1646），他于湖北巡抚任上，闻大顺军余部至荆州、澧州界上。胤锡只有数千人马，乃集部下曰："覆亡无日，吾愿赤手往，为国家抚集其众。事成，则宗社之灵；否则，某授命之日也。"遂以匹马率数人至荆州草坪大顺军李锦的营中，慷慨陈说，使其接受招抚。永历三年（1649），孙可望请封王爵，朝中大臣以祖制拒封，时为大学士的堵胤锡即上疏言道："降敕封之，使恩出朝廷，乃可得其用。……不然，是驱之为变也。"① 事态发展正如堵胤锡的预见。

⑥一身正气的瞿式耜

拥立永历帝的瞿式耜，是永历朝中最为忠心耿耿、高瞻远瞩的大臣。永历朝最初的四年间，险象环生，危机四伏，外敌内奸迭相作祟，永历帝一再心慌意乱，四处逃窜，亏得瞿式耜费尽心力，镇定维持，多方规划，方使朝廷得以正常运行。其时，诸镇将间为私利而相争，矛盾加剧，以致永历四年（1650）十一月初，桂林失守，瞿式耜与总督张同敞被执。他拒绝一切劝降，于次月从容就义，就义前赋《绝命词》云："从容待死与城亡，千古忠臣自主张。三百年来恩泽久，头丝犹带满天香。"②

⑦毅然御侮的郑成功

郑成功是南明时期涌现的非凡英雄。他年轻有为，胸怀大志，英明果断，以恢复大业、振兴国家为己任，曾深得隆武帝倚重，受赐"国姓"，被委以重任。其父郑芝龙降清变节之时，郑成功乃不屑其所为，断言道："父教子以忠，未闻教子以贰。"③ 毅然决然走上了矢志

①计六奇：《明季南略》卷一二下《堵胤锡始末》，第401—402、409页。

②瞿式耜：《十七日临难赋绝命词》，载江苏师范学院历史系、苏州地方史研究室整理：《瞿式耜集》卷二，上海古籍出版社，1981年，第245页。

③江日昇：《台湾外记》卷二，福建人民出版社，1983年，第76页。

御侮、忠诚报国的道路。他组织队伍，进行不懈的抗清斗争，沉重地打击了清朝的统治。他更是目光高远，力排众议，决定收回被荷兰殖民者占据的台湾，并精心谋划，挥军亲征，一举驱逐殖民者，终使台湾回归祖国怀抱。随后，他大力开发台湾岛，功在千秋。

⑧矢志不渝的李定国

曾为大西军将领的李定国自归明之后，便以抗清为己志，从此英勇奋战，百折不挠，曾取得非凡大捷：永历六年（1652）七月，攻下桂林，清定南王孔有德自焚死；十一月，撤离衡州时设伏，击杀清敬谨亲王尼堪，这是被时人称为“两蹶名王，天下震动，此万历以来全盛之天下所不能有”① 的辉煌胜利。而后，积极拥戴永历帝，粉碎孙可望的夺位阴谋。后战事失败，永历帝逃入缅甸，李定国历经艰辛，迎驾不果，仍抗清不懈，得悉永历帝被害，乃哀恸而逝。

⑨甘洒热血的张煌言

举人出身的张煌言，当弘光朝覆灭、清军南下之际，痛感国事多艰，乃毅然支持鲁王监国。鲁王投桃报李，赐其进士出身，入掌制诰，出筹军旅。监国朝流亡海上时，或至舟山护卫于监国左右，或登陆至四明山组织义师，以牵制清军，并与张名振多次出师抗清。曾超拜兵部左侍郎，屡次坚拒清人劝降。舟山失守，煌言独奉鲁王，忠心护卫。鲁王自去监国之号后，仍然坚奉之不离，并以其名义抗清。后与郑成功一道率军入长江，重创清军。清人一再劝降，皆被其严词拒绝。鲁王病逝后，他解散队伍而幽居悬岙荒岛，旋被俘，赋《绝命诗》云“大厦已不支，成仁万事毕”②，英勇就义。

①黄宗羲：《行朝录》卷五《永历纪年》，载沈善洪主编：《黄宗羲全集》第2册，浙江古籍出版社，1986年，第168页。

②张煌言：《绝命诗》，载《张苍水集》第179页。

卷一　弘光帝：背负恶名

崇祯十七年（1644）五月十五日，风和日丽的南京城南郊举行了祭天大典，数百名文武官员簇拥着颇有争议的监国福王朱由崧加冕登极。他接续两个月前因李自成大顺农民军攻克北京而自杀的崇祯帝朱由检，以明年为弘光元年（1645），史称南明弘光帝。弘光帝被迎入南京及登极的事件引起社会巨大反响，人们奔走相告，盛况空前。时在南京的浙江海宁人谈迁，目睹盛典，兴奋异常，乃写诗记录此盛况并抒发情怀：

欢声雷动吏民同，犹是讴吟玉帛中。
白水真人原帝籍，大横佳兆本天宗。
永嘉建武徇遗迹，虎踞龙盘踵旧风。
好上新亭休洒泪，夷吾江左有诸公。[①]

他引证典故称颂弘光帝是最为合法的明朝皇位继承人，且朝中有如辅助齐桓公一匡天下的管仲一般的大臣，令人欣慰之至，充分表达了臣民士庶对弘光帝寄予的无限希望。

怎奈此时的明朝已非昔比，一统的版图不复存在，只有黄河以南的半壁江山。尽管朝野不乏正直忠耿之臣及力挽狂澜于既倒之士，可是局促于一隅的弘光政权内部倾轧愈演愈烈，难有作为。这位于无意中从容践位的皇帝似乎并无危机感与紧迫感，受制于人，左支右绌，

---

①谈迁：《甲申五月迎銮》，载谈迁：《谈迁诗文集》，罗仲辉校点，辽宁教育出版社，1998年，第53页。

更背负恶名，辜负了臣民士庶的一番心血与厚望。他当了仅仅一年的皇帝，便昏昏然随着他的朝廷一朝覆亡，真是“眼看他起朱楼，眼看他宴宾客，眼看他楼塌了”①，最终成了中国历史上又一位来去匆匆的过客。下面便是他的生平轨迹。

第一章　身世显赫的福嗣王

一、神宗皇帝宠儿之子

明万历三十五年（1607）七月十五日，京师紫禁城储秀宫内福邸，降生了一个男孩——朱由崧。他的父亲，便是明神宗万历帝的宠儿——福王朱常洵。朱由崧生于这个锦衣玉食的荣华富贵之家，这个出身造就了他一生的幸与不幸。他的降生使明神宗万历帝又增加了几分惬意，但也使已经困扰朝廷多年的福王“之国”问题，变得更加复杂起来。

朱由崧的父亲朱常洵是被万历帝宠坏了的昏庸之徒。常洵之母郑贵妃最得万历帝宠爱，可是最早为万历帝生子的却是宫人王氏。一日，万历帝要水洗手，宫女王氏捧洗手盆以进，她轻盈娇美的姿容一时间使这个青年天子为之倾倒，爱悦之情油然而生，当晚便“悦而幸焉”，与其同房，并赏给她“头面”（即首饰）一副。巧合的是“私幸”之后，王氏便有了身孕。按皇家惯例，皇帝每逢“私幸”（或称“临幸”），即与宫女同房，随身侍候的文书房内太监便记录下年月日，同时详细记载所赏赐的内容，此次行动当然也不例外。王氏有娠之事很快被万历帝生母慈圣李太后知道了。一日，万历帝侍慈圣太后宴时，

①孔尚任：《桃花扇》卷四《续四十出·余韵·哀江南·离亭宴带歇指煞》，清康熙刻本。

太后提到了此事。此时年轻的万历皇帝正宠爱着郑妃，数月前他私幸王氏只不过是一时冲动，并不希望她先于郑妃怀孕，于是不愿说明真情，而加以否认。慈圣太后却认真起来，她令太监取出内起居注来查看，上面有清清楚楚的记载，这使万历帝很尴尬。他面红耳赤，不好再隐瞒，只能承认这个事实。慈圣太后以为他难为情，便安慰道："吾年老矣，犹未及弄孙。倘生男，宗社福也，何必相讳。"受宠的郑妃知道此事后，常当着万历帝的面戏称宫人王氏为"老妈妈"[①]，加以嘲笑，万历帝因此事心情也很不舒畅。

但更让万历帝不情愿的事情最终还是发生了。万历十年（1582）王氏生子，起名常洛，这是万历帝的长子。当时中宫王皇后（即孝端后）无子，按立嫡立长的祖宗家法，长子的身份极为重要。母以子贵，按理说王氏应晋封显荣之位，但万历帝心中却没有她的位置。常洛诞生后的一切恩礼都明显简薄，但碍于规矩又不得不加封王氏，即便如此也仅仅封其为恭妃。四年之后，即万历十四年（1586）郑妃才为万历帝生下一子，名常洵。万历帝欣喜之余晋封郑妃为皇贵妃，这自然比恭妃显贵得多。对这种超越常规的行为，朝中大臣看在眼里很是反感，认为这将破坏稳定，造成混乱，对国家统治不利，因而不顾皇帝的意愿，纷纷上疏劝谏。给事中姜应麟上疏说：恭妃为陛下生了长子，反而令其居于下位，这不是重视皇位继承人和安定众人之心的行为，恳请皇上颁布圣旨，按顺序首先册封恭妃，再册封贵妃，同时一定要明确下诏册立皇长子为东宫太子。这无疑是揭万历帝以个人好恶破坏祖宗家法的疮疤，万历帝勃然大怒，下旨痛斥姜应麟竟然对皇帝表示怀疑，故作姿态表示自己公正忠直以猎取声名，好生无礼！万历帝下令免除其一切职务，并发遣边疆充当杂职。[②] 但事情并未完结，执着的大臣们几乎一致认定立嫡立长的祖宗家法不可废，不管万历帝如何宠爱郑妃，如何冷落王妃，都应立常洛为太子。于是，这场所谓"争国

---

①文秉：《先拨志始》卷上，神州国光社，1951年，第99页。

②文秉：《先拨志始》卷上，第99页。

本”，即关于皇位继承者的争论便旷日持久地展开了。万历帝态度暧昧，倾向立常洵，但一直往后拖。大臣们却不管这一套，不顾个人安危，接连不断地上疏请求皇帝早下立东宫之诏。万历帝愈是不下立太子之诏，大臣们愈是怀疑郑贵妃“谋立己子”[①]，“章奏累数千百，皆指斥宫闱，攻击执政”[②]。尽管很多官员因此获罪，遭到流放惩罚，但执着的群臣仍在谏阻，朝中出现了所谓“交章言其事，窜谪相踵，而言者不止”[③] 的罕见局面。万历帝对此厌烦极了，一直拖到万历二十九年（1601），这才勉强颁布立常洛为太子之诏。而此诏的颁布，慈圣皇太后在其中发挥了关键作用。

一日，万历帝入侍时，太后道：“外边诸臣多说该早定长哥，如何打发他?”万历帝说：“道他是都人的儿子。”（按：当时宫中称呼太子为长哥，宫人为都人。）万历帝的言外之意是常洛之母身份卑微，虽为长子却不能立为太子。太后听此一说便立即沉下了脸，严肃地说：“母以子贵，宁分差等！你也是都人的儿子。”[④] 这是实话，慈圣皇太后李氏最初是侍候穆宗隆庆帝朱载垕的宫人，因生下了被封为太子的朱翊钧（即后来的万历帝），母以子贵，后来才被封为贵妃。万历帝并非不了解这个事实，惶恐得无言以对，伏地向母亲谢罪。于是久拖不决的立长之议始定，常洛被立为太子。此时，常洛年已二十。但与此同时，为了安慰郑贵妃，万历帝封常洵为福王，两年后又为其大肆操办婚事，共花掉白银三十万两。万历帝又下令修建常洵封藩地洛阳的王府，前后共花掉白银四十万两。[⑤] 常洵的封地在洛阳，但修好王府后却迟迟不前往。按明朝制度的规定，皇子被封为藩王后一律要离京师到封地去，

①张廷玉等：《明史》卷一二〇《诸王五·神宗诸子·福王常洵》，中华书局，1974 年，第 3649 页。

②张廷玉等：《明史》卷一一四《后妃二·郑贵妃》，第 3538 页。

③张廷玉等：《明史》卷一二〇《诸王五·神宗诸子·福王常洵》，第 3649 页。

④文秉：《先拨志始》卷上，第 100 页。

⑤张廷玉等：《明史》卷一二〇《诸王五·神宗诸子·福王常洵》，第 3650 页；谈迁：《国榷》卷八一，张宗祥校点，中华书局，1958 年，第 5044 页。

称为“之国”，在没有特诏的情况下一律不得随意进京。福王常洵长时间住在京师而不“之国”，群臣疑窦丛生，以为郑贵妃和万历帝有意要福王伺机取代太子常洛的位置，于是为了明朝“国本”起见，大臣们又纷纷上疏，力请让福王“之国”。不论大臣们上多少疏奏，万历帝仍然是一律扣下不发，长期住在储秀宫里的福王照旧稳居京师。至福王长子由崧诞生后，群臣的疑惑加剧，一再敦请万历帝，福王“之国”之事不可再拖了。这期间变故不断，节外生枝，社会上又流传所谓《续忧危竑议》的传单，说皇帝不得已而立太子，而郑贵妃却欲废太子，立自己之子为太子。这件事闹得沸沸扬扬，万历帝迫于压力，才于万历四十二年（1614）三月，令常洵离京赴河南。当常洵临行出宫门时，万历帝“召还数四，期以三岁一入朝”①，以示特殊关怀。这位极受宠爱的藩王就国时，神宗安排动用了“舟千一百七十二艘，从卒千一百人”②，运载着大量的金银财宝到洛阳供其享受。此时常洵二十九岁，而由崧八岁。在京城里享尽人间荣华富贵的朱由崧随父到洛阳后，只是换个优裕环境，而且对他来说这里远比京城宽松得多，给他提供了放纵无度的条件。朱常洵凭借万历帝的宠爱和赐予的特权，向分布于河南、湖北、山东一带的两万余顷“养赡田”的佃户征租。他还有地方杂税、盐引等项征收，大肆搜刮民财，以供其日常浩大的支出。在蜜罐中长大的常洵纯属混世的废人，只知饮酒，所好唯妇女和倡乐，对民生和政事一概不闻不问。

朱由崧虽为庶出，但却是福王朱常洵的长子，也正是凭借这个条件，万历四十五年（1617），他被封为德昌王，旋进封福世子。地位尊显的朱由崧一如其祖、其父，不喜好读书，每日只知寻欢作乐，逍遥自在。他好声色，喜游冶，是典型的纨绔子弟。就这样又优游了多年，直至崇祯十四年（1641）正月，从天而降的一场大祸才结束了这段养尊处优的生活。

---

①张廷玉等：《明史》卷一二〇《诸王五·神宗诸子·福王常洵》，第 3650 页。

②谈迁：《国榷》卷八二，第 5072 页。

这时明末农民起义已成燎原之势。饥民和农民军早就纷纷传说着万历帝“耗天下以肥王（按：指福王），洛阳富于大内”。军士为此愤愤不平，声言“王府金钱百万，而令吾辈枵腹死贼手”。当时正在洛阳家居的南京兵部尚书吕维祺听到这些议论后十分恐惧，他以利害告诫福王常洵，希望常洵“散财饷士，以振人心”。[①] 常洵却“不为意”[②]。李自成领导的大顺军，在中原一带遭受严重旱蝗灾害、瘟疫之际，无数饥民流离失所之时，挺进了河南，正月十九日直抵洛阳城下。当日深夜，守城兵打开北门迎接农民军入城，洛阳失守。

福王朱常洵闻讯后大吃一惊，急忙与王妃及其子朱由崧等失魂落魄地缒城出逃。常洵因终日享受大鱼大肉，长得极为肥胖，行动不便，奔走更难，出城后藏匿在城边的迎恩寺中，第二天便被农民军侦得捕获。此时已被捕的吕维祺特意近前叮嘱道：“王，死生命也，名义甚重，毋自辱。”然福王见到李自成后竟吓得面如土色，瑟瑟发抖，匍匐地下，乞求活命。[③] 李自成历数其罪后杀之。福王体肥重，农民军“称其肉，重三百六十余斤，脔分股割，与鹿肉同烹”，特开“福禄宴”，[④] 同时将以民脂民膏垒筑起来的福王府一举烧掉。

福王朱常洵藏匿于迎恩寺时，朱由崧则在继续奔逃，途遇散兵游勇，衣服、财物全被掠去，仅留条性命，赤身裸体，狼狈逃向怀庆，从此结束了他福世子的优裕生活，走上了颠沛流离的道路。

二、凄惶无所，流浪江湖

福世子朱由崧逃走不久，农民军主力便撤离洛阳转战汝州，洛阳

---

①张廷玉等：《明史》卷二六四《吕维祺》，第 6821 页。

②张廷玉等：《明史》卷一二〇《诸王五·神宗诸子·福王常洵》，第 3650 页。

③彭孙贻：《流寇志》卷五，第 73 页。

④佚名：《鹿樵纪闻》卷下《闯献发难》，载《扬州十日记》，神州国光社，1951 年，第 201 页。原书中《鹿樵纪闻》作者标示为吴梅村，不确，真实作者待考，故本书中《鹿樵纪闻》的作者均以“佚名”标示。

又被明军收复，但这对朱由崧来说并不是什么好消息，因为昔日豪华无比的福王府，此时已面目全非，到处是颓垣断瓦，惨不忍睹。农民军占领洛阳期间，把用人民血泪砌就的福王府里的一切财物全部带走，更一举焚毁了这座令人憎恨的王宫，熊熊燃烧的大火“三日不绝”①。王府被彻底破坏，要想清理废墟，重新修建，谈何容易！所以从洛阳跑出来的朱由崧，难以再返洛阳，只得暂时栖身怀庆。河南官员为其安排住处，供应餐饮，极尽灾荒救济之礼数。② 他成为寄人篱下者。两年后的崇祯十六年（1643）七月，朱由崧“终制嗣封”，正式袭封福王王爵。崇祯帝对这位多难的堂兄特表厚意：“择宫中宝玉带特遣内使宣赐之”。③ 这样，这个身份本就显贵的福嗣王又变得格外荣耀起来。他虽在困窘的寄寓之中，却仍不减奢华之举，俨然天生的富贵之主，地方的官绅士庶都不敢正视。可是宁日不多，袭封后仅半年，又一场大难向他袭来。

崇祯十七年（1644）年初，声势浩大的大顺农民军兵分两路向京城发动进攻。正月，由起义军大将刘芳亮率领的大顺军出山西进攻豫北，二月初三日深夜以迅雷不及掩耳之势攻破了怀庆府城西门，城中火光四起，顿时大乱。从沉睡中惊醒的朱由崧惊恐万分，在侍卫的保护下，同其母妃邹氏不及携带任何物件，便随逃难的人群踉踉跄跄地逃出东门。这时农民军飞骑赶至，堵截拦杀携资潜逃者，朱由崧见大难临头，慌乱中不顾一切地拔腿狂奔，竟与侍卫分开，与母后走失，消失在混乱的人流中。常年养尊处优的朱由崧同乃父一样体态肥胖，行动不便，尽管在求生欲望的驱使下，他拼命奔逃，但没跑多远，就已气喘吁吁，汗流浃背，跑不动了。在他体力难支、危急万分之际，难民常应俊大发怜悯之心，出来相助，“负之行雪中数十里脱

①张廷玉等：《明史》卷一二〇《诸王五·神宗诸子·福王常洵》，第3651页。

②戴名世：《弘光朝伪东宫伪后及党祸纪略》，载戴名世：《戴名世集》卷一三，王树民编校，中华书局，1986年，第364页。

③李清：《南渡录》卷一，载《南明史料（八种）》第124页。

于难”[1]，救了他一命，并一直护送他逃到卫辉府城投奔潞王朱常淓。

朱常淓是穆宗隆庆帝第四子潞简王朱翊镠之子，万历四十六年（1618）袭封潞王爵，乃朱由崧堂叔。就在由崧刚刚被潞王安顿下来、喘息未定之时，农民军又杀至卫辉。三月初，大难临头的潞王朱常淓弃封藩之地南逃，由崧也随之踏上逃亡的道路。经一路奔波之后，他们在淮安落了脚。这时逃来淮安的还有来自开封的太祖第五子周定王朱橚后人周世孙朱伦奎。潞王、周世孙各携有宫眷，唯独由崧孑然一身。他衣衫褴褛，形容憔悴，成为一个名副其实的流浪汉。这时他处境困窘，凄凉得很，狼狈得很。

坐落在南北往来孔道上的淮安，客商云集，消息灵通，是一方繁华之地。二十九日，这里开始流传京师已陷落的爆炸性消息，弄得人心惶惶，但又无法加以证实。不久又传来消息说，南京城已实行戒严。这些不幸的消息，对穷困潦倒的朱由崧来说不啻是雪上加霜，令他眼前一片迷茫，他已深深地陷入了绝望之中。但他做梦也未曾料到，一件天大喜事正寻上门来。

第二章　举止不凡的新皇帝

一、声名狼藉，竟得大位

南京这座江南最大的都会城市，是明朝留都，故称南都，它设有六部、都察院等官僚班子，部院长官虽然地位尊显，但多为公务清闲的闲职，握有实权的是南京参赞机务兵部尚书、南京守备太监及提督南京军务的勋臣。自三月末盛传京师陷落的消息以来，这里实行了戒

①计六奇：《明季南略》卷二《封常应俊》，第68页。

严，大臣们忧心忡忡，处于极度紧张的状态之中。四月初一日，南京兵部尚书史可法召集各大臣，发布了号召天下讨“贼”勤王的《南都公檄》，组成了一支救援北京、抗击农民军的勤王队伍。誓师后，初七日他亲自率军渡过长江，驻扎浦口，拉开了讨“贼”复仇的架势。

四月十四日，有两个从皇宫逃出的太监到了南京，府部科道各官这才得知北京已经陷落、崇祯帝煤山殉国的确切消息。国不可一日无君。史可法奔回南京，与如丧考妣的南京诸大臣紧急商议起拥立新君的问题。按父死子继的传位程序，应继承崇祯帝帝位的当然是其子。崇祯帝共有三子，当时都在北方，且下落不明，这样只有从帝室亲支中去考虑。主要被考虑的对象是几位地位较尊显的藩王：福王朱由崧、神宗第五子瑞王朱常浩、神宗第六子惠王朱常润、神宗第七子桂王朱常瀛、穆宗一系的潞王朱常淓。但当时瑞王在四川，惠王与桂王均在广西，皆因道远难来，暂被排除在拥立之列。近在眼前的只有福王、潞王二位，他们是最有希望的即位人选。按亲疏关系来说，福王是神宗之孙，支派最近，以伦以序而论最占优势；而潞王则是穆宗之孙、神宗之侄，关系较为疏远。

但是多数大臣，特别是有东林背景的大臣却主张拥立潞王，他们认为福王朱由崧品行恶劣，哄传当其父在世时其就因窃盗王印“以送贼”[①] 而劣名昭著。况且几十年前，神宗郑贵妃为其子朱常洵谋立大位之争，造成了长时间的政局混乱，为此引发的梃击、红丸、移宫等疑案，更弄得国是日非。当年诸多东林人士基于义愤，不顾生命危险，纷纷挺身而出，极言进谏，与郑贵妃展开了不懈的斗争。天启间，阉党肆虐，大狱频兴，诸多正直的东林大臣因此受到残酷迫害，而由阉党编纂、以奉敕名义出版的《三朝要典》更是攻击东林人士的颠倒黑白的恶劣之作。虽然崇祯初年，崇祯帝追治阉党并销毁了此书，但阉党的凶残行径留给人们的惨痛记忆却是短时间内无法消除的，东林人

①计六奇：《明季南略》卷一《赧皇帝》，第1页。

士仍然心有余悸。东林人士对郑贵妃、福王朱常洵都甚为厌恶。基于这种历史原因，他们绝不愿意朱由崧即位，恐被清算昔年“争国本”、追怨诸疑案等旧账，后患无穷，而“潞王立，则不惟释罪，且可邀功”①。于是他们便积极活动阻止立福王，而这时有关朱由崧诸多劣行恶迹的传言也随之广泛传播开来。

其中，在籍礼部侍郎钱谦益、丁忧山东佥事雷縯祚及礼部郎中周镳，在大臣中往来串联游说，表现得最为突出。东林党魁钱谦益特为此从原籍常熟两次进入南京，极力活动。他们游说兵部侍郎吕大器等人道：“潞王，穆宗之孙，神宗犹子，昭穆不远，贤明可立。福恭王觊觎天位，几酿大祸，若立其子，势将修衅三案，视吾辈俎上肉。”② 吕大器响应得最为积极，右都御史张慎言及正詹事姜曰广等均表示赞同。他们几乎一致同意拥立“性慈易，有贤声”③，“文弱如书生，恂恂儒雅”④，在诸位藩王中“能急国难者”⑤ 的潞王朱常淓。他们取得共识后，便致书史可法，陈述潞王贤明当立之由，指出福王由崧虽为神宗之孙，“伦序当立，而素多失德”，其“有七不可：贪、淫、酗酒、不孝、虐下、不读书、干预有司也。潞王常淓，神宗侄也，贤明当立”。⑥此议获得赞同。其实，此时东林派大臣们主张的“立贤”原则，完全违背了昔年万历年间东林大臣们争“国本”时所坚持的“伦序”即“立亲”原则，显见其考虑的出发点是本集团的利益。

当然也有人坚持以立亲为原则，漕运总督兼淮扬巡抚的路振飞当

---

①李清：《南渡录》卷一，载《南明史料（八种）》第124页。

②徐鼒：《小腆纪年附考》卷五，第154—155页。

③查继佐：《罪惟录·列传》卷四《潞王翊镠》，第1292页。

④张道：《临安旬制纪》卷一，载《海东逸史（外三种）》，浙江古籍出版社，1985年，第157页。

⑤张廷玉等：《明史》卷一二〇《诸王五·穆宗诸子·潞王翊镠》，第3649页。

⑥张廷玉等：《明史》卷二七四《史可法》，第7017页；参见佚名：《鹿樵纪闻》卷上《福王上》，载《扬州十日记》第79页。

即致书史可法，“谓伦序当在福王，宜早定社稷主”①。钱谦益倡导的迎潞王之议也引起一些人的反感，扬州进士郑元勋说道：“祸从此始矣。神宗四十八年，德泽犹系人心，岂可舍孙立侄？况应立者不立，则谁不可立？万一左良玉扶楚，郑芝龙扶益，各挟天子以令诸侯，谁禁之者？且潞王既立，置福王于何地？死之耶，抑幽之耶？是动天下之兵也，不可。”都给事中章正宸力主立福王，说：当朱常洛为神宗太子时就是“国本”，而现在光宗、熹宗及毅宗（思宗）三位皇帝逝世，后无嗣可以承袭，福王由崧就是理所当然的“国本”。凡事不可没规矩。“若谓潞可越福，犹谓福（按：指福王朱常洵）可越光庙（按：指明光宗朱常洛）也，于国本安居？”“时草野闻立潞，皆不平。”② 可见普遍的社会舆论，是倾向立亲的。

在外的武将们也为此进行了紧急磋商，高杰、刘泽清按捺不住，想出面干预，乃致书路振飞，征询其对拥立的意见，并希望他积极参与。路回答说：“议贤则乱，议亲则一，现在惟有福王。”他表示坚决拥立福王，但又表示不能离开驻地淮安赴南京参与拥立——自己重任在身，“此时某一动，则淮、扬不守，天下事去矣。此功自让与南国元勋居之，必待南都议定。不然，我奉王人，而彼不纳，必且互争，自不待闯贼至而自相残，败事矣”。③ 他的态度是客观的、冷静的，这是从传统观念出发来思考问题、决定取舍，但权力斗争愈加复杂和激烈。

正当南京诸臣激烈讨论立帝问题之时，与阉党有牵连的凤阳总督马士英正紧张而不动声色地进行幕后活动。他主张拥立福王，但并不是从亲疏原则上去考虑，而是“独念福王昏庸可利”④，想搞一场政治投机。但考虑福王声名不佳而反对者多，正观望犹豫间，其好友——对东林恨入骨髓的阉党人物，被定罪已废居十多年的阮大铖，乃向其

①归庄：《左柱国光禄大夫太子太师吏部尚书兼兵部尚书武英殿大学士路文贞公行状》，载归庄：《归庄集》卷八，上海古籍出版社，1984年，第453页。

②李清：《三垣笔记》下《弘光》，顾思点校，中华书局，1982年，第93页。

③计六奇：《明季南略》卷一《南京诸臣议立福藩》，第6页。

④计六奇：《明季南略》卷一《南京诸臣议立福藩》，第6页。

献谋道："向年福王未出藩封，为东林人所排挤催逼，妖书梃击，种种诬陷，贵妃、福王深受屠毒。今世子在淮，若迎正大位，必报复旧仇，则东林可杀也。"[①] 又说：国家正值有难之时，先立君者功劳最高。当今天下舆论都一致瞩望于史可法，而您虽然握有重兵却远远在外，形势不妙。"若不早图，将为人副。莫若约黄得功、刘良佐，与之分功，而招高杰、刘泽清以佐之。兵势在我，史君无能为也。然后我与君左提右挈，挟天子以令东南，万世一时，在此举矣。福王于序为最近，何不先致意焉？"[②] 马士英闻听此语乃坚定了信念，于是抢先移书史可法说："以序以贤，无如福王。"他希望可法"当主其议"，但正直的可法却以福王品行不佳而"持不可"，表示反对。[③] 对此，马士英乃处心积虑地权衡取舍，特遣私人向史可法传话说："立君以贤，伦序不宜固泥。"这表现了通权达变的灵活性。史可法信以为真，移书于马士英"答以七不可之说"。[④] 随即二人皆亲至浦口会面密商，达成"以亲以贤，惟桂乃可"的协议，决定拥立桂王常瀛，因桂王一时难至而请潞王常淓暂时统率兵马。马士英则密藏史可法来书，准备返回凤阳，忽闻凤阳守备太监卢九德已联合总兵高杰、黄得功、刘良佐共同拥立福王，大惊，乃急忙趋前，隐瞒已与可法约好之事，与之歃血为盟，翊戴福王。随即在他的紧急部署下，黄得功、高杰、刘良佐各率大军联舟南下，本主张拥立潞王的刘泽清见风使舵，立即加入拥戴福王的行列，遂形成一支声势浩大的护驾队伍，簇拥着乘路振飞之船而来的朱由崧，于二十五日抵高邮，二十六日到达仪真，陈师江北，气势汹汹地拉开拥戴福王必得帝位的架势。马士英更采取主动的措施，致书南

①张岱：《石匮书后集》卷五《明末五王世家·福王世家》，第50页。
②温睿临：《南疆逸史》卷五六《马士英》，第442—443页。
③计六奇：《明季南略》卷一《南京诸臣议立福藩》，第6页。
④徐鼒：《小腆纪年附考》卷五，第155页。

京诸臣曰："吾已奉福藩，主三军也。"① 被蒙在鼓里的史可法这才知道自己已为士英所卖，见大势已定难以扭转，便随机应变，立即准备好舟船，并恭恭敬敬地奉上启文迎接福王②，启文之上"列南京文武诸臣名"。史可法随即率舟船急速前往，"迎于邵伯镇"。③

与此同时，围绕拥立问题，诸臣与勋臣刘孔昭等于南京城内展开了一场激烈的较量。

四月二十六日，张慎言、姜曰广与南京户部尚书高弘图、吏科给事中李沾、河南道御史郭维经及诚意伯刘孔昭、南京守备太监韩赞周等，齐集于朝内会议，集中商议拥立问题。东林派大臣主张拥立潞王，而诸勋臣、太监则主张拥立福王。拥潞者与拥福者分别阐述理由，各执一词，互不相让，从"黎明集议"，"议至日中不决"。就在争执不下之时，吕大器进入会场，他慷慨陈词，指斥福王有"七不可"，阐述其不可为君，力主立潞王。其实这些话语早已被主张拥立潞王的大臣说了不知多少遍，但此时道出犹如向沸腾的油锅中突然倾入冷水，立即引起爆炸。刘孔昭"怒形于色"，持拥立福王观点的李沾、郭维经、陈良弼等人突然"历阶而上"④，冲到吕大器面前说："今日之事何事？论典礼，则礼莫重于尊君；论兴兵，则兵莫先于卫主。倘有异议，即以一死殉之！"⑤ 他们不再讲理，但要求非立福王不可，否则立即拼个你死我活。刘孔昭、韩赞周又大声呼喊，不立福王，誓不罢休。刘孔昭这时完全不顾身为勋臣的高贵与体面，冲到吕大器面前破口大骂，不许其"出言摇惑"⑥。主张立潞王的诸臣惊呆了，一时之间竟哑口无言，朝议完全被拥立福王的一派所控制。在混乱中，韩赞周拿出勋臣

①姜曰广：《过江七事·计迎立》，载《三朝野纪》，神州国光社，1951 年，第 192—193 页。按：该书封面为《三朝野记》，但内文均为《三朝野纪》，以《三朝野纪》为是。又，《过江七事》作者实为姜曰广，非陈贞慧。

②李清：《南渡录》卷一，载《南明史料（八种）》第 124 页。

③谈迁：《国榷》卷一〇一，第 6078 页。

④计六奇：《明季南略》卷一《刘孔昭凌侮张慎言》，第 20 页。

⑤李清：《南渡录》卷一，载《南明史料（八种）》第 124 页。

⑥计六奇：《明季南略》卷一《南京诸臣议立福藩》，第 7 页。

刘孔昭等事先拟好的拥立福王的誓文，忙说：“快取笔来！”要众人签字。众人于是就在这种蛮不讲理的胁迫中，亦是在众军阀武力压境的威胁情势之下，“俯首就盟”。[①] 于是，众臣当即起草通过一份迎立福王的公启，并把这一结果通告在外的史可法、马士英等大臣，而这时史可法已致书南京诸臣做好迎驾准备。

经过一番激烈的斗争，掌握兵权的军阀集团及勋贵、太监们的主张占据了上风，即按伦序的继统原则，摒弃了东林派大臣们不遗余力所坚持的“立贤”主张，朱由崧终于得继大位。这对朱由崧来说是出乎意料的大幸之事。

然而，在拥立过程中，不论极力拥护者还是极力反对者，对朱由崧的个人品行表现似乎都无异议，甚至看法一致。因此，朱由崧虽获得大位，但声名狼藉的形象却在人们心目中挥之不去，其权威在登极之初就遭到了极大破坏，这对朱由崧本人和刚刚建立的弘光政权来说都是大不幸。

二、谦逊登场，令人惊诧

朱由崧于困窘之中获得意外之福，他就要正式登上政治舞台了。

当朱由崧正困顿淮安、惶惶不可终日之时，四月下旬，形势突变，他的住处来了不速之客。来者自称是马士英派来问候起居的，并称士英正准备拥戴他为大明的皇帝。正在由崧疑信参半之际，忽然四镇总兵陆续来到他的住处向他顶礼膜拜，表达拥戴他的决心，并陈述别有企图者及觊觎大位者正蠢蠢欲动，请他务必速往南京以抢占先机。面对这做梦也想不到的接二连三的优礼，由崧简直被弄蒙了。他毫无思想准备，一时间手足无措，一切只能听从摆布。他在四镇将领所亲率兵将的护卫下，仓促登上漕运总督兼淮扬巡抚路振飞之船，顺运河南

①计六奇：《明季南略》卷一《刘孔昭凌侮张慎言》，第20页。

下，很快经高邮，于二十六日抵仪真。

二十七日，南京礼部司务登上朱由崧所乘之船，捧献百官的公启，拥戴他继承皇明大宝，恳请他驾临南京，主持国政。这些都没有和他商量，好像一切都应该是这样，并已安排妥当。他看了公启后未及细想，也不能细想，仓促间随即启行，二十八日便到达浦口，受到魏国公徐弘基等官员的恭迎。

二十九日晨，朱由崧乘船横渡长江，中午时分船停泊于南京城外龙江关。三十日，百官郊迎，等候多时的南京诸臣前来叩见，他们分批登舟拜谒，勋贵在先，次为史可法、高弘图、程注、张慎言，再次为其余大臣，而卿寺、科道、部司、将领等“俱望拜舟次”①。被传得沸沸扬扬的不读书、不忠不孝、胸无点墨，甚至荒淫无耻的朱由崧，做梦也想不到会有这样的境遇。很多人对他能否担负起国君重任，更是充满疑虑。群臣们目睹了这位远道奔波而来的王爷的风采：“角巾葛衣坐寝榻上，旧枕敝衾，孑影空囊。从行田成诸人，布袍葛履，不胜其困”②，“有困顿之色”③，一副寒酸相。

然而，接着发生的一切，却令人大感意外。

当众臣以王礼进见时，朱由崧对百官恸哭。百官行礼，由崧亲手扶起，赐茶。言及宗社震惊、崇祯帝殉国，他又痛哭失声。可是一言及请他继承大位、主掌国政，他就一再竭力推辞，或流涕道：“封疆大计，惟仗诸先生主持。至迎立，决不敢当。盖播迁以来，国母尚无消息，故不携宫眷一人。始意欲择浙东僻地暂居，以便迎奉。今值国难至此，迎立之事何忍言！”④ 或曰：“宗室多贤，未敢辱及。”⑤ 或曰：“宗社事重，不毂不佞，不足以称宗社。愿请讨宜者，不毂不敢当。”

①谈迁：《国榷》卷一〇一，第6081页。

②计六奇：《明季南略》卷一《南京诸臣议立福藩》，第7页。

③谈迁：《国榷》卷一〇一，第6081页。

④冯梦龙：《甲申纪事》卷一《福王登极实录》，载《冯梦龙全集》第17册，第3页。

⑤谈迁：《国榷》卷一〇一，第6081页。

面对如此情景，“群臣皆伏固请，王谦让者再”。[①] 由崧拒绝接受登大位的表态，情意恳切。

朱由崧首次亮相，朴素的衣着，说得恰到好处的温和话语，给人的印象极好：“百官瞻觐，咸举额谓宗社之福。”[②] 他深深打动了人心。本来，众臣敦请福王由崧接续大位已是既定方针，而由崧被簇拥至此亦正为此事，但他却不能迅速赶来，迅速即位。因为按历来帝位继承的老套路，还有必不可少的程序：劝进、推让、再劝进、再推让，如此往复，直到勉强而有条件地接受劝进，承继大位。如今轮到了由崧，当然亦不能例外。上上下下对此都心中有数，也都心照不宣，由崧的表现确又非同一般，虽属走过场，但其所饱含的谦逊与真诚，并非虚伪之举，因此令人感动。

五月初一日，朱由崧溯秦淮河而上，从南京西南的三山门（又名水西门）处离船登岸，在诸臣簇拥下，先乘轿由南京城外直至洪武帝朱元璋的孝陵门前，然后下轿改乘马进内。因陵东门为御路，他恭敬地回避，而由臣民所经的西门进入，直到享殿前下马行祭告礼，向列祖列宗报告他这个太祖高皇帝第十二世孙的到来，并请默佑中兴伟业。他瞻仰这座曾记录开创大明伟业的宏伟殿宇，思前想后，心潮起伏，徘徊良久。祭告孝陵毕，他即问懿文太子陵园所在。懿文太子即朱标，是未登上帝位便早逝的朱元璋的长子，他于是前往“瞻拜”[③]，“驻瞻良久”[④]。懿文太子朱标的次子即建文帝朱允炆。明朝自第三位皇帝明成祖起二百多年间都是成祖朱棣一系，但朱棣得位很不光彩，是从其侄建文皇帝朱允炆（即明惠帝）手中夺得的。尽管成祖永乐帝事业辉煌，但由于得位不正，多少年来他篡弑者的形象总也洗刷不掉。人们对未曾失德的失败者不免长久地存有同情之心，而朱标生前仁声素著，

①姜日广：《过江七事·计迎立》，载《三朝野纪》第194页。

②冯梦龙：《甲申纪事》卷一《福王登极实录》，载《冯梦龙全集》第17册，第3页。

③李清：《南渡录》卷一，载《南明史料（八种）》第125页。

④冯梦龙：《甲申纪事》卷一《福王登极实录》，载《冯梦龙全集》第17册，第3页。

更使人们有一种思念之情。此事向来属于政治禁区，口虽难言，但公道自在人心。朱棣之举造成懿文太子一支的帝系终结，应该说懿文太子是足以令成祖之后的历代明朝皇帝难以面对的先人，因为尴尬，成祖之后的皇帝对他多采取回避的态度。作为朱棣直系后代的朱由崧参拜懿文太子陵寝，表达缅怀之情，至少是表明了他秉公持正之心，是对道德人伦的一种肯定，展示了他直面历史的恢宏胸襟，而这又绝非平常之人所能做到。由崧此举在人臣中树立了光明的形象。

参拜懿文太子陵寝之后，朱由崧便离开孝陵，从正阳门进入南京城，直至东华门入皇城，随即下马步行通过皇极殿，参谒供奉皇家祖先的奉先殿，之后由西华门离开皇城，进入事先为其选择好的内守备府，将其作为行宫。这时前来觐见的大臣们鱼贯而入，俯首上殿，整齐排列，与这位获得大位的王爷议事。其中，因力主拥立福王而获得胜利的刘孔昭等勋臣，在福王及群臣面前洋洋自得，左顾右盼，摆出一副有大恩大德于人的翊戴元勋的架势，与拘谨的东林党人形成鲜明的对照。面对如此盛大的场面，由崧不由得恐惧起来，欲起身躲避。站在他身旁的史可法恭敬地对他说："殿下宜正受。"[①] 而内侍也说："今日之礼，与舟中异。宜坐受。"他这才放下心来，整顿衣冠正面端坐，接受群臣的四拜之礼。于是由崧正式行使权威，传谕令大臣们共商战守大计。他问道："诸先生今何事为亟？"可法首先进言："防江为急。"[②] 由崧点头认可。可法"奏对良久"[③]，又向福王郑重地说道："王宜素服郊次，发师北征，示天下以必报仇之义。"[④] 随后，徐弘基、韩赞周等各有所奏。福王的活动引起极大关注，"王辇所至，都民聚观，生员及在籍官沿途皆有恭迎者"[⑤]。而福王接见群臣的融洽情形，又很快传遍全城，令人鼓舞，当时"江南闻变，各怀危惧。至是，士

①计六奇：《明季南略》卷一《五月福王入南京》，第8页。
②谈迁：《国榷》卷一〇一，第6081页。
③李清：《南渡录》卷一，载《南明史料（八种）》第125页。
④李天根：《爝火录》卷三，仓修良、魏得良校点，浙江古籍出版社，1986年，第119页。
⑤计六奇：《明季南略》卷一《五月福王入南京》，第8页。

民忻忻有固志”[①]。四月下旬以来，谣言四起、混乱不堪的南京城，又恢复了往日的平静。

五月初二日，南京诸臣齐聚于行宫再谒福王。灵璧侯汤国祚首先近前上奏，以户部筹措饷银却不按时发放为题大发牢骚，言辞愤慨激烈。由崧闻听此言，虽摸不着头脑，但仍端坐着冷静面对。众臣对这突如其来的举动，煞是惊讶，太监韩赞周立即站起来斥责他发言不当，加以制止。兵部侍郎吕大器呵斥道：“此非对君体！”京畿道御史祁彪佳奏言称纲纪法度为立国之本，吏科李沾联合诸科道官针对“朝仪久废”的现状，奏以“朝班宜肃”。彪佳又言宜早颁大号、敬天法祖诸事。由崧“皆虚怀纳之”。[②]

朝见仪式毕，群臣退下，皆齐聚于韩赞周家，商议监国、登极之事，多以先行监国为便。张慎言则表现得颇为激进，首先表示国虚无人，应立即登极称帝。史可法说：“太子存亡未卜，倘北将挟以来，奈何？”刘孔昭说：“今日既定，谁敢更移，请即正位。”他主张马上称帝，无须考虑其他。可法说：“缓几日无妨。”主张先行监国。祁彪佳也说：“监国名极正，盖愈推让，益彰王之贤德。且总师讨贼，申复国耻，示海内无因以得位之心。而江北诸大将使共预推戴，则将士亦宜欢欣。俟发丧，择吉登大宝，布告天下为当。”对此，吕大器、徐弘基均表示赞同。于是诸臣取得共识：决定请福王先行监国，并用纯金铸制“监国之宝”的大印。[③]

议定之后，诸大臣再次朝见福王，面奏登大位之事。朱由崧于是召见百官集议。百官仍以即大位为请，由崧则仍然表示谦让、推却之意，群臣劝进愈发积极，而由崧“辞让愈坚”，他说：“人生以忠孝为本，今大仇未报，是不能事君；父遭惨死，母无消息，是不能事亲。

---

①谈迁：《国榷》卷一〇一，第6081页。

②冯梦龙：《甲申纪事》卷一《福王登极实录》，载《冯梦龙全集》第17册，第3页；计六奇：《明季南略》卷一《福王登极》，第9页。

③计六奇：《明季南略》卷一《福王登极》，第9页。

断无登位之理。”说罢伤心地哭泣起来。接着他又说：“东宫（按：指崇祯帝太子）及永、定二王，见在贼中，或可致之。且桂、惠、瑞三王，皆本王之叔，听诸先生择贤迎立。”科道官们遂代表众官上前奏请迎立之意。祁彪佳也以人心所向、天意所归为由，进劝福王应顺从天心，俯察民意接受大位。由崧仍然逊谢如前，随后令百官退下，只留兵部长官及内守备进内廷议事。不多时，由崧再上朝接见群臣，百官则依次排列。于是由兵部侍郎吕大器代表群臣跪奏，恭上第一道劝进表文，由崧这才俯顺舆情，传旨说暂领监国。百官乃退。稍过片刻，群臣代表恭上第二道劝进表文，坚请福王登极称帝。由崧则按事先商量好的方式，命令递上表文，于表文上手书批答：“仍领监国，余所请不敢当。”① 至此，周折了大半天的既定程序终于结束，朱由崧决定于南京监国。这天是五月初二日，清军在摄政睿亲王多尔衮的统率下，正浩浩荡荡开进北京城。

五月初三日，是朱由崧正式监国之日。这天南京城晴空万里，文武百官穿上整齐的朝服齐集皇宫前，由崧行监国告天大礼。礼毕，由崧升奉天殿御座，百官趋前行四拜之礼，由崧接受魏国公徐弘基跪进监国之宝，百官再行四拜礼。礼仪结束，遂颁监国谕，其监国谕曰：

> 我国家二祖开天，昭宣鸿业，列宗缵绪，累积深仁。大行皇帝躬行节俭，励志忧勤，宵旰十有七载，力图剿寇安民。昊天不吊，寇虐日猖，乃敢震警宫阙，以致龙驭升遐，英灵诉天，怨气结地。呜呼恸哉！孤避乱江淮，惊闻凶讣，既痛社稷之墟，益激父母之仇，矢不俱生，志图必报。然度德量力，徘徊不堪，乃兹臣庶，敔迩来迎。谓倡义不可无主，神器不可久虚。因序谬推，连章劝进，固辞未获。勉徇舆情，于崇祯十七年五月初三日暂受监国之号，朝见臣民于南都。孤夙夜兢兢，惟思迅扫妖氛，廓清大难。德凉任重，如坠谷渊，同仇是助，犹赖尔臣民。其与天下

①计六奇：《明季南略》卷一《福王登极》，第9页。

更始，可大赦天下。[①]

由崧还决定于初六日为刚逝世不久的崇祯皇帝发丧，其所颁崇祯帝哀诏曰：

鸣呼！予小子凉德未堪，国家多难，如何昊天，降此鞠凶！鸣呼，恸哉！维先帝以天付神资，丕承祖宗弘绪。适逢国步多艰，民生日蹙，而勤学力政，罔有休暇。冀以尧舜之深仁，挽叔季于唐虞，念兹在兹，无时或怠。自有生民以来，未有如先帝之焦劳者也。不期以礼使臣，而臣忍以不忠报；以仁养民，而民忍以不义报。彝伦攸斁，报施反常，自有生民以来，亦未有甚如今日者。驯见妖氛日炽，戮我赤子，辱我宗藩，毁丧我陵殿，四海人心，莫不欲灭此而朝食。乃先帝爱惜愈加，招抚弥切，至于饷初增而又减，将已败而仍收，官极贪酷而仍用，无非欲化顽为良，拨乱为治。鸣呼，痛哉！何皇天不吊，遂至有今年三月十九日之事，爰及国母，掩照相从，徽音顿杳，遗烈如生，信乾坤之合德，肆节义以双成。然而惨变殊常，遗羞千古。孤虽渺质，片义犹存，暂膺监国，益切除凶。谨告哀于臣民，庶怜予而多助。知尔同心，凄感何切！丧礼依旧制，以日易月，二十七日释服，毋禁民间音乐、嫁娶。督抚、镇守、都布按三司官员，地方攸系，不许擅离职守，闻丧之日，止于本处哭临三日，进香遣官代行。卫所、府州县、土官，并免进香。谕告中国，咸使闻知。[②]

随即由崧大赦天下，宣布将向百姓新加的练饷及崇祯十二年（1639）以后一切杂派钱粮、崇祯十四年（1641）以前百姓所欠钱粮，全部免除。[③]

朱由崧退朝后，大臣们仍在议事，曾一再反对福王即位的吕大器见福王监国已成事实，便力图扭转形象，主张福王应去掉监国立即登

①李清：《南渡录》卷一，载《南明史料（八种）》第126页。
②李天根：《爝火录》卷三，第126页。
③徐鼒：《小腆纪年附考》卷五，第157页。

极称帝。祁彪佳坚决反对，他说："监国之名极正。今不两日即登极，何以服人心而谢江北诸将士？宜俟发丧满服后。"[①] 双方这才停止争论。

八天后，即十一日，群臣向朱由崧恭上第三道劝进登极的表文。对此，朱由崧不再谦让，便下令说：

这所启予屡谕甚明，何又连章劝进？知先生等惓惓忠爱，无非从宗社起见。予不忍固违，勉从所请，俟择吉举行。该部知道。[②]

五月十五日朱由崧于武英殿即皇帝位，颁布诏书以明年为弘光元年。无奈此时拥明势力只剩下半壁江山，覆亡的明朝已难东山再起，朱由崧只是偏安江左一隅的南明小朝廷的皇帝而已。

称帝伊始，朱由崧发布了登极诏。诏中陈述了祖宗创业的伟绩之后，说明了称帝的原委，乃因"潢池盗弄"，即农民起义。而对崇祯帝殉国一事，他发誓称帝后的首要任务是全力镇压农民军，以报大仇，号召臣民奋起效命。其内容是：

奉天承运皇帝诏曰：我国家受天鸿祐，奕世滋昌，保大定功，重熙累洽。自高皇帝龙飞奠鼎，而已卜无疆之历矣。朕嗣守藩服，播迁江、淮。群臣百姓，共推继序，跋涉来迎，请正位号。予暂允监国，摄理万幾。乃累笺劝进，拒辞弗获，谨于五月十五日祇告天地、宗庙、社稷，即皇帝位于南都。猥以藐躬，荷兹神器。惟我大行皇帝，英明振古，勤俭造邦，殚宵旰以经营，希荡平之绩效。乃潢池盗弄，钟簴震惊，燕畿扫地以蒙尘，龙驭宾天而上陟。三灵共愤，万姓同仇。朕凉德弗胜，遗弓抱痛，敢辞薪胆之瘁，誓图俘馘之功。尚赖亲贤戮力勖勷，助予敌忾。其以明年为弘光元年，与民更始，大赦天下。所有合行事宜，开示于后。[③]

朱由崧又公布"国政二十五款"，除奖功酬劳、因材器使等安定社

①李清：《南渡录》卷一，载《南明史料（八种）》第125页。
②计六奇：《明季南略》卷一《福王登极》，第10页。
③计六奇：《明季南略》卷一《弘光登极诏》，第10—11页。

会诸款外，还揭示了社会存在的各种弊端，提出了减免钱粮、整顿漕粮、激励垦屯等项条款，表达了“弘济艰难”“覃敷闿泽”之愿,[①] 大有与天下臣民齐心协力共克时艰，而达普天同乐、为政一新之势，可惜恰恰没有提及应如何应对真正对政权构成巨大威胁的清朝。

第三章　独理朝政的措施

一、气度恢宏，宽容得众

福王朱由崧被拥上监国位置之后，便是当然的天下臣民之主。他有了生杀予夺之权，以原东林党为主的清流派大臣面对这个严酷的现实，心中不免惴惴不安。他们不久前还在竭力坚持不可立福王之议，尤其是明确揭露福王有缺德败行的“七不可”问题，此时预感要招致大祸——因为历史上这类事例不胜枚举。一百多年前英宗复辟后，追究拥立郕王朱祁钰为帝的王文、于谦等大臣，致使王文、于谦等人惨遭杀害。殷鉴不远，这令他们不寒而栗，何况郑贵妃及老福王朱常洵，即朱由崧的祖母及父亲更与东林党人宿怨极深。然而，朱由崧的所作所为完全出乎人们的意料。

当时大造舆论排斥福王并到处串联者中最积极的是姜曰广、吕大器、钱谦益、张慎言、高弘图等大臣，他们对福王态度甚是鄙薄；而史可法致书马士英，列举福王失德诸事，马士英如获至宝，以此作为要挟史可法的把柄。朱由崧对这些事一清二楚，但他“即位后从不追咎异议”，“不惟不加谴责，且加擢用”。[②]

朱由崧监国的当天，即放手令在廷之臣推举阁臣。群臣于是推举

---

①计六奇：《明季南略》卷一《国政二十五款》，第11—14页。

②李清：《三垣笔记》下《弘光》，第105页。

史可法、高弘图、姜曰广为大学士，推举张慎言为吏部尚书。慎言推辞道："吾老矣，愿安于总宪。"即继续任左都御史。这时勋臣刘孔昭捋袖伸臂，大声自荐，欲进内阁。可法立即说道："本朝无勋臣入阁例。"刘孔昭便说："即我不可，马士英有何不可？"于是众臣又并推马士英。接下来的议题是重新起用因事废弃之臣，众人推举郑三俊、刘宗周、徐石麒等人。孔昭随即特别荐举阮大铖。可法道："此先帝钦定逆案，勿庸再言。"① 于是将荐举阁臣及推举众臣名单进呈由崧。当日，由崧即任命张慎言为吏部尚书、周堪赓为户部尚书。五月初五日，他在诸臣建议的四名阁臣名单中批准了三名，以史可法为东阁大学士兼兵部尚书，高弘图为东阁大学士兼礼部尚书，均入阁办事，加马士英为兵部尚书、东阁大学士，仍督师凤阳。三人成为弘光朝的实权人物。由崧未点用的一名是掌翰林院詹事府詹事姜曰广，这是位曾极力反对拥立福王之人。看来朱由崧对此有所考虑，但他并没有直截了当地表明拒绝态度，对吏部的说辞是："予按祖制，阁员俱用词林。至先帝，间用别衙门官，今正推如何止列姜先生一人？似与祖制不符。着该部再行添推来看。"② 以此表明他是觉得所荐举人员不充足，要求增加推荐名额，故而再下令群臣"会荐"，其实是委婉拒绝。但臣下并未领悟他的心意，阁臣史可法等为姜曰广力请，由张慎言主持的吏部根据朱由崧的指示会同九卿商议之后，具疏上呈，这次一共推选五人，为首的仍然是姜曰广，其次是礼部尚书王铎、礼部右侍郎陈子壮、詹事府少詹事黄道周、右春坊右庶子徐汧，供监国点用。议上，朱由崧未再迟疑，立即点用姜曰广、王铎俱为东阁大学士兼礼部尚书，入阁办事，这足见其宽厚之怀，当年史书称此事"亦见监国之无我也"③。因为姜曰广一再推辞礼部尚书的任命，乃改为礼部左侍郎入直。另外未加点用的三位不久也分别得到任用：任陈子壮为礼部尚书；徐汧为少詹事；

①计六奇：《明季南略》卷一《诸臣迁升推用》，第15页。

②计六奇：《明季南略》卷一《诸臣升迁推用》，第17页。

③李清：《南渡录》卷一，载《南明史料（八种）》第128页。

黄道周为吏部左侍郎，旋拜礼部尚书。

初六日，兵部侍郎吕大器转吏部。同日，由崧起练国事为户部侍郎、贺世寿为刑部侍郎、何应瑞为工部侍郎，以刘士祯为通政使。初八日，复起刘宗周为都察院左都御史。崇祯时，刘宗周因犯颜力救言官熊开元、姜埰等被治罪罢免，至此召还。同时，由崧按张慎言所荐，起顾锡畴、倪嘉庆、华允诚、叶廷秀补吏部司官。初十日，命李沾、张元始、沈胤培、左懋第、钟斗、李清为都给事中，钱增、姜应甲、马嘉植、王士鑅、黄云师为给事中。十三日，命张国维仍以兵部尚书原官协理戎政，起徐石麒为左都御史，解学龙为兵部左侍郎，张有誉为仓场侍郎，王廷梅为应天府尹，郭维经为应天府丞，朱之臣为太常寺卿，都给事中左懋第为太常寺少卿，李沾为提督四夷馆少卿。吏部本拟任命李沾为操江巡抚，李沾因素与管操江事的勋臣刘孔昭相得，担心分其权力而令孔昭难堪，乃求可法加以避免，遂得此任。郭维经因平素功绩显著，颇受南京人的信赖，仍代理巡视应天之职。旋召被降职调往边远之地的科道章正宸、杨时化、袁恺、庄鳌献、熊开元、姜埰、马兆羲、詹尔选、李长春、张煊、郑友玄、李模、乔可聘、李日辅等一大批人员，以原官起用。十四日，起许誉卿为光禄寺卿。十五日，由崧登极之日，升内官韩赞周为秉笔司礼太监，卢九德提督京营。这样，一个庞大而有效的吏治体系迅速建立起来。

治国安邦，首在选贤任能，安排各级官员，以组织起一个可以运转的官僚机构。朱由崧监国伊始，乃至称帝之后皆多方网罗人才，下令组织成的中央政府，自阁臣、九卿乃至科道各级官员并非谄佞之徒汇集的乌合之众，而是“皆一时人望”①。不可否认的事实是，身居要职的竟多与东林党有联系，属清流派人物，且多为东林派大臣所提名推荐，请弘光帝点选任命。弘光帝并未从自己的爱憎出发，或者说至少克制了自己的感情，比较公正地处理了军国大事。因此，他当时就

①计六奇：《明季南略》卷一《诸臣升迁推用》，第17页。

获得好评，人们称其“大度”，有容人之量，非一般人可及。[①]

弘光帝登极后颁发的“国政二十五款”中用人方面的条款，再次体现了他的恢宏气度。此外，一些条款针对社会弊病提出了解决办法。在经济上，为减轻人民负担，提出不论以实物还是货币征收的田赋，一律酌减一分，而由于各地情况不同，又分别规定了蠲免的比例；决定废除辽饷，同时革除漕粮征收中的诸弊端；放宽对民间交易的管制，以“务苏民困”；奖励屯垦以发展经济。在行政上，对在任各级各类官员各加一级，对废免各官则实事求是地区别对待，可任者即行题补；并开科举、行保举，以广收人才；实行大赦，尤其提出宽仁政治，要网开一面。[②] 这些措施对缓解社会矛盾、减轻人民负担、协调统治阶级内部关系、安定社会有积极意义，确实大有与民更始、咸与维新的气象。

弘光帝的宽容与大度和他颁布的国政方针在当时产生了积极的社会效果，臣民士庶感到国家中兴有了希望，一时间许多忠义正直之士，包括年高德劭的名流人望，纷纷出仕。如“年望七旬，家乡已失”的山西阳城人张慎言，“止因圣政方新，不敢遽为请老”，[③] 而效力弘光朝。

当然，尽管弘光朝大臣中倾向东林的人物占多数，但与此同时弘光帝也在多方面关照和重用这次拥立他的勋臣、武将、有阉党倾向的官僚。弘光帝根据群臣会推，批准任用本来从未参与过朝政的凤阳总督马士英为东阁大学士兼兵部尚书、都察院右副都御史，仍督师凤阳。但此破格高升却并未满足士英之欲，因为自拥立由崧之日起，士英就日夜盼内召，听到仍然督师凤阳之命时，大怒，乃请求入朝觐见，拜疏即行，不待朝旨，乃擅率高杰等部，号称十万，乘舟由淮赴江，于初九日抵达南京，以威胁南京诸臣。同时，高杰、刘泽清共同致书史

---

①李清：《三垣笔记》下《弘光》，第 105 页。

②计六奇：《明季南略》卷一《国政二十五款》，第 11—14 页。

③史可法：《请尊主权化诸臣水火疏》，载《史可法集》卷一，第 20 页。

可法，请其渡江北上，愿听其指挥，实是欲其让权于马士英。[1] 由崧因马士英有定策之功，心存感念，所以对其不待诏而擅自入朝之举非但不介意，反而感到有了依靠，遂令马士英与史可法等阁臣一道协议战守之事。十一日，阁臣遂按史可法所主张，合词上疏，定四藩驻扎之所。

先是，初八日，史可法上《议设江北四藩启》，称：

> 从来守江南者必于江北，即六朝之弱，犹争雄于徐、泗、颍、寿之间，其不宜画江而守明矣。……臣以为当酌地利，急设四藩。四藩者，其一淮、徐，其一扬、滁，其一凤、泗，其一庐、六。以淮、扬、泗、庐自守，而以徐、滁、凤、六为进取之基。凡各属之兵马钱粮，皆听其自行征取。如恢一城、夺一邑，即属其分界之内。……而四藩即用靖南伯黄得功，总镇高杰、刘泽清、刘良佐，优以礼数，为我屏藩，听督臣察酌。应驻地方，相机固守。江北之兵声既振，则江南之人情自安。[2]

史可法还主张另设督师于扬州，以总督四镇，但未举其人。朱由崧对此议悉加批准，并再命诸臣集议：内阁大学士谁居守于朝中，谁督师于扬州？太监韩赞周首先建议道："马相公弘才大略，堪任督师；史相公安静宁一，堪任居守。"这本是从实际出发的公允之议，然而马士英对此很不高兴，乃极力推辞外出督师之任，将这个重任转推给史可法，并极力赞美道："史老先生镇抚皖城，屡建奇绩，淮安士民仰公盛德，不啻明神慈父。督是师者，非公而谁？"这分明是要自己入朝掌政，将深孚众望的史可法排挤出去。然此言一出，完全出乎士英乃至众人意料，史可法竟毫不迟疑地欣然接受道："诚如公言，毋乃过其实耶！东西南北，惟君所使，吾敢惜顶踵，私尺寸，堕军实而长寇仇乎！

---

①文秉：《甲乙事案》卷上，载《南明史料（八种）》第433页。

②史可法：《议设江北四藩启》，载《史可法集》卷一，第11页。

愿受命！”[①] 乃主动承担督师淮扬之任。对此一切，由崧看在眼里，深感正合己意，当然批准，于是进史可法太子太保、兵部尚书、武英殿大学士，视师淮扬。史可法遂离朝而去，马士英即入阁辅政，仍掌兵部事，权倾朝野。

然而令马士英朝中坐镇、史可法外出督师之举却引起舆论大哗。苏州吴县廪膳生卢渭率太学诸生抗疏争之，疏中有“秦桧在内，李纲在外，宋终北辕”[②] 之语，反对史可法外出督师，请求收回成命。弘光帝不听。

十七日，弘光帝对四个拥戴他的军阀大加封赏：黄得功为靖南侯，高杰为兴平伯，刘泽清为东平伯，刘良佐为广昌伯，并划分镇守之地，同时又对勋臣加爵。与此同时，他晋封据守武昌、拥有重兵的军阀左良玉为宁南侯。他力图平衡各方面关系，形成皆大欢喜的局面，以寻求朝廷安定。

弘光帝为广收人才更是不拘一格，在其“国政二十五款”中已明言：对“陷贼各官”，或所谓“北来诸臣”，即投降过李自成、受其任命的各官，“本当戮窜，恐绝其自新，暂开一面。有能返邪归正者，宽其前罪。有能杀贼自效者，准以军功论”[③]。这并非空文，而是说到做到。吏部尚书张慎言依据此主旨上条议称：“北来诸臣，虽屈膝觍颜，事或胁从，情非委顺。如能自拔南来，酌定用之之法。”随后荐举原任督师大学士吴甡、吏部尚书郑三俊。弘光帝当即降旨：“赦甡罪陛见，三俊候另议。”[④]

但马士英等人对弘光帝大量起用人才，特别是大量起用清流派人士的做法并不满意。弘光帝登极伊始，小朝廷内党派之争便已展开。阉党等浊流派大臣与勋臣、武将连同一气，一有机会便向清流派发起进攻。

---

①应廷吉：《青磷屑》卷上，载《崇祯长编》，神州国光社，1951年，第131页。原书中《青磷屑》作者标示为应喜臣，据今人考证实为应廷吉。

②应廷吉：《青磷屑》卷上，载《崇祯长编》第131页。

③计六奇：《明季南略》卷一《国政二十五款》，第13页。

④计六奇：《明季南略》卷一《刘孔昭凌侮张慎言》，第18—19页。

二十三日早朝毕，诚意伯、官居提督操江御史的刘孔昭，公然咆哮殿廷。他拉住灵璧侯汤国祚、忻城伯赵之龙，并呼喊九卿科道止步，以荐举吴甡为由大骂年高德劭的吏部尚书张慎言，必欲驱逐其出朝，闹得乌烟瘴气。他说："雪耻除凶，防江防河，举朝臣子全副精神宜注于此。乃今日讲推官，明日讲升官，排忽武臣，专选文臣，结党行私。所荐吴甡，有悖成宪，真奸臣也。"吴甡，万历进士，天启间官御史，因忤阉党魏忠贤，被削籍。崇祯初，复原官，巡按河南、陕西，皆政绩不俗。累擢右佥都御史，巡抚山西，进兵部左侍郎。十五年（1642）晋礼部尚书兼东阁大学士。次年，奉命督师湖广，镇压张献忠农民军，因行动迟缓，十一月便被定以畏缩罪遣戍，远赴极边的云南金齿。弘光朝成立时，吴甡正在赴戍所途中。慎言闻听孔昭所言，乃冷眼挺立，不与争辩。大学士高弘图道："冢臣自有本末，何遽殿争。"弘光帝见状立即说："文武官各和衷，勿偏竞。"孔昭不予理会，却从袖中取出小刃，追逐慎言于班，哭泣痛骂，必欲杀之。太监韩赞周斥道："从古无此朝规！"孔昭这才收敛止步。御史王孙蕃见状气愤不过，乃上奏说："先帝裁文操江归武操江，亦未见作何事业。且吏部职司用人，除推官升官外，别无职掌。"慎言退朝后，便引疾乞休。孔昭退朝后，仍然不知收敛地肆行攻击，上奏说，慎言依靠权势"推补幸滥，举荐吴甡、郑三俊，更为可异。慎言原有二心，告庙定策，阻难奸辩，不可不诛。乞大奋乾断，收回吴甡陛见之命，重处慎言，为欺君悮国之鉴戒"。这是故意在议立问题上大做文章，挑动弘光帝的厌恶之情，以趁势重处清流派大臣，兴起大狱。然弘光帝对此并未理会，亦未按其思路走，而是仍然坚持稳定政局的既定方针。

正直的大臣面对朝中如此颠倒黑白的状况，深为寒心。次日，高弘图上奏说：文武官各有职掌，毋得侵犯，即文臣中各部不得夺吏部之权。今用人乃慎言职掌之事，孔昭一口咬定，非其所私即谓之奸，如此，臣等皆属赘员矣。慎言荐举吴甡，勋臣知为不可，臣不能知，但票拟实出臣手。又三俊清刚，系五朝人望，臣终以为不可不用，如追究，则臣罪不减于慎言。“臣忝辅弼，坐视宸陛几若讼庭，愧死无地，请赐罢斥。”他因勋臣无理干扰行政而无法立朝，请求辞职，弃官归家。姜曰广亦引疾求去。弘光帝见状，立即遣派鸿胪寺官分别前往各官所居之宅传谕挽留，皆不批准其辞职。

二十六日，弘光帝特于行宫召见大学士高弘图、姜曰广及马士英。弘光帝对高弘图说：“国家多故，倚赖良多，先生何言去也?”弘图回答说：“臣非敢轻去，第用人一事，臣谓可，勋臣谓不可。是非淆乱，臣何能在位。”帝说：“朕于行政用人未习，卿等所言，无一不从，勿疑有他。”这是大实话。弘图也说出了心里话：“冢臣张慎言清正有品，吏部以用人为职，无一日不用人，是无一日不修职也。如推刘宗周、黄道周，使勋臣处之，亦必借重，何独以为罪?吴甡前任抚按俱有声，又清望，先帝简在内阁。督师稍缓致谴，先帝杀延儒不杀甡，即可知其人。假先帝在今日，亦必用之，何勋臣以此罪冢臣也?”他对勋臣超越职权，专横干涉用人行政的行为明确表示不满，又说：“北京失节之臣不可用，江南见存无几，又不合勋臣之意，将谁用乎?若曰武职，则有兵部在，不当亦责冢臣也。”接着，弘图又奏报了弘光帝近臣种种贪污受贿的情形。弘光帝说：“朕固闻之，诸臣通赂出之袖中，诚可嗤也。”帝之态度平易诚恳。这说明，这时的弘光帝对现实问题有比较清楚的了解，也在思考着问题。他经常召见群臣，商讨治国之策，“先后无虚日，或一日再召”，可见他“亦有意为明主。”①弘光帝如此恢宏的气度，是人们始料未及的，其影响颇佳。

然而，弘光朝大臣间的争斗并未停息，而是愈演愈烈。勋臣、军阀与原来有阉党倾向的浊流派串通一气，不断向东林清流派大臣发难；东林派大臣亦加以反击。六月十三日，兵部侍郎吕大器疏劾马士英，云：“士英挟重兵入朝，觍留重地。其子以铜臭而都督，妹夫以手不寸铁而总兵，致瓜葛之越其杰以军犯而监军，附逆之田仰以久处而侍郎，

①以上多处引文引自计六奇：《明季南略》卷一《刘孔昭凌侮张慎言》，第18—20页。

逮问之杨文骢以抗提而职方。胆大心雄，目无法纪。”又云：“吴甡、郑三俊辈，臣不敢谓其无一事之失，而清直刚介均系海内士民之望。马士英、阮大铖辈，臣不敢谓其无一技之长，而贪鄙憸邪，一时附和者皆狡狯卑污之类。”对此不遗余力地进行人身攻击的奏疏，弘光帝“以惜体和衷谕之”。[①] 他依然不予追究，极力调和双方矛盾，以稳定政局。

二、统筹勤政，局势焕然

弘光帝监国登极伊始，即做了统筹全局的部署。他于监国第八天的五月初十日，特命辅臣将用人、守江、设兵、理饷等关系到国家政权建设、国防安危及后勤保障的一系列重要问题“作速议定”。这可谓抓到了关系国家前途命运的点子上。史可法正是遵照此令会同高弘图、姜曰广、马士英进行充分研究后，于十一日“新增文臣有协理戎政、协理操江二员，新增武臣有京口、九江二镇”。此外，他对上江抚臣、镇臣的增设问题亦提出建议。如前所述，阁臣们又据可法的建议，奏请于江北所谓“与贼接壤”的冲边地带，设立四镇，朱由崧完全采纳照办。[②]

朱由崧五月十五日称帝时所颁登极诏及“国政二十五款”，更是全面系统地展示了他治理国家的大政方针。他首先对官僚、勋臣、宗室等厚加恩惠；其次对为国尽忠者、文武官生，及北方各地所谓义不从贼者，即不降于农民军而流落南方者予以关照；对陷贼各官，即曾降服于农民军的官员，亦“暂开一面”给予“自新”机会。他深情地说：“钱粮屡经赦宥，民未沾恩。在民者惟利顽户，在官者惟饱奸胥，朕甚悯焉！”可见他了解民情。所以，为纾解民困，他决定“今于弘光

①李清：《南渡录》卷一，载《南明史料（八种）》第161—162页。

②史可法：《遵议用人守江设兵筹饷事宜启》，载《史可法集》卷一，第15—16页；计六奇：《明季南略》卷一《史可法请设四镇》，第26页。

元年，不论本色、折色，量蠲一分。其本色仍改折二分”，“其辽饷名色，尽行蠲免”，并承诺“俟大仇既复，朝廷尚有浩荡之恩”。其对于改折漕粮、诏宽民间交易、鼓舞开垦屯种等，皆有具体规定之条；此外，对宽矜、减等发落的监犯及其家属，则痛革以赎代罚的“虐政”；另有禁止专官采办、不许派扰商民等条款。[①] 以上皆是针对时弊的政策，颇有可行性。

六月初四日，弘光帝下令颁监国、即位二诏于山东、北直隶[②]，以宣传新朝新政，争取人心。这是接到史可法于六月初三日所上“请亟颁诏敕，以定人心等事”之疏后所发。可法疏云：

> 臣在淮扬安顿兵马，……忽闻北地报捷，络绎而至。或云：辽帅吴三桂杀贼数万，闯贼西奔。或云：唐通内应，闯已授首。据抚臣黄家瑞送臣一报，谓有武弁子刘崇岫，于四月二十七日自京中来，亲见吴帅入城，驱剿伪逆，已经发牌南来，而旧辅谢陞于德州集兵数万，声势大振。又青州诸绅遗臣一札，内云：“……诸君子速立新天子，号召义勇，补天浴日之功，正在此时。”臣读未竟，不觉举手加额，为宗社生民庆也。此时黄河之北便同异域，我皇上进膺大宝，正位旧都，在山东、北直之人，尚未通晓，万一人心涣散，固尽弃前功；即或割据分争，又渐生后患。伏乞皇上即谕该部院，选廷臣之有才望者，赍监国、即位二诏，及赐吴三桂、谢陞二敕，直抵山东、北直一带，晓谕通知，庶人心有归，扫三秦之余孽，在指顾间矣。[③]

所谓“扫三秦之余孽”，即一举消灭败退的农民军。而这时，马士英亦上“奏吴三桂之捷”[④]。于是弘光帝颁发圣旨：“吴三桂倡义创贼，朕知道了。其山东、河北一带，应颁监国、即位诏书，着礼部会同兵部，即

---

①计六奇：《明季南略》卷一《国政二十五款》，第11—14页。

②李清：《南渡录》卷一，载《南明史料（八种）》第148页。

③史可法：《请颁诏敕定北方人心疏》，载《史可法集》卷一，第22—23页。

④计六奇：《明季南略》卷一《五月甲乙纪》，第40页。

日选差才能官员前去。谢陞敕谕一体给赐。该衙门知道。”[1] 在此前后，弘光帝封吴三桂为蓟国公，户部发银五万两、漕米十万石馈之[2]，进旧辅谢陞为上柱国、少师[3]。殊不知此时吴、谢二人皆已背明降清，成为清朝新贵。弘光帝封赏之事，实乃情报有误所致，但他对臣下的建议迅速做出决定，以争取人心、扩大影响的行为，展示了治理国家的魄力。

然而，弘光政权的形势并不乐观。此时，不仅朝中党争不断，地方兵民之间也形同水火。最为突出的事件是高杰引发的扬州民变。本为李自成将领的高杰降明后成为镇压农民军的先锋，甲申春奉命赴大学士李建泰军前效力，未至，闻李建泰兵溃，便经山西、河北率兵南下，一路大肆劫掠。四月，抵达扬州，欲入城。扬州人畏惧，为之罢市，登城死守。而淮扬巡抚黄家瑞遇事竟毫无主张，不知如何是好，分守道马鸣騄则昼夜督民守城。高杰被阻，气急败坏，加紧挥兵攻城，并于城外肆行杀掠，但久攻不下，乃于五月十六日起实行围城。高兵所杀环城之民“积尸盈野，淫污则辱及幼女”[4]。城中百姓则“日于河边草隙取零兵而杀之”[5]。于是，“民以兵为贼，死守不容；兵以民为叛，环攻弗释”[6]。兵民如此相斗，“结衅愈深，竟不可解”[7]。高杰的旧识扬州进士郑元勋恐城将不守，乃亲赴高杰兵营说和。高杰甚为高兴，乃置酒款待，并退兵五里，接受调停。二十五日，元勋进城劝黄家瑞放高兵入城，说高已奉朝廷之命驻扬州，应加以善待，“毋撄其暴乱”。守城士民听后群情激愤，纷纷议论道：“城下杀人如是，元勋不见耶?”元勋则极力为高杰辩解，无奈一口难平众怒，众人皆指其为杰党，并说：“不杀元勋，城不可守。”[8] 众人痛骂之下，乃将其乱刀杀

①《史可法集》卷一，第23页。
②顾炎武：《圣安皇帝本纪》上，载《南明史料（八种）》第97页。
③计六奇：《明季南略》卷二《北事》，第134页。
④计六奇：《明季南略》卷一《高杰》，第33页。
⑤史可法：《悍民惨杀乡绅请加抚道臣处分疏》，载《史可法集》卷一，第24页。
⑥计六奇：《明季南略》卷一《高杰》，第32页。
⑦史可法：《悍民惨杀乡绅请加抚道臣处分疏》，载《史可法集》卷一，第24页。
⑧计六奇：《明季南略》卷一《高杰》，第33页。

于城楼。分守道马鸣騄见事情闹大，不可收拾，乃独奔泰州而去。高杰恨甚，奋力攻城。兵民火并，形势愈加严峻。

督师史可法得报，亟赴高杰兵营，极力劝解，晓以大义，同时具疏劾黄、马失职之罪，以平其怒。高杰这才不进扬州城而移驻瓜洲。可法疏称："镇臣高杰之率兵南下扬州也，扬人实未预知，初到之时，不无骚扰；及镇臣既至，取犯兵斩之以徇，日不下十数人，地方官民可以谅矣。乃抚臣黄家瑞漫无主张，道臣马鸣騄一味偏徇，听城中百姓日于河边草隙取零兵而杀之，因是结衅愈深，竟不可解。乡绅郑元勋亲到高营，所以为百姓之心无所不至。而百姓反谓通同播害，乘元勋一言之误，当抚臣座次，操戈而群杀之，至于碎其身首，抚臣之威令谓何？至于道臣，始则乖张，后复畏缩，今且避往泰州矣。骂兵杀兵以为爱民，而不知适以害之也。臣于二臣不能无憾。伏乞敕下处分，以谕三军，以谕百姓，一面察其首恶，立重创之庶纪纲不致尽坏。"这是复杂矛盾交织在一起，很难处理的棘手问题。弘光帝览可法奏疏，即颁诏曰：

> 地方官不能和调兵民，致祸及无辜之乡绅，城守何在？马鸣騄幸祸畏缩，尤为可恨。并黄家瑞俱着该部院议处具奏。①

这里把如此严重的问题仅归结于官员的失职，下令追究抚臣与道臣，并未大搞株连，以尽量缩小打击面。黄、马二人为地方受过，百姓见之不忍，"父老诣阙保任"，弘光帝乃顺水推舟，并未惩处黄、马，而是"优诏恕之"，仅处理行凶之人。随后，黄家瑞亦恳切请求为郑元勋抚恤，问题遂平缓解决，史称黄家瑞之举"厚道"。② 其实，此事处理过程所展示的，何尝不是弘光帝平息事态的"厚道"。

面对朝野文武群臣的不断争斗，弘光帝甚为苦恼，乃于六月二十七日颁谕训示道：

> 朕遭九六之运，车书间阻。方资群策，旋轸故都。时复秋高，

①《史可法集》卷一，第24页。
②计六奇：《明季南略》卷一《高杰》，第34页。

其兹舟漏，乃自殿争起衅，驯至穴斗成风。封事虽勤，庙算安在？先皇帝神资独断，汇众纳流。天不降康，咎岂在上！尔文武大小诸臣，鉴于前车不远，精白乃心，匡复王室。昔汉室起于艰难，丙魏合志。唐肃兴于灵武，李郭同心。若彼镞此矛，尔虞我诈，袒分左右，口构玄黄，天下事不堪再坏，且视朕为何如主！

兹特谕尔诸臣，和衷集事，息忿图功。刎颈之交，仇忘廉蔺。同车之雅，嫌化复恂。朝廷以此望尔诸臣，诸臣以此上体朝廷德意。庶君臣之间，礼全始终，不则祖宗成宪，弗尚姑息。各宜钦承，朕言不再。特谕。①

该谕可谓动之以情，晓之以理，苦口婆心地告诫臣下要以国家为重，止讼息争。当然这无济于事，只不过是他的一厢情愿而已，但其真心确实感人。

弘光朝建立后，诸臣按朝中大政方针各司其职，但弘光帝并非垂拱而治，面对诸臣所为，往往有自己的看法并提出要求。当时，如何处理北京陷落时曾投降李自成大顺政权的诸臣，即所谓从“贼”者，是朝中激烈争论的议题，从严还是从轻一直争执不下。八月初八日，他对刑部侍郎贺世寿上奏的“从贼六等条议”，批示道：

这所拟从贼诸款，尚多未协。如为贼领兵献策条陈的，明系谋危社稷。即在庶僚，岂可末减？督抚总兵降贼的，情罪极重，岂可列第二等内？四、五品京堂及科道翰林侍从之臣，污贼伪命，为贼要职，并守巡等官降的，岂可止于一绞？庶官受伪命的，其中科道翰林、吏兵等部司官及封疆大吏、巡方司道闻变倡逃的，罪岂止于一流？或献女献婢媚贼及受伪官的，罪岂止于一徒？

国家罹此大变，先帝、后饮恨升遐，诸臣负恩辱国如此。朕守祖宗大法，须有定案，昭示天下后世，以振肃人心，表章纲纪。

①《甲申纪事》卷一《六月二十七日传圣谕一道》，载《冯梦龙全集》第17册，第1页。

法司当秉公奉法，毋枉毋纵，称朕平允之意。这条议，着再确拟来看。[①]

此批语足见其思考问题全面周密，反映了他的勤政。

弘光元年（1645）三月，史可法上奏称：泗州镇将李世春，廉而有威，突然病故。其弟遇春，队伍精严，地方相安，已奉旨代任。最近因黄得功不容浦口守将张天福，坚决驱逐之，部议乃改任张天福于泗州。然高营各将，以泗州为其分地，天福若来，恐难相安。而当天福胞兄天禄闻命迁家属至，总兵卜从善即把守于渡口，夺其马骡，致家眷惊落水中。请敕部仍用遇春，而天福另用。疏入，帝从其言。[②]

同月，四川督辅王应熊上言称：蜀境西北接郧阳，东抵夷陵，西南由建昌通云南，东南由遵义通贵州，是李自成、张献忠所部争夺之地，必须加强防守，以备不测。现广西、郧阳许臣节制，则急缓可以呼应。然而臣名义上总督四省，兵止于黔，饷止于滇，权限局促，如此“不几轻视巨寇乎？”这是明确提出应扩大其事权的要求，弘光帝遂降旨：“命楚、郧、贵、广悉听督辅节制。”[③]

三、清理陈案，展示魄力

在清理历史遗案、还历史公道方面，弘光帝的所作所为颇有过人之处。

朱由崧称帝之前正式参拜懿文太子陵寝，表达缅怀之情，展示了直面历史的恢宏胸襟。更令人赞叹的是，他即位后不久，即接受大臣特为此事提出的奏议，又进一步采取行动。

六月初六日，太仆寺少卿万元吉奏请恢复懿文太子故号及建文诸臣谥。其奏称：

①《甲申纪事》卷一《八月初八日刑部侍郎贺世寿拟进从贼六等条议奉圣旨》，载《冯梦龙全集》第17册，第2页。

②史可法：《请仍用李遇春泗州疏》，载《史可法集》卷二，第51页。

③计六奇：《明季南略》卷三《王应熊请节制楚郧贵广》，第173页。

皇上前谒孝陵，徐问懿文太子园陵所在，亲为展拜。臣随诸臣后，莫不手额。先臣杨守臣尝请修《建文实录》，云：“国可废，史不可废。”弘治中，布衣缪恭伏阙上书，请复建文故号，爵其后裔，奉祀。敌皇帝勿罪。夫灭曲直不载，不若直陈其事，而示之以无可增加也。削庙号弗隆，不若引景帝故事，还懿文当日追尊故号，祀之园寝，而配以建文君也。乞敕廷臣广集众议：《建文实录》作何开局纂修？懿文故号祀典作何厘正？……请将靖难死事诸臣及北京、各省直城陷殉难诸臣敕诸司备归采录，编成一书，分别二等，酌予谥荫庙礼，颁行学宫，广示激劝。

这是臣下洞悉弘光帝具有秉持正义的态度后才有的上疏之举，反映了多年来人们希望翻案、寻求正义的心声。弘光帝览奏，乃“嘉纳之”。[1]

随后，弘光帝于六月十九日颁发了一份诏书：

孝莫大于成先志，礼莫大于顺人心。故列圣旧章，虽非后人所敢变，而累朝缺典，实维继体之善承。洪惟我懿文皇太子，开国元良，高皇冢嗣，夙著朝三之孝，未终与九之龄。建文君温文成性，岂弟因心，位仅正于四年，德实隆乎三让。景皇帝旰食宵衣，内安外攘，社稷倾而复定，日月食而重明。溯三朝之令猷，皆百王之盛轨。惟奕世拘牵于祖制，遂徽称久废于宗祊。然建文崩逝之年，成祖业命葬以天子之礼。即景泰革除之日，英宗亦有“朕心不忍”之言。陵碑称曰朝廷，昭皇帝已仰知志意；成王尊为景帝，纯皇帝固默有禀承。今历年滋久，寰宇之歌思愈深；而显号弗彰，祖宗之怨恫奚慰？

弘光帝遂“祗告天地宗庙社稷”，复追尊受贬斥冷落的先人，同时诏称：

其革除死事诸臣，精忠贯日，苦节可风，分别轻重，并与恤典。[2]

---

①李清：《南渡录》卷一，载《南明史料（八种）》第149—150页。

②李清：《南渡录》卷一，载《南明史料（八种）》第164页。

此诏书将懿文太子、建文帝、景泰帝及其夫人追复为帝为后，并上谥号、庙号。其中，追复懿文太子朱标谥曰兴宗孝康皇帝，常妃曰孝康皇后；追上建文帝朱允炆谥曰嗣天章道诚渊恭觐文扬武克仁笃孝让皇帝，庙号惠宗，马后曰孝愍温贞哲睿肃烈襄天弼圣让皇后；追上景泰帝朱祁钰谥曰符天建道恭仁康定隆文布武显德崇孝景皇帝，庙号代宗，汪后曰孝渊肃懿贞惠安和辅天恭圣景皇后。①

随后，弘光帝又追谥靖难之役中的死难者，即被朱棣杀害的忠于建文帝的大臣方孝孺等七十余人；追封英宗（朱祁镇）复辟时蒙冤被害的于谦，以伸张正义。当时的史家面对此追封帝号、谥号、庙号之举，曾感叹道："海内望此典几百余年矣。至是始克举行，详书于册，深善之也！"② 这是对一向饱受贬抑的非直系祖先的高调处理，清理了历史遗案，还了历史公道。弘光帝所做的确实是令人感叹的善举，其意虽在争取人心，但却突破了以前无人敢碰的禁区，再一次展示了其魄力。

弘光帝不仅对敏感的历史遗留问题进行处理，对宗族内部的现实问题亦大刀阔斧地推行安抚政策。明朝家法甚严，藩禁甚多，皇帝为强化皇权，杜绝诸王权势过重而出现尾大不掉的隐患，制定了许多防范措施，特别是严管诸王，不许其干预朝政。明朝诸藩王分封之处皆在外地，藩王虽然地位尊显，但不能干预地方政事，且朝廷一再削减其护卫，削夺其军事指挥权，不许其擅自役使军民吏士，等等。这些措施意在严格约束诸藩及广大宗室，然而事实上往往行不通，因规矩苛刻，宗藩动辄获咎，以致违规犯纪者众。明廷对触犯者严加惩处，重者则褫夺其原有身份，一律称为罪宗，投入坐落于皇陵所在地凤阳专收罪宗的监狱，即凤阳高墙。高墙中所收罪宗，常年有数百名之多，

---

①李清：《南渡录》卷一，载《南明史料（八种）》第164页；顾苓：《金陵野钞》，载《南明史料（八种）》第699页；黄宗羲：《弘光实录钞》卷一，载《黄宗羲全集》第2册，第24页。

②文秉：《甲乙事案》卷上，载《南明史料（八种）》第445页。

其中罪有应得者固不乏人，蒙冤受屈者亦复不少。罪宗被关押后，很少加以甄别清理，如此众多罪宗常年聚集于一地，影响面甚广，是亟待解决的一大问题。对此，弘光帝于七月降旨：尽释高墙罪宗为庶人。除图谋不轨者另议外，余尽释放。此时共释高墙罪宗三百四十一人。[①]唐王聿键即于此时得释。

同时，弘光帝以宽厚态度对待潞王。潞王朱常淓本是弘光帝称帝时唯一的对手，其所谓的贤明声誉并未因争夺帝位失败而削弱，这不能不说是对弘光帝的一个现实威胁。然而弘光帝对此却并不在意，在称帝的当月，即“命潞王于杭州择广署居之”[②]。六月，“命护送潞王于杭州”[③]。朝廷“有旨约束其从人”，时人认为此举意味着马士英之意“无日不在王也”。[④]

马士英辈不断以拥立潞王一事，怂恿弘光帝向东林党发难。九月，饱受马士英排挤的大学士姜曰广愤然辞职，离朝日于大殿向弘光帝辞行时，有“微臣触怒权奸”之语，马士英知是指自己，便向帝叩头道：“臣从满朝异议中拥戴皇上，愿以犬马余生归老贵阳，即皇上留臣，臣亦但多一死。”这是又拿“拥戴”做文章。曰广厉声回应道：“拥戴是人臣居功之地耶?”士英立即回击道：“曰广定策时，意在潞藩。”这是故意揭发东林派大臣不光彩的老底，把潞王拿出来打动弘光帝之心。但弘光帝却不为所动，很平静地说道：“潞藩朕之叔父，贤明可立。两先生无伤国体。”[⑤] 他还表示并不在意自己的这名政敌。

虽然生性胆小的常淓此后更加谨言慎行，但仍遭到了陈之遴的算计。原来，此时被罢官居于杭州、永不叙用的原翰林院编修陈之遴，

①计六奇：《明季南略》卷二《六月甲乙总略》，第60页；顾炎武：《圣安皇帝本纪》上，载《南明史料（八种）》第100页；文秉：《甲乙事案》卷上，载《南明史料（八种）》第449页；李清：《南渡录》卷二，载《南明史料（八种）》第200页。

②谈迁：《国榷》卷一〇一，第6105页。

③计六奇：《明季南略》卷二《六月甲乙总略》，第59页。

④黄宗羲：《弘光实录钞》卷一，载《黄宗羲全集》第2册，第11页；张道：《临安旬制纪》卷一，载《海东逸史（外三种）》第157页。

⑤徐秉义：《明末忠烈纪实》卷一六《姜曰广》，第359页。

又被海宁百姓揭发其诸多不端之事，百姓屡向浙江布政使司衙门、按察使司衙门控告。常滂得其揭文，偶向主管监察之责的官员言及，之遴得知后惧恨不已。十一月，落魄的陈之遴复职，补升为左春坊左中允，兼翰林院编修。他被弘光帝召对时极进谗言："旧大臣意立潞王，幸马士英违众独立。今杭城省会，非所宜居，恐有密图者。"[1] 弘光帝并未立即处置，而常滂却甚不自安。他亦觉得杭州难以安居，遂于弘光元年（1645）四月初，奏请迁居"僻静一郡"[2]。至是，朝廷方下令命其移居湖州，未及行而南京失陷，弘光朝覆亡。但弘光帝对潞王不失宽厚，展示了他的大胸襟、大气魄。

四、选贤纳谏，颇有起色

弘光帝被拥戴登极后，是想有一番作为的，监国伊始用人行政已显示了魄力。他点用的数位大学士皆已展示了不凡的才干，反映了这位帝王秉公的气魄。除此之外，他所起用的官员亦多能胜任，积极发挥作用，提出颇有见地的思想与主张，令人耳目一新。五月初五日（即监国第三天），朱由崧便命令兵部郎中万元吉宣谕各镇，这是颇得其人的任命。

万元吉原为总兵高杰的监军，受命后，即针对实际问题，上言指出大顺军已"胆横心雄，眈眈漕粟"，有东进控制漕运、攫取漕粮的野心。而徐州、凤阳一带诸镇驻军未能整肃，兵民矛盾颇多，形成不了力量。他提出"欲亲往宣谕，务令相安，以拒逆贼"，又说此时高杰率重兵至江北，已进驻扬州，为安其心，"请发万金，并往犒赍。然后会同文武谕以大义，共固江淮"。[3] 朱由崧同意其奏请。元吉遂渡江，亲赴诸镇各营，颁发犒赏，并以大义激励，又同诸镇将恳切陈说江南乃

①计六奇：《明季南略》卷三《附记徙潞王》，第185页。
②张道：《临安旬制纪》卷一，载《海东逸史（外三种）》第157页。
③李清：《南渡录》卷一，载《南明史料（八种）》第127页。

皇帝所在的京城重地，不宜安插家口。诸镇皆表示听命，但实际上黄得功、刘泽清、高杰等军阀皆欲争占扬州，且互不相让，江北已成各部军阀角逐的场所。元吉乃再泊舟仪真，得功至时，即修书一封称赞其首倡拥戴，共奖王室，实功在社稷，此时亦应顾全大局，得功遂回函表示听从。元吉于是抄写得功来函驰送各镇，泽清与高杰见之皆受感动，嫌怨之心稍解。十数天后，元吉回朝，即请督辅史可法从速赴任，为四镇画地分守。他认为高杰所率之兵稍强且凶悍，建议以高杰之兵隶属可法，对外展示格外信任之心，实可掌握操纵调动之权，不致令高杰军肆虐一方。此建议可谓用心良苦，为安定江北局势做出了贡献。

在任命万元吉的当日，监国朱由崧“嘉纳”御史祁彪佳所上《陈致治大本疏》及高弘图所上《新政切要八事》。

祁彪佳极言清吏治必首清仕途，其奏疏首先肯定朱由崧宣布监国的重大意义：

> 殿下涣颁大号，沛发明纶，虽为继统，实同创业。以仁厚归群情，又以严肃定众心，此明纪纲、饬法度之说也。

他恳切希望监国注意六个要点：

> 典制益当遵守，勿以多事逐纷争之端；名器益当慎重，勿不（以）乏才启滥幸之窦；人才不可不爱惜，而自媒之径必不可开；官爵不可不优崇，而躐迁之阶必不可有；恩赏固宜普，当为可继之地，勿生无厌之觊觎；开释固宜速，当核可原之条，勿紊罔贷之刑章。

这是强调一切应严格按法制、规定行事，绝不可徇私枉法，突破原则。彪佳进一步指出，能如此，则“纪纲明，法度饬，然后以轻徭薄赋收民心，以举贤录才收士心，以信赏必罚收将卒之心。如是守固战胜矣”。他特别提出：“殿下一心，尤为纪纲法度之本，念念敬天，则天庥必滋至；念念法祖，则祖泽益灵长；念念勤民，则民情愈忻戴。”彪佳可谓苦口婆心，所言鞭辟入里，后皆得到验证。[①]

初八日，朱由崧任命祁彪佳宣抚江南。北京陷落后，难民纷纷南逃。因恐惧高杰凶悍兵众镇守扬州，逃难之民不敢停留于此，又纷纷奔避，多逃至江南。而此时江南别有用心者或乘机抢掠，或假借忠义之名敲诈所谓从“逆”诸姓，以致人心惶惑，社会动荡不安，此种情况在苏州、松江、常州、镇江尤为严重。由崧得知彪佳昔日巡按吴地，颇有威望，故而任命。彪佳不负所望，到任即严肃法纪：“刑斩倡乱，宣布赦款，甄别有司贤否。”[②] 三吴地区遂得安定。

当时，诸臣建言上策蔚然成风，监国福王积极理政而多予采纳。大学士高弘图所上新政切要八事曰：

> 一曰正义问。欲下明纶，正逆贼之罪，以鼓忠义；二曰御讲幄。欲不俟释服更日直讲。三曰设记注。欲召词臣侍立记监国言动，送贮内阁。四曰睦亲藩。欲依列圣践极，遣使各藩，赍玺书慰告。五曰议庙号。欲制列圣主，权附（祔）奉先殿，仍于孝陵侧望祭列圣山陵。六曰严章奏。欲无使小人奸徒借端立说，脱罪思幸。七曰固江防。欲将江北、河北、山东等处正税本折等从崇祯十六年以至十七年尽行蠲免，无为贼小惠所愚。八曰详（择）诏使。欲遣词臣、科臣招徕朝鲜，以觇北兵（女直）之逆顺合散。[③]

八事皆为朝野内外大事，其中前七项皆意在整顿内部，包括对付农民军、强化君权、争取人心等，是有针对性的措施。然第八项所谓“招徕朝鲜，以觇女直之逆顺合散”，意为让朝鲜观察清人之动态，实乃昧于形势之言，根本行不通。女直（女真）不仅早已改名满洲，建立大清，并令朝鲜臣服，此时已入主中原，不日就要挥兵南下。此时南方当政者仍以天朝大国自居，还在纸上谈兵，足见信息之闭塞。不知已

①李清：《南渡录》卷一，载《南明史料（八种）》第127页。

②李清：《南渡录》卷一，载《南明史料（八种）》第129页。

③李清：《南渡录》卷一，载《南明史料（八种）》第128页，以浙江古籍出版社1988年版《南渡录》第5—6页校改。

知彼，已预示隐患。

工科给事中钱增上《东南第一隐忧疏》，提出动用多方之力兴修水利之议，大略言：

江以南，苏、嵩（松）、尝（常）、镇、杭、嘉、湖七郡之水，以太湖为腹，以大海为尾闾，以三江入海为血脉。自吴淞淹塞，东江微细，独存娄江一派。而娄江之委七十里曰刘家河，一名下江，乃娄江入海之道。东南诸水，全借此以归墟。考胜国（按：指元朝）时，刘河深广，运艘市舶走集于此。国朝二百七十余年，潮汐泥沙日就浅狭，今渐涨渐满，不一年竟成平陆，东流之水，逆而西向，灌溉无资。若旱魃为虐，则平畴龟坼。万一大浸稽天，如万历之戊申、天启之甲子，洪流倒峡，震泽不能受，散漫横溃，势必以七郡之田庐为壑，东南数百万财赋尽委逝波，其如民生国计何？但事关大利害、大工役，非一郡一邑所能济。考之先朝水利，有专官特遣兴役者，如永乐间夏元吉白茅之役也；有专委抚臣奏绩者，宣德间周忱、嘉靖间李充嗣、万历间海瑞吴淞、白茅之工程。成绩具在，特在睿断。①

朱由崧览奏，即命浙直抚按速议举行。

吏部尚书张慎言上陈《中兴十议》：

一曰议节镇。淮安、凤庐、荆襄为今日锁钥重地，宜申饬镇抚大臣，如九边三协之类，分戍增堡，各扼险要，东西开合，首尾相援，步骑兼屯，战舰海舟添设于长淮、大江间。沿北郡县，各积谷五千石或万石，分储立备，为仓卒转运之费。二曰议侨藩。或浙之处、严，及江西之广信、袁、抚，或闽越间，择其可者。至府第护卫等官属，暂从节省。三曰议开屯。于江北闲田招集流遗，开屯立业，给照免租，三年后量征课税。县府豪杰以百夫屯为百夫长，以千夫屯为千夫长，用什伍之法，就使守御。四曰议

①李清：《南渡录》卷一，载《南明史料（八种）》第130页。

> 叛逆。明谕在北郡县，凡口称伪官，有能立行枭示或擒拿者赏。五曰议伪命。国家三百年养士之报，至有今日。诸屈膝靦颜之臣，家属在南者，量仍旧籍，仍俟其归正，不宜以风闻谣谤即行苛议。无论清浊混而真膺（赝）淆，既无可还之辙，恐增从逆之想。至若自跋（拔）来归，尤当从宽，分别酌议。或系原废籍，或曾经推拟，或原无官守，或有地方之责无兵马之权，倘才堪一割，情可矜原，宜酌定一用之法，不当概以死责。俟贼平论定，乃如唐肃宗时以六等定罪。六曰议褒恤。如范景文、倪元路（璐）、李邦华等传闻确者，立宜赠谥。余待详檄（核）论定。七曰议功赏。一阶半级，原用劝酬。恐烂羊酬爵，市饮售官，反增贪幸。今武爵稍宽，文资无滥，综核名实，无开幸门。八曰议起废。大行皇帝初年定案，无容更议。嗣后戍边废籍诸臣，清议自在。假或杂揉（糅）并进，致伤先帝玉成之德。务使廷臣协议，归于至当。九曰议惩贪。迩来百司贪黩成风，盗贼席卷之势。今约在内都察院科道、在外抚按，广刺贪吏，究赃重拟。十曰议漕税。北漕万有余艘，除旗甲有数外，余网司、舵工、挽夫不下八万人，大半募自外江，今漕登近地，此十余万人无室无乡，游食不已，为患非细，宜下廷臣酌议。①

这是一份涉及多方的安邦定国的方略，但重点在第五、八两项议案，即主张宽大处理受伪命者。所谓降贼诸臣，即曾投降大顺农民军而才堪一用者，其特殊情况可以原谅，不当一概定以死罪；崇祯初年所裁定的阉党逆案不可掀翻，而戍边废籍诸臣不可重新起用。监国福王“俱嘉纳之，命部酌行”②，以显示虚心纳谏。然而，这不过是官样文章，不久之后的召见阮大铖之举引起了轩然大波。

①李清：《南渡录》卷一，载《南明史料（八种）》第130—131页。
②李清：《南渡录》卷一，载《南明史料（八种）》第131页。

五、力排众议，起用大铖

阮大铖入朝是弘光政权最为敏感的问题，亦是弘光帝顺马士英等人之意加以处理之事，这使他大伤脑筋，并给弘光朝廷埋下危险的种子。

阮大铖，字集之，号圆海，又号石巢、百子山樵，南直隶怀宁人，祖籍桐城。万历十五年（1587）生。“少负磊落倜傥之才，饶经世大略”[①]，“机敏猾贼，有才藻”[②]。未第时，尝自题于室曰：“有官万事足，无子一身轻。”[③] 三十一年（1603），中举。四十四年（1616），中进士，授行人司行人。天启元年（1621），考选给事中。时御史左光斗谠直有声，以阮大铖有同乡之谊，乃引为同志。大铖遂倾向东林，以清流自命，然“器量褊浅”，“急权势，喜矜伐”。[④] 四年（1624）春，吏科都给事中出缺，大铖按资历当升任，朝议以其“轻躁不可用”，欲用魏大中。大铖甚为愤怒，乃背叛东林，暗通阉党，而愿望得逞。六年（1626）冬，任太常寺少卿，仅数月即乞归。崇祯元年（1628），起光禄寺卿，旋被劾为党邪，罢官。二年（1629）正月，明廷定阉党六等罪，大铖列名逆案第四等。以积极缴纳钱物而减免徒刑，归乡为民。八年（1635），农民军逼近皖地，乃避居南京，修建亭台园圃，收养歌姬舞女，以吟诗编剧演唱自娱自乐；更广为交结，招纳游侠，谈兵说剑，以知兵善文扬名。他希冀有朝一日朝廷能以边才召用，但因招摇过甚，为当时以气节、忠义相尚的周镳、顾杲、吴应箕、陈贞慧、黄宗羲等复社诸文士所不容。十二年（1639），诸文士乃作《留都防乱公揭》四处散发，揭发其罪状，并加以驱逐。大铖惧，乃遁居城南牛首

①叶灿：《咏怀堂诗集序》，载阮大铖：《咏怀堂诗集》附录，胡金望、汪长林校点，黄山书社，2006年，第524页。

②温睿临：《南疆逸史》卷五六《阮大铖》，第445页。

③佚名：《鹿樵纪闻》卷上《马阮始末》，载《扬州十日记》第127页。

④钱澄之：《所知录》卷六《阮大铖本末小纪》，第149页。

山祖堂寺，闭门谢客，与凤阳总督马士英、诚意伯刘孔昭、太监韩赞周等深相结纳。每夕聚会，客倦罢去，他则挑灯写作剧本，常彻夜不眠，自称匿居期间，“萧然无一事，惟日读书作诗”[①]。其诗多收入《咏怀堂诗集》，所作剧本有《燕子笺》《春灯谜》等。

崇祯十七年（1644）四月底，阮大铖得悉南京史可法、吕大器、张慎言等大臣因北京陷落，正聚会议立新君，乃紧急向马士英献策，要他拥立福王以掌握主动：“国方有难，先立君者功高，当今天下清议归史君，而君握重兵于外，若不早图，将为人副。挟天子以令东南，万世一时，在此举矣。福王于序为最近，何不先致意焉？”[②] 士英遂联合诸勋臣、镇将，于五月拥立福王朱由崧即帝位。大铖唯恐由崧不了解自己，便通过韩赞周向太监们散布当日东林“迫害”郑贵妃及福王朱常洵等危言耸听之词，让他们趁机向弘光帝述说，以中伤史可法等一批大臣。太监们还不断地在皇帝面前交口称赞阮大铖是文武全才，且投由崧生性喜优伶乐舞之所好，将大铖所编写词曲诸剧进献宫中。这样，弘光帝一入南京便知道阮大铖这个人，并对其有好感。

在组建内阁时，马士英碍于曾有“逆案不可轻议”之诏，不敢贸然推荐阮大铖，让刘孔昭试探性地推荐，史可法以“此先帝钦定逆案，勿庸再言”[③] 为由顶回。后史可法离朝赴江北督师，清流派大臣高弘图督漕离开南京。六月初六日，马士英向弘光帝进言说：

> 臣至浦口，与诸臣面商定策。大铖从山中致书于臣及操臣刘孔昭，戒以力扫邪谋，坚持伦序，臣甚韪之。但本官天启年间曾任吏科都，时同官魏大中争缺，本官虽退让，与当时诸臣嫌隙遂开，因牵入魏忠贤逆案，其实本官既未建祠，亦未称功诵德，径坐以阴行赞导。夫谓之“赞导”，已无实绩，且曰“阴行”，宁有

①叶灿：《咏怀堂诗集序》，载《咏怀堂诗集》附录，第523页。
②温睿临：《南疆逸史》卷五六《马士英》，第442—443页。
③计六奇：《明季南略》卷一《诸臣迁升推用》，第15页。

确据？故臣谓其才可用，罪可宥也。[①]

这里马士英使用了挑拨离间的手法，在拥立福王问题上大做文章，陈说阮大铖于关键时刻所起到的关键作用，即提出所谓“力扫邪谋，坚持伦序”的重要建议，坚决挫败东林士人反对立福王而坚持立潞王之事。这既塑造了阮大铖忠于弘光帝的政治形象，同时也表白马士英自己与刘孔昭的拥戴元功，更丑化、攻击了清流派大臣，可谓一箭三雕。同时，马士英更为阮大铖复出安排了具体职务，即进入他主掌的兵部任右侍郎。为减少麻烦，他特意选择掌管内阁票拟之权的大学士高弘图外出督漕未归之时，自己得以以大学士身份亲自拟旨：赐冠带陛见。[②] 弘光帝本来对崇祯初年所定的阉党一案并无定见，且其揽才求治心切，阅奏疏所言知道阮大铖确是符合自己心意之人，遂立即批准马士英的安排。

六月初六日，恢复官员身份的阮大铖入朝陛见皇帝。进宫后他奔趋至御座之前跪下叩头，如同见到了久别的亲人，倾吐十七年来存在心中的苦水，“泣陈陷入逆案之枉，且曰：‘陛下知君父之仇未报，亦知祖母之仇未报乎？’”[③] 这里所谓“祖母”即指郑贵妃，这是以昔日万历年间的“三案”，挑激弘光帝福王一系的家仇旧恨。由此可见，阮大铖一出场即来者不善，摆出了与东林派大臣势不两立的姿态。他在辩解当年所谓蒙受的冤屈时，还说“弘图素知臣者”[④]，这是钻清流派内部矛盾的空子。高弘图是颇为特立独行的耿直之士，他天启年间为御史时，曾上疏攻击过东林人士，因而丢官。复官后，不仅不阿附魏忠贤，且屡次上疏直言，又遭罢官。尽管如此，大铖却断定高弘图不同于东林派大臣，定会同情自己，故有此言。在皇帝面前，大铖有问必答，巧言善辩，很得弘光帝的欢心，并胸有成竹地上了一份陈述“防

①李清：《南渡录》卷一，载《南明史料（八种）》第148—149页。

②计六奇：《明季南略》卷一《马士英特举阮大铖》，第41页。

③戴名世：《弘光朝伪东宫伪后及党祸纪略》，载《戴名世集》卷一三，第366页。

④李清：《南渡录》卷一，载《南明史料（八种）》第156—157页。

剿联络形势”的奏疏，明确提出联络、控扼、进取、接应四策。

阮大铖在奏疏中侃侃而谈：

> 臣观连年国势不振，人心涣也，联络行，则人心自固。然荆襄、楚豫、淮海、青徐，延袤三千余里，贼从出之路即我防贼而歼之之路也。贼巢窟在秦，则犯我者定从潼关趋陕、巩而出洛，此其中路。从鱼河堡、韩城、朝邑渡河而窥保德、蒲州、安邑，此其东路。从韩中、信阳而窥郧、襄，此其南路。待其来犯，起而应之，而我之人心已风鹤矣。何如联络一定，即敕授六镇臣率重兵繇汝宁，与楚之镇抚繇德安而合驻于南阳，以扼其中路。徐淮镇臣率重兵与辽镇吴三桂合兵而驻于临清，以扼其东路。左镇之偏裨率重兵驻于襄阳，与郧抚徐起元合，以扼其南路。盖驻兵太远，则贼蔓难图，太近，恐孤军易裹。扼此数处，坚壁清野，以逸待劳，俟约会齐集而后分兵进取，此稳着，此上策也。控扼一固，便谋进取，而驻南阳者可渐逼巩、洛，驻临清者可渐逼怀庆，驻郧襄者可渐逼房、竹。渐联、渐固、渐逼，而贼之鸱张豕突俱化釜鱼矣。夫从前用兵之失，只是集众兵孤注于前，而后无一应着，所以一败之后至不可收拾。倘南阳进，而敕皖抚率兵繇六、汝以接应之。临清进，而敕淮扬一镇率兵由邹、滕以接应之。郧、襄进，而敕淮扬率兵繇夷陵、荆州以接应之。则我师知后劲有人，胆气自壮，万无溃丧可虞。此接应一着，断断不可不预策者也。

他建议施行引诱、用间等里应外合之谋，指出：

> 大约忠信可激人真心，金钱亦能得人死力。权虽不可预设，机实可以互施。

又说：

> 守长江者有“三要”“两合”“十四隙”可言。①

并详细阐述其内容，最后指出：

---

①李清：《南渡录》卷一，载《南明史料（八种）》第165页。

> 务以“两合”联络“三要”，以“三要”弭控此“十四隙”，斯江防固矣。①

这看上去像是处处针对实际问题提出的四策，将形势分析得头头是道。弘光帝被打动了，极其满意，连连称好，深感得到了一位名不虚传的“知兵”人才，殊不知这都是纸上谈兵、昧于形势之言。

阮大铖所有主张的出发点，是认定农民军（主要是大顺农民军）为现实的敌人，是主要威胁，而忽略清军，并对吴三桂抱有幻想。然而此时大顺农民军已成瓦解之势，几乎退出争战的舞台，而清军已入关进据北京，正虎视眈眈，即将挥兵南下，这才是弘光朝最现实的危险敌人。明朝的平西伯吴三桂早已投降清朝并被封为平西王，成为其鹰犬。大铖对此竟毫无所知，显见其所谈乃无的放矢，全是废话，但弘光帝却被其迷惑。然而更让弘光帝始料未及的是，他接见阮大铖并准备起用之举立即引起朝中大哗。

按明朝制度，凡朝廷任用重要官员，须先经外廷推荐。所谓廷推，即由内阁大臣会议提出推荐名单，奏请皇帝批准后，再以诏、谕的形式公布。这个程序也叫“会推”，不能越过外廷（内阁）而由皇帝直接任命。皇帝直接颁发谕旨的任命方式，则叫“中旨”。显见中旨与会推是两种截然不同的任命方式。会推虽然也难免为一些人或集团所操纵，成为体现他们意志与利益的工具，但一般说来，它手续繁杂，通过的关口较多，屡经多方斟酌、集思广益，因而在用人行政上较为稳妥、周密。而中旨则是皇帝一人的主张与决定，往往是一时心血来潮的产物，随意性很大，弊端是显而易见的。因此，行中旨会有损皇帝的声誉，历来的皇帝几乎都清楚这一点，但又避免不了，总有发生。这一方面是因为皇帝与阁臣在见解上有严重的矛盾，而另一方面是皇帝不愿阁臣干涉或阻挠自己的意志，便越过阁臣颁发中旨。这样，中旨从某种意义上说又是皇帝与阁臣彼此之间矛盾的产物。当然，皇帝

①李清：《南渡录》卷一，载《南明史料（八种）》第167页。

的一些主张、决定也有可能与阁臣的并不矛盾甚至完全一致，但为了显示自己的绝对权威，向臣民示恩，他仍要避过阁臣而降中旨。在这个意义上说，中旨又是皇权的象征。但总的说来，中旨因弊端多而被非议，故用人的正常途径当是会推而非中旨，何况阮大铖是阉党余孽，任用他尤须慎重。弘光帝以中旨召见阮大铖之举，从形式到内容上都遭到了阁臣的反对与抵制，而此事引发了群臣对弘光帝的抗争。

两天后，高弘图还京，得知此事后便入朝上奏弘光帝，力言逆案不可翻，主张如任用阮大铖，必须经九卿会议。他说："天启年间，崔、魏乱政，人知富贵功名，不知名教气节。故先帝初政，有《钦定逆案》一书，大铖与焉。臣亦知大铖才可用。但逆案制自先帝，不敢擅改，惟求下九卿、科道集议，则大铖出山亦自光明。"马士英不待皇帝发话便立即接话道："满朝大半东林，一会议大铖且不得用，且有何不光明？岂臣曾受大铖贿耶？望陛下独断。"[①] 高弘图接着说："何必言受贿，一付廷议，国人皆曰贤，然后用之耳。"[②] "光明非不受贿之谓。且大铖之用，何借通贿？臣以会议请，正为大铖见用地，非阻大铖以不用也。"[③] 这着实令弘光帝困惑，遂陷入沉思而不语。高弘图见自己如此同马士英辩论，皇帝却一言不发，便认定弘光帝难主正义，不再争论，退朝之后即提出乞休申请，帝不允。弘图之言大出马、阮意外，两人愤恨不已。

继而群臣坚决反对起用阮大铖，其中大学士姜曰广的反应最为强烈，他愤然向弘光帝递上一份言辞激切的《辞归疏》，大发感慨道：

> 前见文武纷竞，既惭无术调和；近睹逆案掀翻，又愧无能预寝。遂使先帝十七年定力顿付逝波，皇上数日前明诏竟同覆雨。惜哉！夫"笑骂繇人，好官自我"，臣生来无此心脸。惜朝廷典章，畏千秋清议而已。

---

①李清：《三垣笔记》下《弘光》，第95页。

②计六奇：《明季南略》卷一《马士英特举阮大铖》，第41页。

③李清：《南渡录》卷一，载《南明史料（八种）》第157页。

这表面上是自责，其实却是责怪弘光帝。文武纷争于朝廷之上，却无术调和平息，眼看掀翻逆案又不加以制止，听之任之，这正是弘光帝所为。推翻先帝所定成案，否定自己刚刚发出的诏旨，将国家大事当成儿戏，必将留余议于后世。曰广又说：

> 王者爵人于朝，与众共之。祖宗会推之典所以行之万世无弊也。

这是向弘光帝强调会推之事是大明王朝列祖列宗遵行不改的制度。率由旧章，是封建社会提倡与标榜的人子尽孝道的基本要求；如更改祖宗之法乃至离经叛道，则是忤逆之徒，为人所不齿。曰广先声夺人，把坚持会推制度提升到守业尽孝的高度，这是巧妙的斗争艺术，也是当时所能使用的最好的斗争方式。在这个立论的前提下，他说：

> 昨者翻逆案之举，遵内传而罢会推，此不可之大者。

曰广指出这是严肃的原则性问题，并讲述了历史的教训，指出历来因中旨造成的祸患都明确记录在史册之上。他说：

> 臣观先帝善政虽多，而（以）坚持逆案为盛美；先帝害政亦间出，而以频出中旨为乱阶。用阁臣内传，用部臣、勋臣内传，选大将、选言官亦内传。所得阁臣，则淫贪巧滑之周延儒，逢君殃民奸险刻毒之温体仁、杨嗣昌，偷生从贼之魏藻德也。所得部臣，则阴邪贪狡之王永光、陈新甲也。所得勋臣，则力阻南迁尽撤守御狂稚之李国桢也。所得大将，则纨裤支离之王朴、倪宠辈也。得言官，则贪邪亡赖之史埅、陈启新也。

他历数之后又说：“凡此皆力排众议、简自中旨者，后效亦可观矣。”接着他又分析了中旨出现的原因，提醒弘光帝注意：“且皇上知内传之故乎？总缘鄙夫热心仕进，见摈公论，遂乞哀于内廷，求索关通。夫既在内廷，岂详外事？但见其可怜之状，听其一面之辞，不能无动者，人情也。而外廷口持清议之人，亦有贪婪败类之事，授之口实，得以反唇。而内廷遂以为尽皆如此，间以其事情密闻于上。及得意旨，转授之鄙夫，平台一对，立谈取官，同登场之戏。夫小人何知，求胜而已。最可恨者，在阴夺会推之柄，阳避中旨之名，使人敢怒而不敢言。”他大声疾呼：“而先帝既误，皇上岂堪再误哉！”他苦口婆心，将中旨产生的根源及危害说得一清二楚。这里针对的不仅仅是中旨召见阮大铖一事，更由此告诫弘光帝：中旨不可颁发。①

对这一篇情真意切的规劝上疏，弘光帝心中似无所动。当然他不是没有考虑利弊，只是如收回成命就等于否定了马士英，也否定了自己。更主要的原因在于他对阮大铖的看法，因为他坚信阮大铖是位足可治国的人才，遂决心排除干扰予以起用，所以不与阁臣正面谈论此事。他只是降旨慰留姜曰广，要姜曰广不要引退，却并不言及姜曰广上疏所谈的内容。但姜曰广这份奏疏却深深触怒了马士英及诸勋臣，朱国弼、刘孔昭等尤其怒不可遏，乃以诽谤先帝、诬蔑忠臣李国桢为辞，对姜曰广“交疏攻之”②。

面对群臣的坚决反对，初九日，马士英公开出面为阮大铖辩护。他竟上奏说魏忠贤虽为奸逆之人，但非“闯贼”可比。这分明是为魏忠贤开脱，有否定逆案之嫌。他竭力攻击高弘图、姜曰广、吕大器三人把持朝政，颠倒黑白地说：“于所爱而登之天者，即曰先皇帝原无成心也，于所恶而锢之渊者，即曰先皇帝定案不可翻也。”弘光帝没有表态。

但召见阮大铖事却引起了朝中大臣们的一片反对之声，他们纷纷上奏，建议皇帝收回成命，指出起用阮大铖危害严重。

户科给事中罗万象上奏道：“逆案阮大铖不由廷推，不由会议，启事之日，无不共为惊疑，陛见之时，又无不共为窃笑。”“辅臣荐用大铖或以愧世之无知兵者。然而大铖实未知兵。恐《燕子笺》《春灯谜》即枕上之阴符，而袖中之黄石也。”他指出：“先帝之成令，一朝而弃之；皇上之明诏，一朝而反之，抑何以示不倍之谊乎？”所以他建议：可以准许其陛见，以满足马士英招揽人物的心愿，但要禁止其复出，

①以上多处引文引自李清：《南渡录》卷一，载《南明史料（八种）》第158—159页。
②李清：《南渡录》卷一，载《南明史料（八种）》第159页。

“以杜邪人觊觎之端”。

御史詹兆恒痛心地指出：“国仇未复，而忽召见大铖，还以冠带，岂不上伤（先帝）在天之灵，下短忠义之气!”

兵部侍郎吕大器上奏说，先帝血肉未寒，钦定逆案的判决书如同日星般地庄严存在。马士英竟悍然请用阉党罪人阮大铖，这不仅是视吏部如刍狗，更是视陛下为弁髦般的弃置无用之物。这是向弘光帝敲响警钟，希望引起他的注意。吕大器还说：近年来温体仁、周延儒之流把持朝政，造成了国家如此危难局面。现在皇上中兴，一时云蒸霞起，人人振奋，不料马士英浊乱朝政，竟然轻翻逆案，“藐至尊为赘旒矣”。

应天府丞郭维经上奏指出逆案不可修改，如修改逆案，就关系到如何对待先帝的问题。他希望弘光帝“爱祖宗之法，因爱先帝，并爱先帝之丝纶”。

户科右给事中熊汝霖上奏说：“阮大铖先帝既已弃之，举国又复非之，即使阁臣实见得是，亦当舍己从人。”“胡执私违众，翻铁案于刑书!”

怀远侯常延龄挖苦说：“大铖者一戏出之流，为阉人之干子。魏逆既诛，大铖即膏铁钺，犹有余辜，而仅禁锢终身，已高厚包容之矣。”

御史陈良弼、米寿图、周元泰合词上奏说，阮大铖是先帝所定逆案中人物，如令其出，“恐从此诸邪悉出，逆案尽翻，使久定之典紊于一日，何以昭天下而垂后世也”。他们极力劝谏勿翻逆案。

兵部郎中尹民兴、御史左光先、太仆寺少卿万元吉、给事中陈子龙、御史王孙蕃等，纷纷上奏，言逆案不可推翻，阮大铖绝不可用。然而，弘光帝仍然坚定自己的态度，对此“俱不听”。①

马士英更是决不甘心，针锋相对地加以狡辩反驳，乃上奏道：

> 臣通籍三十年，安囚之变，臣家僮止存十口，臣已几死。壬

①以上多处引文引自黄宗羲：《弘光实录钞》卷一，载《黄宗羲全集》第2册，第8页；计六奇：《明季南略》卷一《马士英特举阮大铖》，第42—43页。

申，臣备兵阳和，□兵犯宣大，及任宣抚，止五十日，被逮，诏狱锢刑部者将三年，臣又几死。从戍所起臣总督凤阳，兵仅九千，马仅数百，而革、左、献逆、小袁等贼且数十万，臣又几死。闯陷京师，祸及先帝，臣罪应死。今无知而荐阮大铖，又当死。盖臣得罪封疆，得罪祖宗者，未必死，而得罪朋党，则必死。先帝诛薛国观、周延儒等，岂尽先帝之意哉？

这是在表白自我，大打悲情牌，含沙射影，攻击对手。

大学士史可法得悉双方各不相让的情形后，为避免事态扩大，竟以调停者的身份出现，极力为马士英开脱，上奏道：

昨监国诏款，诸臣汇集，经臣改定。内起废一款，有“除封疆逆案计典赃私不准起用”一段，臣为去之。以国事之败坏非常，人才之汇征宜庶，未可仍执往时之例耳。后来不知何故，复入此等字面。此示人以隘，不欲以天下之才，供天下之用也！

此不拘一格广收人才的见解不可谓不高明，但却否定了史可法自己一贯坚持的阉党逆案断不可翻的立场和不久前的表态，当即遭到质疑。

应天府丞郭维经上奏道：

督辅史可法雅负人望，亦有失言之过。记得四月初旬，北音正恶，督辅招臣等科道于清议堂，论救时急着，首在得人。臣等各举所知，督辅执笔而记。臣等虑人众言杂，乃合词谓逆案断不可翻，督辅深以为然。言犹在耳，何其忽而易忘？其曰“诏款逆案一段，臣已改去，不知诸臣何故复用？”夫诏书撰以史笔，定于圣裁，便无反汗。借曰督辅去之，诸臣不宜复改，岂皇上用之，督辅又可复改之乎？况逆案成于先帝之手，岂督辅亦欲决而去之乎？今方欲修先帝实录，若将钦案抹杀不书，则赫赫英灵，恐有余恫，或非皇上所以待先帝。若必书之，而与今日之起用大铖事相对照，则显显令德，未免少愆，并非二辅所以待皇上也。①

①以上多处引文引自黄宗羲：《弘光实录钞》卷一，载《黄宗羲全集》第2册，第8—9页。

此疏指出史可法为讨好马士英竟自食其言，并严肃指出“逆案不可翻”乃载于诏款之中，且经督辅审慎议定者，岂能出尔反尔？可谓义正词严。

当然，马士英对史可法向自己示好的表态，并不开心——他从诸多反对的声音中，已感到崇祯帝所定“逆案”及弘光帝登极诏中的“逆案不可翻”之款毕竟是难以逾越的禁区，直接否定只会引火烧身。他推荐阮大铖分明是翻逆案之举，所以只能巧妙地回避，不再直接撼动已定的逆案，于是上奏弘光帝诡辩道：

> 臣止谓大铖非逆，非谓逆案当翻。逆案诸臣，日久已登鬼箓，翻之何用？既非逆案中人，亦不与当日之事，翻之何为？与其身犯众怒，为死灰罪魄之魁，何如勉附清流，窃正人君子之庇？舍菀集枯，臣虽愚不为也。监国诏书，据阁臣史可法疏谓：“逆案等事俱抹去，而吕大器添入之。”是以戎臣而增减诏书也。①

他故意将逆案中人硬说成非逆案中人，对阮大铖做无罪化处理，强辩推荐阮大铖并非翻逆案，将逆案等事从监国诏书中抹去或添入之事与己无关，并以“在兵言兵”为理由，强调荐用阮大铖实为国家着想，而这一点正是打动弘光帝之处。这既摆出自己同坚持逆案不可翻的诸臣对抗到底的架势，又将反对起用阮大铖者置于排挤人才的位置，使局面由被动变成了主动。马士英这一招也确实起了作用。面对多日来群臣上奏力谏的局面，弘光帝的最后表态是“慰士英，切责科道”②，完全站在马士英一边。

弘光帝虽然不肯收回成命，但面对朝臣的强烈反对，他也不好冒天下之大不韪。所以，他尽管以中旨召见阮大铖，却并未立即对其授职，而是“迟回月余”③ 后，采取了迂回策略，接受马士英的建议搞了一个新花招：降中旨起用张有誉。

---

①黄宗羲：《弘光实录钞》卷一，载《黄宗羲全集》第 2 册，第 10 页。

②计六奇：《明季南略》卷一《马士英特举阮大铖》，第 43 页。

③徐鼒：《小腆纪年附考》卷六，第 195 页。

七月二十四日，弘光帝降中旨：以户部左侍郎张有誉为户部尚书。这确实是一件棘手的问题。张有誉，字难誉，号静涵，南直隶江阴人，“素有品望”①。天启二年（1622）进士，历官至南京户部左侍郎兼右佥都御史，为官“清慎，为人所称”②。他任漕储道时，弘光帝召对，勋臣朱国弼坚持主张不可裁撤漕运总兵。有誉不与其争辩，只是历陈漕运事务的来龙去脉，把得失利弊说得一清二楚，朱国弼却插不上一句话，茫然不知所措，在一旁“颊赤而已”③。内官张执中监督收取白粮时，发生勒索费用、杖毙百姓之事，张有誉不顾其弘光帝宠侍的身份，上疏揭发其罪行，并将其手下胥役逮捕入狱，沉重打击了张执中仗势欺人的嚣张气焰。弘光帝召对时，有誉更明确向皇帝提出节俭要求。任命这样一位刚正廉洁的能臣为户部尚书是不会有任何人反对的，如经会推自然入选无疑。弘光帝觉得，既然用中旨起用阮大铖受阻，便用中旨起用张有誉，这样反对降中旨者定然难以发难，因为谁也不能担当反对有人望者的罪名。如对张有誉的任命顺利通过，那么中旨就会畅行无阻，用中旨起用阮大铖，自然也就顺理成章。他想这个办法一定会难倒高弘图等人。

可是问题并不像弘光帝想得那么简单。起用张有誉为户部尚书的中旨一下，高弘图便立即指出“有誉才望堪用，而中旨必不可开”④，清醒地把搅在一起的两个不同性质的问题截然分开，马士英设计的圈套当即被识破。从太监手中接到这项任命的大学士高弘图“以不经会推，缴还成命”⑤，叫太监把封好的诏书退给弘光帝。弘光帝立即令太监将诏书再送达高弘图，并降旨说：“特用出自朕裁，卿不必过为疑揣，仍着遵前旨行。”高弘图仍然不肯从命，与吏科给事中章正宸一起“封还中旨，力争”，“缴御札，争之”，但弘光帝仍然“不听”。这又

①计六奇：《明季南略》卷四《南京遇变诸臣》，第228页。

②计六奇：《明季南略》卷二《请用贤勿二》，第70页。

③李清：《南渡录》卷二，载《南明史料（八种）》第199页。

④徐鼒：《小腆纪年附考》卷七，第231页。

⑤李天根：《爝火录》卷五，第284页。

吸引了朝臣的注意力，与弘光帝的斗争随之展开。①

工科左给事中李维樾上奏说：“当此军兴浩繁，有誉经济通才，用之甚当。乃臣同官章正宸请缴御札，阁臣弘图等合词引咎，岂为有誉争哉？今日可用一有誉，他日可用一非有誉者，渐不可长耳。我祖宗鉴古垂宪，立意宏深，政以大小相维，阁部不得专擅。人以甲乙互议，台省皆得与闻。故票拟在中书，忘其威福；封驳在左掖，存其是非。中旨传宣，未数数见。偶有之，正先臣刘健章所惕然于履霜之渐，而动容力争也。臣愿皇上慎持之而已。”② 明确指出阁臣高弘图、科臣章正宸退还御札拒绝接受中旨，并非反对用张有誉，而是维护祖宗所制定的“成宪”，即会推制度。以中旨用张有誉将导致这种制度的破坏，这是“渐不可长”的原则问题，应引起注意。

兵科给事中陈子龙又随其后向弘光帝上疏力谏，提出“用贤勿二，爵人宜公”的主张。他说，张有誉“清端敏练，百僚所服。但古制爵人于朝，与众共之。墨敕斜封，覆辙可鉴。万一异日有奸邪乘间，左右先容，铨司不及议，宰辅不及知，而竟以内降出之。臣等不争，则幸门日开。臣等争之，则已有前例。立国之始，臣愿陛下慎持之也”③。

但弘光帝坚持己见，不管阁臣、科臣如何封还中旨，还是一意孤行。最终，他仍然降下中旨，任命张有誉为户部尚书。有此先例，“自是中旨纷然矣”。当然在封建社会里，会推与中旨孰优孰劣并非截然分明，也不可一概而论，不同时期、不同情势下各有利弊，但在弘光朝的特殊环境里，弘光帝处于马士英等人的包围下，行中旨的严重性便格外突出。正像后世史家评论所说：“是时王政不纲，奸邪在侧，会推不废，则正论犹存；中旨频行，则私门日进。上下不交，小人道长，

①李清：《南渡录》卷二，载《南明史料（八种）》第199页。

②李清：《南渡录》卷二，载《南明史料（八种）》第199页。

③计六奇：《明季南略》卷二《请用贤勿二》，第69页。

明之所以亡也。”[①] 这是一针见血的确论。

尽管如此，弘光帝还是未能立即以中旨起用阮大铖，因为他看到反对起用阮大铖的呼声甚烈，并将矛头指向了马士英。而马士英面对如此强大的反对攻势，也无可奈何，竟至“意稍折”[②]。这样，弘光帝也不便立刻起用阮大铖，此事只好拖延下来。当然马、阮等决不甘心失败，他们多方争取援助，其中司礼太监李承芳帮了大忙。当年李承芳“失势无与交者”之时，曾得阮大铖的殷勤招待，“意甚感”。[③] 李承芳受恩思报，他凭在皇帝身旁的条件，一再向弘光帝说阮大铖的好话，终于促使弘光帝下了用阮的决心。八月三十日安远侯柳祚昌上疏催补阮大铖官职，弘光帝顺势以中旨任命阮大铖为“添注兵部右侍郎”。刘宗周不识时务，仍提出异议道：“大铖进退，关系江左兴衰。”弘光帝对此论调十分反感，立即切责道：“是否确论？年来国家破坏，是谁所致？而独责一大铖也！”[④] 同时“仍禁朝臣不得把持阻谏”[⑤]。这样，折腾了几个月的翻逆案活动宣告结束。阮大铖不断高升，弘光元年（1645）正月，晋升兵部尚书兼都察院右副都御史，仍管巡阅江防。弘光帝本以为任用了一位足可富国强兵的知兵人才，殊不知事与愿违，这位阮大铖徒有其表，复出后不仅在军事上毫无建树，且不以国事为重，误事甚多，更与马士英沆瀣一气，倾害异己，倒行逆施，将弘光朝搞得更加混乱。

六、不计前嫌，拒绝报复

弘光帝监国登极伊始，即广收博采，网罗贤才，特别是重用反对者，意在治国，他成算在胸，绝非一时冲动。他大权在握后亦从不追

---

①徐鼒：《小腆纪年附考》卷七，第 232 页。
②李清：《三垣笔记》下《弘光》，第 97 页。
③李清：《三垣笔记》下《弘光》，第 102 页。
④黄宗羲：《弘光实录钞》卷二，载《黄宗羲全集》第 2 册，第 46 页。
⑤计六奇：《明季南略》卷一《马士英特举阮大铖》，第 41 页。

咎异议者，这是非凡的气量，难能可贵。对外界一再挑拨、怂恿的谗言，他并不动摇。

当时，马士英等人接连不断地向清流派大臣发起进攻，拿手武器便是翻郑贵妃福王一系所谓受攻击、受迫害的历史陈账，以及追咎不久前清流派发动拥立潞王之事，以挑动弘光帝对清流派大臣的憎恶之情。马士英见弘光帝登位后从未追究议立时持异议者，便以挑动的语气向他说起，朝中曾有大臣主张拥立潞王，想借此让他进一步追咎。不料弘光帝却说："朕叔父立，亦其分耳。"① 五月二十七日，弘光帝上朝召见群臣，被勋臣攻击得心神疲惫的清流派大臣张慎言出班上奏，坚决请求罢己官职，以服勋臣之心。弘光帝不允其请，并加以慰留。

这时马士英派的太常寺少卿李沾，按马士英的意图，向弘光帝上奏，详述起当时拥立的过程，再次借以攻击清流派，主要攻击对象为吕大器。李沾说，勋臣激愤是有原因的。当时众臣于中府聚会，事先马士英主张迎立皇上的亲笔书信，人人得知，且早已传到吕大器手中。对此主张，诚意伯刘孔昭、南京守备太监韩赞周等无不赞同。但黎明集议时，众大臣皆到，掌管礼、兵二部印鉴大权的吕大器却迟迟不来。臣等十九人写联名帖派人送至其府，敦请其赴会，他这才慢吞吞地来到会场。对议论拥立皇上之事，他百端阻挠，坚持立潞王，以致争论到了中午，仍然定不下来。勋臣刘孔昭再也按捺不住，怒形于色，与郭维经、陈良弼、周元泰、朱国昌历阶而上，当面揭穿吕大器混淆视听的错误，他这才稍有收敛，于是韩赞周立即说："快取笔来。"大器这才随同众人在拥戴书上签名，顺从了拥立皇上之议。但清晨决定迎驾时，吕大器还是拖延不动，想继续等待。而韩赞周却早已登上迎驾之船，同行的有徐弘基、陈良弼、朱国昌等。李沾还说，文臣屡屡升迁，武臣却封爵未定，所以有殿上之争。② 李沾这些话无非是想在弘光帝面前搞臭吕大器，揭露其定策时心怀贰心，引起皇帝的恶感以定其

①李清：《三垣笔记》下《弘光》，第105页。

②计六奇：《明季南略》卷一《刘孔昭凌侮张慎言》，第20页。

罪，同时表白勋臣武将的拥戴业绩。这实际上是一箭双雕，借攻吕大器之机，攻击支持他的张慎言，因为张慎言也坚决反对立福王，主张立潞王。

但弘光帝听了这些话后并未大动肝火，缓缓说道：“朕遭时不造，痛深君父，何心大宝？直以宗社攸关，勉承重任。当日效忠定策诸臣，朕已鉴知，余不必深求。”[①] 这是袒露心扉，真情流露。对定策时持异议者不深求，是他的既定方针，他说到做到，确实是毫不追究。而且，他称当日参与定策的诸臣，不论持何主张皆为“效忠”之举，实属气度非凡。但吕大器受此冲击，心神颇为不安而“乞罢”，弘光帝仍然不允其请，要他照旧供职。

六月初八日，弘光帝接见阮大铖时，阮挑拨道：“陛下只知君父之仇未报，亦知祖母之仇未报乎？”[②] 祖母即神宗宠妃郑贵妃，这是以“三案”挑激弘光帝，意在激起其对东林党人的仇恨，然弘光帝对此并无所动。

十九日，湖广巡按御史黄澍入朝求召对，时黄澍为宁南侯左良玉的监军，与左意气相投。黄澍既入见，便详细揭发马士英“权奸误国”之罪，逐条罗列，竟有所谓不忠、骄蹇、误封疆、通贼、欺君、翻逆案而造叛、失众心、目无朝廷等十大可斩之罪。黄澍说得声情并茂，泪随语下，弘光帝大为感动。马士英颇为狼狈，便跪下请求皇帝处分。散朝后，弘光帝为缓和局面，私下对韩赞周说：“马阁老宜自退避。”[③] 马士英得悉后，随即“乞罢”[④]，而不再上朝。但由于近侍说情，皇帝旋又降旨，令马士英“疾趋入直”，马士英遂又入朝。

弘光帝特遣近侍降旨要马士英上朝的次日，召高弘图、姜曰广等入见。弘光帝升御座后，马士英上前奏谢，弘光帝加以慰问。马士英

①顾炎武：《圣安皇帝本纪》上，载《南明史料（八种）》第97页。

②戴名世：《弘光朝伪东宫伪后及党祸纪略》，载《戴名世集》卷一三，第366页。

③计六奇：《明季南略》卷一《黄澍以笏击马士英背》，第48页。

④姜曰广：《过江七事·护总宪》，载《三朝野纪》第204页。

竟借机嚣张起来，叩头乞奏道："臣以拥立皇上触东林奸党，必欲杀臣……"语未毕而号啕起来，内监卢九德等亦泣。马士英复奏："臣知奸党必不相容，臣孤踪，诚不能以一躯称快万众，乞皇上念臣拥戴微劳，放臣归田里，以此全活微躯，矢来生再效犬马，臣不能复事皇上矣！"说罢抢地，呜咽伏地不起。弘光帝曰："卿起。"马士英啼伏不肯起。弘光帝愈发感动，温言道："卿起！卿自爱！朕与卿作主，谁敢螫卿耶？"士英奏："臣之残生托在皇上！臣切愤刘宗周欺藐皇上，疏称'草莽孤臣'，既已奉恩诏幸列大臣，不思竭忠报主恩，乃敢阴怀观望，明示不臣，无人臣礼。臣矢以死奉皇上，天必杀此老奸！"弘光帝听得认真，为之色动。

姜曰广闻听此言，则愤然道："士英言太谬！宗周屡朝耆旧，守道坚固，清确之节，黄发罔渝，真所称古社稷臣。臣此（此臣）素著狂直，屡触先帝忌，先帝犹卒优容之，其谁得而杀之！"

马士英道："曰广与宗周，此即所谓东林奸党，此即俱不立皇上者也！"姜曰广回击道："尔梦语耶？迎立时，宗周尚在越，臣书生，又不握兵！"马士英又提出诸臣拥立时，姜曰广不画花押就是明证。姜曰广反驳道："花押簿今犹在监臣所，可覆视也。又梦语耶？"将其谎言戳穿。

随后，马士英又指责议立时姜曰广门人雷縯祚招兵："雷縯祚之招兵，谁为为之？固汝门人也。"

姜曰广立即反驳道："兵在何所？请下案验覆奏分明！縯祚以国难之殷也，檄劝勤王，悬而布之通国，焉可诬也？"国难时，即李自成的大顺军攻陷北京时，雷縯祚号召组织军队，拟开赴勤王，并公开通报全国而人人皆知。这本是与后来议立毫不相关之事，却被马士英说成招兵拥立，分明是诬陷。

马士英则愤然发誓道："我如捏诬者，吐鲜血矣。"

姜曰广道："弥天之虐，女则造之！怀奸面欺，又重之以信矢，欺天乎？知尔今之不畏皇上也，尚亦有阎罗之拔舌在，死，亦不畏耶？若尔持斋何为也！"他当面揭穿马士英造谣还要起誓发愿的卑劣行径，并讥讽马士英肆无忌惮，不畏天，不畏皇帝，又不畏死，铁了心要坠入世俗所谓阎罗王的拔舌地狱，甘受拔舌钉刺之苦。

然而马士英却毫不收敛，进一步造谣说其手握有“南中诸臣谤皇上不应立者二十四款”的“议单”，此单虽被史可法要回，且“属臣绝口，然原稿臣尚录在也”，声言握有清流大臣不忠于皇帝的把柄。本来议立时清流派确实指斥福王有七不可立，出于对马士英的信任，也为同心协力，共奖王室，史可法曾亲自转告其此事，但却被马士英抓为把柄，此事尽人皆知，史可法亦并不讳言。此时马士英又造出“二十四款”之说，实在是危言耸听。

姜曰广立即戳穿此鄙劣谎言，指出这么大的事，外人皆不知晓，唯有士英知之，真可谓天下奇闻，不通情理之至。曰广道：“议单之说，微士英今奏，臣等未之知也。如其言也，诸臣多矣，士英胡独闻焉？密书之贻，非其亲昵，谁则与之？两人同心，一朝反舌，俱臣之所未解也。皇上天授，众臣乐推，士英拥戴，实有微劳。小人希功，遂怀非异。觖望未盈，日构人罪以高己功。富贵迷人，良心尽丧。惟皇上念功，大加恩赏，平其怏怏，免使无端造狱，横杀忠良，失海内人心，伤国家元气矣！”这是痛斥马士英丧心病狂，扰乱朝政，荼毒肆虐，危害国家。

弘光帝见二人又就当日拥立之事争辩不已，很是无奈，便一直目视着韩赞周，盼望其出面劝解，韩赞周竟一言不发。弘光帝忽然神态沉静起来，遂立加制止，但绝不言及迎立之事，也不评判谁是谁非，动情道：

> 惟天降（罚）于我家，朕以凉德勉服厥命，恐坠祖宗之遗绪，用托二卿，以匡不逮。亦冀卿同心戮力，集乃事，宗社无疆之庆，朕亦尚有余休。乃嚯嚯交恶，予将畴依！呜呼！人各自见，细故可捐。自兹以往，毋介乃衷，毋复有言！我闻在昔圣朝，时则良弼同寅和衷，卿其敬听朕命，罔俾昔人专美于前，予嘉乃德，惟汝永念！

说罢，他又目视韩赞周。韩赞周会意，遂出而言曰：“皇上日月之明，无所不照；天地之量，无所不容。”这是收场的赞美之词，但称颂皇帝明察且具有包容之量，则确为恰评。于是，弘光帝又极力调和道：

> 朕德弗克，实则何心！两卿心事，朕所深鉴。其即入直，同归于好，惟公家是急，用慰朕悬衷。其无复补牍，出亦毋以语人，以滋藤葛。其切听朕言！言不再！①

他肯定二人拳拳为国之心，勉励二人以国事为重，同归于好，但要求二人不要再上奏疏，也不可向外界透露此事，不可将矛盾暴露于外，以免节外生枝。显见，他不仅思路清晰，而且以大局为重，时刻不忘的是要臣下一心一德，和衷共济，以稳定政局（当然稳定与否，是另一问题）。

七、激辩厂卫，最终纳谏

行中旨之事的争论尚未结束，弘光帝又因设立厂卫，而引发群臣不懈的诤谏。

八月初一日，弘光帝颁旨恢复东厂，令锦衣卫都督冯可宗“遣役缉事”②。这引发了一系列有关厂卫的争论。

东厂是明成祖朱棣于永乐年间设立于内廷的特务组织，其职务均由太监充任。东厂负责侦缉天下臣民所有不轨之事，随时向皇帝报告，并及时采取极为严酷的整治办法，以起到保卫皇帝的作用。它与在此之前洪武年间明太祖朱元璋设立于外廷的特务组织锦衣卫合称厂卫，厂卫爪牙遍布全国，监视全国臣民，弄得人人自危、社会不安。这是明朝的一大弊政，一直为有识之士所反对。

厂卫问题是最为敏感的，同时也是群臣最为厌恶的问题。其实，弘光政权建立之初人们就担心其死灰复燃。七月初，御史朱国昌上疏

①以上多处引文引自姜曰广：《过江七事·护总宪》，载《三朝野纪》第204—206页。引文删除了其中的夹注。

②计六奇：《明季南略》卷二《八月甲乙总略》，第90页。

道："臣奉旨后，传闻仍欲设立缉事，差遣内使，然欤？否耶？国朝自设立厂卫以来，但知利于得奸，不知奸愈多愈不得止。"于是备言其害，指出此"诚非所愿于圣德重光日也"，是新朝绝不应再有之事，恳请绝不可再设东厂恢复缉事。然此奏呈上后，结果仅是"报闻"。[1]

随后，熊汝霖在"论异同恩怨"一疏中又有"继又喧传复厂卫，而人心皇皇矣"之语，反映了当下人们对此事的忧虑。他进一步说：

> 厂卫之害，横者借以树威，黠者因以牟利，人人可为叛逆，事事可作营求。缙绅惨祸，所不必言，小民鸡犬，亦无宁日，此尚可为国乎！先帝十七年忧勤，曾无失德，而一旦受此奇惨，止有厂卫一节，未免府怨臣民。今日缔造之初，如育婴孩，调护为难，岂可便行摧折？陛下试思先朝之何以失，即今日之何以得。

这是提醒弘光帝不要重蹈覆辙，预先告诫他新朝绝对不可再设厂卫。然而，此疏引起弘光帝的不快，马士英票旨："这厮指朕为何如主！重处，姑罚俸三月。"[2]

弘光帝这个决定一公布，即引发了群臣的强烈反应。礼科给事中袁彭年便立即上疏表示反对。其疏道：

> 高皇帝时不闻有厂，相传文皇帝十八年始立东厂，命内官主之。此不见正史，惟大学士万安行之，亦不闻特以缉事著。嗣后，一盛于成化，然西厂汪直逾年辄罢，东厂尚铭有罪辄斥，当时不得称纯治矣。再盛于正德，丘聚、谷大用等相继用事，皆倚逆瑾煽虐，酿十六年之祸，天下骚然。三盛于天启，逆魏之祸，几危社稷，近事之明鉴也。自此而外，列圣无闻。夫即厂卫之兴废，而世运之治乱因之。顷先帝朝亦尝任厂卫访缉矣，乃当世决无不营而得之官，中外自有不胫而走之贿。故逃网之方，即从密网之地，而布作奸之事，又资发奸之人以行。始犹帕仪交际，为人情所有之常。后乃赃贿万千，成积重莫返之势。岂非以奥援之途愈

---

①李清：《南渡录》卷二，载《南明史料（八种）》第183—184页。

②计六奇：《明季南略》卷二《熊汝霖论异同恩怨》，第81页。

秘，而专传送之关愈曲而费乎！究竟刁风所煽，官长不能行法于胥吏，徒隶可以迫胁其尊上，不可不革。[①]

谁生厉阶，卒酿乱行？乞陛下清铨枢用舍之衡，以绝贿源；严法司搜捕之责，以杜奸萌。则缉事可以不设，成命可以立回。[②]

袁彭年在奏疏中，历述了厂卫的历史演变与危害，尤其是天启年间，“逆魏之祸，几危社稷”，国家险些被葬送。这些惨痛教训历历在目，“近事之明鉴也”。他痛心地恳请，绝对不要重蹈覆辙。弘光帝对他这种要求自己收回成命的疏奏，大为恼火，下旨责其“狂悖沽名”，降三级调离京师为浙江按察使司照磨。[③]

弘光帝惩处袁彭年的严旨尽管起到了震慑作用，但并未能完全阻止反对的呼声，有些人还是勇敢地提出异议。工科右给事中马嘉植疏言称：

比者举动乖张，政事颠倒，节节为摇拔根本之图，刻刻为扰乱东南之事。其言任内臣，则云始威福大权仍候上出。其流弊必至阴持之，以倾动海内，渐使人主疑外廷。进言指为矫激，论事指为迂疏，岂国家之利？其言台谏，则云日者既夺熊汝霖俸，复贬袁彭年官，以蹇谔为狂，将以婞阿取媚为不狂乎？以献替为悖妄，将以诡倭依违为不妄不悖乎？以尽言为近名，试观从来远权势，敦洁谊以近名者，亦有几人乎？其言设厂卫，则云法司称天下之平。迨厂卫间设，害不旋踵，一入钳网，附会者多，怨气悉结，上干天和。[④]

此疏语甚切直，了无忌讳，实是对恢复厂卫的否定，为熊汝霖、袁彭年被惩处鸣不平。弘光帝本颁旨令回话，旋因太后回銮，姑且免于追究，然而此事并未完结。

---

①计六奇：《明季南略》卷二《袁彭年请革厂卫》，第93页。

②李清：《南渡录》卷二，载《南明史料（八种）》第209页。

③计六奇：《明季南略》卷二《袁彭年请革厂卫》，第93页。

④李清：《南渡录》卷二，载《南明史料（八种）》第215页。

苏松巡抚祁彪佳更上疏指陈明朝建国以来“诏狱”“缉事”“廷杖”三大弊政的历史教训，力请明令禁革：

> 洪武初，官民有犯，或收系锦衣卫，高皇帝因见非法凌虐，二十年遂焚其刑具，移送刑部审理，是祖制原无诏狱也。后乃以锻炼为功，以罗织为事，虽曰朝廷之爪牙，实为权奸之鹰狗。口词从迫勒而来，罪案听指授而定。即举朝尽知其枉，而法司谁雪其冤，酷惨等于来（俊臣）、周（兴），平反从无徐（有功）、杜（景佺）。此诏狱之弊也。洪武十五年，改銮仪司为锦衣卫，专掌直驾侍卫等事，未尝有缉事也。迨后东厂设立，始有告密之端。用银而打事件，得贿而鬻刑章，飞诬多及善良，赤棍立成巨万。招承皆出于吊拷，怨愤充塞于京畿。欲绝苞苴，而苞苴托之愈盛；欲究奸宄，而奸宄未能稍清。此缉事之弊也。若夫刑不加于大夫，原祖宗忠厚立国之本。及于逆瑾用事，始有去衣受杖者，刑章不归司政，扑责多及直臣。本无可杀之罪，乃致必杀之刑。况乎朝廷徒受拒谏之名，天下反归忠义之誉。盖当血溅玉阶，肉飞金陛，班行削色，气短神摇。即恤录随颁，已魂惊骨削矣！是岂明盛之休风，大失君臣之分谊。此廷杖之弊也。伏乞陛下严行禁革。①

这是一篇痛快淋漓揭露三大弊政危害的奏疏。疏中奏请明令严行禁革，与往日弊政一刀两断，以显示为政一新。疏上，大学士高弘图、姜曰广便不顾“群奄共挠”之困难，坚拟“禁革”之旨。正在入直的大学士姜曰广票拟道：

> 所奏三大弊政，虽系旧制，实为府奸。生事害人，屡见事前。失祖宗忠厚立国之意，结臣民怨恨解体之端，朕痛心之日久矣！览奏，洞悉情隐，犁然当心。有裨新政，其如议行，且著为令。并播告天下，示朕更始之意。今后敢有奏请者，以违制论。科道

①计六奇：《明季南略》卷二《祁彪佳请革三弊政》，第78—79页。

官立行纠参，阁臣拟谕，朕将览焉！①

这等于把弘光帝刚刚下令设厂卫之事全盘否定。弘光帝当然拒不接受，让太监将这份拟旨退回，命令内阁重新票拟。大学士王铎道："吾辈志在报国，若苟且因循，害民误国，腕可断，此旨不可拟也。"姜曰广则上揭文称："臣所守者，朝廷之法度，一官之职掌。臣死不敢奉诏。"弘光帝不听，坚持要求重拟。王铎又疏言道："国家新造，人心易涣，当以安静为主，厂卫应行禁止。"② 弘光帝仍令重拟，曰广坚持不改。太监再三催促后，曰广乃将变换之文上呈，其文曰：

国家新造，人情未附，朕多难孤立，时凛渊冰。若寡恩多事，府怨臣民，朕虽凉德，不至于此！所奏三弊政，洞悉至隐，深当朕心。但先朝署建缉事，原为判送营干，关系匪轻。奸恶不剪，良善不安，如有前情，着五城御史不时纠察以闻。其知情容隐，及不留心体访者，俱以溺职论。

随即又上疏表白心迹曰：

又先朝缉事之设，贻毒最深。汪直、刘瑾乘之窃弄，既凶于国，亦及其身。先帝初年，误听尝试。究使利归群小，怨结朝廷。末造虽除，已成噬脐之悔。矧今何日，而有此声？将使釜鱼风鹤之民，转益惊怖，不至鸟兽散不止。若然，宗社不可知，何厂卫也？诚宜以此时昭示，遏绝其原，不意重烦乾断，臣不敢奉诏。不谨，亦不取顿负初心。伏乞陛下自为宗社计，少凝睿听，断于持法，毋使奸人得窥浅深。幸甚！

拟文及奏疏呈上后，弘光帝仍令阁臣改票。高弘图乃呈上票拟道：

缉事允属弊政。览卿奏，洵救时针砭，着申饬行。谕即宣部院。

结果，"条上发改"，弘光帝要求必须重新改拟坚持厂卫之旨。高弘图仍旧坚决不改，坚持厂卫必须革除的态度。弘光帝大怒，立即召高弘

①姜曰广：《过江七事·禁缉事》，载《三朝野纪》第200页。

②计六奇：《明季南略》卷二《祁彪佳请革三弊政》，第79页。

图入宫奏对，训斥道：

> 尔辈党同把持，视圣旨为故纸，朕作一事，便禁切不得，但使我寄坐可乎？

高弘图并不示弱，坚不奉诏，他斩钉截铁地说：

> 皇上即威震雷霆，微臣不避斧钺，敢昧死再进一言：缉事乱政，必不可行。

弘光帝更加气愤，斥责他放肆无礼。高弘图马上跪下叩头说：

> 臣愚不识忌讳，逆隆旨，亡状，万死！臣起家非文学，臣又衰庸，自知不称任使，不宜辱政本地，负主恩，当罢，请得乞骸骨！[1]

高弘图向皇帝谢罪，请求罢官，但立场不改，决不退步。面对阁臣如此执着的抗争，弘光帝竟不再气急败坏，反而冷静起来，“意乃解”。尽管弘图退朝后对姜曰广道：“数月君臣鱼水之欢，是日已尽失矣”，对弘光帝坚持谬误、执迷不悟很是失望，但弘光帝并未一错再错，他感到诸臣特别是内阁大学士等所言有理，权衡利弊，还是采纳了弘图、曰广的进谏，设厂卫事作罢。[2] 虽然此事历有波折，但最后的结果却鲜明展现了弘光帝勇于纳谏的风格。

第四章　贻权马、阮的祸患

弘光帝朱由崧本是颇有争议的人物。他并非如世上流传的那般昏庸与荒淫，而是一个颇有主见与个性的人物。他处理政事颇有魄力，展示了不凡的风采。然而，他又颇重情谊，在为政的天平上有所倾斜，倚重于马士英与阮大铖，结果贻患非小。

---

①以上多处引文引自姜曰广：《过江七事·禁缉事》，载《三朝野纪》第200—203页。

②姜曰广：《过江七事·禁缉事》作“卒以弘图、曰广力持寝”，载《三朝野纪》第203页；李天根：《爝火录》第297页作“乃命五城御史体访，而缉事官不设”。

一、感念马、阮，另眼相看

弘光帝登上皇帝宝座，全靠马士英一手谋划而成，而马士英独揽拥立朱由崧之功又是阮大铖的策划，弘光帝遂对马、阮心存报答之情。

马士英是弘光帝的翊戴元勋，因而备受宠信。在弘光帝的宠信下，马士英迅速由凤阳总督晋升兵部尚书、东阁大学士，并进一步将最孚众望的史可法排挤出朝。马士英兵权、政权在握，可谓出将入相，成为弘光朝最有实权的人物。弘光帝称帝前靠马士英，称帝后也确实少不了他。而马士英一朝大权在握，很快便引起争议和反对，这也确实给朱由崧带来了不小的麻烦。

马士英，字瑶草，贵州贵阳人，万历四十七年（1619）进士。崇祯五年（1632），擢右佥都御史、宣府巡抚。莅任仅一月，即因擅用公款行贿朝贵事发，被逮论死，遭遣戍。后流寓南京，与名列阉党逆案、失职久废的阮大铖相遇，乃相结甚欢。十四年（1641），周延儒再为首辅大学士，大铖贿以重金请求复职。延儒因其名在逆案，表示复职之事难办。大铖遂问马士英如何，延儒便许诺复马士英职。十五年（1642）六月，凤阳总督出缺，士英为礼部所荐，延儒裁定，士英遂从戍籍超擢为兵部右侍郎，总督凤庐等处军务。士英旋得知此乃大铖一手操办之事，愈加感铭。士英虽然仅为一方的军事长官，地位不显，但他机敏权变，广交诸勋贵及军阀，具有一定的影响力。

南京诸臣集议拥立新君之际，他不顾多数大臣拥立较贤明的潞王的主张，而是“以福王昏庸可利”，接受阮大铖抢先拥立之计谋，外联军阀，内结勋臣、阉宦，以迅雷不及掩耳之势拥福王朱由崧至南京，一举成为弘光朝的元勋，旋被加为兵部尚书、东阁大学士，仍督师凤阳。但他不满仍督师凤阳之命，遂不待诏而擅自入朝掌权，随后排挤最有威望的史可法出朝，打击其他阁臣，结党营私，为所欲为，特别是他肆无忌惮地推翻阉党逆案，招阮大铖进朝一事，引起诸臣的普遍恶感。诸臣纷纷起来反对，与之斗争，一时间马士英陷入了空前的孤立状态。

这时坚决维护马士英，并与他站在一起的是弘光帝。弘光帝没有忘记马士英的拥戴之功，当上皇帝之后，他内心里切实感到只有马士英是自己坚定的拥护者，马士英稍有闪失或遭到挫败则是自己的损失。因此，他为巩固自己的帝位必须保护好马士英。当马士英荐举阮大铖的提议几乎遭到举朝一致的反对时，弘光帝则完全站在马士英一边。其实，他也清楚阉党肆虐给国家、社会造成的极大危害及人们对阉党的憎恶之情，逆案是经崇祯帝亲自裁定的铁案，任何人都不能更动。所以，他在监国之初便已经发出过逆案“不得轻议”[①] 的谕旨。这也是为延续自己的统治、保持朝廷的安定局面的必要举措。可是他的拥护者乃是阉党或有阉党思想倾向之人，如马士英竟敢明目张胆地掀翻逆案，荐举逆案所定的阉党人物阮大铖入朝，因此造成的政治大混乱，他完全看在眼里。

当然，更重要的是，弘光帝对当年特殊背景下处理“逆案”的方式，不是没有自己的看法。而且，他对其中一些人的看法，特别是对阮大铖的看法并不坏，甚至认为阮是难得的治国整军之才，所以他对所谓阉党人物并不一概排斥。基于这个认识，最初，他装聋作哑，故作镇静，只在御座上静听群臣争辩，一言不发，表示出不偏不倚的公正姿态。对群臣奏言中所陈明的利害，他也并非无动于衷，但权衡利害，还是坚定不移地支持马士英对阮大铖的安排。因此，不论群臣如何规劝，如何力主逆案不可翻、阮大铖不可用，他一概不听。他上朝后听来听去，听得厌烦了，就站出来公开表态，对受到围攻而无援的马士英表示慰问，并严厉斥责科臣多事，不偏不倚的态度荡然无存。这时崇祯十七年（1644）是六月十八日，距他称帝仅一个月。朝内的不同政见被强制压了下去，尽管这引起了朝臣强烈的不满，造成阁臣

---

①李天根：《爝火录》卷三，第 123 页。

高弘图、姜曰广、吕大器等纷纷愤然引疾乞休离去，弘光帝也并未因此而动摇，仍照旧坚持起用阮大铖，维护掌握实权的马士英。可是对在外手握重兵、马士英也不敢小看的左良玉，弘光帝却又不得不存几分畏惧。

六月十九日，湖广巡按御史、监军黄澍同承天府守备太监何志孔一起受左良玉之托入朝请发兵饷，并请求皇帝接见。弘光帝因其有左良玉这座靠山，不能拒绝，只好召其入朝。皇帝接见时，黄澍突然间发难，令君臣上下措手不及。

原来，几日前吏部侍郎吕大器上疏，抨击马士英奸贪雄诈。马士英上疏辩解，弘光帝下旨慰问。但士英愤愤难平，伺机报复。马士英本欲在黄澍出现的这次朝参上廷辱吕大器，此时他已“鼻息拂然”，激动不已，做好了反击的准备。然而，不等他向吕大器发难，黄澍叩贺毕，便大声呼奏道：“臣今舆榇来，矢以死击奸贼！”弘光帝愕然问其为谁，黄澍则道：

> 马士英也！士英从荷戈擢凤督，受先帝殊恩。及先帝围困，此贼拥兵坐视，河干之不一望焉，忍心无人臣礼至此，天下之恶，一也。既不忠于先帝，讵岂忠于皇上哉？且凤泗祖陵，千万世发祥根本重地也；祖制特命督臣建牙，正为今日。今士英闻警而抱头窜矣，将毋送祖宗藏玉，惟贼之蹂躏乎？曾不若细民之家，苟有一抔土，付细仆守之，缓急犹相保也。祖宗在天之灵，实怨且恫深矣。士英身为不忠之乱贼，并陷皇上为不孝之子孙，万死有余戮！①

诸臣闻黄澍之言，“无不洒然易容倾听。澍且奏，且泣，且骂，搏颡（按：指叩头）不休，涕下纵横覆面”，弘光帝“亦面赤，熟视良久”。② 他受到触动，回过头来对站在一边的高弘图说：“黄澍言言有

---

①姜曰广：《过江七事·防左镇》，载《三朝野纪》第 214 页。

②姜曰广：《过江七事·防左镇》，载《三朝野纪》第 214—215 页。

理，卿识之。”① 于是，他要黄澍靠近御座慢慢说。黄澍接着说：

士英不学无术，非宰相才，既雅负知兵，王室而多故矣，疆场（埸）之役，胡不戮力焉？皇上天之所启，士英妄贪天功，窜身政本，乃惟贿是闻，真怀奸败类之尤，王法所必诛，下士所羞伍者也。新朝具瞻，犹关风听，奈何令此小人尘点日月？使四方闻之，轻朝廷无人矣！②

黄澍随即揭发马士英在凤阳总督任上“赃私”诸事。未等他说完，承天府守备太监何志孔突然上前跪奏道：“黄御史所列秽状皆实！臣奉差在楚，可为左证。”③ 并戟手指天，向士英而唾。弘光帝一怔，目视马士英。马士英已汗流浃背，面对黄澍的揭发，不能回辩一语。这时，太监韩赞周马上斥责何志孔道：“御史言事是其职。内臣操议，殊伤国体。”何志孔便不再说什么。但马士英已被铁证打得蒙头转向，自觉理亏，便向弘光帝跪求处分，由于一时紧张忘了方位，竟跪到黄澍面前。怒不可遏的黄澍见马士英凑到自己脚前，便举起手中所捧之笏痛击其背说：“愿与奸臣同死！”马士英被打，惨叫起来：“陛下视之！”弘光帝见此情景，哭笑不得，“摇首不言”，过了一会儿才对黄澍发话：“卿且出。”这才结束了马士英的尴尬局面。黄澍一退朝，韩赞周便下令收审非分言事的太监何志孔。一场控诉虽然结束了，但弘光帝确实感觉到马士英招惹麻烦太多，问题棘手，退朝后便私下对韩赞周说：“马阁老宜自退避。”④ 想让他暂时别露面，避避风头。

召对之后，黄澍并不善罢甘休，次日便把面奏马士英的十大可斩之罪书写成文，以《奸督有十可斩之罪》为题上奏，彻底揭露其罪行，要点是：马士英本为凤阳总督，他不誓死守卫中都凤阳，反而巧卸重担，居然进入朝中任兵部尚书，把轻弃祖宗之名留给皇上，这是“不

①计六奇：《明季南略》卷一《黄澍以笏击马士英背》，第48页。
②姜曰广：《过江七事·防左镇》，载《三朝野纪》第215页。
③姜曰广：《过江七事·防左镇》，载《三朝野纪》第215页。
④计六奇：《明季南略》卷一《黄澍以笏击马士英背》，第48页。

忠”。他动不动就说自己劳苦多年，这是“骄蹇”。他曾奉命讨献（张献忠）、讨闯（李自成）而均未跨出寿春一步，致使敌势猖獗，不可收拾，这是“误封疆”。他引“贼”破楚省，贻祸地方，这是“通贼”。他弄虚作假，包庇市棍私铸银印一颗，托言夺自贼手并飞报先帝而获得厚赏，是为“欺君”。马士英借皇帝即位而居功自傲，目无朝廷，朝野都看在眼中，南京城到处流传“若要天下平，除非杀了马士英”的民谣，这是他的又一罪状——“失众亡等”。马士英本是至贪至污被清议所不齿之人，一朝得志便推荐同心逆党阮大铖；阮大铖本是先帝定为逆案中人，为世人唾骂之逆贼，马士英竟敢举荐，蔑侮前朝，矫诬先帝，是谓“造叛”。马士英对皇上念行间劳苦所施的破格殊恩，动辄声言“都是我在皇上面前奏的”，是谓“招摇骗诈”。马士英手握兵柄，不严御警跸，紧防江流，以防不测，却营私居、保自家金帛，是谓“不道”。马士英乃“上得罪于二祖列宗，下得罪于兆民百姓，举国欲杀，犬彘弃余。以奸邪济跋扈之私，以要君为卖国之渐。十可斩也！”以上共十大罪，均可斩之。黄澍还说：

> 士英有此十大罪，皇上即念其新功，待以不死，当削去职衔，责之速赴原任，广联声援，庶可以慰祖宗在天之灵，谢亿兆万人之口。而奸狡日深，巧言狂逞，此岂一日可容于尧舜之世哉！伏乞大奋乾纲，下臣言于五府、六部、九卿、科道，从公参议。如臣一言涉欺皇上，即诛臣以为嫉功害能、蔑诬大臣之戒。如臣言不谬，亦乞立诛士英，以为奸邪误国、大逆不忠者之戒。①

最后黄澍又说：臣昨日赴都见吏部侍郎吕大器曾参疏马士英，臣尚未见其参奏全文。揭发马士英，我们是不谋而合。若说吕大器并非无罪之人，他“悻戾自用，反复阴阳”，臣“甚鄙其为人”，曾与人参劾过他。昨天马士英曾指责臣有党，今必以臣党大器为题做文章，臣特先

---

①计六奇：《明季南略》卷一《黄澍以笏击马士英背》《黄澍论马士英十大罪》，第48—50页。

明白揭穿这个阴谋。[1] 这是黄澍与吕大器划清界限，特以此证明自己所为绝无同党，以示清白。

黄澍上奏之后，并无回音，于是又上疏弘光帝。他责问道："岂皇上留中不发耶？抑廷臣有所隐忍，故为此迟回耶？"他说奸臣马士英"手握重兵，一日在朝，则威灵四震，一日不去位，则朝廷不尊，黄澍其关系为至重"[2]，无论如何，必须逐其出朝。疏上之后，黄澍仍然不见皇帝批答，于是又上第三疏，声言奸臣马士英被揭发，定会加害于臣，臣非不惜身家性命，而因"义有所必争，不暇为一身祸福计也"，"臣明知奸臣无可赦之罪，而臣不言，臣负陛下。陛下若爱士英，若畏士英，留臣之疏不下，是陛下负臣。自此言路结舌，是陛下负言路也"。这是向弘光帝叫号，要弘光帝赶快表态。他请求皇上"当发臣疏，并简发士英之疏"，即要求把他上的奏疏连同马士英辩解的奏疏一同发下，让臣民共同鉴别其真伪。最后他说："如两疏俱留，是皇上以待士英者待臣，臣不服也；是皇上以疑士英者疑臣，臣不敢也。"[3]

弘光帝看了黄澍接二连三的奏疏，心中不免有所触动。而且，他也觉得左良玉手握重兵，更不可轻易得罪。他想保护马士英，面对这种情形又有些犹豫。但他的犹豫很快消失了，马士英于关键时刻积极进行的幕后贿赂发挥了作用。

六月十九日，马士英在被黄澍痛批之后，自感形势不妙，于是倾重金分别馈送弘光帝亲信太监田成、张执中。田、张二人受贿后，便哭着向弘光帝进言说："皇上非马公不得立，若逐马公，天下皆议皇上背恩矣。且马公在阁，诸事不烦皇上，可以优闲自在。马公一去，谁复有念皇上者？"他们说的倒是事实，这真正打动了弘光帝的心，使他陷入沉思。其实，弘光帝离不开马士英，更不想驱逐他，只是因其问题暴露太多，成为众矢之的，需要缓冲一下，找个台阶下。最了解弘

①计六奇：《明季南略》卷一《黄澍论马士英十大罪》，第50—51页。
②计六奇：《明季南略》卷一《黄澍再抗疏》，第51页。
③计六奇：《明季南略》卷一《黄澍三抗疏》，第52—53页。

光帝性格与心理的田成立即打发人给马士英传话，叫他赶快入直内阁，不可称疾在家而使大权旁落。于是，马士英又像没有发生任何事情那样，泰然自若地入内阁办事，照旧当他的首辅。弘光帝对马士英的重新入朝当然心满意足，随后便传出了圣旨："何志孔本当重处，首辅亟为求宽，具见雅度，姑饶他。"弘光帝释放因直言无隐揭发马士英而被拘禁的太监何志孔，借机赞颂马士英不计前嫌，具有"雅度"，不啻否定了一切揭发马士英的言论。这不仅是袒护马士英，更是完全与之合流。民间很快流传出揭露此事本质的民谣："要纵奸，须种田；欲装哑，莫问马。"①

黄澍的弹劾和殿上的公开揭露是马士英入阁后面临的最为严重的一次危机与挑战，马士英在弘光帝的袒护下化险为夷，从此再也未遇此险情。他的党羽既多，罗网既密，特别是阮大铖被弘光帝起用入朝后，马、阮结成联盟，狼狈为奸，弘光帝更完全受其操纵，弘光朝更加混乱不堪。

二、马、阮弄权，浊乱朝政

崇祯十七年（1644）六月，湖广巡按御史黄澍入朝公开痛诋马士英。这虽然是仗左良玉之势，含有明显的人身攻击性质，但究其所言均有实据。马士英着实恐惧一场，后因弘光帝的袒庇而化险为夷。他渡过了掌权以来的第一道难关之后，便及时吸取教训，加紧利用弘光帝以保位固权，结党营私，恣肆搜刮百姓，弄得弘光朝廷一片乌烟瘴气。

作为凤阳总督的马士英深深懂得兵权的重要性。他与江北四镇紧密勾结，互相应援，他利用正直朝臣维护朝廷尊严、反对军阀跋扈的主张，挑动军阀干预朝政，攻击朝臣，其中刘泽清、刘良佐成了马士

①计六奇：《明季南略》卷一《黄澍以笏击马士英背》，第48页。

英在朝中攻击政敌的得力帮手。而勾结勋臣与内官则是马士英在朝中兴风作浪的重要手段，其中诚意伯刘孔昭、灵璧侯汤国祚、忻城伯赵之龙、魏国公徐弘基、抚宁侯朱国弼、安远侯柳昌祚等配合马士英不遗余力地攻击清流派大臣。当群臣议立福王时，刘孔昭当面攻击吕大器。徐弘基以“勤王无功”为借口谩骂史可法“可杀”。[①] 刘孔昭荐举阮大铖入朝受阻而廷辱张慎言，竟至大打出手。太监卢九德、田成、张执中等，则处处为马士英张目，这强化了弘光帝对马士英的信任和依赖。马士英为实现自己把持朝政的企图，不惜一切代价把同党拉入朝中，其中最重要的举措是让阮大铖复出。他联合并鼓动军阀、勋臣、内官等一起出动，以攻为守，向清流派大臣发起接二连三的猛攻。于是，弘光帝否定了刚刚发出的不得轻议逆案的宣言，翻先帝成案，下令起用阮大铖。这一行为导致了在很短时间内，有名望的大臣相继离朝，而阮大铖则顺利地入朝做官，终于促成了马、阮联合专擅的体制。

尽管马、阮个人的志趣爱好存在着差异，对问题的看法和处理方式也不尽一致，有些甚至相反，但两人打击清流派、揽权行私、搞腐败政治的大方向则是一致的。几经周折之后方得复出的阮大铖，虽然受命为兵部添注右侍郎的时间已是八月三十日，但早在弘光帝监国之初，他就已同马士英紧紧勾结在一起，沆瀣一气，推行他们的计划。马士英在朝中阴谋得逞，许多坏点子都是阮大铖所出。当清流派大臣坚持逆案不可翻的立场之时，阮大铖针锋相对，策划了弘光朝影响甚广的一大政治案件——“顺案”，掀起了向原东林党人等清流派进攻的浊浪。以阮大铖复出为契机，马、阮将许多名列逆案而劣迹昭著的人物拉入朝中，如“惟阿党是徇，毒更甚”[②] 的张捷，翻逆案、请重颁《三朝要典》的阉党人物杨维垣等先后被拉入朝，成为马、阮的助手。马、阮则视其为亲信、同党，百般庇护。一直充当马士英的先锋打手、

①姜曰广：《过江七事·计迎立》，载《三朝野纪》第 193 页。
②计六奇：《明季南略》卷二《张捷论民心国运》，第 105 页。

由吏科给事中升至左都御史的李沾，贪赃枉法，接受江阴知县的贿赂。十月初，受贿事败露，行贿者被锦衣卫捕得。马士英却立即"为之请"，向弘光帝说情，结果弘光帝"诏勿问"。[①] 进士出身、投靠马士英的彭遇飌被授兵部职方司主事。弘光帝为其满口荒诞之言所迷惑，竟"召对称旨"，改授御史，巡按浙江。彭遇飌夸下海口，要为国家独自募兵十万。有人问他"饷安出"，他爽快地回答说："搜括可办也。"[②] 于是便带着数百名家丁前往杭州赴任。他在任上大肆搜掠钱财，引起公愤，被激怒之众群起捣毁官署，将其驱逐出杭州。朝廷得报，掌权的马士英不仅不予追究，反而以遇飌具有"边材"为由，将其易地为官，调往淮、扬。[③] 马士英如此袒护，其亲信死党为其效命当然是不遗余力。

马、阮任人唯亲，大搞裙带关系。弘光政权成立之初，甲申（1644）八月，马士英以河南乃边疆重地为由，起用其在南京闲住的姐夫越其杰为巡抚。越为贵州人，举人出身，曾官至按察使司佥事，因贪遣戍。他"老惫不知兵"，担任此职实属误事。当时河南地方武装林立，一些首领愿意效忠国家，希望获得国家任命。越其杰"故为尊严，厉声诘责，诋以贼"，令人寒心，甚至有"萌异心"者，[④] 因而败坏了疆事。十月，阮大铖外甥张秉贞任右佥都御史，巡抚浙江。[⑤] 弘光元年（1645）三月，本为白衣的马士英之子马锡以都督佥事充总兵，掌管京营大权。[⑥] 就这样，朝廷内外掌权领兵者多已由马、阮之党控制。对此，弘光帝一概听之任之，绝不过问。

马、阮擅权时最大的弊政在于横征暴敛、搜刮民财。他们无所不用其极，达到了疯狂的程度。弘光政权成立时标榜讨"贼"复仇，收复失地，以重振国家。这对从未遭受农民大起义打击的江南一带官绅

---

①计六奇：《明季南略》卷二《十月甲乙总略》，第 101 页。
②计六奇：《明季南略》卷三《二月甲乙史》，第 163 页。
③徐鼒：《小腆纪年附考》卷九，第 319 页。
④徐鼒：《小腆纪年附考》卷七，第 230 页。
⑤计六奇：《明季南略》卷二《十月甲乙总略》，第 102 页。
⑥计六奇：《明季南略》卷三《三月甲乙史》，第 171 页。

士庶来说，极具诱惑力。这个政权有一个庞大的官僚机构，一支数量庞大的军队，还有按明朝制度应该坐享各种特权而人数众多的宗室勋贵，这些人中有相当一部分是从北方逃亡而麇集东南的。朝廷要想正常运转，必须有足够的财力养活以上这几个人数众多的集团，因而开支浩繁。对已经偏安一隅的弘光政权来说，这是极其沉重的负担。当时弘光朝能征收赋税之地只有南直隶、浙江、湖广、江西、福建一带，山东、河南已成“瓯脱”之地，其他地区更是弘光朝势力无法控制的，因而征取赋税的范围有限。

当时弘光政权能征收的赋税总额也就六百万两银左右，而仅四镇及楚镇（左良玉兵）与京营等军饷就有七百余万两银，此外还有“俸禄国用之增”，“六百万内有水旱灾伤之减”。国库既无盈余，内帑亦无存金，所以出现捉襟见肘的困窘局面。[①] 因而摆在统治者面前的出路只有一条，就是加征赋税。弘光帝在登极诏上曾宣称有不少项减免保证，诸如于弘光元年（1645）“不论本色、折色，量蠲一分”，“辽饷名色，尽行蠲免”，税契“每两止取旧额三分”，开垦屯种“三年成熟后据亩科，止照本县额定升合征取一半，永减一半”[②]，等等。漕运总督兼淮扬巡抚路振飞向民间宣布登极诏书，其中“新旧钱粮赦免”一条使“众情欢腾”，[③] 可见人们对轻徭薄赋、清明政治的渴望，无奈这些减免均为口惠而实不至。事实证明弘光帝的许诺完全没兑现，名目繁多的加派催征反而接踵而至。诸如扩大土地征税范围、增加工商杂税、实行预征和卖官鬻爵，搞得社会鸡犬不宁。尤其是卖官鬻爵更是荒唐离奇，危害极大。

卖官鬻爵是马、阮当政时最有特色的一幕闹剧，其明令实行日期是崇祯十七年（1644）九月，由出卖学历开始。历来士子向学出仕必经科举考试之途，入塾就学者即为童生，童生历县、州、府学几级考

①李清：《三垣笔记》下《弘光》，第109页。

②计六奇：《明季南略》卷一《国政二十五款》，第13页。

③计六奇：《明季南略》卷一《国政二十五款》，第14页。

试，层层递进而获取功名，功名的获得全凭才学。马士英于九月十八日上奏，请弘光帝下令“免府州县童生应试”，获得弘光帝批准，于是只要交足银两便可获取功名，其办法是“上户纳银六两、中户四两、下户三两”，送至学院即可。同时，弘光帝又下诏推行纳贡例，规定“廪生纳银三百两，增（生）六百两，附（生）七百两”。这开了卖官的先例。而令下必须执行，不可迟疑。弘光元年（1645）正月，溧阳知县李思谟因自作主张“不令童生纳银”，而按正常规矩进行考试，结果惹怒了马士英，被“特降五级”。[①] 金钱代替了知识，搞乱了社会。这一做法，不仅在地方上实行，朝廷也借此敛财。弘光元年（1645）正月十一日，朝廷又规定，选拔制廪生可不根据才学，只要交足银两便可获得通判之职。这是出卖学历与出卖官职二者兼具的办法。

马士英等出卖官职之举搞得最为热闹。他在弘光帝登极当年公布的“开纳助工事例”实行卖官鬻爵明码标价：武英殿中书舍人银九百两，文华殿中书舍人银一千五百两，内阁中书银二千两，翰林待诏银三千两，拔贡银一千两，推官、知县衔银一千两，监纪、职方司等官纳银之价不等。[②] 不论学品、人品如何，只要有钱便可买官当。有识之士已经看出这种卖官鬻爵之举的严重性，而上疏加以谏止。礼部主事张采上疏总结崇祯时的教训时指出：“悬价卖官”是为“贪人开一孔”的“驱人作贼”之法。[③] 但此疏并未引起弘光帝的注意，马士英更是毫不理会。于是，卖官之风便盛行起来，买官者“大邑至二十余人，少亦数人”[④]。这些花了钱买官来当之人充斥社会，造成了严重的混乱局面。当时民间到处流传着讽刺歌谣：

> 中书随地有，都督满街走；监纪多如羊，职方贱如狗。荫起千年尘，拔贡一呈首；扫尽江南钱，填塞马家口。[⑤]

---

①计六奇：《明季南略》卷二《马士英请纳银》，第98页。

②谈迁：《国榷》卷一〇三，第6150页。

③李清：《南渡录》卷三，载《南明史料（八种）》第253页。

④谈迁：《国榷》卷一〇四，第6195页。

⑤计六奇：《明季南略》卷二《马士英请纳银》，第98—99页。

弘光元年（1645）二月开始实行纳银买翰林待诏后，“都督满街走”一句便改成“翰林满街走”[①]了。又有民谣云：

> 都督多似狗，职方满街走。相公止爱钱，皇帝但吃酒。[②]

> 有福自然轮着，无钱不用安排。满街都督没人抬，遍地职方无赖。　本事何如世事，多才不若多财！门前悬挂虎头牌，大小官儿出卖！[③]

这种大小官员标价出卖的做法已推广到南明政权统治下的其他地区。乡邑哄传马士英“卖官鬻爵”之事。人们“今日闻某挟资赴京做官矣，明日又闻某鬻产买官矣。一时卖菜儿莫不腰缠走白下，或云把总衔矣，或云游击衔矣，且将赴某地矣”，这严重地败坏了吏治，腐蚀了人们的灵魂。花钱买官者，当然不会白花钱，而是加倍收回成本，这只有一途，即当上官后贪赃枉法，向百姓大肆搜刮，此举造成的混乱可想而知。当时正直的人已深感忧虑，发出感叹：“呜呼！此何时也，而小人犹尔梦梦，欲不亡得乎！”[④]马士英公开卖官，名义上是“助工”“助军兴”，实际上大部分卖官之钱都进入了“马家口”，这不过是公开的秘密而已。

除卖官鬻爵之外，当时更是贿赂公行。马、阮之流肆无忌惮地推行索贿受贿政策，所谓“政以贿成”。当时流传的民谣写道：

> 金刀莫试割，长弓早上弦。
> 求田方得禄，买马即为官。

这里的“田”指受弘光帝宠幸的太监田成，大臣多向他行贿而“因之固宠”。[⑤]“马”指马士英。这个民谣反映了行贿受贿已是普遍现象，当政者甚至公开索贿。

阮大铖自被授兵部右侍郎之后，便充分利用手中之权索贿。他的

---

①计六奇：《明季南略》卷二《马士英请纳银》，第99页。
②夏完淳：《续幸存录·南都杂志》，载《扬州十日记》第67页。
③应廷吉：《青磷屑》卷上，载《崇祯长编》第135页。
④计六奇：《明季南略》卷二《马士英请纳银》，第99页。
⑤计六奇：《明季南略》卷二《时语》，第112页。

用人标准就是向他行贿："凡察处降补各员，贿足则用。"他一再声言："国家何患无财？即如抚按纠荐一事，非贿免即贿求，半饱私橐耳。但命纳银若干于官，欲纠者免纠，欲荐者予荐，推而广之，公帑充矣。"这里的是非标准就是钱，就是贿赂。他还大谈索贿的经验："某人求监纪，初馈金五百，不纳，再赠千金，亦不纳，直至二千，用以充饷。"其实充饷是名义，入私囊才是实质。他又对人说："考选某某，以二千金相送，推之不去。往我居省垣时，两人各送一卮，皆白物耳，今则黄爵二进或二对，不纳不已。"[①] 索贿的价码越来越高，简直是厚颜无耻之极！他们所言不虚，确实是说到做到。当时，要求复官之人，不论优劣，他们的原则都是"贿入，辄复其官"[②]。八月初，吏部尚书徐石麒推荐前任总督朱大典及王永吉时，弘光帝下旨说："永吉身任督师，致北都沦陷。朱大典赃私狼藉，先帝严追未结。何得朦胧推举！"朱、王遭到痛斥，被坚拒于朝廷之外。但这道圣旨颁发不久，二人又双双被擢用。原来执掌大权的马士英"以贿不至"，就拟定了弘光帝降下的那份圣旨。不料圣旨刚一发出，贿赂送到，于是二人便得擢用。[③]

十月初五日，朝廷颁旨，任命原兵部尚书张缙彦总督北直、山西、河南、河北军务。这是一个奇怪的任命，因为张缙彦在李自成攻下北京后便立即投降，并接受大顺政权的官职，后又随之退入山西。八月，他转至新乡，擒杀大顺政权"伪官"，来到南京自称"集义勇，收复列城"。大学士王铎信以为真，上奏弘光帝加以推荐。马士英也"纳其贿，授原官，总督北直、山西、河南北军务，便宜行事"，但遭到言官的揭发与反对。给事中李维樾上疏说："缙彦暗劣失机，寸斩莫赎，逆贼入宫，青衣候点。总督何官？顾畀贼臣，胡刑赏倒乱如此也？"奏上之后如石沉大海。[④]

---

①李清：《三垣笔记》下《弘光》，第107—108页。

②张廷玉等：《明史》卷三〇八《奸臣·马士英》，第7942页。

③谈迁：《国榷》卷一〇二，第6135页。

④徐鼒：《小腆纪年附考》卷八，第276—277页。

在马士英当国的弘光朝，“贿赂滋章，千名百品，受者既多，馈者无以为异”。行贿受贿简直成为时尚，形成风气。当时总宪李沾献给马士英一条衣带，因考虑这不算贵重之物，便刻意让人宣传这是件“至宝”。马士英便持之献给弘光帝，同时嘱咐太监们交口称赞这是非常之物。弘光帝更是信以为真，时时穿戴上朝，皇帝也享受了接受贿物之乐。[①] 马士英这种贪赃枉法与倒行逆施的行为，受到谴责是理所当然的，但奇怪的是竟有逢迎讨好者。御史彭遇飖对马士英说：“岳飞言大误，文官若不爱钱，高爵厚禄何以劝人？武臣必惜死，养其身以有待。”[②] 这真是奇谈怪论。这不只是对岳飞“文官不爱钱，武官不惜死，天下方太平”[③] 的至理名言的否定，更是为贪财怕死者张目，为马士英倒行逆施立论，可谓无耻之尤。

三、可法被挤，朝臣遭辱

福王监国南京之初宽容大度，很得臣民之心，朝廷内外有了一种中兴气象。当初立国定策、战守事宜等大政方针多出自东阁大学士、兵部尚书史可法之手。福王监国第三天，即命诸臣集会商议在朝中主持国政和在外统率诸将的合适人选。太监韩赞周说：“马相公弘才大略，堪任督师；史相公安静宁一，堪任居守。”[④] 主张史可法在朝，马士英在外，这也是当时一致的意见，确系最恰当不过的安排。弘光帝批准了这个建议，史可法确实有掌国政之才能。然而这一妥帖的安排并未持续多久，很快被马士英破坏，并加以颠倒。

史可法，字宪之，号道邻，河南祥符人。事亲至孝，年少时家境贫寒，而苦学不倦。天启元年（1621）赴县赶考，住古庙中。一日御

---

①夏完淳：《续幸存录·南都杂志》，载《扬州十日记》第 67 页。
②计六奇：《明季南略》卷二《十月甲乙总略》，第 102 页。
③计六奇：《明季南略》卷二《张捷论民心国运》，第 105 页。
④应廷吉：《青磷屑》卷上，载《崇祯长编》第 131 页。

史左光斗于京畿视察学政，入古庙避大风雪，见可法所作之文，十分赞赏。考试呈卷后，光斗即点其为第一名，并召其入内宅使拜夫人，说："吾诸儿碌碌，他日继吾志事，惟此生耳。"光斗对可法寄予厚望，待之如亲子，后又资助其就学。当时阉党肆虐，左光斗被下厂狱，遭受酷刑，生命危在旦夕。魏忠贤派人严密看守，家仆也不得接近。可法冒生命危险入狱看望老师，深为左光斗大义凛然、宁死不屈的精神所感动，事后常对人说："吾师肺肝，皆铁石所铸造也。"① 这种精神影响了他的一生。天启七年（1627）中举人。崇祯元年（1628）中进士，十年（1637），任右佥都御史，巡抚南直隶安庆、庐州、太平、池州四府，及河南光州、光山、固始、罗田，湖广蕲州、广济、黄梅，江西德化、湖口诸县，提督军务。十六年（1643），拜南京兵部尚书，参赞机务。他见当时武备久弛，条上《留都军政八事疏》，以整顿军备，加强战守。崇祯帝"是其言，责令速练，务成锐旅，以固根本"②。十七年（1644）春，当得知李自成农民军进攻北京的消息后，他立即组织军队，于四月初一日誓师勤王，渡长江抵浦口。未及进发，他又闻北京陷落，崇祯帝自缢，于是缟衣发丧，接着便参与诸臣议立新君之事。他从国家根本大计出发，倾向立潞王朱常淓，反对立福王朱由崧，并致信马士英表明自己的严正立场。马士英虚与周旋，背地里与逆党人物阮大铖商量，串通军阀黄得功、刘良佐、高杰，快速发兵送朱由崧至仪真，拥兵江上，压文臣屈服，造成福王已前来即位的既成事实。史可法为避免混乱，保持安定，以大局为重，立即改变态度，率群臣迎接福王。在他的周密安排下，福王顺利实现了监国、称帝。他又积极谋划国家用人行政等根本大事，使弘光帝即位伊始，国家机器便有条不紊地运行起来。史可法深感马士英代表着各路武将以及勋臣权贵们的利益，在朝廷中起着不可估量的作用。实际上，这时

①方苞：《左忠毅公逸事》，载方苞：《方苞集》卷九，刘季高校点，上海古籍出版社，1983年，第237—238页。

②佚名：《崇祯长编》卷一，第59页。

朝廷已形成了史可法和马士英两股大势力。史可法明白为了国家必须协调好与马士英的关系，所以他入阁后便致书马士英说："寇深矣，黄、高、二刘之众未尽为国用，当立重臣开府以镇之。今日之事，非可法与公，谁任之者?"① 这是针对马士英为东阁大学士兼兵部尚书、都察院右都御史，仍总督凤阳等处军务的最新任命而言。史可法希望自己留朝居守，马士英在外督师，共同负起责任，这也是他对马士英的尊重。

当时史可法与高弘图、姜曰广同阁办事，彼此密切配合，有条不紊地制定了一系列大政方针。为了巩固政权，徐图进取，四月初八日，他上疏提出建立江北四镇的主张："从来守江南者必于江北，即六朝之弱，犹争雄于徐、泗、颍、寿之间，其不宜画江而守明矣。""当酌地利，急设四藩"。四藩的范围，"其一淮、徐，其一扬、滁，其一凤、泗，其一庐、六"，以靖南伯黄得功，总兵高杰、刘泽清、刘良佐四将领之，朝廷对其"优以礼数"，四藩则"听督臣察酌"。这样，四藩固守江北，"则江南之人情自安"。② 他希望督臣由马士英担任。他根据长江天堑以及江南水乡泽国的特殊地理环境，又提出再增设江防水师五万，添设京口、九江二镇将，"画地分守，仍以文臣操江协事"③。他还上疏请定南都营制，"照北都之制，改设团营"，并新设大教场、小教场、神机三营，每一营练兵一万，以供战守；立巡捕营，用兵六千，以防内奸；合并神威、振武为一营，用兵五千，以护陵寝；按照北京兵部例，设中军一员领兵三千为部标营，"以示居重"。兵制既定，再设总督勋臣一员加以统辖，以实现"人心一，号令明，以战以守，截然不乱"的良好局面。④ 短短几日，史可法的周详谋划已将稳定局面、定国安邦的大事全考虑到了。与此同时，朱由崧监国及即位时所

①徐秉义：《明末忠烈纪实》卷一二《史可法》，第187页。

②史可法：《议设江北四藩启》，载《史可法集》卷一，第11页。

③计六奇：《明季南略》卷一《五月甲乙纪》，第38页。

④史可法：《请定南都营制启》，载《史可法集》卷一，第13—14页。

颁发的诏书的起草拟定工作是由史可法等人主持的，这充分体现了史可法掌握国家大局、主持朝政的才能。对此，朱由崧是很清楚的，所以当诸臣提出史可法居守、马士英督师之议时，他欣然赞同，不料这一想法却被马士英否定。

原来马士英早就想入朝掌权，他勾结刘良佐等拥立福王的根本用意就在这里，他们也一直在策划夺权。五月初五日，监国福王批准史可法、高弘图、马士英为东阁大学士。当天，高杰、刘泽清联名敦请史可法渡江北上、共同御敌之书也送抵南京，其目的是让史可法离朝，腾出位置，交权给马士英。

马士英得知自己虽被任命为东阁大学士、兵部尚书，却“仍督师凤阳”时，便恼火万分，因为他认为自己拥立有功，被授大学士兼兵部尚书是理所当然之事，没有什么值得高兴的。他一心盼望能入阁办事，执掌朝政，这次却被拒之朝外，当然不甘心，于是立即具疏上奏，请求入朝。他不等监国下旨，“拜疏即行”①，“拥兵入觐”②，星夜奔向南京，于九日到达南京，再上疏监国福王，劝其登大位称帝，同时将不久前史可法所致的福王七不可立之书密奏监国福王。

这时江北四镇军阀正为地盘互相争斗，其中高杰与黄得功正在扬州城下交战，朝廷急需大臣前往调停和制止。本来诸阁臣及众大臣皆主张由马士英前往督师，但马士英入朝后便不想再回地方督师，转而极力排挤史可法。他装出无能为力的样子对史可法说：“吾往岁擒刘超，服老回回，多负勤苦，筋力惫矣，无能为也。史老先生镇抚皖城，屡建奇绩，目今番山鹞（按：高杰别号）已至淮南，淮安士民仰公盛德，不啻明神慈父，督是师者，非公而谁?”③ 他还说：“我驭军宽，颇扰于民，公威名著淮上，公诚能经营于外，我居中帅以听命，当无

①计六奇：《明季南略》卷一《诸臣升迁推用》，第15页。

②李天根：《爝火录》卷三，第134页。

③应廷吉：《青磷屑》卷上，载《崇祯长编》第131页。

不济者。”[1] 马士英执意要留在朝中，要史可法外出督师。史可法见马士英拥兵入朝，且内外皆有支持者，已同自己势不两立，坚持下去于己于国均无益处；且军阀只知混战，如扬州有失，给敌人以可乘之机，则国家大事危矣。他认为除自己外，他人也确实难当此任，于是慷慨地对马士英表示“愿受命”[2]。史可法于四月十二日上疏自请渡江督师，监国福王当即批准：“诏以便宜行事，各镇并听节制。”[3] 十五日，弘光帝行登极大礼。十六日，马士英即如愿以偿：仍掌兵部，入阁辅政，取代了史可法在朝中的位置。十七日，左良玉、黄得功由伯爵晋侯爵，高杰、刘泽清、刘良佐俱封伯爵。史可法向弘光帝陛辞，弘光帝说：“先生代朕兴师雪耻，赏罚宜明，爱养百姓，禁止军兵掳掠。”[4] 说罢赏赐其白银八十两、彩缎二表里。

史可法即将出朝的消息传出之后，引起朝野大哗。太学生陈方策、吴县诸生卢泾材共同伏阙上奏为史可法鸣不平，力言朝中不可无史可法。他们说：“淮、扬，门户也；京师，堂奥也。门户有人而堂奥无人可乎？”疏中还有“秦桧在内，李纲在外”等激愤的话语，“朝野以为名言”。[5] 对此，弘光帝“不纳”，这愈加激怒了关心国事的南京学子，他们纷纷上疏弘光帝恳请留史可法在朝，其中诸生卢泾材等人的合疏最有代表性，作者在疏中指出史可法是忠良，具有拨乱反正之才：

诚以枢臣史可法冰心铁骨，浩气清思，仰望系南北之障，固其练事之所至，亦其积威之所成。乃先帝眷注弥加，倚畀独重，然不用之于北枢而用之于南枢者，固天牖先帝之心，留此以佐陛下今日中兴之业也。顾南都积弛之后，未易蒙安，自枢臣整顿以来，渐堪驱策，经营在一载之间，坚暇（瑕）系全局之重。人材闻之而凑集，一经其目，便真伪大小之毕形；政事遇之而悉举，

---

①徐鼒：《小腆纪年附考》卷六，第 173 页。
②应廷吉：《青磷屑》卷上，载《崇祯长编》第 131 页。
③李天根：《爝火录》卷三，第 142 页。
④李天根：《爝火录》卷三，第 159 页。
⑤徐鼒：《小腆纪年附考》卷六，第 173 页。

凡在所司，虽寒暑昏旦而不废。盖以其无欲，故能知人；以其不倦，故能举政。真救时之宰相，济世之忠良也。今陛下奠安南服，则情形敏练之熟，无逾可法；鼓锐北征，则庙堂筹划之能，无逾可法；诸将之所素服，逆贼之所素畏，亦无逾可法。由其才望之隆，足为控制；更以忠诚之笃，可格奸邪。目今诏令初颁，人心甫定。众正毕升，群小亦不无觊望；长城方壮，鼠狐正畏其潜萌。只以可法素志清刚，一心持正，故同列皆硕望名臣，引用尽忠贤才誉。不独用兵剿守事宜，资其成算；抑亦人材进退关头，赖其主持。日者，忽闻出伐督师之命，众心惶惑，未识所措。虽淮扬为南都门户，毕竟朝廷是天下本根，若可法在朝，则出师命将，直可取燕云而复帝都；固本安民，奚但保江南而全半壁？盖以淮扬虽急，宜别命一督臣，使可法从中调度，则兵饷有着着应手之模；万一可法自行，则虽身任督师，而中枢已更成局，则战守有事事纷更之渐。虽后起必有善图，而前功不无少变，机会一失，则局面尽移。此江南士民所以奔走号呼，不能不向圣明哀吁者也。[①]

此疏情真意切，将史可法的人品、才能，特别是无法被他人替代的治国安邦的作用，述说得十分透彻。而史可法在朝并非一定要马士英离朝，只要另点人选即可，这也是个合情合理的解决办法，可是弘光帝的批旨却是：

辅臣可法，身系安危，朝廷鉴知已悉。该部知道。[②]

弘光帝表面上似乎了解了史可法的重要性，实际却无动于衷，仍坚持同意其离朝。

十七日，江西总督袁继咸入朝陛见弘光帝。他对肆虐地方、无寸功可言而残暴有余的高杰等人被封爵之事大惑不解，上奏说：“封爵以功。无功而伯，则有功者不劝；跋扈而伯，则跋扈者愈多。”弘光帝连连点头称是，叹息道：“事已成，奈何？”这时忻城伯赵之龙上奏说：

①李天根：《爝火录》卷三，第162—163页。

②李天根：《爝火录》卷三，第164页。

“臣昨过扬州，亲见高杰与黄得功格斗。本辅臣士英引杰过河，宜令士英往辑。”袁继咸也从旁赞同这个建议，认为马士英前往最合适。弘光帝却说：“其如不肯去何？今史先生愿去。”袁继咸说：“皇上即位之初，虽以恩泽收人心，尤当以纪纲肃下志。大抵君德以英断为用，伏祈振治精神，申明法纪。”这实际是向弘光帝提出委婉的建议：皇帝应有自家主张，做出决断。袁继咸又说：“冬春间淮上未必无事，臣等虽驽，愿奉六龙为澶渊之行。”他提出请皇上像当年宋真宗那样率师御驾亲征，以鼓舞士气。弘光帝听罢默不作声。阁臣姜曰广说，澶渊之行，不是立即进行之事，但却不可不时时做好思想准备。弘光帝又转忧为喜，点头表示同意。无奈的是，史可法被排挤出朝之事已无可挽回，弘光帝也不是不清楚此中利弊，但考虑到马士英有拥立的大功便不计其他了。袁继咸反对封高杰等人爵位，同意马士英出外督师，并希望弘光帝做出决断。这些虽然是正确的主张，但实际上却行不通。当时就有人认为，如果诸臣在迎立上不强调以贤而坚持以序的话，也就不会出现马士英与四镇勾结之事。正是诸臣一再强调以贤而不以序，给马士英等人提供了立下大功的机会。[①] 弘光帝从心底里感念马士英及四镇，遇事多从自己考虑而没有去考虑国家前途命运，当然默许能臣的离去。

十八日，史可法离朝渡江北上淮扬。弘光帝满以为史可法出朝后朝廷可以安宁，对己而言利大于弊，结果却事与愿违。

朱由崧即位伊始，设官组阁，加官发帑，颁诏行令，大有开拓局面、咸与维新的架势，但这种喜庆气氛很快变成了密布而难以驱散的愁云。小朝廷刚一出现便陷入党派纷争之中。自万历、天启以来的东林党与阉党之争这时又趋于激烈，而掌握军政实权的马士英等具有阉党倾向的人物很快操纵朝廷，排斥有东林倾向的诸大臣，恣意妄为，将弘光帝玩弄于股掌之中，小朝廷一片乌烟瘴气。马士英等为掌大权

①李清：《三垣笔记》下《弘光》，第93—94页。

极力在朝廷中安排同党和亲信。早在五月初二日议论朱由崧监国之事时，勋臣刘孔昭特推荐声名狼藉的阮大铖入阁，史可法当即指出这是先帝钦定的逆案，不能推翻，“勿庸再言”①，但阉党并不甘心。

五月初五日，福王朱由崧在南京城举行监国大典不久，江北高杰、刘泽清就拥兵十万之众，至长江北岸，派人送书至朝廷，请求刚刚被任命的东阁大学士史可法急速过江协调军事，这实际上是夺其在朝大权，使其离开朝廷，把位置让给马士英。其实，这时史可法也看到了朝内朝外的不利形势。当时各领重兵的四镇并未坚守汛地，准备御敌，而是要把家眷送往江南安置，纷纷派兵护送家眷渡江南下。这是涣散军心之举，后果严重。朝廷得知这一情况，紧急下令不许其过江，但同时又采取妥协之策，允许他们在长江以北择地安置。而黄得功、刘泽清、高杰又都想把家眷安置在长江边上的重镇扬州，因而彼此相争。朝廷曾明确下令允许高杰将家眷安置在扬州，然而不堪高杰军队扰害的扬州百姓恨透了高杰，于是众人拿起武器闭门登城进行自卫，拒不许其入城。高杰便挥兵攻城。这时，黄得功已将家眷送到仪真，声言不许高杰入扬州，高杰不甘心，转军与黄得功对阵，揭开了一场军阀混战的序幕。史可法得报后紧急致书双方，加以调停。为缓和矛盾，避免事态扩大，史可法特将高杰眷属安置在长江边上的瓜洲。一场恶斗暂时平息，但问题并未彻底解决，军阀间的火并随时有可能发生。于是，五月十三日史可法提出设立江北四镇的主张，分别进封四将侯、伯，为其各划汛地。②

十六日，被授东阁大学士、兵部尚书的马士英奉命掌管兵部，这正合他的心意。他自入朝以来已不愿再离京出镇，而且拉开了争权的架势。深悉此情的史可法为离开矛盾漩涡，便于十七日上奏《四不可无疏》，提出“有四镇不可无督师，督师应屯驻扬州，居中遣调”③ 的

①计六奇：《明季南略》卷一《诸臣升迁推用》，第15页。
②计六奇：《明季南略》卷一《史可法请设四镇》，第26页。
③计六奇：《明季南略》卷一《史可法请设四镇》，第26页。

见解，自请前往江北督师，这实为避让马士英之举。此举亦正合弘光帝之意，他顺水推舟地予以批准。次日，史可法便辞朝北上，朝中遂为马士英掌控。

二十二日，马士英入直，执掌朝政。诚意伯刘孔昭见时机来到，便再次提出起用阮大铖之议。主掌吏部铨选大权的张慎言坚决反对。为了搬掉张慎言这块绊脚石，刘孔昭乃设家宴置酒高会诸勋臣，煽动他们协力驱逐张慎言出朝，以实现把持朝政达到己愿的目的。这些靠祖宗余荫而养尊处优的勋贵为维护切身利益当然赞同此议。灵璧侯汤国祚、忻城伯赵之龙更是满口应允。他们立即商议好对策，拟抓住张慎言建议对曾经投降过大顺又逃到南方的"北来诸臣"要区别对待并加以任用之事，进行攻击。张慎言的建议是说："北来诸臣，虽屈膝靦颜，事或胁从，情非委顺。如能自拔南来，酌定用之之法。"[①] 这本来说得很清楚，而且弘光帝对张推荐的原任督师大学士吴甡和吏部尚书郑三俊二人，已经颁下圣旨赦吴甡之罪，并令其上朝陛见，郑三俊等候另议。马士英等人却要以此大做文章。

二十三日晨，弘光帝上朝接见群臣，太监宣布散朝之声刚落，突然刘孔昭冲出朝班大喊众官不要动。刚从座位上站起来的弘光帝被这突如其来的吼叫吓了一跳。他向下望去，只见刘孔昭拉着汤国祚、赵之龙等勋臣，大声呼喊朝中出了奸臣，危及国家社稷，必须赶快铲除。他们的借口是张慎言拟起用吴甡、郑三俊二人。随后，一场闹剧发生了——众勋臣于殿廷之上持刀追逐吏部尚书张慎言。其实，皇帝已颁发令二人陛见之旨，此桩起用之事完全是按程序进行的。此事令弘光帝十分窘迫，却又无可奈何。

弘光帝退朝回寝宫之后，见到了两个奏本：一是张慎言引疾乞休的奏本，以有病为理由请求退休不干；一是刘孔昭攻击张慎言的奏本，声言张慎言滥用职权，荐举补缺官员全靠权势，任用奸佞之徒，所举

①计六奇：《明季南略》卷一《刘孔昭凌侮张慎言》，第19页。

吴甡、郑三俊更为可异，声称“慎言原有二心，告庙定策，阻难奸辩，不可不诛”①。这是翻张慎言在议立新君时曾主张立潞王、反对立福王的老账，意在向清流派大臣发起攻势，再次挑起党争，鼓动弘光帝秋后算账。但弘光帝自有主张，不为所动。正当他思考如何处理之时，次日，高弘图又向他奏言：文武官员各有职责，彼此不应侵犯。即便都是文官，各部也不得干涉他部行使职权。现在任免官员乃是吏部张慎言的本职工作，刘孔昭却插进手来强行干预，凡用之人不合其意便一口咬定是“奸”。如果允许这种现象存在，那么我们这些大臣都将成为冗员。慎言荐举的吴甡，勋臣认为不可以，是什么原因臣不清楚，但荐章却是臣起草的。再说郑三俊为人清廉刚正，是万历以来数十年间素有声望之人，臣认为这是难得的人才，不可弃之不用。如果说慎言在用人上有罪，那么我的罪并不亚于慎言。前事不忘，后事之师。唐肃宗时勋臣恃宠跋扈，无礼于朝廷，监察御史李勉弹劾究治，杀其气焰，臣下始知朝廷之威严。汉朝初创之时多无章法，不辨上下尊卑，靠博士叔孙通立朝仪、定典礼使臣民有所遵依，始知礼节，肃然敬仰天子之尊贵。臣忝居辅臣之列，坐视庄严的帝廷如同纷争不已的讼堂而不能制止，真是愧死无地，请赐罢斥！接着，姜曰广也引病请辞。面对是非混淆、黑白颠倒的怪现象，弘光帝当然很清楚这样终究对朝廷不利。于是，他并未按勋臣的思路走，去纠缠旧账，而是派掌殿廷礼仪的鸿胪官传谕高、姜留任。次日，他又加恩翊戴诸臣，奖赏拥立弘光帝的有功诸臣十人，其中列榜首的是徐弘基，其次便是刘孔昭。他对咆哮朝廷的刘孔昭不仅未加惩处，反予加恩褒奖，可见他并不想得罪勋贵，而是寻求平衡。

二十六日，弘光帝召集东阁大学士高弘图、姜曰广、马士英于行宫议事，说了一些推心置腹的话，可是并未解决任何问题。

二十七日，张慎言见刘孔昭等勋臣干扰朝政、大闹帝廷之后，

---

①计六奇：《明季南略》卷一《刘孔昭凌侮张慎言》，第19页。

非但不受惩处，反以翊戴之功而获恩奖，皇帝混淆是非到了令人难以容忍的程度，便再次上奏请求辞职。弘光帝默不作声。这时李沾出班为勋臣辩解颂功，再次翻拥立时的老账，大肆攻击吕大器、张慎言。弘光帝不加制止，端坐在宝座之上，听完李沾的陈述，仍然不置可否。

二十八日早朝，张慎言呈上一份奏疏。他在回顾自己忠耿在心、尽忠朝廷的坎坷经历后说："今待罪铨曹（吏部）二十日，遂为孔昭所指，止有一去而已。吴甡、郑三俊，阁臣荐于前，科臣荐于后。两人者行已有耻，臣能保之。孔昭指为小人，亦硁硁之小人，非反覆之小人也。"他又说自己的家世状况："伪官至阳城，臣子履旋投崖而死，孤孙尚幼，国难家变，恸无生理，臣当与缁黄（按：指和尚、道士）为侣矣。"[①] 弘光帝览奏之后不见下文。张慎言便不再上朝，不再到部，"撂挑子"不干了。六月初二日，弘光帝命令吏部司官敦促张慎言到职治事，张慎言不应。

初六日，史可法进奏疏说，先帝用人"原无成心"，只要是才能之士便加起用。傅宗龙、孙传庭起自狱囚，张凤翔、袁继咸、马士英起自戍籍。吴甡奉命南征时因等候唐通兵不至，耽误战机而获罪，情有可原。国难之时，勋臣有几人殉国，孔昭何不思之？慎言已七旬老臣，一心为国，举荐吴甡便以为罪，这不是轻视朝廷而制造祸乱吗？如此入情入理之言，弘光帝仍不置可否。初八日，弘光帝竟颁下特谕，褒奖刘孔昭"功在社稷"，两天后又批准张慎言致仕离京之请，上谕云："晋疆未复，卿已无家可归，沿途侨寓需召。"[②] 慰问中仍对其复出抱有希望。然而弘光帝难主正义之举，已伤透了朝中正直之臣的心。至此，刘孔昭等排斥大臣的企图得以实现。弘光帝的政治天平已完全倾斜到阉党勋贵一侧。

---

①计六奇：《明季南略》卷一《刘孔昭凌侮张慎言》，第20页。

②计六奇：《明季南略》卷一《刘孔昭凌侮张慎言》，第20—21页。

四、忠耿之臣，相继离朝

朱由崧在南京监国与称帝，稳定了急转直下的局势，安定了惶惶不可终日的人心。他振兴国家的期望、宽待曾反对拥立他的人的胸怀，更使不少忠义之士看到了重整山河的希望，因而纷纷入朝，以期施展抱负、报效国家。可是，他见识短浅，缺乏驾驭之能，很快为擅权的马士英所左右，因而入朝的贤良有识之士，又纷纷被排挤而愤懑离朝。短时间内如此众多的大臣进出朝廷，闹得沸沸扬扬，弘光帝眼看这一切，却无制止之方。

首先离开朝廷而引起巨大政治风波的，如前所述是吏部尚书张慎言。张慎言，字金铭，山西阳城人，万历进士。历官御史、工部右侍郎、南京户部尚书、吏部尚书，掌右都御史事。他是有名的正直不阿的能臣。弘光朝建立后，他受命主掌吏部，上奏提出《中兴十议》。在人才极度匮乏的情况下，他按弘光帝及朝廷定下的大起废籍的方针，大量起用因事被免职而闲居的官员。他荐举吴甡、郑三俊本是履行吏部尚书的职责，无可指责，却因此被刘孔昭等勋臣抓住不放，罗织罪名，必欲置之死地。刘孔昭等公然在弘光帝临朝之际扰乱朝廷，无礼之甚。弘光帝面对此事，本应立加制止，断明是非，以严肃朝纲。可出人意料的是，此时虽已宣布退朝，弘光帝却坐着未动，如泥塑木偶一般，眼看着面前发生的一切，不发一声，以致刘孔昭越闹越凶，竟至举刀追刺张慎言于朝廷之上。对这样扰乱朝廷的勋臣，他不仅不予惩处，反而在几天过后以拥戴之功加以升赏，显然他是很有倾向性的。张慎言清醒地看到他连正常的执行职务之权都被剥夺，是非已被严重混淆，摆在他面前的只有离朝这一条出路。六月初十日，张慎言致仕。他入朝与离朝，前后时间仅一个月。

徐石麒，字宝摩，浙江嘉兴人，天启进士。他与张慎言同样是刚方清介、廉正不阿之人。他任工部营缮主事时，严格管理库藏，控制魏忠贤所需，不为阉党鼓噪所动。御史黄尊素因冒犯魏忠贤被下诏狱，他不顾危险极力上疏营救，而被诬受贿，追赃革职。崇祯时，任刑部右侍郎。当议吏部尚书李日宣一案时，他据案情从轻拟罪，违背帝旨，被贬二秩。当时崇祯帝往往以威刑驾驭臣下，而官员判案多牵引律文附会定罪，从重判刑。徐石麒奉命清理案情时，准确弄清法律条文的含义，校正判案不合于律者十余章。他一个个审理狱囚，许多重判者获得宽减。他秉公执法，廉明断案，一时间恢复了国家大法的尊严，无人敢钻法律的空子。

崇祯时，兵部尚书陈新甲奉密旨与清议和事泄露，被下狱定罪，朝中大臣多抱同情之心，极力营救。徐石麒排除私情只讲法律，坚持认为"人臣无境外交。未有身在朝廷，不告君父而专擅便宜者。新甲私款辱国，当失陷城寨律，斩"。本来陈新甲是奉崇祯帝密旨与清议和，密旨之事外人不晓，议和事败露也只是暴露了陈新甲。崇祯帝对此心中有数，不同意斩的判决，下令说："未中，可覆拟。"要求重新判决。徐石麒并不顺着皇帝之意，仍是按律论罪，进一步指出陈新甲议和造成"从来未有之奇祸"，以致"失误军机"，仍判为死罪。上奏之后，皇帝无可奈何，陈新甲被斩首弃市。此事震动了朝野。尽管这是明朝历史上的一个冤案，如追究责任，真正的罪魁祸首应是皇帝，但由于皇帝隐瞒真情，诿罪于臣下，陈新甲当了替罪羊。此且不论，仅按事实，以律而论，徐石麒所判乃严肃公正而无懈可击。此案以后，他以不阿附帝意，获得直声，而任刑部尚书。不久，他又严正执法，将崇祯帝必欲杀之的谏官姜埰、熊开元，分别定为谪戍、赎徒。此事引起崇祯帝大怒，徐石麒遭到落职闲住的惩罚。福王称帝后，召拜右都御史，旋改吏部尚书，他积极任事，针对时弊上奏，提出了"省庶官、慎破格、行久任、重名器、严起废、明保举、交堂廉"的建议。[①]他坚持秉公执法，与御史刘宗周一起，于考核官员时将不适合留京的

①张廷玉等：《明史》卷二七五《徐石麒》，第7040—7041页。

御史黄耳鼎、给事中陆朗外转兵备佥事。陆朗向太监行贿，并上疏攻击刘宗周，因而得以复职，后由皇帝出面“内批留用”。徐石麒当即提出反驳意见：“朗赃私，应劣转。交通内臣，传留非法。”这简直是冒犯皇帝，所以陆朗便立即弹劾徐石麒“结党欺君，把持朝政，无人臣礼”[①]，攻击他“以巧诈文其贪”[②]，建议处以极刑，“不可宽斧钺之诛”[③]。黄耳鼎也两次上疏攻击徐石麒“枉杀陈新甲”[④]，“以败款局”[⑤]。这些攻击都来自马士英的授意。原来，弘光帝称帝之后，马士英即欲以定策拥立之功而晋爵，独徐石麒“议格之”，加以阻挠。马士英盼爵心切，请太监田成等出面代其向徐石麒行贿，希望徐石麒玉成此事，徐石麒“悉拒不应”。因此，马士英等人对他恨之入骨，想方设法排挤徐石麒出朝。面对这接二连三的攻击，徐石麒已无法在朝廷立足，只好“称疾乞休”。[⑥] 十月初一日，弘光帝接受了他的请求，罢其职，阁臣马士英所拟之旨措辞严厉，弘光帝批示说：“冢臣犹冢子也，当以优礼遣耳。”[⑦] 于是，弘光帝下温旨，“命驰驿归”。次年五月，弘光朝覆亡，徐石麒乃于闰五月“朝服自缢死”。[⑧]

祁彪佳，字弘吉，浙江山阴人。天启二年（1622）进士，授推官。崇祯四年（1631）起御史，上疏直言吏治诸弊端及民间苦楚。他奉养母亲居家九年后，出任河南道御史。弘光帝初至南京，他便前往朝谒，针对勋臣无礼之状，尖锐地提出纲纪法度为立国之本，又建议“早颁大号，敬天法祖诸事”。在围绕监国还是登极展开讨论时，他“以人心天意为言”，坚决主张采取先监国后称帝的步骤，认为“监国名极正，盖愈推让，益彰王之贤德。且总师讨贼，申复国耻，示海内无因以得

①以上多处引文引自计六奇：《明季南略》卷一《刘宗周论时事》，第47页。

②计六奇：《明季南略》卷二《十一月甲乙总略》，第106页。

③李清：《三垣笔记》下《弘光》，第102页。

④张廷玉等：《明史》卷二七五《徐石麒》，第7041页。

⑤计六奇：《明季南略》卷二《徐石麒奏款事》，第140页。

⑥张廷玉等：《明史》卷二七五《徐石麒》，第7041页。

⑦李清：《三垣笔记》下《弘光》，第103页。

⑧张廷玉等：《明史》卷二七五《徐石麒》，第7041—7042页。

位之心”。而江北的高杰、黄得功、刘良佐、刘泽清“使共预推戴，则将士亦宜欢欣”。[①] 这一建议被群臣采纳。这时江北军阀拥兵扰乱地方：高杰兵攻扬州，大肆焚掠；刘泽清连骑数万欲渡长江，沿途劫杀，逼攻临淮。百姓纷纷逃难，不轨之徒乘机作乱，地方动荡不宁。祁彪佳奉命前往宣谕，斩倡乱者数人，地方立即安定。七月，他升右佥都御史，巡抚江南。弘光帝下令设厂卫缉事等官，他立即上疏力陈三大弊政，并请求弘光帝下令“严行禁革”[②]，弘光帝拒绝，引起政坛轩然大波，终因诸臣坚持不懈的抗争，弘光帝接受谏议，不设厂卫缉事官。京口发生驻军火并的事件，乱兵大肆焚掠商民，死者达四百余人，他闻讯赶至，立加制止，劾治肇事者，抚恤被难之家，“民大悦”[③]，“地方以安”[④]。祁彪佳公忠办事，不偏不倚，却引起马士英等权贵的嫉恨。马士英同党上疏劾奏，但抓不住任何把柄，只能“以沮登极、立潞王为言”[⑤]，翻历史老账纠缠不休，使之难以立朝。十一月十三日，祁彪佳终于罢职而去。[⑥] 次年五月，弘光朝覆亡。六月，清军下杭州，檄令诸绅投谒，祁彪佳乃从容投水而死。[⑦]

刘宗周，字起东，号念台，浙江山阴人，学者称蕺山先生。万历二十九年（1601）进士。事亲至孝，以不附党派闻名于世。天启时官礼部仪制司主事，上疏指斥太监魏忠贤“导皇上驰射戏剧，奉圣夫人出入自由，一举逐谏臣三人，罚一人，皆出中旨，势将指鹿为马，生杀予夺，制国家大命。今东西方用兵，奈何以天下委阉竖乎？”魏忠贤大怒，宗周因此被停俸半年。他又建议杀掉犯有弑君、私交、丧师、弃城溃逃之罪的人，起用名贤之臣，招致皇帝不快。天启四年（1624）

---

①计六奇：《明季南略》卷一《福王登极》，第9页。
②计六奇：《明季南略》卷二《祁彪佳请革三弊政》，第79页。
③张廷玉等：《明史》卷二七五《祁彪佳》，第7054页。
④计六奇：《明季南略》卷二《边镇诸将》，第119页。
⑤张廷玉等：《明史》卷二七五《祁彪佳》，第7054页。
⑥计六奇：《明季南略》卷二《十一月甲乙总略》，第107页。
⑦计六奇：《明季南略》卷五《祁彪佳赴池水》，第281页。

起任右通政，他见此时正直的东林党人被排挤将尽，阉党把持朝政，不屑与之为伍，便坚决辞职。魏忠贤斥责他“矫情厌世”，将其削职。崇祯元年（1628），被召为顺天府尹，他极力推辞。第二年九月，他入都赴任，又上疏直言皇帝“求治之心，操之太急，酝酿而为功利；功利不已，转为刑名；刑名不已，流为猜忌；猜忌不已，积为壅蔽”。这正是不自知的危险苗头，是“人心之危”。改正办法是“建中立极”，行仁义：“仁以育天下，义以正万民。自朝廷达于四海，莫非仁义之化。”他说的这一番大道理，崇祯帝“以为迂阔，然叹其忠”。当时国事日非，皇帝责怪辅臣无能，于是不断更换辅臣，还有一些辅臣下狱。他上疏说：“国事至此，诸臣负任使，无所逃罪，陛下亦宜分任咎。”明言出现这种现象皇帝也有责任。他认为皇帝不应怀疑群臣，而当“开示诚心，为济难之本”，建议“以票拟归阁臣，以庶政归部、院，以献可替否予言官”，不可夺臣下职权，不可轻加其罪，必须改变“文武皆不足信，乃专任一二内臣，阃以外次第委之”的现象。[①] 这里说的完全是崇祯帝不爱听的话。他在京尹任上为官一年，政令一新，专挫豪家及太监气焰。后谢病归里。九年（1636）正月，再次奉诏入朝，授工部左侍郎，屡上疏言事，多触皇帝痛处。是年秋天，他上疏说，小人祸国殃民之事从未停止，大奸似忠，大佞似信，“陛下不察而用之，则聚天下之小人立于朝，有所不觉矣”。他指出崇祯帝不信任督抚而委大任于太监，此种行为尤为失策。

他说皇上一方面欲进君子退小人，一方面“犹复用中官参制之”，以表明不偏袒任何一方，其实这是不可能的。对此行为，“有明治理者起而争之，陛下即不用其言，何至并逐其人?”这是责问皇帝，接着他又列举朝中举措失当之事，指出这是辅臣肆虐、驱除异己的行径。“廷臣无敢言，陛下亦无从知之也。呜呼，八年之间，谁秉国成（按：指掌握国家的大权），而至于是！臣不能为首揆温体仁解矣。”[②] 崇祯帝

---

①张廷玉等：《明史》卷二五五《刘宗周》，第6574、6576—6577页。

②张廷玉等：《明史》卷二五五《刘宗周》，第6581—6582页。

见此疏后大怒，又加上温体仁上奏，对刘宗周恶意诽谤，刘宗周被驱逐出朝，革职为民。

崇祯十四年（1641）九月，吏部左侍郎出缺，崇祯帝想起了刘宗周，他对大臣们说："刘宗周清正敢言，可用也。"于是下旨任用。刘宗周推让再三不得，只好奔赴朝廷。他进京途中又连进三札，即《明圣学以端治本》《躬圣学以建治要》《重圣学以需治化》。对此，崇祯帝"优旨报之"。十五年（1642）八月，宗周尚未进京，又接到了升任左都御史的任命。到京面奏时，帝问都察院职掌何在，他回答说："在正己以正百僚。"① 闰十月，言官姜埰、熊开元因上言获罪下诏狱。刘宗周旋闻密旨将处死二人，便约众大臣共救之，并上朝与皇帝展开了一场辩论。《明史》记载道：

> 于是宗周出奏曰："陛下方下诏求贤，姜埰、熊开元二臣遽以言得罪。国朝无言官下诏狱者，有之自二臣始。陛下度量卓越，妄如臣宗周，戆直如臣黄道周，尚蒙使过之典，二臣何不幸，不邀法外恩？"帝曰："道周有学有守，非二臣比。"宗周曰："二臣诚不及道周，然朝廷待言官有体，言可用，用之，不可，置之。即有应得之罪，亦当付法司。今遽下诏狱，终于国体有伤。"②

这分明是据理指责皇帝处理不当，结果惹得崇祯帝大怒，刘宗周又被驱逐出朝，免职为民。

北京陷落后，他徒步赴杭州，请浙江巡抚黄鸣俊发丧讨"贼"，黄借口推脱，没有行动。他便邀集故侍郎朱大典，故给事中章正宸、熊汝霖，一道招募义旅。正要出发之际，弘光帝登极，起宗周故官，仍为左都御史。他以大仇未报之故，不敢受职，自称草莽孤臣，接连三次上疏议论时政。他又发扬了针对时弊直言敢谏的精神，明确向弘光帝提出：

> 今日大计，舍讨贼复仇，无以表陛下渡江之心；非毅然决策

①张廷玉等：《明史》卷二五五《刘宗周》，第6582页。

②张廷玉等：《明史》卷二五五《刘宗周》，第6583—6584页。

亲征，无以作天下忠义之气。

宗周又言讨“贼”之法有四：一是“据形势以规进取。江左非偏安之业，请进图江北”，主张驻亲征之师于中都凤阳，并由此逐步渐进，这样“秦、晋、燕、齐必有响应而起者”。二是“重藩屏以资弹压”，必须坚守地方。他尖锐地指出，现在“督漕路振飞坐守淮城，久以家属浮舟远地，是倡之逃也。于是镇臣刘泽清、高杰遂有家属寄江南之说。军法临阵脱逃者斩，臣谓一抚二镇，皆可斩也”。三是“慎爵赏以肃军情”，指出“左帅之恢复而封，高、刘之败逃亦封”的现象不正常，主张应封者封，滥封者酌量收回已封之侯爵、伯爵。四是“核旧官以立臣纪”。凡叛逃诸官“法皆不赦，亟宜分别定罪，为戒将来”。刘宗周又上疏提出对不恪尽臣职者四“当诛”的主张。疏上之后，弘光帝下诏表示采纳其言并“宣付史馆”，内外为之震惊。马士英、高杰、刘泽清等极为恼怒，曾密谋杀掉刘宗周。①

于是传言四起，刘宗周见朝廷难容，便接连上疏向弘光帝请求辞职不再入朝，未获批准。于是刘宗周向弘光帝上疏直言揭发马士英：

陛下龙飞淮甸，天实予之。乃有扈跸微劳，入内阁，进中枢，宫衔世荫，晏然当之不疑者，非士英乎？于是李沾侈言定策，挑激廷臣矣。刘孔昭以功赏不均，发愤冢臣，朝端哗然聚讼，而群阴且翩翩起矣。借知兵之名，则逆党可以然灰，宽反正之路，则逃臣可以汲引，而阁部诸臣且次第言去矣。中朝之党论方兴，何暇图河北之贼；立国之本纪已疏，何以言匡攘之略。高杰一逃将也，而奉若骄子，浸有尾大之忧。淮、扬失事，不难谴抚臣道臣以谢之，安得不长其桀骜，则亦恃士英卵翼也。刘、黄诸将各有旧汛地，而置若弈棋，汹汹为连鸡之势，至分剖江北四镇以慰之，安得不启其雄心，则皆高杰一人倡之也。京营自祖宗以来，皆勋臣为政，枢贰佐之。陛下立国伊始，而有内臣卢九德之命，则士

①张廷玉等：《明史》卷二五五《刘宗周》，第6584—6586页。

英有不得辞其责者。

总之，兵戈盗贼，皆从小人气类感召而生，而小人与奄宦又往往相表里。自古未有奄宦用事，而将帅能树功于方域者。惟陛下首辨阴阳消长之机，出士英仍督凤阳，联络诸镇，决用兵之策。史可法即不还中枢，亦当自淮而北，历河以南，别开幕府，与士英相犄角。京营提督，独断寝之。书之史册，为弘光第一美政。

此疏准确地分析了两个月来弘光政权的形势，揭穿了马士英勾结军阀、勋臣及太监把持朝政、排斥异己、误国误民的行径，提出了令马士英离朝的建议。因其所言均是事实，弘光帝览疏后“优诏答之，而促其速入”。[①]

这份奏疏痛斥了马士英等人，马士英等人愤恨万分，纷纷向刘宗周发起进攻。马士英立即上疏辞位，并在朝中扬言：“刘公自称草莽孤臣，不书新命，明示不臣天子也。”[②] 又说：“刘宗周请皇上驻跸凤阳者，以凤阳高墙所在，凡宗室之有罪者处之，是以皇上为罪宗也。”马士英亲信朱统鑦上疏弹劾刘宗周，言其疏请移跸凤阳为包藏祸心：“谋出皇上于凤阳，则南都丰芑，根本所在，将拥立何人以居此乎？”[③] 意指刘宗周要拥立潞王，并造谣说“其兵已伏丹阳，当急备”[④]。刘泽清还密遣人刺杀刘宗周。当时刘宗周在丹阳萧寺中，“危坐终日，刺者肃然不敢加害”[⑤]。刘泽清于是上疏弹劾刘宗周“夺诸将封以激变军心，不仁不智，获罪名教”[⑥]。刘良佐上疏弹劾宗周劝皇帝亲征有“逆谋”。接着，刘泽清以自己、高杰、刘良佐、黄得功四人的名义上奏说：“宗周劝上亲征，谋危君父，欲安置陛下于烽火凶危之地。盖非宗周一人之谋，姜曰广、吴甡合谋也。曰广心雄胆大，翊戴非其本怀，故阴结

①张廷玉等：《明史》卷二五五《刘宗周》，第6586—6587页。
②张廷玉等：《明史》卷二五五《刘宗周》，第6587页。
③黄宗羲：《弘光实录钞》卷一，载《黄宗羲全集》第2册，第20页。
④张廷玉等：《明史》卷二五五《刘宗周》，第6587页。
⑤黄宗羲：《弘光实录钞》卷一，载《黄宗羲全集》第2册，第20页。
⑥计六奇：《明季南略》卷一《刘宗周论时事》，第47页。

死党，翦除诸忠，然后迫劫乘舆迁之别郡。如甡、宗周入都，臣等即渡江赴阙，面讦诸奸，正《春秋》讨贼之义。”① 他们要求“加宗周以重僇”②。疏入朝廷，举朝大惊。刘宗周就是在这种情形下入朝到任的。刘泽清曾将奏疏抄录副本分送高杰、黄得功等人。高杰虽对宗周不满，但也觉此事太过分，说道：“我辈武人，乃预朝事耶？”黄得功也立即上疏辩白：“臣不预闻。”马士英见露了马脚，便压下疏文不向弘光帝上奏。史可法对此事颇感不平，便派人向四镇核实此事，除刘泽清外“咸云不知，遂据以入告”，“泽清辈由是气沮”。③ 但他们仍然有恃无恐，必欲排挤宗周出朝，完全不顾刘宗周等大臣的揭发和反对，继续极力推荐阉党逆案人物阮大铖入朝。弘光帝在下诏令阮大铖冠带陛见之后，又于八月三十日颁中旨特授阮大铖兵部添注右侍郎。众大臣见皇帝旨意已下，木已成舟，便不再说什么。刘宗周却坚持异议，上疏称：

> 阮大铖当年争吏垣不得，致魏大中死诏狱。杀大中者魏珰，大铖其指使也。即才果足用，臣虑党邪害正之才，终病世道。且祖宗故事，九列大僚必用廷推，乃者中旨数下，司农之后，继之少宰，未几而大铖司马又继之，其为墨敕斜封之渐，有不待问者。大铖进退，关系江左兴亡，乞寝成命。④

对此“老臣不敢不一争之。不听，则亦将归尔”⑤。他认为这是关系国家兴亡的重大原则问题，决不能含混。结果，弘光帝非但不听，反对其“切责”⑥。刘宗周言行一致，于是上疏告归，获得弘光帝批准，遂于九月初十日离任，仅在弘光朝中任职四十九日。一代直臣，就这样带着深深的遗憾离朝而去。

---

①张廷玉等：《明史》卷二五五《刘宗周》，第6588页。
②计六奇：《明季南略》卷一《刘宗周论时事》，第47页。
③张廷玉等：《明史》卷二五五《刘宗周》，第6588页。
④李天根：《爝火录》卷六，第310页。
⑤张廷玉等：《明史》卷二五五《刘宗周》，第6588页。
⑥计六奇：《明季南略》卷一《马士英特举阮大铖》，第44页。

刘宗周离京前向弘光帝上了最后一份疏文，陈述五事，实际是给弘光帝的谆谆告诫。他告诫的第一件事是要弘光帝：

修圣政，毋以近娱忽远猷。

即不要沉湎于眼前的欢乐而忘掉国家大事。他说“国家不幸，遭此大变，今纷纷制作，似不复有中原志者”。“纷纷制作”指的就是弘光帝正下令大兴土木修宫殿，搜集珍奇宝物，揽收伶人日日歌舞演剧、寻欢作乐等事。这是要弘光帝生活检点，不要玩物丧志。告诫的第二件事是：

振王纲，无以主恩伤臣纪。

这指的是弘光帝即位以来，一些人因“从龙”“佐命”而获得推恩。结果是“一推恩近侍，则左右因而秉权；再推恩大臣，则阁部可以兼柄；三推恩勋旧，则陈乞至今未已；四推恩武弁，则疆埸视同儿戏”。这些人得权得势便危害国家君主，他们“表里呼应，动有藐视朝廷之心，彼此雄长，即为犯上无等之习”。臣子不臣，皇帝大权旁落，这就是伤臣纪。告诫的第三件事是：

明国是，无以邪锋危正气。

第四件事是：

端治术，无以刑名先教化。

第五件事是：

固邦本，毋以外衅酿内忧。①

这些建议均言之有物，揭示了弘光朝存在的具体问题，提出了避免与解决的办法，实际是给弘光帝上的最后一课。对此，弘光帝并未反感，而是很大度地“优诏报闻”②。然而，从后来历史的发展中可以看出，他并未听进这些话。他受多方掣肘，特别是马士英、阮大铖的干扰，已无法正常实施自己的主张。

姜曰广，字居之，江西新建人，万历进士。天启六年（1626）以

①以上数外引文引自张廷玉等：《明史》卷二五五《刘宗周》，第6588—6589页。

②张廷玉等：《明史》卷二五五《刘宗周》，第6590页。

编修充册封正使，奉使朝鲜，不携一物往，不取一钱归，朝鲜盛赞其清俭，近古罕闻，特为其立怀洁之碑以颂德。他还曾奉别旨，归阅海上皮岛情形，建议知用毛文龙，使成卫国偏锋。[①] 七年（1627）夏，被削职为民。冬，阉党败，起原官。崇祯时历官吏部右侍郎、詹事府詹事，掌南京翰林院，崇祯帝对他曾有“曰广在讲筵，言词激切，朕知其人”[②] 的评价。

崇祯十七年（1644）四月，当南京诸臣得悉北京失陷议立新君时，姜曰广与张慎言、吕大器等东林派大臣以福王由崧虽为神宗之孙，按伦序当立，然其乃朱常洵之子，立之恐清算昔年“三案”等旧账，而潞王贤明，立之无后患，乃主张拥立潞王。“时草野闻立潞，皆不平”，以为必将动天下之兵，祸从此始。[③] 曰广等遂以福王有贪、淫、不孝等“七不可”[④] 之说，移牒南京兵部尚书史可法，获得赞同。史可法又移书凤阳总督马士英，信中阐述了“七不可”之说，进而与其晤商，取得“以亲以贤，惟桂乃可”的共识，但因桂王远在广西，遂以潞王暂行统率兵马，即暂时摄政。然事有突变，马士英以高、黄、二刘四镇兵扈卫福王至江上，即致书于南京诸臣，宣称已拥立福藩，[⑤] 俨然以定策自居。形势陡变，史可法当即回应曰：“尊福藩，序也，合策。”[⑥] 拥立潞王之议遂止。曰广等乃接受立福王之议。

当朱由崧先行监国时，朝中廷推阁臣，因姜曰广拥立时曾持异议，“故监国未点”，他名在首批三名东阁大学士之外。两天后，朱由崧下令再次推举阁臣，他是被推举的四人中为首的一位。由于史可法的“力请”，曰广官礼部尚书兼东阁大学士，与王铎一起入阁办事。朱由

①王夫之：《永历实录》卷六《陈姜列传》，第53页。

②张廷玉等：《明史》卷二七四《姜曰广》，第7029页。

③李清：《三垣笔记》下《弘光》，第93页。

④黄宗羲：《弘光实录钞》卷一，载《黄宗羲全集》第2册，第3页；佚名：《鹿樵纪闻》卷上《福王上》，载《扬州十日记》第80页；张廷玉等：《明史》卷二七四《史可法》，第7017页。

⑤姜曰广：《过江七事·计迎立》，载《三朝野纪》第192—193页。

⑥查继佐：《罪惟录·列传》卷九下《姜曰广》，第1552页。

崧此举颇得好评，当时就有人认为这足以“见监国之无我也”。[①] 但曰广力辞尚书，便以礼部左侍郎入直。因王铎未在南京，史可法督师扬州，所以实际入阁办事的只有他与马士英、高弘图，马士英想独揽朝权，以高、姜二人为障碍而深忌之。不久马士英特荐声名狼藉的阮大铖入朝，在朝中引发了一场激烈的争论，曰广与群臣一道上疏坚决反对。弘光帝不顾众议特召见阮大铖，并准备颁中旨任用阮大铖。曰广便愤然而上《辞归疏》，乞休离朝，同时深刻强烈地抨击了不通过会推的正常选官途径而用中旨之弊。他在该疏最后说：“臣待罪纶扉，苟好尽言，终蹈不测之祸。聊取充位，又来鲜耻之讥。愿乞骸骨还乡里。”弘光帝见其疏，虽然不悦，但由于所言俱实，也说不出什么，便下旨“慰留”。[②] 这令马士英、阮大铖等人怀恨不已，于是姜曰广便遭到了接连不断的攻击。

勋臣朱国弼、刘孔昭等以“诽谤先帝，诬蔑忠臣”为由上疏攻击姜曰广。而攻击最卖力的要算南昌建安王府镇国中尉朱统鐼。朱统鐼“素无行”，马士英“啖之以官”，令其攻击曰广。于是，他编造谎言，对曰广进行恶毒攻击，于七月二十六日上疏称“曰广谋立疏藩”[③]，称其“定策时显有异志，词连史可法、张慎言、吕大器等”，再次挑起议立时的问题，纠缠旧账，实际是“马士英欲挤可法，以独居定策之功；刘孔昭欲去可法，以专任田仰，为一网打尽之计”。这无疑是在搅乱已经平稳的政局。疏入，大学士高弘图票拟究治朱统鐼。弘光帝对此甚为不满，召入，厉声斥责道：“统鐼吾一家，何重拟也！”他竟不分是非，要弘图再拟。弘图力争抗辩。[④]

三天后，朱统鐼上第二疏，列姜曰广有五大罪：一、蒙蔽。引用东林死党郑三俊、吴甡、房可壮、孙晋等把持朝政，阻遏奏章，广植

---

①李清：《南渡录》卷一，载《南明史料（八种）》第128页。

②张廷玉等：《明史》卷二七四《姜曰广》，第7030页。

③以上多处引文引自黄宗羲：《弘光实录钞》卷一，载《黄宗羲全集》第2册，第26页。

④计六奇：《明季南略》卷二《朱统鐼诬诋姜曰广》，第79页。

私人。二、篡逆。令杨廷麟出强盗于南康狱，勾连江湖人士与水营奸弁窥探南都声息，非谋劫迁，则谋别戴。三、庇从逆诸臣。四、纳贿。五、奸媳。[①] 他还请求将姜与刘士祯、杨廷麟、刘宗周、陈必谦、周镳、雷缜祚等一起依法治罪。[②] 疏入，朝中大臣哗然，大臣们激于义愤，纷纷上疏痛斥朱统𫔍荒谬污秽之言及不按程序上奏的问题。

吏科给事中熊开元奏称："礼义廉耻四字，陵夷至今日荡然尽矣。犹赖士大夫稍知学问者画地而蹈，毅然独行。不能裨益邦家，庶可仪型族党。如曰广者诚亦其人。而今竟欲以狗彘之行，加孤洁之身，取秽亵之言，渎君父之听。"[③] 这完全否定了朱统𫔍的一派胡言。礼科给事中袁彭年上奏说："祖制，中尉奏请，必先具启亲王参详可否，然后给批赍奏。若候吏部，则与外吏等，应从通政司封进。今何径何窦，直达御前，微刺显攻，捕风捉影？陛下宜加禁戢。"他指出该疏上达途径可疑，实是揭露阴谋活动，抨击其幕后指使者。户科给事中熊维典上奏说："朱统𫔍特参姜曰广，污及家庭暧昧，含血喷人，不顾拔舌。如此不驳，朝廷设立言官何用！"通政使刘士祯也上奏说："曰广劲骨戆性，守正不阿，居乡立朝，皆有公论。统𫔍何人，扬波喷血，掩耳盗铃，飞章越奏，不由职司。此真奸险之尤，岂可容于圣世！"[④] 他极言此问题之严重，其中诡秘甚多，不可漠然置之，必须一查到底。然而弘光帝对诸臣所奏一概不加理睬，宽容朱统𫔍，未予追究。

姜曰广在连遭诬陷之后，便一再上疏请求休致。弘光帝慰留几次后，于九月初，批准其还乡之请。九日，他陛辞时，诸大臣均在朝班。姜曰广说："微臣触恶权奸，自分万死，上恩宽大，犹许归田。臣归后，愿陛下以国事为重。"马士英怒目紧盯姜曰广，骂道："我权奸，汝且老贼也。"说罢便向弘光帝跪下叩头说："臣从满朝异议中拥戴陛

---

①黄宗羲：《弘光实录钞》卷一，载《黄宗羲全集》第 2 册，第 26—27 页。
②徐鼒：《小腆纪年附考》卷七，第 234 页。
③黄宗羲：《弘光实录钞》卷一，载《黄宗羲全集》第 2 册，第 27 页。
④计六奇：《明季南略》卷二《朱统𫔍诬诋姜曰广》，第 80 页。

下，愿以犬马余生归老贵阳，避贤路。如陛下留臣，臣亦但多一死。”他在打击别人时抬高自己，又表明了自己对弘光帝的忠心。姜曰广一眼看穿这种撒泼行径，立即还击道：“拥戴是人臣居功地耶?”马士英回敬道：“汝谋立潞藩，功安在?”面对这样的争吵，弘光帝发话道：“潞王，朕叔父，贤明当立。二先生无伤国体，内廷之事，不可向外廷道也。”此话说得委婉得体，一时平息了二人的争执。但弘光帝终究还是倾向马士英，最后不再挽留忠诚骨鲠的姜曰广，听任其离朝而去。姜曰广与马士英“几至老拳相向，一时喧传二相闹朝”。[①]

高弘图，字研文，山东胶州人，万历进士，官御史，为人堂堂正正、不偏不倚。天启间巡抚陕西，因推荐属员，被赵南星所纠，于是称病去职归里。不久，魏忠贤揽权，极力攻击东林党，以其与赵南星不和，便召其回朝，官复原职。当时魏忠贤正制造冤狱，迫害东林党。杨涟、左光斗、魏大中等人被投入诏狱，遭到残酷迫害。弘图虽然上疏弹劾赵南星，但疏中却提出“国是已明，雷霆不宜频击”，“诏狱诸臣，生杀宜听司败法”，[②] 实是指责魏忠贤整人太过分。同时，他又揭发前陕西巡抚乔应甲之罪，并抨击崔呈秀。应甲、呈秀都属阉党，弘图因此举惹怒了魏忠贤。当时朝廷正准备任弘图为顺天巡按，魏忠贤立罢此议。弘图见状便请求辞职还乡，于是被免除官职，直到崇祯帝即位后方官复原职。累官至工部右侍郎，到任就职时，正值总管户、工二部的太监张彝宪前来会见部员，弘图耻与太监为伍，不与其共坐议事，接连七次上疏请求辞职，为此惹得崇祯帝大怒，被免职归里，赋闲十年。直到崇祯十六年（1643），他方被召回任南京兵部右侍郎，旋升户部尚书。

弘光帝即位，高弘图改任礼部尚书兼东阁大学士，上疏陈述八项政治大事。当时朝廷所议军国大事由他主持，弘光帝诏诰也多由他草拟，他仍旧是不偏不倚，刚正不阿，不徇私情，为奸佞之人所惧。马

①李天根：《爝火录》卷六，第324—325页。

②张廷玉等：《明史》卷二七四《高弘图》，第7027页。

士英欲起用阮大铖，深知此举冒推翻“逆案”的风险，遂于六月初趁高弘图“督漕未入”之际，向弘光帝推荐阮大铖。高弘图事毕还京后，立加阻止，提出要用阮大铖“必须九卿会议”。[①] 这意味着阮大铖任官需经廷臣廷推的程序方可。阮大铖在陛见弘光帝时，曾极力陈述自己被列入“逆案”是东林党陷害的结果，是历史上一大冤案，并以高弘图当年也因不趋附东林而遭受打击之事，来证明自己本为清白。然而此时高弘图竟严正指出“逆案不可翻”[②]，马、阮对此十分恼怒，但他们清楚如以正常的“廷推”途径阮大铖进入不了朝廷，便试图通过皇帝亲下“中旨”来实现其目的。为制造一个弘光朝“中旨”的先例，在马士英的策划下，崇祯十七年（1644）七月二十四日，内批降下：以张有誉为户部尚书。他们以为张有誉“清慎，为人所称”，高弘图也不会有反对意见，特以中旨任用，目的是“借以开传升之幸门”，为下一步以中旨用阮大铖开方便之门。[③] 出乎他们意料的是，主持内阁的高弘图仍拒不接受，竟“封还诏书”，并上疏力谏道：“有誉才望堪用，而中旨必不可开。”[④] 弘光帝不听。不久，弘光帝颁旨恢复东厂，令锦衣卫都督冯可宗“遣役缉事”[⑤]。高弘图极力谏阻设厂卫，以致与皇帝撕破脸面，展开激烈交锋。在其坚决反对下，皇帝终于采纳了弘图等人的进谏，设厂卫事作罢[⑥]。然而此事过后，高弘图深感在朝廷已难立足，十月，乃连续四次上疏请求卸任，初六日终于获准。但他已无家可归，离朝后流寓会稽。次年清军入浙，他拒绝清朝的招抚，逃至野寺中绝食而死。[⑦]

---

①计六奇：《明季南略》卷一《马士英特举阮大铖》，第41页。

②张廷玉等：《明史》卷二七四《高弘图》，第7028页。

③计六奇：《明季南略》卷二《请用贤勿二》，第70页。

④徐鼒：《小腆纪年附考》卷七，第231页。

⑤计六奇：《明季南略》卷二《八月甲乙总略》，第90页。

⑥姜曰广：《过江七事·禁缉事》作“卒以弘图、曰广力持寝”，载《三朝野纪》第203页；《爝火录》第297页作“乃命五城御史体访，而缉事官不设”。

⑦计六奇：《明季南略》卷二《高弘图乞归》，第103页；张廷玉等：《明史》卷二七四《高弘图》，第7028页。

弘光政权建立后吸引的一大批希望建功立业的忠耿之臣，就这样又纷纷离朝而去，就连马、阮同党李沾也看出了问题。他说：“皇上御极之初，首重爰立，廷推之后，复行咨访，一时中外共庆得人。乃不逾月而遽以争论阮大铖纷纷求去，臣切惑之。”“试问今日立朝者几何人也？起用诸臣，十无一二。”“倘辅臣中更有论大铖而去者，见在台臣更有议辅臣而去者，恐远近惊传，闻风裹足，无望其复来矣。落落晨星，成何景象。”[①] 他说的是实际情况。其实这正是马、阮等勾结乱政、排挤忠良的结果。御史游有伦气愤地上奏道：

今日国事淆乱，不知礼义廉耻为何物。明知君子进退不苟，故以含沙之口激之速去，甚至常人所不忍道者，渎于君父之前，其视皇上何如主乎！台省中微有纠劾，则指为比党，相戒结舌，真所谓前有谗而不见，后有贼而不知也。[②]

此为抗疏，反映了有识之士对弘光帝贻权马、阮的深刻忧虑。

五、姑息武将，跋扈殃民

弘光帝朱由崧能登上帝位，江北四将黄得功、高杰、刘泽清、刘良佐立下了汗马功劳。正在两种拥立意见相持不下之时，马士英联合江北四将，拥兵十万簇拥朱由崧至长江北岸的仪真。在这种声势浩大的武装威逼下，立福王之议方才通过，这是决定弘光帝命运之举。弘光帝被拥上宝座之初，就有人上奏说：“皇上龙飞应运，实惟总兵官。至高杰、黄得功、刘良佐、刘泽清早决大计，拥立圣躬，功在社稷。宜锡五等爵，剖符延世。”[③] 弘光帝对这个过程十分清楚，对四将的翊戴之功更是心中有数，所以不久便封四将爵位，对其恩宠有加。在弘光帝看来，四将有功于国家，应多加关照，以固位保国。可结果事与

---

①计六奇：《明季南略》卷一《李沾大臣去留甚重疏》，第44—45页。

②计六奇：《明季南略》卷二《国事淆乱》，第108页。

③姜曰广：《过江七事·裁镇将》，载《三朝野纪》第207页。

愿违，在他的恩宠下，四将互不相下，纷争不已，造成了祸国殃民的局面，弘光帝因而“忧甚”①。

朱由崧被江北四将拥上皇帝宝座之际，正是四将与民冲突及彼此之间争斗愈演愈烈之时。四将的驻地本为长江以北的黄淮流域一带，自从大顺农民军席卷中原大地，明朝军队溃不成军，纷纷向南逃窜。四将并未坚守汛地，防范来敌，而是各领所部兵马向南转移，寻找安全之所、富庶之地。这就不可避免地与当地官绅士庶发生冲突，他们彼此之间的矛盾也就此展开。其中，高杰、刘泽清、刘良佐与百姓的矛盾斗争尤为激烈。

高杰本为李自成部将，崇祯七年（1634）归降明朝，隶陕西三边总督洪承畴统辖，以作战勇猛著名，诨号“翻山鹞”。后孙传庭继任总督，令高杰与白广恩为前锋。高、白二人互不相让，彼此掣肘，被农民军击败，致使潼关失守。十七年（1644）春，高杰率部经山西、北直隶南下，沿途大肆抢掠，于四月初直抵长江北岸，准备进入繁华的扬州城。扬州人得知高杰部凶残的军风，十分恐惧。四月二十八日，全城居民纷纷登城防御，不许高杰入城。扬州城是东南著名的商业都市，富商大贾云集，而盐商尤多尤富。他们生怕高杰进城后自己会遭灭顶之灾，于是“共出财为守备，街衢多树木栅，钉其上，下为深沟”，做死守之计。高杰见难以攻入城内，便于善庆庵扎营，“焚掠城外，烟火蔽日，杀伤无算”。② 一些无赖之徒也趁机肆虐，扬州遭到了空前的破坏。五月初，高杰又驱兵大掠江北，扬言要把家眷安顿到江南。就在高杰驱兵攻掠扬州的同时，刘泽清也在挥兵劫掠，肆虐黄淮。身为山东总兵的刘泽清在这年二月京师危急之时拒绝朝命率兵北上入援，三月，又拒不服从扼守真定之命，反而“大掠临清，统兵南下”。他所率之兵东西拉开，平推而进，如河水泛滥一般，“所至焚劫一空”，③ 黄

①姜曰广：《过江七事·裁镇将》，载《三朝野纪》第209页。

②佚名：《扬州变略》，载《东南纪事》，神州国光社，1951年，第128—129页。

③计六奇：《明季南略》卷一《刘泽清》，第30页。

淮一带的富庶城镇几乎都遭其蹂躏，警报不断传到朝廷。五月初八日，凤阳参将戈士凯奏报："刘泽清军沿途杀劫，逼攻临淮。"应天巡抚郑瑄奏报："江北泽清兵连骑数万，欲渡江，三吴百姓，呼吸变乱。臣驻师于江，遗书高、刘，二帅不肯止兵，请敕操江武臣速援京口。"① 领兵统帅不率兵北赴前线御敌，反而大肆劫掠百姓，并准备渡过长江向南逃窜。在这一点上，高杰、刘泽清二人不谋而合。接着，他们又约定时间准备渡长江南下。

江南、江北士庶听到消息，一片惊恐。刚刚监国的朱由崧对有翊戴之功的高杰等人的虐民殃民之举，却装聋作哑，非但不予追究治罪，反而采取安抚政策："发银一万两，遣职方郎中万元吉往犒得功等军。"② 来到四镇军阀盘踞之地的万元吉被眼前的景象惊得目瞪口呆，上奏说：

> 扬州、临淮、六合，所在兵民相角，在兵素少纪律，在民近更乖张，遂致一城之隔，民以兵为贼，死守不容；兵以民为叛，环攻弗释。猝有寇至，民必至于迫降，兵必至于惊窜，真今日莫大之忧也。江北郡邑，接连山东、河南，贼骑处处可至，势必需兵堵剿。臣等虽有爱民之心，断无销兵之术，就中调停。惟是官兵经过驻扎地方，使城外居民尽移城内，空下房屋听各将领派兵住宿，严禁毁伤。其蔬米等项，仍谕城内居民尽出城外，有无贸迁。有司会同各将领共相防护，严禁抢掠。如此立法，自然民不苦兵，兵不恨民。臣前监军楚、蜀时，行之甚效，其在今何独不然。③

他在疏中痛心地谈到了江北的严重问题，提出了兵民脱离接触的解决办法。此疏到了朱由崧那里便石沉大海，但阁臣们却不能不考虑派出有力的大臣前往协调。他们几乎意见一致地想让马士英担当督师之任，

---

①计六奇：《明季南略》卷一《五月甲乙纪》，第38页。

②顾炎武：《圣安皇帝本纪》上，载《南明史料（八种）》第95页。

③计六奇：《明季南略》卷一《高杰》，第32页。

而一心想入朝执政的马士英坚决反对此议。其实，在此之前，马士英就与四镇军阀加紧勾结，他们内外配合，必欲全面操纵朝廷。军阀们更把马士英看成他们在朝廷的代理人。为了让马士英顺利地挤进内阁，四镇军阀竭力排挤廉洁忠耿的史可法出朝。高杰、刘泽清在对扬州、临淮居民大肆屠掠之时，又合疏上奏请求史可法赴江北督师。五月初七日，正欲决策的阁臣们又收到了扬州绅士王傅龙给监国福王的奏文：

> 东省附逆，河北悉为贼有，淮、扬人自为守。不意贼警未至，而高兵先乱。自杰渡河掠徐，至泗、至扬，四厢之民，何啻百万，杀人则积尸盈野，淫污则辱及幼女。讵奈杰之必得，在新旧之城，环围绝粮，已经月余，何不恢已失之州邑，而杀自有之良民也？①

高杰纵兵残民，问题严重，到了非解决不可的时候。对此，监国福王并未立即表态。第二天，马士英在阁臣集议时百般推脱督师之任，终于迫使史可法决定出朝赴江北督师。

为加强江北防御力量，史可法建议设江北四镇，为安定诸将之心，分赐四将爵位。可法的出发点虽然很好，但实为偏安失策之举，当时即遭有识者非议。反对者指出，无功而封，贻害无穷。可法虑不及此，着实可惜。征士刘成上书可法道：

> 四镇兵半盗贼……主弱必叛，敌强必降。主敌两弱，则专制自为，而互相兼并，胜则大自封，小挟王。不胜者，复溃溢而为盗。今内无劲将亲兵足以弹压，而欲倚此四人以防敌，是犹使狼守户，虎来未必能拒，而主人先不得动摇手足矣！苟行是，公必悔之。

可法不听。原商丘知县梁以樟献策于可法道：

> 守江非策也。公今以河南、山东为江南屏蔽，仿唐宋节度招讨使之制，于山东设一大藩，经理全省，以图北直；于河南设一大藩，经理全省，以图山陕；择大臣才兼文武者任之，厚集兵饷，

①计六奇：《明季南略》卷一《高杰》，第33页。

> 假以便宜，于济宁、归德设行在，以备巡幸，示天下不忘中原。如此克复可期。若弃二省而守江北，则形势已屈，即欲偏安，不可得矣！又四镇咸跋扈，宜使分，不宜使合，务别其忠顺强梗之情，以懋劝之。而阁部大树兵以自强，乃可制也。[①]

可法赞同其策，但终不能用，而四镇兵骄将悍，控驭维艰。

弘光帝和马士英对设四镇的建议却举双手赞成。弘光帝当然是想借此表示对拥戴之臣的一种酬答，于是本应受到谴责的四将被弘光帝封爵。然而，事与愿违，封爵诏下，四镇军阀在江北的争斗更加激烈。这种安抚笼络，非但未使军阀的行为有所收敛，反而令其更为嚣张。

四镇于江北一带争相逞凶肆虐。其中，高杰顿兵扬州城下，将扬州死死包围，非攻进城去不可。高杰部众肆虐城外，烧杀劫掠，极为凶残。分守道马鸣騄昼夜督率百姓守城，寸步不让，城内外兵民相持不下。而淮扬巡抚黄家瑞一筹莫展，不知如何是好。这时，与高杰要好的扬州进士郑元勋“恃其才之足以服众”[②]，便自告奋勇，亲赴高营游说，结果触怒扬州士民，立遭杀身之祸。郑元勋之死使高杰与扬州士民的矛盾更加复杂，双方斗争更加激烈。直到五月下旬史可法督师扬州，苦心周旋，问题方得以解决。

这时垂涎扬州的不仅是高杰一人，率军驻庐州的黄得功、驻淮安的刘泽清和正准备进入临淮的刘良佐也都想以拥戴之功进入扬州，各方都拉开了进攻之势。二刘军队军纪涣散：刘泽清正纵兵大掠淮上，其军与淮安士民矛盾加剧。刘良佐诨号“花马刘”，纵兵害民，民甚恨之。设四镇的朝令下达后，刘良佐率兵开赴临淮。以张羽民为首的士民百姓组织起来抵御，“拒不纳”[③]，兵民间发生严重冲突。赴江北的史可法十分清楚，目前这一系列混乱局面，均是弘光帝的拥戴者——四镇悍将所造成的。对这些手握重兵而被皇帝视为心腹的殃民军阀，

---

①佚名：《鹿樵纪闻》卷上《史可法殉扬》，载《扬州十日记》第94页。

②应廷吉：《青磷屑》卷上，载《崇祯长编》第131页。

③徐鼒：《小腆纪年附考》卷六，第186页。

史可法只有因势利导，以尽量减少危害。他首先奔赴二刘驻军之地临淮与淮安，极力规劝，协调兵民关系，总算使各方听命，事态有所缓和。最后，他来到了扬州。

高杰攻扬州月余不下，百姓死伤惨重。高杰声言非入扬州不可。史可法遂亲自前往劝阻，竟被劫持，所发公文必取视而后行，史可法则安然处之。

当时扬州城外，由于高杰军的杀戮，“头颅满野”，一片凄惨之象。高杰自知理亏，见史可法来到很是恐惧，生怕残杀百姓之事暴露，赶紧下令将士连夜“掘坎，埋胔掩骼”，蔽掩罪证。他见史可法时“词色俱变，惴惴然若有不可测者”。[①] 但对此心中有数的史可法并不追究，而是以和颜相对，“以义喻解之”[②]。高杰软禁史可法达十天之久，但终于为其大义所感动，接受了史可法的调停与安排，“以瓜步城屯其士卒”[③]，自己携家属住扬州城。史可法又安排黄得功进驻长江边上的仪真。

六月，四镇军阀已各就各位，但彼此之间的矛盾仍难弥合，尤其是高杰与黄得功形同水火，彼此虎视眈眈，各不相让，都想伺机制服对方。数十天后，一场激烈的冲突爆发了。与黄得功要好的登莱总兵黄蜚赴南京朝觐，要路经淮、扬地面。他恐遭高杰、刘泽清等劫掠，便事先致书黄得功请其保护。黄得功欣然同意，按期亲自率军前往迎接。不料高杰得报，以为黄得功前来偷袭扬州，便暗中派军尾随其后。当黄得功行至邗关外五十里处名叫土桥的地方暂息征鞍、立灶做饭时，高杰埋伏在土桥附近的精骑突然杀出，将黄兵团团围住。黄得功镇定自若，凭借高超的武艺，用枪拨开如雨之箭，才未受伤害，但所乘的价值千金的战马却中箭倒毙。他夺马冲出重围，而随行的三百骑尽为高杰俘获。与此同时，高杰派遣一支由千人组成的军队袭击仪真，在

①应廷吉：《青磷屑》卷上，载《崇祯长编》第132页。
②计六奇：《明季南略》卷一《高杰》，第33页。
③应廷吉：《青磷屑》卷上，载《崇祯长编》第132页。

黄得功率军离营后，于夜半时分开始行动，但守城将领遇险不惊，以疑兵之计全歼之。从此高黄交恶，矛盾公开化。

黄得功一定要报仇雪恨，上奏朝廷“与杰一决死战”，一场新的火并又将展开。史可法再次出面费心调停，先派万元吉赴黄营百般解释，不果。正遇黄得功母亲去世，史可法亲往吊唁，对黄说：“土桥之役，无智愚皆知杰不义。今将军以国故捐盛怒，而归曲于高，是将军收大名于天下也。”[①] 黄得功的态度这才稍有缓和，但因损失过多仍气愤不平。史可法又劝高杰赔还战马，高只还百匹，且所还之马多“羸瘦不堪者”，黄只收其半，而余下之马高又不肯补足。史可法不得已，亲自拨银三千两给黄，复令高杰出千金为黄母助葬，这次冲突才算勉强解决。[②] 然而，高、黄二人之间的裂痕却始终不能弥合。是年冬，高杰奉命率军开赴徐州，朝廷令黄得功赴邳州、宿州守卫黄河，以为声援，而黄得功“终不欲为杰后劲”[③]，“憾杰，未即行”[④]，按兵不动，决不配合。

四镇军阀除了彼此私斗之外，平时所做的更多是无穷无尽地扰民、殃民。弘光帝批准设四镇时赋予了其特权，四镇除每年例行获得饷银四十万两之外，还可私设行盐、理饷、总兵、监纪等官。结果，四镇军阀在划定的驻防范围之内“各私立关税”，大肆搜刮，“不系正供”，“凶横掠民，民不聊生”，以致“商贾裹足，盐壅不行”，[⑤] 社会经济遭到严重破坏。他们坐享国家的额饷，却不思恢复失地，加强战守，而是只知满足个人私欲。如东平伯刘泽清盘踞淮安之后，遣散了原来漕运总督兼淮扬巡抚路振飞、淮扬巡按王燮招集的各方义士，而搜罗“桀骜者籍之部下，抢劫村落一空”，同淮扬巡抚田仰一起，“日肆欢

①张廷玉等：《明史》卷二六八《黄得功》，第6902页。
②应廷吉：《青磷屑》卷上，载《崇祯长编》第137页。
③李天根：《爝火录》卷七，第371页。
④徐鼒：《小腆纪传》卷二一《黄得功》，中华书局，1958年，第219页。
⑤应廷吉：《青磷屑》卷上，载《崇祯长编》第135页。

饮”①、“燕游”②，将练兵、整伍、加强战备之事一概置于脑后。当时已有种种迹象表明清军即将南下，有人问他对此该如何抵御，他却回答说：“吾拥立福王而来，以此供我休息。万一有事，吾自择江南一郡去耳。”他确实是得过且过，不管形势如何，能享受一天就享受一天。八月以后他在淮安大兴土木，建造宅院，“极其壮丽。四时之室俱备，僭拟皇居”，俨然过起帝王生活来。③ 他坐耗国家拨给的饷银，犹嫌不足，田仰还多次为他“奏请乞饷”。对这种难以填满的无底洞，弘光帝也大感吃惊和为难，不得不颁发谕旨说：“东南饷额不满五百万，江北已给三百六十万。岂能以有限之财供无已之求。田仰与刘泽清不得全事呼吁。”④ 弘光帝要他们自己“通融措办”⑤，所谓“通融措办”，无疑是放纵他们随意搜刮百姓。

四镇本来毫无功劳可言，为逃避农民军打击，闻警即逃，麇集在江淮一带。面对严峻的形势，他们把尚武精神丢得一干二净，同时争相把各自家眷往江南安插，其中刘泽清、高杰尤甚，弄得人心惶惶，大有一溃千里不可收拾之势。这些军阀只因拥戴之功就被封爵，弘光帝对这些军阀的放纵、姑息让他们更加肆无忌惮。刘宗周上疏抨击刘泽清、高杰等往江南安置家眷行为是“倡之逃也”，“按军法，临阵脱逃者斩”，则刘泽清、高杰“皆可斩”。但弘光帝不仅未斩杀临阵脱逃的军阀，反而对其大加封赏。刘宗周主张必须改变“将悍兵骄”的状况，建议应“慎爵赏以肃军情”，要重新审查“各帅之封赏，孰应孰滥，轻则量收侯爵，重则并夺伯爵”，这样“军功既核，军法益伸，左之右之，无不用命”。如不这样的话，仍然老样子，像左良玉因恢复地方之功而获封，像高杰、刘泽清有逃败之迹也封，“又谁为不封者？武

①计六奇：《明季南略》卷一《刘泽清》，第30页。

②谈迁：《国榷》卷一〇三，第6146页。

③计六奇：《明季南略》卷一《刘泽清》，第30—31页。

④谈迁：《国榷》卷一〇三，第6146—6147页。

⑤计六奇：《明季南略》卷一《刘泽清》，第31页。

臣既滥，文臣随之，外廷既滥，中珰从之。臣恐天下闻而解体也”。[①] 弘光帝览奏后，虽然颁旨说：“俱说得是。朕拜昌言，用策后效。仍着宣付史馆，该部知道。”[②] 但这是官样文章，他丝毫没有触动四镇，四镇照旧恣肆。

不久，户科给事中熊汝霖上奏说：

> 四镇以抢杀封伯，百姓头颈何辜，而为此辈功名之地乎？今俨然佐命矣。收拾恢复，为中兴名将，岂不更快！况一镇之饷多至六十万，势必不供。何不仿古藩镇法，在大河以北开屯设府，永盟带砺，而逼处堂奥也。

当时四镇之兵蜂拥聚集江淮，朝廷令其驻于各城外民居之中，万元吉反对这种扰民之举，上奏说：

> 城外之屋应让与兵，谁非民业而拱手让乎？近闻輂金求进者实繁有徒，当事诸臣亦宜猛省前事，倍涤肺肠也。[③]

这些无疑都是正确的见解，但未能改变弘光帝已做出的决定。四镇得到弘光帝的姑息与放纵，更加肆无忌惮地干预朝政，不服朝命。

按明制，武将在外不能干预朝政。崇祯十七年（1644）六月，刘泽清为讨好马士英竟上疏请诛吕大器。七月初，朝廷下令四镇各率兵由六合“驰赴督辅调用”，但四镇“皆不奉诏”。[④] 他们得知刘宗周等朝臣反对其封爵晋级事后便猛烈反扑。刘良佐、刘泽清接连上疏诋毁宗周包藏祸心。而刘泽清一疏尤为奇特，他不待与另三人商议，便以联合上奏的形式请“重戮”宗周，还要亲自入朝“面诘其奸，正《春秋》讨贼之义”，[⑤] 把自己打扮成实心为国效忠的正直不阿之臣，这纯属狡诈的骗术。实际上他们一心为己，全然不把国事放在心上，而是把已获得的爵位和拥有的兵力作为与朝廷讨价还价甚至要挟朝廷的

---

①计六奇：《明季南略》卷一《刘宗周论时事》，第45—46页。

②李天根：《爝火录》卷四，第212页。

③计六奇：《明季南略》卷二《熊汝霖论封四镇》，第75页。

④计六奇：《明季南略》卷二《边镇诸将》，第120页。

⑤李天根：《爝火录》卷五，第281页。

资本。

在农民军势力尚在、清军咄咄逼人之际，刘泽清也装模作样地提出了进取之计：

> 募数十万之兵，储数十万之饷，备十余万之马匹器械，须整顿一二年乃可渡河。而今惟恐姜曰广、刘宗周不得党胜为怏怏，臣不能随辅臣急于一渡也。今虏已入临清，会兵南下。贼已道雒阳攻密县。如此光景，虏不至河，寇不至江，不止也。①

这真是一篇既捉弄又要挟弘光帝的绝妙之文。它共分三层意思：第一层是针对当时朝廷议论的话题——进取还是偏安而说的。当时普遍的认识是只有率军渡河（黄河）北上，收复失地，积极进取，才有胜利的可能，如划江（长江）而守，想偏安也办不到。在这份奏疏里，刘泽清提出了渡河必须具备的三个先决条件，即准备好足够的兵、饷及马匹器械，这在当时的条件下是根本办不到的事情，这时提出这个要求无疑是说梦话。即使这个根本办不到的事情办到了，军队也还得整顿一两年，才可以从容不迫地渡河。其实这等于说永远也渡不了河，只是未明说而已。第二层意思，他公开声言不能随从督师史可法渡河，因为恐怕姜曰广、刘宗周在朝结党作祟，危害朝廷。第三层意思是说清军、农民军正向我逼近，眼看要分别抵达黄河和长江，形势已万分危急。话说到这里突然止住了，似乎还未说完。其实他的意思是十分明确的，即要挟朝廷，向弘光帝施加压力：关键时刻文臣靠不得，还得靠武臣。这是向清流派大臣进攻的手段，逼迫他们出朝，同时为自己要兵、要饷、要马匹器械，丝毫没提及御敌之策和进取步骤。如冷静思索，弘光帝该是够寒心的了。但出人意料的是，弘光帝对四镇特别是对与马士英勾结最紧的二刘——刘泽清、刘良佐有特殊好感，一再姑息、纵容。崇祯十七年十二月（约在 1645 年 1 月）马士英上奏说刘泽清“密议效忠”，弘光帝立即将刘泽清由伯爵晋侯爵。②

---

①计六奇：《明季南略》卷二《边镇诸将》，第 121 页。

②计六奇：《明季南略》卷二《边镇诸将》，第 124 页。

此时，四镇军阀中唯一考虑战守问题，并愿为朝廷效力的只有高杰。在史可法的影响下，高杰强悍凶暴的劣性大为收敛。甲申（1644）下半年以后，他积极奔赴抗清前线。可惜的是他后来被叛将许定国谋害，这支弘光朝重要的抗清力量受到严重削弱，发挥不了应有的作用了，而驻防之地与清接触的二刘根本不想抗清。弘光元年（1645）四月朔，巡抚王永吉奏报说："清已过河，自归德以达象山，七八百里，无一兵防守。扬、泗、邳、徐，势同鼎沸。"① 原来负责驻守此处的刘泽清、刘良佐早已闻警率部南逃，"退兵近郊"，地方文官也都逃命而去。一个名叫王诏的百姓向弘光帝上奏："镇兵避清南迁，占夺民房民物。"② 情况正是如此，清军在叛将许定国的带领下顺利渡过了黄河防线，未遇任何抵抗。二十一日，刘泽清闻警后便"大掠淮安，席卷辎重西奔"③，清军得以长驱直入。不久，刘泽清率部降清，而刘良佐降清后又主动以袭杀黄得功、擒拿弘光帝的行动效忠所投靠的主子。弘光帝的皇位靠武臣拥立而来，又被武臣擒拿而去，他终于自食了姑息武臣所造成的恶果。

六、马、阮罗织，诛除异己

马士英向弘光帝推荐阮大铖，并安排其以中旨陛见。他暗自庆幸计谋成功，不料此举招致朝臣的强烈反对。如果此时弘光帝坚定立场，力排众议，坚决起用阮大铖，那么众人的一切阻挠也就无足轻重。可弘光帝并非如此。高弘图与马士英在弘光帝面前争论起用阮大铖的方式，高弘图力主会推原则，说到经廷臣集议方见光明之时，弘光帝反而点头认可："上是之。"几天后，科臣罗万象、詹兆恒，勋臣常延龄等人群起上疏一致反对起用阮大铖。弘光帝竟然完全赞同这些人的观

---

①计六奇：《明季南略》卷三《四月甲乙史》，第190页。
②计六奇：《明季南略》卷三《四月甲乙史》，第191页。
③计六奇：《明季南略》卷三《四月甲乙史》，第192页。

点："上大是之。"[①] 显见他在全面思考问题。对此，马士英气急败坏，上奏弘光帝说，他是在兵言兵，其他事情非其所知，并请求辞官归里。弘光帝原本靠马士英得位，当然不允其请，加以"慰留"[②]。做姿态的马士英更绝不会善罢甘休。这时阮大铖向他献出一个与清流派针锋相对的计谋："彼攻'逆案'，吾作'顺案'相对耳"[③]，即以清理"顺案"为名，大开杀戒。马士英心中大喜，遂从其言。于是在弘光帝的认可和支持下，一场借清理"顺案"诛除异己的行动，在小朝廷里紧锣密鼓地展开了。

所谓"顺案"，是指对投降大顺政权的明朝官员予以定罪。李自成大顺政权占领北京期间，一些明朝官员曾投降效力，接受大顺政权的官职。当大顺政权退出北京之后，他们当中的不少人又纷纷南奔，"诣阙自理，章奏杂投"[④]，表示要效力弘光朝。其中，原詹事府右谕德、降大顺后任太常寺丞的项煜，在五月十五日那天便"混入朝班"[⑤]，参加了弘光帝登极的大典。此后，北来之人越来越多，弘光朝内纷纷攘攘。六月十二日，通政使刘士祯面对这种局面上奏弘光帝，"请令北回大小文武职官俱着归原籍，静听朝廷处分，不得纷然奏辩"[⑥]。弘光帝采纳此奏。最初，这种情形并未引起马士英等人的注意，而此时阮大铖一提出"顺案"的问题，马士英立刻领悟，特别是他们发现投降大顺政权的官员中有"附会清流者"[⑦]，更觉得这里面大有文章可做，正好借此打击清流派。

六月十六日，马士英郑重其事地向弘光帝上了一份奏疏：

为请申大逆之诛以泄神人之愤事。缙绅之贪横无耻，至先帝

---

①谈迁：《国榷》卷一〇二，第6114、6116页。

②谈迁：《国榷》卷一〇二，第6116页。

③李清：《南渡录》卷一，载《南明史料（八种）》第162页。

④夏燮：《明通鉴·附编》卷一上，沈仲九标点，中华书局，1959年，第3520页。

⑤计六奇：《明季南略》卷一《五月甲乙纪》，第39页。

⑥计六奇：《明季南略》卷二《伪官》，第127页。

⑦李天根：《爝火录》卷六，第290页。

> 末年而已极，结党行私，招权纳贿，以致国事败坏，祸及宗社。闯贼人（入）都之日，死忠者寥寥，降贼者强半。侍从之班，清华之选，素号正人君子之流，皆稽首贼廷。如科臣光时亨，力阻南迁之议，而身先迎贼。龚鼎孳降贼后，每见人则曰："我本要死，小妾不肯。"其他逆臣，不可枚举。台省不纠弹，司寇不行法，臣窃疑焉。更有大逆之尤者，如庶吉士周钟，劝进未已，复上书劝贼早定江南，又差人寄其子，称贼为新主，盛夸其英武仁明及恩遇之隆，以摇惑东南。亲友见者无不愤恨，恨不立毁其家。昨臣病中，东镇刘泽清来见，诵其劝进表联云：'比尧舜而多武功，迈汤武而无惭德。'又闻其过先帝梓宫之前，扬扬得意，竟不下马。臣闻之不胜发指！其伯父周应秋、周维持，皆魏忠贤门下走狗，本犯复为闯贼之臣。枭獍萃于一门，逆恶钟于前世。臣按律，谋危社稷谓之谋反，大逆不道宜加赤族之诛，以为臣民之戒。今其胞兄周铨，尚厕衣冠之列。其亲堂弟周镳，俨然寅清之署。均当连坐，以清逆党。伏乞皇上大奋乾断，敕下法司，先将本犯家属并周铨、周镳等严行提问，依律正法。其余从贼苟免诸臣，分别定罪。庶国法申而人心儆，于新政不无小补矣。①

这篇奏疏极尽罗织蛊惑之能事，可谓一箭三雕。开头极言素称清华的正人君子"皆稽首贼廷"，言外之意是指标榜清流者没有好人，这显然是影射当今。接着他抨击说，对这些令人发指的逆臣，却出现了"台省不纠弹，司寇不行法"的怪现象，矛头指向除他自己之外的其他阁臣。第三点也是他上疏的中心所在，着重要惩治周钟，把周钟说得十恶不赦，实际上是要通过整治周钟来整治其堂弟周镳。

周镳，字仲驭，南直隶金坛人。出身仕宦之家，学问博洽，才思敏捷，坦率敢言。崇祯元年（1628）进士，历官至南京礼部主事。他曾上疏尖锐揭露朝廷在任用太监与言官中存在的问题，在历数皇帝信

---

①计六奇：《明季南略》卷二《伪官》，第126—127页。按：时间依李清《南渡录》卷一（六月壬申）。

任太监而排斥贤臣之事后说："自今锻炼臣子，委亵天言，只徇中贵之心，臣不知何所极也。"他又历数"言官言出祸随"之事，并称："自今播弃忠良，奖成宵小，只快奸人之计，臣益不知何所极矣。"崇祯帝十分恼火，免去了周镳的官职，"怒斥为民"。但他却因此"名闻天下"。伯父尚书周应秋、叔父御史周维持因投靠魏忠贤都被列为阉党，他深以为耻。做官之后他便交结东林党人，卓然自爱，树立名节。他被贬为民之后，读书山中，廷臣又多次向朝廷推荐他，不久被起用为礼部主事，因"为人好名，颇饰伪"，又罢官归乡里。居家期间，他厌恶的阉党人物阮大铖正在南京，诸生顾杲等数十人联名写了声讨驱逐阮大铖的《留都防乱公揭》，到处张贴，搞得阮大铖十分狼狈，不得不离开南京，匿身牛首山。而此事的幕后主使者正是周镳，阮大铖为此深深衔恨于他。①

当南京议立新帝之时，周镳与姜曰广的门人雷缜祚到处奔走，主张拥立潞王，与马士英作对，所以他又成了马、阮二人共同的死敌。因而马士英痛骂周钟的目的更在于借此株连，进而治周镳之罪。其实，周钟与周镳没有任何政治上的联系，二人虽为堂兄弟却彼此互不往来。事实上，两人矛盾甚深，两家"分门户，彼讪此谤。两家弟子相遇于路，不交一揖"。周钟于北京投靠大顺政权，不久大顺政权又失败。消息传到南方后，周镳幸灾乐祸，他的门人"利钟之败，造为恶言，用相传播"。② 可见，硬把周钟与周镳连在一起的做法，纯属别有用心。

弘光帝看过马士英的奏疏后深为感动，未假思索便完全赞同，并下旨说：

> 北京陷后，多污伪命，逆恶滔滔，神人共殛。光时亨、龚鼎孳、陈名夏、项煜等并其余从逆苟免诸臣，科道官逐名严核具奏。③

---

①张廷玉等：《明史》卷二七四《周镳》，第7031—7032页。

②黄宗羲：《弘光实录钞》卷二，载《黄宗羲全集》第2册，第34—35页。

③谈迁：《国榷》卷一〇二，第6116页。

光时亨、陈名夏等均为当年姜曰广的门生。明眼人一看便清楚，这是“借攻之，事虽公而意则私也”①。马士英、阮大铖就是要借题发挥、公报私仇，想搞垮对手，完全操控朝政。而弘光帝被蒙在鼓里，对此全然不晓。

但马士英也难以一手遮天，他危言耸听的奏疏内容传出后，群臣议论纷纷。他的“从逆诸臣强半，素是正人君子之流”的说法，与事实根本不符。所谓周钟的劝进表中“尧、舜、汤、武”之语，更是捕风捉影。连原翰林院编修、当时马士英的座上客杨士聪也说“表文未闻”，而最留心朝章典故的少詹事吴伟业更揭穿说：“此元末红巾之语，载之《辍耕录》者，乃以之入爰书，行大法，不亦诬乎！”② 这显然是马士英欲加其罪而编造的谎言。礼科给事中袁彭年当即上疏批驳，他带着挖苦的语气说：“从逆姓名传播不一，在枢辅义愤填胸，或不觉言之偶激。”这是嘲笑马士英不顾事实，虚张声势。他接着说：“然恐佥人乘间，阳为正人口实，阴为逆党解嘲，甚且借今日讨逆之微词，为异日翻案之转语，不至淆国是而倾善类不已，则其害有不可胜言者。”③这等于警告马士英，罗织罪名到头来将适得其反。随后，袁彭年又根据铁一般的事实加以揭露：

> 夫枢辅所称号为正人君子者，非所指光时亨、龚鼎孳、陈名夏、周钟、项煜其人乎？时亨、鼎孳，班行未久，建白自喜，其究竟为正人君子与否，未有定论也。名夏与钟，雕虫小技，故未尝有正人君子之目。若项煜者，逆珰余孽，自知公论不容，改头换面，求附清流，君子鄙之。若居恒既负正人君子之称，临难又著捐躯慷慨之节，臣所闻倪元璐、李邦华、范景文、施邦耀、凌义渠、马世奇、吴麟征、吴甘来、成德、金铉诸人，天下方以是信正人之不虚，嘉君子之足借。顾独举一二偷息之游魂，疑两间

①谈迁：《国榷》卷一〇二，第6116页。

②夏燮：《明通鉴·附编》卷一上，第3520页。

③计六奇：《明季南略》卷二《伪官》，第127页。

充塞之正气，臣窃不甘为君子受也。①

这揭露了马士英颠倒黑白，置名副其实的正人君子于不顾，将奸佞小人硬说成正人君子的卑劣行径。这种说法实属强词夺理，没人会相信。黄宗羲说："就以钟事论之，其罪亦不过随从贼例耳。举朝从贼，而独归重一新进之庶吉士，又何其视钟太高也？"② 应该说，这已经把马士英奏疏中包藏的祸心暴露出来。但这份疏奏并未引起弘光帝的注意，弘光帝接受的仍然是马士英上疏中的观点。

七月初九日，弘光帝根据给事中马嘉植的上奏，按照马士英的意图，下令刑部，将从逆诸臣"仿唐六等定罪"③。二十六日，受马士英指使的南昌建安王府的吏部候考朱统鏌上疏诋毁姜曰广，称周镳与雷缜祚等"皆曰广私党，请悉置于理"④。八月初九日，署刑部贺世寿奉上谕，将所拟从贼六等条例上奏，因不合要求，"着再确拟"⑤。就在刑部迟迟拿不出确拟的从贼条例之时，十六日，在马士英的一再鼓动下，弘光帝下了两道命令。一是命淮扬巡抚"严逮从逆各官光时亨等"。逮捕名单由马士英提供，包括光时亨、钱位坤、项煜、周钟、龚鼎孳、杨枝起。名单中前两人在淮安刘泽清处：光时亨因与刘泽清"有隙"，正"窘辱备至"；钱位坤因与刘泽清要好，成了刘泽清的座上客。此前刘泽清疏荐钱为北使，因其有从"逆"之事朝廷不许。而龚鼎孳根本没南来，这时已在北京投降清朝为御史。其余之人已经南来。二是逮捕"从逆御史"喻上猷等。⑥ 尽管南来各官散在各处，但逮捕令下后，厂卫积极搜捕，要逮捕之人几乎无人漏网。二十一日，被马、阮视为眼中钉的周镳、雷缜祚被捕下狱。于是朝廷加快了认定从逆诸臣罪状标准的进程。

---

①黄宗羲：《弘光实录钞》卷二，载《黄宗羲全集》第2册，第34页。

②黄宗羲：《弘光实录钞》卷二，载《黄宗羲全集》第2册，第34页。

③李清：《南渡录》卷二，载《南明史料（八种）》第190页。

④张廷玉等：《明史》卷二七四《周镳》，第7032页。

⑤李清：《南渡录》卷二，载《南明史料（八种）》第210页。

⑥李清：《南渡录》卷二，载《南明史料（八种）》第216页。

九月初四日，署刑部侍郎朱之臣，将重新拟定的从逆六等罪奏上，其中包括大逆凌迟处死五条、绞六条、流二条、徒二条。工部左给事中李维樾又提出名与实的问题。他认为这项新的拟议“严且尽矣。然‘逆’之一字，未可概施。导贼掠地攻城是逆，则偷生非逆；受贼显秩要津是逆，则毁形非逆；受贼一官半职是逆，则受辱非逆”①，即不能把陷“贼”、从“贼”之人概称为逆。于是，刑部又反复斟酌。十月，解学龙出任刑部尚书，弘光帝令其“速结从逆诸臣案”②。

就在朝中大臣天真地对“顺”“逆”之事求名责实之际，马、阮一派又搞出了新的动作。十二月十五日，阉党人物通政使杨维垣上疏弘光帝，企图以忠孝为名翻《三朝要典》之案。《三朝要典》是由阉党人物顾秉谦、黄立极、冯铨等人奉魏忠贤之意编纂的。该书汇辑了梃击、移宫、红丸三件震动朝野的疑案的种种资料。它极尽颠倒是非之能事，意在诬陷东林党人，“为罗织正人张本”，乃“真秽史也”。③崇祯帝登极后，定其为“魏氏之私书”，下令禁毁。④此时，杨维垣极力攻击东林党人，一口咬定禁毁《三朝要典》之举是桩“不公不确之案”，要求“将前逆案重复审订”。弘光帝接受其请，于是下令访求《三朝要典》，宣付史馆，并对已定逆案之人“量与酌雪”。⑤

这实际是为阉党翻案，借此打击东林党，与所谓的“顺案”相呼应。但直到十二月二十二日，解学龙才上奏从逆诸臣罪案，其内容是：一等罪为应磔者，有宋企郊、牛金星、张嶙然等十一人。二等罪为应斩秋决者，有光时亨、巩焴、周钟等四人。三等罪为应绞拟赎者，有陈名夏、杨枝起、项煜等七人。四等罪为应戍拟赎者，有王孙蕙、钱位坤、侯恂等十五人。五等罪为应徒拟赎者，有方拱乾、方以智、张家玉等十人。六等罪为应杖拟赎者，有潘同春、王于曜等八人。此外

①李清：《南渡录》卷三，载《南明史料（八种）》第235页。

②李清：《南渡录》卷四，载《南明史料（八种）》第293页。

③陆圻：《纤言》上《要典》，载《三湘从事录》，神州国光社，1951年，第4页。

④夏燮：《明通鉴》卷八一，第3112页。

⑤李清：《南渡录》卷四，载《南明史料（八种）》第306—307页。

尚在北方俟后定夺者有少詹事何瑞征、户部侍郎党崇雅等十九人。还有存疑拟另议者，有翁元益、史可程、左懋泰、梁清标等二十八人。有已奉旨录用的兵部尚书张缙彦、给事中时敏等十人，不再议罪。

作为刑部尚书的解学龙按罪量刑，觉得马士英一再强调严惩周钟是轻罪重判，于律不合，所以勉强将其列入二等。所谓应斩秋决，是死刑暂缓执行。对此，马士英当然不同意。于是，弘光帝根据马士英之意颁旨“周钟等不当缓决，陈名夏等未蔽厥辜，侯恂、宋学显、方以智等拟罪未合”，下令再议。这里也有不议的，就是方拱乾——他因逃来南方后已投靠马、阮，所以被特旨免罪。皇帝的旨意，解学龙当然不敢违抗。弘光元年（1645）正月十一日，正值马士英休假居家期间，解学龙奉诏拟周钟、光时亨又罪加一等的奏疏，疏言“御历改元，春和祥集，为宜停刑”①，即时值弘光改元乃大喜大吉之时，不宜行刑。这是他与大学士王铎密议后采取的行动。疏上之后，弘光帝立即批准执行。王铎以手握的拟旨权，拟旨称赞此议“详慎平允”②，并颁布出去。当马士英见到揭帖中此奏疏的抄件时，圣旨已颁，他制止不及，大怒不已，怀疑解学龙在与自己作对，于是决定报复。不久，在他的导演下，一场弹劾解学龙的闹剧便展开了。

二十一日，保国公朱国弼上疏弘光帝，攻击解学龙“卖法结案”，指斥其所定的六等罪压根就搞错了：

> 先帝大变，实殉社稷，则凡我臣子，即当共殉。若甘污伪命，不但忍先帝，更仇皇上。是李贼固贼，而从贼之臣亦贼也。既已为贼，安分差等哉！即强以六等分之，亦皆失当。

然而，定六等之罪，并非解学龙的发明，在他任刑部尚书的几个月前，朝廷就已议过，显见这是欲加其罪。朱国弼又一项一项地具体指出“从逆诸臣罪案”存在的六大“失刑”错误，特别指出：“二等仍拟缓

---

①李清：《南渡录》卷五，载《南明史料（八种）》第334页。

②张廷玉等：《明史》卷二七五《解学龙》，第7046页；黄宗羲：《弘光实录钞》卷四，载《黄宗羲全集》第2册，第88页。

决，如光时享（亨）、周钟献下江南，妄觊首功，曷尝肯为须臾之待？而仍以缓死纵之，何待二贼厚而于先帝薄也！”“三等仍拟赎绞，云只欠一死，非有他肠。如项煜欲为李贼之管仲、魏征，是以子纠、建成视先帝，而云无他肠，可乎？侯恂既负有封疆、从逆二罪，即宜加等，而乃以后罪略前罪，是污伪转为减死之路矣！”他攻击解学龙“换日移天，可愤可骇！”①

御史张孙振、刘光斗等亦紧随其后上疏，更极尽渲染之能事：“先帝死社稷，此千古未有。诸臣不从死而从贼，亦千古未有。举国翘首，望大司寇操此三尺，先诛内贼，后讨外贼，为新朝兴复先声。乃推诿半年，夤缘百计，人人出脱，语语游移，当时请降劝进，开城献策，受伪分符，提兵追饷，种种罪状，一笔抹杀。借口在虏者以为声援，即谬奖窜归者，以为效顺。要知北来诸人，乃贼弃之而来，原非弃贼而来。”这是攻击解学龙迟迟不定罪案，所定处处包庇。张、刘等人又谴责解学龙如此定案是“别有肺肠”，“轻天朝而小视中国”。“夫从逆之罪，至无等也，只有诛之上可加，并无诛之下可减。”这是“遽忘”先帝遇难，“轻卖”“祖宗之法”。既而张、刘等人怒斥道：“司寇何官，乃以包天之胆，恣意舞文；端揆何地，乃以障天之手，昧心罔上？”这后一句话显然是在敲打支持此议的大学士王铎。奏疏最后说：“臣等誓不与贼俱生，岂甘与党从贼之学龙同列。乞敕部院九卿科道从公速鞫。”②

在猛烈的纠弹攻势下，弘光帝对此“卖法结案”的行为感到“震怒”③，下令罢免解学龙刑部尚书之职。尽管如此，因朝旨已下，不可轻动，周镳、雷缜祚等仍关押于狱中，暂时难以行刑，马、阮只有等待时机下毒手。不久，左良玉举兵东下的消息给马、阮送来了机会。

①李清：《南渡录》卷五，载《南明史料（八种）》第333页。

②李清：《南渡录》卷四，何槐昌点校，浙江古籍出版社，1988年，第200—201页；又见李清：《南渡录》卷五，载《南明史料（八种）》第333—334页。

③谈迁：《国榷》卷一〇四，第6178页。

三月下旬，左良玉以“清君侧”为名，举兵东下，直奔南京。左良玉驰疏历数马士英的种种罪行，其中有“士英自引用阮大铖以来，睚眦杀人，如雷缤祚、周镳，锻炼周内，株连蔓引。尤其甚者，借题“三案”，深埋陷阱，将生平不快意之人，一网打尽，令天下士民，重足解体”①。马、阮于是以此为把柄，一口咬定左良玉是雷、周招引而来的。四月初八日，弘光帝在马士英的怂恿下传旨说：

> 时亨因李明睿不同声气，力阻南迁，使先帝夫妻父子无一生全，妖讹假冒，烦兴叠见。向使先帝无恙，朕安守藩服，何致日来纷纭？周钟以词臣降贼，仍敢无礼先帝。武愫受贼伪命，为贼任使，牌示有据。三犯即照原拟罪名，会官处决。其余拟斩的都饶死，发云南金齿等卫，永远充军。拟绞的发广西地面，充军终身。军罪以下为民，永不叙用。该部仍将各犯姓名刊刻成案。②

谕旨一下，光时亨、周钟、武愫立即被开刀问斩。与此同时，马、阮又怂恿弘光帝以“赐自尽”的方式，除掉了被二人视为眼中钉的周镳与雷缤祚。帝旨是：

> 二犯结党乱政，罪已当诛。乘国家多难，招引外兵，别图拥戴，紊乱天朝，流毒构衅，法应赤族。姑念所谋不成，已经大赦，狱中勒令自尽。③

但此二人并非从逆之人，诛杀之名不正，这一点马、阮内心也十分清楚。阮大铖曾对吴伟业说：“周钟、光时亨自有公论，周镳无死法，惟雷缤祚当正大法耳。”但他最终还是要杀没触犯“死法”之人。当有人提出“镳非从逆者”的疑问时，马、阮的爪牙张孙振回答得很干脆：“当以门户诛。”④ 直言不讳地说就是要报私仇。他们把持朝廷大权就

①计六奇：《明季南略》卷三《左良玉参马士英八罪》，第196页。

②黄宗羲：《弘光实录钞》卷四，载《黄宗羲全集》第2册，第88页。

③黄宗羲：《弘光实录钞》卷四，载《黄宗羲全集》第2册，第88页。

④李清：《南渡录》卷六，载《南明史料（八种）》第396页。

是要肆无忌惮地公报私仇。也曾有人告诫阮大铖说："天下未定，不知为□为贼，公毋专以报复为也。"阮大铖回答说："钟鸣漏尽，吾及时报复，亦何计其为□为贼乎？"[①] 此话大有来日无多、垂死挣扎的意味。完全被马、阮操纵的弘光帝，是按马、阮意图而下的赐周镳、雷缜祚二人自尽之令。虽然历来传统是"小臣无赐自尽者"[②]，但是为了达到杀人的目的，马、阮什么也顾不得了。

折腾了半年有余的"顺案"，最终以杀掉五人告一段落。马、阮终于得势，但很快也使弘光朝走向了灭亡。

七、和战两失，偏安待毙

弘光帝在登极称帝前后，考察形势，确定了和与战的方针。他于崇祯十七年（1644）五月初三日接受监国之号时，颁上谕发誓说，他"志图必报"农民军"震惊宫阙"的不共戴天之仇。他表示："夙夜兢兢，惟思迅扫妖氛，廓清大难。"[③] 十五日，在即皇帝位，颁发登极诏时，他又重申道："誓图俘馘之功"，号召臣民"戮力劻勷，助予敌忾"。[④] 他是在一片讨"贼"声中登上帝位的。灭"贼"，即消灭农民军，是他登位的主要目的，也是他借以号召天下臣民的主要依据。弘光帝把农民军作为弘光政权的头号大敌来对待，是切合实际的。当时的形势使文武群臣迫切感到"贼"对他们威胁最大，所以讨"贼"是他们最关心之事，他们在这个目标下集合起来，并决心与之战斗到底。但与此同时，弘光帝及其群臣也都清楚，与农民军并存的还有一个曾与自己兵戈相见二十余年的敌手——清朝。这个曾是自己臣属的建州卫，在"国家多难"[⑤] 之际，竟出人意料地挺进关内，打出替故明臣

①黄宗羲：《弘光实录钞》卷四，载《黄宗羲全集》第2册，第89页。
②李天根：《爝火录》卷一〇，第441页。
③李天根：《爝火录》卷三，第121页。
④计六奇：《明季南略》卷一《弘光登极诏》，第10页。
⑤李天根：《爝火录》卷三，第126页。

民报君父之仇，“期必灭贼，出民水火”[①] 的旗号，击败农民军，并将其赶出北京，又继续“转旆西征”，追剿农民军，确立了与自己完全一致的目标。面对这种态势，弘光帝及群臣强烈感到此时的清朝是一个完全可以捐弃前嫌、共同对敌的盟友。

战与和方针的确立，决定了弘光朝的发展方向。相对而言，与农民军作战的方针落实得较好，上上下下积极性都很高。弘光帝也很快批准了于江北“与贼接壤”的“冲边”之地设立四镇的战略计划，以经理地方，继而封四镇军阀爵位，以示朝廷厚望，“寓调停于进取之意”。[②] 朝廷如此费心笼络，但各地军阀并不把讨“贼”放在心上，而是各怀鬼胎，各谋私利，彼此争斗。正如侍郎贺世寿上奏所说，这些人“口头报国，河上拥兵，恩数已盈，功名不立，人主轻此名器矣。至于草泽语难，实繁有徒，未见兵勇杀贼，但见兵来虐民。小民不恨贼而恨兵，甘心舍顺而从逆。不肖有司，日刑剥其民，而求为保障，必不可得也”[③]。这是弘光朝面临的严峻形势。

要使军队内部相安、兵民相安，消除祸患，使军队真正成为国家的保障，必须协调好各方面的关系。大学士史可法看到了这个严峻形势，愿意主动承担责任，自请督师，奔赴江北，安排四镇防守事宜。无奈他面临的是极其严峻的形势，经数月往来奔波，艰苦努力，至十月方使四镇各就各位，但也仅仅是拉开了同“贼”对阵的序幕。而此时形势已大变，这是弘光帝和他的大臣们未曾料到的。就在史可法全力部署江北防务之时，遭到清军重创的大顺军主力急速向陕西败退。而在大顺政权委派官员统治的山东、河北、河南一带，原来“伪官一到，争思奉迎”[④] 的局面已成历史。在地主武装的反扑下，大顺政权在这里的统治纷纷瓦解，出现了权力真空。八月，出使北京路过这里的

①《清世祖实录》卷四，顺治元年四月癸酉，第46页。
②计六奇：《明季南略》卷一《史可法请设四镇》，第26—27页。
③计六奇：《明季南略》卷一《五月甲乙纪》，第40页。
④徐鼒：《小腆纪年附考》卷六，第181页。

左懋第目击此情，深有感触。他及时向弘光帝上奏说“山东人心亟可收拾”，请求速发军队，速派官员，前来收拾残局，收复失地。令人惋惜的是，弘光朝“抚镇不至，无所禀承”①，错过了大好时机，山东一带被轻易地纳入了清朝的版图。

史可法费尽心力安排好四镇后，十月，高杰首先率师北征，这真正拉开了进讨农民军的帷幕，结果只擒斩个别“土贼”，即零散从事劫掠的地方武装集团。此时农民军早已无踪影，面前出现的却是占据了黄河以北大片土地的清军。

十一月初，清军进占宿迁，南明军同清军形成了对峙之局。双方相持之时，并未大动干戈。这是因为清朝此时的方针是全力以赴对付西逃的农民军，东线暂时保持现状。而此时的弘光政权则竭力想与清议和，并刚刚派出议和使团，所以双方均按兵不动。不料，两者的结果大不一样，清军达到了养精蓄锐、待机而发的目的，明兵却毫无作为。不久高杰为部下所杀，军队内部分裂，元气大伤。

山东方面如此，河南方面情况也是不妙。本来，当大顺军溃败之时，河南出现了有利于弘光朝的转机。当时河南一带地方武装甚多，他们各自拥有军队，列寨自守，半兵半匪。这时，开封推官陈潜夫联络他们，指挥“勇而好义”的西平寨副将刘洪起等起兵进攻农民军，收复了南阳、开封等地。朝廷得报后，于七月十五日，特擢升陈潜夫为监军御史巡按河南。九月，陈潜夫入朝向弘光帝上了一份奏疏，言道：

> 中兴在进取，王业不偏安，山东、河南地尺寸不可弃，其间豪杰结寨自固，大者数万，小亦千人，莫不引领以待官军。今四镇之兵不下数十万人，而齐、鲁、汴、豫尚皆安堵。诚分命藩镇，一军出颍、寿，一军出淮、徐，马首北向，使天下知朝廷有不忘中原之心，则人心思奋。更颁爵赏鼓舞，计远近，画城堡，俾以自守。而我督抚将帅屯锐师于要害以策应之，宽则耕屯为食，急

①谈迁：《国榷》卷一〇二，第6143页。

> 则荷戈乘墉，一方有警，前后救援，长河不足守也。汴梁义勇，臣联络已定，旬日可集十余万众，稍给糗粮，容臣自将，臣当荷戈先驱，诸藩镇为后劲，则河南五郡可复。五郡既复，画河为固，南联荆、楚，西控秦关，北临赵、卫，上之则恢复可望，下之则江、淮永安。此今日至计也。两淮之上，何事多兵，督抚纷纭，并为虚设。若不思外拒，专事退守，举土地甲兵之利委之他人，臣恐江、淮亦未可保也。①

这是在心中掌握全局之人入情入理的战略分析。他提出的争取接收各地“豪杰”以增强实力，安定人心，主动出击，先收河南，再图恢复大计的方案切实可行，颇有远见。当然，他更看到了现实存在的危险问题，尖锐地指出了四镇争斗不已，“不思外拒，专事退守”，如此下去，“江、淮亦未可保也”的严重问题。这实际是有关弘光朝生死存亡的大问题，是向朝廷敲响的又一声警钟。无奈弘光帝及其权臣马士英对这个声音并不在意。

当时河南各地方武装“列寨百数”，其势力较强者，开封、汝宁一带为刘洪起，南阳一带为萧应训，洛阳一带为李际遇。而刘洪起“志在效忠”，最愿为朝廷效力。这次陈潜夫入朝特“请予挂印为将军”，以为笼络，却被马士英拒绝。马士英还起用了自己的姐夫——“老惫不知兵”的越其杰为河南巡抚。陈潜夫一片苦心的建议“皆不用”。他朝觐后，满怀沉重的心情，立即返回河南任上。各寨武装听闻陈潜夫到来，“颇有归意”。已经率众收复了南阳、泌阳、舞阳、桐柏等地的萧应训，派遣其子萧三杰到省府献捷。陈潜夫隆重热情接待，表示庆贺，并颁给授官凭证。萧三杰大喜过望，于是又拜见巡抚越其杰。越其杰得知其来历便摆出威严的姿态，“厉声诘责，诋以贼”。萧三杰愤懑已极，遂“萌异心”。陈潜夫巡行各土寨军营，时“皆列旗帐鼓吹迎送”，而当越其杰巡行时，“诸寨辄闭门不出”。② 恼怒的越其杰移恨于

---

①徐鼒：《小腆纪年附考》卷七，第229—230页。

②徐鼒：《小腆纪年附考》卷七，第230—231页。

陈潜夫，遂进谗言于马士英。崇祯十七年年底（约在 1645 年 1 月），陈潜夫被召回京，弘光帝派凌駉代替其职，不久凌駉又因丁外艰奔丧离任。河南一地全由众人厌恶不已的越其杰掌管，从此军政上的溃败便一发不可收拾。不久，清军便长驱直入。

这样，在所谓与"贼"接壤之地的山东、河南一带，弘光朝的政府军从未前进一步。弘光帝的大臣们确定了"战"的方针，却坐失时机，几个月过去，未见任何行动，没有任何成果。

与此同时，"和"的方针，更使弘光帝既对未来充满了希望，又大为困惑。

五月二十六日，即弘光帝称帝后的第十一天，赴扬州督师的大学士史可法奏报朝廷称，吴三桂已借清军破"贼"。清军入据北京后，下令为崇祯帝发丧，并继续追剿农民军。消息传至南京，弘光帝及其大臣们喜形于色。

二十八日，弘光帝进封吴三桂为蓟国公，发银五万两、米十万石作为对吴三桂的奖赏。同时，他认为清朝这个昔日劲敌今日已成盟友，应实行"款虏"政策，即加以联合，以为我用。大学士马士英认为，吴三桂"宜即鼓厉接济"，"因吴三桂款建（按：即与清通好）使为两虎之斗。主事马绍愉，当陈新甲时曾使建。昔之下策，今之上策也"。[①]

这个意见很有代表性，马上成了弘光朝举朝共识，于是弘光帝做出了遣派使者北上与清议和的决定。都督陈洪范自请任北使，并获得了马士英的赞同。左懋第因母亲死于北京，请求戴孝守制，弘光帝不准。获准"夺情"的左懋第与陈洪范共同出使北上，同时料理丧事。七月初五日，弘光帝进懋第兵部右侍郎，兼右佥都御史，经理河北，联络关东军务，赐一品服，充正使；进陈洪范太子太傅、马绍愉太仆寺少卿，充副使。这样三人组成了出使议和的班子。

弘光帝自以为马士英等安排妥当，一切顺理成章，使团派出后，

---

①谈迁：《国榷》卷一〇一，第 6106—6107 页。

便可达到预期目的，于是第二天视朝后便召见左懋第等三人，面谕北使之事。其实这是弘光帝的一厢情愿，其中存在的问题甚多。马绍愉原为兵部郎中，早年曾奉兵部尚书陈新甲之命与清议和，后被左懋第参奏而罢官。也就是说，左、马本有旧怨。左懋第于是上奏说："臣此行，致祭先帝后梓宫，访东宫、二王踪迹。臣既充使臣，势不能兼理封疆，且绍愉臣所劾罢，不当复与臣共事。如必欲用臣经理，则乞命洪范与绍愉出使，而假臣一旅，偕山东抚臣，收拾山东以待，不敢复言北行。如用臣与洪范北行，则去臣经理联络之衔；但衔命而往，而罢绍愉勿遣。"左懋第将经理与通和两件事分开，且回避与难以共事之人同行的建议是正确的。阁臣当即采纳左懋第的建议，决定以原蓟辽总督王永吉取代马绍愉，但弘光帝却颁旨"仍遵前议"。①

退朝后左懋第仍深感不安，又上疏说：

> 臣衔以经理河北、联络关东为命。夫河北则山东、北直也，关东则辽东矣。辽东久为虏据，北直为虏现居。山东虽杀伪官，遍地皆土贼。臣家人来云："胶州被围，贼至十余万。"则不皆向化可知也。经理实有封疆之责，以封疆重寄之衔，而往议金缯岁币之事，名实相乖，此衔之当议者也。

左懋第肩负"经理河北、联络关东"的重任，而这两地属清政权统治之地，是此时南明势力无法达到的地方。这不仅仅是"名实相乖"，更是蔑视清朝，如此举动无异于公然挑衅。弘光政权就这样遣使赴清，必然招惹其怒，也是自取其辱，注定要失败。左懋第清醒地看到了官衔名实不符的问题，请求改换，是周到的考虑。他接着又说：

> 马绍愉昔年赴虏讲款，为虏所折，奴颜婢膝，虏送之参貂，台臣陆清源纠之。其与虏交情深浅，臣诚不知，但闻其私许虏金十万、银百二十万，逢人颂虏，臣不便与之同行也。②

他坦率地提出不愿与有辱使命之人共同出使，这是对自己、对朝廷负

①李天根：《爝火录》卷五，第263页。
②计六奇：《明季南略》卷二《北事》，第136页。

责的表现，是合情合理的要求。无奈弘光帝不悟，左懋第真诚合理的建议被一概否定，朝廷坚持原有的安排，令其速速出使。这样左懋第便领受了与官衔相矛盾的任务，同难以和衷共济的宿怨政敌合作，共同北上与清议和。

瞻视艰难的前景，面对朝廷的现状，左懋第心潮起伏，临行之前的七月十四日，他又深情地向弘光帝上疏进言道：

> 臣此行生死未知，敢愿以辞阙之身效一言。臣所望者恢复，而近日朝政似少恢复之气。望陛下时时以先帝之仇、北都之耻为念。瞻高皇之弓剑，则念成祖列宗之陵寝见有黍离之伤；抚江左之遗民，则念河北、山东之版图不免陆沈之祸。更望严谕诸臣，整顿士马，勿以臣北行为和议必成，勿以和成为足恃。必能渡河而战，始能扼河而守，必能扼河而守，始能画江而安。[1]

这是披肝沥胆之言。他的议和活动必须有坚强的武力做后盾的见解是正确的。虽然“众韪其言”[2]，但弘光帝却因马士英擅权、军阀拥兵自重，即便心领神会，也无法使朝廷振作。

七月十八日，左懋第等三名使者携带着答谢清军为明朝讨“贼”复仇的酬金及给吴三桂的封册，在三千明军护行下，离南京启行。八月十五日，使团渡黄河，进入了已被清军控制的山东境内，此后遇到的困难越来越多。九月初五日，使团至济宁州，清朝官员不许明人入城，“放炮呐喊，有欲出打仗状”，一行人只得夜宿城外。初九日，左懋第乃决定将护行兵将打发回归，“沿途另雇土著乡兵护行”。十八日至德州，使团接到清摄政王的令旨：来使“不必敬他，着自备盘费”，“止许百人进京朝见，其余俱留置静海”。[3] 不久，使团到达沧州，左懋第听说吴三桂已被清封为平西王，但他还是遣人将册封其为蓟国公的“诰命”和信函送于吴三桂，并通报来意。吴三桂却“不启封”，

①徐鼒：《小腆纪年附考》卷七，第219—220页。
②徐鼒：《小腆纪年附考》卷七，第220页。
③陈洪范：《北使纪略》，载《崇祯长编》第118—119页。

而转致清摄政王多尔衮，[1] 鲜明地表示了自己的政治立场。弘光朝寄托于吴三桂的希望至此全部落空。八月底，使团到达杨村。

十月初一日，使团到达京师附近的张家湾。过了几天，清朝礼部官员始来迎接，“将处以四夷馆”，行属国朝见之礼。左懋第“争之力”，清廷同意改为住鸿胪寺。第二日，清大学士刚林带十余人进鸿胪寺，见左懋第，首先便责难江南诸臣“不遣兵讨贼，而擅立福王”。左懋第毫不屈服，与之争辩。刚林威胁道：“无多言，朝廷已发兵南下。”左懋第并不示弱，回答说：“江南兵多食足，莫小觑了；且南以礼来，北以兵往，恐非初时救灾恤邻之意。”[2] 刚林觉得其迂腐可笑，便不言而去。其实此时清廷早已不把弘光政权放在眼里，除收下明使所送礼金之外，根本不提议和之事。

左懋第还未看清形势，仍幻想着与清议和，但冰冷的现实使他原准备的议和计划一概难以实现。他提出谒明陵、改葬崇祯帝的要求遭拒绝后，乃于鸿胪寺大堂内设祭，行哭临三日之礼。二十天后，清廷强制弘光使团离开北京。

原来清摄政王多尔衮曾征询内院诸臣如何处置来使，或言杀之，或言剃其发拘禁于此，唯有洪承畴建议道：“两国相争，不斩来使，难为他们，下次无人敢来了。”[3] 多尔衮采纳了这个建议，将其放还。此行除搭送银钱外毫无所获的使团，于十月二十八日离京回返。不料陈洪范已暗中降清，“潜请身赴江南招谕四镇，而留懋第等勿遣”[4]。当南返使团行至沧州地面时，清军追上，将左懋第、马绍愉二人押回北京，软禁在太医院，仅放陈洪范回归。懋第不知内情，至陈洪范马前叮嘱道：“我以身许国，不得顾家，致意我朝当事诸公，速防河防江！”[5] 弘光朝寄予厚望的议和至此结束，弘光君臣与清议和的热切希

①李天根：《爝火录》卷六，第304页。
②佚名：《鹿樵纪闻》卷上《使臣碧血》，载《扬州十日记》第110页。
③陈洪范：《北使纪略》，载《崇祯长编》第123页。
④佚名：《鹿樵纪闻》卷上《使臣碧血》，载《扬州十日记》第110页。
⑤陈洪范：《北使纪略》，载《崇祯长编》第125页。

望至此已全部破灭。

此后，被扣的左懋第凛然不屈，拒绝了清廷的一切威胁诱降，视死如归，次年闰六月于北京从容就义。

战、和两不成的弘光朝廷，在接连受挫之后，并没有及时吸取教训，改变战略方针，重新调整力量。

十月，史可法从多方面获得的信息中，已判断出形势严峻，乃上疏于弘光帝道：

痛自三月以来，陵寝荒芜，山河鼎沸。大仇在目，一矢未加，臣备员督师，死不塞责。晋之东也，其君臣日图中原，而仅保江左；宋之南也，其君臣尽力楚蜀，而仅固临安。盖偏安者，恢复之退步。未有志在偏安而遽能自立者也。大变之初，黔黎洒泣，绅士悲哀，痛愤相乘，犹有朝气；今兵骄饷绌，文恬武嬉，顿成暮气矣。屡得北来塘报，皆言敌必图南，水则广调丽舡，陆则分布精锐，尽河以北，悉染腥膻。而我河上之防，百未料理，人心不一，威令不行。复仇之师不闻及于关陕，讨贼之诏不闻达于燕齐，一似君父之仇置诸膜外。近见北示，和议固断断难成，一旦南侵，即使寇势尚张，足以相拒，两者必转而相合，先向东南。宗社安危，决于此日。我即卑宫菲食，尝胆卧薪，聚才智之精神而枕戈待旦，合方州之物力而破釜沈舟，尚恐无救于事；以臣观庙堂之举动，百执事之经营，殊有未尽然者。夫将之能克敌者，气也；君之能御将者，志也。庙堂之志不奋，即行间之气不张。……以臣仰观圣德，俯察人情，似有初而鲜终，改德而见怨。以敌之强若彼，而我之弱如此；以敌之收拾人心若彼，而我之渐失人心如此，臣恐恢复之无期，而偏安未可保也。今宜速发讨贼之诏，严责臣与四镇，使悉简精锐，直指秦关，悬上赏以待有功，假便宜而责成效；丝纶之布，痛切淋漓，庶使海内忠臣义士闻而感泣，必有投袂而起者矣。国家遭此大变，皇上嗣承大统，原与前代不同。诸臣但有罪之当诛，实无功之足录，臣于登极诏稿，将加恩一款特为删除；不意颁发之时，仍复开载，敌人见此闻亦笑之。今恩外加恩，纷纷未已，武臣腰玉，直等寻常，名器滥施，于斯为极。以后似宜慎重，专待真正战功，庶使行间之猛将劲兵，有所激励也。至兵行讨贼，最苦无粮，搜括既不可行，劝输亦觉难强，似宜将内库一应本折，尽行催解，凑济军需。其余不急之工程，可已之繁费，一切报罢；朝夕之宴衎，左右之贡献，一切谢绝；即事关典礼，万不容废者，亦宜概从俭约。盖贼一日不灭，敌一日不退，即有深宫曲房，岂能晏处？即有锦衣玉食，岂能安享？此时一举一动，皆众情向背所关，敌人窥伺所在也。必吾皇早作夜思，念祖宗之鸿业，怀先帝之深仇，振举朝之精神，萃四方之物力，以并于选将练兵，灭寇御敌之一事，庶乎人心犹可鼓，天意尚可回耳。臣待罪行间，不宜复预闻朝政，然安内乃攘外之本，故敢痛切密陈，惟皇上留神省察。①

他提出不仅要讨闯，更要御敌，即做好对抗清军的准备。这是看清了与清议和难成，而清不会再回归关外，且必将南下的形势，认识到了这是关乎生死存亡的严重危机，必须采取积极措施加以破解。疏中指出只有立足进取、全力抗拒清军，朝廷方能存在，而偏安乃灭亡之道；认为朝臣们必须提高警惕，振奋精神，加强军备，卧薪尝胆；盼请皇帝从自身做起，处处节约，励精图治。他希望皇帝颁发内帑，以解决军费严重匮乏的问题。

对这份重要的奏疏，弘光帝的批旨是：

览卿奏疏，具征忠悃。朕于皇考先帝深仇，朝夕未尝去念。誓师北伐，光复旧业，岂非至愿；但外解不至，百用匮绌，时复亢旱，催科实难，捉襟露肘，徒烦仰屋。西宫大婚等费，日从省约，内库物料，正在议折。其余的，朕知道了。卿凡有忠谠，不妨密切敷陈。讨贼诏书，候即颁行，该衙门知道。②

---

①史可法：《请讨贼御敌以图恢复疏》，载《史可法集》卷二，第38—39页。

②《史可法集》卷一，第39—40页。

此旨特别强调困难，拿不出解决办法。此旨显系阁臣所拟，但也反映了弘光帝的思想，说明他对严峻形势没有深刻认识。

十二月，在督师前线的大学士史可法得到北使议和不成的确报，感到形势严峻，又特向弘光帝上疏道：

向所望者，和议获成，我因合敌之力以图贼，而遂其复仇雪耻之举。今使旋而兵踵至，和议已断断无成矣。向以全力图寇而不足者，今复分以御敌矣。臣最暗弱，其冒任封疆之重，汲汲于一出者，夫亦歼此凶仇，少报先帝之殊遇耳。今舍仇我之寇，而备助我之敌，西征北御，力岂能支？际此时艰，忧心欲绝。谁实误国，而令至此？臣虽万死，曷足蔽辜？然历观往代之衰亡，莫不因和而自误。今敌之拒我，正我所以自奋，与天所以成我之时，特在人心之一转耳。从来中兴大业，不外于君臣一德，内外同心。当此危急存亡之时，可无同舟共济之谊？臣尝慨唐宋门户之祸，竟与国运相终，即使所用皆贤，亦已废却一半；况以意气相激，化成恩仇，恩怨一生，酿成杀运，近年之事，殊堪痛心。今时极艰危，为臣不易。官之久者，其负罪益深；位之尊者，其得祸更惨。有心之士，方以此为危身积戾之场；而无识之人，乃以此为快意寻仇之计。即使藏怒宿怨，孰有深于戕我君父、覆我邦家者？不此之仇，而犹修睚眦之微嫌，快升沉于转毂，此之谓不知类矣。谓宜虚心平气，还之大同。……今和议不成，惟有言战。战非诸镇之事，而谁之事也？必皆以皇上之复仇雪耻为心，简乃车徒，敹乃甲胄，朝营暮算，惟敌是图：其未至也何以防，其既来也何以御；某所当者危地，而我必急以往援；某所争者小嫌，而我必先以大义。……此臣所望于阃外之同心者也。然而阃外之所视者庙堂，庙堂之所视者主志。我皇上中兴未就，大仇在身，凡一举念，一图事，二祖列宗实鉴之，恭皇帝、烈皇帝实鉴之。尤望深思痛愤，大涣丝纶，谕诸臣以怡堂之必不可安，积习之必不可狃。在内宜实筹兵饷，以卧薪尝胆为生机；在外宜力捍封疆，以江北中州为死所。无然泄沓，无然诪张，前辙昭然，岂宜复蹈？古人有言："不本人情，何由兴复？"今之人情，已大可见。拨乱为治，转弱为强，全在我皇上一振励间耳。臣无任恐惧惶悚待命之至。①

于此大敌压境、国家生死攸关的危急关头，他深切企盼皇上率领臣民振作图强，共赴时艰，积极做好迎战准备。

十二月十二日，陈洪范归来向弘光帝上奏，传递了清廷"吾朝得自流贼，不自明朝"，"吾国不日发兵即下江南"的信息，并指出朝廷想以每年十万两白银为条件让清退出山海关之外，"宁可得乎？"② 并说"清兵万分紧急，旦夕必南下"，须做好防备。然而不等弘光帝颁旨，擅权逞凶的马士英立即怒斥道："有四镇在，何虑焉！"③

这接二连三敲响的警钟，并未将处于沉睡状态下的弘光帝惊醒，从而与朝臣及时商议对策，丢掉偏安思想，振作起来，立做战守决断。弘光帝仍然泄沓无为，维持偏安之局，对一切危险，特别是清军即将南下的危险，似乎已麻木不仁，毫无反应。其实此时弘光帝有难言之隐，他已被马士英完全控制，难有任何作为。清军大举南下之际，弘光帝竟眼看着马士英撤走防守江淮的驻军而无所作为，这等于自动为清军挺进扫除障碍。弘光政权的倾覆终成不可避免之势，弘光帝是在坐待毁灭命运的到来。

第五章　疑案丛生的困惑

弘光帝朱由崧靠马士英、刘孔昭等军阀、勋臣的扶持登上帝位。

①史可法：《和议不成请励战守疏》，载《史可法集》卷一，第47—48页。

②黄宗羲：《弘光实录钞》卷三，载《黄宗羲全集》第2册，第70页。

③计六奇：《明季南略》卷二《北事》，第139页。

最初，他并不浑浑噩噩，而是有思想、有头脑，希望君临天下、有所作为的。但在马士英专权并与阮大铖狼狈为奸之后，他处处受到掣肘，许多事情都插不上手，身不由己，困窘万状。小朝廷内外诸事纷扰，令他难以应付，后来他干脆放手让马士英包揽一切政务，自己只是按时坐朝见大臣，走走过场，凡事皆以平常之心对待。但有些事情他又难以超脱，反被纠缠得心神不宁，不得不竭力应付。这些事情就是自崇祯十七年十二月（约在 1645 年 1 月）以来接连发生、弄得京城内外一片喧嚣的数起疑案。

一、狂僧大悲的纷扰

崇祯十七年十二月（约在 1645 年 1 月），南京城出现了一个名叫大悲的神秘和尚，人们到处传播有关他的奇闻怪事。有人说这个和尚来自北方，"自称皇兄，盖东藩宗人也"。此人"狂言受先帝命，已复王爵"，还说崇祯帝"实未晏驾"，[①] 仍活在世上，又说自己就是仍然活在世上的崇祯帝。[②] 最初他乘船来到龙江关，在船上大书符箓，"又扬言即日大兵且到，吾所统伏兵现在各舟中，克日剿灭南京"。传言一起，人心惶惑，连守关官员、太监也惧生不测之变，"驱各舟尽赴观音门，是夜被逐者数千艘"。[③] 这时南京水西门外小民王二到西城兵马司报告说，大悲和尚让他来报，赶快去迎接"当今之亲王"，"兵马司申文巡城御史入奏"。弘光帝览奏后，命令中军都督蔡忠率兵捉拿和尚。蔡忠奉命后不敢迟疑，立即率营兵四十名、家丁二十人飞驰前往。这时大悲和尚正坐在小西门外草厅中，蔡忠率人冲入后便问道："汝何人，敢称亲王？恐得罪。"大悲和尚说："汝何人，敢问我？"蔡忠手下人说："都督蔡爷。"和尚毫无所惧地说："既是官儿，亦宜行礼，我亦

①陆圻：《纤言》下《大悲和尚》，载《三湘从事录》第 44 页。
②夏完淳：《续幸存录·南都杂志》，载《扬州十日记》第 67 页。
③陆圻：《纤言》下《大悲和尚》，载《三湘从事录》第 44—45 页。

不较。且问汝来何故，得毋拿我否？”蔡忠见此状便生几分惧怕，便说：“奉圣旨请汝进去。”[①] 和尚应允，于是站起身来与蔡忠同行。蔡忠给他一匹马乘着进入城中，随后将其收入衙中。

这时兵部尚书张国维说：“此等妄男子，但当速毙之，一经穷究，国体不无少损。”他主张立即杀掉和尚了事。这个看法一经传出便引起了南京臣民的强烈反应。“于是都人籍籍，谓国维且杖杀烈皇。”[②] 在强大的社会舆论下，朝廷也不敢贸然行事，乃囚而不杀。弘光帝得知此情后，也生怕扩大事端，于是降旨将这个蹊跷和尚“委戎政赵之龙、锦衣掌堂冯可宗，在都督府会蔡忠勘问”[③]。在审讯中，和尚又否认自己是崇祯帝，一会儿称是齐王[④]，一会儿又说是潞王朱常淓之弟，受封郡公[⑤]，又说是崇祯帝第三子定王朱慈炯，“为国变出家，法名大悲和尚”[⑥]，“出语不类”[⑦]。在招供时，他牵扯到钱谦益、申绍芳二大臣。钱、申二人得知，连忙上疏辩解，称从不认识该和尚，自述其冤枉。经拷问，审讯人员得出的看法是，他当为齐王府的庶支，诈冒齐王、定王。还有人认为该和尚自称大悲和尚，实是真大悲和尚的行童，曾经随从大悲和尚往来于笃信佛门的钱谦益、申绍芳家，所以审讯时他只知道有此二人，支吾难以自圆。弘光帝在和尚初供上批旨：“九卿科道俱在城隍庙会审，端是诈伪，合词上奏，即斩首西市。”他想立即结束此案。本来大悲和尚诈伪之情形已十分确凿，立即杀掉，即可了事，但阮大铖别有企图，抓住此事不放，想制造出一个新的大案来。

当和尚供称认识钱、申之际，阮即感到有文章可做。在阮大铖的布置下，九卿科道会审之前，在大悲和尚审讯供词中加入了“今潞王

①计六奇：《明季南略》卷三《大悲假称定王》，第150—151页。
②徐鼒：《小腆纪年附考》卷八，第304—305页。
③计六奇：《明季南略》卷三《大悲假称定王》，第151页。
④夏燮：《明通鉴·附编》卷一下，第3560页。
⑤夏完淳：《续幸存录·南都杂志》，载《扬州十日记》第67页。
⑥计六奇：《明季南略》卷三《大悲假称定王》，第151页。
⑦张廷玉等：《明史》卷三〇八《奸臣·马士英》，第7941页。

贤明，应为天子，欲弘光让位”[①] “潞王施恩百姓，人人服之，该与他作正位”[②] 的字样，以激怒弘光帝，挑起他与清流派大臣的矛盾。此时南京街头到处流传着匿名帖，有“十八罗汉、五十三参、七十二菩萨之说”[③]，“海内人望，无不备列”[④]，用来陷害清流派大臣。所谓十八罗汉是指史可法、高弘图、姜曰广、徐石麒、袁继咸、张慎言等人；五十三参指徐汧、吴伟业、陈子龙、章正宸、熊汝霖、黄澍等人；七十二菩萨则是把弘光朝统治区内孝廉、诸生中有气节文望之人，“悉加罗织”[⑤]，“无不备列”[⑥]。河南道御史张孙振受阮大铖指使，特在大悲和尚审判词中加上别有用心之语：“大悲本是神棍，故作疯僧，若有主持线索。”他又说：“岂是黎邱之鬼？或为专诸之雄。”[⑦] 他故意挑拨，把此案说成有重大的政治背景，促使弘光帝进一步追究。钱谦益在福王被拥立、马士英当政之后，便改变立场上疏称颂起马士英来。当马士英荐举阮大铖时，他又为阮大铖被定逆案喊冤叫屈，开始与其和好。但阮大铖对钱却积怨甚深，不论钱如何献媚讨好，拟打击名单时仍然把钱列入。阮大铖想借此机会把自己的仇敌一网打尽。阮大铖等将列好的名单秘密遣人带入狱中交给大悲和尚，并对他说：审问时叫你交代同党，你便把他们说出来。你这样说，“吾贷汝死”。招摇无忌的大悲和尚此时倒清醒起来，他说：“吾死耳，奈何累人？”[⑧] 当来人走后，他竟把名单统统烧掉。大悲和尚宁可自己死也不攀诬他人，这使阮大铖更大的阴谋落空。

尽管阮大铖等搞恐怖政治，“穷治其事，狱词诡秘，朝士皆自危”，但此时已经大权在握的马士英却“不欲兴大狱”，不想再树敌过多，否

---

①计六奇：《明季南略》卷三《大悲假称定王》，第 151 页。
②李清：《三垣笔记》下《弘光》，第 122 页。
③李清：《三垣笔记》下《弘光》，第 122 页。
④张廷玉等：《明史》卷三〇八《奸臣·马士英》，第 7941 页。
⑤陆圻：《纤言》下《大悲和尚》，载《三湘从事录》第 45 页。
⑥张廷玉等：《明史》卷三〇八《奸臣·马士英》，第 7941 页。
⑦李清：《三垣笔记》下《弘光》，第 122 页。
⑧陆圻：《纤言》下《大悲和尚》，载《三湘从事录》第 45 页。

则于己反而不利，遂不再穷究细查。对马阁老言听计从的弘光帝当然没有异议，一些挑拨的话语更难点燃起他的心头怒火，所以此事只严惩大悲和尚一人。弘光元年（1645）二月末，朝廷以“妖言律”[1] 斩杀大悲和尚于南京街头，迁延两个多月的大悲和尚案总算结束。可是麻烦事接踵而至，大悲和尚案尚未结束，更令弘光帝棘手和难堪的北来太子案、童妃案又接踵而来。

二、北来太子的搅局

弘光元年（1645）年初，在大悲和尚一案尚未了结时，弘光帝又听到了太子南来的消息，这着实使他大吃一惊。

此时所谓的太子，乃崇祯帝长子朱慈烺，于崇祯三年（1630）被立为皇太子。十七年（1644）三月，李自成农民军攻破北京后，慈烺与三弟定王朱慈炯、四弟永王朱慈炤都落入农民军之手，并均被带至山海关前线。李自成于山海关之战溃败后，三人均不知去向。当年十二月，北京城出现了“太子”，不久被清廷认定系假冒而杀掉。几乎与此同时，南方也出现了“太子”。

弘光元年（1645）二月，鸿胪寺少卿高梦箕上奏说崇祯帝太子已南来，现正在杭州。于是，南京城中传言四起，说太子流离在外，无人过问。弘光帝得奏后，觉得此事非同小可，于是立遣两个太监星夜前往杭州探询接取。

原来，据说上年十二月，高梦箕的舍人穆虎于山东旅途中见到一少年，少年请求搭乘其船南行。少年获准搭乘后，穆虎见其穿着举止不凡，“薄暮解内衣，灿然龙也”，十分惊讶。在夜行攀谈中，少年透露真情，他说自己乃崇祯帝太子，并述说了自身经历。最初，他被大顺军所得，穆虎问：“闯贼入宫，何以呼尔？”少年“故作羞恨状曰

---

①张廷玉等：《明史》卷三〇八《奸臣·马士英》，第7941页。

‘儿我’”。[1] 山海关之战后他为吴三桂所获，吴在撤离永平时曾传檄四方说将拥太子进京即位。可是吴转而又惧怕清廷不允，当行军至榆河时便把他留在民间不管。他自忖在北方停留凶多吉少，便取道南行，来到这里。一说到崇祯帝，他便放声大哭不止，十分悲伤。穆虎大惊，于是开船，昼夜兼程，赶至南京。少年望见孝陵时，“伏地悲痛不能起”[2]。穆虎请其节哀，直接将他带至高梦箕宅。高梦箕见此不速之客，十分惊讶。最初高梦箕并不相信来者乃当今太子，但少年自述年幼时在皇宫生活的经历头头是道，勾起了高当年在京师任鸿胪寺序班时生活的回忆。少年所说的许多事情犹在眼前，于是他对少年是太子之说信而不疑。

起初，高梦箕本拟将此事上奏朝廷，继而考虑到此少年乃先帝血脉，如此暴露身份，若遭不测，则罪莫大焉，便留其在宅中住下，不久又感到这样不是长久之计，也不安全。一个月后，高梦箕便派穆虎将他送到苏州住下，不久又送到杭州，安置在高梦箕之侄高成宅中。可是时间一长，少年便渐渐流露出“贵倨之色”[3]，“益骄，每酣饮则狂呼，间大言阔步”[4]。高成劝他小心谨慎，他却一概不听。高成对此十分恐惧，怕事情闹大不好收拾，就致信高梦箕。高梦箕见信也很害怕，便派人将少年送到消息比较闭塞的金华府浦江县暂时住下，以便将其送到福建，以躲避外界的注意。但这时有关“太子”的消息已经传出。高梦箕见已无法遮掩，万不得已，便先密报马士英，接着又上奏弘光帝。

弘光帝派出曾于北京服侍过太子的太监李继周，持皇帝亲笔信召之。李继周紧急赶路至杭州，却扑了个空，少年已转移了住处。继周于是按线索继续追赶，终于在金华观音寺追上少年。继周一见少年便

---

①李清：《三垣笔记》下《弘光》，第124页。

②佚名：《鹿樵纪闻》卷上《两太子》，载《扬州十日记》第104页。

③计六奇：《明季南略》卷三《太子一案》，第174页。

④李清：《三垣笔记》下《弘光》，第125页。

感觉他很像太子，于是便下跪说："奴婢叩小爷头。"少年说："我认得汝，但遗忘姓氏。"继周做了自我介绍后，说："奉新皇爷旨，迎接小爷进京。"少年问："迎我进京，让皇帝与我做否?"继周说："此事奴婢不知。"[①] 说罢便进上弘光帝的亲笔信。这时，金华诸臣闻听此事，皆来朝见馈送礼物。整顿之后继周便请少年起程，送其进京。路过杭州时，浙江巡抚张秉贞"来朝，与文武官员导之而过"。三月初一日，少年被接到南京。继周先禀告马士英，士英随即奏报弘光帝。帝遂遣原北京张、王两个太监前往探视，并迎接少年入城，将其暂时安置在兴善寺住下。二太监一见少年便"抱足大恸"起来，对少年关怀备至，见天寒而少年衣薄，便"各解衣以进"。南京城士庶得悉太子到来，"踊跃趋谒，文武官投职名帖者络绎不绝"。最后督营太监卢九德来到寺内，他不像百官那样虔诚叩拜，而是态度傲慢，双目紧盯着少年，仔细打量，但怎么也和往年在北京见过太子留下的印象对不上号。正在迟疑之际，少年喝道："卢九德，汝何不叩首!"卢九德被这突然一呼吓呆了，不觉之中便跪下来叩头，忙说："奴婢无礼。"少年说："汝隔几时，肥胖至此，可见在南京受用。"卢又叩头说"小爷保重"，便战栗着告辞退了出来，并对一起前来的大臣们说，他从未服侍过东宫，"太子"为何说这些话呢，这名少年看起来是与他印象中的太子有些相像，但真假还不好说。离开寺院时，弘光帝让负责守卫的将领好好看守"太子"：如果此人是真太子，自应加意护卫；如果确属假冒，他也不是普通的骗子，来头不小，要小心提防，千万不可让他跑掉。卢九德回宫之后，便传出了弘光帝的谕旨：所有文武官员"不许私谒"。[②] 此令一下，从此官绅民众再也不能见到这位"太子"。这天深夜，少年被转移到皇宫。

第二天，见过少年的通政使杨维垣宣称驸马王昺有一侄，名叫王之明，貌似太子。兵科给事中戴英便袭用其言，以王之明冒充太子上

---

①计六奇：《明季南略》卷三《太子一案》，第174页。

②计六奇：《明季南略》卷三《太子一案》，第174—175页。

奏弘光帝，请集众官员会审，[①] 少年便被投入监狱。三月初五日，弘光帝召见公爵朱国弼，侯爵柳祚昌、邓文虎、刘孔昭，伯爵赵之龙、焦梦熊、常应俊，驸马齐赞元，阁臣马士英、王铎、蔡奕琛，翰林刘正宗、李景濂、张居中，中书吴国鼎等齐至武英殿，明确指示道：

> 朕念先帝之子，即朕之子。若果系真东宫，朕尚无子，即加爱养。但昨遣内臣李承芳、卢九德前去审视，回奏面貌不对，语言闪烁。卿等可会同府部大小九卿科道、旧日东宫讲读等官，前去辨验。[②]

三月初六日，会审于大明门外举行。

原东宫讲官刘正宗、李景濂等皆说“太子眉长于目”。北使兵部侍郎左懋第密疏已至，云北京虏中亦抓获一太子，不知真伪。据称“太子有虎牙，脚下有痣”，会审官员加以验证，皆不合。会审官员问其当年讲所在何地，乃将端敬殿说成文华殿。问讲读时的先后顺序，则误将先读说成先讲。问讲读已完，所写何字，则误将《孝经》句说成《诗经》句。问字写几行，则误以描摹十大字、自书小字于旁，错说为全写。又问：“当日讲读曾问难数次，尚记忆几何？”回答说：“不记。”又问：“讲案上何物？”回答说：“不知。”讲官刘正宗、李景濂上前请其辨认是谁，少年也不认得。这时兵科给事中戴英上前问：崇祯十六年（1643），在朝廷审讯吴昌时，先帝（按：指崇祯帝）携皇太子于中左门，说了何事何语？又问嘉定伯何姓何名，“亦不能对”。面对此景，众人皆目瞪口呆，无话可说。[③]

随即，戴英厉声喝问少年道：“汝是诈冒，以实告当救汝。”[④] 这时刘正宗把太子经历之事一一进行讯问，少年生气地说：“吾不耐汝多言，汝以为伪，即伪可耳！”张孙振向少年问道：“人言汝是王驸马从

①计六奇：《明季南略》卷三《太子一案》，第176页。
②李清：《南渡录》卷六，载《南明史料（八种）》第364页。
③李清：《南渡录》卷六，载《南明史料（八种）》第364页。
④计六奇：《明季南略》卷三《太子一案》，第177页。

孙，名王之明。”少年很机敏地回答说：“认我明之王，不认王之明。”张孙振又问道：“汝既非真太子，何乃同穆虎入朝，震惊中外？”少年便说：“此间自有使迎我，我又不贪为帝王。”[①] “我原不与皇伯夺做皇帝。”[②] 接着他对这些崇祯的旧臣说：“且若辈不尝立皇考朝乎，何一旦蒙面至此？”诸臣闻此，“有赧者，有怒者”。[③] 这时大学士王铎斩钉截铁地大声说道：“假！”[④] 并特别强调说：“千假万假，总是一假，是我一人承任，不必再审。”[⑤] 他喝令将此冒称太子者押回监狱。穆虎此时尚未归案，亦无法寻其下落，于是第一审到此结束，少年仍被送回狱中。

审讯结果奏报弘光帝，弘光帝说：

> 朕今日侧耳宫中，惟望卿等奏至，若果真，即迎入大内，仍为皇太子，谁知又不是。

他“言出泪落，连拭不成语”，“慨伤久之”。[⑥]

审讯北来太子案一事传出后，京城内议论纷纷，中外多上疏攻击杨维垣在造谣陷害，强烈要求马士英保全太子性命，不许加害。很快，穆虎被捕获，其衣中有高成家书一封，“内有‘二月三月往闽往楚’等语”[⑦]。于是，马士英准备再审这名冒称太子者。

马士英请召旧时太子讲官、原詹事府少詹事方拱乾出来辨认后，上奏说：“原任翰林方拱乾办事东宫，臣召而问之。据拱乾所称，东宫睿质颖秀，口阔面方，目大而圆，身不甚高，最为认识。又司业李景濂、翰林刘正宗皆系讲官，如真，则不惟三臣识东宫，东宫亦识三臣。

---

①陆圻：《纤言》中《南京太子》，载《三湘从事录》第 37 页。

②计六奇：《明季南略》卷三《太子一案》，第 176 页。

③佚名：《鹿樵纪闻》卷上《两太子》，载《扬州十日记》第 105 页。

④李清：《三垣笔记》下《弘光》，第 125 页。

⑤计六奇：《明季南略》卷三《太子一案》，第 178 页。

⑥李清：《三垣笔记》下《弘光》，第 125 页；参见佚名：《鹿樵纪闻》卷上《两太子》，载《扬州十日记》第 105 页。

⑦李清：《三垣笔记》下《弘光》，第 125—126 页。

否则两不相认矣。”①

方拱乾因于北京城陷时投降大顺军被问罪，当时正在狱中服刑。被提出后，刘正宗、张捷、高倬等以名帖邀方至其宅，说：“先生恭喜！此审全在先生一言，不惟释罪，亦可高擢。”方唯唯称是，实际只是应付而已。②

三月初九日，此案于午门再审，这是一次开放的审讯，“传令各省提塘官、应天士民共入审视”③。审讯开始时少年仍如第一次“倨坐”着，众人簇拥着方拱乾上前。少年一见方拱乾便说：“方先生尚无恙？”方拱乾目视少年，不敢回应，便退入众人之后，也不直言其真伪。这时有人说太子口中有虎牙，足底有双痣，于是加以检验，结果“验之皆不符”。④

继而，方拱乾、李景濂、刘正宗、赵之龙、朱国弼回奏“皆曰伪。而大学士王铎自云在东宫侍班三载，认识极真，尤言其伪”。验证、辨识结束后，刑部尚书高倬、锦衣卫都督冯可宗随即上报提审供词：

> 审得王之明供称：年十八岁，三月十六日生，保定高阳县人，伯祖王昺，尚延庆公主。祖王晟，父王元纯，嫡母刘氏，生母徐氏。父母皆故，止有一妹，嫁与举人张廷录子问成。齐驸马之叔行四者，同陈弘范自南而北，故住之明之屋，语以南方乐土。之明买驴一头，随一仆王元出走。行至山东，王元逃失，邂逅穆虎及长班张应达、生员刘承裕，遂结伴同行。穆虎、张应达胁之明冒称皇太子。至南京，留梦箕家四日，随送汤溪潜住。又供：武公名下一小内竖，教之明皇后是周，东宫是田，西宫是袁。又与一单，细注历代祖宗、各省藩府，令之明牢记。又讯：“方讲官汝何故识之？”之明供：“有人语我多髯而方冠者，方拱乾也。”臣等

①黄宗羲：《弘光实录钞》卷四，载《黄宗羲全集》第2册，第81—82页。
②佚名：《鹿樵纪闻》卷上《两太子》，载《扬州十日记》第105页。
③黄宗羲：《弘光实录钞》卷四，载《黄宗羲全集》第2册，第82页。
④佚名：《鹿樵纪闻》卷上《两太子》，载《扬州十日记》第105页。

会看得王之明，即《汉》《史》所云夏阳男子假冒卫太子之故智也。[①]

次日，刘正宗、李沾、王铎等合疏上奏说，经过验核、审讯，王之明假冒太子之事现已属实，但此事非孤立事件，定有幕后指使者，建议待提到高成时加刑严讯。合疏写好后，因方拱乾拒绝署名，故以三人名义奏上。[②]

弘光帝见供词及合疏明确，作伪之事昭然，下令立即将审讯词刊刻颁行天下，以示公开透明，消除臣民百姓之疑。结果却适得其反，"天下之人无不愈疑"[③]，"益疑"[④]，"即闾巷小民，亦至泣下，欲生食拱乾、王铎之肉"[⑤]。而京城内竟传播起"若辨太子诈，射人先射马。若要太子强，擒贼须擒王"[⑥] 的民谣，把矛头指向弘光帝，指向马士英，使弘光帝、马士英陷入十分窘迫的境地。

这时提塘将黄得功所刊印的奏疏送到，其奏中说：

> 是非真假，日久自明。此时惟以多方保护，庶几天下共见其无他。万一稍有瞻顾之心，卒逢雾露病死，即真奸伪，天下亦疑为东宫矣。盖原在东宫诸臣，即明白认识者，亦不敢矢口自取杀身之祸，则东宫诸臣之言，其不足取信于天下亦明矣。[⑦]
>
> 先帝之子即陛下之子，真伪未辨也，乞多方保全，以谢天下耳目。若遽加害，即果诈伪，天下必以此为真东宫矣。[⑧]

黄得功的上疏"语甚忿激"[⑨]，强烈反对向少年下毒手。这无疑是向朝廷施加压力，而旁听者也愈加觉得审问有疑。一再坚持要向少年

①黄宗羲：《弘光实录钞》卷四，载《黄宗羲全集》第2册，第82页。
②佚名：《鹿樵纪闻》卷上《两太子》，载《扬州十日记》第105页。
③黄宗羲：《弘光实录钞》卷四，载《黄宗羲全集》第2册，第82—83页。
④李清：《三垣笔记》下《弘光》，第126页。
⑤黄宗羲：《弘光实录钞》卷四，载《黄宗羲全集》第2册，第83页。
⑥计六奇：《明季南略》卷三《太子一案》，第178页。
⑦黄宗羲：《弘光实录钞》卷四，载《黄宗羲全集》第2册，第83页。
⑧戴名世：《弘光朝伪东宫伪后及党祸纪略》，载《戴名世集》第370页。
⑨佚名：《鹿樵纪闻》卷上《两太子》，载《扬州十日记》第105页。

用刑的王铎也泄了气，于是令人再次将少年押回监狱。

湖广总督何腾蛟、江西总督袁继咸、宁南侯左良玉等与朝廷抗争之疏也陆续发来。

其实，马士英早就看清了问题，在第二次审讯前便亲上一份密疏道：

> 臣病在寓，皇上令监臣以密疏示臣，臣细阅之，其言虽似，而疑处甚多。既为东宫，幸脱虎口，不即到官说明，却走绍兴，可疑一也。东宫厚质凝重，此人机辨百出，可疑二也。公主现养周奎家，而云已死，可疑三也。左懋第在北，北中亦有假太子事，懋第密书贻蔡奕琛，令奕琛抄誊进览，是太子不死于贼，即死于清矣。原日讲官方拱乾在刑部狱，密谕来廷辨之。如其假冒，当付法司，与臣民共见而弃之。如其东宫，则祈取入深宫，留养别院，不可分封于外，以启奸人之心。①

密疏将问题说得很清楚，即东宫系假冒的可能性很大。现在审讯后又完全证实。但马士英要借此打击政敌，揪出幕后操纵者，于是通过弘光帝降旨继续对有关案犯严加审讯，旨中特别指出“二月三月所成何局？往闽往楚欲干何事？并主使附从，实繁有徒”②。这是认为穆虎若非奸人，绝不敢挟持王之明冒充东宫，而此事更绝非高梦箕一人能办，所以下令“法司穷治”③，显然是要揪出一个阴谋集团来。弘光帝坚持追究，完全是在按马士英的意图而行。

三月十五日，第三次审讯在大理寺进行，圣旨居中摆放，三法司及锦衣卫长官皆侧坐。主审官是张孙振、李沾。少年与高梦箕、穆虎等一批人犯均被带入。审讯前校尉官按事先李沾告诫的话，提醒少年说：“李公主笔文深，动加峻法，须直称诈伪，并引某某等为党，得不穷治即讯。”少年默不作声。审讯一开始，李沾便大喝一声：“王之

①计六奇：《明季南略》卷三《太子一案》，第177页。

②李清：《三垣笔记》下《弘光》，第126页。

③计六奇：《明季南略》卷三《太子一案》，第179页。

明！”少年不应。李沾喝问其为何不应。少年说：“何不呼明之王？”李沾下令动刑，于是差役给少年上了夹手指之刑。少年疼痛难忍，号呼皇天上帝，声音响彻大堂。马士英见上刑无效，忙传令停刑。李沾又用好言劝少年说实话，免受皮肉之苦。少年说：“汝令校尉嘱我，校尉能言之，何俟我言？又前者追我何处，追者自知，何必问我？”[①] 刑部尚书高倬见他说得激烈，便令人将其押出去，不再审问，而专审穆虎、高梦箕。受重刑后的穆虎抵死不供；高梦箕也不供，只是抱怨为少年所牵连，实在冤枉：“我为无赖子所愚耳，然一念痴忠，天地可鉴也！”[②] 至此，审讯已无法进行下去，主审官便以待捕到高成后再审为由结束了这次审问。

当少年离朝出午门时，旧日东宫伴读丘致中扑上前去“捧持大恸”，弘光帝闻知后，下令“擒下，发镇抚司严讯”。这次审讯的结果完全出乎弘光帝及马士英等人的预料，不仅未消除臣民的疑心，反而造成了更坏的社会影响。当时在皇城上竟发现这样的题诗：

百神护跸贼中来，会见前星闭复开。
海上扶苏原未死，狱中病已又奚猜。
安危定自关宗社，忠义何曾到鼎台。
烈烈大行何处遇，普天空向棘圜哀。[③]

民众几乎一致相信北来少年就是太子。

第三次审讯后不久，史可法又紧急上奏称：据使臣左懋第来书说，二月北京出现假冒太子，三月自北方来者亦谈及此事。最初“太子”出现时，太子的外祖父周奎及在周奎家养病的公主，一见面即与太子相抱而哭，而后又绝不敢认，指其为假。北京百姓得知此事便“环聚其（周奎）门而辱詈之”，而“各官出认太子者，多被杀而不悔”。史可法肯定地说：“由此观之，是皇太子不死于贼，诚死于虏矣。北方之

①陆圻：《纤言》中《南京太子》，载《三湘从事录》第38页。
②李清：《三垣笔记》下《弘光》，第126页。
③计六奇：《明季南略》卷三《太子一案》，第179页。

太子方杀，而南方之太子又来，此理与事之必无者也。”① 这里史可法更正了不久前为南京“太子”上疏申辩的错误认识，从而彻底否认了北来少年为太子之说，事态又进一步发展了。

本来事情发展至此可以告一段落，但弘光帝处理这个问题优柔寡断，时而豁达明朗，时而顾虑暧昧，特别是加上马、阮等人的插手干预，辨认诸臣及太监的口径不一，又产生了许多疑团，导致形成了弘光帝及马士英等欲加害太子的社会舆论，弘光帝越澄清事实越没人相信。

高成被押解到南京后，第四次严刑审讯开始了。但关于弘光帝要问清楚的“往闽往楚”之事，高成仍“含糊而已”。而高梦箕“惟请死”，无论如何严讯，也问不出究竟。奉弘光帝、马士英之命担任主审的高倬、张孙振等决心再行严刑，非把“闽楚”之事问个水落石出，揪出后台不可。其实马、阮心目中的所谓后台是左良玉与郑芝龙。这时钱塘人、大理寺卿葛寅亮向高、张二人秘密进言道：“公等度朝廷兵力，能声左良玉、郑芝龙之罪，而制其死命乎？”他又表示：如果少年等真的供左良玉、郑芝龙等就是此事的幕后策划者，我却无力对付他们而忍气吞声不再追究，则坏了朝廷章法；如果我顺藤摸瓜追究下去，必然激起事变而不可收拾。高倬、张孙振等这才省悟过来，“言之士英，自此不复究矣”。②

但事态早已失控到了难以收拾的地步，此案又与同时出现的童妃一案搅在一起，更成不了之局。且不言南京臣民议论纷纷，强烈要求保护“太子”，在外的文臣武将，尤其是曾全力拥戴弘光帝的武将们也不断上奏要求保全“东宫”，这着实使弘光帝大伤脑筋。

刘良佐上疏说：“王之明、童氏两案，未协舆论，恳求曲全两朝彝伦，毋贻天下后世口实。”左良玉上疏请保全东宫以安臣民之心，甚至责怪史可法等大臣不主持正义，“史可法明知之而不敢言，此岂大臣之

①黄宗羲：《弘光实录钞》卷四，载《黄宗羲全集》第2册，第84页。
②李清：《三垣笔记》下《弘光》，第126—127页。

道！满朝诸臣，但知逢君，不惜大体”。他说不久前李自成在北京扣留太子时，尚以礼相待，赐封王爵，不忍遽加刑害，“何至一家反视为仇！明知穷究并无别情，必欲转辗诛求，遂使皇上忘屋乌之德，臣下绝委裘之义，普天同怨，皇上独与二三奸臣保守天下，无是理也”。该疏气势汹汹，剑拔弩张，简直成了一篇声讨弘光帝的檄文。这已埋下了兴师问罪的伏笔。对此弘光帝只得壮起胆子来招架，下旨说：

> 东宫果真，当不失王封。但王之明被穆虎使冒太子，正在根究奸党。其吴三桂、史可法等语，尤系讹传，法司将审明略节，宣谕该藩。①

其实史可法早已上奏明言南来“太子”是假，但事已至此，如何表白都难释众疑。

四月初一日，户部右侍郎兼工部右侍郎何楷奏称，黄得功上疏谓南来少年就是太子，要承认事实。弘光帝马上降旨加以否定：“此疏岂可流传，必非镇臣之意。”下令立即销毁，并声言再“敢有鼓煽者，兵部立擒正法”。

四月初二日，湖广总督何腾蛟的奏疏送到朝廷，他在奏疏中提出一连串的质问：“太子到南，何人奏闻？何人物色？取召至京，马士英何以独知其伪？既是王昺侄孙，何人举发？内官公侯，多北来之人，何无一人确认，而泛云自供？高梦箕前后二疏，何以不发抄传？明旨愈宣，则臣下愈惑。”这无疑是在揭发朝廷搞鬼，怀疑圣旨的真实性。弘光帝只好硬着头皮颁旨道：“王之明自供甚明，百官士民万目昭然，不日即将口词章疏刊行，何腾蛟不必滋扰。”

其实因太子一案而“滋扰”弘光帝的，不止何腾蛟，次日御史张兆熊上奏说：“伪太子一案，谤议遍处沸腾！”弘光帝只好再次下令：

> 即将口词章疏连夜速刻，即付诏使逐郡宣布。②

弘光帝以为如此便可堵住臣民之口，清除臣民之疑，这不啻扬汤

①计六奇：《明季南略》卷三《太子一案》，第179—180页。
②计六奇：《明季南略》卷三《太子一案》，第180—181页。

止沸。广大南京臣民根本不信他散布的这一套，出现了“愈疑愈辨，亦愈辨愈疑”[①] 的恶性循环。他们愈加相信北来少年是真太子，愈加憎恨弘光帝，憎恨他的权臣马士英。而更大的麻烦事随之发生了，宁南侯左良玉以“清君侧”的名义发兵东下，杀向南京，一个重要的借口就是马士英、阮大铖将先皇太子“以真为假，必欲置之死而后快其谋”[②]。左良玉所上奏疏中说“大臣蔽主，危害皇储”[③]，其中有“目今皇太子至，授受分明。大铖一手握定抹杀识认之方拱乾，而信朋谋之刘正宗，忍以十七年嗣君，付诸幽囚。凡有血气，皆欲寸磔士英、大铖等，以谢先帝。乞立肆市朝，传首抒愤”[④]。北来太子案演变成了严重的政治斗争。然而，此事剪不断理还乱。

四月十六日，江西总督袁继咸知悉左良玉举兵东下，火急上奏朝廷，其疏曰：

> 太子居移气养，非必外间儿童所能假袭。王昺原系富族，高阳未闻屠害，岂无父兄群从，何事只身流转到南？既走绍兴，于朝廷有何关系？遣人踪迹召来，诈冒从何因起？望陛下勿信偏词，使一人免向隅之悲，则宇宙享荡平之福矣。

他继而强烈请求立即赦“太子”出狱，以遏止进犯的左军。弘光帝立即降旨道：

> 王之明的系假冒，如果先帝遗体，朕岂无慈爱？人臣何即称兵犯阙！继咸身为大臣，兼拥兵众，如何说不能堵止！

弘光帝更气愤地颁旨道：

> 王之明不刑自认，高梦箕、穆虎合口输情，诸臣无端过疑，何视朕太薄，视廷臣太浅！袁继咸身为大臣，不得过听讹言，别生臆揣。

---

①李清：《三垣笔记》下《弘光》，第 128 页。

②夏燮：《明通鉴·附编》卷二上，第 3574 页。

③戴名世：《弘光朝伪东宫伪后及党祸纪略》，载《戴名世集》卷一三，第 371 页。

④张廷玉等：《明史》卷三〇八《奸臣·马士英》，第 7943 页。

而这时，史可法被召率军勤王，已至长江北岸，旋朝廷以清军逼近，命其立即回还扬州。可法奏请觐见，“面言东宫处分，以息群嚣”。这分明是请求面见弘光帝，并竭诚效力，设法解决已十分棘手的“太子”问题，为弘光帝分忧。弘光帝却立即颁旨：“西警方急，卿专心料理，待奏凯后见。”可法叹息道：“奏凯二字，谈何容易。诚如上所言，面君不知何日矣。”[①]

事情发展到如此地步，弘光帝“处置无术，斧烛之疑，难免千古”[②]，讹言是肯定禁止不住了。他面对这个现实，更加不敢贸然处置北来太子案，从此将假太子关在狱中，不再开审，也不再提起此事。

三、童妃出现的恼怒

正在朝廷紧张审讯北来太子案之际，三月十三日，南京城又沸腾起来。这天，河南巡抚越其杰会同广昌伯刘良佐派兵将用彩轿仪仗护送弘光帝的童妃到来。主其事者本意是讨好弘光帝，但出乎他们的意料，弘光帝得报后非但没有为此高兴，反而怒不可遏。他斥责被送来的童妃为妖妇，立即下令将其投入锦衣卫监候。这不仅令越其杰、刘良佐惊讶万分，也使南京臣民大惑不解。弘光帝为何如此厌恶童妃？

原来，弘光帝为德昌郡王之时，曾娶黄氏为妻，不久黄氏故去。为福王世子时又娶李氏为妻，后李氏死于崇祯十四年（1641）的洛阳事变。崇祯十六年（1643），封童氏为妃。童妃生有一子。不久又遭兵燹，当逃离怀庆时，福王与童妃被冲散而彼此失去联系。弘光帝被拥戴于南京不久，失散的皇太后于河南郭家寨被发现，八月被护送进南京。这是一件震动朝野的大事。与此同时，巡按御史陈潜夫上疏奏报说童妃及其子现在河南境内，而庶吉士吴尔埙也随之附上一疏奏报此事，请皇上颁旨迎接。弘光帝见疏后却不予理睬。

---

①以上多处引文引自计六奇：《明季南略》卷三《太子一案》，第181页。

②夏完淳：《续幸存录·南都大略》，载《扬州十日记》第62页。

马士英见弘光帝对陈潜夫、吴尔埙的奏疏没有反应，以为弘光帝有所顾虑，便提出一个妥善处理的意见请弘光帝参考：现在太子未立，而奸党宗藩觊觎皇位者大有人在。假如陈、吴所奏报的信息属实，应赶快迎接童氏进宫。如今宜密令河南抚按设法迎来皇子，以打消奸宄之徒的非分之想。如果陛下觉得童氏流离失散于民间多时，不便再位居中宫，母仪天下，则当安置于别宫，让其抚育皇子。马士英为说服弘光帝接受其主张，还以史为例。他说昔日汉高祖乃开国定基、成一统大业的英主，而吕后却曾为项羽俘获，被扣押于军中数年。唐德宗之母为乱兵所掠，终身访求不得。宋高宗母韦氏、后邢氏皆为金兵所掳，而韦氏最终被迎接回宫，邢氏虽始终未归，也遥加后号。古时帝王遭遇这类不幸事件者多得很，何况童氏一直寄居于娘家，更应是无可怀疑的。[①] 他以为弘光帝是考虑童妃的贞操问题，才做了这么多解释，却未说到点子上。弘光帝考虑的并不是这些，他根本不承认童氏为妻，所以坚决不予理睬。

童氏见陈潜夫上奏后杳无音讯，便亲自见河南巡抚越其杰，向其陈述为弘光帝妃的经历。越其杰听其陈述之后，便与镇臣刘良佐商议，认为此事关系重大，马虎不得，于是便采取了不事先奏报而径直派遣兵将隆重护送童氏到京的行动。护送童氏经过寿州时，正好陈潜夫也来到这里，他“见车马驺从传呼皇后来，亦称臣朝谒”[②]。出乎臣民的意料，童氏被护送到南京后，便发生了弘光帝大怒之事。陈、越等人分明是帮了弘光帝的倒忙，自讨没趣。弘光帝下令将童氏投入锦衣卫狱。马士英见此情景再次向弘光帝进言：“苟非至情所关，谁敢与陛下称敌体！宜迎童氏归内，密谕河南抚按迎致皇子，以慰臣民之望，以消奸宄之心。”[③] 刘良佐也上言说“童氏非假冒”[④]。但弘光帝仍是怒气

---

①李清：《三垣笔记》下《弘光》，第 127 页。

②张廷玉等：《明史》卷二七七《陈潜夫》，第 7106 页。

③计六奇：《明季南略》卷三《童妃一案》，第 186 页。

④夏燮：《明通鉴·附编》卷二上，第 3573 页。

不消，执意认定其假，下令严刑拷问。

童氏本是河南孟津人，出身裁缝家庭，知书，有姿色，与朱由崧邂逅而野合。她见弘光帝如此薄情，气愤万分，便向负责刑讯的锦衣卫都督冯可宗如实诉说了与弘光帝结为夫妻的经过。她诉说道，当年她在尉氏县，与因洛阳陷落逃难在外的弘光帝遇上，“即至店叩首。上手扶起，携置怀中，且云：‘我身伴无人，李妃不知何在，汝貌好，在此事我。’吾从之。居四十日，闻流寇寖近，上挈我南走。至许州，遇太妃，悲喜交集。州官闻之，给公馆及廪饩。居八月吾养一子，弥月即死。时已有内相（按：指太监）随事矣。及李贼破京，地方难容，上又走。中途遇土贼，拆散”。童妃述说至此，便呼天抢地，大哭起来。接着她又说：同太妃流散后，遇到了那么多的苦难，都咬牙挺过来了，后听说他成为皇帝，大喜过望。“谁知他负心，止接太妃进宫，不来接我。我至此，又不肯认。天乎！这短命人少不得死我眼前！汝为锦衣官，求汝代言，将字与他，视如何答我。”[①] 冯可宗接过童氏书写的“细述入宫日月，相离情事甚悉”[②] 一纸，便如实入奏。弘光帝接过童氏所书，一看内容，“面发赤，掷于地曰：‘吾不认得妖妇，速速严讯。’”冯可宗吓得不敢再奏。次日，冯可宗到锦衣卫监狱，令牢子向童氏转告弘光帝对她的态度。童氏听罢大哭起来，“且咒且詈，饮食不进”[③]。冯可宗将童氏近况再次奏报，弘光帝却不加理睬。随后，弘光帝撤下了审讯不力的冯可宗，改命秉笔太监屈尚忠继续严审，下令对童氏决不宽容，同时实行株连，将支持并护送童氏进朝的抚按一并治罪。越其杰为马士英姐夫，“得不坐逮”[④]，结果只有所谓的“私谒妖妇，无人臣礼”的陈潜夫等被“逮问”。[⑤] 被刑后的童氏呼号惨叫，咒骂弘光帝不止。

---

①计六奇：《明季南略》卷三《童妃一案》，第186—187页。

②陆圻：《纤言》中《童氏》，载《三湘从事录》第25页。

③计六奇：《明季南略》卷三《童妃一案》，第187页。

④陆圻：《纤言》中《童氏》，载《三湘从事录》第25页。

⑤黄宗羲：《弘光实录钞》卷四，载《黄宗羲全集》第2册，第87页。

奸佞借童妃案大售其奸。马士英曾对阮大铖说："童妃系旧妃，上不肯认，如何？"阮大铖说："吾辈只观上意，上既不认，应置之死。"马士英同党张捷说："太重。"阮大铖说："真则真，假则假，恻隐之心，岂今日作用乎！"马士英说："真假未辨，从容再处。"① 这些权奸已经看到童妃被冤枉的事实，但为了自身利益，他们便没有什么正义可言。他们搞了什么动作外人已难知晓，人们只知马士英不仅眼看着弘光帝对痛苦无告的童妃施以酷刑，更借此机会向自己的政敌动手。陈潜夫素与"老惫不知兵"的河南巡抚越其杰不和，而越其杰为马士英姐夫。马对陈早就怀恨在心，此时便以"私谒妖妇"为借口逮治陈潜夫。其实越其杰的遣人护送之罪远比陈罪重，却安然无事。在童妃一案的处理上，弘光帝又被马士英操纵和玩弄。

由于遭到刑讯，加之狱中环境恶劣，童氏入狱不久就病倒了。正在童氏备受苦楚之时，据说有"奸人"詹自植闯入皇宫武英殿，坐进御幄"妄语"，又有"疯癫"的白应元闯入御殿"肆骂"，都言及童妃之事。两人"俱奉旨杖死"。②

这时更令人惊异的是弘光帝竟"谕中外，谓陈潜夫同氏卧起"③。三月二十八日，谣言出现，说童氏于狱中生下一女。"童氏堕胎申报，帝益耻之。"④ 这些"污亵失实"之词，都是马士英为迎合弘光帝心理而捏造的"顺旨之罪"。⑤ 由于弘光帝坚持不认童氏，狱卒们见风使舵，不再向病中的童氏供应食物。四月初，心力交瘁的童氏饿死狱中。

四、"清君侧"引起的迷惘

弘光帝正被北来太子案和童妃案搅得心烦意乱之时，三月下旬，

---

①计六奇：《明季南略》卷三《童妃一案》，第186页。
②计六奇：《明季南略》卷三《童妃一案》，第187页。
③谈迁：《国榷》卷一〇四，第6195页。
④黄宗羲：《弘光实录钞》卷四，载《黄宗羲全集》第2册，第87页。
⑤谈迁：《国榷》卷一〇四，第6195页。

宁南侯左良玉打起了“清君侧”大旗，举兵东下。警报传至南京，又使弘光帝大吃一惊。接着，左良玉参劾马士英八大罪状的奏疏又出现在弘光帝御案之上，其疏开头说：

窃见逆贼马士英，出自苗种，性本凶顽。臣身在行间，无日不闻其罪状，无人不恨其奸邪。先帝皇太子至京，道路汹传，陛下屡发矜慈，士英以真为假，必欲置之死而后快其谋。臣前两疏，望陛下从容审处，犹冀士英夜气（按：指纯洁清明的心境）稍存，亦当剔肠悔过，以存先帝一线。不意奸谋日甚一日，臣自此义不与奸贼共天日矣！臣已提师在途，将士眦目指发，皆欲食其肉。臣恐百万之众发而难收，震惊宫阙，且声其罪状，正告陛下，仰祈刚断，与天下共弃之。

接着在列举马士英事事与先帝为仇、卖官鬻爵、揽权坏法、计乱中宫、诳惑陛下、睚眦杀人、幽囚嗣君等八大罪状之后，此疏又说：

凡有血气皆欲寸磔士英、大铖等，以谢先帝。此非臣之私言，诸将士之言也。非独臣标将士之言，天下忠臣义士、愚夫愚妇之公言也。伏乞陛下立将士英等肆诸市朝，传首四方，用抒公愤。臣等束兵计刻以待，不禁大声疾呼，激切以闻！①

这不啻最后通牒，在弘光朝引发了轩然大波。这时正是弘光朝内外交困，手忙脚乱之际。自三月下旬以来飞骑报警不断：清军开始大举南下，已渡过黄河，在攻占河南归德后，长驱直入，“七八百里，无一兵防守，扬、泗、邳、徐，势同鼎沸”②。虽然在史可法的部署下，高杰部将、刘良佐、刘泽清等分兵把守要害城镇，但形势已极其严峻。左良玉称兵犯阙的警报传来，弘光帝在马士英的敦促下，除紧急下令遣阮大铖、朱大典、黄得功、刘孔昭等率师抵御左良玉外，又令江北刘良佐统兵入卫京师。镇守淮安的刘泽清得左兵东向之报也决定撤防南下“勤王”。

---

①以上两处引文引自计六奇：《明季南略》卷三《左良玉参马士英八罪》，第195—196页。

②计六奇：《明季南略》卷三《四月甲乙史》，第190页。

四月初八日，史可法连上三份奏疏，报告形势危急，请求迅速加强北方防御力量，倾朝廷之兵全力抵抗南下的清军。弘光帝说："上游急则赴上游，北兵急则赴北兵。自是长策。"这无疑是头疼医头，脚疼医脚。弘光帝自以为办法高妙，殊不知这不仅解决不了问题，反而要耽误大事。史可法得知弘光帝的口谕后，立即上奏说："上游不过欲除君侧之奸，原不敢与君父为难。若北兵一至，则宗社可虞。不知辅臣何意朦蔽至此？"他把决策错误归结为辅臣马士英的一时糊涂，当然这是有意缓和关系。于是，他又致书马士英，恳切请求其选将添兵，紧急增援江北，抵御清军，大声疾呼危机临头已刻不容缓。马士英仍然坚称左兵犯阙问题严重，必须全力以赴应对，对史可法的请求不予理睬。[①] 其实马士英并非受了蒙蔽以致看不清形势，而是不顾任何后果，执意要倾全力对付左良玉。这是明末清流与浊流两派斗争的继续，是左、马宿怨的一次公开总爆发。

左良玉，字昆山，山东临清人，曾官辽东车右营都司，后隶侍郎侯恂麾下，受器重，被荐举为副将。他骁勇善射，虽目不知书，但多智谋，关心士卒，部下多愿为其效力，因而战辄有功。农民起义爆发后，奉命转战河南、山西、四川、湖北一带，镇压农民起义军，官平贼将军，加太子少保，封宁南伯。弘光朝时驻守武昌。他恃功不受督师约束，朝廷亦无可奈何。南京弘光政权成立之时，他蔑视浊流派代表人物马士英所为。弘光帝监国诏颁至武昌时，他"不肯拜"[②]，不久虽被晋爵为宁南侯，却并未改变他的政治态度。而马士英也清楚左良玉的恩人侯恂乃东林党人，生怕朝中清流派人物凭借左良玉之势与己作对，于是"谩语修好，而阴忌之"，对左十分戒备。马士英曾下令修筑板矶城，作为弘光朝的西部防线。左良玉一眼看穿其用意，感叹道："今西何所防，殆防我耳。"[③] 自此左、马二人矛盾加剧。

---

①计六奇：《明季南略》卷三《议御北兵》，第201页。

②张廷玉等：《明史》卷三〇八《奸臣·马士英》，第7942页。

③张廷玉等：《明史》卷二七三《左良玉》，第6997页。

崇祯十七年（1644）六月，湖广巡按御史黄澍同承天守备太监何志孔入觐南京请求召对，便有奉左良玉之命探听朝廷虚实之意。黄澍倚仗左良玉兵多将广，有恃无恐，当面痛诋马士英，公开列其十大可斩之罪，弄得马士英一时蒙头转向，不知所措。他紧急求助于弘光帝宠信的太监而保住了权位，从而恨透了黄澍，不久便唆使他人攻击黄澍“毁制辱宗，贪贿激变”①。弘光帝于是下令逮黄澍送刑部提审，但此时黄澍躲在左良玉军中，朝廷“再逮皆不至”②。而左良玉怂恿部将“群哗，欲下南京索饷，因保救澍”。与左良玉私交甚厚的总督袁继咸上疏弘光帝“代澍申理”。③ 马士英无奈，只得收回朝命，于十一月初四日，批示对黄澍免于逮捕，令其“回籍候勘”，而黄澍仍“留良玉军中，竟不归”。④ 马士英无可奈何，从此左、马矛盾加深。黄澍更是不甘心受马士英所制。他与诸将不断鼓动左良玉以“清君侧”的旗号发兵问罪，讨伐马士英。左良玉“踌躇弗应”。⑤ 弘光元年（1645）伊始，北来太子案、童妃案接连发生，由于弘光帝与马士英处理不当，臣民疑惑丛生，纷纷议论，声言马士英等朋比为奸，引导弘光帝“灭绝伦理”，而在外武将也多为此愤愤不平。在左良玉军中的黄澍抓住这个机会，“日夜言太子冤状，请引兵除君侧恶”。于是左良玉接连上疏弘光帝，请求保全太子，痛斥马士英为奸臣。而这时马士英正裁其军饷，左良玉“大憾”，于是打出“清君侧”的旗号“引兵而东”。⑥

马士英明白左兵西来，完全是针对自己，所以不惜一切代价全力对付。除紧急征调防清前线的军队火速转旆抗左之外，他还于匆忙之中将“顺案”做一了结，杀光时亨、周钟、武愫，顺带除掉他与阮大铖最憎恨的周镳、雷缜祚。本来周镳、雷缜祚并非从“逆”之人，与

①计六奇：《明季南略》卷一《黄澍辩疏》，第57页。
②徐鼒：《小腆纪年附考》卷七，第259页。
③张廷玉等：《明史》卷三〇八《奸臣·马士英》，第7943页。
④李清：《南渡录》卷四，载《南明史料（八种）》第283页。
⑤张廷玉等：《明史》卷二七三《左良玉》，第6997页。
⑥张廷玉等：《明史》卷三〇八《奸臣·马士英》，第7943页。

所谓“顺案”沾不上边，但因左良玉参劾马士英疏中，揭露其“睚眦杀人”，“锻炼周内，株连蔓引”时所举的主要依据，便是迫害雷缜祚、周镳，加之又说马士英“将生平不快意之人，一网打尽”，① 是罪不容死。于是，阮大铖上奏弘光帝说左良玉兵乃周镳召来。弘光帝“乃赐镳自尽，缜祚亦赐自尽”②，且特为强调说：“周镳、雷缜祚结党乱政，招引外兵，图为不轨，于狱中敕令自尽。此外，当日有挟持异议者都与大赦。朕为天子，岂计匹夫夙嫌！并案内曾得罪皇祖妣、皇考者，俱勿问。文武诸臣，不许再提往事，屡污奏章，违者治罪。”③ 显见，赐自尽之事乃弘光帝不得已而为之。他本意还是宽大为怀，不追究既往，从而缩小打击面。

为加强皇权，弘光元年（1645）四月，弘光帝又颁旨，命潞王常淓移湖州，周王恭枵移江西，鲁王以海移广东。④

与此同时，从归德分道而下的清军已攻下砀山、亳州等地。朝廷接到徐州、邳州告急文书，兵部右侍郎梁云构却仍按马士英之意奏请弘光帝颁旨速召刘泽清、黄得功入卫京师以抵御左兵。朝廷对大举南下的清军不仅不做任何抵抗部署，反而一再撤防，这引起了朝臣的忧虑。四月十五日，远在楚地的总兵刘洪起上奏弘光帝说：“清军乘势南下，如同破竹，无人敢遏，恐为南京之忧。”防守江北的王永吉上奏说：“徐镇孤危援绝，势不能存，乞敕史可法、卫胤文共保徐州，方可保全江北。”十七日，朝廷收到了史可法的紧急求援奏疏。其实这时，南明在江北的军事部署几乎全线溃败。早在四月初九日，即周镳、雷缜祚被赐自尽的第二天，从归德南下的清军分别占据了颍州和徐州，挺入颍州时，驻防明将“降者、逃者相半”⑤，而徐州守将李成栋更是闻风先遁。清军轻易地进入颍州、徐州二城后，又迅速南下，很快就渡过淮河。

①计六奇：《明季南略》卷三《左良玉参马士英八罪》，第196页。
②李天根：《爝火录》卷一〇，第441页。
③顾炎武：《圣安皇帝本纪》下，载《南明史料（八种）》第112页。
④顾炎武：《圣安皇帝本纪》下，载《南明史料（八种）》第113页。
⑤以上多处引文引自计六奇：《明季南略》卷三《议御北兵》，第202页。

清军渡过淮河的警报传至南京，弘光帝上朝召见群臣。马士英抢先上奏，极力抨击左良玉举兵犯阙罪不容诛，请求朝廷调集各方兵员全力抵御，不可迟疑。但频频传来的清军南下的危急警报，已使朝廷内充满了恐怖气息。大厦将倾，自身难保的恐惧感袭击着每一个人。马士英话音刚落，大理寺少卿姚思孝，尚宝司卿李之椿，御史乔可聘、成友谦，给事中吴适等便合词上奏，请求不撤江北兵，加强淮、扬战备，对付清军。工科给事中吴希哲等也上奏分析形势，指出当务之急是抵御清军，而最危急之地则在淮、扬，应紧急增兵加强防御，以免遭遇不测，否则一旦淮、扬有失，朝廷将危，大势将去。

弘光帝觉得这些奏议很有道理，便对马士英说："良玉虽不该逼南京，然看他本上，原不曾反，如今还该守淮扬。"马士英听罢怒火中烧，他手指诸臣厉声对弘光帝吼道："此皆良玉死党，为游说，其言不可听。臣已调得功、良佐等渡江矣。北兵至，犹可议款。左逆至，则若辈高官，我君臣独死耳。宁君臣同死于清，不可死于左良玉手。有异议者当斩。"① 他"瞋目大呼：'有议守淮者斩！'"②

弘光帝被马士英的咆哮惊呆了，他看出马士英表面上是对诸臣发火，实际上却是针对自己。面对如此狂怒的权臣，他一筹莫展，睁着惊恐的双眼坐在那里，默不作声。诸臣见此情景，再也没人应声，皆"咋舌而退"③。

弘光元年（1645）四月，是弘光朝生死攸关的一月，也是弘光帝陷入困局而极为烦躁之时，在清军大兵压境的危急时刻，竟出现彼此火并的两派。他们各置国事于不顾，却都打出保护皇帝的旗号，俨然都是朝廷的忠臣。一方借口清除君侧之奸臣，挥兵东下，而将江北数千里防清全线之兵力吸引过来，与之对抗，给清人提供长驱直入的良好条件；另一方借口抵御犯阙之逆，不待朝令便自作主张撤回江北

---

①李天根：《爝火录》卷一〇，第445—446页。

②徐鼒：《小腆纪年附考》卷一〇，第357页。

③李天根：《爝火录》卷一〇，第446页。

之防，而“避敌弃地南奔”。正如史可法上奏所说：“清骑分路南下，镇将平日拥兵糜饷，有警一无足恃。”[①] 给事中钱增疏言：“警报日至，刘泽清、良佐退避近郊，养兵何用?”连在野士民王绍等也上书说：“北兵日逼，刘泽清、良佐退避南下，抢掠民间财物，异常惨酷。”[②] 如此下去岂不国将不国，朝将不朝？已被北来太子案、童妃案弄得心烦意乱的弘光帝，又因左良玉称兵犯阙更加迷惘困惑，最后干脆硬着头皮任其发展，一概不管了。其实，即使他想管也无从下手，因为一切都被马士英牵制。他可能预感到自己当皇帝的日子已屈指可数了。

左良玉在举兵东进不久，便于四月初四日病死于九江。讨马大军在其子左梦庚的统率下继续沿江东下，连破彭泽、东流、安庆，直指南京。但很快，四月二十八日，乘胜挺进的左梦庚军，竟于荻港被黄得功击败。兵败的左梦庚闻清军已至，不久便率众降清，从此结束了“清君侧”之役。很快，弘光朝兵力西移之举导致江北防务空虚，抵挡不住清军大举进攻，终于迎来了政权的覆亡。

第六章　进退失据丢江山

一、江北皆失，可法殉国

北上议和失败的讯息传至南京后，弘光朝内有不同反应。督师史可法认为必须丢掉幻想，做好准备，以全力对付北方强敌，这是很明确的重大战略方针的改变。然而居朝中掌权的大学士马士英则不以为

---

①计六奇：《明季南略》卷三《议御北兵》，第 202 页。

②李天根：《爝火录》卷一〇，第 447 页。

然，言道："有四镇在，何虑焉。"① 显见，弘光朝的决策层内部意见已经分裂，必将彼此掣肘，这预示了江北战守将极其复杂与艰难。形势不容乐观，而结果比预料的还要坏。

其实，现实教训了史可法，使其认清了形势，认识到了清朝已是威胁政权存在的危险敌人，必须积极行动起来。史可法在认识上的转变尽管来得太晚，但已是难能可贵。这个认识来之不易，它有个漫长的转变过程。

本来弘光帝登极之初，即确定以讨"贼"复仇为宗旨。本着这个精神，朝廷设立江北四镇，拉开与农民军的对峙之局。然而此时农民军已呈溃退瓦解之势，江北竟出现无"贼"可讨的局面。但讨"贼"方针却在相当长的时间内不做更改，四镇军阀皆拥兵自重，不仅无进取之意，反成割据之局，且相互间争斗不休。弘光朝从建立之初，即对清朝抱有不切实际的幻想，认为清军入关乃是为明复仇之举，心存感激之情。朝廷进而派出北上同清议和的使团，希望双方友好合作，"合力以图贼，而遂其复仇雪耻"之志，从未认识到清有消灭弘光朝、进而统一中国的雄心。南明君臣丝毫没有防清的意识，史可法可谓其中的代表人物。

在弘光朝派出议和使团北上之际，清摄政王多尔衮曾令已于北京投降清朝的史可法之弟、庶吉士史可程以书招降，但可法不应。此后，摄政王多尔衮遣使贻书至，声称弘光朝之立为非法，并引《春秋》"有贼不讨"，"新君不得书即位"之义，声言将移师问罪于不当立者，希望可法能识时知命，宜劝令朱由崧"削号归藩，永绥福禄"。书中又言，如先生翩然来归，则有吴三桂的典例在，并称"取舍从违，应早审定。兵行在即，可西可东。南国安危，在此一举"。② 这是一封威逼利诱的劝降书。史可法接到多尔衮的来书后，立即上奏朝廷，并于九月十五日复书于多尔衮曰：

①计六奇：《明季南略》卷二《北事》，第139页。

②《清世祖实录》卷六，顺治元年七月壬子，第73—74页。

卷一　弘光帝：背负恶名

大明国督师、兵部尚书兼东阁大学士史可法顿首，谨启大清国摄政王殿下：南中向接好音，法随遣使问讯吴大将军，未敢遽通左右，非委隆谊于草莽也，诚以大夫无私交，《春秋》之义。今当倥偬之际，忽捧琬琰之章，真不啻从天而降也，循读再三，殷殷致意。若以逆贼尚稽天讨，为贵国忧，法且感且愧。惧左右不察，谓南中臣民偷安江左，竟忘君父之仇，敬惟殿下一详陈之。

我大行皇帝敬天法祖，勤政爱民，真尧舜之主也，以庸臣误国，致有三月十九日之变。法待罪南枢，救援无及。师次淮上，凶问突来，地坼天崩，山枯海竭。嗟乎！人孰无君，虽肆法于市朝，以为泄泄者之戒，亦奚足谢先帝于地下哉？尔时南中臣民，哀痛如丧考妣，无不拊膺切齿，欲悉东南之甲，立翦凶仇。而二三老臣，谓国破君亡，宗社为重，相与迎立今上，以系中外之心。今上非他，神宗之孙，光宗犹子，而大行皇帝之兄也。名正言顺，天与人归。五月朔日，驾临南都，万姓夹道欢呼，声闻数里。群臣劝进，今上悲不自胜，让再让三，仅允监国。迨臣民伏阙屡请，始以十五日正位南都。……越数日，命法视师江北，刻日西征。忽传我大将军吴三桂借兵贵国，破走逆成，殿下入都，即为我先皇帝后发丧成礼，扫清宫阙，抚辑群黎，且罢剃发之令，示不忘本朝。此等举动，振古铄今，凡为大明臣子，无不长跪北向，顶礼加额，岂但如明谕所云感恩图报已乎！谨于八月，薄治筐篚，遣使犒师，兼欲请命鸿裁，连兵西讨。是以王师既发，复次江淮。乃辱明诲，引《春秋》大义来相诘责，善哉乎推言之！然此文为列国君薨，世子应立，有贼未讨，不忍死其君之一说耳。若夫天下共主，身殉社稷，青宫皇子，惨变非常，而犹拘牵不即位之文，坐昧大一统之义，中原鼎沸，仓猝出师，将何以维系人心，号召忠义？紫阳《纲目》，踵事《春秋》，其间特书，如莽移汉鼎，光武中兴；丕废山阳，昭烈践祚；怀愍亡国，晋元嗣基；徽钦蒙尘，宋高缵统。是皆于国仇未翦之日，亟正位号，《纲目》未尝斥为自立，率以正统予之。本朝传世十六，正统相承，自治冠带之族，继绝存亡，仁恩遐被。贵国昔在先朝，夙膺封号，载在盟府，宁不闻乎？今痛心本朝之难，驱除乱逆，可谓大义复著于《春秋》矣。昔契丹和宋，止岁输以金缯；回纥助唐，原不利其土地。况贵国笃念世好，兵以义动，万代瞻仰，在此一举。若乃乘我蒙难，弃好崇仇，规此幅员，为德不卒，是以义始而以利终，为贼人所窃笑也。贵国岂其然？往先帝轸念潢池，不忍尽戮，剿抚互用，贻误至今。今上天纵英明，刻刻以复仇为念。庙堂之上，和衷体国；介胄之士，饮泣枕戈；忠义兵民，愿为国死。窃以为天亡逆闯，当不越于斯时矣。语云："树德务滋，除恶务尽。"今逆贼未伏天诛，谍知卷土西秦，方图报复，此不独本朝不共戴天之恨，抑亦贵国除恶未尽之忧。伏乞坚同仇之谊，全始终之德，合师进讨，问罪秦中，共枭逆贼之头，以泄敷天之愤。则贵国义闻，照耀千秋；本朝图报，惟力是视。从此两国世通盟好，传之无穷，不亦休乎！至于牛耳之盟，则本朝使臣，久已在道，不日抵燕，奉盘盂以从事矣。法北望陵庙，无涕可挥；身蹈大戮，罪应万死；所以不即从先帝于地下者，实为社稷之故。《传》云："竭股肱之力，继之以忠贞。"法处今日，鞠躬致命，克尽臣节，所以报也。惟殿下实昭鉴之！弘光甲申九月十五日。①

复书引经据典，明确阐述了弘光帝之立上合天意而下合民心，合理合法，同时肯定并感谢清为我朝讨"贼"复仇的大义之举，并义正词严地指出如若乘我朝蒙难之时，弃好崇仇，窥视我朝疆域领土，而发兵南下，则是"为德不卒，是以义始而以利终，为贼人所窃笑"之举，不当之甚；表达了弘光政权愿与清廷结好之意，以共同对付农民军；坦陈自己为国尽忠的心迹。可见，直至此时可法仍以对付农民军

①史可法：《复摄政王（崇祯十七年甲申九月十五日）》，载《史可法集》卷三，第85—87页；又见蒋良骐：《东华录》卷四，第67—69页，文字略有不同。又，笔者在引用引文时，有时会根据文意对其分段，下面引文也有笔者自行分段的，不一一说明。

为弘光政权的主要目标。

当然，史可法也隐约感到清朝已是现实的威胁，需加防御。十月，可法乃上《请讨贼御敌以图恢复疏》，称时事万分难支，偏安难以自存，进取方有希望。他苦口婆心，希望皇上振作精神，全力对敌。然而，这已成奢望，此时江北形势败坏至极，暮气难鼓。四镇军阀虽然名义上早有防守汛地，然多率兵麇聚长江北岸，并无灭寇御敌之心。北方成为不设防之地，清军则长驱而进，如入无人之境。

十一月初，清军进入濮州、沂州，取海州，旋又取宿迁，而丰县、沛县皆降，清军已逼近黄河北岸。史可法得报，急令应廷吉监刘肇基军，高岐凤监李栖凤军，统兵渡河北上，清总兵夏成德乃引兵而退，南明军收复宿迁、邳州。此战虽非大捷，但遏制了清军的挺进势头，堪称振奋人心，值得庆贺。然而战报传至南京后，马士英竟然冷笑不止。座客杨士聪问道："邳、宿沦陷，幸而复完，南北关系不浅，公何泄泄为？"士英反问道："君以为诚有是事耶？"杨士聪问："宁有无疾而呻者？"士英则说："不然，此史道邻之妙用也。岁将莫矣，阳河将吏例应叙功；耗费钱粮，例应销算。盖为叙功销算地也！"[①] 这纯属恶毒攻击，实为破坏史可法战略部署的一种借口。当时，军费短缺严重，因"饷缺，诸军皆饥"[②]，故诸将皆迟疑不前，史可法一再向朝廷请饷，朝廷不应。此战之后，清军并未停止进攻，其哨马已至淮河北岸，形势可谓危险至极。

在史可法的艰苦努力及大义感召下，四镇中兴平伯高杰的报国热情被激发了。早在九月，他即接受进驻徐州之命，十二月率军抵徐州，并致书刘泽清说：

> 清朝发一王子，领兵号二十万，实八千人，齐驻济宁。近日河南抚镇接踵告警，一夕数至。开封上下，北岸俱是兵众，问渡甚急。惟恐彼一越渡，则天堑失恃，长江迤北，尽为战场。时事

---

①应廷吉：《青燐屑》卷上，载《崇祯长编》第140页。

②张廷玉等：《明史》卷二七四《史可法》，第7022页。

> 到此，令人应接不暇，惟有殚心竭力，直前无二，于万难之中，求其可济，以报国恩而已。①

高杰所言率兵驻济宁的清朝王子乃是清肃亲王豪格。他奉命征剿山东“土寇”，即出没于所挖地洞之中抗击清军的地方武装。顺治元年（1644）冬，豪格统兵“至则定济宁，破满家洞等贼巢，堙二百五十一洞。土寇平”②，气焰正盛。而高杰此时确有一腔报国热情，其所率兵众与清军形成了对峙之局。南明朝廷为加强其力量，颁诏黄得功、刘泽清进屯邳州、徐州，以为策应。但得功对高杰成见甚深，“终不欲为杰后劲，而泽清尤狡横难任。可法不得已，调刘良佐赴徐与杰为声援”③。

清肃亲王豪格曾遣人致书高杰劝降，有“大者王，小者侯，不失如带如砺，世世茅土”之语。高杰不为所动，乃致书豪格道：

> 贵国原有莫大之恩，铭佩不暇，岂敢苟萌异念，自干负义之愆。……若杰本念，千言万语，总欲会师剿闯，始终成贵国恤邻之名。且逆闯凶悖，贵国所甚恶也。本朝抵死欲报大仇，亦贵国念其忠义所必许也。本朝列圣相承，原无失德，正朔承统，天意有在。三百年豢养士民，沦肌浃髓，忠君报国，未尽泯灭，亦祈贵国之垂鉴也。④

高杰坚定地表示可以与清军合师进讨农民军，但忠君报国之志不可更改。豪格立即回书，书中说：“钦差官远来，知有投诚之意，正首建功之日也。果能弃暗投明，择主而事，决意躬来，过河面会，将军功名不在寻常中矣。”豪格故意模糊其忠心报国之志，硬说其有投诚之意，无非是要其顺势投降；又言合兵剿闯之事，非自己所能做主，可令人“引奏我皇上”。⑤ 但高杰意志坚定，毫不为其所动。高杰此种精神，

①李天根：《爝火录》卷七，第364页。

②王钟翰点校：《清史列传》卷二《豪格》，中华书局，1987年，第54页。

③张廷玉等：《明史》卷二七三《高杰》，第7005页。

④计六奇：《明季南略》卷二《高杰移清肃王书》，第145页。

⑤计六奇：《明季南略》卷二《肃王报书》，第145—146页。

在弘光政权已处危急时刻的情形下，确是难能可贵。

弘光元年（1645）正月，史可法闻知清豫亲王多铎统率五六千骑，从孟县渡过黄河，长驱而进，欲往潼关，遂疏请命令高杰提兵两万，与张缙彦直抵开封、洛阳，据守虎牢关，令刘良佐协助防守邳、宿一带。① 高杰于是奉命统兵，拟由河南开封、归德进取中原。军至归德，高杰突然获悉驻守睢州的总兵许定国已遣子赴清为质而投降之事，乃招定国往会，定国不应。高杰遂邀巡抚越其杰、巡按陈潜夫率兵突临睢州城下。定国遂急报豪格，亟盼"驰救"②，同时采取紧急应对之策，主动向高杰让出睢州。高杰大喜，乃以金帛报答。定国则将睢州百姓移出城外，于城内"匿其精兵"。高杰派出的侦察者回报称："定国已移军矣。"③ 高杰乃不听越其杰的劝阻，将大军驻扎在离睢州四十里处，于正月十二日仅率轻骑数十入睢州。

许定国设宴款待高杰一行，与高杰开怀畅饮，竟至皆醉。既罢宴，定国退，乃夜出伏兵杀死高杰，高杰部下数十人亦几无一幸免。天明，城外高杰所部知城内发生事变，大乱，入城屠戮。许定国已连夜率部转移，投向清朝。河南的抗清大好局面，一时之间化为乌有。

史可法闻变，流涕顿足叹道："中原不可为矣。"④ 遂急赴徐州，处理善后，以高杰外甥总兵李本深（或作李本身）为提督，统领高杰兵，以胡茂顺为督师中军，李成栋为徐州总兵，一军乃定。但马士英忌可法威名，迟迟不下正式委任李本深提督之命，高营将士军心浮动，可法竭力抚慰。二月，可法还扬州。未至，黄得功率师袭击高杰部，城中大惧。可法遣官调解，黄得功方退去。而此时清军已取山东、河南。三月，多铎分兵三路南下，逼近淮河，江北形势危急。

史可法乃率高部将士移镇泗州，以抵御清军，且护祖陵。上疏曰：

---

①史可法：《请调兵防敌疏》，载《史可法集》卷二，第49页。

②《清世祖实录》卷一三，顺治二年正月乙巳，第149页。

③彭孙贻：《流寇志》卷一四，第219—220页。

④张廷玉等：《明史》卷二七四《史可法》，第7022页。

> 臣受命督师，无日不以国事为念，而人情难协，事局变更。睢州大变之后，又有维扬之构。外侮未御，内衅方深。拥节制之虚名，负封疆之大罪，窃自悲也。先是，提督之命未下，高营将士汹汹，臣不得不容之以镇静。本月二十三日，臣议调兵北向，李本深身患痈未起。今臣不得已，先将镇臣胡茂贞进发矣。[①]

四月初三日，史可法誓师毕，整军后拟奔驰扼守徐州、泗州。将行之时，可法突然接到弘光帝手谕，令其停止北上，立即率诸军渡江入援，以抗击前来“清君侧”的左良玉之兵。可法大惊，乃上疏称：

> 从古守江者必先守淮，守淮者必先守河，此一定之形势也。今敌自西来，直抵归德，我之河险已失矣。……臣提兵赴泗，正思联络凤、泗，控守淮南，不意复有上游之警。恭奉圣谕，调臣赴庐、皖上游，现在候兵，即当急进。然臣伏思上游之事，发难无名，沿江重兵，自足相抵，其势未必即东下，而北兵之南来，则历历有据。声势震荡，远近惶骇。万一长淮不守，直抵江上，沿江一带，无一坚城，其谁为御之？

他随即建议留重兵于盱眙、泗州、临淮、凤阳、寿州一带，控淮为守，抵御清军之师未可轻为调撤。“进退之际，存亡系焉，不容不再四审酌也。”[②] 他请求亲自往谕左良玉，要其挥兵向清，当不会不从，如不从，击之未晚。疏上，弘光帝不听，且下诏切责。[③] 此时被接连发生的北来太子案、童妃案弄得焦头烂额的弘光帝已完全被马士英控制，竟做出如此害国害己的荒谬决定。然而这毕竟是君命，没有商量的余地，可法不得已，只好率诸军火速入援。初九日，可法渡江抵燕子矶，竟得“北兵南向，卿速回料理，不必入朝”[④] 之旨。而此时清军已取亳州，向邳州进发，徐州、泗州告急，可法乃又昼夜兼行，十一日赶至天长，

---

①史可法：《报移镇泗州疏》，载《史可法集》卷二，第58页。

②史可法：《强敌南侵请早庙算疏》，载《史可法集》卷二，第59页。

③徐秉义：《明末忠烈纪实》卷一二《史可法》，第194页。

④应廷吉：《青磷屑》卷下，载《崇祯长编》第150页。

檄诸将救盱眙。不久，可法闻知盱眙守将李遇春已举城叛降，抵达泗州的援军侯方岩部覆没。十三日，清军渡淮河。可法闻警，乃一昼夜奔还扬州，随即檄令各镇兵赴援，然而无一至者。

十九日，清军蜂拥而至，扬州被围。总兵李栖凤、监军副使高岐凤等拔营出降，城中势益单。诸文武分陴拒守，而旧城西门险要，可法亲自守之。

多铎为让史可法投降，乃下令诸军缓攻。而此前，多铎已遣使致函史可法，署称“豫王致书史老先生阁下”，可法立即将其书转呈朝廷。后多铎又接连五六次发来招降书，可法皆不开封，而投之火中。[①] 后来降将李遇春持多铎之书趋至城下劝降，可法怒斥其变节背叛。遇春曰：“公忠义闻华夏，而不见信于朝，死何益也!”可法令发箭射之，遇春退。继而乡民数次持多铎书至护城河边招降，可法均严词拒绝。[②]

史可法发现清军势盛，而己方防守力单，外援已绝，知城将难保，誓以身殉国，遂于多铎围城当天，连写五封遗书，致母、妻、叔父、兄弟及嗣子、部将史得威，表达了以死报国的坚定之志。致母书曰：

> 不肖儿可法遗禀母亲大人：儿在宦途一十八年，诸苦备尝，不能有益于朝廷，徒致旷远于定省，不忠不孝，何颜立于天地之间！今以死殉城，不足赎罪。望母亲委之天数，勿复过悲。儿在九泉亦无所恨。得副将得威完儿后事，望母亲以亲孙抚之。四月十九日，不肖儿可法泣书。[③]

其付部将史得威书曰：

> 可法受先帝厚恩，不能复大仇；受今上厚恩，不能保疆土；受慈母厚恩，不能备孝养。遭时不遇，有志未伸，一死以报国家，固其分也，独恨不早从先帝于地下耳。四月十九日，可法绝笔。[④]

---

①戴名世：《弘光乙酉扬州城守纪略》，载《戴名世集》卷一三，第356页。

②徐鼒：《小腆纪年附考》卷一〇，第359页。

③史可法：《上太夫人》，载《史可法集》卷四，第110页。

④史可法：《付史得威》，载《史可法集》卷四，第111页。

遗书修毕，可法呼史得威近前说道："我死，当葬我于高皇帝之侧；不能，梅花岭可也。"[①] 另有致清豫亲王多铎一书，内言：

败军之将，不可言勇；负国之臣，不可言忠。身死封疆，实有余恨。得以骸骨归钟山之侧，求太祖高皇帝鉴此心，于愿足矣。弘光元年四月十九日，大明罪臣史可法书。[②]

多铎在屡屡招降失败后，知史可法之志不可移，遂加紧炮击攻城。四月二十五日，扬州城破。可法拔刀自刎，部将庄子固、许谨急救之，可法得以不死，遂被护卫着向城外突围。至小东门遇清军，庄子固、许谨等皆战死，可法乃大声对清军说道："我此城之兵主也，可引我见汝兵主。"遂被拥见多铎。多铎问："何人？"可法道："我史阁部也。"多铎找人认定可法身份后，乃请其坐，待之以礼，劝其降道："累以书招，而先生不从；今既竭臣忠，不为负国，能为我收拾江南，当不惜重任。"可法怒曰："吾为朝廷大臣，岂肯偷生为万世罪人！吾头可断，身不可辱，愿速死，从先帝于地下。"多铎道："君不见洪承畴乎？降则富贵。"史可法回答道："承畴受先帝厚恩而不死，不忠甚矣。我讵肯效之！"多铎反复劝说无效，乃说道："既为忠臣，当杀之，以全其名。"史可法又道："城亡与亡，吾死岂有恨。但扬州既为尔有，当待以宽大。而死守者我也。请无杀扬州人！"多铎不言，可法遂遇害。[③] 多铎恨扬州兵民婴城固守，抗命不服，乃大开杀戒，罹难者甚众。

扬州城破惨遭屠戮后，遗骸累累，尸腐莫辨。可法嗣子得威遍寻可法遗骸不得，遂于顺治三年（1646）三月，举其衣冠及笏招魂，葬于扬州梅花岭。[④] 南明隆武立，赐谥"忠靖"。乾隆四十年（1775），

①徐秉义：《明末忠烈纪实》卷一二《史可法》，第195页。

②史可法：《致某王》，载《史可法集》卷四，第110页。

③徐秉义：《明末忠烈纪实》卷一二《史可法》，第195页；王士禛：《池北偶谈》卷七《史阁部》，靳斯仁点校，中华书局，1982年，第157—158页；罗振常辑：《史可法别传》，载《史可法集》第176—177页。

④戴名世：《弘光乙酉扬州城守纪略》，载《戴名世集》卷一三，第359页。

乾隆帝颁谕称史可法为“一代完人”①，令有司予以谥号，遂谥曰“忠正”②。

扬州陷落，史可法殉难，弘光政权已时日无多，彻底覆亡的命运即将降临。

二、战守无望，仓皇出逃

最有讽刺意味的是，曾落魄逃亡而来的朱由崧，一年之后又落魄逃亡而去，最终没有逃脱灭亡的命运。他生活上的不自律与政治上的懦弱无能导致了这个必然的结局。

进入弘光元年（1645）之后，弘光朝政呈现出一团糟的状态，弘光帝更加难有作为。三月的一天夜里，有人在马士英的厅堂之上写下一副对联道：

闯贼无门，匹马横行天下；

元凶有耳，一兀直捣中原。③

马士英气愤、惊恐，“求其人不得”。显见这里的“闯贼无门”骂的是马士英，“元凶有耳”骂的是阮大铖。广大士庶对两人误国欺君的行径切齿痛恨，可惜深受马、阮之害的弘光帝对这些并不清楚，仍被蒙在鼓中。

此后，大悲和尚案、北来太子案、童妃案接二连三地发生，弘光帝身心俱疲，而左兵“犯阙”之事更使他极其为难。清朝大军压境时，他本拟全力抗清，然而在强势的马士英控制下，竟不能自主，反而不顾一切地撤掉江防以抵御左兵，以致江北空虚，清军长驱直入，南京岌岌可危。

---

①《清高宗实录》卷九九六，乾隆四十年十一月癸未，台湾华文书局，1970年，第14629页。

②舒赫德、于敏中等：《钦定胜朝殉节诸臣录》卷一，载《景印文渊阁四库全书》第456册，台湾商务印书馆，1982年，第411页。

③计六奇：《明季南略》卷四《五月纪略》，第210页。

四月二十六日，虽然扬州陷落、史可法殉国的噩耗尚未传至南京，但朝廷里已被一片惊恐的气氛笼罩。这天，弘光帝上朝后，面对一声不吭的群臣，已预感到形势危急，如自己再不立即采取行动，将难保社稷。他开始恐惧起来，想到必须赶快离开南京，作战略转移，乃向群臣询问迁都之计，不料却遭到了冷落，诸臣“俱默不对”，面面相觑，唯有礼部尚书钱谦益“独言其不可”，表示反对。弘光帝无言以对。这时，马士英提议召其家乡的“黔兵入卫，办走贵阳”，远赴西南。此议一出，群臣便炸开了锅，工科给事中吴希哲等“力谏乃止”。[①] 本来就犹豫不定的弘光帝见此情景，只好不再往下问，带着惆怅还宫。

这时弘光帝已六神无主，觉得自己这个皇帝竟当得如此提心吊胆，埋怨起当初马士英“强之称帝”[②] 之事，很后悔当上这个皇帝。这时警报一再传来，但由于马士英的阻拦，弘光帝得到的消息仅仅是其中的一小部分而已。

二十七日，清军突入瓜洲，抢掠战船，明守将提督李本深率部投降，为清军前驱。当时龙潭驿探马飞至，报告说：“敌编木为筏，乘风而下。”又一警报说：“江中一炮，京口城去四垛。”清军行动迅速，火力猛烈，这是大为可虑的严重敌情。可过了不久，监军京口的马士英甥婿杨文骢遣使持令箭飞报：“江中有数筏，疑是敌兵，因架炮城下，火从后发，震倒颓城半垛。早发三炮，江筏粉碎矣。”他把敌强我弱说成了敌弱我强，完全颠倒事实。对于如此截然不同的军报，马士英的态度是下令“将前报二人捆打，而重赏杨使。自是，报警寂然”。[③] 此时，马士英虽明知已难以组织抗清，但还是心存清军到来仍可与之“议款”[④] 的幻想，故横下心来坐以待毙。耳目闭塞的弘光帝更不知道

①谈迁：《国榷》卷一〇四，第6206页；计六奇：《明季南略》卷三《召问迁都》，第208页。

②计六奇：《明季南略》卷三《召问迁都》，第208页。

③计六奇：《明季南略》卷三《马士英答驿报》，第208页。

④李天根：《爝火录》卷一〇，第445页。

外界的真实信息。他预感到时局已大坏，但也无计可施。清军南下，危急时刻，保国公朱国弼等密请出行，但弘光帝竟慨然说道："太祖陵寝在此，走安往？惟死守耳。"① 然而，形势已不容他守卫南京了。

二十八日，弘光帝照例上朝，召对群臣。局势险恶，人心惶惑，群臣不知该说什么好，上上下下寂无一言。可怕的沉默持续了好长一段时间后，还是弘光帝发了话，他几乎是在自言自语，云："外人皆言朕欲出去。"其实"欲出去"是他的本意，他面对难以扭转的险恶时局，已有迁都他处以躲避敌锋的打算，但又犹豫不决，躲躲闪闪不好直接说出口，故遮遮掩掩，再次把打算抛出来试探，盼望有能理解其苦衷的臣下出来说话圆场，然而仍然无人理睬。正犹豫之间，大学士王铎竟究根问底道："此语从何得来？"弘光帝也会遮掩，连忙用手指了一下旁侧的小太监。王铎很严肃地对小太监说道："外间话不可传的。"接着王铎转移话题，又说起不痛不痒的事来——他要开经筵，请示给皇帝讲课的日期。弘光帝本来心里就如同长满了乱草，烦躁得很，哪有心思听课，便说："且过端午。"②

这天，黄得功破左梦庚军于铜陵荻港，西线形势好转。弘光帝乃命黄得功移家室，镇守太平，一意"办贼"，论功加左柱国，"赏银币"。③

不久，扬州败报传至，朝中自是一片惊恐。二十九日，在弘光帝于武英殿朝会群臣时，一些大臣对朝廷事先不发兵救援扬州一事，再也克制不住心头的愤慨，他们谴责马士英误国殃民，是祸首。姚永言、乔可聘气愤得举笏痛击马士英说："腹心之患，何故坐视？"④ 弘光帝呆若木鸡，坐在那里一言不发，心乱如麻，也不知说什么。就在他发呆之际，群臣自行散朝而去。

---

①李清：《三垣笔记·附识》下《弘光》，第239页。

②计六奇：《明季南略》卷三《召对》，第209页。

③李清：《南渡录》卷五，载《南明史料（八种）》第401—402页。

④陆圻：《纤言》中《午日取蟾》，载《三湘从事录》第26页。

五月初一日，南京城又出现张贴物。在东西长安门柱上张贴的对联写道：

福人沉醉未醒，全凭马上胡诌；

幕府凯歌已休，犹听阮中曲变。

这里“福人”指弘光帝，因其原本是福王；“马”指马士英；“幕府”一句指阮大铖主掌的兵部一再虚传捷报。当形势极度危急之时，阮氏的戏曲歌舞却依然不衰，以此来麻醉皇帝。还有一副对联写道：

福运告终，只看卢前马后；

崇基尽毁，何劳东捷西沾。①

这指的是弘光政权已被奸臣们搞垮，行将灭亡。“卢”指卢九德，即司礼太监，“捷”指吏部尚书张捷，“沾”指左都御史李沾，三人均为马士英同党。民怨载道，这是小朝廷行将崩溃的预兆。无奈弘光帝对有关自己的这些言论一概懵然不省。

五月初三日，马士英按惯例至清议堂召百官议事，可是从未有过的事情发生了——竟无一人到场，人心已涣散到了极点。马士英恼怒不已，无奈作罢归家。初五日，按例是皇帝临朝、百官进贺之日，不料弘光帝观戏解忧，竟“以串戏无暇”，沉醉于优人演出之乐，破例不视朝。②

实际上，这天弘光朝廷并未停止运行，而是进行了大肆封赏：靖南侯黄得功晋封靖国公，世袭。这是因为他在抗击左军时奋勇力战，虽中二矢，而豪气益奋，鼓舞全军，终获大捷。阮大铖、朱大典并晋太子太保，荫锦衣卫千户。总兵张杰、黄名、马得功及水营总兵郑彩、黄蜚，各荫赉有差。此次封赏目的在于鼓舞士气，希望臣下群起仿效，为朝廷出力。然而江河日下之时，暮气难鼓，弘光帝、马士英等人并未抓住问题的关键。对黄得功之封，史家谈迁感慨道：

左兵清虏，两兵分突，兼拒为难。而敌有缓急，急在北不在

①以上两联引自计六奇：《明季南略》卷四《五月纪略》，第210页。

②谈迁：《国榷》卷一〇四，第6207页；计六奇：《明季南略》卷四《五月纪略》，第211页。

西明矣。黄得功诚罴熊不二心之臣，使如灌婴合七国诛二吕之计，当联左兵，约为兄弟，先合力御虏，鏖战淮、扬之间，得挫其锋，兵势愈壮。贵阳（按：指马士英）岂足诛哉！得功粗人也，幕无远画，徇权奸之指，疲于奔命，狼狈不支，膏血原野。赳赳干城，不得不为之长太息也。[1]

朝廷决策错误，把本应全部对付清军的力量，错指向西，这必然导致失败。黄得功虽是忠诚不贰的国家干城，然系缺乏远虑的赳赳武夫，如能认清形势，联合左兵，约为兄弟，合力御敌，鏖战淮扬之间，或能击败清军亦未可知。然而局面大变，惜得功见不及此，只能听从辅臣的指授，而马士英行事乖方，得功只能疲于奔命，这是惨痛的教训。其实，史可法早已有此见解，曾上疏请求亲自往谕左良玉，要其挥兵向清，认为左良玉不会不听从，如其不从，击之未晚。然而，弘光帝不听，“诏切责可法”[2]。其实，此时弘光帝并不糊涂，曾明确主张“如今还该守淮、扬，不可撤江防兵”[3]，但他在马士英的挟持下，身不由己，做不了主，只好颁发违心的诏旨。由此可见，弘光帝确有难言的苦楚。

初七日，南京城风雨大作，百官齐集，窃窃私语，不知如何是好。马士英、王铎、蔡奕琛、陈于鼎、张捷、陈盟、张有誉、钱谦益、李乔、李沾、唐世济、杨维垣、秦镛、张孙振、钱增、赵之龙十六位重臣聚清议堂计议，讨论机密大事，意见不一，不欢而散。但多数人已决心抛弃弘光帝，由勋臣赵之龙出面“纳款于清”，做好了降清准备，于是开始散布投降论调。散会时，李乔、唐世济道：“便降志辱身，也说不得了。”还有人高声说：“清信虽急，如今不妨了。”[4] 南京城笼罩在一片惊慌气氛之中，但已做好了降清准备的诸大僚却心平气顺起来。

---

①谈迁：《国榷》卷一〇四，第6207页。

②徐秉义：《明末忠烈纪实》卷一二《史可法》，第194页。

③计六奇：《明季南略》卷三《议御北兵》，第202页。

④计六奇：《明季南略》卷四《五月纪略》，第211页。

在清军抵达江北之际，只有马士英部署兵力做了战守的准备。因为马士英早已获得清军即刻杀来的确报，而且不止一个渠道的消息说，北兵已明确“声言但擒马士英、宏（弘）光，余皆可赦”[①]。马士英十分惊恐，与清“议款”的幻想至此彻底破灭。他已臭名远扬，清朝也不要他。他此时已无退路，只有同清朝对抗。他令自己的亲信黔兵六百人守孝陵，令郑鸿逵、郑彩所率水师防御江面，黄斌卿、杨文骢列兵南岸，摆出了御敌于国门之外的架势。但第二天，即初八日的深夜，在长江北岸瓜洲一带，清军战船齐发，向南岸攻来，“江南之师，一时皆溃，武弁各卸甲鼠窜”[②]，二郑水师逃遁入海，弘光朝防线彻底瓦解。五月初九日清晨，清军登岸，攻占镇江，紧接着攻下丹阳，取道句容，杀向南京。

五月初十日，弘光帝还如同在睡梦之中。为了安全起见，他传旨紧闭京师各城门，缙绅家眷一律不许出城，以免动摇人心，以为如此一来便万无一失。太监韩赞周见此不是办法，便进言说：“兵单力弱，守和无一可者，不若亲征，济则可以保社稷，不济亦可以全身。”[③] 弘光帝不听，但也预感到形势不妙，便于这天清晨下令将选来安置在经厂的三名淑女放还母家，令其自寻出路。[④] 下午，大风暴雨又起，南京城各门紧闭。弘光帝好像没有发生任何事情一样，“唤集梨园弟子入大内演戏”，与太监韩赞周、屈尚忠、田成等“杂坐酣饮”，一直畅饮至入夜。二鼓后，弘光帝携陈、汪二妃同太监等人骑马冒大雨从通济门逃出南京。《明季南略》云“文武百官无一人知者”[⑤]。其实，有一人知道此事，那就是马士英，实际上正是马士英策划了弘光帝的这次出逃，因为马士英知道清廷是不会饶恕他和弘光帝的。面对严峻形势，

---

①陆圻：《纤言》中《贵阳宵遁》，载《三湘从事录》第30页。

②计六奇：《明季南略》卷四《豫王渡江》，第212页。

③徐鼒：《小腆纪年附考》卷一〇，第364页。

④计六奇：《明季南略》卷三《声色》，第156页；参见陆圻：《纤言》中《迎清出狩》，载《三湘从事录》第48页。

⑤计六奇：《明季南略》卷四《弘光出奔》，第213页。

马士英考虑再三，三十六计走为上，决定逃跑，于是欺骗弘光帝说，君臣共同逃至黄得功军营，皇帝先逃，由他断后。而皇帝逃跑之后，他既不断后也不随即赶上，而是挟持太后逃向浙江。他的考虑是，如果清军得知弘光帝逃向黄得功处，便一定会全力以赴对付黄得功。如果黄得功与清军交战获胜，则“君臣犹可图存”；如果黄得功战败，则清军一定会虏获弘光帝，这样“追师稍缓，已（己）可幸生也”。[①] 弘光帝便是这样轻率地逃离了南京。一年前，福王逃亡而来，携带陈、汪二女进入南京城，在马士英的支持下登上帝位。此时，弘光帝又在马士英的鼓动下携带陈、汪二妃逃离南京城。而更有讽刺意味的是，弘光帝当年从怀庆仓皇出逃时，曾被攻讦弃母于兵间而背负了不孝之名，而这次出逃仍是扔下太后而去，尽管皆有缘由，但却给后人否定弘光帝的为人留下了口实。

三、无言而没，无尽遗恨

弘光帝于五月初十日深夜仓皇出逃南京后，南京城一片混乱。大学士马士英府中也乱成一团。马士英命令家人紧急备装，接着在黎明时分，马士英穿小帽快鞋，携妇女、家丁共百余人，出城奔孝陵，召守陵黔兵自卫，逃向浙江。天大亮后，百姓见皇宫大门无人把守，宫女不时从中乱奔而出，这才知道皇帝与辅臣均已弃城而逃，顿时惊慌失措。一些人乘机闯入皇宫抢掠，很快御用之物便遗落满街。一时间，文武官员逃遁隐藏，各不相顾，南京成了无人管理之城。

五月十一日中午，有个姓赵的监生率领百姓千余人，把捉拿到的王铎带到中城监狱，对他拳打脚踢，叫他去辨认关在狱中的北来“太子”，诘问他为何迫害“太子”。王铎不堪毒打，惨叫道：“非干我事，皆马士英所使。”[②] 众人听后更加气愤，认定他是迫害“太子”的同

①陆圻：《纤言》中《贵阳宵遁》，载《三湘从事录》第30页。

②计六奇：《明季南略》卷四《赵监生立太子》，第215页。

谋，棍棒相加。“太子”赶紧发话制止，下令将其收禁在中城监狱。随后，“太子”在百姓簇拥下，乘马入西华门至武英殿，因仓促无备，乃从戏箱中取出翊善冠戴在头上，随即登上宝座，群呼万岁。这时阴雨数日的南京，天朗气清，众心舒畅。一些官员也赶至武英殿行四拜礼，俨然又凑成了一个粉墨登场的小朝廷。

十二日，南京街头出现了三种截然不同的告示。一是“太子”令人张贴的告示。告示说，先皇帝“惨罹奇祸，凡有血气，裂眦痛心！泣予小子，分宜殉国，思以君父大仇，不共戴天，皇祖基业，汗血匪易，忍垢匿避，图雪国耻。幸文武先生迎立福藩，予惟先帝之哀，奔投南都，实欲哭陈大义。不意巨奸障蔽，至撄桎梏。予虽幽狱，无日不痛绝也。今福王闻兵远遁，先为民望，其如高皇帝之陵寝何！泣予小子，父老人民围抱出狱，拥入皇宫。予身负重冤，岂称尊南面之日乎！仅（谨）此布告在京勋旧文武、先生士庶人等，念此痛怀，勿惜会议，予当恭听，共抒皇猷。勿以前日有不识予之嫌，惜尔经纶之教也”①。这个北来“太子”完全以崇祯帝太子自居，要人们积极拥戴。二是忻城伯赵之龙到处张贴的安民告示，其中有“大驾播迁，本府死守此土，已致大清大帅，自有斟酌，尔民不必惊惶徙避”等语，宣称准备率属降清。三是一则与之针锋相对的告示，出自原阉党人物、后又投降过大顺军的副都御史杨维垣的手笔：“天子出巡，乃古今暂避常理，本院惟有尽忠殉国。”② 混乱的南京城已成为各派人物登台表演的场所。

十三日，“太子”下令释放王铎出狱，仍任命他为大学士，同时释放方拱乾、高梦箕出狱，召其二人为礼部侍郎兼东阁大学士，可是这三人并未前往就任，出狱后便逃之夭夭。因为“太子”不过是于人心惶惑、大难将临之时，在无人顾及的皇城里发号施令而已。他身边没有一兵一卒，没有可以称得上“大臣”的像样帮手，只有几个监生和

①计六奇：《明季南略》卷四《十二日癸巳》，第215页。

②佚名：《江南闻见录·十一日》，载《东南纪事》第318页。

一些好事市民。而与此同时，赵之龙、钱谦益等诸勋臣文武大僚则另有举动。

会议也是在十三日这天于中府举行的，由大学士蔡奕琛、左都御史唐世济、保国公朱国弼、兴国公赵之龙及钱谦益等十数人集议。会上，蔡从袖中拿出事先写好的一纸文书，列明此时南京城的管制办法，其中有通城不许放炮等语，实际上是竭力避免与即将攻来的清军发生对抗，好为献城投降做准备。这时，不安于混乱局面的南京秀才进入中府，请求诸大僚早定"战守之策"。于是朱国弼与蔡奕琛两人一起登上中府台基，面对众人，朱国弼高声说道："弘光弃社稷人民而去，大义已绝，不足云皇帝矣！"这是宣布弘光帝自绝于臣民的行动，表明他已被臣民彻底唾弃，弘光政权已寿终正寝。朱国弼接着说："且京城兵饷无一可办，诸生更有何术？会意可也。"① 这等于宣布坐以待毙不是办法，实际是再次暗示此时唯一出路是向清朝投降，只是未明确说出而已。

次日夜，清豫亲王多铎率大军急驰至南京城下，驻郊坛门。赵之龙、徐允爵、王铎、钱谦益等率众迎降。当时阴风怒号，大雨滂沱，赵之龙、钱谦益手捧弘光政权辖境舆图及人口总册，率众臣"冒雨淋漓，褰裳跪道旁"②，向清豫亲王行四拜礼，献城投降。

十五日晨，天放晴，多铎率将士兵不血刃地进入南京。明勋臣、文武官员两百余名，马步兵二十三万八千有余，不战"皆降"③。多铎询问北来"太子"何在。赵之龙说此人并非太子，乃王之明。多铎说："逃难之人自然改易姓名，若说姓朱，你们早杀过了。"朱国弼说太子本来并不承认自己是王之明，这是马士英为给他加上假冒罪名强行改定的。多铎听完后，大笑说道："奸臣！奸臣！"清军入城后，南京城大街小巷到处张贴着李乔献殷勤起草并进上的《大清摄政叔父王晓谕

①陆圻：《纤言》下《诸君会意》，载《三湘从事录》第47页。
②徐鼒：《小腆纪年附考》卷一〇，第365页。
③韩菼：《江阴城守纪》上，载《东南纪事》第43页。

江南文武官民》及《钦命定国大将军豫王晓谕南京官民》两份告示，宣称：

> 福王僭称尊号，沈缅（湎）酒色，信任佥壬，民生日瘁。文臣弄权，只知作恶纳贿；武臣要君，惟思假威跋扈。上下离心，远近仇恨。

告示揭示了弘光帝昏庸误国造成的恶果，时人都认为这是实录。这晚，赵之龙奉多铎之命将北来“太子”送至清军大营。送到时，多铎离席出迎，并使之“坐于己右，相去不离丈许”，待以优礼。[1]

十六日，刘良佐率三百名亲兵奔至南京投降。为表忠心，他自告奋勇请求以擒拿弘光帝的行动来赎罪，多铎听罢随即令其前往。逃跑仅六天的弘光帝又面临被擒拿的危险。

原来，弘光帝自十日深夜离开南京城后，一直沿长江从陆路向西南奔逃，十二日到达太平府。不久前总领江防的操江勋臣刘孔昭因见形势紧急已“斩关遁入”[2] 此城。他见弘光帝狼狈逃来，便下令关闭城门，拒不收纳。弘光帝“彷徨江次”，无可奈何，只得携众于当天奔到芜湖板子矶，进入黄得功兵营。惊魂不定的弘光帝下马后便躲藏到中军翁之琪舟中。在外巡视的黄得功听说弘光帝逃来，大惊失色，立即奔回大营，向弘光帝哭泣道：“陛下死守京城，臣等犹可借势作事，奈何听奸人之言轻出，进退将何所据？此陛下自误，非臣等负陛下也。臣营弱薄如此，其何以处陛下哉！”[3] 黄得功说的都是实话，弘光帝听后甚为窘迫，他自走绝路，已进退无凭。尽管如此，他还是振作起来亲为黄得功斟酒，道：“敬仗将军威力。”得功沥酒于地，发誓道：“不尽太（犬）马力以报陛下者，有如此酒。”[4] 黄得功算得上是忠义之人，在弘光帝十分困窘之时，仍不失臣节，尽了最大努力，安置弘光

---

①计六奇：《明季南略》卷四《十五日丙申》，第 218 页。

②徐鼒：《小腆纪年附考》卷一〇，第 365 页。

③计六奇：《明季南略》卷四《刘良佐挟弘光回南京》，第 222 页。

④佚名：《鹿樵纪闻》卷上《高黄二镇》，载《扬州十日记》第 101 页。

帝于兵营。这时，阮大铖、朱大典、方国安等人陆续逃来，谒见弘光帝，弘光帝令他们以阁臣衔督师，但任命状无国玺，只是写有人名的普通白纸。

在黄得功兵营中住了几日后，弘光帝深感兵营非久留之地，便与黄得功等商议，决定离芜湖奔杭州。于是，弘光帝命朱大典、方国安率所统之兵先发，都督杜弘域率部扈从，黄得功断后，于二十二日起程。当日，士兵在青弋江上架好浮桥，黄得功指挥护驾军陆续通过江面抵达南岸。正在此时，刘良佐的追兵忽然赶到。慌忙中，弘光帝被扶上船渡江，黄得功立即组织迎击。黄得功不久前在荻港作战时，手臂受伤，此时仍未愈，以致乘马不稳，几乎坠地，便弃马佩刀登上小船，督促部下各总兵调动兵力迎敌。

这时刘良佐赶到青弋江渡口北岸，向南岸大声呼喊，招呼黄得功赶快降清。黄得功闻声大怒，骂道："谁不知我黄得功是好汉子，肯作投降人耶！"清军遂乱箭射来。得功遮挡不及，身中数十矢，尚直立不仆，已而一箭中其喉。得功知事不可为，乃大呼将士曰："尔等各宜努力，以报□□。"[①] 遂掷刀，捡所拔箭刺喉咙而死。刘良佐趁机袭击黄得功大营，明军将士慌乱中准备渡江，不料浮桥铁索忽断，一直护卫着弘光帝的中军翁之琪见大势已去，便投江而死。这时左协总兵田雄跃上弘光帝所乘之船，不由分说背起弘光帝，与右协总兵马得功一起奔见刘良佐，投降清军。传闻当田雄背负弘光帝奔跑献降时，"弘光恨甚，啮其肩，遂成人面疮"[②]。田雄遂落下了经久不愈之疾，痛苦终生。

二十四日，刘良佐将弘光帝押至南京，暂拘于天界寺。第二日多铎令其进城。这天，弘光帝乘无幔小轿入城。他自觉羞愧，头蒙缁素帕，身穿蓝布衣，以油扇掩面。陈、汪两妃乘驴紧随其后。夹道的百姓对这个落荒而逃的天子唾骂不断，甚至有人向其投掷瓦砾石块。进

---

①邹漪：《启祯野乘二集》卷一《黄靖南传》，载四库禁毁书丛刊编纂委员会编：《四库禁毁书丛刊》史部第41册，北京出版社，1997年，第69页。

②计六奇：《明季南略》卷四《刘良佐挟弘光回南京》，第223页。

入南门后，弘光帝改为乘马，一直进入内守备府。一年前，他首次进入南京，正是住在此府，但那时他高坐在上，群臣在下跪拜恭请，劝他早登大位，而此时的他却是被俘的囚徒。他向在上的清军统帅、豫亲王多铎叩头，多铎端坐受之。多铎接见后，下令于灵璧侯府设宴招待他，但在宾席首位就座的却是北来“太子”，他则位居其下。陪宴的有赵之龙及礼部官员共八人。席间多铎目视弘光帝问道：“汝先帝自有子，汝不奉遗诏，擅自称尊何为？”弘光帝无法回答，哑口无言。多铎又说：“汝既擅立，不遣一兵讨贼，于义何居？”弘光帝毫无反应。多铎又追问道：“先帝遗体止有太子，逃难远来，汝既不让位，又转辗磨灭之何为？”弘光帝仍是一声不响。他目光呆滞，像在饮酒，又像在听歌，又像茫然若有所思。这时北来“太子”发言说道：“皇伯手札召我来，反不认，又改姓名，极刑加我，岂奸臣所为，皇伯或不知？”弘光帝仍旧愣在那里一言不发。多铎盯着弘光帝又追问道：“我兵尚在扬州，汝何为便走？自主之耶，抑人教之耶？”①

弘光帝面对提问“终无一语”②。他无比窘迫，汗流浃背，低头不语，但没有乞生告饶，没有讲违心的话，没有自我否定，堪称一种无言的反抗。他意志坚定，绝不屈服，保持了做人的尊严，表现了不屈从于清人的坚定态度。散席后，他便被投入江宁县监狱，一直跟随他的两妃被一同囚禁起来。囚禁期间，多铎令一些弘光旧臣前往探视，但大臣们多有难言之痛，不愿再见这个令人伤心、不愿面对的皇帝，只有安远侯柳祚昌、侍郎何楷前往探视。出乎他们的意料，此时的弘光帝谈笑自如，问道：“马士英奸臣何在尔？”③ 他明确说出了藏在心底的对马士英的认识，这是无可奈何的悲怆之语，令人唏嘘。

九月初六日，朱由崧被班师回京的多铎执送北京。隆武朝立，为他遥上尊号曰“圣安皇帝”。次年五月十七日，清廷以“京师纷传”

①计六奇：《明季南略》卷四《弘光拜豫王》，第224页。
②文秉：《甲乙事案》卷下，载《南明史料（八种）》第556页。
③计六奇：《明季南略》卷四《弘光拜豫王》，第224页。

所囚故明诸王“私匿印信，谋为不轨”[①] 为借口，将朱由崧与潞王朱常淓、北来“太子”等十一人同日杀害。朱由崧时年四十岁。他生在北京，死在北京；永历朝立，被谥为安宗简皇帝。

四、“失德”诸端，负谤难明

早在南京诸臣议立新君之时，清流派大臣就称朱由崧有七不可立之恶迹：“贪、淫、酗酒、不孝、虐下、不读书、干预有司。”[②] 有阉党倾向的马士英亦认为朱由崧“非人望所归”[③]，但独念其“昏庸可利”[④]，乃决心推戴，故朱由崧的人品已被彻底否定。

后来朱由崧虽然被拥立为帝，但恶名并未消去，其荒淫怠政的恶名更随之而起，且愈传愈广，他被描绘成干尽了败国亡家勾当的君主，成为人人痛骂的靶子。时人称其惟知享乐，不问政事，沉湎酒色，纵欲无度，荒淫透顶，是古今昏君之最。张岱说：“自古亡国之君，无过吾弘光者。汉献之孱弱，刘禅之痴呆，杨广之荒淫，合并而成一人。”[⑤] 又说：“弘光痴如刘禅，淫过隋炀，更有马士英为之颠覆典型，阮大铖为之掀翻铁案，一年之内，贪财好杀，殢酒宣淫，诸凡亡国之事，真能集其大成。”[⑥] 清初人董含也说：“（由崧）质性暗弱，有蜀后主、晋惠帝之风，而荒淫过之。”[⑦] 贬斥之语不一而足，皆云弘光帝是极坏之人。

然而上述诸多指控多属诬陷之词，皆无确凿证据，但由于形成文字，大量传布，如影随形伴其一生，且流传后世，几成定论，实可谓

---

①《清世祖实录》卷二六，顺治三年五月壬戌，第309页。

②佚名：《鹿樵纪闻》卷上《福王上》，载《扬州十日记》第79页；张廷玉等：《明史》卷二七四《史可法》，第7017页；黄宗羲：《弘光实录钞》卷一，载《黄宗羲全集》第2册，第3页。

③张岱：《石匮书后集》卷五《明末五王世家·福王世家》，第50页。

④计六奇：《明季南略》卷一《南京诸臣议立福藩》，第6页。

⑤张岱：《石匮书后集》卷三二《乙酉殉难列传》，第193页。

⑥张岱：《石匮书后集》卷五《明末五王世家·总论》，第50页。

⑦董含：《三冈识略》卷一《弘光改元》，致之校点，辽宁教育出版社，2000年，第5页。

不幸之至。

寻检史事，探求真相，一般以时人的记载最具参考价值。细检当年载有弘光帝事迹之书，人们会惊奇地发现，详载其所谓“失德”事之书并不多见，只集中在几种书内，而缺载或略载之书则甚多。按诸书所载内容，可具体划分为以下五种类型：

一是明确指出弘光帝荒淫无耻、酗酒纵欲，乃至厌弃朝政之事者，以谈迁的《枣林杂俎》、陆圻的《纤言》、计六奇的《明季南略》、邹漪的《明季遗闻》，以及张岱的《石匮书后集》、董含的《三冈识略》六种书为最。前四书乃绘声绘色、细致入微地记载弘光帝荒淫之事，而后二书多为议论。

二是虽载有弘光帝荒淫之事，然却存疑者，时人佚名的《鹿樵纪闻》可为代表。该书虽载有“端阳节，福王在宫演剧。内旨召乞儿多捕虾蟆为房中药”[①] 之事，然又以“至如娈童季女，方药纵淫，皆传闻之过”[②]，加以否定。

三是记载了弘光帝耽于声色，乃至因此怠政，然绝不提及其荒淫之事者。此类书籍较多，如查继佐的《罪惟录》、黄宗羲的《弘光实录钞》、顾炎武的《圣安皇帝本纪》、夏允彝的《幸存录》、文秉的《甲乙事案》、夏完淳的《续幸存录》、戴名世的《弘光朝伪东宫伪后及党祸纪略》等。

四是虽然载有弘光帝事迹，却对其无有贬词者，有姜曰广的《过江七事》、应廷吉的《青磷屑》及顾苓的《金陵野钞》。

五是不仅未提及弘光帝荒淫之事，反而加以辩诬者。如曾任弘光朝给事中的李清的《三垣笔记》《南渡录》《甲申日记》。

上述互歧之书，同是当时之人所写，为何差距如此之大？稍一辨识即可发现，其中大量记载的弘光帝荒淫无度之事，皆属宫闱隐秘，而记载者并无与弘光宫闱密切接触的经历，显见其所记皆据传闻，且

①佚名：《鹿樵纪闻》卷上《福王下》，载《扬州十日记》，第91页。
②佚名：《鹿樵纪闻》卷上《福王下》，载《扬州十日记》，第93页。

无法核实。传播如此污秽之事应是对福王一系成见甚深者所为，而对福王一系成见甚深者乃东林人士。人们看到朱由崧一登场即被东林人士冠以“七不可”之恶名，其后“不类事”愈衍愈多。但所谓“七不可”，很难找到准确的事实根据。有人认为“不孝”尚有事实，就是《明季南略》所载崇祯十七年（1644）二月初三日，“怀庆府夜变，帝同母走出东门，弃母兵间，狼狈走卫辉府依潞王”[①]，按此记载看来，危难时刻只图自我保命而弃母不顾，当然是不孝。然此论亦难确立，因《罪惟录》另有不同记载：“及怀庆陷，与母邹太妃及继妃李氏出奔，半道失，单身依潞王卫辉。”[②] 仓皇中半道走失，乃意外之事，谓之不孝则牵强。可见所谓不孝乃系疑似之事。至于其余六不可，则更难找到事实的支撑，故东林人士散布的“七不可”，纯属莫须有。

然而，莫须有之事竟广为流传，进而发酵，流毒甚巨，实有深厚的社会原因。其问题源头在于明神宗宠溺郑贵妃、福王，引起时人特别是东林党人对福王一系的厌恶。随着诸多传闻渐起，城门失火，殃及池鱼，朱由崧自然受牵连，对其不利的传闻便愈来愈多，亦愈加复杂；无法证实的传闻既多，真假难辨，名为莫须有，实为厚诬。这些传闻流被社会，厚诬之言竟成信史，左右舆论，即使正直人士亦难辨识，竟信以为真，而推波助澜，铸成历史大错。史可法、张慎言、姜曰广等最初见解即本于此。

朱由崧即皇帝位后，马、阮擅权，阉党人物被重新起用，人们厌恶与怨恨之情有增无减。而阮大铖投帝所好，进献优伶入宫演戏，供其欢乐，于是荒淫纵欲之传闻陡生，以讹传讹，哄传都下，而东林党人对此指责、批判的声音迄未止息。东林人士向以疾恶如仇、忠耿清廉著称，在社会上颇有威信。因而东林人士或具有很深的东林背景之人，以及倾向东林之人的一些言论，包括其有意无意散布的传闻都很容易被人们接受。于是，一些史家有感于弘光朝的混乱，受其影响，

①计六奇：《明季南略》卷一《赧皇帝》，第1页。

②查继佐：《罪惟录·附纪》卷一八《安宗简皇帝纪》，第388页。

激于义愤，便将传闻当作信史而备载于书，使之流传于世。近世史家陈寅恪曾云："东林爱憎之口，未必尽可信据。"[①] 此言可谓卓识。尽管当时一些人记载了弘光帝那么多荒淫纵欲之事，但人们仍有理由怀疑它们的可信度。

当然，我们对东林党人也不能一概而论。它本是一个非常复杂而松散的群体，人员面貌不一，对问题的看法各异，对朱由崧诸多传闻之态度亦能分出高下。关于朱由崧的传闻可分为两类，一类是即帝位前的所谓"七不可"说，一类是称帝后的荒淫纵欲之事。前者多发生于河南福邸，时间、地点皆甚遥远，难得证实；后者则出现于南京宫闱，近在咫尺，易于判断。东林党人对前者的态度，相信者多，前述已可证明；而对后者，东林党人因置身其中，对其真伪自有辨察之力，故虽有相信并散布者，但总的说来并不多。而颇有影响的人物，如查继佐、黄宗羲、顾炎武、夏允彝、文秉等，皆为东林党或有东林倾向的重要人士，当传言甚嚣尘上之时，他们却能冷静对待，其所著并不言及弘光帝荒淫之事。这发人深省，足见他们写的是信史，尊重的是事实。

同样是东林人士的姜曰广，则是上述所列记载弘光朝史事诸作者中，唯一一位在朝任职的高官。他乃弘光朝东阁大学士，属核心人物。他思想敏锐，立朝忠耿，为反对弘光帝起用阉党阮大铖、复设厂卫进行了不懈的斗争。然而他曾有立潞王朱常淓之议，被马士英当作把柄，屡遭排挤、诋毁，最终愤然离朝。姜曰广应该说是名副其实的弘光朝亲历者，是弘光朝的历史见证人。因其与弘光帝有近距离的接触，也是最有条件了解宫闱内情之人，其著述当最有权威。其叙述自身在朝亲历之事的《过江七事》一书，具体细微地记述了弘光朝的诸多大事件，且处处涉及弘光帝，却对弘光帝毫无贬词，对社会哄传的所谓弘光帝荒淫纵欲之事竟只字不载，这尤为发人深省。亲历者既毫无感受，只能说明哄传之事的可信度大成问题。

---

①陈寅恪：《柳如是别传》，上海古籍出版社，1980 年，第 842 页。

另一位亲历者给事中李清，更对所谓弘光帝荒淫纵欲之事的真实性提出了明确的质疑。他曾深有感触地记载道：

> 上燕居深宫，每徘徊诧叹，谓："诸臣无肯为我用者！"于吴姬罕近也。然读书少，章奏未能亲裁，故内阉外壬相倚为奸，皆归过于上。如端阳捕虾蟆，此宫中旧例，而加以秽言，且谓娈童季女，死者接踵，内外喧谤，罔辨也。及国亡，宫女皆奔入民家，历历吐状，始得其实。又大学士吴甡寓居溧水，曾见一大珰，问及宫府事，言："上饮酒宴乐有之，纵淫方药等传闻非确，惜为大学士马士英所挟耳。"盖缘士英为御史黄澍所纠，密疏言："上之得立，繇臣及四镇力，其余诸臣皆意戴潞藩，今日弹臣去，明日拥立潞藩矣。"上信其言，为雨泣久之，以后一切朝事俱委士英。又言士英听阮大铖奸谋，欲以《三朝要典》闯击事，兴党人之狱，上独不允。亦可想其为人矣。①

这可谓道出了历史真相，不啻为弘光帝的品德平反辩诬，而当时秉持此见者绝非李清一人。

钱谦益降清后又悔之，痛定思痛，回忆弘光帝时乃以《一年》为题吟诗道：

> 一年天子小朝廷，遗恨虚传覆典刑。
> 岂有庭花歌后阁，也无杯酒劝长星。
> 吹唇沸地狐群力，嫠面呼风羯鬼灵。
> 奸佞不随京洛尽，尚流余毒螫丹青。②

此诗深沉地慨叹了一些人厚诬弘光帝的行为，形象地指出弘光帝荒淫酒色之事并不存在。这又是一篇辩诬之作。

陈寅恪云：

> 牧斋此诗所言，固是偏袒弘光之辞，但亦应取与东林党人之

---

①李清：《南渡录》卷六，载《南明史料（八种）》第411—412页。

②钱谦益：《牧斋有学集》卷八《一年》，钱曾笺注，钱仲联标校，上海古籍出版社，1996年，第386页。

记载，以由崧为天下之恶皆归焉者，参互比较，求一平允之论也。《华笑庼杂笔》壹“黄梨洲先生批钱诗残本”条，《一年诗》批云：“金陵一年，久将灭没，存此作诗史可也。”然则，梨洲以牧斋此律为诗史，则其意亦不尽以弘光为非，可以窥见矣。①

前已述及，当时曾积极参与政治的黄宗羲（他本是坚定的东林人士），耳濡目染之事既多，却在自己的《弘光实录钞》等著作中，只字不载所谓弘光帝的荒淫之事，现批注钱诗又如此云云，这是为何？应该说这不仅仅是“不尽以弘光为非”的问题，而是尊重事实，肯定辩诬之诗，扫清讹传，还原真相。这种审慎下笔，以留信史的态度是客观的、严谨的。

钱谦益的另一首诗云：

鸡人唱晓未曾停，仓卒衣冠散聚萤。

执热汉臣方借箸，畏炎胡骑已扬舲。（乙酉五月初一日召对，讲官奏胡马畏热，必不渡江。余面叱之而退。）

刺闺痛惜飞章罢，（余力请援扬，上深然之。已而抗疏请自出督兵，蒙温旨慰留而罢。）讲殿空烦倒坐听。

肠断覆杯池畔水，年年流恨绕新亭。②

这些诗句虽有钱谦益自我标榜之嫌，但也透露了朱由崧直至弘光朝瓦解之前，仍勤于政事，御经筵，认真听取治国之策；惜其御敌无方，竟至一朝覆亡。

由上可见，对流传的所谓弘光帝荒淫纵欲之事，当时即有不同的意见，甚至有否定的看法，了解这些有助于人们深入准确地认识弘光帝朱由崧，这也是治史者不可不深思详察的问题。

然而，尽管当年详载弘光帝荒淫之事的文献不多，对后世的影响却颇深。杨陆荣的《三藩纪事本末》首创此说，抱阳生的《甲申朝事小记》，李天根的《爝火录》，徐鼒的《小腆纪传》《小腆纪年附考》

①陈寅恪：《柳如是别传》第843页。

②钱谦益：《牧斋有学集》卷八《鸡人》，第388页。

等书皆秉承其说，这对后世影响巨大，几成史学界的主流看法。而不以弘光帝为荒淫，秉持《南渡录》之见者虽不乏其人其书，如温睿临的《南疆逸史》，然并未引起人们注意。人们更未深思当年的亲历者如查继佐、黄宗羲、顾炎武、夏允彝、文秉、夏完淳等人的著作中，何以只字不载弘光帝荒淫之事？而当年最具权威的亲历者姜曰广，以及亲历者应廷吉、顾苓的著述虽亦涉及弘光帝，却无贬词，这说明了什么，人们亦似乎并未留意。由此可见，弘光帝荒淫透顶的说法难符实际，但疑而不清的问题依然存在。

当然，朱由崧称帝后的真实面貌尚有待认真探求。

弘光帝登极之后，在个人生活方面，他最感紧迫、最为上心、最需紧急处理的大事，便是迎接太后；再一件大事就是挑选妃子、准备大婚。其实，这两件事的处理并不离谱。

弘光帝于议立之初，曾被指斥不孝的重要原因便是所谓的抛弃母后。前已述及，此系诬陷，只是于横祸降临的仓皇逃亡之际，同母后走失而失去联系。这位母后姓邹，虽然不是福恭王朱常洵的元妃，也不是弘光帝的生母，且其年龄与他相仿，但毕竟是名义上的母后，克尽孝道是人子应尽的本分，故他被拥立为帝之后，便希望能尽快发现母后的下落并将其迎入宫中。而极力拥戴他的马士英等人也抱有同样心情，一直在密访之中。

不久，马士英向弘光帝上奏说，经察访得知现太后正住在河南郭家寨，应尽快迎接回来。但这时河南一带动荡不稳，各色武装活动频繁，所以马士英又说："但事须机密，若兴大兵往迎，恐有阻滞。……宜密谕督臣史可法，遣王之纲、王真卿等与亲近内员同往李际遇处，密谕其具舟与河，拨兵护送，沿流而东。地方文武具仪卫迎于徐州，庶为妥便。"① 马士英的考虑与安排是周到的，弘光帝采纳了这个建议。崇祯十七年（1644）八月十三日清晨，太后到来。中午，太后在诸臣

①计六奇：《明季南略》卷二《太后至自河南》，第83页。

簇拥下通过仪凤门进入南京城，弘光帝于洪武门跪迎。母子相见，感慨万端，“各泣下”[①]。为表示孝道，弘光帝于太后到达的第二天便向户、兵、工三部下令：“太后光临，限三日搜括万金备犒。”[②] 同时特谕工部：“行宫湫隘，亟修西宫，刻期告成，以居太后。”[③] 并下令加紧备办所需物件，共需数十万两银子。局促江南一隅的弘光朝廷，财政拮据，工部尚书何应瑞、工部侍郎高倬见如此浩大的支出预算，惊讶不已。他们“苦点金无术，恳祈崇俭”[④]。弘光帝执意要臣下遵旨，不得有违，于是臣下就向百姓搜刮，以供其大肆挥霍铺张。这种行为虽然安置了太后，却造成了不良的社会影响。

弘光帝即位后不久，马士英上奏四条大计，其中之一便是“皇子未生，即敕慎选淑女”[⑤]。这是从实际出发的建议。弘光帝遭兵燹战乱，颠沛流离，辗转到南京时，身边仅有的陈、汪两贵人，却是淮扬娼妓，名声不佳；除此二人外并无其他宫眷。[⑥] 他在登极之后，自然要配齐三宫六院及诸妃嫔宫人，特别是中宫皇后更不可虚位，于是马士英便有此奏。此时，弘光帝三十八岁，已属大龄，所以此时马士英把皇帝选偶成亲之事当作立国初期的头等大事来抓，并提上议事日程，亦在情理之中。

马士英所奏一方面顺从了舆论，另一方面也是投弘光帝所好，于是便进行选淑女活动。但弘光帝与马士英等也感到明目张胆地选淑女名义不正，名声也不好，因而便采取只行动不声张的办法，派出大量太监到各地明察暗访，挑选民间女子进宫，以备弘光帝从中选择。然而方法不当，造成了社会纷扰。

当时，太监一行动，便传言四起，或说选宫嫔，或说选宫女，引

①李清：《南渡录》卷二，载《南明史料（八种）》第216页。
②谈迁：《国榷》卷一〇二，第6138页。
③李天根：《爝火录》卷六，第302页。
④计六奇：《明季南略》卷二《太后至自河南》，第84页。
⑤计六奇：《明季南略》卷一《五月甲乙纪》，第39页。
⑥陆圻：《纤言》中《大婚要紧》，载《三湘从事录》第23页。

起了社会上的极大恐慌，本来，按明制，选宫女多自民间进行，一般要求是除富豪不用，其余不问贫难之家，“女子年十五、二十岁者，送进洒扫宫院、晒晾幔褥、浆糨衣服、造办饭食。许各家父母亲送，赏钞五十锭”。显见，这是充当宫中女杂役。明制还规定：“女子入宫十数年后，有识字人替用，愿回乡及适人者，听从其便。”而无人替用者，“年至五十愿还乡者听”。① 这如同进活地狱，所以百姓一听说选淑女，便以为是选宫女而“竞规避”②，这在社会上造成了极大混乱。崇祯十七年（1644）八月初二日，兵科给事中陈子龙愤然上疏说：“有中使四出搜巷，凡有女之家，黄纸贴额，持之而去，闾井骚然。明旨未经有司，中使私自搜采，殊非法纪。”陈子龙又说：“又前见收选内员，虑市井无籍自宫希进，昨闻果有父子同阉者，先朝若瑾（按：指刘瑾）、若贤（按：指魏忠贤），皆壮而自宫者也。”③ 这说的是在选淑女的同时，弘光帝选被阉割的男子以充太监之事。弘光帝曾于七月初一日颁旨：“命选净身男子。”④ 结果社会上出现了上述那种荒唐现象。御史朱国昌也上疏奏称：“有北城士民呈称：历选宫嫔，必巡司州县限名定年，地方开报。今未见官示，忽有棍徒哨凶，擅入人家，不拘长幼，概云抬去，但云大者选侍宫帏，小者教习戏曲。街坊缄口，不敢一诘。”弘光帝对此却不置可否，于是问题愈演愈烈，不仅太监有恃无恐成群结队地深入各个角落“肆扰收女”，不法无赖、市井棍徒也混迹其间，趁火打劫，一时间弄得社会混乱不堪。八月二十二日，陈子龙再次上奏指出这种严重的情况，弘光帝这才降旨辟谣：“命禁讹传，棍徒不许借端诈骗。”⑤ 但太监选淑女之事仍照旧进行。

①申时行等修：《明会典》（万历朝重修本）卷六七《选用宫人》，中华书局，1989年，第405页。

②李清：《三垣笔记》下《弘光》，第110页。

③计六奇：《明季南略》卷二《诏选淑女》，第92页。

④李天根：《爝火录》卷五，第259页。

⑤计六奇：《明季南略》卷二《诏选淑女》，第92页。

二十六日，太后传出懿旨："遴选中宫。"[①] 这才把选淑女的举动正式公开化，即为皇帝选择妃子。中宫即皇后所居之地，代指皇后。当百姓听到选淑女是"备后选"，即充当皇后之候选人后，社会上又出现了女子"竞出"的局面："五城每城不下百人。"[②] 然而几经筛选，弘光帝却一个也没看中。

十月初一日，弘光帝特地向礼部发出指示："百姓万家，岂无淑女？着博访细选。"[③] 太监韩赞周不得已，遂于十二日请求赴杭州选淑女。弘光帝立即批准，同时又指示"分路速选淑女"；十七日再次指示要"挨门严访淑女，富室官家隐匿者，邻入（人）连坐"[④]。这简直是威逼强抢的强盗行径。

按弘光帝"容止端庄，语言清婉"[⑤] 的标准去选淑女，实在难办，以至于派出的中使长时间内毫无所获。直至弘光元年（1645）二月，方选得一人。弘光帝听说选了数月之久只选得一人，甚为不快，旋即批旨道："选婚大典，地方官漫不经心，且以丑恶充数，殊为有罪。责成抚、按、道官于嘉兴府加意遴选，务要端淑。如仍前玩忽，一并治罪。"四月初九日，礼部尚书钱谦益上奏说，所选三名淑女已到京城，特为请旨。弘光帝遂颁旨："着于十五日进元辉殿。"[⑥]

可是，因时局紧张，军书告急不断，弘光帝已无暇旁顾，而未及点选，大婚自难进行。继而形势急转直下，五月初十日清晨，弘光帝突然传出谕旨："三淑女在经厂者，放还母家。"[⑦] 此乃感人之举。选淑女曾引发社会巨大不安，亦是被炒得沸沸扬扬的话题，所谓中使四出，道途鼎沸，闾井骚然。[⑧] 攻击者无不指斥此为由崧荒淫之证。其

①计六奇：《明季南略》卷二《诏选淑女》，第 92 页。
②李清：《三垣笔记》下《弘光》，第 110 页。
③李天根：《爝火录》卷七，第 340 页。
④计六奇：《明季南略》卷二《诏选淑女》，第 92 页。
⑤陆圻：《纤言》中《大婚要紧》，载《三湘从事录》第 24 页。
⑥计六奇：《明季南略》卷三《声色》，第 156 页。
⑦计六奇：《明季南略》卷三《声色》，第 156 页。
⑧计六奇：《明季南略》卷二《诏选淑女》，第 92 页。

实，被炒作渲染得无以复加的选妃之举，经半年多的努力，选到三人，俱进皇城内，由崧迄未与之接触。可见，选淑女并非草率从事，而是经过了极为严格的遴选，选到后还将从中审慎择一，以成中宫皇后的人选，再择吉日，按程序举行大婚之典。只因清军突至，由崧将要出逃，选淑女因此中止。即便如此，由崧亦未挟之而行，且有放还之举。这说明由崧对待选妃与大婚的态度是严肃认真的，系真情所在，未完大婚，绝不苟且。未经婚配之女，既不轻易染指，也不因事有变故，置宫中于不顾，浪费其青春，断送其前程，而放还母家，还其清白，令其自行择偶，这对人对己均属负责。从这点看，选淑女不仅与荒淫沾不上边，且透露了由崧的个人品格有可圈可点之处。

从上述备大婚及选淑女的诸多记载来看，尽管多有明显的渲染成分，但可以看出弘光帝对此事颇为认真与费心；而弘光帝虽有焦虑甚至焦躁之情，但总体说来，并无过格之处，尚属人之常情。而由此抨击其荒唐、糜烂，甚至沉湎女色，从而彻底否定弘光帝，实乃欲加之罪，站不住脚。

第七章　悲剧一生有由来

如前所述，弘光帝朱由崧是一位胸襟宽广、勤于政事、欲有所作为的君主，然而他却悲惨地失败了。当年与后世的诸多文献上记载了他的大量丑行恶迹，甚至称其可与历史上一切亡国的荒淫之君并列，可谓恶名昭彰。何以至此，令人深思。他性情懦弱、优柔寡断、宽大过度，因而法纪废弛，不法廷臣肆无忌惮，通行贿赂，而中官之揽权婪贿尤甚，他多怜之而不加罪，致使朝政日非；他缺乏魄力，虽有好的主张及见解，但在马士英的淫威面前，又退缩而不敢坚持；他缺乏远见和驾驭时局的能力。然而更深层次的原因，实由历史与现实诸多因素促成，以下几点值得注意。

一、历史积弊，深受其害

明朝自万历中期以来的五十年，是党争的五十年，且愈演愈烈，成为一股强大的政治洪流，当时几乎所有的政治人物都被卷入其中，无法解脱，无法自拔，朱由崧不过是党争的牺牲品而已。

实际上，人们对朱由崧的真实面貌并不了解，反而带着成见，以讹传讹。当时，东林人士对万历帝的宠妃郑贵妃，乃至福王常洵之诸多劣迹，深怀厌恶之情。自“三案”起，抨击揭露之举迄未间断，斗争已不可调和。顺而及之，迁恶于朱由崧，乃在情理之中。议立时，东林人士深恐由崧即位后会追怨“三案”而进行报复，乃自然排斥之。他们散布的“七不可立”之说皆难落到实处，实为捕风捉影之词，目的是取消其即位资格。此说在社会上流传并深入人心，由崧虽然在马士英及四镇军阀的操纵下取得了帝位，但其形象已被丑化。

朱由崧登帝位之后，亦难以摆脱历史环境的制约，一直背负骂名，没有威信，成为沉重历史的受害者。尽管其思想境界、见识主张皆高人一筹，非等闲之辈，而且他以宽宏的态度，努力争取、重视任用治国之才，不论这些人的党派面貌及议立时对自己的态度如何。然而人们却并不尊重他，他的好心并未获得好报，实是历史造成了他缺乏权威、难以服众的局面。昔日反对朱由崧继帝位的东林人士，虽然终以惴惴不安的心情接受了朱由崧登极这个严峻的现实，但对其看法却并未因此改变，在他们眼中，朱由崧只不过是虚充帝位的顽劣者；而在阉党及勋臣武将眼中，朱由崧本来毫无人望，现在虽居帝位之尊，不过是自己扶植的傀儡。因而君臣很难做到一心一德，一切都是貌合神离而已。这样，朱由崧虽被拥戴为帝，却无法改变这种被历史扭曲、被现实丑化的局面，成为无人支持的孤家寡人。他手中无权、无人、无军队，没有忠于自己的领导核心，故缺乏驾驭群臣的坚强后盾。

弘光朝的政治状态是党争的体制与格局。政权初立，东林人士便与以马士英、阮大铖为代表的阉党人物展开了较量，争斗激烈，彼此猜疑，互相牵扯，累积仇恨，相互间亦在对抗中消耗了力量，形成了谁也干不了事、谁也干不成事的局面。在这样的大背景下，朱由崧一切好的设想、主张皆贯彻不下去。由崧即位两个月时，曾颁谕道："朕遭九六之运，车书间阻，方资郡（群）策，旋轸故都。乃文武之交争，致异同之日甚。先皇帝神资独断，汇纳众流，天不降康，咎岂在上！尔诸臣尚鉴于前车，精白乃心，匡复王室。若水火不化，戈矛转兴，天下事不堪再坏，且视朕为何如主！祖宗成宪，弗尚姑息。各宜钦承，朕言不再。"[①] 这实为高瞻远瞩且洞若观火的训示，不啻苦口婆心，哀求臣下以国事为重，捐弃前嫌，精诚一心。然而无济于事，党争双方争斗不断，所谓"文武离心，内外解体，可法疲于奔命，而国事日裂"[②]。由崧虽极力化解，但作用却很有限。阮大铖入朝后，马、阮专擅的体制形成，党争日益激烈。由崧已无法控制局面，他的一切良好愿望皆难实现，此后更难有所作为。

二、慈悲为怀，不切实际

朱由崧一朝被拥立为皇帝，便积极履行帝王的职责，"有意为明主"[③]，采取了诸多争取人心的措施，以冀开拓新的局面。然而，他却不懂得怎样去改变紧紧制约他的客观条件，所采取的措施也多不切实际，甚至荒谬，故而往往适得其反。

推行好的政策措施，必须切合实际，并选择好的时机、好的氛围。自万历以来，激烈的党争弄得国家混乱、政局不稳，人们心有余悸；而北京陷落，清军入关并长驱直下，导致社会动荡、人心惶恐，因而

---

①顾炎武：《圣安皇帝本纪》上，载《南明史料（八种）》第100页。

②戴名世：《弘光朝伪东宫伪后及党祸纪略》，载《戴名世集》卷一三，第365页。

③计六奇：《明季南略》卷一《刘孔昭凌侮张慎言》，第20页。

人心思定，强烈要求政局稳定。这个氛围就是要求执政者开创良好的政治环境，形成朝纲整肃、党争停止、正气充盈的政治局面。

然而，朱由崧并未努力开创这种政治局面。他仅凭主观愿望，慈悲为怀，以为普施恩惠，搞平衡战术，便可开创新的局面，结果事与愿违。因为其主意不好，措施也皆不对症，且选择的时机亦不当。即位伊始，由崧虽然组织了以史可法、高弘图等清流人士为主的内阁，“亟召天下名流以收人心”①，但又有代表军阀勋臣势力的马士英在内，马很快独揽朝政，于是这个内阁便成为党争之地。内阁本应是由崧贯彻意图的最核心的参谋司令部，此时竟成为毫无权威、毫无统一意志、龃龉不断、彼此牵扯、争吵不休的场所。朝纲不整，正风难树，面对这种混乱的政治局面，由崧不去立加扭转，却大搞平衡战术，一方面以坚定的态度大搞以德报怨，另一方面给阉党翻案，殊不知这不是平息矛盾，而是搅动是非。他又向对立双方大施恩惠，结果弄巧成拙，错上加错，搞得是非混淆，良莠不辨，双方都不买账。此举更如同火上浇油，把党争挑得如火如荼。不论东林还是阉党，乃至勋臣，在由崧的政策下，这些人在朝中都有体面的待遇，然而他们毫无感激君恩以图报效之意，反而觉得自己本该如此，而对方不该如此，甚至感觉自己吃亏，于是彼此争斗加深，并怨恨由崧不公。由崧仍未醒悟，自以为慈悲为怀的治国理念得计，其态度越坚定，造成的后果亦越严重，好心走向了反面。

朱由崧起用阉党人物、掀翻逆案之举，更是逆历史潮流而动的错误。天启时期肆行无忌的阉党，已被历史证明是祸国殃民的社会毒瘤，崇祯初定逆案加以铲除，一些阉党人物受到了惩处，乃罪有应得，从而社会秩序从极度混乱和是非颠倒中得以恢复，这本是深得人心之举。而由崧为让所有人皆大欢喜，为不使一人向隅而泣，为抚平在政治斗争中受过创伤的阉党人物之心，进行了一系列起用和翻案的举措，满

①戴名世：《弘光朝伪东宫伪后及党祸纪略》，载《戴名世集》卷一三，第365页。

以为如此处理在政治上十分允当，然而适得其反。此举混淆了是非，不仅重新挑起了纷争，更是以邪压正，把崇祯以来处理阉党后所出现的非常脆弱的平稳政治局面一下子打乱了，造成了灾难，使社会再一次陷入了混乱，而重用阉党人物阮大铖更是大错。

可见，由崧未能很好地认识和把握形势，掌握主动，因势利导，开创新的局面，而是仅凭自己的良好愿望，凭想当然行动，结果只有碰壁和失败。

三、倾心时尚，认知错位

弘光帝具有浪漫气质，往往突破常规，想人所未想，行人所难行，独行高蹈，故多有奇想与创见。前述其诸多独理朝政的措施及非凡之举便足以证明。但有时他又我行我素，旁若无人，其行为往往产生消极影响，从而危害其统治。

弘光帝喜爱戏曲达到痴迷的程度。这固然有其本身的原因，但亦是个人难以摆脱的大环境使然。当时，戏曲迎来了大发展，戏班、家乐几乎遍地皆是。看戏、演戏在当时乃是一种再平常不过的时尚。而且，为了更好地看戏、演戏而设立教坊、乐院，更是明朝皇室的传统。

据张发颖《中国戏班史》的论述可知，宫廷演戏是明朝的传统。明太祖朱元璋曾极口称赞高则诚的《琵琶记》，且“日令优人演进”，并令教坊改为“弦索”，其对听戏的热爱由此可见一斑。史有“赐诸王乐户”的记载。李开先说：“洪武初，亲王之国，必以词曲一千七百本赐之。”还有记载称太祖高皇帝第十六子庆王朱㮵“之国，有乐工之赐”。而沈德符亦说：“无论两京教坊为祖宗所设，即藩邸分封，必设一乐院，以供宥食享庙之用。”看来各亲王都应如是，被分封时都有足够规模的家乐队伍，其中表现突出者为宁献王朱权、周宪王朱有燉、代简王朱桂。而朱元璋第十七子朱权，更是明初戏曲理论家，专著有《太和正音谱》《务头集韵》《琼林雅韵》，戏曲作品有《大罗天》《私奔相如》等。

藩国在开封的周王，代代倾心乐府传奇，有记载称："周府旧有敕拨御乐，男女皆有。色长其下俱演吹弹、七奏、舞旋、大戏、杂记，女乐亦弹唱官戏。宫中有席，女乐伺候；朝殿有席，只扮杂记、吹弹、七奏，不敢做戏。宫中女子也学演戏。"有诗咏道：

夜来行乐雁池头，侍女分行秉烛游。

唱彻宪王新乐府，不知明月下樊楼。

上有好者下必甚焉，社会上更是追求声乐成风，仕宦人家有家乐、戏班的现象比比皆是。见诸记载较早、为大家所熟知者有康海、王九思、李开先、何元朗等，他们府中皆设有家乐及蓄养家班。万历年间，有家乐之家，计有申时行、葛救民、王锡爵、潘允端、钱岱、沈璟、顾大典、冯梦祯、屠隆、包涵所、邹迪光、徐大来、狄明甫、谭公亮、徐滋胄、姚叔度、柴中美、祁止祥、祁彪佳、张岱、徐老公、泰兴季氏、沈君张、吴越石、陶石梁、刘晖吉、钱德裕、朱云崃、侯方域、阮大铖等。总之，一般稍稍阔绰之家，养家班在当时是极为平常之事。①

就是在这种普遍流行的社会风气的熏陶之下，弘光帝亦被卷入潮流，而沉迷于声色，尤喜优伶戏曲，简直成了不折不扣的"戏迷"。在大潮流中，追逐时尚，有所爱好，此亦人之常情，然而弘光帝竟沉迷太深，达到忘情的地步，竟至走入歧途，特别是结识阮大铖，影响极为恶劣。

阮大铖的戏班到皇宫演出，深得皇帝满意，致使弘光帝只顾饮酒看戏，玩耍取乐，忘掉一切。阮大铖虽然品行恶劣，在艺术上却"生有异禀，才力过人"②。他擅长文艺，熟谙戏曲音乐，自家有梨园班子，更亲自编写戏文、戏曲，并亲自导演，堪称艺术高手。他的家班在当时极为有名。时人张岱说：

---

①以上所述见张发颖：《中国戏班史》，学苑出版社，2003年，第170—176页。

②胡先骕：《读阮大铖咏怀堂诗集》，载《咏怀堂诗集》附录，第537页。

> 阮圆海家优，讲关目，讲情理，讲筋节，与他班孟浪不同；然其所打院本，又皆主人自制，笔笔勾勒，苦心尽出，与他班卤莽者又不同；故所搬演，本本出色，脚脚出色，出出出色，句句出色，字字出色。余在其家看《十错认》《摩尼珠》《燕子笺》三剧，其串架斗笋、插科打诨、意色眼目，主人细细与之讲明，知其义味，知其指归，故咬嚼吞吐，寻味不尽。至于《十错认》之龙灯、之紫姑，《摩尼珠》之走解、之猴戏，《燕子笺》之飞燕、之舞象、之波斯进宝，纸札装束，无不尽情刻画，故其出色也愈甚。阮圆海大有才华，恨居心勿静，其所编诸剧，骂世十七，解嘲十三，多诋毁东林，辨宥魏党，为士君子所唾弃，故其传奇不之著焉。如就戏论，则亦镞镞能新、不落窠臼者也。[①]

弘光帝为其高超的艺术才能倾倒，故而更加沉迷声色，竟至不能自已。

当时皇宫夜间出现重大事变，需敲钟报警。一天夜里，皇宫内突然警钟大鸣，外廷听到钟鸣之后，以为宫中出了大事故，于是紧急奔往救援。而几乎与此同时，内监打开了宫门，一群头戴假面具的抓鬼者蹦跳而去。原来弘光帝排演好了新戏，正准备上演，故意敲响警钟，弄得宫廷内外啼笑皆非。[②] 这简直是亡国之君周幽王烽火戏诸侯闹剧的重演。

四、倚重马、阮，终坏全局

朱由崧因马、阮而得帝位，得位后便紧紧依靠马、阮。然而，他依靠错了人，铸成了他的大悲剧。马士英当上凤阳总督是由阮大铖促成的，而其独揽拥立由崧之功又是阮的策划，遂对阮心存报答之情。

---

①张岱：《陶庵梦忆》卷八《阮圆海戏》，弥松颐校注，西湖书社，1982 年，第 103—104 页。

②计六奇：《明季南略》卷三《声色》，第 156—157 页。

马进朝揽政后即向由崧极力推荐阮，称其知兵，“实娴韬略”[①]，“可任枢贰”[②]。由崧召对之后，对阮以如簧之舌所阐述的军事部署深感满意，认为自己获得了难得的治国英才，遂加重用，结果完全用错，招致无可挽回的灾难。阮因有阉党背景，遭到东林人士的强烈反对。东林人士将马士英与阉党等同，马遂针锋相对，处处与东林人士为难，更控制由崧，肆行己意。阮大铖则是工于心计的投机者。事实证明，他徒有其名，入朝后对加强弘光朝的军力及江防毫无建树，且为图个人私利，时时处处兴风作浪，干尽坏事，并一再向马士英出坏点子，扰乱朝纲。马、阮狼狈为奸，由崧逐渐察觉到被他俩紧紧操控，愈加感到问题严重而急在心中，虽每顿足谓“士英误我”,[③] 然大权旁落，已身不由己。当时军政实权掌控在马、阮手中，弘光帝处处受制于马、阮。他的正确主张和部署，他诚心构建的内阁部院体制，都被马士英所破坏。他虽然宽容纳众，但因党争复炽，朝中极不稳定，朝臣多离去，所有政令均难畅行。他虽努力支撑，一再践行自己宽容为怀的治国理念，却难有作为。他与马、阮已深深纠缠在一起，于是外界便将由崧与马、阮等同看待。凡由崧行事便认定为马、阮所为，而马、阮亦将所干的一切坏事也都推到由崧身上，由由崧负责。由崧深陷其中，难以自拔，以致是是非非，纠缠不清，斗争错综复杂，社会动荡不安，政局极度混乱。阮大铖更是投由崧所好，进献优伶，供其享乐。于是舆论失控，流言蜚语日增，以讹传讹，传讹乱真，由崧失德之事已非止七端。其怠政荒淫之事，更是被绘声绘色地广泛传播。这种渲染有加的厚诬极大地败坏了他的声誉，以致其恶名远扬。他负谤难明，荒唐形象遂传之后世。

朱由崧很有思想、很有个性，也很想有一番作为，但良好的愿望与非凡的努力，全部付之东流，终以悲剧落幕。他是特定历史时期诸

---

①黄宗羲：《弘光实录钞》卷一，载《黄宗羲全集》第2册，第7页。
②顾炎武：《圣安皇帝本纪》上，载《南明史料（八种）》第100页。
③戴名世：《弘光朝伪东宫伪后及党祸纪略》，载《戴名世集》卷一三，第365页。

多因素相互作用下的牺牲品。朱由崧的悲剧，清楚地说明了个人无法改变社会环境与政治走势，而社会环境与政治走势却决定着个人的命运。

卷二　隆武帝：壮志难酬

隆武帝朱聿键是明太祖朱元璋九世孙，其先世唐定王朱桱乃朱元璋第二十三子。聿键于崇祯五年（1632）袭封唐王。作为明藩王的朱聿键，在明末诸王中，是一位很有个性和棱角、十分引人注目且颇有争议的佼佼者，但他却遭遇坎坷，厄运接踵。而作为南明皇帝的朱聿键则是一位很有思想和见解、胸怀大志、励精图治之人。他曾竭力克服重重困难，但败局已定，回天无力，难有作为，最终留下历史的遗憾。

第一章　厄运与转机

一、屡经磨难，卓尔不群

朱聿键，小字长寿，万历三十年（1602）四月初五日生于南阳唐王府邸。祖父为唐端王硕熿，父器墭万历二十二年（1594）被封为唐世子，母为毛氏。然而，这个锦衣玉食之家却没有给聿键带来多少幸福。他少年之时，“家庭多难”①。其祖父硕熿迷恋于爱妾，想立其爱

①陈燕翼：《思文大纪》卷二，载《虎口余生纪》第144页。

子为王位继承人，对嘴上长瘤的世子器墭越看越厌烦，不久便借故将其囚禁于承奉司。十二岁的聿键及三个兄弟也同时被投入囚所，与失去了自由的父亲住在一起。囚所环境恶劣，聿键“饮食不给”，多亏书堂官张某“暗传薪米，得不死”。聿键自幼好学，张书堂“觅书传入”，给他创造了学习的条件。[①] 他“有大志，好读书，虽处患难而志气不挫”[②]。他的青少年——这个人生中本应充满幻想与欢乐的时期都是在囚所度过的。特殊的困窘环境却也给了他很好的磨炼，他没有虚度年华，而是励志向学：“稍长从程乙学，识字即能了大义。遂无书不读，过目成诵。虽饥寒切身，而神气逾旺。”[③] 在囚所期间，他“篝佛灯，日夜苦读”[④]，“博极今古，走笔数千言，如是八年，所著书盈尺”[⑤]。因此，他读书之多，在明宗室子弟中罕有其匹，这为他打下了深厚的学问根底，也让他有条件冷静地思考了许多问题。

崇祯二年（1629），唐世子器墭被毒死。原来，端王准备立的次子一日进入囚所对器墭说：“兄袭爵在迩，须医治唇瘤乃可。”世子听信了这个弟弟的话，并接受了他带来的医生的治疗，结果被毒死，而整个唐王府“无敢发其奸者”。[⑥] 后唐王硕熿准备在处理完长子丧事之后，传国于次子，“欲并废世子子聿键”[⑦]。这时，南阳分守道陈奇瑜、南阳知府王之桂前往唐王府吊唁，对硕熿说：“世子薨逝不明，若又不立其子，事且露，国法重，无忽也。”硕熿突然意识到问题的严重性而恐惧起来，始为聿键请名，“立为世孙”[⑧]。聿键这才脱离了囚所，应该说聿键至此才过上正常人的生活，但他仍被限制居住，行动依然不得自由。

---

①李天根：《爝火录》卷一一，第 485 页。
②温睿临：《南疆逸史》卷二《绍宗》，第 12 页。
③佚名：《隆武纪略》，载《台湾文献汇刊》第 1 辑第 1 册，第 4 页。
④陈燕翼：《思文大纪》卷二，载《虎口余生纪》第 144 页。
⑤张岱：《石匮书后集》卷五《明末五王世家·唐王世家》，第 52 页。
⑥李天根：《爝火录》卷一一，第 485 页。
⑦张廷玉等：《明史》卷二六〇《陈奇瑜》，第 6732 页。
⑧徐鼒：《小腆纪年附考》卷七，中华书局，1957 年，第 232 页。

崇祯五年（1632），硕熿死，聿键袭封唐王，但此袭封亦并非一帆风顺。时老唐王已死月余，聿键被封锁消息，尚不知情，直到巡方道府前往吊唁时，张书堂方趁机将此噩耗密告于聿键。聿键立即“号哭逾墙出，执杖行礼毕，即泣诉家难”①。分守道陈奇瑜、知府王之桂等共同上疏为之请嗣，巡方御史亦将此事上奏朝廷，聿键方得以袭爵，时年三十一岁，乃选江西诸生曾文彦之女为妃。

饱经磨难的聿键，对社会、对人生很有自己的见解。他不甘碌碌无为地享受荣华，而是积极入世，有一股咄咄逼人的盛气。当时，农民大起义的烈火已经燃起，越战越强的农民军在中原一带活动，沉重打击了明朝的统治。崇祯七年（1634），身为唐王的聿键看到了危急的形势，痛感南阳乃交通要冲，但城墙单薄且年久失修，遇警时难以起到防御作用，于是他主动捐资维修城墙。但知府陈振豪认为此事不该由唐王来管，对他这种越俎代庖之举十分反感，于是采取不派工、不支持、漠然置之的态度。碰了钉子的聿键立即向崇祯帝奏了一本。崇祯帝得知此事大怒，下令逮捕陈振豪交付刑部定罪。藩王干政并使地方官员获罪，朝臣大为震惊。

接着聿键又援引潞王府卫兵众多之例，请求于唐王府所在地南阳增兵三千人，额设一名参将，并提名陈永福充任首任参将，上奏后被崇祯帝拒绝。

崇祯八年（1635）冬，农民军再次袭击了南阳。事后，聿键上疏请求将被拨给河南巡抚的护兵如数要回。疏中说：“臣府护卫一千二百人，近制以其半为汴梁班军，给抚臣策使。惟明诏念郡城单弱，以全军见还。”崇祯帝的回答是：“南阳番军班直，祖制已久，朕不敢变。”② 请求又被拒绝。

这年，崇祯帝因国家多事，变故迭起，从科举一途选出的文武官员总是不合己意，苦叹人才匮乏，便想打破常规，广罗贤俊，决定

①李天根：《爝火录》卷一一，第485页。

②徐鼒：《小腆纪年附考》卷七，第233页。

“召见宗人，遴其才，擢之官”。为此，他从皇家文献中找出当年太祖高皇帝留下的制文：“宗室子孙入为中朝官者，得以其阶换。”于是颁下诏书，根据祖制“郡王子孙文武堪用者，考验授职”。[①] 这就是所谓“换授”之法。但祖制并非如此，通行的规矩是，宗室子弟不入朝任职，所以换授之法一经提出，便引起朝臣反对。反对最强烈的是礼部右侍郎陈子壮，他“虑为民患”[②] 而上疏反对，指出此法有“未必然者三”“不可行者五”，力陈祖宗成宪不可改，换授之法不可行，并指出“祖制”中有一时之政令，非不可以改者。他举例说：“国初亲王禄万石，段绢盐菜亦复万计。不数年，止给禄米，不给杂用。又不数年，减为万石，又不能给。而代、肃、辽、庆、宁、谷诸王且岁给五百石。高皇帝令自己出，而前后已如此。”所以，已被取代的政令早就不切实际，无须恢复。陈子壮因此恳请皇帝“俯赐采纳，允罢前议。藩规铨政，所全实多”[③]。

此时，聿键挺身而出，举双手赞成和拥护对宗室有利的换授之法。他上疏陈奏，侃侃而言，并致书批驳陈子壮。他“称说典训，援据经传，皆有本”[④]，把自己的主张说得头头是道。陈子壮的反对更引起了崇祯帝的恼怒，他降旨道：“宗室有文武才能，考验换职宜详议。”并怒斥：“陈子壮敢于非祖间亲，欺罔恣肆，革职下刑部。”[⑤] 结果，陈子壮因此下狱。群臣并不清楚辩论过程，“以为诸侯王尚气持异同而已”，对聿键很有意见。此事在朝臣中引起了震动，许多人同情陈子壮而怪罪聿键。聿键也因此“薄诸公卿为不足重”，蔑视群臣，与群臣益发处于矛盾对立状态。而聿键“争宗藩体统”，总要摆出藩王尊贵的架子，处处要臣民对其毕恭毕敬、服服帖帖。总督卢象昇经过南阳时未及专往唐王府朝拜，他便上疏劾奏，攻击其无人臣礼。他愈加盛气凌

①徐鼒：《小腆纪年附考》卷七，第233页。
②张廷玉等：《明史》卷二七八《陈子壮》，第7130页。
③谈迁：《国榷》卷九四，第5719—5720页。
④温睿临：《南疆逸史》卷二《绍宗》，第12页。
⑤谈迁：《国榷》卷九四，第5720页。

人，傲视一切。他上奏给皇帝的许多建议与请求，多别出心裁而与群臣相抵触。久而久之，崇祯帝对他“亦不之善也”。[①]

结果，朱聿键的自以为是终于招来了一场灾难。崇祯九年（1636）六月初一日，他请求入京觐见。八月，在未获批准之时，他怀着积蓄多年的满腔怒火“杀其两叔”[②]，为被毒死的父亲报了仇。接着警报传来，原来清军在武英郡王阿济格等率领下，自六月下旬以来大规模攻入内地，如入无人之境，此役“明人震詟，莫敢逆拒”[③]。清军肆虐之际，京师戒严，全国震动。聿键按捺不住心中的义愤，于七月二十日倡义勤王，但未得批准。他痛感时不我待，便于八月初亲率护军北上。按明朝制度，“亲藩不掌兵，士卒莅王府者，不过备护卫而已”[④]。此时，作为唐王的朱聿键率兵出征显然是违制之举，而且不经奉诏擅自率兵勤王，实属非法。他的行动也使地方“诸大吏惴恐”，他们集议说：“留之不听行，守土者且得罪。”[⑤] 他们生怕对其放行，将会受到追究，于是汝南道周以兴出面向唐王陈明利害并加以劝阻。聿键断然拒绝，遂率兵出发，一直开进至裕州。河南巡按御史杨绳武将此情火速上报朝廷，加以弹劾。崇祯帝立即颁旨“切责”[⑥]，勒令其还国。这时，聿键的先头部队正好同农民军相遇，混战之时，丢失了两名王府太监，这才被迫撤军，退回南阳。事后，崇祯帝从给事中冯可宾、钟炌所议，以“越关、擅毙”[⑦] 之罪，按“谋叛例”[⑧]，废聿键为庶人，囚禁于凤阳高墙[⑨]。唐王之爵由其弟聿镆接嗣。十四年（1641）十一

①温睿临：《南疆逸史》卷二《绍宗》，第 13 页。
②徐鼒：《小腆纪年附考》卷七，第 233 页。
③《清太宗实录》卷三一，崇德元年九月己酉，台湾华文书局，1970 年，第 555 页。
④夏燮：《明通鉴》卷八五，第 3258 页。
⑤夏燮：《明通鉴》卷八五，第 3257 页。
⑥邵廷采：《东南纪事》卷一《唐王聿键》，第 148 页。
⑦陈燕翼：《思文大纪》卷二，载《虎口余生纪》第 144 页。
⑧张岱：《石匮书后集》卷五《明末五王世家·唐王世家》，第 52 页。
⑨钱澄之：《所知录》卷一《隆武纪年》，第 16 页。

月，李自成农民军攻陷南阳，聿镆遇害。[①]

按明制，凡宗室获罪者一律投入祖宗发祥之地凤阳所设的监狱。该狱高墙深院，防守严密，俗称凤阳高墙。平时睥睨一世的朱聿键得罪的人太多，发遣旨下，监送的同知张有度准备给其上刑具，用槛车押送至凤阳。聿键得知后承受不了这突如其来的奇耻大辱，便想自杀了事，结果被发觉而自杀未遂。入凤阳高墙后，聿键的情况更糟，主管凤阳高墙的守陵太监因向其勒索贿赂毫无所得，便恼羞成怒，"用祖制墩锁法以困苦之"，聿键"不胜其辱，病几殆"。其妻曾氏细心调理，"至刲股以进"，聿键方才转危为安。[②] 外界对他也有关注和同情，十二年（1639）漕运总督兼凤阳巡抚朱大典、十四年（1641）司礼太监韩赞周，都曾上疏请予宽宥，皆被拒绝。[③]

直到崇祯十六年（1643），北直隶曲周人、天启进士路振飞以佥都御史的身份总督漕运，巡抚凤阳，到任之后，聿键的境况才有所改变。按不成文的惯例，每当新任漕运总督到任，总要首先拜谒凤阳皇陵。路振飞久闻聿键之名，但从未谋面，赴任后听人介绍，对聿键产生了极大兴趣，遂打破常规，以探视罪宗为名"亲往候王"[④]，进入高墙内探望聿键。大概是饱经患难和多年监禁磨炼之故，此时聿键英气不减，更显出温文尔雅的气质。振飞"心独异之"，对其产生了极大的好感和同情。聿键也好像见到了久别的亲人一样，将高墙内狱吏的虐待情形向振飞如实揭发和控告。振飞于是"上疏请加恩罪宗"，虽未获准，但振飞惩处了狱吏中的残暴者，同时主动拿出自己的俸薪资助聿键，以改善其生活条件。[⑤] 失去了自由的聿键这才重新体味到正常人的友谊与真情。

朱聿键见到路振飞的第二年，即崇祯十七年（1644），北京失陷，

---

①张廷玉等：《明史》卷一一八《唐定王桱》，第3608页。

②钱澄之：《所知录》卷一《隆武纪年》，第16页。

③陈燕翼：《思文大纪》卷二，载《虎口余生纪》第144页。

④李天根：《爝火录》卷一一，第486页。

⑤邵廷采：《东南纪事》卷一《唐王聿键》，第148页。

明朝覆亡，接着南京弘光朝廷成立。弘光帝实行大赦，于七月二十六日颁旨："尽释高墙罪宗为庶人。"[①] 此举共释放罪宗三百四十一人[②]，聿键便是其中之一。他从此结束了近八年的高墙生活，又一次成为重见天日的自由人，此时他已四十三岁。被囚的八年，他没有虚度，而是日夜苦读，勤于写作，"博洽今古，走笔数千言"，著书甚多[③]。聿键前半生先受其父牵连，后因己罪，前后合计竟在囚所中度过二十四年。此时，不论他如何感慨，展现在面前的是一条布满荆棘但同时又充满希望的道路。

二、天下板荡，经历苦涩

崇祯十七年（1644）七月，历尽煎熬的朱聿键获大赦出狱，但王爵早已被褫夺，此时他已是一个一文不名的庶人，无家可归。最关注他的漕运总督兼淮扬巡抚路振飞，虽然已于一个月之前因马士英安置亲信而被排挤去职，但仍然为其谋划曰："方今北地用兵，王必求善地建国，然非重贿不可，王窘迫何以图此？以臣愚见，大王被冤，今始昭雪，当设位祭告开丧，其费可得也。"他建议聿键通过祭奠先人的方式，争取同情者赞助。聿键于是将自己获得昭雪之事设灵位祭告先人。振飞首倡捐助并赠银四百两，其属下亦厚加赠馈，聿键共得银八千两，遂携之赴南京。[④] 他还于十二月二十五日上疏弘光帝请求恢复被褫夺的唐王之爵，同时礼部也为他奏请恢复故爵，虽然这两个请求均遭拒绝，但弘光帝最后还是封他为南阳王，令他徙居广西平乐，不许在南京停

①计六奇：《明季南略》卷二《七月甲乙总略》，第73页。

②李天根：《爝火录》卷五，第287页。

③查继佐：《罪惟录·附纪》卷二〇《唐王附纪》，第418页。

④李天根：《爝火录》卷一一，第486—487页。

留。[1] 不过，人们仍因其旧称他为唐王。

旨下，朱聿键却因“贫无路费”，迟迟难以踏上赴广西的迢迢之路，不得不“迁延时日”。[2] 他由南京回镇江，再由丹阳至苏州，这时已是弘光元年（1645）五月。他得知弘光朝覆亡的消息，便经湖州到达嘉兴，遇上来到这里的太监高起潜，都督陈洪范，总兵陈梧、汪硕德，吏部尚书徐石麒，淮扬巡抚钱继登等。国难再临之际，他们聚议时事，以为国不可一日无主，便共同推举聿键负监国重任。处境窘迫的聿键刚刚获释，自知宗派疏远，对世情了解不多，且听了陈洪范与己“语多不合”[3] 的论调，心中尤为反感，便力辞拒绝。随后，他又得知素有贤名、为群臣所瞩望的潞王朱常淓正在杭州，遂赶赴杭州，“乃睿撰揭帖，倡奉潞藩”[4]，投入拥戴潞王的行列。此时杭州极为混乱，各色人物麇集，清朝招降使者亦赶到此地进行招降活动。然而，在这里的经历却令聿键大开眼界——他目睹了弘光朝权臣马士英被众攻讦，看透了潞王朱常淓毫无骨气。

自五月中旬以来，杭州陆续聚集了一大批文武臣僚。国难当头，风声鹤唳，人心浮动。而马士英带着太后逃来，更是引起了轩然大波。虽然太后传命召用在籍诸臣入朝视事，并下令于两浙招募兵丁，做战守之计，却难抑群臣对马士英的愤怒，他们纷纷对马士英进行声讨。刘宗周、熊汝霖等痛责其当年排斥潞王之事。刘宗周更斥士英曰：“士英亡国之罪，不必言矣。焉有身为宰相，弃天子，挟母后而逃者？当事既不能正名讨贼，国人曷不立碎其首乎？昔贾似道死于郑虎臣之手，今求一虎臣亦不可得，何怪乎国之倾覆也！”[5] 马士英无言以对，只盼

①邵廷采：《东南纪事》卷一《唐王聿键》，第148页；黄宗羲：《行朝录》卷一《隆武纪年》，载《黄宗羲全集》第2册，第113页；南沙三余氏：《南明野史》卷中《绍宗皇帝纪》，清同治刻本。

②陈燕翼：《思文大纪》卷一，载《虎口余生纪》第123页。

③李天根：《爝火录》卷一一，第487页。

④陈燕翼：《思文大纪》卷一，载《虎口余生纪》第124页。

⑤黄宗羲：《弘光实录钞》卷四，载《黄宗羲全集》第2册，第93页。

听到黄得功等人的抗清捷音。因奉祀禹陵而在杭州的礼部尚书黄道周向太后上疏，“请趣黔兵至黄得功军，辅翼圣驾。又请速召金华、江右兵及闽中溃兵，令立功自赎”①。他痛斥马士英抛弃皇上独自南逃之举：“首辅马士英拥兵自卫，迎憩西湖，士民诘问，空言圣驾在黄得功军中。士英诚知圣驾所在而轻离左右，则有不臣之心，不知而托言之，则罔上苟偷，神人所共愤也。”② 疏上竟无回应。

不数日，阮大铖、朱大典、方国安等狼狈逃来，杭州方面方得知黄得功兵败身亡、弘光帝就擒的消息。这时清军已至江阴，正向嘉定、湖州进兵的消息传来，惴惴不安的马士英拟率自己的黔兵挟太后逃向绍兴，此时绍兴人尚不知弘光帝被擒之事。原任九江佥事王思任立即上疏太后说：

> 战斗之气必发于忠愤之心，忠愤之心必生于廉耻之念。事至今日，人人无耻，在在不愤矣。所由然者，南都定位以来，从未尝真实讲求报雪也。主上宽仁有余，刚断不足，心惑奸相马士英援立之功，以天下大计畀之。……士英独掌朝纲，手握枢柄，知利而不知害，知存而不知亡，朝廷信之笃，所以覆之速。兹事急矣，试问相臣之尊，司马之重，而可以走乎？不战不守，而身拥重兵，口称护太后驾，则圣驾独不当护乎？一味欺蒙，满口诡绐，此英雄所以解体，豪杰所以灰心也。及今犹可呼号泣告之际，太后宜速趣上照临出政，断酒绝色，卧薪尝胆，立斩士英之头传示海内，以为误国欺君之戒，仍下哀痛罪己之诏，以昭悔悟，则四方人心犹可复鼓。

同时，他又致书马士英：

> 阁下文采风流，才情义侠，职素钦慕。即当国破众疑之际，援立今上，以定时局，以为古之郭汾阳，今之于少保也。然而一

①洪思：《黄子年谱》，载侯真平、娄曾泉校点：《黄道周年谱附传记》，福建人民出版社，1999年，第28页。

②徐鼒：《小腆纪年附考》卷一〇，第371页。

> 立之后，阁下气骄腹满，政本自由，兵权独握，不讲战守之策，只知贪黩之谋，酒色逢君，门墙固党，以致人心解体，士气不扬，叛兵至则束手无才，强敌来而先期窃走，遂至乘舆播迁，社稷邱墟。谋国至此，即喙长三尺，何以自解？以愚上计，莫如明水一盂，自刎以谢天下，则忠愤气节之士，尚尔深谅无他。若但求全要领，亦当立解枢柄，授之才能清正大臣，以召英雄豪杰，呼号惕厉，庶几想望中兴。若仍逍遥湖上，潦倒烟霞，效贾似道之故辙，则千古笑齿，已经冷绝。再不然，如伯嚭渡江，我越乃报仇雪耻之邦，非藏垢纳污之地。当先赴胥涛，乞素车白马以拒。上干洪怒，死不赎辜。阁下以国法处之，则当束身以待缇骑；以私法处之，则当引领以待鉏麑。[①]

此文深刻揭批了马士英的罪状，义正词严。马士英览文“愧愤不能答”[②]。太后因马士英保护而逃离险境安全到此，更因马士英握有重兵，还要继续依靠他，当然不能接受王思任等人的建议。

朱聿键来到人心惶惑、社会混乱已极的杭州后，认为要扭转颓局，必须拥立新君，以安定人心，号召天下。因此，朱聿键没有休息便立即求见潞王，拟劝其监国，继而称帝正大位，“具本劝进，面陈方略”[③]，且建议“拒北使之招降者”[④]。

六月初八日，潞王常淓在唐王聿键与群臣的再三恳请，以及太后“尔亲为叔父，贤冠诸藩，昔宣庙东征，襄郑监国，祖宪具在，今可遵行”[⑤] 的指令下，勉强答应监国，以马士英为首辅。典礼当天，群臣皆彩服入朝，唯独礼部尚书黄道周着素服、束角带，与首辅马士英并列

---

①以上两处引文引自张道：《临安旬制纪》卷一，载《海东逸史（外三种）》第160—161页。

②张道：《临安旬制纪》卷一，载《海东逸史（外三种）》第161页。

③陈燕翼：《思文大纪》卷一，载《虎口余生纪》第124页。

④温睿临：《南疆逸史》卷二《绍宗》，第13页。

⑤林时对：《荷牐丛谈》卷四《蠡城监国》，载中国野史集成·续编编委会、四川大学图书馆编：《中国野史集成续编》第26册，巴蜀书社，2000年，第618页。

朝班之前。常涝问此为何人，道周从袖中递出名刺。常涝欣然曰："先生真一代忠良，今日幸共任大事。"遂执士英袖云："先生每事与黄先生商量。"①

当日，监国常涝单独召见道周，问："今日何以教我者?"道周云："用贤才，收人心，破故习，行王道，为今日要务。"常涝道："和气致祥，家不和，事不成，今日之事先生与马辅议之。"希望道周与马士英齐心协力。但道不同不相为谋，道周说道："事有思量不得者。如黑黄苍素，迥不相入，今日在两浙，宜用两浙人望。刘宗周为江东老成，何坚不召用?"常涝道："马辅恐刘先生来又分别门户耳。"道周说："只为门户两字，破我乾坤，今奈何复入其邪说耶？君子有贤奸而无门户，小人无贤奸而有门户，然而门户之谈，君子不能避也。"一语道出了马士英阻挡贤人入朝的真相。常涝又说："今马辅握重兵，势不得不与马辅议。"因马士英黔兵在握，兵多势众，常涝不得不对他言听计从，这说的是大实话。道周又曰："此非职意想所及。"他对常涝十分失望。道周旋又得悉，刚刚监国的常涝竟又部署"赴越中措置行在"，这分明是欲弃杭州而南逃。道周乃逼问马士英，士英道："越胡可居！否则金华耳。"这种不思进取、只想退却的态度令道周很气愤，道周乃曰："金华水西流，山川平易，国初守不逾月，已丧胡武襄，文弱之国也。"士英默不作答。道周曰："不复建业，不守常镇，仆终不能与诸公共事也。"但他对常涝仍抱有希望，上疏规劝道："多难兴邦，殷忧启圣，维大有为之君，应不世出之运，所以匡植宇宙，奠安宗社，为四海苍生造福无穷，非独以慰徯后之情，绵未坠之绪也。""两载之间，二京继陷，实《史》《策》所希闻，晋、宋所未有也。天命未改，历数有归，恭遇殿下，元德格于重华，仁风洽于四表，帝眷早定，立此丕基。凡有血气之伦，俱仰神明之表，感时识机慕义企踵者，吁上穹而怀今日固已久矣。"② 极言万众衷心拥戴，希望常涝振作精神，担负

①张道：《临安旬制纪》卷二，载《海东逸史（外三种）》第164页。

②张道：《临安旬制纪》卷二，载《海东逸史（外三种）》第164—165页。

起恢复大明祖业的重任。然而，这无疑是对牛弹琴。

常涝监国的第二天，即六月初九日，清军抵达嘉兴。监国遣陈洪范出使清营，“请割地讲和”。陈乘船而往，船头悬旗书写“奉使清朝”四字，实已准备屈辱降清。

但道周痴心不改，仍对常涝抱有厚望。此日，道周连章劝监国即大位，并上七事、求贤、逐奸、令师四笺，皆为治国强邦之策。前南国子监司业吴太冲上三笺，以马士英朋奸误国，请诛之：

> 黔贼逆党，朋奸误国，罪宜寸磔。今又奉殿下监国，岂其本心，特借此虚名，巧为脱卸以自全耳。此真古今奸贼所未有者。职不知国家与诸奸种何冤孽，而惨毒至此！乞明正典刑，悬首藁街，以泄神人之愤。夫诛若辈直如狐豚，幸勿与诸臣谋，谋则不能杀矣。[①]

笺上不报。

十日，常涝传令旨，命道周入阁办事。马士英恐其夺权，缴回不下。常涝令颁行道周所上七事，亦被士英所阻。分守宁绍台道于颖上疏请急诛马士英。[②] 是日薄暮，已降清充当间谍的陈洪范遣使报告清使将至，劝常涝降清。巡抚张秉贞亦竭力劝说，并拟挟其出降。常涝早已心动。时杭州城内百姓哄传：“王爱我，而以我北款也。”[③] 这实为别有用心者在大造百姓拥护降清的舆论。至此，道周知常涝不可共事，遂弃之而移舟富春江上。

十一日，清军抵塘栖，诸臣见常涝无拒敌之意，纷纷弃之而去。马士英、阮大铖亦不辞而别。

这时，宗室朱华堞在杭州，闻听此事，急忙缞麻（按：指身穿丧服）入谒常涝，劝其防守杭州：

> 国祚悯讻至于此，抚膺北睇，何以为生？今以大王之贤，远

---

①张道：《临安旬制纪》卷二，载《海东逸史（外三种）》第166—167页。

②张道：《临安旬制纪》卷二，载《海东逸史（外三种）》第172页。

③查继佐：《罪惟录·列传》卷四《潞王翊镠》，第1292页。

近所共闻，天下绝智殊力，方将凭附，以勤其效死之义。周之子孙，能无眷然。……宋人半壁亦尝有年，而况闽粤滇蜀，延袤万里，犹吾故物。大王诚檄下三吴，与父老并奋，选将搴旗，勿谓中兴绝业非大王指顾事也！……失今不为，时事一去，万世不姓朱矣，他日求尺寸地为死所，岂可得哉？

常涝不以为然，坚持以不扰民、保全城市为宗旨。华堞又说：

理有大小，务有缓急，今日之事，不宜以杀人为讳，以取誉为能，当顾其大者急者矣，屠妻子，任盗贼，犹当为之。持踵而泣，妇人之义也，非所望于大王。

常涝曰：

公休矣。余匪其才，此百姓之心已不可任，吾谁与为之？

华堞脸色顿变道：

朱家子孙谢勿力，彼何望而不跂向他氏？果提三尺剑，誓与国俱亡存，即孱弱可遣，此谁非衣食吾祖者哉？

常涝道：

兵弱矣，糗馈且何从？吾为此，不失为知幾。

华堞呜咽曰：

勤大义者，成败非可逆料，今总兵方国安所部数万，屯御教场，而郑鸿逵溃卒，尚可呼集。发布政司存金，益以盐运司所贮，即不足，贷商钱，敛急公，犹可支数月之用。此五营旧额，出东义皆健。又召募良人，当一日至。线索在手，控纵间耳，毋以兵食阻大计。

华堞反复劝说良久，常涝始终不悟。华堞愤然叹道：

王不观古事，有诸王以其国奉人，而得长世者哉！有可为之势，顾自弃此国仇，何足与论事！①

于是华堞甩袖而起，裂冠带掷地而出。

---

①以上多处引文引自张岱：《石匮书后集》卷五《明末五王世家·附楚将军华堞传》，第63—64页。

当清军至塘栖时，聿键曾建议“拒北使之招降者”[①]。常淓充耳不闻，且在由清营回还的陈洪范与巡抚张秉贞的一道劝说下决定降清。聿键见潞王不可救药，不胜愤慨，乃立即离开杭州。

六月十三日，清军至杭州城下，潞王朱常淓、巡抚张秉贞不做任何抵抗，大开城门率群臣诣军前投降。曾被清流派及东林党人寄予厚望的潞王朱常淓，到头来却干净利落地做了最没骨气的投降派。一向标榜气节的东林党人竟被历史开了一个大玩笑。

朱常淓率群臣降清后，被带回北京。十一月，常淓上疏清廷，“恭谢天恩”，感戴清朝“救民水火”，发誓要结草衔环以报。[②] 然而他并未得到清朝的恩惠。顺治三年（1646）五月十七日，他与朱由崧等一道被杀于北京。朱常淓于国家危难之际，毫无骨气与责任感，被史家讥为不如匹夫。[③]

三、时危势蹙，获众拥戴

弘光元年（1645）五月中下旬，在弘光朝覆亡之际，从长江防线京口率兵溃退下来的镇江总兵郑鸿逵、郑彩，从南京逃来的户部郎中苏观生及翰林张家玉来到杭州。郑鸿逵曾向潞王请求“回闽取兵”以为抗清之计，未料遭拒，颇为不快，继而获悉刚刚监国的潞王竟拟降清，更大为沮丧。

这时，郑鸿逵、郑彩面见已到杭州的朱聿键，当谈到两京倾覆、国家接连遭难之时，聿键悲不自胜而“沾泣襟袂”，二郑大为感动而“奇之”，[④] 觉得聿键非平庸之辈，对他产生了极好的印象。于是二郑会同苏观生、张家玉等共同集议，“咸以王可济大业”。众人“慷慨交

①温睿临：《南疆逸史》卷二《绍宗》，第13页。
②《沐恩朱常淓谨揭为恭谢天恩事》（顺治二年十一月初九日），中国第一历史档案馆藏。
③查继佐：《罪惟录·列传》卷四《潞王翊镠》，第1293页。
④徐鼒：《小腆纪年附考》卷一〇，第385页。

拜，矢奖明室”，决定共同劝聿键监国，担负起重整国家的大任。[1] 尽管聿键尚未答应监国，但形势严峻，事不宜迟，他们决定立即撤离杭州，奉聿键南下福建。

朱聿键在郑鸿逵、郑彩等人的护卫下离开杭州。十一日晚，聿键于舟中得晤原礼部尚书黄道周，道周对聿键“谈论慷慨，以恢复自任”颇为折服，“因同众交拜，约成大业”。[2] 六月十七日，聿键到达衢州，收散卒得千余人。一路之上，黄道周连上三疏劝进。聿键十分感动，随上随答。黄道周六月十一日的第一疏云：

> 天造不宁，道先立主。昌期协应，臣亦择君。两载而陷二京，河山雪涕；敷天而污左衽，人鬼恫心。非有不世出之英，莫胜大有为之任。恭遇唐王殿下，伟略著于维城，玄风闻于主鬯。太祖廓清六合，有天下者还属太祖之孙；汉家再造神州，起南阳者即复汉家之业。昔当寇迫都城，殿下已请师投袂；况今祸连江左，苍生又仰屋瞻乌。荏苒则人化沙虫，栖迟则家成荆棘。琅琊先讨石勒，后渡五马之江；宛叶初会平林，遂（发）昆阳之绩。以今揆古，易世同符。语德则德于琅琊，语亲则亲于宛叶。所谓合晋元光武以成殿下之身，借猛土（士）谋臣以缵高皇之绪者也。矧殿下社稷为心，祖宗是念。高皇之子二十人，惟王逾于重耳；唐室之君十七叶，立国何必沙陀？伏乞俯循众望，监统六师，使黎庶有归，皇图克巩。

黄道周盛赞聿键，恳望他接受监国之请。

文化修养甚高的聿键览疏之后便批答说：

> 览启悲恸，义不忍闻。孤藩开自高庙，十七世笃忠贞，孤罹家庭偶异，曾叨先帝殊恩。因奋血性，期图报不负君亲，敦请勤王，讨父仇为法受过。上年弘光皇上悯鉴，复赐王冠，孤受二帝深恩，誓竭迎銮雪耻。但愧微渺，徒耿赤诚。《春秋》之义意：天

---

①邵廷采：《东南纪事》卷一《唐王聿键》，第149页。
②庄起俦：《漳浦黄先生年谱》卷下，载《黄道周年谱附传记》第88页。

子蒙尘，诸侯释位。孤惟遵此成规，贤序实无一称。监国之请，面谕周详，感诸先生忠爱孤身，断不敢当。共体守节真怀，不必再有陈请。

这里聿键历述了家庭及个人的不幸，又恳切地说，崇祯、弘光两位皇帝的深恩，自己誓当竭诚报效，只愧力微。同时，聿键认为在此二帝先后蒙难的国丧期间，臣子不应马上即位，这是历来必须遵守的规矩，自己也不能例外，何况“贤序实无一称”，即不论按个人品德还是皇室亲疏顺序，自己没有一项条件具备，所以监国之请断不敢当。这是聿键有自知之明的表现，清楚地表明了他拒绝监国的心迹。

黄道周于六月十二日上第二疏，仍然以满腔的激情恳切敦请聿键接受监国，再次称颂他是旷世难遇之人：

日月重光，四海切黄衣之望；乾坤再辟，万方仰白水之祥。五百年必有王兴，适逢今日；十八传宜归哲后，当属仁贤。宗社凭依，臣民引领。恭惟殿下钦明天纵，玄德日升。险阻备尝，晋公子之播迁，良有以也；闾阎亲历，史皇孙之艰难，岂徒然哉？兹者金瓯震缺，翠辇蒙尘，南辕之返无期，左衽之氛正炽。国不可一日无主，主不可一日非人。惟德惟贤，乃肩乃荷。克承臣仕，亲在君王。拒群工之敦请，令谕虽极冲虚，救万姓之倒悬，监国终难他奉。伏乞仰思祖宗垂创之统，下念苍黔推戴之诚，早膺负扆之朝，以肃王纲之度，使吏士有所维属，人心不至涣离，张我六师，扫清彝寇，躬行九伐，克复神京，天下幸甚，臣民幸甚。

这是说自太祖朱元璋至崇祯帝朱由检共十六传，加上弘光帝为明朝十七传。哲后者乃贤明之君主也。这里哲后、仁贤均指聿键。疏中说聿键生平备尝艰难险阻，正是磨炼意志、承担大任的准备过程。而当“金瓯震缺，翠辇蒙尘”，即两京倾覆，两帝遇难之际，“国不可一日无主，主不可一日非人。惟德惟贤，乃肩乃荷。克承臣仕，亲在君王”，“监国终难他奉”。疏中指出当此之时，聿键就是监国的最佳人选，希望聿键仰思祖宗，俯念黎民，早日监国，“使吏士有所维属，人心不至涣离！”此疏可谓一片至诚。

疏上，聿键的批答是：

> 皇上多日出狩，臣庶迫切无君，封疆日促，狂彝日逼。监国摄政，固不可迟。但孤静淡自天，口虚非当，前谕甚明，岂饰观听？昨感所启，业已具揭，但奉潞藩监国矣。彼则以贤以序，真其人也。孤愿与诸先生共行推戴，以折彝谋。他启断不敢再闻。

聿键说，面对目前的严峻形势，监国摄政是当务之急，但自己却是天生“静淡”之人，且不具备条件。拒绝监国不是矫饰之语，而是自己早就明确表态过的，况且自己已经推举潞王监国，“彼则以贤以序，真其人也。孤愿与诸先生共行推戴”，“他启断不敢再闻”，力陈本人无德无才，名分不显，再一次拒绝。其实这篇批答纯属饰词，真实的成分很少。他确实主张过潞王监国，也希望潞王正大位，但很快便发现潞王是一个扶不起来的人物，且现已弃之不顾，共同拥戴之事早成虚文。再说，当时推戴潞王已毫无意义。不过这个表白仍然树立起了一个虚怀若谷的帝王形象。

六月十五日，黄道周上第三疏：

> 国步多艰，王室已深于板荡；天心厌乱，人情咸属于仁贤。兵燹之毒方殷，共球之思逾迫。恭惟唐王殿下聪明亶作，慈孝夙成。枕戈以请勤王，久树桓文之业；沥血而谢君父，独通姚姒之权。恭俭温文，廓尔宽仁之度；圣神文武，翕然海宇之归。近闻清逼武林，人无固志。贼臣有屈膝之议，举国同蒙面之羞。思高皇创业之艰，退一尺即失一尺，为中兴恢复之计，早一时即易一时。幸切宗社之图，勿固士大夫之节。神器不可以久旷，令旨不可以时稽。亟总瑶枢，以临魁柄。将义师有主，昆阳成长者之功；丑虏望风，灵武睹圣人之烈。

此疏极言清军已攻到杭州，“人无固志，贼臣有屈膝之议，举国同蒙面之羞”，形势愈加严峻，“退一尺即失一尺”，“早一时即易一时”，而“神器不可以久旷，令旨不可以时稽”。他恳切请求聿键尽快监国，为国家为民众考虑，不可再逊让推辞。这时聿键已经获悉潞王于十三日举杭州向清投降之事，国家可谓处在危急存亡的关键时刻。“事不过三”，面对三次劝进，聿键回复道：

览启，诸先生勤勤恳恳，谓皇銮既时不易返，潞藩复惧清孜图。以孤勤皇雪父，大义久昭；况分国本于高皇，视孝陵情尤关切。监国必难他诿，三请词意益殷，令孤进退均难，孤将何以处此？且今人心□彝，内外沸鼎，交请敢再坚违？孤罪滋重，万不得已，将所上监国之宝，权置行舟，即谕他（地）方官速遣专官谨守，然于出令用人，在途犹难草草。俟至闽省，面与藩镇文武诸贤共行遵守。①

这是聿键表示准备接受监国之请，并称此乃被逼无奈之举，如果“再坚违”众人之请，则“孤罪滋重”。但监国之事应十分慎重，不能草率，所以他表示“将所上监国之宝，权置行舟”，而用人行政之事，更不能草草而就，“俟至闽省，面与藩镇文武诸贤共行遵守”，即到了福建后如何监国，再与众文武大臣共同协力实施。这表明了他极其负责的态度，及与众共赴时艰的坚定决心、谦逊宽和的大度胸怀。总之，至此他答应了监国之请。

其时，除黄道周外，许多官员亦纷纷上疏，恭请聿键接受监国。聿键在决定接受监国之请后，精神焕发，接连发布文告，阐述为政主张及思想理念。十七日，聿键至衢州，与诸将所率队伍相会，乃秉钺誓师道：

嗟尔有众，咸听予言：昔有胡元，腥秽宇宙，汩尔黎民，以为被发左衽，黎民哀痛，无有甘食，天乃命我太祖高皇帝，驱而出之，还于朔漠，天下欣戴，如出昏窖而睹日月，于今二百七十八年，帝十七叶，未有失德。而寇贼乘衅，覆我二京；将复汩我黎民，以为披发左衽，幽明人鬼，咸用痛心。予自早岁，悉愍是患，不惮危苦，以撄兹咎，而天未厌乱，不达鄙怀。今两京递覆，

①以上多处引文引自陈燕翼：《思文大纪》卷一，载《虎口余生纪》第124—126页。

蠢尔又至，临安监国不竞，士民瞻乌，予念崇祯在御十有七年，励精图治，惟是举错拂于民心，赏不当功，罚不当罪，惩劝无章，以至今日。今诸夫子君子闵念黎元，欲为立主，不以予不肖，俾统六师，监此函夏，亦惟是赏罚劝惩，实用有章，功不可以幸取，罪不可以幸卸。衮钺之用，兆始于今。尔夫子君子各率多士，广乃德心，其尚桓桓，如熊如罴，恭行天讨，以光复帝室，驱逐清兵，以缵我太祖之业。其有摧坚陷阵，拘执丑众，献力自著者，皆不惜茅土，弈世带砺，盟之河山；其有私作寇攘，逾垣墙，诱臣妾，逸马牛风，俱有常刑。其夫子君子或不念上帝及我太祖虔贰尔心，私即慆淫，自营威福，暗干名器者，天地鬼神，亦共殛之。自今以始，同力一心，以匡帝室，勖哉多士，咸听予言！①

这里聿键以大气魄鼓舞士气，并明确提出“驱逐清兵”的目标，这是了不得的战略认识，是南明政权历经惨痛教训之后做出的重大战略方针的改变。自大顺农民军推翻明朝而清军入关之后，一切奋起的明朝臣僚多以“灭寇”为主要目标，而弘光朝甚至以清军为盟友，一直追求与之合师进讨，幻想清军能助己一臂之力，却从未想到清军竟是必欲灭己的凶敌，结果败亡接踵，教训极为惨重。而今聿键有此认识实在意义非凡，这开启了抗清的历史新阶段。

是日，聿键在浙江衢州向恭请其监国的百官颁谕道：

孤闻汉家再坠，大统犹系人心；唐室三丧，长安不改旧物。岂独其风俗醇固，不忘累世之泽哉？亦其忠义感愤，豪杰相激劝，使之然也。孤少遭多难，勉事诗书，长痛妖氛，遂亲戎旅，亦以我太祖驱除胡元，功在百世，方十七叶，而虏彝骜然，睥睨神器，为子孙者，诚不忍守文自命，坐视其陵迟。二十年以来，贼寇洊惊，孤未尝兼味而食，重席而处。比方二载，两京继陷，天下藩服，委身奔窜。孤中夜卧起，涕泗纵横，诚得少康一旅之师，周

①陈燕翼：《思文大纪》卷一，载《虎口余生纪》第121—122页。

平晋郑之助，躬率天下，以受彤弓，岂忧板荡哉？今幸南安、靖（虏）二大将军，志切匡复，共赋舞衣，一二文臣，以春陵、琅琊之义，过相推戴，登坛读誓，感动路人。呜呼！昔光武、玄德，皆起于布衣，所遭绝续，与大敌为仇，而能正名举义，躬承大统。况今神器乍倾，天命未改，孤以藩服，感愤间关，逢诸豪杰，即应投袂，知明明赫赫之际，神人叶谟，上天所眷顾，我太祖祐其子孙，犹未有艾也。《书》曰："与治同道者罔不兴。"《传》曰："得道者多助。"自今孤总六师，一切民间利病，许贤达条陈，孤将悉与维新，总其道揆，副海内喁喁之意焉。[1]

这是号召臣民士庶齐心协力、共赴国难、共成匡复之业。

六月二十日，聿键过仙霞岭，著文祭告渔梁镇神，祈祷天助，求神灵以"子雨友风，伯虎仲熊"之力相助，"驱逐胡马，靖彼犬羊"，"将借神灵，以匡天下"，[2] 表达了其驱逐清兵、恢复祖业的志向。

第二章　监国与称帝

一、踌躇满志，迅入福建

朱聿键于弘光元年（1645）六月二十三日抵达浦城，二十六日至建宁，二十八日接受监国之位。此时群情欢跃，他更是情绪激昂。多年来，他虽处困厄，但磨砺愈坚的凌云报国之志终于有了用武之地。尽管当时的清军正在快速进逼，形势已十分严峻，但展现在他和许多大臣眼前的却是一片光明和希望。他确信只要万众一心，狂澜可挽，两京可复，大明天下将重现升平之象。他接受监国后，自己动笔书写

①陈燕翼：《思文大纪》卷一，载《虎口余生纪》第 122 页。
②陈燕翼：《思文大纪》卷一，载《虎口余生纪》第 123 页。

的誓师文、谕诸臣文，以及祭告渔梁镇神文，都表达了这个精神。随后，在群臣的簇拥下，朱聿键迅速离开建宁，向福州进发。

先是，在浙江时，黄道周本望聿键驻跸衢州，借以号召两浙、联络江右，不欲其偷安入闽，而诸臣却拟拥驾入闽。他深恐此举不足以系天下之望，遂上启向聿键陈明利害，明确指出福建乃“天下险绝之处”，是可偏安不能进取之地，“自五代以来，割据者数主矣”，皆为山河所囿，不能自拔。前事之鉴，不可不察。欲创大业，宜明“四通”“四塞”之要。而衢州乃四通之地，沟通四方，据此足资策应，能收人心而振国势。其启曰：

> 职观天下险绝之处，未有甚于闽中者也。自五代以来，割据者数主矣，卒席偷自保，为河山所囿，不能自拔。今天下瓦解，独此一方宁谧。窃以为欲奖帝室，宜明“四通”“四塞”之要。所谓四通者，西北立信州之镇，以通大关；东治三寨之舟，以通海道；东北以衢州权为行在，足通两路之师；西约虔台，实为犄角，以资策应之用。有是四通，随因而塞之：西北塞五虎、杉关，以断建昌；北塞车盘、大安，以防东楚；东塞温州诸岭，以防间道；东北塞清湖、江山，以厄小关。有此四通、四塞者，而天下人心亦次第可收也。以殿下之才，宽仁以为城郭，慈俭以为衽席，察四通、四塞之宜，轻重布之，国势可立矣。①

此启清楚阐明，聿键应留在浙江创业，万不可进入为河山所囿、难得发展的福建。然而，聿键并不接受这一观点。启既上，聿键已经入闽。道周追扈不及，遂于一段时间内，未得与其议论国政。

黄道周所言在理论上说得通，实际上却行不通。其实，聿键于危难之际当机立断，选择福建作为立足之地并迅速到达福州，此举甚为恰当。福建较之浙江来说，更具地利人和的优越条件。因为福建是郑氏集团的根据地，热切拥戴朱聿键的郑鸿逵、郑彩及郑芝龙都是福建

---

①庄起俦：《漳浦黄先生年谱》卷下，载《黄道周年谱附传记》第 88 页。

人，他们在福建有广泛、深厚的人脉，具有号召力。而曾于福建任职或隶籍福建、颇有影响的要员，诸如巡抚张肯堂、巡按吴春枝、侍郎何楷等大臣，以及众多地方贤达，他们一致拥戴聿键，而黄道周更是福建人望，所以入福建最能获得支持。而且进入福建后，原任大学士的广东人何吾驺、江西人傅冠亦前来积极支持，这是极为有利的创业基础。而衢州所在的浙江却无此条件，虽然黄道周力陈其四通、四塞的优越地理环境，但却没有实力支撑。对支持朱聿键的人，特别是郑氏集团来说，这里人生地不熟，犹如长鲸离渊、猛虎离山，失去依凭。而且在浙江的总兵方国安、兵部尚书张国维、大学士朱大典、兵科给事中陈函辉，乃至奋起率众抗清的社会贤达郑遵谦、孙嘉绩、熊汝霖、张煌言等，皆一致支持鲁王。所以，浙江对聿键来说缺乏深厚的社会基础。尽管从理论上说，浙江衢州地理位置更重要，但实际上却没有可依凭的力量，不具可行性，聿键如占据此地，无异于自我孤立，赶快离开，才是上策。

六月二十三日，聿键通过仙霞关进入浦城。次日，禁旅勇卫水师总兵陈有功上启聿键，以恢复旧疆、节俭爱民为请。聿键当即批复称陈有功为“真忠臣”：

> 孤览尔启，为之慨愤。自允监国之后，若一日孝陵未见，一日西北赤子未援，一统旧疆未复，即是孤负祖负民，如剑在心，如汤沃背，断不与寇盗并立于天壤。

他表达了承担大任后收复失地的雄心壮志，并大发议论道：

> 该将启内，劝孤节俭爱民，足征忠说。孤鉴千古：凡真忠臣，必明指君之过举，改正君身，天下自定。凡不言孤过者，即伪忠也。孤才至闽，见此启本，即是中兴名疏。着发此启于靖（虏）伯大张榜示，见孤汲汲求贤愿拜昌言至意。[①]

他对前途信心十足，情绪高昂。这天，浦城知县郑为虹进上《大明会典》

①陈燕翼：《思文大纪》卷一，载《虎口余生纪》第126—127页。

一部、县志一部，典史陈国元进《方孝孺文集》一部，聿键爱书成癖，对此十分高兴。次日，他还立即按陈国元之请，令浦城县将监国令谕刻石置于县署门外："本县印佐迎送上司，止于郭外，敢有再行违谕迎送者，察出，一体从重治罪，法在必行，决不轻贷。"① 这表达了他从谏如流、严肃吏治、廉洁治国之意。他在接受坊间进献之书的同时，按书价付银四两三钱。这些举止虽系微端小节，却给臣民留下了一个良好印象。

聿键二十六日到达建宁，两天后接受臣民朝见，正式宣布监国，并亲自挥毫颁布一篇谕令：

> 昔我太祖高皇帝扫荡胡氛，统一区宇，成祖文皇帝燕都定鼎，威震华彝，仁涵义育，累洽重熙。何期数当阳九，天降鞠凶，昔年蓟北，独深蒙难之悲，此日金陵，复有北辕之恨。孤惭凉德，雪耻未遑，念切同仇，请缨有志。今尔臣民，连笺劝进，至再至三，谓"清迫杭城，人无固志，贼臣有屈膝之议，举国同蒙面之羞"。孤览斯言，抚膺陨涕，痛统绪之几坠，怅天下之无君。不获已，俯顺舆情，允从监国。谨于弘光元年六月二十八日，朝见臣民于建安，收拾余烬，恢复南都，张皇六师，迎还玉辂。萃皇灵于涣散之后，出百姓于汤火之余。②

聿键以激昂洋溢的报国安民之情，正式接受臣民的监国之请，同时再一次表达了其爱民不扰民的决心。他令郑鸿逵四处张贴安民告示说，自己在卑微中生活了十年，丝毫未烦扰过百姓，现在除下一段路程上的简单饭食需县官备办以外，其他一切供应以及毡彩之类无用之事，"俱各免行。当百姓剥骨见骸之时，寡人誓约己以安天下，违旨者治以不忠扰民之罪"，并说："随侍官校不过十人，务要公买公卖，敢擅取民间根薪粒米，即时察启请究，定然捆打八十，割耳游示，决不轻饶。"最后说："寡人上下费用，件件自备。生平直性实心，字字真诚，

---

①陈燕翼：《思文大纪》卷一，载《虎口余生纪》第127页。
②陈燕翼：《思文大纪》卷一，载《虎口余生纪》第127—128页。

尔官一体遵依，毋负寡人拳拳至意。”[①] 此告示情真意切，臣民士庶无不为之感动。

当时，黄道周方离浦城，又以其持论往往与勋臣相左，决定间道还山，[②] 乃遣人入贺，并进所草拟的誓师文、监国谕、祭告文、登极诏，同时缴还聿键所赐的三两慰劳银。聿键手书答云：

> 所进撰文，俱能写孤意中事，且典核有体，孤心嘉悦，留至日备用。孤今昼夜焦劳，新创诸事，万盼先生速至，便议戡定战守，并监国礼仪不可刻缓。至在途之费，上下所共需也，同艰分济，人主之本心。典非滥格，不准再辞，着即祇（祗）受，称孤恤轸至意。[③]

于是，他当即遣人追迎道周。

当天，他又谕令靖虏伯郑鸿逵向两千名守关兵发放两月“欠粮未支”的兵饷。军队因饷源枯竭而欠饷严重，他有感于“兵将跋涉之苦”，而“今使兵将把关，必要先足其月饷，然后可责其成功”，故而有此发饷之举。他坦诚地说：“孤以困顿之余，宫生内长，从不谙习军旅，并军国大事，惟先生极力辅孤不逮，以全奉孤南来忠精大节之意。”[④] 这是肺腑之言。当时，筹饷是十分棘手之事，他要求文臣武将设法筹饷。当时官府以“抽洋税”之法敛财，已造成福宁“小民罢市激变”：“闽广军门刘若金，欲驻札福宁以抽洋税，通州士民铺户黏贴，不容进城，恐生骚扰。”[⑤] 聿键刚到福建，社会矛盾即已激化，这不是好兆头，然而这似乎并未引起聿键的足够重视。

六月二十九日，仍然驻跸建宁的聿键收到了郑芝龙进献的丝纱布匹。芝龙称赞他为“中兴之主”，曰“先监国而后登极，此与芝龙之愚见暗合”，又言“芝龙一味拙直，心口如一，苟有率误，更望天涵到

①陈燕翼：《思文大纪》卷一，载《虎口余生纪》第128页。
②洪思：《黄子年谱》，载《黄道周年谱附传记》第29页。
③陈燕翼：《思文大纪》卷一，载《虎口余生纪》第128页。
④陈燕翼：《思文大纪》卷一，载《虎口余生纪》第128—129页。
⑤陈燕翼：《思文大纪》卷一，载《虎口余生纪》第129页。

底，方信芝龙之无他肠也”。芝龙同意聿键监国，却反对他称帝，他这种言论纯属言不由衷。然而他此时的这番表态，足令聿键感动，于是聿键亲笔批答道：“自古英雄相遇，凡功业之巨细，正在相信之浅深。启内一切慎举动，择行在，识虑周详，任事坚决，孤更感激。另启所进衣着二十匹，孤即受用，以昭与卿一体之忠爱云尔。”接着，郑芝龙奉上劝驾监国之笺，聿键又是激动不已，随即又亲笔挥毫作答。其答词中云：

> 汉唐中兴，各有成资。今仅一隅，势非昔比。况孤庸质，恐羞祖烈。惟是先生兄敬弟忠，勋猷咸著，前靖（虏）伯奉孤南来，实惟先生是□是倚。自孤勉允监国之后，专望先生兄弟尽忠，在朝则孤之心腹也，在边则孤之左右臂膊也。

他还说“孤倡血诚扫彝，再复两京”，“一统告庙，功成封侯，孤必不负”，对郑氏寄予极大的希望，并以功成封侯相许。同时，他特意对郑芝龙兄弟分别授以守巡总督之任，以使其全面掌管福建地方，并为此特谕南安伯郑芝龙：

> 把守关隘一切急务，先生业预料理有绪，孤不胜喜慰。措饷之难，其来已久，孤今惟实至俭至劳，布素外朝，以先天下。余俟监国之后，与先生等面议而行。至委先生兄弟守巡总督重任，出孤独断，倚任之专，先生不可辞此官，即孤不可辞监国。万勿再辞，令孤傍（徬）徨无倚，切嘱至谕，曲体孤心。孤业于闽省监国，闰六月初一日，已过建宁。一切监国事宜，俱要备于择吉之前。实期明祀再续，臣民复睹汉官。一统所基，关系甚重，勉之慎之。①

这说出了他入福建以来一路上兴高采烈、对前途充满希望的原因所在。这个信念完全建立在他对郑氏的信任之上，他认为郑氏可以支撑与再造国家，尽管后来的事实证明这是与实际情况相去甚远的过高希望。

---

①陈燕翼：《思文大纪》卷一，载《虎口余生纪》第129—131页。

闰六月初三日，聿键所乘小船驶进古田县境的水口驿，这是进入省城福州的必经之地。本来当聿键离开建宁准备乘船从建江（闽江）顺流出发时，地方官员早已准备了壮观的大船。聿键因其豪华，“却不用，惟乘民间所用之船仅载数人者，宫眷咸随在焉”。而船队启航时，“不张彩缦，不设鼓吹”。因此岸上观者“皆举手加额。以为圣德之俭素如此，则一意休养，吾民其有瘳乎！”[①]

聿键的行动深得人心，民众对他的到来充满了希望。前来水口驿渡口迎驾的有郑芝龙、张肯堂、吴春枝、何楷等大臣。聿键登岸进入驿站，肯堂具启迎接。聿键复书称：“两京沦没，陵寝暴露，怀枕戈复仇之志而无其地，流离蹈海，几作波臣。惟天南一片地，先生保障，以待中兴。高皇在天之灵，实式凭之。”[②] 途中，“各官恭迎道左，至驿阶下，行四拜礼”。聿键则“谦抑，赐答两拜”，随即传谕各官退下，召见二十名大臣。当时有来自南京的何楷等大臣，因南京失陷，无颜立朝而“穿素服待罪”。聿键“怜其不得已之故”，不仅降下不予追究之旨，“且欲亟用之”。[③]

聿键得知他到福州后的行在将由布政使司衙门改建而成，但需整修，且一时难以办成，于是下令说：“暂于总兵府驻跸。各宜仍旧，勿得营造，致滋劳费。”随即命令将淮扬巡抚呈进的一百五十两白银，拿出来作为修葺之费，“勿取诸民间”。[④] 朱聿键话虽如此，但地方官员却阳奉阴违。他到福州前，地方官员商议按大县收银四百两、小县收银三百两的标准来征收修理皇宫的费用。按察使曹学佺对郑芝龙说：“仁声仁闻，王政之先。岂有睿驾未临，而先派多金修理？是播侈风于下里也。不肖有司，借此而括库藏、科百姓，增美之谓何？而彰其过乎？”[⑤] 郑芝龙于是

①陈燕翼：《思文大纪》卷一，载《虎口余生纪》第132页。

②全祖望：《鲒埼亭集》卷一〇《明太傅吏部尚书文渊阁大学士华亭张公神道碑铭》，载《全祖望集汇校集注》第203页。

③陈燕翼：《思文大纪》卷一，载《虎口余生纪》第133页。

④陈燕翼：《思文大纪》卷一，载《虎口余生纪》第133页。

⑤陈燕翼：《思文大纪》卷一，载《虎口余生纪》第133页。

发布告示加以禁止，从而避免了一次监国之前的扰民之举。

二、选贤任能，展开新局

闰六月初三日，在水口驿暂时歇脚的朱聿键考虑要把这个已经破碎的国家恢复好、治理好，必须让才干之士充分发挥作用。他在监国之前首先做出的决定是选拔任命户部尚书。他对有影响力的二十位大臣说："守关进取，决不可无兵，有兵决不可无饷。饷出之民，有民而后有饷。安民以裕饷，必须户部尚书得人。兹众卿在廷，即佥择其可者。"① 这是命令众臣推举户部尚书人选，众臣于是一致推举何楷。

何楷，字玄子，福建镇海卫人。他"生有异质，寓目不忘"，是思维敏锐、出类拔萃之人。天启五年（1625）进士。当时正值魏忠贤专权，他不愿与其同流合污，"不谒选而归，建紫芝书院，率子弟讲学其中"。② 崇祯时起为户部主事，进员外郎，改刑科给事中，迁工科都给事中。他居官尽职，刚正敢言，令人畏服。后因申救少詹事黄道周被贬官。弘光朝建立，任户部左侍郎。南京失陷，众臣降清时，他南行至福建。人们大都了解他清白的经历，故有此推举。朱聿键对此当然十分满意，但何楷本人却极力推辞。他说："臣尚负罪，俟明法诛戮，奚敢肩此重任?"这指的是弘光政权覆亡之际，他逃离南京之事。他叩头恳切请求推举贤能之人，而自己决不敢当。聿键认为这是公众的意志，不可违背，坚持要用他，于是谕吏部说：

> 天步方艰，饷为兵命。户部重任，得人甚难。兹特面允在籍文武公举户部左侍郎楷，廉而能计，巨以识微。孤于崇祯乙亥，亲阅邸报，亦服其侃侃掖垣。危难仗义之人，必于直言敢谏中求之，古人成说，孤奉为范。摄署既不可责成，今又时刻难待，不可拘定。俟于监国之后，何楷升户部尚书，即日到任理事，不可

①陈燕翼：《思文大纪》卷一，载《虎口余生纪》第134页。

②温睿临：《南疆逸史》卷一七《何楷》，第116页。

刻缓，慎勿再辞，致耽急务。该部即会同何尚书确议择推，先设福建清吏司郎中一员，以便呈堂行事，余俟再议；并该部即推摄文选司郎中一员。此吏户两司印，速铸，户部堂上官印，尤为紧要。

在任命何楷的同时，朱聿键又以浦城训导王兆熊为翰林院待诏，专掌皇帝阅览书籍事务。王兆熊是福建福宁人，岁贡出身，聿键入福建后即为扈从，聿键对其十分赏识。后奉命出使鲁监国，不辱使命。聿键对他的评价是“真忠如金石，真清如冰玉”。[①]

这天，朱聿键又命令巡抚都御史张肯堂迅速铸好大小衙门官印，印文上均加上“行在”二字，以表示国家处于非常时期，天子巡行，取寓居危自警、发愤励志之意。

第二日，朱聿键又登程出发。中午时分，御舟于洪塘登岸入城，聿键择民家暂时休息。由于他的命令，“庭无铺设，市不易肆，人皆以为天子来，更静于县官”，不扰民之举深受欢迎。他又传下令旨说：“孤今监国闽省，遵照祖制，举用阁部等官，虚心听纳，惟慎惟公。除不忠先帝皇上负国害民者概不敢用外，藩院诸衙门，既会议确当，即允所启，分别摄事还职。”[②] 这表示了其不计门户、广收人才之意，并初步拟定监国后的内阁九卿名单。名单中除何楷已先资升授为户部尚书外，计有：内阁旧辅何吾驺、蒋德璟、黄景昉，内阁新辅黄道周、朱继祚、丁魁楚，掌礼部右侍郎刘若金，兵部右侍郎李永茂，协理戎政右侍郎陈洪谧、卢若腾，刑部左侍郎郑瑄、曾樱，工部右侍郎周汝玑，都察院左副都御史掌院事张肯堂、徐世荫，太常寺少卿掌河南道御史吴春枝，浙江道御史黄锡衮，云南道御史郭贞一，通政使马思理、陆怀玉，吏科都给事中陈燕翼，兵科右给事中张利民，太常寺少卿曹学佺，光禄寺卿林铭鼎，钦天监博士谢坚、黄汉白、吴太音，鸿胪寺

---

①以上多处引文引自陈燕翼：《思文大纪》卷一，载《虎口余生纪》第134—135页。

②陈燕翼：《思文大纪》卷一，载《虎口余生纪》第135页。

序班杨廷瑞。[①]

当时炎夏已临，正值大暑之时，他令礼部传谕："天气炎暑，公件紧急，各启朝者概从简便，在任文武及大小绅衿百姓，俱止行一拜一叩头礼，续到者免朝。"[②] 繁文缛节，作威作福，往往显出帝王之尊。这位即将监国的君王却反其道而行之，放下架子，从实际出发，不仅没有降低其威信，反而赢得了体恤民情的美誉。

被新提名为太常寺少卿的曹学佺朝见时，进启一通，包括三款内容：一、福建解京钱粮，俱宜属兵饷项下，不应挪作他用，以防不继；二、聿键行监国礼之后，应立即派遣靖虏伯郑鸿逵抵仙霞关，相度防守进取事宜以闻；三、禁止逃兵沿途抢掠害民，似应紧急谕令各主将，收拾所部散兵游勇重新入伍，以缓解民患。这是很有见地的主张，即在安定地方、稳定社会的同时，积极准备进取，以实现中兴的目标。聿键览启十分高兴，以为三者皆切实可行，并称赞曹学佺说："此海内名儒也，孤在唐国闻名久矣，兹幸在此得见，以慰数年景慕之意。"[③] 即赐座、赐茶。

闰六月初七日，朱聿键舟抵福州。按早已安排好的程序，他于当日祭告天地、太庙及唐国宗庙，正式举行监国之礼。

在监国的当天，他又颁布了亲自撰写的《缙绅文》《戎政文》《儒林三便览序》。三篇文章都是基于对现状的认识，经过深思熟虑后提出的看法和主张。这又一次充分体现了他的政治见解与治国思想。

《戎政文》指出了文武大臣相辅相成的关系，提出了必须和衷共济的观点。他说：

> 孤惟人君能以至公待天下，方可责人臣以无私；苞苴不入司马门，天子始得真将之用。真将得，六军之命安矣。盖文武，一刚柔也；刚柔，一动静也。譬之身，文筋而武骨也，文背而武胸

①陈燕翼：《思文大纪》卷一，载《虎口余生纪》第135页。
②李天根：《爝火录》卷一一，第506页。
③李天根：《爝火录》卷一一，第506页。

也。分则体用，合则一身。文蔑武，武蔑文，亦必不能独立矣。孤故曰：文蔑武，为自蔑。盖国家之治，必文武和于上，始民兵和于下。不然，立败之道也。文之蔑武，而弊曰贿曰凌，贿曰贤才也，凌曰节制也，皆大误也，皆太祖所必诛也。

文中强调文武不可互相蔑视，蔑视对方即“自蔑”。其“国家之治，必文武和于上，始民兵和于下。不然，立败之道也”的观点尤为重要。他又认为：“抑文之节武，宜也，非过也。”即以文制武，文臣居武臣之右，这是明朝的传统规矩。但同时他说：“然必节以廉，制以礼。廉服其猛心，礼驭其悍气也。”他的文章很有针对性，因为他在被群臣拥立的过程中，看到了郑氏的武臣集团与文臣之间的某种矛盾以及郑氏集团专擅的苗头，方提出了这个看法，并且以文章形式加以发布。他希望能以自己的帝王之尊使文武大臣悦服，彼此谐和，以共赴国难。然而后来的事实证明他的一纸空文并未产生多少作用，文武各执己见，竟势同水火，这是他始料未及的。当然这是后话。

《缙绅文》指出，要想治理好国家，君主必须具备的一个条件便是要有容人之量，同时指出大臣间不可结党相攻。他说考察自古以来世道的盛衰与政治的兴替，可以发现一个起关键作用的问题，就是“帝王之宇量”：

宇量必包乎天下，始可以总统乎千官。千官当而民治，民大治而帝王安矣。帝王量狭，一统必割据；帝王量大，割据必一统。孤故曰：量，神物也，狭大之间，安危决矣，可不慎哉！

这是指帝王要有恢宏的度量、宽广的胸襟。他又细加分说有量还得能容，即能容忍，能纳物。他说：

量既容，始能用。彼声色货利固帝王奔走天下之大用，而不可自溺。所谓容也，量也。汉不能容，王终于霸；宋不能容，强终于弱。然必识在容中，如日月之行乎天上。不容则无天，日月何出乎？孤故曰：帝王量大则识必高；识高必用舍公明，又何有乎东林门户、魏党马党之纷纷哉？

这里他对树党相攻采取一概否定的态度。他深有感触地说：

鸣呼！三党成，偏安矣；四党成，一隅矣！

总结历史，其实是为了认清现实，明末以来党争确实危害甚巨，竟导致亡国之痛。然而党派争斗何以发生，何以制止，乃至何以操纵，以不使其向危害国家的方向发展，确实是个极其复杂的严重问题。在当时没有强有力的统治手段与权威的条件下，统治者是难以掌控局面的。很可惜，聿键不具备这个条件，仅靠苦口婆心的规劝无济于事，只不过表达了他期盼诸臣停止争斗、和衷共济的愿望而已。面对当时的严峻形势，他说：

自今孝陵夷践，孤心泪血千石，监国闽省，创设百司，约率众而本己，官不备以惟人。焦劳昕夜，惟贤是求。卧薪而望孝陵，尝胆以图一统，真量真识，四方共鉴。①

他又一次向臣民、向天下表明了心迹：要以帝王包涵一切的大度量，卧薪尝胆，真正干一番重建国家的大事业。

监国之日，他又向天下臣民立下宏愿，发誓做到振兴国政的十六款，即誓清祖陵、善待宗亲、礼遇老臣、升赏保疆拒敌、优恤忠贞、严肃铨选、尽革杂税、重视真才真品、旌表殉难官民、重用奇才异能、优赏倡义勤王、严惩贪官、体恤鳏寡孤独、禁止朋党之争、实行大赦、决心以身率下。最后他说：

以上十六款俱孤亲定，内外俱要实实举行……慰孤视民如伤之意，仍旧玩视，重治不饶。

鸣呼，祖宗之德泽在人，大明之天命未改。知有孝陵不知有身，定亲御六师之众，以复南京；思爱民不思爱臣，必雪先帝之仇而还一统。不论亲疏之人，赏罚惟公惟信。十五省忠臣赤子，勿负孤枕戈真心。伫俟告庙，功成万古，中兴为烈，待诏天下大酺同庆之日，即奉天殿大封功臣之年。孤今梦寐不忘，唯愿节节

①以上多处引文引自陈燕翼：《思文大纪》卷一，载《虎口余生纪》第138—139页。

君臣实做。孤秉至诚，信如皎日。令谕伸心出孤亲撰，布告天下，咸使闻知。[1]

监国当天，聿键即追复崇祯十二年（1639）于巨鹿贾庄率部抗清、力战而死的卢象昇为兵部尚书，谥忠愍；追赠史可法为太师，谥忠靖；追赠黄得功为淝水王，谥忠烈。[2] 这显示了他对抗清死难者由衷的崇敬之情，而卢象昇正是当年被其劾奏之人。此时，这些追复与追谥，展示了他不计前嫌，以大义、以国事为重的宽广胸怀。

闰六月初九日，黄道周由衢州被迎接至福州，聿键十分高兴。当天两人在便殿谈论恢复事宜，谈得十分投机，聿键乃曰："真朕中兴名相也!"[3]

聿键随即又颁令，以黄道周为东阁大学士，张肯堂为吏部尚书，苏观生为翰林学士，刘若金为兵部侍郎，吴春枝巡抚天兴、建宁、延平、兴化。

三、排除异议，勇登大位

朱聿键监国之后，群臣对其称帝与否展开了争论。郑鸿逵主张应"急正位号以厌人心，杜后起"[4]。黄道周也以为"不早正大位，则人心既涣，高皇之统将绝，无以收拾远迩，号召天下"[5]。但多数大臣并不同意这个见解，他们认为监国很是名正言顺，现在就应以监国的名义，"宜早出关，号召天下。俟有收复功，建号未迟"[6]，应把力量用在加强实力、收复失地上，反对聿键匆忙登极称帝。张肯堂更建议，

①佚名：《隆武纪略》，载《台湾文献汇刊》第1辑第1册，第20—21页。
②佚名：《隆武纪略》，载《台湾文献汇刊》第1辑第1册，第21—22页。
③陈燕翼：《思文大纪》卷二，载《虎口余生纪》第145页。
④查继佐：《罪惟录·附纪》卷二〇《唐王附纪》，第418页。
⑤庄起俦：《漳浦黄先生年谱》卷下，载《黄道周年谱附传记》第88页。
⑥钱澄之：《所知录》卷一《隆武纪年》，第16页。

聿键应依照唐肃宗先例，以监国称天下兵马大元帅，俟复南京，然后即位。[1] 而郑芝龙收起了不久前建议聿键监国后立即即大位的表态："意别有在，亦固争以为不可。"[2] 侍郎李长倩还为此上了一份《急出关，缓正位，示监国无富天下心》的奏疏，把问题的利弊论述得十分透彻。[3]

但郑鸿逵不顾众议，仍坚持必须早正大位的主张。因为朱聿键是他最早发现、最早主张迎立的，作为拥戴的翊戴元勋，他更"视帝为奇货"[4]。如再把朱聿键推上帝位，他的翊戴功劳，便是任何人也无法比拟的。两种意见摆在聿键的面前，究竟如何选择，最后由他决定。聿键最终采纳了称帝的建议。

监国二十天后的闰六月二十七日卯时，朱聿键祭告天地祖宗，即皇帝位于福州南郊，以福建为福京，福州府为天兴府，布政使司衙门为行宫，将鼓楼门额改书为"行在大明门"，立妃曾氏为皇后，大赦天下，改元隆武，以本年七月初一日以后为隆武元年（1645），颁即位诏于八府一州。其即位诏曰：

> 天地原本下民以立君，圣人必谨华夷而出治。恭惟我太祖高皇帝混一区夏，皇子有二十四分王。岁在洪武辛未，朕始祖唐定王开国南阳，积德累仁，至朕之世。朕以艰难险阻，痛遇陷覆两京，靖虏伯忠贯日月，奉朕监国南来，忧勤摄政廿日于兹。勤王之师渐集，向义之心渐起，匡复之谋渐次第。朕方登坛誓师，亲履戎行，以身率众，观厥成功。乃行在王宗文武，耆老士民，咸奏萃涣之义贵于立君，宠绥之方本于天作，理无复待，时不可失，再三详恳，迫切极陈。乃朕自顾阙然，未有巨绩以仰对上帝祖宗。

①邵廷采：《东南纪事》卷一《唐王聿键》，第150页。
②计六奇：《明季南略》卷七《闽中立唐王》，第303页。
③杨陆荣：《三藩纪事本末》卷一《三藩僭号》，吴翊如点校，中华书局，1985年，第6页；邹漪：《明季遗闻》卷四，载《续修四库全书》编纂委员会编：《续修四库全书》第442册，上海古籍出版社，2002年，第648页。
④陆圻：《纤言》下《隆武》，载《三湘从事录》第56页。

> 重念临安不振，尊攘无期，尤恳民怨，三月无君，何敢坚执小节而误天下！于是黾勉俞允，以副群望，实朕心之不得已也。谨于弘光（元年）闰六月二十七日卯时，祭告天地祖宗，即皇帝位于福州府行在南郊。即于是日建立行在太庙、社稷，暨唐国宗庙，立妃曾氏为皇后，大赦天下。呜呼，臣民之恳请朕立者，为祖宗先帝计也。朕今即位之日，即是身许祖庙之年。从今以后，有一时一刻负祖宗之业，忘先帝之仇，天下臣民得执大义以诛朕矣。朕登极后，若有一人一事负孝陵、忘大仇者，朕亦正公众而诛之矣。确议恢复之大计，唯在调和兵民。治兵足食以无骄，务民安生而不苟。朝绝宵小之臣，外鲜贪残之吏，从斯大振，力图维新。凡旧日权奸所行苟且害民之政，一概蠲除，与民更始。语出至诚，天下所共见也。朕稽载籍，光武缵祚于乙酉六月，即以是年为建武；昭烈继统于辛丑四月，复号章武于兹年。盖凛社稷于极危，必不可循逾年改元之例。古今相揆，道符不远。其以弘光元年七月初一日，为隆武元年。大宝朕固弗贪，显号明复祖烈。其凡奉天翊运宣力定难武臣，悉以次第进爵行赏，稍似（俟）恢复，分茅胙土以勒庸勋；其奉天翊运宣猷守正文臣，亦以次第进级，详备彝典，别需来章。……其孝秀耆老军民人等，俱依前例所司优给。天下山川鬼神，除淫祀不致外，余皆遣官精禋祭告。一统本我旧山河。……朕缵兹丕基，焦劳宵旰，不忘我三百年中华之赤子，日夜孜孜，急为万国亿兆生民请命之至意焉。……①

他再三阐述登大位的必要性与合法性，并许诺给予所有臣民优厚待遇。午门外宣诏时，跪听者达数千人。② 臣民士庶怀着对明朝中兴的极大期望对待隆武帝的登极。在这一点上，隆武帝可以说是与民同心。他踌躇满志地成为明朝的第十八位皇帝，尽管是偏安于福建一隅的皇帝。

他颁登极诏的同时，又将二十六款，即有关治国、整军、安民等

①佚名：《隆武纪略》，载《台湾文献汇刊》第1辑第1册，第25—29页。

②陈燕翼：《思文大纪》卷二，载《虎口余生纪》第142页。

方方面面的政策、原则及诸多措施，颁行于天下，其中颇为突出的亮点如下：

一是明确对游移于明清间的民众的政策。南明与清朝对峙期间，部分地区的百姓遭受两面之苦，当清军袭来，他们被迫降清，痛遭淫掠剃头之害；而当明军攻入，他们又因无头发而遭明贪官乱兵指为“叛民”。新朝的政策是“有发为顺民，无发为难民”，实是以极大的热情争取这些群众。

二是追赠建文君臣。他明言对明成祖发动“靖难之役”夺得皇位时建文君臣所蒙受的苦难“深疚于心”，在弘光帝已对建文帝上庙谥外，再令词臣修纂《惠宗实录》，对因坚守大义而被明成祖屠戮十族的方孝孺，追谥为太师，还有对其他罹难大臣的追谥。这是大公至诚的胸怀，恢复曾被颠倒的历史，明辨大是大非，还历史以公道。

三是定马士英、阮大铖之罪。他称两人与崇祯年间的辅臣周延儒一样，同属毁坏国家的败类，将两人俱革职为民，不许其再行招摇之举。当然亦给其出路，即其后如“真有复城杀虏之显功，可以稍赎前罪”。其他胁从者，隆武帝一概不问，以缩小打击范围。

四是明确认定清为当前主要敌人。他指出“今之为明害者，虏也”，即首要的大敌是清。在判断对“寇”与“虏”的政策界限时，隆武帝指出，闯（李自成）、献（张献忠）及其部众中，唯闯一人弑我先帝，朕不敢赦，其余一概皆可赦。这仍是尽量缩小打击面之举。而清本为明所属之东夷，“上年诛方张之寇，雪烈庙之仇，功在南北，实不可诬”，但其竟“占我孝陵，欲绝明之宗社，则又恶甚于闯矣”。如其遵令北归，收复旧疆，不劳用兵，不害赤子，可以予以封赏。“若有无理之求，朕固不惮用兵”，决心与之较量。这实际是号召全民奋起抗清。

紧随其后的是一系列的追尊与封赏。他遥上弘光帝尊号为圣安皇帝，更以“追思祖烈，惨然伤心”之情，对明之诸王郡王加以优恤，对现仍在世的惠王、鲁王、益王、淮王、靖江王，命礼部速速遣官送书礼慰问，该迎请者速议迎请。他坦言“朕危中得缵大统者，实赖靖虏伯郑鸿逵奉迎于前，南安伯郑芝龙首待于后。两伯真中兴再造之元臣也”，于是他予以“崇报”：进封靖虏伯郑鸿逵为定虏侯（或称靖虏侯），南安伯郑芝龙为平虏侯（或称平夷侯），各赐号“奉天翊运中兴宣力定难守正功臣”，并给诰券、诰命，以示优崇。他还升授“在途劝进文臣”，以黄道周人望所归，特用为少保、吏部尚书兼武英殿大学士，升苏观生为吏部右侍郎、东阁大学士，升授张肯堂为吏部尚书，加太子少保，巡抚吴春枝转兵部右侍郎，升刑部左侍郎刘若金为刑部尚书。而黄道周、苏观生、张肯堂、吴春枝皆获“奉天翊运中兴宣猷守正文臣”赐号，并给新衔诰命。其余在途劝进有名的文武之臣，俱各升二级。

隆武帝同时颁谕令地方官员举荐，以广收人才：“朕课士，先德行而后文艺。不论州县大小，着各实荐文行兼备举监生员二三名，并山林隐逸怀才抱德者一二人，以凭试用。废官情有可原，从公开由。”为广泛收罗人才，隆武帝决定设立备贤馆一所，亲定十六科取士法，以待天下贤才，“若有文武兼资、忠义出众者，朕当拜而受教。其余奇门遁甲，天文地理，医卜相画，一艺可称，即准到馆”。他令苏观生主其事，表示凡有“奏闻，朕必即时召对。或有天下穷民衣食不给，婚丧无资，亦准报馆陈情，以凭恩济”。这是最大限度地争取与收罗人才的措施。

他还明确忠奸。他判定马士英、阮大铖为毁国败类之首，俱革职为民；肯定曾“举兵犯阙”、被马士英称为“左逆”的宁南侯左良玉“忠勇”，其起兵“有名，且非其意”，予以谅解，并肯定其是有功之人。此外，他对左良玉之子左梦庚则表示“尽释前罪，君臣相待如初”，对曾受诬被马士英下令逮捕的袁继咸予以昭雪，连同“朕之旧德”何腾蛟，“救时之臣”杨鹗，“久负重望”的樊一蘅，此五人俱加一级；又以四川总督王应熊“力支危疆，厥功非细”，进少保，授为武英殿大学士。这些举措展示了隆武帝尊重爱惜人才的宏大胸怀与气度，展示了新朝伊始便咸与维新的不凡姿态。[①]

①以上数段的史实与引文见佚名：《隆武纪略》，载《台湾文献汇刊》第1辑第1册，第29—50页。

但美中不足的是，举行盛典的这天天气恶劣："大风震起，拔木扬沙。"隆武帝起驾回宫时，"尚宝司卿坐马忽惊跃起，玉玺坠地，损其一角，人咸异之"。①

四、励精图治，广选贤才

隆武帝朱聿键于福州称帝时，清军已进军浙赣，形势已相当严峻。对此，他有较为清醒的认识，看到了清朝是南明的主要敌人。在这点上，比起弘光朝来说，他高出一筹。弘光朝认敌为友，并在这个认识的基础上确定国家大政方针和战守策略，终致一朝覆亡。隆武帝在接受群臣拥立之始，即准备监国之时，已明确提出要"恭行天讨，以光复帝室，驱逐清兵，以缵我太祖之业"②，并发誓"不与寇盗并立于天壤"③。而他称帝之后，于登极诏中更明确认定清朝是国家的首要敌人。他是这样说的，也确实积极向这方面努力去做了。

隆武帝极力征召能臣与杰出之士入朝，在登极之后，便立即将登极诏中所宣布之事一一落实。不拘一格广收人才，是他称帝后最为突出的一项治国措施。当时几乎所有人望都被他收罗入朝，被任命为大学士的二三十人，便是诸臣中的佼佼者，如何吾驺、蒋德璟、黄景昉、朱继祚、林欲楫、路振飞、曾樱、熊开元、姜曰广、吴甡、高弘图、郑三俊、陈子壮、黄鸣俊、林增志、李先春、陈洪谧等，"一时耆硕，尽列卿贰"④。

值得注意的是，隆武朝所任命的大学士虽多，但隆武帝慨然振作，亲理朝政，凡票拟多自为裁决，而诸多入朝大学士"俱闲无事"。还有相当多被任命为大学士者，因远在他方而未至朝廷，"军国大政一委芝

①计六奇：《明季南略》卷七《闽中立唐王》，第303页。
②陈燕翼：《思文大纪》卷一，载《虎口余生纪》第121页。
③陈燕翼：《思文大纪》卷一，载《虎口余生纪》第126页。
④钱澄之：《所知录》卷一《隆武纪年》，第17页。

龙，行朝仰成而已”。[1] 新朝一建立，郑芝龙即牢牢掌握实权。

尽管许多人只是遥授，但这也反映了隆武帝容人纳物、力图重振大业的气度。

苏观生是拥戴元勋，隆武帝授其为吏部右侍郎，加东阁大学士，并令其负责主持专为招纳贤才而设的备贤馆。

隆武帝对黄道周尤为仰慕。当初张家玉向他推荐黄道周时，他便说：“得此商彝周鼎，当为廊庙羽仪。”[2] 他称帝后，以道周乃“人望所归”[3]，特用为吏部尚书，为首辅大学士。

隆武帝起用旧辅臣何吾驺、蒋德璟、黄景昉为大学士，更表现出了极大的诚意。其中，蒋德璟是被隆武帝的诚意感动而入朝的。

蒋德璟，字中葆，福建晋江人，天启进士，改庶吉士，授编修。崇祯时官至礼部尚书，兼东阁大学士。当时，周延儒、吴甡各树门户，德璟傲然自持，无所比附，立朝敢言，主持正义。被斥退的黄道周获重新召用，因言获罪的刘宗周被免罪，皆德璟之力。崇祯十七年（1644）因反对练饷事，被崇祯帝免职。弘光朝立召其入阁，乃自陈三罪而力辞不赴。朱聿键监国伊始，得知蒋德璟正在泉州，便敕谕吏、兵二部敦请其入朝。敕文说：

> 今中兴伊始，朕志切亲征，密勿必得匡赞之臣，始可或从行或分任居守燮理之重务。原任辅臣蒋德璟，简重于先帝，久饫其经纶。况学博古今，度具忠亮，着以原官起用佐理。着新授行人张廷榜星速敦聘，即来行在，与朕分劳。[4]

隆武帝态度诚恳，期望甚高，但蒋德璟以患足疾为由，推辞不来。聿键见其回话后又亲书一谕，遣官持之再行敦请。其文大意是：先帝曾委卿以重任。昔日我为藩王之时即已闻卿名，我的治国原则是倚重于

①邵廷采：《东南纪事》卷一《唐王聿键》，第151页。
②邵廷采：《东南纪事》卷一《唐王聿键》，第152页。
③钱澄之：《所知录》卷一《隆武纪年》，第17页。
④陈燕翼：《思文大纪》卷一，载《虎口余生纪》第140页。

旧日老臣。我知道南京弘光时曾召用卿而卿不赴朝，这是卿“进退节全”之举。我虽然不敢自称明主，但殚精竭虑，希望能重振国家，因而“盼卿如渴”。昨天虚传说卿奉召已来，我高兴得夜不能寐，随即传谕侍臣，不必拘泥于礼节，当卿至时即于便殿相见。结果没有此事，令我怅然，若有所失！我盼了一个月，接到的却是辞职奏疏，真令我大失所望。足疾未愈本自有治疗之法，为何经世济民之名臣，竟如此不支持我！他最后说：“朕诚薄德，还念高皇，定不准辞。十日之内，断望卿到，慰朕至怀！”① 这种求贤若渴的至诚之心十分感人。蒋德璟再也不能推辞，遂于聿键尚未称帝之时即迅速入朝。

隆武帝广收人才，不论与己有深情者还是与己不和者，只要才能出众的，他均设法罗致。他特别记人之功、记人之恩。陈奇瑜是当年聿键在南阳藩邸遭遇迫害时使他得以解困之人，他称之为“奉藩恩官”。而路振飞在他被囚禁高墙、窘迫难堪之时，对他深情关照，他称之为“守困恩官”。他称此二臣皆为日夜思念的“续命之人”，希望能早日见到，甚至将他们写进诏书之中：

> 有能以二臣真知确信来奏，即可来至，朕得相见者，立赏银二千两，仍授五品京官。②
>
> 有守困恩官路振飞，访察莫遇，日夜思念，非仅一时豆粥麦饭之感！③

诏书写得情深意切，表明了隆武帝急于找到恩人的心情。

松江县生员孙久中奏报说，路曾流寓在洞庭，有踪迹可寻，愿前去寻访。隆武帝便亲自写一道敕谕令孙前往找寻，果然找到了路振飞。路振飞来到福州觐见隆武帝，隆武帝立即拜其为太子太保、吏兵二部尚书兼文渊阁大学士，赐宴，至夜方撤烛送归，解玉带赐之，并任命其一子为职方员外郎，又录守淮功，荫锦衣卫千户。路振飞深感知遇

①陈燕翼：《思文大纪》卷一，载《虎口余生纪》第140页。

②佚名：《隆武纪略》，载《台湾文献汇刊》第1辑第1册，第46—47页。

③陈燕翼：《思文大纪》卷二，载《虎口余生纪》第153页。

之恩，竭诚报效，多犯颜直谏，积极辅弼治国。他见隆武帝往往训斥廷臣因循无为，深感不妥，便当面启奏：

> 陛下谓臣僚不改因循，必致败亡。臣谓陛下不改操切，亦未能中兴也。陛下有爱民之心而未见爱民之政，有听言之明，而未收敢言之效。喜怒有时轻发，号令或至屡更。见群臣庸下而过于督责，因博览书史而务求明备。凡陛下之所长者，皆臣之所甚忧也。

奏疏把隆武帝的不足之处分析得一清二楚。隆武帝对路振飞如此直揭己过，深为感动，“优旨褒纳”，予以肯定。一天，路振飞进呈一份《练义勇说》的奏疏，这是加强军事力量的建议书。隆武帝阅后十分高兴地说：“此真安攘大略，当为卿作序颁行之。”① 君臣相知，十分默契。后来隆武帝出逃，路振飞追赶，未能赶上。汀州破，振飞走居海岛，后赴永历帝之召，卒于途。

陈子壮是崇祯时直言敢谏之士，曾因反对崇祯帝推行宗室换授法并与唐王展开激烈辩论，毫不妥协，而获罪遭除名、下狱、坐赎徒归。隆武帝登极后对这位有不同政见之人并未歧视，特授其东阁大学士。当然，对隆武帝有“宿憾”② 的陈子壮没有入朝。

隆武帝为笼络人才、安定人心，采取了许多相应措施：

一是给马士英定性。当清军进攻南京时，马士英不顾弘光帝，自奉太后逃至杭州，杭州人不相容。清军旋至，马士英弃太后，乃带着辎重与部下数千将士奔逃。当时，各地抗清将领等纷纷揭发其误国之罪，加以驱逐，他也不为浙东所容。本来，隆武帝对其亦毫不客气，其登极诏称马士英是毁坏国家的败类，革职为民，不许其再行招摇，不过也给以出路。然而马士英并不死心，虽然获悉隆武帝对自己定了性，仍积极要求入仙霞关。隆武帝本拟坚拒，因碍于素与士英友善的郑芝龙一再为其说情，不便亲自下令拒绝，而令阁臣就此事集议。阁

①温睿临：《南疆逸史》卷一七《路振飞》，第 113 页。
②张廷玉等：《明史》卷二七八《陈子壮》，第 7131 页。

臣遂议马士英道：

士英蠹国偾师，祸延宗社，擅权纳贿，怨结生灵，眷私兵以致寇，为凶暴于国门。拥天子以出居，遂卖君于中道。繇昔言之，误我圣安皇帝，误我慈禧太后（按：指弘光朝太后），蒙尘播迁，罪在天下，当为天下之所共诛。繇今言之，不奉隆武之朔，不请藁街之辜，矫虔狠戾，罪在兴朝，当为兴朝之所共讨。今江右有马兵象兵，皆云滇南遗孽；湖东有惠登相、金声桓，亦旧与奸辅关通。士英若能图功自赎，以黔人收滇兵，为功甚易；以马兵收众贼，奏效非难。倘有桑榆之勋，略宽衔橛之路，亦诸臣所以曲体天心，弘开法网者也。

阁臣此议痛揭马士英恶行劣迹后，给予其立功自赎的机会：待有立功的表现，可放行入闽。议上，隆武帝遂敕谕各关口兵将："毋得放逆辅马士英入关。"①

后因马士英一再恳请入关，廷议起了变化，有左袒赞成者，有犹豫不决者。而礼部尚书黄锦则建议应定其为"罪辅""逆辅"。太常寺卿曹学佺则上《罪辅不可入关公揭》，全面深入地阐述了拒绝的道理。由此可见，反对马士英入闽者众。面对此情，隆武帝以众议难违，于是颁敕，正式定其为"罪辅""逆辅"，表明自己疾恶如仇的鲜明态度，但仍然给予出路："只许其图功自赎。"② 当然，这与登极诏所颁原则是一致的，许自赎实是给出路。

二是杀闻警怯懦之官员。八月十四日，隆武帝下令将邵武知府吴文炜及推官朱健逮捕入狱，旋即处死，"以其为守土之官，不能安辑讹言，反至倡乱，罪不可原"③。原来这两个人彼此攻击，互相揭发，当谣言四起、警报频传之时，却均把家眷迁出府署转移他处避难。因此，隆武帝下令将两人处以极刑，以为不能恪尽臣职者之戒。

①陈燕翼：《思文大纪》卷二，载《虎口余生纪》第146页。
②陈燕翼：《思文大纪》卷三，载《虎口余生纪》第171页。
③陈燕翼：《思文大纪》卷二，载《虎口余生纪》第155页。

三是旌奖忠义之士及忠义之举。如赐资助饷银三千两的武选郎邵鸣俊（侯官县人）“义冠闽臣”[①]金匾。南平县平民张安礼、林中桂、张孝直于数百里外“躬进米豆酒浆，远迎王师”，隆武帝各赏银牌一面，并赐号“忠良处士”，“以旌义举”。[②]追赠诸生翟羣为翰林院待诏。翟羣是江南人，他立志抗清，“以复仇雪耻自负”。隆武帝即位后，他到福州“建言谏诤，不遗余力”，却不接受官职，不久病故，隆武帝很感动，特追赠此官，并说：“朕视忠臣过于骨肉。一臣云亡，朝廷即少一助。”并赐金立碑，又赐四语令刻于碑上。四语云：“生既尽君臣之义，死亦凛华彝之防。名称大明正士，实关天地纲常。”[③]

隆武帝爱憎分明，褒忠义，拒奸臣，目的是广收人才。他任命张家玉监永胜伯郑彩军时，曾命兵部多发札付（古代文书名，此处指任命状），并嘱咐说，发札付时“不宜吝，亦不宜滥。滥则人视之太轻，弊且有甚于吝”[④]。此举出发点是鼓舞士气，多收人才。他确实是这样想的，甚至“诏宽逆案之禁”。隆武二年（1646）二月，他颁谕说：“北京陷于东林，南都亡于魏党，厥罪维均。今中兴之初，嘉与维新，其附珰诸臣，概予洗涤，以收后效。”[⑤]这是明智之举。其实在此之前他已指出，大臣在朝中植党相攻，受害的是国家。他说：“历代之受患，莫过于群臣朋党之最大，于今两京之覆，二帝之伤，皆此故也。”“党害亦已甚烈矣。”他认为明朝党祸起于万历末年，至此以来，“东林魏党，门户马党，交激递变，而有如此之痛效矣”。因此，他下决心说：“朕今志在荡平，尽去诸党之名。”他又说：“‘去寇易，去党难。’然党不去，寇不驱也，审矣。”[⑥]从危害社会的角度来说，他认为“党祸”甚于“寇祸”。这是很有见地的思想，是经受惨痛教训后的经验之

①陈燕翼：《思文大纪》卷三，载《虎口余生纪》第173页。
②陈燕翼：《思文大纪》卷三，载《虎口余生纪》第181页。
③陈燕翼：《思文大纪》卷七，载《虎口余生纪》第260—261页。
④陈燕翼：《思文大纪》卷二，载《虎口余生纪》第159页。
⑤温睿临：《南疆逸史》卷二《绍宗》，第16页。
⑥陈燕翼：《思文大纪》卷三，载《虎口余生纪》第166页。

言。人们经受了历史巨变之后，沉思既往，对是非功过已有所领悟，所以当隆武帝提出宽逆案之禁时，并未像当年弘光朝起用阮大铖时引起那么大的震动和那么多的反对。

隆武帝更希望诸臣皆能摒弃成见，尽弃党派之别，共赴国难。他深情地希望获得贤才，助其恢复大业。诗言志，他以《秋日山居信笔》为题赋诗曰：

西风间天地，山巅眺素云。
物外何所有，顺此希夷心。
出处一故我，四海彻冲襟。
啸歌亦帝籁，溪面吹沄沄。
空洞千万古，总如寸一真。
善听呦呦鹿，远调在疏林。
我思将可见，画易有同心。[①]

他勾画出一幅贤才麇集的画面，诚可谓思贤若渴。

第三章　卓越与短视

一、突破常规，举措非凡

隆武帝对现实与历史上难以解决的问题，更以非凡的魄力采取了惊世骇俗的举措，在历史上留下了深深的印记。

首先是隆武帝同意招抚大顺军余部，以共同抗清。弘光元年（1645）五月，即弘光政权覆亡之际，李自成在通山县九宫山牺牲，几十万的大顺军余部陆续撤入湖南。湖广总督何腾蛟、湖北巡抚堵胤锡

①陈燕翼：《思文大纪》卷三，载《虎口余生纪》第167页。

为化敌为友，前往招抚，获得成功。十一月，何、堵二人疏奏朝廷，请求朝廷接受大顺军余部的归降，封李锦、高一功等侯、伯。隆武帝权衡利害，觉得封侯有利，决定批准何、堵之请。但大学士蒋德璟、路振飞、林增志等坚决反对，他们说："李贼破北京，罪在不赦，其党安得封拜！"对此，隆武帝也未仓促做出禁止招抚的决定，而是进一步征询言官的意见。

御史钱邦芑上疏：

> 方今国家新造，兵势单弱，高、李诸贼拥三十万众于楚中，若不以高爵招之，彼必不为我用，全楚非我有也。今出空爵于朝廷之上，一日而得三十万之兵，免楚数百万生灵之涂炭，孰得孰失？即汉高王韩信于齐，岂得已哉！今当权宜假以封号。①

他主张授其爵，以招抚之。

翰林侍讲兼兵科给事中张家玉、御史顾之俊更联合上《破格收揽，以资中兴大业疏》，疏称：

> 臣闻帝王之兴，必有跳梁跃冶之辈为之前驱。由治之乱，此辈为罪之魁；由乱之治，此辈为功之首；亦在乎驾御之而已。唐用回纥，汉用尤来、大枪，已事皆然，非今日始也。
>
> 臣偶阅科抄，见湖广抚臣胤锡《恭遇非寻常之主》一疏，不觉拊膺叹曰："吾皇中兴，在此一举矣。"据抚臣称，贼将李锦、高一功等，原系分守西北，倾慕真主，悔罪投诚，转战千里，杀虏逾万，能已见矣。及抚臣单骑入营，貔虎之士，不下数万，吴、楚、秦、晋直欲以气吞之，此真百战雄师，天留之以资陛下也。但原疏所请破格加恩如侯伯等爵，见者未免疑之，臣独以此弥服抚臣大略也。尝读史，汉王追项羽至固陵，诸侯期会不至，张良劝王，睢阳以北至谷城，皆以与王相国，越自陈以东傅海，皆以与齐王信，梁、楚九郡，一时分割殆尽，似为非计。然不如是，

①计六奇：《明季南略》卷一二下《堵胤锡始末》，第403页。

项藉（籍）不亡。诚以事机顷刻，自非可以常见测度也。

今诸将一时并侯，必有谓其野性难驯者，有谓其尾大不掉者。然使不少如臣请，必且发愤陆梁，掉臂而去，转而复合于野，皇上度半楚力，能办虏复能办寇乎？借使能办，亦须糜饷数万，杀人数万，血战而仅克之，楚力已竭，于西北而皇上不得一兵之用矣，孰与不糜一饷，不杀一人，一纸诏书，坐收数万精兵之用哉？难者必曰："督臣何腾蛟，仅晋伯爵，而诸降将，位列通侯，不便节制。"不知官守戎索，原自不同，加恩晋爵，须出不意，非仅恃文法拘牵可以得其死力也。使议论稍异，意气稍沮，后日即以五等招之，岂为我用哉？而何侯伯之足惜也。且使数万贼众冲突反噬，诸臣有能为皇上剿而定之，虽欲不侯得乎？进则焦头烂额，而退则曲突徙薪，臣未见其可耳。伏乞皇上念事功难成，机会不再，大破庸常之见，速俞楚抚之请，令胤锡即监其军，乘彼锐气，会师金陵。而我复整水师，浮海溯江以邀之，虏将自溃，则孝陵可计日而见也。臣家玉、之俊不胜激切待命之至。①

此文征引历史先例，力陈授爵所收奇效，可谓识见高远！他们认为招抚事关重大，"吾皇中兴，在此一举矣"。他们认为招抚是有利无害之事，特恳请皇上"大破庸常之见，速俞楚抚之请，令胤锡即监其军，乘彼锐气，会师金陵"。

这些奏疏坚定了隆武帝的决心。隆武帝于是下诏批准何腾蛟、堵胤锡对大顺军余部进行招抚。随即，他赐高、李所率诸营名为忠贞营，赐高一功名为高必正，李锦名为李赤心，皆封为侯爵，并封高氏为贞义一品夫人，诸将亦封赏有差；另赐郝摇旗名为郝永忠，授总兵官、都督同知。隆武帝还高度赞扬李锦之婶母即李自成夫人高氏在大顺军余部归明中的作用，在颁给高氏的诰敕中说：

朕念赤心以真正英贤，昔日托身非所，乃今翻然悔悟，竭奉

①张家玉：《破格收揽，以资中兴大业疏》，载《张家玉集》第50—51页。

中兴。虽名臣必待真主，亦赖其有贤母而端慈训也。近据地主督抚连章报其至诚归戴，业已挂印封侯。侯朕驻跸武昌，然后面锡铁券。再允督抚之奏，钦旌母德之贞。尔以善教为慈，赤心以遵母为孝，慈孝既萃于尔门，忠义必恒于功业。特赐尔封为贞义一品夫人，给与恩诏，仍着有司监坊，敕文用“淑赞中兴”。朝廷风标万方，尔门芳留百世。皇后闻之，再三嘉叹，面请加恩，赐尔珠冠一顶，表里四匹，令闻远被，以显纶恩。尔高氏当时以大义训赤心，俾其一德明良于终始，全恢江省，立复金陵，一统功成，尔子拜爵于奉天殿，尔身受恩于坤宁宫，史册昭然，岂不伟欤？尔母子其钦承朕命！①

此招抚之策使明王朝多年的宿敌顷刻之间变成捍卫国家的干城，尽为己用，这实在是惊人之举。而隆武帝这样做的目的是相当明确的，即令其担起抗清重任，从“全恢江省，立复金陵（南京）”到“一统功成”。他胸怀大志，决心重整河山，一统天下。

处理此事时，堵胤锡非凡的识见与气魄起了重要作用，也证明了他是难得的人才。

堵胤锡，字仲缄，一字牧子，号牧游，南直隶宜兴人。生于贫寒之家。少遭不幸，父母早亡。十九岁起，充塾师训蒙以糊口，备尝艰苦。然豪放不羁，嗜酒，好大言。曾购一玉印，上刻“三不要痴男子”字，寓“不要钱，不要官，不要命”② 之意。崇祯十年（1637）三月，中进士。他痛念自己幼而哀孤，长而漂泊，对父母生无以养，死无以葬，岁时不能以祭，深为抱憾，乃乞假归里，自九月为父母守墓，至次年六月，共二百七十天。时人传颂，黄道周特著《礼问》一篇，以表彰其孝道。③ 崇祯十二年（1639）四月，授南京户部主事。次年二

①陈燕翼：《思文大纪》卷五，载《虎口余生纪》第218页。

②《文忠公自编年史》注，载堵胤锡：《堵文忠公集·年谱·堵文忠公年谱》，清光绪十三年刻本。

③王夫之：《永历实录》卷七《何堵章列传》，第66—67页。

月，莅北新钞关分司，以精勤任事，户部尚书倪元璐对他的评语是“司关清惠，为天下第一”[①]。后历官至长沙知府，为保境安民，立镇南新营，其知兵之名声震朝野。弘光朝立，调任武昌兵巡副使，旋改督学道，在任期间注意选拔、培养人才。弘光元年（1645）四月，奉命摄湖北巡抚事，驻常德。隆武朝立，拜右副都御史，实授巡抚。在巡抚任上，他上《恢复十急务疏》，网罗奇才，并遣王之宾等广招兵卒，决心经理荆、楚，以复中原。[②] 至是，乃出招抚大顺军余部之奇谋，被隆武帝采纳。

为了恢复大业，隆武帝更以宽广的胸怀虚心纳谏，对现实中难以解决的问题采取通融之策。鉴于当时形势已相当严峻，人心动荡，如何掌握好政策分寸，关系到能否赢得人心，他要求臣下尽忠尽职，对平民百姓要爱护。他即帝位之初，在所颁二十六款中即提出“有发为顺民，无发为难民”[③] 的政策。随后，他敕谕各衙门“不许一切害民冒功等事”发生，并一再重申“有发为顺民，无发为难民”[④]（或作“有发为义民，无发为难民”[⑤]）的政策，且谆谆告诫臣下：“兵行所至，不可妄杀，‘有发为顺民，无发为难民’，此十字可切记也！”[⑥] 如攻入清朝占领区后，“许小民被清强迫者竖义民旗，自为别白。一时网中（巾）难觅，以蓝白布缠头，兵将不得擅杀”[⑦]，“民不得已从清，情实可矜”[⑧]，“江民苦兵，甘为彝用，情罪可原”[⑨]。当然，其目的是争取人心。当时清军在其所至之处强制推行剃发令，严令百姓剃发。而南明军队与清军交战中凡遇已剃发的百姓“辄杀不问”，促使已剃发

①《堵文忠公集》附录《墓表》。
②《堵文忠公年谱》，载《堵文忠公集·年谱》。
③佚名：《隆武纪略》，载《台湾文献汇刊》第1辑第1册，第33页。
④陈燕翼：《思文大纪》卷三，载《虎口余生纪》第164页。
⑤陈燕翼：《思文大纪》卷五，载《虎口余生纪》第219页。
⑥邵廷采：《东南纪事》卷一《唐王聿键》，第152页。
⑦陈燕翼：《思文大纪》卷五，载《虎口余生纪》第212页。
⑧陈燕翼：《思文大纪》卷六，载《虎口余生纪》第232页。
⑨陈燕翼：《思文大纪》卷五，载《虎口余生纪》第219页。

的难民多投靠清军，甘做清军向导，结果出现南明军队“咫尺不得虚实，饷道俱绝”的严重问题。后来监军张家玉坚决执行了隆武帝的十字政策，攻入清朝占领区后，凡遇已剃发者，则“设小牌，免死给与”，遂出现了“难民欢呼，来归者千百人”的景象。①

隆武帝为扭转困难局面，不仅要争取兵、民，更要竭力争取官员。十月，他任命监察御史林兰友巡按江西，整饬地方并联络义师。林兰友行前，他语重心长地颁布谕旨：

> 尔此行着显破情面，明竖担当，大展忠猷，令人指日。如此行事，方是中兴之骢马；如此激扬，方是天子之法臣。尔是朕亲简之人。尔之不善，即朕不明；尔之有为，亦朕善用。江民憔悴于贪政久矣，切切以朕“先教后刑，先请后发”八字行之。又八字曰：“小贪必杖，大贪必杀。”真能代朕行此十六字，始不负人君耳目之寄。根心而行，休说谎话！至谕切谕，想着记着！②

在此谕旨中，隆武帝反复叮咛，谆谆告诫，惩治贪污，要严肃吏治，改变地方面貌，态度坚决而又明确。

隆武帝致力于明朝历史遗留问题的解决。如前所述，早在朱聿键即帝位之初，于登极时所颁二十六款中，最为醒目的即第十款追赠建文君臣。③ 而后，他将此历史问题继续清理，不留死角地逐一解决，“以存千古至公”。隆武二年（1646）四月，他敕谕阁部、院寺、科道各衙门道：

> 朕以太祖亲孙继统，无一时不以太祖圣心为心，批答文书之后，偶取辅臣德璟所进新纂玉牒观之，朕心有大不安者两事：一为建文君，今追尊惠宗让皇帝之亲弟吴王允熥、衡王允熞、徐王允熈，乃懿文太子，今追尊复称孝康皇帝之嫡子。燕兵进京，后皆为成祖降废，此万世纲常，必不可颠倒者，断宜追复，仍加谥号。若

①邵廷采：《东南纪事》卷一《唐王聿键》，第157页。
②陈燕翼：《思文大纪》卷三，载《虎口余生纪》第170页。
③佚名：《隆武纪略》，载《台湾文献汇刊》第1辑第1册，第36—37页。

成祖所给之降号，曰“广泽”，曰“怀恩”，曰“敷惠”，曰“瓯宁”，俱不当用，以仰慰太祖之灵也。至于惠宗，君临四载，恭俭仁孝，实是继体贤君。嫡子文奎，已立为皇太子，宜加谥号，以明典礼。至于惠宗少子某，出凤阳者五十余年，若遵祖制，应有亲王之封。今乃生遭齿辱，以至殒身，至今仍称建庶，断当速速改正，追加封谥，以存千古至公，非挽回天意人心之一端乎？一为太祖皇子诸王，分封二十四国，内有齐王榑、谷王橞，俱在永乐年间，各以罪废，降为庶人，除国削爵，身不善终。虽二王有自取，然其情各有不同。谷王橞始奉惠宗委托守城，乃激烈一时，开门迎敌，后复谋为非分，是橞之罪不在蜀王讦其不轨，实在献金川门户之一事。致惠宗之出奔，陷成祖于不义，仰体太祖情法之平，仍与降废，称曰庶人，诚不为过。惟朕追念太祖创业艰难，谷庶人橞，当从靖江□□为法，替其身而为戒，继其祀以存亲。齐王榑虽云不法，激言致祸，时势实然。先废后杀，罪不至此，何其惨也！宜复齐王之封，仍加恭字为谥，祀之宜继，断断必然。允熥追复吴王，允熞追复鲁王，允爈追复徐王，建庶人文□追封润王。四王概加追谥，曰“哀”，曰“悼”，曰“愍”，曰“怀”，并惠宗皇太子追谥为“和简”，都着行在一面榜示行朝，令天下晓然遵守。

朕俟十五日拜告于我太祖圣位前，庶全三百年未明之大义，垂千万世伦理之芳模。仍宣付史馆，改正实录。特谕。①

同月，隆武帝下令安置靖庶人于连江，敕令据守该地的奉新王对其严加管束，不许他接触外人，或向外透露出一字，“若有毫厘疏虞，地方官从重加法，王责亦无所辞”。②

靖庶人，原是敕封广西桂林的靖江王朱亨嘉。先是，隆武元年（1645）八月，隆武帝颁诏至广西后，朱亨嘉拒不受诏，且蠢蠢欲动。在其宠幸之臣顾奕、吴之琮、杨国威、张龙翼等人鼓动下，朱亨嘉自

①陈燕翼：《思文大纪》卷六，载《虎口余生纪》第236—238页。
②陈燕翼：《思文大纪》卷六，载《虎口余生纪》第239页。

称监国于桂林，随后发兵梧州，将不从己令的广西巡抚瞿式耜逮捕，占据梧州，逼向广东。隆武帝得报，立削朱亨嘉王爵，贬为庶人，并下令讨伐。两广总督丁魁楚得瞿式耜的密报，急出兵用计一举击溃之，执亨嘉，于隆武二年（1646）正月，械送至福建。隆武帝得到奏报，遂向丁魁楚等颁诏道：

卿调度兵将，悉合机宜，成功甚速，朕心嘉悦，立颁殊赏。靖庶悖逆，自有祖宗法在，非朕得私。亨甄（歅）册命冕服，赍送维难，已命制铸，遣广西试臣陈天定、林明兴带差行礼颁行了。土司赦罪加恩，胁从文武，一概宽宥，及雪济残虐宗民，俱照前旨行。其从逆顾奕等俟解到正法。惠潮寇警，已着唐显悦同地方官收剿，与卿共夹攻之，以收底定之功。[①]

此诏中的“亨甄”，为“亨歅”之误，其乃朱亨嘉的堂兄，这是说朱亨嘉作乱获罪，仅惩处其个人，而靖江王之封仍存，令朱亨歅承袭王封，以示不变祖宗体制。二月，靖庶人朱亨嘉被械送至延平。隆武帝遂命锦衣卫王之臣“用心防护，无得疏虞”；同时敕令刑部侍郎马思理安置靖庶人，“还要酌议妥当”；并将“所刻靖案”，作速颁行于在闽亲王、郡王，令其具议来奏，以服天下万世之心，不可草率，亦不许迟误。[②] 他稳妥、细致地处理了善后，不生枝蔓，不给当时与后世留下口实，展示了其虑事之周。

二、严于律己，誓为表率

隆武帝面对条件窘迫、艰难困苦的实际情况，为实现政治抱负，决定以身作则，从自己做起。最突出而且感动臣民的是他的节俭清慎、

①陈燕翼：《思文大纪》卷四，载《虎口余生纪》第194—195页。

②陈燕翼：《思文大纪》卷五，载《虎口余生纪》第215—216页。按：或谓靖江王被“械至福州，奉旨斩于市”（见计六奇：《明季南略》卷七《杀靖江王》，第306页）。此举可能性不大，仅录此聊备一说。

洁身自好和勤政精神。

隆武帝朱聿键极为注意自身形象，严于律己，生怕有闪失，处处给臣民树立榜样。他在监国伊始所颁十六款中的第十六款，就是谈以身率下事。他说：

> 孤天性至真至实，不酒不色，十四岁即喜静修。今以国步艰危，祖宗无倚，万万不得已，勉从臣民监国之请。先必以身率下，综核名实，期以真精神流注四方，格天感人。①

而隆武帝登极之时，颁示的二十六款中的第二十三款，仍是强调严格律己的自身修养、人生信条及处世原则。他说：

> 朕不饮酒，不好色，不爱财，不忘旧德，不记旧怨，恶欺诈而喜诚实，恶轻薄而喜忠厚，恶破费而喜俭省，恶浮浇而喜老成，恶谄佞而喜正直，恶变乱而喜遵祖制。与夫好读书，好清谈，皆天性也。兹以一隅誓复旧疆，急求者三事：贤才也，古书也，愿攻朕躬也。天下有能献此三事，则是忠臣。明验若其重且大者，朕则拜而受之矣，毫无虚借，朕不食言。②

三事即为保证“以一隅誓复旧疆”这一总体目标实现的三个着重点，抓住重点全力以赴，问题便迎刃而解。这三点是：一、极力笼络治国安邦人才的目的在于收复疆土，振兴明朝；二、搜求古书反映了他一贯好学不倦、一刻未尝停止获得新知的精神风貌，在此登极之时提出此问题则更有新意，即细心阅读，从古圣先贤那里获得灵感，以武装头脑，求使恢复之策更高一筹；三、所谓“攻朕躬”，即要求臣下指陈己之过失，以使己之言行决策正确无误，且有利于驾驭天下。总之，这三点看似不经意之言，实则蕴含深意，突出反映了他以全副精神倾注于恢复疆土、复兴明朝之事上，展现的是他求真务实、严于律己、处处为臣民表率的形象。而且，他说到做到。

《思文大纪》记载称隆武二年（1646）正月，朱聿键下令禁止为己

---

①佚名：《隆武纪略》，载《台湾文献汇刊》第1辑第1册，第20页。

②佚名：《隆武纪略》，载《台湾文献汇刊》第1辑第1册，第45页。

建立生祠，即歌功颂德的纪念馆。当时，天兴府贡生郑献可敬献谄媚之词，称帝“实心爱民”，请设立生祠，以祝万寿。隆武帝得奏立即下诏斥责此乃“无妄之事”：

> 朕绍大统七月，祖陵不见，疆土不复，臣子因循不能变，百姓汤火不能援，擢朕之发，不足数朕之罪。惟此一念身殉太祖，天地临之。自登极入闽，上无血性担当之倚，下无爱民如子之臣，出饷之征，累我百姓，朕实痛心。有何功德，而作此无妄建祠之事？且即中兴一统，亦断不学丧心文武，剥了民财，还受献谀生祠之事。郑献可速速停止，无重累吾民，增朕之罪过！御营该部速行文与该抚按传云。[1]

隆武帝更注意生活细节，以作臣民之榜样。他在从浙江向福建行进时，已经处处谨慎节约，不张扬、不扰民，并自己出银以修葺福州将要作为宫室用的房舍，而不许取诸民间，这赢得了民众的好评。在颁发将要亲征敕谕的当天，他又发出安民告示，特由司礼太监庞天寿传谕：“行在各用物件，惟以俭朴为本，有司官不得违旨阿奉，以害民生。”“行宫中不许备办金银玉各器皿，止用磁瓦铜锡等件，并不许用锦绣洒线绒花帐幔被褥，止用寻常布帛。件件俱从减省，成孤恬澹爱民至意。违者即以不忠不敬治罪。”[2] 他“性俭素，伤国家多难，敕断荤酒，衣大布衣，后宫十余人皆老妪，于嗜好泊如也”[3]。新册立的中宫皇后曾氏发出懿旨：“命司礼监，觅女厨十名，务要选备精洁妇女。”并提出要求：“用价平买，不许勒骗。”这本是小事一桩，隆武帝得知后仍觉是扰民之举，便立加制止：“不可轻选，失朕大信，朕宁自苦，以慰民心。”[4] 他心心念念的就是要安定民意，争取民心，不要以小节误大事。

---

①陈燕翼：《思文大纪》卷四，载《虎口余生纪》第 193 页。

②陈燕翼：《思文大纪》卷二，载《虎口余生纪》第 143 页。

③钱澄之：《所知录》卷一《隆武纪年》，第 18 页。

④陈燕翼：《思文大纪》卷三，载《虎口余生纪》第 165 页。

隆武帝勤奋好学，勤于听政，文字功底甚深，“批阅章奏，丙夜（按：指夜半）不休”①。因为他“特好读书，博通典故，为文下笔数千言立就”②，凡诸臣“上书陈言及以军国大事奏者，辄以手诏答之”③。按历来的规矩，皇帝的敕谕、诰令等皆由阁臣事先代拟，即所谓“票旨”“拟旨”。隆武帝登极后，虽然仍然存在这个规矩，但“凡馆阁诸臣拟上者，皆屏不用”，而是“亲洒宸翰，洋洋洒洒，诸臣相顾皆不能及也”，“其批旨有多至数百十言者”。④ 凡国家的重大事情他都一一过问，亲自裁定，他的勤奋理政在南明诸帝中绝无其匹。

三、下诏亲征，布局五路

隆武帝登极伊始，即有条不紊地积极展开部署，全面安排朝政，致力于恢复大明天下。隆武元年（1645）七月初六日，他在复杂的形势下，信心满满地颁布亲征之诏。

清军在用武力征服南明的同时，又使用了招抚手段。就在隆武帝举行登极大典不久，清朝招降使马得厂奉命到达福州，要隆武帝削号称臣，束身待命，归降清朝。隆武帝没有丝毫迟疑，当即下令将清使杀掉，以示与清朝势不两立；同时特敕谕文武臣民，他要以此为契机，御驾亲征，讨伐清朝，收复失地。敕谕说：

> 朕今痛念祖陵，痛惜百姓。狂彝污我宗庙，害我子民，淫掠剃头，如在水火。朕今诛清使、旌忠臣外，誓择于八月十八日午时，朕亲统御营中军平彝（夷）侯郑芝龙、御营左先锋定清（虏）侯郑鸿逵，统率六师，御驾亲征，尚赖文武臣，民勇效智力，谋富才能，同报祖宗，以救百姓。有功者，朕必重报，再无

①温睿临：《南疆逸史》卷二《绍宗》，第14页。
②钱澄之：《所知录》卷一《隆武纪年》，第18页。
③温睿临：《南疆逸史》卷二《绍宗》，第14页。
④钱澄之：《所知录》卷一《隆武纪年》，第18页。

食言。特谕。[①]

这是一篇鼓舞士气的讨清檄文，表达了他坚决恢复大明天下的决心。他还敕谕阁部大臣及府州县各官属，凡出现“清”字时，俱去掉三点水，概以“青”字代替，因为清朝国号为大清，隆武帝“不特恶其人，亦且不欲见其字，雪耻复仇之意于兹可见”[②]。

其实，隆武帝是位十分有个性的皇帝，他思路活跃，文采焕发。《隆武纪略》所载的亲征诏，内容详尽丰富，尽情抒发了其驱逐清兵、恢复故国的壮志。其诏书开头说道：

> 制曰：惟天朝运启中兴，正华夷之大义，王师威驱逆虏，急救汤火之穷民。朕自即位十日，切痛高皇帝庙皃。七月初六日，郊外明誓天地：奴寇害我祖君重仇，朕所必报，继复哭拜。臣民若不忘我高庙，同心助朕亲征。

而下文遂一气列举自己所具有的十二个“实”：

> 朕实堂堂不惧死之身，朕实有巍巍不退悔之心，朕实敬上帝，朕实孝祖宗，朕实重亲亲，朕实体文武，朕实爱百姓，朕实有大量，朕实秉至公，朕实忘旧怨，朕实念微功，朕实不贪财、不嗜酒、不好色。

文中更信誓旦旦道：

> 若有一字欺人，天地祖宗立殛。

他认为这是足以令人信服、能够号召臣民担负起大任的巨大优势，凭此优势，足以光复旧业，所以他把握十足地说：

> 朕必定出师成功！

紧接着，他又一口气列举清朝有“肆虐过江”“尽令剃头”等“十大罪”，并言“罪若有其一，必正天讨。朕自到闽一月以来，进素膳，穿布袍，日以忠孝训群臣，慈爱百姓。人人知朕志在雪耻救民，况此福建，家尽礼义诗书，朕未至前，日盼我大明子孙，朕已至后，无人不

---

①陈燕翼：《思文大纪》卷二，载《虎口余生纪》第143页。

②陈燕翼：《思文大纪》卷二，载《虎口余生纪》第145页。

欢呼爱戴”。他随即又指出自身所具的优势，自豪地说：“郑家父子兄弟，实是将星聚于一门，辅臣黄道周盖代之清风，勋臣郑芝龙振古之豪杰。朕仰赖天地人之盛眷。”他对大明中兴充满希望。[①]

他遂决定于八月十八日亲统六师御驾亲征，“兵发五路”[②]，大举北伐，直指清廷。此时所谓五路，包括陆师两路共四支，水师两路共两支，加上隆武帝在郑芝龙军中亲自统率的御营中军及文武五府六部大小诸臣之兵为殿后的总统一路。其具体部署是：

第一路由钦差御营左先锋定虏侯郑鸿逵统领大兵五万，向赣北及浙江进发。此路共分两支：一支令前都督府总兵官施福所率之军，道出广信府，由江西北上；另一支令后都督府总兵官黄光辉所率之军，挺进金、衢，由浙江北上。为此，隆武帝特命定虏侯亲统右都督府总兵官陈顺等，及中军、文武监纪推官、副将、参将、游击等八十员，驰赴军前，居中调度。

第二路，由钦差御营右先锋永胜伯郑彩统领大兵五万，深入江西中部。此路亦分为两支：一支令前都督府总兵官陈秀、周之藩所率之军从汀州出发，直抵南昌；另一支令王秀奇、林习山所率之军出杉关，直抵江西建昌。这是要夺取江西作为继续发展的阵地。为此，隆武帝特命永胜伯亲领都督副将洪旭督运，及中军、文武监纪推官、副将、参将、游击等八十员，驰赴军前，居中调度。

第三路，差派都督总兵官郑联、林察统领水军一万，战船三百号，出惠州、潮州，直抵南赣。

第四路，差派副将李一、崔芝（即下文周鹤芝）统领水军一万，战船三百号，由福宁出发直抵浙江温州、台州，以伺机北上。这两路水军，均听定虏侯郑鸿逵节制。

以上勋臣兵将水陆军共计四路。

第五路，以郑芝龙统率的福州三卫兵为御营中军，而隆武帝坐镇

---

①以上多处引文引自佚名：《隆武纪略》，载《台湾文献汇刊》第1辑第1册，第60—63页。
②陈燕翼：《思文大纪》卷三，载《虎口余生纪》第181页。

其中，为殿后。

隆武帝决定于七月二十八日亲自登台临祭，举行授钺专征大典，同时下令前四路大军星驰电发，齐至南京，速救陷于水深火热的民众；并择定于八月十八日统御营中军，尽起福州三卫、戎政五营兵数万亲征。此五路大军号称共二十万。①

这是个庞大的出征计划，然而多属纸上空谈，不切实际。这是隆武帝不掌握实情所导致的，所谓二十万不过是被远远放大了的数字，因为此时郑氏集团所统辖的闽军不过两万，而可以指挥的江西、广东之兵即所谓赣军与粤军，仅约九千人，总共不足三万，即使加上后来黄道周亲自招募的四千人，亦不过三万三千人。两路水军大都为虚设，更无其实，因为福建水师主力于弘光年间由郑鸿逵统率到江南作战，在与清军于长江激战中几乎全军覆没。郑鸿逵仅率残卒千余人从陆上逃回福建，一艘战船亦未能带出。所以，此时称差副将李一、崔芝领水军一万、战船三百号，皆无其实。而郑联、林察领兵一万、战船三百，出惠、潮，抵南赣，更是莫名其妙，因为从广东惠州、潮州到江西南部全系陆路，水师战船焉能通过？所以此部署实为荒唐。而福州三卫、戎政五营兵也没有数万之众，因为卫所之军至明朝后期大都转而为民，迨至隆武帝即位后，才重新将卫所之军组织起来，亦不过数千人，仅充仪仗队而已，缺乏战斗力。五路大军中，真正能作战的，仅仅是定虏侯郑鸿逵及永胜伯郑彩所统率之军，但充其量亦不过两万人。②

尽管五路出师计划虚而不实，存在重大瑕疵，但却展示了隆武帝的雄心壮志。应该指出的是，隆武帝本欲有所作为，针对实情做出决策，无奈“实情”竟欺骗了他，使他做出不无荒谬的决策，这是很可悲的！这说明隆武帝在决策之时，所掌握的敌我情形皆不甚准确。之所以造成如此后果，是因为实际操控隆武军政大权的郑氏集团，特别

---

①佚名：《隆武纪略》，载《台湾文献汇刊》第1辑第1册，第63—65页。

②徐晓望：《论隆武帝的战略问题》，载《中国史研究》2002年第2期。

是郑芝龙提供了错误信息，欺骗了隆武帝，最终导致出现决策偏差。

这时的实际情况是："芝龙开府于福州……集廷臣议战守，兵定二十万，自仙霞关而外，宜守者一百七十处，每处守兵多寡不等，约计十万。余十万，今冬精练，明春出关。一枝出浙东，一枝出江西。"① 郑芝龙为要挟朝廷颁发饷银，将明明只有两万的闽地军力，硬说成二十万，而粤、赣军力数量与部署情况，显见亦是郑氏提供的。隆武帝则完全相信，并据此做出决策。这就是五路出师部署多有谬误的根源所在。

隆武帝五路出击的部署受到了郑芝龙的严重干扰，这是郑芝龙故意给隆武帝制造的困难，所以此计划自公布之日起，就很难真正落实。两支水路之军既难以成行，以郑氏作统帅的两支陆路之军，更是不能于七月二十八日及时出发。此举已凸显出郑氏对北伐的消极态度，这使有志恢复者心急如焚。

但隆武帝率师北伐的明确目标、志在恢复的坚定意志毫不动摇。为确保五路出师计划顺利进行，隆武帝又进行了如下部署：再差都督府郑芝豹领兵一万，护运御用钱粮；差户部侍郎王观光、兵部侍郎吴震交督诸军的月饷，明各路之军需；差礼科给事中陈履贞"监军于定虏侯"，兵科给事中严道"监军于永胜伯"，有事俱同商榷。行军中如发现州县无官，两侍郎可于随征文武内量才速补，令其即刻视事，一面飞疏奏闻。隆武帝还宣布，御驾亲征期间，"行在京城则暂以皇后垂帘听政"，司礼掌印太监庞天寿负责传命，内阁辅臣何吾驺、林欲楫负责佐理留守，造械转饷则由吏部尚书张肯堂、侍郎王志道负责；又留兵两万令戎政总兵曾德、总兵郭之英率以严守城池，命文武百官皆兼顾战守，并命广东总兵陈邦傅一军由南雄、广西总兵一军由广信前来会合，号召敌境"大小受苦之民，齐赴军前来迎"；又公布行军八项禁令及二十款惠民措施，宣布"定然赏信罚必，断不稍逾时刻"。② 最

---

①计六奇：《明季南略》卷七《郑芝龙议战守》，第305页。

②佚名：《隆武纪略》，载《台湾文献汇刊》第1辑第1册，第65—70页。

后，隆武帝动情言道：

> 於戏！大兵共会于南京，先清未辟之天下，再乘破竹之大势，若不复西北之境土，朕犹是祖宗之罪人。无朕自无中兴，有朕即是一统。概凡西北直省，知朕旰食宵衣，秦晋燕豫之豪杰，齐鲁楚蜀之英雄，来作云台之将相，复我大统之山河。朕以四海天地之爵禄，还尔四海之忠义。定酬功之大典，报我九庙之神灵。县赏县，府赏府，记甚明。德懋官，功懋赏，古今之通制。上可比夏少康之为主，下可似郭子仪之为臣。南阳再受天命，万国共转春风，祖德临照，天下得人，朕复访道崆峒，遂朕冲恬素志。世乱则冕首衮身，率文武共靖神州；世治则竹冠草履，狭宇宙逍遥物外。朕信如四时，朕心如日月，总不负昊天上帝笃生朕躬之至意。布告天下，咸使闻知。①

他坚信抗清定能取胜，决心付诸实践。雄心勃勃的五路出师的宏伟规划向朝野公布之后，引起巨大震动，鼓舞了人们抗清的斗志，朝野上下形成了一种同仇敌忾的氛围。

崇祯进士、曾任临清知州的浙江仁和人金堡，六月与里人姚志卓起兵山中抗清，收复余杭，旋兵败，投奔鲁监国，既而见其无远志，难与共事，遂拒绝其所授予之职，兼程赶赴福州。金堡读了隆武帝所颁亲征之诏后，大受感动，乃于九月上疏进言道：

> 臣伏读殿（陛）下出师之诏，叩头流血，谓殿（陛）下立志如此，必能光复二京。逮瞻企逾时翠华未出，使观望者离心，即砥砺者亦懈体。故千里赴阙，迅请六师。甫至金华，徽州告陷，若兵从淳安，顺流而下，则方国安之兵腹背受敌，从开化步骑并发，直走诸暨，则郑遵谦之兵水陆夹攻，是无浙东也。藩篱既撤，堂奥震惊，臣恐八闽亦难安枕。今日为天下大计，两言而决耳。曰：殿（陛）下出关则混一可期，不出关则偏安亦不可保。今日

①佚名：《隆武纪略》，载《台湾文献汇刊》第1辑第1册，第70—71页。

为江左急计，三言而决耳。曰：不复徽州，不可以保浙东；不复浙西，不可以绝杭州；不复上江，不可以制金陵。请命定边（虏）侯郑鸿逵精兵疾走徽州，即恢宁国；而杭州之事一委之靖边（夷）侯方国安，计国安未能越杭而略浙西，则姚志卓勇而知义，有众七千，见屯临安，全营可拔。[①]

他力言必须迅速出关，离开福建北上，更具体地提出了行动方案。北上是隆武帝的坚定态度，但郑芝龙迟迟不动，致使相当多的抗清者竟按捺不住而当先出战，于是出现五路出师计划内的队伍未动，计划之外的抗清兵马竟抢先而动的局面。这就是黄道周、黄斌卿与杨文骢率先出征的原因。

隆武帝急盼一切臣民都为他抗清复国的大目标效力，对一切有作为的大臣都寄予厚望。兴化卫人黄斌卿，字虎痴，有智术，通文墨，善谈论。后以恩例得授把总，升至舟山参将，累官至江北总兵。弘光朝覆灭后，乃南遁至闽。隆武帝即位之初，他便捐资助军，上奏说舟山为“海山巨镇，番船往来，饶鱼盐之利，西连越郡，北窥长江”，是进取的战略要地。隆武帝听后大喜，便封他为肃虏伯，赐剑印，命镇屯舟山，“得便宜从事”。[②] 斌卿得知五路出师中有一支由福宁直抵温州、台州的水师后，便自告奋勇，愿率水师由海上前进，经舟山径直北上，隆武帝批准了他的计划。

八月十一日，黄斌卿率军离福州前往舟山。隆武帝特于午门饯行，颁发敕书，其中有“一统不全，即朕不孝；三吴未复，即卿不忠。盼望我孝陵，羹墙如见，可怜我百姓，汤火曷归”之语，对黄斌卿期望之殷切溢于言表。随后，隆武帝又率文武群臣于郊外为其饯行，当时“军容整肃，观者夹道”，甚是壮观。[③] 这是隆武朝建立后第一位率军奔赴前

---

①邵廷采：《西南纪事》卷七《金堡》，载《续修四库全书》第332册，第135页。

②温睿临：《南疆逸史》卷五三《黄斌卿》，第414页。按：或称黄斌卿为“莆（按：指福建莆田）人，先以倭功叨世荫，旋以水师战功，又叨世荫”（陈燕翼：《思文大纪》卷二，载《虎口余生纪》第159页）。

③陈燕翼：《思文大纪》卷二，载《虎口余生纪》第153页。

线、出征抗清的将领，也是实践隆武帝大张九伐誓言的第一位大臣。隆武帝自是兴奋异常，他又以诗相赠：

> 朕今伸大义，卿任董恢征。
> 寸心达圣祖，一德壮神京。
> 将廉天地祐，恩遍事功成。
> 终始封劳报，君臣共治平。①

该诗充分展现了隆武帝的理想与抱负。而当黄斌卿于午门等候隆武帝赐饯时，定虏侯郑鸿逵解下所束的玉带相赠，以资壮行，一时传为美谈。史家感叹道："不负君父、不负朋友者，其在斯乎！"②

隆武帝对黄斌卿积极响应抗清号召、首先率师出征之举，感到十分欣慰与感动，为褒奖忠义，乃于十四日颁发敕谕，特加恩赏道：

> 君臣孚信若真，则在近有如父子天伦之喜，在远更有举目身遐之感。卿今远出，朕亦必取卿之亲人，近朕左右。功成带砺茅土之是酬，乃先朝应与之恩荫，而不与卿乎？卿两弟准即借袭金吾；卿子二人，朕为改与钦名，长曰"世爵"，次曰"世勋"，以兆卿家世世昌盛，为我中兴世臣之意。③

黄斌卿率军至舟山，便召集将佐积极部署，令顾乃德、余国泰、朱寿、刘世勋等，设法聚粮、造船、整众，稍有可观；又疏请以崔芝为副手，崔芝"为之延纳士人，招徕商旅，声益振"④。

刚刚送走黄斌卿，十九日，隆武帝又拜杨文骢为兵部尚书兼右佥都御史，提督军务，令其进取南京，并加其子鼎卿为左都督、太子太保。这是一个出人意料之举。

这位弘光时任京口监军、右佥都御史的杨文骢，字龙友，号山子，贵州贵阳人。他颇有文采，诗文绘画甚有特色。弘光时，官至兵备副

---

①陈燕翼：《思文大纪》卷二，载《虎口余生纪》第153页。
②陈燕翼：《思文大纪》卷二，载《虎口余生纪》第153页。
③陈燕翼：《思文大纪》卷二，载《虎口余生纪》第158—159页。
④佚名：《隆武纪略》，载《台湾文献汇刊》第1辑第1册，第85页。

使，于京口监郑鸿逵、郑彩诸军。杨文骢因是马士英的甥婿而为世所诟病，曾被左良玉叱为“行同犬彘”“罪等叛逆”[①] 之人。他在防守长江时被清人以疑兵之计骗过，致使清军突破长江防线，从容渡江。[②] 隆武帝从高墙释放后辗转江南时，曾于镇江与他有一面之识，且彼此谈话投机，对他留有很好的印象。隆武帝登极时，杨文骢写了一份数百字的贺表，特遣使至福州呈上，其老相识郑鸿逵也上疏推荐，黄斌卿离福州北上时途遇杨文骢，又上疏向朝廷推荐，于是才有了上面的任命。杨文骢的贺表极力称颂隆武帝是克勤克俭、“至孝至仁”之人，其表文略曰：

> 一人有庆，新开一统之祥；八郡无疆，大普八纮之瑞。正值隆华之伊始，宁云劫运之方终。庆洽华夷，欢腾朝野。盖自统肇神尧，必以陶唐为祖；功开圣禹，还从明德兴基。淮水戈横，宝剑置开新日月；滁阳鞭指，铁衣重换旧江山。……时当末季，边防撤而胡马渡彼阴山；祸至近郊，朝政浊而蛇虺噬乎上国。抱有君无臣之痛，王策何人；深出此入彼之悲，两京胥没。王纲扫地，帝统在天。兹盖伏遇皇帝陛下，乘乾御宇，拨乱救民。万载瞻依，兆协白水真人之地；六龙骖服，祥起赤伏帝子之灵。日生沧海，浴玻璃九万里而神龙出；云幕武夷，开锦绣五百年而王者兴。地裂天崩，翻圣水几至六宇无民；云兴霞蔚，过钱塘因之而八方得主。克勤克俭，大禹之无间然；至孝至仁，周文之有敬止。似三犁倏清卤穴，向北挥鞭；如百川争赴谷王，在东立极。黄龙痛饮，腥膻净扫，比周武王之甲子更自昭明；白凤鸣岐，肃穆重临，相汉光武之乙酉于今为烈。臣质本驽骀之贱，谬司虎豹之关。然志在报韩，子房之椎未备；天不祚汉，曹沫之耻空存。念此膝一屈不复伸，敢斩卤头南走越；虽寸心既枯犹不死，愿随马足北吞吴。……采薇作颂，庆中国之有圣人；天保兴歌，即外夷知戴天子。

①计六奇：《明季南略》卷三《左良玉参马士英八罪》，第 195 页。

②计六奇：《明季南略》卷四《豫王渡江》，第 212 页。

卜年卜世，从兹为有道之邦；永福永康，自此贺无穷之历矣。[1]

他热情赞扬隆武帝“拨乱救民”之举为“万载瞻依”，而隆武朝的建立“似三犁倏清卤穴，向北挥鞭；如百川争赴谷王，在东立极”，定会“黄龙痛饮，腥膻净扫”，即消灭清朝实现一统大业，最后表示竭诚效忠朝廷的决心。

隆武帝对他的贺表十分欣赏，于是写下一篇充满感情的谕旨：

尔夙负英才，博综多艺。朕在京口，屡相接对，深所而悉。数月以来，顿成奇变，定卤（虏）侯奉朕间关至闽，监国登极，肩兹危统，誓维勤民雪耻，焦劳昼夜不遑。钱塘遇鼎卿，朕以故人子待之。元勋鸿逵，前后奏朕，浙东赖尔先弥未萌之隐害，复振久涣之人心，朕大悦慰。业即钦尔以兵部侍郎职，鼎卿亦进言衔。今览卿奏，并详叙吴越情形，则尔父子即朕之大耿小耿矣。[2]

大耿、小耿是指东汉时开国功臣耿弇及其两个在边疆为国立功的侄子耿秉、耿恭。隆武帝以此相喻，反映了他对杨文骢的极高评价和殷切期望。谕旨最后说：“云龙风虎，各有其时，丈夫相厚，岂有已乎？其益懋厥绩，协同勋辅，先清东浙之尘，继扫临安之寇。朕若早见孝陵，定许破格酬报。”这是给杨文骢的任务：先收浙东，继取杭州，再收南京，这正是隆武帝念念不忘的抗清大业的组成部分。但实际上，杨文骢与黄斌卿一样，在抗清战场上也并未取得多大的战果。

四、缺乏远略，难破困局

隆武帝以极大的雄心，为光复旧物，重整河山，公布了五路抗清出师的计划，不可谓不宏伟，但立脚点并不高，眼光并不远。其着力重点只是局限于目前，局限于江浙及其附近地区，没有放眼全国、统筹全局，特别是严重忽略了江南的广大地区，并未考虑如何收拾这里

①李天根：《爝火录》卷一二，第546—547页。

②李天根：《爝火录》卷一二，第547页。

的江山，调动这里的力量，而这本应是恢复大业赖以支撑的根本。这种目光狭隘、缺乏远略的做法，是很令人惋惜的。

其实，弘光朝覆灭之后，江南地区很不平静，存在着威胁清朝统治的诸多因素。对此，朱聿键既未预见于先，又未弥补于后，不仅没有很好利用，反而视而不见，弃之不顾。

当时天下板荡，朱聿键以天下为己任，决心担负救国重任，然而他却错过了眼前的大好机会——没有及时给予江南人民的反清活动以有力支持。

清军占领南京后，挥师南下之时，遭到了江南人民广泛的抵抗。弘光元年（1645）六月初十日，吴县生员陆世钥、沈自炳、沈自駉起兵于太湖。兵部职方司主事吴易、举人孙兆奎起兵于长白荡。吴淞总兵吴志葵乃与陆世钥、吴易合谋进攻苏州，志葵以水师来会，其前锋鲁之玙率三百人，破苏州胥门而入，纵火焚公署，居民号呼相应，火光接天，但不幸为清军所败，之玙同三百勇士皆死难。同日，与吴易同时起兵而另分一路的，还有名字不详的总兵李某。生员任源邃、吴福之、徐安远，亦起兵于太湖。此月，故宣大总督卢象昇之弟中书舍人卢象观与明宗室朱盛沥起兵袭击江宁，不克，乃亡命太湖。六月十五日，清廷重颁剃发令，引起汉族士庶的反抗。于是，以反对剃发令为中心内容的抗清斗争，便在江南地区普遍展开。

闰六月初一日，典史陈明遇、阎应元于江阴率众抗清；江阴贡生黄毓祺、生员徐趋，共同起兵于行唐，以为声援；同月初十日，在籍前兵部右侍郎沈犹龙、兵科给事中陈子龙、中书舍人李待问、罗源知县章简等，于松江起兵抗清；同月十五日，昆山前总兵王佐才，参将陈宏勋，游击孙志尹，知县杨永言，举人周室瑜，贡生朱集璜、陈大任，诸生吴其沆、陶琰、归庄、顾炎武等各起兵据守。昆山陷落时，王佐才、孙志尹、周室瑜、朱集璜、陶琰、陈大任、吴其沆死难；同月十八日，在籍前左通政使侯峒曾、进士黄淳耀，率领民众据守嘉定；同月十九日，太仓州生员王湛起兵，谋收复州城，不果，死之。此月，左佥都御史金声与诸生江天一于徽州率众起义，连续收复旌德、宁国、绩溪诸县；副贡吴应箕于贵池起兵，收复建德、东流诸地。①

江南各地掀起的反清斗争，此起彼伏，如火如荼。有的事起即遭到重创，未能持久；有的却愈挫愈厉，坚持抗争，决不退缩——江阴、嘉定两城的奋起军民，据城抗清，愈战愈勇，顽强拼杀到最后关头，其斗争精神可歌可泣。

嘉定城军民坚持抗争十余日后，七月初四日，在清军不断猛攻与骤雨冲刷下，城东一隅忽然塌陷，清军乘机攻入。城陷后，乡兵欲护侯峒曾逃命。峒曾拒绝道："我既与城守，城亡与亡，去何之！"② 峒曾吟诗道："吾头尽可断，吾节不可移！"③ 至是，乃从容赴水自尽，气未绝而清军至，遂遇害，年五十五岁。黄淳耀、黄渊耀兄弟合骑一马来到城西僧舍。淳耀表示："吾与侯公同事，义不独生！"④ 遂与弟渊耀相对悬梁自尽，淳耀年四十一岁。

江阴城抗清斗争，从闰六月初一日直至八月二十一日，足足坚持了八十一天。八月二十一日这天，大雨如注，中午时分，清军集中炮火攻打东北城，东北城角震塌，城终不守。城破之时，阎应元在东城敌楼，见清军拥入，知事不可为，率兵千人上马格斗，巷战中背中三箭，对从者说："为我谢百姓，吾报国事毕矣！"⑤ 自拔短刀刺胸，即投湖中，不果，被俘而被害，终年三十九岁。而陈明遇在城破之时，"下马搏战，至兵备道衙前被杀。身负重创，手握刀僵立倚壁上不仆"⑥，或云事急时举家"自焚死"⑦。全城百姓犹巷战不已，清军乃大

①以上所述的各地反清斗争，见徐鼒：《小腆纪年附考》卷一〇，第379—393页。

②徐鼒：《小腆纪传》卷四六《侯峒曾》，第475页。

③侯元瀞：《侯忠节公年谱》，载北京图书馆编：《北京图书馆藏珍本年谱丛刊》第60册，北京图书馆出版社，1999年，第714页。

④黄宗羲：《弘光实录钞》卷四，载《黄宗羲全集》第2册，第101页。

⑤韩菼：《江阴城守纪》下，载《东南纪事》第77页。

⑥许重熙：《江阴城守后纪》，载《东南纪事》第84页。

⑦汪有典：《前明忠义别传》卷二四《阎典史传附陈明遇》，载四库未收书辑刊编纂委员会编：《四库未收书辑刊》第1辑第19册，北京出版社，1997年，第255页。

肆屠城，百姓宁死不屈，“城中骈首就死，无一顺从者”[①]。翌日封刀后，全城仅存五十三人。[②] 如此情形真可谓“一城见义”！时人对此深为感叹，有题词道：“八十日戴发效忠，表太祖十七朝人物。六万人同心死义，存大明三百里江山。”[③] 隆武帝闻而泣曰：“吾家子孙遇江阴人，虽三尺童子，亦当敬而拜之！”史家温睿临说：“嗟乎，应元之守善矣！惜所守者小邑耳，使南京得如应元者而守之，明岂其亡哉！”[④]

然而，遗憾的是，隆武帝仅仅是感叹江阴人奋起抗清的斗争精神，并没有予以实际的支持。此时他已经称帝，正想方设法雪耻救民，收拾残破江山，策划五路出师。而江南风起云涌的官绅士庶的抗清斗争，正是其可以借助的重要力量，是其推进抗清事业的重要社会基础。然而，隆武帝却未能及时与之联系、沟通。他竟成了江南抗清斗争的局外人、旁观者，坐视江南抗清斗争被镇压。

闰六月，金声、江天一于徽州起兵，召集士民保绩溪、黄山，分兵扼六岭，宁国丘祖德、徽州温璜、贵池吴应箕等纷纷响应。金声“乃遣使通表”，主动同隆武朝联系。隆武朝“授声右都御史兼兵部右侍郎，总督诸道军”。[⑤] 这本是最有实力、最有发展前景的抗清武装，然而隆武帝对这支队伍并未顾及，更未将其列入五路出师的计划之中，所给的支持仅仅是授官、发命令，没有任何有效的具体支援。这支激于义愤而起的抗清队伍，在孤立无援中竭力奋斗，到九月二十日，终于不支而失败。在此之前，隆武朝中仅有黄道周注意到此事，率师支援欲与其会师，但未能成功。至此，江南的抗清斗争几乎全部失败，隆武帝顾及不到，实亦自取其困。

①沈涛：《江上遗闻》，载《东南纪事》第 99 页。
②韩菼：《江阴城守纪》下，载《东南纪事》第 78 页。
③许重熙：《江阴城守后纪》，载《东南纪事》第 85 页。
④温睿临：《南疆逸史》卷三三《阎应元》，第 233 页。
⑤张廷玉等：《明史》卷二七七《金声》，第 7092 页。

卷二 隆武帝：壮志难酬

第四章 极大的困局

誓挽狂澜、励精图治的隆武帝精心谋划的北伐大计未能实现，他遇到了重重的困难。他极力振作，却始终打不开局面，登帝位不久便陷入极大的困局之中，且情况愈发严重，终于危及朝廷。

一、郑氏跋扈，举步维艰

隆武帝登上帝位，郑氏武装集团的支持起了至关重要的作用。郑氏是隆武政权的翊戴元勋，隆武帝倚为腹心和左右臂膊，寄予极大希望，所以他在登极当天大封功臣时所封的四位侯、伯，由郑氏一家囊括。隆武帝还极为宠爱郑芝龙长子郑森。是年郑森二十二岁，“仪容俊伟，倜傥有大志”，有“奇男子”之称。郑森在弘光时入南京太学，执弟子礼于礼部尚书钱谦益，钱为其取字为大木。郑芝龙封侯当天带其进宫入见，隆武帝“奇其貌，与语，大悦之”。[①] 他抚郑森背曰：“恨无一女配卿，卿当尽忠吾家，毋相忘也。”[②] 于是便赐朱姓，改名为成功，授御营中军都督，总督禁旅，仪同驸马都尉，协理宗人府事。人们便尊称其为“国姓”。郑氏一家与隆武帝的关系非同一般，可谓荣耀至极。按常理说郑氏集团当效忠于帝室，与隆武君臣相知，同舟共济，为隆武帝驱逐清兵、光复国土、再创明朝的大业竭诚效力。但事实上却非如此，郑芝龙别有企图，处心积虑维系福建的势力范围，固守郑氏家族的既得利益，不欲向外出征，与隆武帝的期望大相径庭。他已成为隆武帝实现理想抱负的障碍。

①徐鼒：《小腆纪年附考》卷一〇，第399—400页。

②温睿临：《南疆逸史》卷五四《郑成功》，第426页。

郑芝龙，字飞皇，福建南安人。少年时便随富商大贾从事商业贸易活动，往来于日本。娶日本翁氏女为妻，生子郑成功。后加入海盗集团，逐渐成为首领，“招徕群盗，有船数十，众数千”①。他拥有一支有战斗力的队伍，于福建、广东、浙江沿海一带从事商业贸易和海盗活动，多次率兵侵扰闽粤一带，成为明朝沿海一大祸患。崇祯元年（1628），他接受明朝招抚，获授海防游击，累升至总兵。但他在受抚之后，仍然放纵部下劫掠，且不断招兵置械扩充势力。弘光朝建立，郑芝龙获封南安伯，镇守福建。芝龙就抚后，其异母弟郑鸿逵中崇祯十三年（1640）武进士，弘光朝授其为总兵官，挂镇海将军印，扼守长江口，以郑彩为副手。旋奉命率水师驻镇江防守，弘光元年（1645）四月封靖虏伯。

清军渡江，弘光政权覆亡之际，郑鸿逵所率水师在防守金山时“遇敌而溃”②，战船无存，乃率残军由陆路南遁。他于浙江遇见唐王朱聿键，彼此交谈十分投机。他见为数众多的明藩王中，朱聿键是佼佼者，便视其为奇货，决心拥戴，作为郑氏家族大发展的资本。于是，他与认为聿键是“中兴令主”③、坚信其“可济大业”④ 的原户部郎中改监军副使苏观生，以及翰林张家玉等商议，共同拥送聿键至福建。

本来郑芝龙只想拥立朱聿键监国，并不想让其称帝，但由于郑鸿逵的坚持，且已经造出舆论，郑芝龙便顺水推舟，以翊戴元勋的面貌出现。聿键称帝后，郑氏获封侯伯，最为贵显。隆武二年（1646）夏，隆武帝以皇子诞生，特进芝龙为太师、平国公，鸿逵为大将军、定国公，郑氏“族戚部将封侯伯者十余人”。这种满门封拜的盛况更是南明政权中的任何人、任何势力也比不了的。而朝廷“内外大权，尽归芝

①温睿临：《南疆逸史》卷五四《郑芝龙》，第 422 页。

②计六奇：《明季南略》卷七《闽中立唐王》，第 304 页。

③屈大均：《皇明四朝成仁录》卷九《前广州死难诸臣传·苏观生》，载《屈大均全集》第 3 册，第 832 页。

④邵廷采：《东南纪事》卷一《唐王聿键》，第 149 页。

龙。隆武左右，皆其私人矣。”[1] 只要皇帝有所动作，郑芝龙便了解得一清二楚。他挟制皇帝，为所欲为，但仍不满足。他善于经商，也善于掌握政治气候。

隆武帝和许多臣民都以抗清复仇为目标，隆武帝规划了抗清的步骤，并在七月初六日敕谕文武群臣，决定亲征，公布了要郑芝龙、郑鸿逵同他一起出征的计划。但郑芝龙却“阴有异志”[2]，威福专擅，对抗清事业毫无兴趣。对此，隆武帝称帝之前已有所察觉。考虑到自己被拥立的经过，他公开承认郑氏有特殊的地位与应享的特权。他在《戎政文》中曾说：

> 今奉孤之两郑，皆大将也。将大不待节制，相大不妨专擅。不妨不待，皆能自师其心，此天地间之间气，必有为而生也。余则必待节制而为用，令其心服，节制斯在。不然，激而决裂之，祖宗宗社危矣。[3]

其实这是自我解嘲的无奈之词。所谓“将大不待节制，相大不妨专擅”，这是委婉指出郑氏兄弟有不受约束之举。郑氏兄弟势力太大，有不受节制、自行专擅的本钱，幸好“皆能自师其心”，即他们皆能自我控制、自我约束，不然就坏事了。所谓“激而决裂之，祖宗宗社危矣”，这实是对郑氏兄弟专擅的隐忧，因为如果朝中有不受节制、可以专擅之臣，君王便会失去权威，国家便会岌岌可危。隆武帝对此已完全看在眼里，忧心忡忡，却无能为力。可见其即大位之初，就埋下了祸根，实属不幸。

事实上，郑氏兄弟并不把隆武帝放在眼里，而是我行我素，专擅跋扈，僭越不臣之事比比皆是。郑氏兄弟自恃拥戴之功，“开府于福州，坐见九卿，入不揖，出不送”[4]，“骄蹇无礼”[5]。七月十七日，隆

---

①温睿临：《南疆逸史》卷五四《郑芝龙》，第423页。
②温睿临：《南疆逸史》卷五四《郑芝龙》，第423页。
③陈燕翼：《思文大纪》卷一，载《虎口余生纪》第138页。
④计六奇：《明季南略》卷七《郑芝龙议战守》，第305页。
⑤李天根：《爝火录》卷一二，第544页。

武帝大宴群臣，召黄道周、何楷、曾樱、路振飞、黄景昉、苏观生、何吾驺、郑芝龙、郑彩等人朝，并商议战守之策。黄道周为首辅大学士，应“首站东班”，郑芝龙不听安排，独自以侯爵之尊强站在黄道周的位置上。何楷责备道：“文东武西，太祖定制。今郑芝龙妄自尊大，不但欺凌臣等，实目无陛下。”芝龙道：“文东武西，虽古来定制，然太祖已行之，徐达业站东班首。”黄道周则说：“徐达乃开国元勋。汝敢与达比乎?”芝龙说：“以今日较之，我从福建统兵恢复，直至燕都，功亦不在徐达下。”何楷说：“俟尔恢复至北京，那时首站未迟。”[1] 于是双方争于殿上，隆武帝亦无可奈何。但坚持祖制的文臣甚多，出现了“众议抑芝龙”的局面，结果黄道周终坐首位，郑芝龙因而“快快不悦”。[2] 从此，隆武朝文武不和便公开化了。

其实，此事的处理暴露了隆武朝决策者不能通权达变的问题。实际上，郑芝龙蔑视众臣而跋扈有其根由，因为隆武朝之立全靠郑氏的武力支撑。芝龙自以为功劳盖世，于朝廷中占据特殊位置乃理所当然，而眼下黄道周等文臣坐享其成，作威作福，竟凌驾于自己之上，对此当然绝难接受。他要求居于特殊位置，然而朝中众多文臣竟一致坚持祖制，竟使他于争位次中败下阵来，不得不居于次位。于是他便与众多文臣水火不容，处于极其尖锐的矛盾对立之中。如果众臣能换位思考，从大局出发，跳出所谓文东武西的祖制，采取变通之法，正视郑芝龙在隆武朝建立过程中举足轻重的作用，令其如开国功臣徐达一般居于首位，而黄道周等文臣自甘居于次位，尊崇郑芝龙，给足郑芝龙面子，局面也许会是另一番情景。

实际上，此时郑芝龙的权势已是隆武朝中任何人无法与之比拟的，如再令其隆居显位，亦是实至名归、顺理成章之事，谈不上违谬，亦非僭越。这样对国家、对朝廷、对未来的抗清大业有益而无害。但隆武君臣皆因循守旧，搬出祖制成规成法，对郑芝龙实施打压，实际上

---

①江日昇：《台湾外记》卷二，第59页。

②李天根：《爝火录》卷一二，第544页。

伤害的是整个朝廷。文臣在此较量中虽然获胜，却对抗清大业并无好处。而郑芝龙受此羞辱，便从此肆无忌惮地与文臣、与朝廷，更与隆武帝公开对抗，隆武朝的日子便愈发艰难起来。隆武帝及诸文臣可谓咎由自取。

于是，隆武帝与郑芝龙间的矛盾争斗便不可避免地展开，有时甚至相当激烈，难以调和，致使君臣关系愈加紧张。当然，碍于君臣情面，这种明争暗斗仍属斗而不破，但自此以后，隆武朝廷不仅难有作为，更充满了危机。

郑芝龙为扩展势力，把自己的许多亲信都塞进了朝廷，安排在重要位置上。颇欲自主的隆武帝很难接受这令人不快的既成事实，因而对郑的举动，隆武帝有时被迫接受，有时便加以拒绝，这就不免发生对抗和冲突。七月，郑芝龙向朝廷推荐其门下士朱作楫为吏科给事中、叶正发为户部主事，“帝皆不允”，芝龙“以是益怀怨望”。[①] 这样不仅文武不和，君臣间亦生隔阂。芝龙从此由怨望转为傲慢无礼，公开藐视皇上。

当隆武帝行郊天大礼于南台时，二郑“皆称疾不出”，户部尚书何楷加以弹劾，指出“二勋不陪祭，无人臣礼”。隆武帝赏识何楷的“风裁”，令其掌都察院事。不久郑鸿逵竟于殿上挥扇，何楷对这种肆无忌惮的行径立加“呵止”。[②] 此举虽然一时压制了郑芝龙兄弟的嚣张气焰，但终究无济于事，“二郑益怒”。正直的何楷也深知自己不为二郑所容，无法再立身于朝廷，便“力请罢官”。隆武帝十分为难，但又不好得罪郑氏，于是采取两全之计，准许何楷暂归乡里，待收复南京后再回朝出任左都御史。何楷在离开福州返归乡里的途中，竟遭强盗拦劫，“戕其一耳，至家而卒”。[③] 隆武帝“诏追盗不得”[④]，不久便得知此事乃郑芝龙指使部将杨耿所为，却毫无办法。比这种跋扈专横更令

①李天根：《爝火录》卷一二，第 544 页。
②邵廷采：《东南纪事》卷一《唐王聿键》，第 153 页。
③温睿临：《南疆逸史》卷一七《何楷》，第 116 页。
④邵廷采：《东南纪事》卷一《唐王聿键》，第 153 页。

隆武帝叫苦不迭的是，郑芝龙根本“不思为朝廷谋恢复，襄中兴”①。

隆武帝发誓抗击清军、恢复失地的宏图大志，在郑芝龙这里完全实现不了。

二、朝政国事，每况愈下

隆武朝明确宣称以抗清为目标、全力恢复明朝疆土的大业，本应采取适宜的政策措施，上下一致，共赴国难。然而，政权建立伊始内部即矛盾重重，处于十分紧张的状态。掌控隆武朝实权的郑芝龙飞扬跋扈，胡作非为，以致社会问题严重，矛盾加剧，竟至不可调和，不仅让抗清无从谈起，且使得隆武朝的政局每况愈下。

郑芝龙表面上打着“恢复”的旗号，征兵征饷，实际是向百姓横征暴敛，为个人无限度地聚敛财富。

隆武朝刚刚建立时，郑芝龙集合廷臣商议战守之计，将兵额定为二十万。然而，兵饷却是严重的问题，因为“统二十万之兵，合八闽、两浙、两粤之饷计之，尚虞不足”。② 其实，郑芝龙提出的兵数、饷数都是庞大而虚诳不实的，与实际情况相差很远。郑芝龙所说的守关兵十万，“其实仅数百人，皆疲癃不堪用”③。对此当然无从亦无人去核实，因而隆武帝只有同意按其提供的数字供应兵饷。正饷不足，便想尽各种办法筹集。郑芝龙“乃请于两税内米一石预借银一两，遣侍郎、科道征发”④。但此异想天开的额外加派，遭到了普遍抵制，不但征收不上，且影响正额赋税，所谓“民不乐从，反愆正供”。无奈，郑芝龙又提出新的搜刮之法：向僧侣开刀，奏请清理寺庙田产，如此可得饷银八十万。因为此事有悖常理，过于荒唐，隆武帝没有批准⑤。

①温睿临：《南疆逸史》卷五四《郑芝龙》，第423页。
②计六奇：《明季南略》卷七《郑芝龙议战守》，第305页。
③李天根：《爝火录》卷一二，第554页。
④温睿临：《南疆逸史》卷二《绍宗》，第14页。
⑤李天根：《爝火录》卷一二，第554页。

十月，福建饷银不足，郑芝龙派给事中梁应奇到广东督饷，因征饷迟误被梁应奇参劾者达数十人，“俱奉旨提问”，弄得人心惶惶，结果一个人也没有捉拿到。这时潮州知府杨球准备进京朝见，听说有征饷迟误者被提问之旨，走到闽粤交界处，便止步不前。[①] 其实，即使按正常的规定数额全部征收到位，也收不抵支，于是郑芝龙又通过捐“义饷”等手段，巧立名目征收赋税。这时，吏部主事王兆熊提出“高招”，推荐林化熙、张伦等所谓十义士分头“往富室大家，倡义劝输”。隆武帝“以国用不足，从之”，并向十人颁谕说：

> 当体王兆熊为国真诚，超卓清品，矢慎矢公，不得一毫错负。功成日，从优议叙！[②]

王兆熊强调以国事为重，说得冠冕堂皇，实际上是强人所难，逼人奉献，富室大家并不买账，多加抵制。于是奉命督收“义饷”的王兆熊独出心裁，其“沿门搜括”，凡不输纳者，便在其房门上张贴“不义”的告示，弄得人心惶惶，“闾里骚然”。[③] 隆武帝得知此事竟闹到如此地步，方感不妙，下令“止之”[④]。

为广征“义饷”，郑芝龙令“抚按以下皆捐俸助饷，官助之外有绅助，绅助之外有大户助。又借征次年钱粮，又察括府县库积存银未解者，厘毫皆解。不足，又大鬻官爵，部司价银三百两，后减至百两。武札仅数十两，或数两。于是倡优厮隶，尽列衣冠。然无俸、无衙门，空衔而已”。花钱买官的这些人当上官后大肆搜刮百姓，肆虐乡里，百姓苦不堪言。这比弘光朝马士英当政时的暴虐有过之而无不及，造成社会严重混乱。如此折腾，实际上动摇了国家根本，破坏了抗清大业，以致出现严重的反常现象：“受害者延颈清兵，谣曰：‘清兵如蟹，曷迟其来！’”广大民众竟盼望清军早日来到！遭到了人民的唾弃，隆武

---

①计六奇：《明季南略》卷七《郑芝龙议助饷》，第 311 页。

②陈燕翼：《思文大纪》卷三，载《虎口余生纪》第 172 页。

③黄宗羲：《行朝录》卷一《隆武纪年》，载《黄宗羲全集》第 2 册，第 114 页。

④佚名：《隆武纪略》，载《台湾文献汇刊》第 1 辑第 1 册，第 83 页。

政权能否继续存在已大成问题，“识者已知其必败也”。[①]

当时，处在水深火热中的百姓已忍无可忍，为生存计，他们只有铤而走险，冒着生命危险奋起反抗。进入隆武二年（1646）之后，各种“寇警”“民变”的坏消息更是不断传到朝廷。隆武帝对这一再加深的矛盾，百思不得其解。二月，他得悉镇海、平和二县“乱民借题报复，聚众杀人”之事后，惊讶道：“小民果有冤情，何不申理该管衙门，乃敢横行无忌，殊干法纪！”[②] 在他的心目中，“该管衙门”即各级官府的掌权部门都是公正无私的，掌权者都是清官廉吏，而无知百姓“横行”无忌。这种天真的错误认识说明，隆武帝对社会缺乏起码的了解，脱离现实，只凭想当然施政，殊不知他的荒谬政令已给社会造成了巨大的混乱，而他对郑氏肆虐及各级官员的为非作歹所造成的社会矛盾，也竟毫无体察，不能有的放矢，化解矛盾。盲目施政解决不了任何问题，只能处处碰壁，激化矛盾，动摇根本，以致隆武朝政局每况愈下。

四月，水口地方发生“寇盗杀官劫饷”之事，隆武帝得报后说：“此军目中全无国法，长此安穷！着上游巡按御史勒限缉拿。违限，地方官一并治罪。”[③] 这时，温州一带饥荒严重，更出现“小民白日抢夺米谷”之事，隆武帝说：“此岂渐可长乎！着该抚速行销弭，毋使滋蔓难图！”[④] 接着萧家渡、玉狮岭一带，又有“绿林盘踞山腰、津口，向（白）昼劫掠”，导致解助银二百两丢失，隆武帝得报大惊失色道：“近畿安容有此！着知府熊华国练集乡勇，力任之！”[⑤]

但隆武帝也清楚，单靠镇压解决不了问题，反而会让民心更为离散。而接连发生的严重问题，也迫使他思考其根源所在，有针对性地提出一些解决问题的办法。他下令“官兵不得擅用封拿船只”，便是针对官兵常常于交通要道上封拿运送民间食粮的往来船只，“绝小民生

①计六奇：《明季南略》卷七《郑芝龙议助饷》，第311页。
②陈燕翼：《思文大纪》卷四，载《虎口余生纪》第207页。
③陈燕翼：《思文大纪》卷五，载《虎口余生纪》第228页。
④陈燕翼：《思文大纪》卷六，载《虎口余生纪》第232页。
⑤陈燕翼：《思文大纪》卷六，载《虎口余生纪》第233页。

路”的野蛮行径。[①] 沙县因向民人强行征银，引起激烈反抗，导致“山寇窃发，灾及万家”，隆武帝遂下令免沙县借助及旧欠银两，希图缓解矛盾。他还特别针对百姓降清的现状，自我解嘲而下令说：“江民苦兵，甘为彝用，情罪可原。赦过之条已括于‘有发为义民，无发为难民’十字，若朕之罪，已悉于元旦诏谕中！”[②] 这是为挽回被民抛弃的危急形势，争取已投清、顺清的平民百姓再反戈归明的政策。

其实放宽政策也好，头痛医头、脚痛医脚也罢，均未解决根本问题。百姓之所以“甘为彝用”，原因是“苦兵”，即不堪隆武朝凶兵的暴虐。这种凶兵虐民的状况不从根本上改变，一切治标的所谓办法都是徒劳的。

当然有政治头脑并善于思考的隆武帝也并非没有察觉到问题的症结。他在不断加剧的社会矛盾中，终于看清了“官兵肆虐，小民受害”[③] 的现实，而“寇警频闻”，是“兵无纪律”，“擅杀贫民”[④] 所致。这种兵民对立是导致百姓与官府对抗、造成社会动荡不宁的重要因素，而造成这些问题的关键在于官员。隆武帝已开始认识到问题的严重性，特谕兵部侍郎于华玉：

> 朕痛两京继覆，全非彝寇之能，止因兵民扛恨，致危宗社。今日仅有弹丸，资此民生，以期恢复一统。若复伤民，即促国脉。卿直仰体朕意，实令民安。新兵哗噪扰民，乃未经节制者。卿当亟振刷陋规，毋徒忧畏谗谤。[⑤]

国家遭颠覆之灾，“全非彝寇之能，止因兵民扛恨”所致，这是对沉痛现实的清醒而深刻的认识。“兵民扛恨”，即兵与民相仇，实即官与民相仇。内部矛盾激变成不可调和的对抗矛盾，这是极其危险的社会问题，他知道，昔日国家一统之时，因这个问题一直无法解决，竟致局

①陈燕翼：《思文大纪》卷五，载《虎口余生纪》第220页。
②陈燕翼：《思文大纪》卷五，载《虎口余生纪》第219页。
③陈燕翼：《思文大纪》卷六，载《虎口余生纪》第244页。
④陈燕翼：《思文大纪》卷六，载《虎口余生纪》第245页。
⑤陈燕翼：《思文大纪》卷六，载《虎口余生纪》第240—241页。

势不可收拾。而目下只有弹丸之地，这个问题如再不解决，恢复只能是句空话，所以他向臣下敲起了“若复伤民即促国脉”的警钟，迫切希望并要求臣下采取“实令民安”的措施，即不可与民为敌。隆武帝的认识无疑是深刻的、正确的。

他认为骄兵肆虐、民不得安等种种社会问题之所以存在，责任全在大小官员的身上。他在一份奏疏上批道：

> 奏内三寒心处，真可寒心！盗贼公行，民生凋敝，兵将退缩，左藏罄悬，皋訾蜩沸，角户分门，全不以国恤为念者，大小文武诸臣之罪也。政教不行，威令不信，举措刑赏失中，廷议纷纭狡窃者，是则朕躬之过也。从今君务改弦，臣亦须猛省！①

他自责也责臣下，要臣下同他一样看清问题所在，不可再执迷不悟，要“猛省”。他的用意未尝不好，但如何刷新积弊已深的吏治，让贪官怯将痛改前非，他并没有提出切实可行的措施，所以他的良苦用心与谆谆告诫，不过是一纸空文，无济于事。

实际上，隆武帝所言与所行是自相矛盾的。国家岁入极为有限，要想支撑一个官僚机构，实现他北伐的宏愿，必须有足够的税收与充足的饷源作保证。而在郑氏擅权的情况下，国家愈加窘迫，不得不额外加征，采取各种办法向百姓征敛。在隆武帝提出安民主张，要求臣下“猛省”之时，一切加派，一切征敛，乃至卖官鬻爵之事仍然照旧。对此，他也从未想过下令制止，更不想去干涉和阻止郑氏集团的虐民行径，所以严重的社会问题，特别是吏治腐败依然如故。国事日坏，积弊丛生，积重难返，民众不安，国运将终，隆武帝看到了这一系列问题，却无力解决。“天下之坏，不坏于敌而坏于兵，不坏于兵而坏于官。殊可痛！”② 他深深地陷入了无可解脱的困境之中。

---

①陈燕翼：《思文大纪》卷五，载《虎口余生纪》第229页。

②陈燕翼：《思文大纪》卷八，载《虎口余生纪》第278页。

三、闽浙水火，竟成鹬蚌

隆武帝尚未称帝之时，浙江另一抗清政权已经出现，且与其成对立之势。

朱聿键于福州监国后的第五天，即弘光元年（1645）闰六月十二日，浙江张国维、钱肃乐等在台州共请鲁王朱以海监国。随后，鲁王到达绍兴，于七月十八日正式宣布监国。这样，毗邻的闽、浙两省，同时出现了两个南明政权。两个政权都以抗清复明、重整河山为己志，大目标完全一致。而隆武帝朱聿键与鲁监国朱以海，均为明太祖朱元璋诸子之后，支派虽远，却同为藩王，按辈分说朱聿键与朱以海是叔侄关系，如互相理解，同舟共济，未始不可开创新的局面。可是，二人却不团结，给清人以可乘之机，终造成不可弥补的损失。这是隆武帝一生中难以排解的又一大遗憾。

唐、鲁二王称帝和监国之时，彼此并不了解对方情况。隆武帝得知鲁王监国的情况后，采取了先发制人的策略：首先派卢若腾、郭贞一“抚按浙江”，又于温州、处州两府“置官据守，取饷三十余万去”①。设官、收税是国家行使权力的标志，这种行动无疑是在证明隆武政权是明政权的当然继承者。

九、十月间，隆武帝派出使臣兵科给事中刘中藻赴浙东向鲁王朱以海颁布登极诏书。刘中藻奉诏到达绍兴后，鲁监国朝野上下一片混乱，原有诸多矛盾便一下子公开化，出现了同意接诏与反对接诏者各占一半的局面。

在此之前，隆武帝即位福州的消息已经传到绍兴，朝臣议论纷纷。大学士方逢年权衡利弊密奏鲁监国，建议与福建联合共同抗清。起初，朱以海同意了这一主张，而浙东诸臣却走得更远，许多人竟私自同福

①徐芳烈：《浙东纪略》，载《海东逸史（外三种）》第113页。

建方面取得了联系，投靠隆武帝，早已为个人安排了退路。当颁诏使刘中藻到达时，“诸臣争欲应之”①，他们要求立即举行接诏大典，认为不论唐王、鲁王，均为“圣子神孙，总为祖宗疆土。今隆武既正大统，自难改易。若我监国，犹可降心相从”，接受隆武帝号令是顺乎情理的正常行为。这是拥护者的意见。

反对者亦不在少数。他们认为以浙、闽两地来说，浙在抗清的前线，直面强敌，“彼去北远，幸得偷安旦夕。而我猛臣谋将（谋臣猛将）血战疆场（埸），以守此浙东一块土，似难一旦拱手而授之”。②用生命和鲜血保卫着的这块土地，怎能轻易交给隆武政权？因而他们坚决反对举行仪式宣读诏书。

正带兵巡防江上的张国维闻知朝中之事后，便星夜赶回绍兴，坚决主张不许宣诏。他说：“唐鲁皆系宗藩，非有亲疏之分；同举义兵，非有先后之分。今日之事，成功者帝。若一称臣于唐，恐江上诸将，皆须听命于闽，则王之号令不行。”③ 这显然是以个人利益的得失为考虑问题的出发点。这对盼望保权固位、维护既得利益的当权大臣来说是最现实、最具诱惑力的。反对者们一再陈述接诏将产生的严重后果：“以为举足一动，义师星散，浙亡闽亦危。”主张“坚奉监国，以督厉将士”。④ 鲁监国高兴地接受了张国维等人“义旗分竖，不宜降屈”⑤ 的主张，拒绝接诏，不受隆武年号，使者刘中藻“废然而返”⑥。为不把问题搞僵，留有回旋余地，鲁监国的朝臣等又议定与隆武朝遣使通问，派出兵部职方司郎中柯夏卿、给事中曹维才前往福州，所赍行文不用奏疏字样，只以家人口气，叙叔侄之礼。⑦ 张国

①李天根：《爝火录》卷一三，第593页。

②以上两处引文引自徐芳烈：《浙东纪略》，载《海东逸史（外三种）》第113页。

③全祖望：《明故兵部尚书兼东阁大学士赠太保吏部尚书谥忠介钱公神道第二碑铭》，载《全祖望集汇校集注》第146页。

④邵廷采：《东南纪事》卷一《唐王聿键》，第152—153页。

⑤邵廷采：《东南纪事》卷二《鲁王以海》，第174页。

⑥邵廷采：《东南纪事》卷一《唐王聿键》，第153页。

⑦徐芳烈：《浙东纪略》，载《海东逸史（外三种）》第113页。

维还特修一启致隆武帝，令使臣携往。此启虽委婉但坚决地拒绝了隆武帝的号令。

隆武帝对鲁监国这种公开拒绝十分不快。但他毕竟是有涵养之人，“心虽弗能善，然犹借钱塘为外屏”，于是亲笔写了一封致鲁监国的手书。书曰：

> 朕与王同气，共本圣祖，王无忘朕之焦劳，朕无忘王之危厄。一诚金石，岂惑浮词？当遣兵赴王，上报孝陵，王其爱玉体，以需天休！①

一番来往之后，表面上唐、鲁间又风平浪静，相安无事，实际上已暗自作对，水火不容。

当时隆武帝即位，其所辖范围仅福建一地，但影响甚大。在弘光朝覆亡之后，散在各地的明藩王几乎同时都在周围大臣的拥护下考虑监国乃至称帝的问题，但一听说隆武帝已正大位，便纷纷打消了监国乃至称帝的念头。而拒绝隆武正朔，我行我素，不以抗清大局为重，只知保留个人大位的，只有鲁监国朱以海，所以时人多以鲁王朱以海为非。隆武朝授为兵科给事中的金堡，因在服丧期间力辞官职，只受命联络江上义师。他从福建来到浙江后，对鲁王拒不接受隆武正朔一事很是不以为然，特上启于鲁王，加以规劝。他严肃指出：

> 更始称尊，刘縯止居大司马之位；湘阴继统，刘崇亦守节度使之官。縯岂甘以贤让不肖，崇岂甘以父让子哉？恐一家之中，有二天子，即外患得以相乘也。殿下以侄事叔，则今上既非湘阴；以贤事圣，则今上并非更始。即上表称臣，拜疏迎驾，岂遂为屈己乎？两大相抗，必至于离；两离相厄，必至于败。使敌国得乘瑕观变，坐而收渔人之效。恐文武诸臣，不得辞其责矣。诗云：“兄弟阋于墙，外御其侮。”今当御侮之时，自启阋墙之衅，窃为殿下惜之。殿下诚能息群喙以奉一尊，异日光复二京，祇（祗）谒寝

①邵廷采：《东南纪事》卷一《唐王聿键》，第153页。

庙，今上之功，不过汉光武，而殿下之德，乃过于周文王。厚实不亏，而翰名烂焉。即今上亦安能屈殿下哉?[①]

这是以国家根本利益、以抗清大业为出发点的有理有据的进谏书，情真意切，理正词严，明确指出鲁王不应坚持监国，否则祸患无穷。这些话很有说服力，但早已被权欲征服的鲁监国君臣不仅听不进去，反而加以拒绝。鲁监国下令法司追查金堡上此启本的政治背景，而兼礼兵二部尚书的陈函辉则秘密上启鲁监国，建议立即将金堡杀掉。金堡闻讯，随即逃奔衢州。

深谙经史、通达世务的隆武朝首辅大学士黄道周也痛感闽浙这种鹬蚌之争于国于民不利，便亲自致书张国维、熊汝霖等，以春秋之史为鉴加以规劝。他说：

东迁以还，借力晋郑；蔡丘而后，推德桓文。上爱殿下，笃于所生，勿以降阶之问，为博达所笑。[②]

可惜这种很有政治远见的主张并没有被采纳，闽浙矛盾照旧。

隆武帝虽然对鲁王的拒绝臣服暂且不动声色，但他并不想维持各统辖境的现状，他对鲁监国的许多开国功臣大加封赐，如进朱大典为文渊阁大学士，封婺安伯，封方国安为靖夷侯等。封赐深入浙境，无疑是在挖鲁监国的墙脚。隆武二年（1646）正月，他因朱、方二人“微有不和”而颁发敕令：“敕靖彝（夷）侯方国安一意恢杭，阁部朱大典协力复徽。”并许诺：“功成膺懋赏。”[③] 他号令的完全是鲁监国的事务。当月，他任命佥都御史陆清源为正使前往绍兴，令其携带致鲁王之书，及御制文《勉答鲁王书稿》三百册、《亲征后诏御营敕谕》三十册，用于昭示臣民，“以见朕无一日忘天下，无一念不笃亲亲之意”[④]。不仅如此，陆清源此行还奉命携白银十万两，赴方国安军前犒

---

①邵廷采：《东南纪事》卷二《鲁王以海》，第174—175页。

②邵廷采：《东南纪事》卷三《黄道周》，第200页。

③陈燕翼：《思文大纪》卷四，载《虎口余生纪》第189页。

④陈燕翼：《思文大纪》卷四，载《虎口余生纪》第189页。

赏，这是把鲁监国的军队当成隆武自家军队看待了。

当然，鲁监国也礼尚往来。他于同月派遣柯夏卿、曹维才前往福州致书通问。但鲁王用书不用奏，称隆武帝为皇叔父，而不称陛下。尽管如此，对鲁王的修好之举，隆武朝阁臣仍然十分重视，认真草拟了几份国书，呈请隆武帝拣选采用。隆武帝阅后均不满意，皆摒弃不用，乃对熊开元说："是未称朕旨，卿为朕改之。"开元阅览诸书后道：

> 臣所见与廷臣异。今清方张，但有盗贼能窃据一方，使清不成片段，即功在朝廷。况高皇帝子孙，皇上懿亲乎！且称臣与否，于是理无关重轻。何也？皇上能恢复南京，肃清宫庙，鲁王今日虽不称臣，他日不称臣不能也。若鲁王先着鞭，今日虽称臣，他日欲其称臣，不可也。

熊开元认为，现在应图自强之计，不可与之纠缠于空札，而失彼此和气。隆武帝乃"嘉纳"其言，遂亲自挑灯作书，"畅开元所未尽言，情文真至，遂铿然成一巨篇"，并展示于辅臣，辅臣皆叹服不已。继而隆武帝举手指向熊开元说："朕不敢没人善，所采用，咸卿旨也。"① 明确说出所写主旨的来源。这是一篇饱含深情的致鲁王书，这篇字里行间表现得十分谦虚的文章写道：

> 朕无子，王为太侄，和衷协力，共拜孝陵。

他还保证：

> 朕有天下，终致于王。②

为了展示闽浙一家的态度，他又公开任命鲁监国的一些官员，以示不分彼此，于是加鲁监国使臣柯夏卿为兵部尚书，曹维才为光禄寺少卿。但鲁监国对隆武帝这种举动不仅不感谢，反而十分反感，于是以其人之道还治其人之身，仿效起隆武帝的做法。不久，他派遣左军都督裘

---

①佚名：《隆武纪略》，载《台湾文献汇刊》第1辑第1册，第119—120页。

②邵廷采：《东南纪事》卷二《鲁王以海》，第175页。

兆锦、行人林必达出使福州，“以公爵封芝龙兄弟”[①]。隆武帝闻讯“大怒”[②]，将二使臣定以“招摇煽惑，欺侮肆行”[③]之罪囚禁，待常朝日时审讯。由于郑芝龙等人从中操作，审讯未成，裘、林二人以行贿获释，而林必达复原官，竟留在福州不返，当起了隆武朝的翰林院编修。从此，闽浙矛盾加剧。

正月，御史陆清源前往方国安军犒赏士兵。这时，被闽、浙双方拒绝的马士英正藏身于方国安军中，他怀着被逐难容之愤，唆使方国安，于三月二十四日军队哗变之际杀掉了陆清源，并且“出檄数唐王过”，攻击隆武帝。张国维闻讯惊叹道：“祸在此矣！”[④]

隆武帝使臣陆清源被杀，使鲁监国也感到问题棘手。他“恐闽发兵”[⑤]，不得不调兵遣将，既防清军又防福建，同时急忙派出总兵陈谦赴福州，与隆武帝修好。陈谦见闽浙矛盾加剧，虽已奉使出行，却久驻衢州迟迟不敢南下，直到四月，才到达福州，通过郑芝龙的引见，朝拜隆武帝。隆武帝拆视来函见鲁王仍“称皇叔父不称陛下”[⑥]，便怒下陈谦于狱，准备治罪。这时，朝廷内对如何处置鲁使陈谦提出了不少方案。多数大臣主张杀掉，以正祖宗家法。但此时清军已开始向闽浙移动，慷慨北伐的大学士黄道周兵败被俘，已就义于南京。闽浙两地均难派出有力之师与清军对阵，形势愈加严峻。闽浙如能在这时尽释前嫌，勠力同心，合军抗清，尚有一线希望。但隆武帝此时似乎仍未认识到闽、浙不和这一事态的严重性。他敕谕杨文骢时，念念在怀的仍是谁该即位、谁算合法的问题，这清楚地反映了他的思想：

> 大明宝祚启自太祖。两京覆陷，凡为太祖亲孙，有能攘臂先立，则太祖神灵有依，大明国祚斯立。朕与鲁王大义正在于先后，

---

①陈燕翼：《思文大纪》卷五，载《虎口余生纪》第222页。
②邵廷采：《东南纪事》卷二《鲁王以海》，第175页。
③陈燕翼：《思文大纪》卷五，载《虎口余生纪》第222页。
④邵廷采：《东南纪事》卷二《鲁王以海》，第176页。
⑤计六奇：《明季南略》卷六《鲁王惧闽发兵》，第291页。
⑥徐鼒：《小腆纪年附考》卷一二，第476页。

名分尤不在于叔侄。鲁王先立，朕虽叔辈，断当北面鲁王，以存太祖。若复后立，是名为争。总一立也，先立以存太祖为孝，后立以坏祖宗为不孝。今朕先监国登极四十日，在万古自有至公，岂今日一二佞舌可以颠倒？杨文骢受知最早，杀苏寇以明大义，劝鲁藩而笃尊亲，本末甚明。人言虽如其面，朕心自有鉴裁。所进陈函辉启稿，不堪一笑。鬼蜮满纸，宜靖彝（夷）侯参奏以“食肉寝皮”之可恨也！朕爱侄王万不得已，业允勋镇所请，以明太祖大法。该督尚慎终如始，善保地方，善行宣抚。得觐孝陵，朕必不负元功！①

他在与鲁王争位的同时，还对收复孝陵（即进占南京）抱有希望，还没有看清形势已到了不可收拾的地步。

隆武帝在对闽浙关系、全国的总体形势认识模糊的基础上我行我素，一时愤怒，投陈谦于狱，但诛杀与否他还有所犹豫。这时与郑芝龙交恶的御史钱邦芑向隆武帝密奏，说陈谦乃鲁王心腹之臣，又与郑芝龙交情最深，如“不急除，恐生内患”，隆武帝这才决定下令开斩。郑芝龙闻讯大惊，急入皇宫为陈谦说情，并提出“愿以官赎谦死”。隆武帝不买这个账，却又不好当面拒绝，便故意拖延，一面留郑芝龙于宫中长谈，一面令人于夜半时分将陈谦转移至他处杀掉。待郑芝龙出宫时，陈谦已死。郑芝龙对隆武帝的行动十分怨愤，他“伏尸恸哭”，写文祭奠，祭文中有“我虽不杀伯仁，伯仁由我而死”之句。这暴露了他与隆武帝之间存在着深刻矛盾，从此郑芝龙“益怀异志”。② 至此，隆武帝把闽浙之间的矛盾和他与权臣郑芝龙之间的矛盾均推到了无法调和的地步。隆武帝此举令有识者痛心蹙额，当时就有人抨击隆武帝此举昧于形势，因小失大，自毁基业。计六奇说：

天下之势，当论其轻重大小。昔七国时，势莫强于秦，苏季

①陈燕翼：《思文大纪》卷五，载《虎口余生纪》第228页。

②徐鼒：《小腆纪年附考》卷一二，第476页。

子合六国以拒之，得安者十五年。后秦日夜攻韩、魏，而齐、楚不救。及韩、魏亡，而齐、楚亦随之矣。清势重若泰山，即昔日之秦不足以喻，而鲁以新弱犹未及韩、魏。隆武虽不悦，而同舟之谊、唇齿之言，不可不思。姑以大度优容，连兵共拒，俟事势稍定，大小自分。不此之计而自相寻仇，则鲁势必折而入于清，而闽之亡可立待矣。昔晋灭虢而虞亡，秦灭韩、魏而齐、楚亡，晋灭蜀汉而吴亡，八王自相残灭而刘、石滋强，元灭金而宋亡益速，古今之势，大可见矣。①

商丘伯侯性评论说：

此时宜枕戈待旦，戮力一心。乃处累卵之危，而修笔舌之怨；忘敷天之愤，而操同室之仇。吾其济乎？②

这都是切中其弊的沉痛之言。闽、浙水火不容，互相戒备，互相为敌，到头来受害的是对立的双方，而得益的则是他们要共同抗击的敌人——清朝。这是隆武帝，也是鲁监国在自己给自己制造麻烦。

第五章　难挽的败局

一、忠良赴义，徒增悲怆

隆武帝一再发誓北伐，并隆重颁布了五路出师的宏伟计划，但并未雷厉风行，积极推进，具体周密地进行部署，反而拖沓迟疑，按兵不动，这引起了朝中有正义感的大臣的义愤。首辅黄道周“屡劝帝出关恢剿，陛见者亦纷纷陈请”，其实这些都合隆武帝之意。隆武帝并非

---

①计六奇：《明季南略》卷八《杀鲁王使陈谦》，第324—325页。

②计六奇：《明季南略》卷八《华廷献论浙闽事》，第323页。

有偏安思想，他说："福州岂朕梓宫也哉？"[①] 他出关伐清之志比任何人都坚决，但却难展伟愿，因为郑芝龙不仅对此视若无睹，且处处掣肘，使他难行寸步。大臣们很快便发现这个情况，黄道周一眼看穿"郑氏殊无经略之志"[②]，并向隆武帝"密陈芝龙不可恃"[③]。道周与何楷、金堡等更是气愤地说："太阿不可倒持，恢复大计譬之拯溺救焚，彼兵子者不足与谋！"[④] 此亦是针对郑芝龙而发。最终，隆武政权发生了首辅黄道周愤然领兵出关北伐的怪异之事，而这又完全打乱了五路出师的战略部署。

本来，文臣在内主政，武将领兵在外征伐，是当然之理，且公布的五路出军计划中，并无黄道周一路，黄此举实属基于义愤。

大学士黄道周面对"兵食俱乏，政归郑氏，诸大帅巽愞观望不敢出"[⑤] 的严峻局面，面对不断传来的江西、江南等地官绅民众高举义旗奋起抗清的消息，心急如焚。而芝龙跋扈，把持朝政，拥兵自重，并未积极部署，做好出师准备。尽管尚未到出师之日，但道周深感郑芝龙殊无恢复之意，认为时不我待，不可迟疑，必须立即行动，奔赴抗清前线，与江西、江南抗清义军的行动相呼应。他痛感"坐而待亡，不如身自出关"[⑥]，于是对隆武帝说：

> 立君以救民，吾之素志如是！今皇上亲征在即，分道而进，灭奴复仇，机会难失。我为大臣，宁惜以身先之！庶人心有知，不至泄泄也。[⑦]

他决心提前行动，请求亲赴江西前线：

---

①陆圻：《纤言》下《隆武》，载《三湘从事录》第 57 页。

②黄宗羲：《明儒学案》卷五六《诸儒学案下四·忠烈黄石斋先生道周》，载沈善洪主编：《黄宗羲全集》第 8 册，浙江古籍出版社，1992 年，第 677 页。

③查继佐：《国寿录》卷四《阁部黄道周传》，中华书局，1959 年，第 131 页；张岱：《石匮书后集》卷三七《黄道周列传》，第 223 页。

④陆圻：《纤言》下《隆武》，载《三湘从事录》第 57 页。

⑤李天根：《爝火录》卷一二，第 548 页。

⑥徐鼒：《小腆纪传》卷二三《黄道周》，第 239 页。

⑦陈燕翼：《思文大纪》卷二，载《虎口余生纪》第 148 页。

臣以国耻未雪，中夜抚心，思圣明垂谕之言，一字一泪一血，是以奋不自量，务请行边。而旁观侧目，姗笑诋讥，臣茫然无觉，犹聋马思钟，哑蝉操琴，了不知其意所在。嗟乎！臣为高皇之世界未清，陛下之大业未遂耳，岂衡门之下不可栖迟乎？臣去矣！臣不去，诸摭口实者必不肯奋。臣借引车之义，为推毂之实。①

隆武帝深为道周的义举所感动，再三挽留而不果。道周乃荐蒋德璟、林欲楫、朱继祚、黄斌卿等七人入朝，皆获推用。隆武帝遂同意其出边之请。当时兵饷缺乏，行前，隆武帝命郑芝龙助其资。芝龙对道周抢在五路出师之前单独行动十分反感，但碍于隆武帝的情面，仅勉强发给道周疲弱之卒千人，支三月之饷。在这种缺兵少饷的条件下，道周仍然坚持出征北伐的计划，决心招募义勇共赴国难，这是一种不可动摇的意志。七月二十二日，道周遂以少保兼太子太师、吏兵二部尚书、武英殿大学士衔，联络江西，救徽援衢，离福京赴闽北募师启行，慷慨上路。实际上，按出征离朝日期计算，道周比八月十一日出发的黄斌卿、八月十九日出发的杨文骢要早，应该说是隆武朝首支出发的抗清队伍。然而因多方掣肘，这支队伍未能顺利奔赴前线，而是一再滞留，直到两个月后才进入江西。

在重重困难面前，道周凭着一腔忠义，依靠自己的威望和门生故吏的老关系，于延平、建宁、崇安一带征集了一支数千人的队伍，甚有“田夫荷锄从之，曰‘扁担兵’”②。这是一支慷慨悲歌、义无反顾的队伍。但可惜的是，这也是一支未经战阵而临时拼凑的队伍。当时在崇山峻岭中行军，天气多变，大雨连绵，这些刚刚入伍的士兵，经不起如此艰辛，不少人患病倒下，难以继续前进，而所拨及筹集到的极其微薄的粮饷也很快用光。九月，队伍开到崇安后，道周万不得已，只得驻军请饷，等待朝廷应援。郑芝龙丝毫不予接济，但道周明白久等非善策，不能坐以待毙。九月二十五日，道周率所募三千余众，越

①洪思：《黄子年谱》，载《黄道周年谱附传记》第29—30页。

②邵廷采：《东南纪事》卷三《黄道周》，第200页。

崇安分水关进入江西。道周的夫人听说这个消息后，无限感慨地说："我夫获死所矣！安有将在内、相在外，而能成厥事者乎？"① 这种"将在内、相在外"的离奇现象，便是隆武朝极大的不幸和悲哀，是郑芝龙擅权跋扈的结果。

十月朔，道周抵江西广信府时，得悉徽州的金声部抗清义军已失败，原拟进驻之地的失陷使他措手不及。道周遂遣将守马铃岭（又称马金岭），此岭高峻，下岭不到百里即徽州。

时广信城内居民多已逃亡，公储私积俱尽。道周慨然曰："古人有作内政寄军令者，吾今且以王道寓兵机。"② 他决定采取争取人心、稳定社会的措施，乃下令推行尊养老者、考校子弟的安抚政策。于是，老幼皆集，壮者亦不召自回。既而诸乡绅子弟皆至，乐助军需，不行催科，众人皆愿乐输，给养无忧，以至慕义从军者几近万人，军声颇振。

道周即于十月初九日分遣诸将出击，一出抚州，一出婺源，一出休宁，不久即获悉出婺源者有牛头岭的捷报。道周于是疏请优奖有功将士，并上疏称："臣已遣五营将士出婺源。臣亦克日再率四部资其后劲，步担米粮以佐饔飧。如使祁、黟之卒可再鼓，休、婺之士可再收，则臣当大集义旅，震号于牛首、石头之上。"隆武帝颁旨："便宜而行，朕不中制。"表示一切行动由道周自主决定，朝廷不加干涉。但道周有感于兵单饷绌，事机屡变，消耗甚大，力孤势弱，而危疆难防，疏请遣派督臣曰："以四千之卒，给三月之饷，而臣之心血皮骨消磨俱尽矣。……臣今存兵不过四营一千五百二十，马不过十匹。……陛下注念危疆，宜于风力能臣速择一人总督，或即以信抚徐世荫、布政徐应秋，因其地望联络较易，速出上江，接理军务，无徒倏忽为国家羞。"③ 道周特别请求调来徐世荫，以加强力量，随即又疏举赵士超、徐孚远

---

①李天根：《爝火录》卷一二，第549页。

②洪思：《黄子年谱》，载《黄道周年谱附传记》第32页。

③洪思：《黄子年谱》，载《黄道周年谱附传记》第32—33页。

等九人，请授职立功。隆武帝颁旨，令所荐举之人俱听军前效用，但因广信属险要之地，抚臣徐世荫正在严加防守，不便轻移。

十一月初，道周驻军广信，忽闻休宁、婺源两地义军俱溃，遂紧急召集逃散者，并招募乡众，以图再举。未几，收复抚州之师又溃，他乃上《考核诸路将领及请赠恤疏》。旨未下，他又考虑将现散在各地之师集中，直驱徽、宁，这样形势尚有转机。为激励诸将士，他上疏自请处分："臣请为诸将士受过，席藁褫职，以待斧钺。"[1] 此时，形势急剧恶化，诸路溃败，难以聚拢，而敌骑四逼，不仅士气已难再鼓，广信亦岌岌可危。

当月，隆武帝接到了道周请饷、请兵之疏。其疏动情地说道：

臣今年六十有二，才能智勇，不过中人，而自请行边，拮据关外。譬之鸡然，风雨如晦，鸣声不已，即有不寤之人，起而刀俎之，亦无可奈何而已。臣少而学道，于物无竞，于人寡怨，直以出师之故，为异志所排。寡识之人，群起和之，千端百出，以阻其成，旁句曲引，以幸其败，或叩关门数日不达。饥疲之众，宁死中野，臣何所营而坐困于此哉！臣遭会风云，未及一月，五疏求去，直以皇上洞烛遐迩，尝鉴臣于言语形迹之外，所以苒苒焦哓，瘁毛铩羽，以为朝廷守一日藩篱，非曰能之，亦各尽其义而已。今敌之来日以盛，众之附日以携，蠢冥何知，惟利是视。贪生怖死，则前后异致，信州闾巷，鸡犬方集，今复翻然欲舍而去。据徽人来者咸云：敌一百六十骑守婺境，自海口煖水，焚掠殆尽。煖水距广信百余里，臣师屯八都者，仅千五百人，皆村落新募，月食一两之卒。其东出马金岭者，仅七百余人。又千二百人，西去饶、抚，驰收未回，所余帐下千二百人而已。臣自八月以来，东弭台、宁之衅，西销金岭之孽，精力瘁于文告，岁月驰于期会，未有一智一谋佐于其内，一膂一力助于其外，空以老瘁，

①洪思：《黄子年谱》，载《黄道周年谱附传记》第33—34页。

一意报主，为爱己所怜，异己所笑。今事势甚急，可亟命方国安以万众从严州出老竹岭，直捣徽州，乘其西驰，可以破敌；即不然，亦可解信州之危，成牵制之势矣。①

隆武帝接疏，颁旨令方国安、郑鸿逵两路进军，以为声援，然两人竟无一行动。方国安虽然备受隆武帝宠遇，一再获授官爵，然而他毕竟是鲁监国之臣，从未听从隆武朝号令。隆武帝向其发号施令，促其出兵抗清，不过是一厢情愿，难得实效。而郑鸿逵对道周成见甚深，当然更不会予以配合。

道周处境危急，乃振作精神，召诸将商议道："敌虽众，尽虚声耳。倘延至春仲，弓弛马懈，破敌必矣。今数千卒，即乏粮，可奈何？与其却还溃散，无以报朝廷，不如一战决也。"② 他决定拼死一战，众皆泣下。道周于十二月初六日，自广信进攻婺源，至童家坊又闻乐平已破，而所募两千余人皆不至，遂陷入困境。广信守臣及诸乡绅得讯，急致书请道周回归。道周"以成师既出，义不反顾"③，独与闽中义士及乐平、德兴二县乡勇千余人奋力前行，但此时粮饷早已不继。二十四日，清骑抄道从山中疾行，于道周军阵后突出，发箭如雨，道周军大溃。路塞，马不得行，道周及追随其左右的门人俱为敌所获，遂被拥至婺源。清将张天禄劝其投降，道周大骂不屈，视死如归，进行绝食，并作《自悼诗》八首以明志。他绝食十四日不死，于隆武二年（1646）正月十二日，被解赴徽州。十七日，清人将他与其门人赵士超、毛玉洁、蔡春溶、赖继谨四人一齐押解至江宁。

道周夫人闻道周被执，乃遣人致书，告以"忠臣有国无家，勿内顾"④。道周见书乃题于蔡春溶、赖继谨所寄家书之后曰：

蹈仁不死，履险若夷。有陨自天，舍命不渝。⑤

---

①徐鼒：《小腆纪年附考》卷一一，第448—449页。
②洪思：《黄子年谱》，载《黄道周年谱附传记》第35页。
③徐鼒：《小腆纪传》卷二三《黄道周》，第241页。
④杨陆荣：《殷顽录》卷三《黄道周传》，载《黄道周年谱附传记》第210页。
⑤江日昇：《台湾外记》卷二，第68页。

清招抚江南总督军务大学士洪承畴与道周同乡，遣人劝降，道周蔑视之，不予回答。① 被囚期间，道周坦然自若，日夜不绝笔，作诗文数百篇。其《致命词》云：

诸子收吾骨，青天知我心。
为谁分板荡，不敢共浮沈。
鹤怨深山浅，鸡鸣终夜阴。
南阳山路远，怅作卧龙吟。

搏虎仍之野，投豺又出关。
席心如可卷，鹤发久难删。
愁子不知愁，闲人安得闲？
乾坤犹半壁，何忍道文山！②

三月十五日，道周被押赴刑场，至一处，坐不起，乃曰："此与高皇帝陵寝近，可死矣。"③ 这时，一名老仆请求他给家人留下一些文字，道周乃撕裂衣襟，咬指出血，书曰：

纲常万古，节义千秋，天地知我，家人无忧。④

随后，黄道周就义，赵士超等四人同时遇难。

五月，首辅大学士黄道周从容赴死的消息传至福州。隆武帝览肃虏将军黄斌卿"古今多一精忠，中兴少一名相"的奏疏后，大哭道："辅臣道周精忠大节，就义从容，真足感动天人，争光日月！朕方恢中兴大业，而一代纯臣，先殉国难，抚念今昔，倍为怆怀！"⑤ 黄道周的死是隆武朝的巨大损失，也是对隆武帝光复大业的沉重打击。这是郑氏集团，特别是郑芝龙一手造成的恶果。

---

①查继佐：《罪惟录·列传》卷一二下《黄道周》，第 1968 页。
②计六奇：《明季南略》卷八《黄道周志传》，第 321 页。
③张廷玉等：《明史》卷二五五《黄道周》，第 6601 页。
④李光地：《榕村语录》卷二二，载《榕村语录·榕村续语录》，陈祖武点校，中华书局，1995 年，第 405 页。
⑤陈燕翼：《思文大纪》卷六，载《虎口余生纪》第 253—254 页。

尽管郑芝龙百般破坏隆武帝的北伐大业，但像黄道周那样坚持抗清之志者仍不少，其中都察院左都御史张肯堂便以积极的行动力促北伐大业，当然也毫无例外地遭到他的老对手郑芝龙破坏。

张肯堂，字载宁，号鲵渊，南直隶华亭人，天启五年（1625）进士，崇祯间累官至御史，崇祯十五年（1642）巡抚福建。到任之初，郑芝龙便向他出了难题。郑芝龙是海盗出身，受招抚后官至大将且野性不改，为壮大个人势力招收大盗五十余人，拟作部将。当他将此事通报张肯堂时，张肯堂严正地告诫他说，剿捕盗贼是统帅的分内职责，“未有朝命而擅受降则不可”，同时将此事疏报朝廷。朝廷随即下令：所招之盗一律斩首，严惩不贷。郑芝龙搜罗党羽之事失败，因此对张肯堂怀恨在心。隆武帝于福州监国后，进张肯堂为左都御史。张肯堂在向隆武帝面奏“恢复大计”时，指出弘光政权的覆亡“皆由罪辅马士英”。马“弃主而逃”，是法所不赦之人，现已窜至浙江，不可令其入朝。隆武帝赞赏他的见解，于是在登极诏中，“即发其罪”。当时马士英闻隆武朝建立，便奔向福建，连上七份奏疏请求入朝，均被拒之门外。这时郑芝龙极力为其说情，隆武帝下诏，令其以收复杭州之功，代赎其罪。马士英吃了闭门羹，始终未能进入福建。了解底细的郑芝龙对张肯堂更加痛恨。①

郑芝龙本人既无抗清北伐、收复失地的打算，更厌恶一再劝说隆武帝亲征的张肯堂，便想方设法对张肯堂进行限制和打击。隆武二年（1646）正月，张肯堂了解到吴淞抗清武装虽然失败，但败阵之卒并未溃散，“犹保聚相观望，倘有招之者，可一呼而集”，遂接连上疏恳请隆武帝抓住战机亲征，出浙东，并自告奋勇，请兵率水师由海道抵吴淞，“招诸军为犄角”②。他与吏部郎中赵玉成同为江南人，他们共同

①全祖望：《鲒埼亭集》卷一〇《明太傅吏部尚书文渊阁大学士华亭张公神道碑铭》，载《全祖望集汇校集注》第 203 页。

②全祖望：《鲒埼亭集》卷一〇《明太傅吏部尚书文渊阁大学士华亭张公神道碑铭》，载《全祖望集汇校集注》第 204 页。

上疏说："臣等生长海滨，请以水师千人从海道直抵君山，袭取金陵，以迎陛下。计陛下陆行期，同会于金陵。"这就是有名的"水师之议"。这项计划考虑周到，可行性强，很有克敌制胜的把握。隆武帝览奏大喜，"亟催芝龙造艘。芝龙笑诺"。[①]

张肯堂率师出征是隆武朝继黄道周出师北伐后，又一声势浩大之举。礼部尚书曹学佺对此坚决支持，并抱有极大的期望，认为"徼天之幸，在此一举！"于是，曹学佺亲自捐出白银一万两助饷，以促成其尽快出师，并认为兵贵神速，盼其"当乘风疾发"。[②]

张肯堂受命后，又上疏请求以徐孚远、朱永佑、赵玉成为随军参谋。本与东林党人矛盾很深的原苏州推官周之夔，此时也在家起兵，请求加入抗清队伍。张肯堂以其奋勇报国之志可嘉，且熟谙海上航行，欣然任用。张肯堂又以平海将军周鹤芝为前军、定洋将军辛一根为中军、楼船将军林习山为后军。隆武帝进张肯堂为大学士。

其实，郑芝龙对张肯堂此举已动手脚，他接受造战船之命时，即"上疏言'水师诸臣宜留其家眷，以防逃归'"[③]，对出师将领加以人身限制，制造紧张。而且不止于此，正当张肯堂一切准备就绪，即将出征之时，郑芝龙又秘密上疏，另提出新议，加以阻挠。于是隆武帝朝令夕改，又按郑芝龙的安排行事，以郭必昌率步卒由陆上首先出发，令张肯堂率水师于海岛上待命，届时同时行动，结果完全打乱了张肯堂原来的部署。郭必昌受命后一直逗留，不离福建一步。而张肯堂率数舟入海，徘徊岛上待命达半年之久，也不见朝旨，以致消息断绝，贻误了战机，使这次本有希望的北伐被扼杀在出发之前。六月，张肯堂又接到督师之命时，其军资器械及饷银三万两竟均被郑芝龙所取。他自行招募六千人，准备踏上新的征程。但就在他盼望听到隆武

①计六奇：《明季南略》卷八《张肯堂请袭金陵》，第322页。

②全祖望：《鲒埼亭集》卷一〇《明太傅吏部尚书文渊阁大学士华亭张公神道碑铭》，载《全祖望集汇校集注》第204页。

③计六奇：《明季南略》卷八《张肯堂请袭金陵》，第322页。

帝亲征的消息以便采取行动时，却得到了郑芝龙引清军入福建、隆武帝殉国的噩耗。[①] 这样君臣同怀的北征宏愿因郑芝龙的破坏而全部落空，留下的只是后人无尽的思索。

二、五路出兵，终皆无成

胸怀大志、“其臣皆以汉光武、昭烈期之”[②] 的隆武帝，监国、即位伊始便公开声明以抗清复仇为己志，宣布五路出师的宏伟计划，并要率师亲征北伐，以隆武元年（1645）八月十八日为出师日期。此举令臣民瞩望。

然而，阻力与困难摆在他面前，令其难以施展抱负，更令人始料未及的是，出师计划竟成为泡影。就在隆武帝宣布将要亲征之时，郑芝龙的阻挠破坏也接踵而至。郑芝龙“殊无意出关”，隆武帝一再敦促，他“则以饷乏为辞”加以阻挠。[③] 对此，隆武帝心中不悦，朝中有正义感的大臣看在眼里也焦虑万分，以至出现首辅大学士黄道周愤然率兵请行之事。武将坐朝、文臣出征这种荒唐事出现在了隆武朝。而随后，黄斌卿、杨文骢又先后慷慨激昂地率军出朝，奔赴抗清前线，这皆发生在已隆重公布的五路出师计划之前，实乃怪异之事，可见朝廷章法全乱。

对此情形，郑芝龙也感到实在说不过去。为了敷衍皇帝和舆论，八月初，郑芝龙召集廷臣议战守事宜，摆出抗清复仇的姿态，其真实意图仍是借筹饷之名加以拖延。在这次廷议中，他提出的战略部署是自仙霞关以外，当守卫者共一百七十余处，各处均设守兵。其中战兵将于本年冬季内演习训练，明年春季共分两路出关：一出浙东，一出

①全祖望：《鲒埼亭集》卷一〇《明太傅吏部尚书文渊阁大学士华亭张公神道碑铭》，载《全祖望集汇校集注》第205页。

②佚名：《明亡述略》下，载《崇祯长编》第304页。

③温睿临：《南疆逸史》卷二《绍宗》，第15页。

江西。守兵、战兵共计二十万。但计算所需之饷，即使将八闽、两粤所征之税全部用上，也不够一年之需。因而，郑芝龙提议在民间加征加派，广泛筹饷。议上，隆武帝因北伐心切，还是批准了这一计划。此后名目繁多的加征加派，造成民怨沸腾，引起社会极大混乱。

与此同时，廷臣对郑芝龙明春方能出兵的拖延计划甚为反感，遂一再上疏请求皇帝遣将出关抗清。隆武帝也屡下定期亲征之诏。郑芝龙考虑到如果再按兵不动，“不出关无以弭众议”①，遂于黄道周、黄斌卿皆已率兵出征之后，向隆武帝提出由郑鸿逵率兵出浙东、郑彩率兵出江西的计划。

隆武帝对就要实现御驾亲征的计划欣然同意，于是任命郑鸿逵为御营左先锋、大元帅，率周鹤芝、张名振、杨济时、陈秀、郭曦等人领兵，以诸葛倬为监军道，出仙霞关，向浙江衢州、严州方面挺进，以接应张国维、方国安的浙东之师；任命郑彩为御营右先锋、副元帅，率施福、郑联、郑斌、张进、朱寿等领兵，以张家玉为监军道，出五福、杉关，入江西境，以会南赣杨廷麟、湖广何腾蛟之师。隆武帝部署既毕，又对出师日期做了规定。至此，五路出师的计划虽然仅落实两路，但亦值得欣慰，朝廷遂举行隆重的誓师大典。

隆武帝御驾亲征登坛拜将授钺大典于八月十八日举行。隆武帝事先命工部于福州郊外洪山桥之阳搭一高一丈、方一丈之木台为祭天拜将之坛，并造五尺长大银钺斧四把。柄端饰龙头，柄末饰龙尾，钺上龙口吞珠，而以金龙缠钺柄。是日，隆武帝驾出洪山桥至坛所，为郑鸿逵、郑彩饯行，“登坛，授钺”。百官穿吉服，武臣穿戎装，左右侍班。隆武帝则着武弁服升台，在鸿胪官礼赞声中向御营左、右先锋授钺，赐饯酒，并于坛上号令出征将士，以表达同仇敌忾的抗清之志。御营两先锋率众将士跪听号令毕，便“按部伍，建旌旗，鸣金鼓，扬兵就道”。有记载说，誓师之时突然“风雨晦冥，几不成礼”，而“识

①钱澄之：《所知录》卷一《隆武纪年》，第20页。

者知为不祥之兆”。[①] 天有不测风云，此亦常事，左右不了大局。然而，这次隆重的拜将授钺大典之后，令隆武帝乃至百官士庶大失所望的，不是天公不作美，而是二郑怠忽逗留。

郑鸿逵、郑彩号称带兵数万，实则各带兵仅数千而已，所谓数万之名只不过是方便向朝廷要饷的依据。而且誓师后，二郑带兵出征，仅行数十里，便“疏称候饷，皆不行”[②]。

直至十月，作为御营先锋的郑鸿逵，方从福州率兵而出，向浙江衢州、严州方向进军，隆武帝五路出师中重要的一支终于行动。然而他到达闽浙交界的仙霞关后，便停在仙阳镇。[③] 同时，郑鸿逵派遣诸将领率军挺进，其中施福出开化，林顺出仙霞，黄光辉出马金岭，郭之英出连岭，郑亨出白济，郑贞出二渡，程应璠出仰山。这看似拉开了大规模抗清的阵势，实际上仍不过是虚张声势而已，其“所部不过千余人，或数百人耳”[④]，且诸路军虽出师但并未一直挺进，奔向抗清战场，而是不久即驻兵观望。郑鸿逵还下令严禁四方儒生进入关门，生怕读书人将事实真相上奏朝廷。在福州一直等候出师捷报的隆武帝，见出师月余仍不得音讯，便一再下令催促出关，郑鸿逵却毫无反应。[⑤]

此时，清军已攻陷徽州，一直率抗清义军孤军奋战的金声被俘杀。江西、浙江形势严峻，如再不迅速挺进，形势将更加恶化。原任临清知州金堡于十月入朝，向隆武帝上奏揭露郑鸿逵不积极出兵的情形，“福京倚新安为北门，而臣前至仙霞，见郑鸿逵方遣兵出关”，实际并未进取，而还在“逗留观望，未有争先之气”。金堡深感愤慨，焦虑地指出当此“民心日变”之时，如不抓紧行动，则“大事去矣”。四方都在急切地盼闽中之兵，“今兵力将心，臣已窥其大略”。金堡揭露这些出征将领全靠不住，要坏事。他更指出“上江疑而楚豫断，新安去

---

①陈燕翼：《思文大纪》卷三，载《虎口余生纪》第163—164页。
②邵廷采：《东南纪事》卷一《唐王聿键》，第154页。
③钱澄之：《所知录》卷一《隆武纪年》，第20页。
④温睿临：《南疆逸史》卷五四《郑鸿逵》，第425页。
⑤钱澄之：《所知录》卷一《隆武纪年》，第20—21页。

而三衢危”。如坐视这种情形不顾，形势就十分危险了，到那时，“陛下即欲为王审知，岂可得哉!”[①] 这并非危言耸听，而是陈述严峻的现实。

现实已令金堡看清了问题的实质，他明白不能再心存幻想，坐以待毙。为扭转这种岌岌可危的局面，金堡建议：“今时天子宜为将，不宜为帝。湖南有腾蛟新抚诸营，皇上亲入其军，效光武驾驭铜马故事，此皆战兵，可用中兴。天子须以马上成功。”他还说，“若夫千骑万乘，出跸入警之仪”，这类表面威严而无补于实际的花架子，应“尽可去也”。金堡直言敢谏，没有忌讳，明确建议隆武帝赶快认清形势，不要再指望郑氏集团，并尽快离开福州亲赴抗清前线去开创新的局面。对此，隆武帝大喜，对廷臣说：“朕得金堡，如获至宝。”[②] 金堡的主张虽然令郑芝龙十分憎恨，但却令隆武帝清醒，使其更加坚定了尽快率师亲征的决心。

令隆武帝大伤脑筋的还有御营右先锋、永胜伯郑彩。本来，八月十八日，隆武帝已令其首先出发，统领大兵由杉关接应杨廷麟，收拾江西等处，为恢复大计，以表明讨伐清军之大志。郑彩虽然按时率兵出杉关，但行军百余里后又折返回来，不再前进。隆武帝颁旨“切责”，郑彩却“仍疏称饷绝，留如故”。[③]

主将如此怠战，副将却表现出色。八、九月间，施福取得抗清大捷，这与隆武帝亲自部署有关。原来，早在七月，隆武帝命黄道周出师江西的同时，已命令副总兵施福守崇安关。[④] 施福不辱使命，深入江西境内，直击清军，攻入弋阳，进而控制了广信府，获得了一个较大的胜利。应该说，这是隆武朝建立以来值得称道的抗清大捷。永胜营监军张家玉于九月上疏报告了此次大捷，并请求声援，以扩大战果：

---

①邵廷采：《东南纪事》卷一《唐王聿键》，第155页。

②李天根：《爝火录》卷一三，第599页。

③钱澄之：《所知录》卷一《隆武纪年》，第21页。

④邵廷采：《东南纪事》卷一《唐王聿键》，第152页；陈燕翼：《思文大纪》卷二，载《虎口余生纪》第147页。

若夫副总之施福守大关也，以孤军深入弋阳，斩其虏使，擒其伪官，忠勇之名，震于浙、直。不谓胡人饮恨，大举报仇，闻其差往九江，与所云童贼者，借汤、郝、郭之兵一万，而又陷有江省五营之兵二千，刘一鹏之兵二千，郜国本之兵一千，王体忠之兵二千，而金声桓之三千者不与焉。今欲以全力注信，与施为难。臣得此报，而又与万元吉之来书相合，坐卧不宁，已促永胜伯，副总林习山、洪旭等力疾救援，倘早出关，为施犄角，保全广信，给属徽、饶，则祖宗之灵，而皇上威德也。此广信情形，而臣等下手处也。①

这充分肯定了施福的胜利，并急切呼吁增兵支援，因为这时正是清军围困抚州之际。

张家玉紧急上疏声言：

腹心之患在南昌，咽喉之患在徽州。既失徽，则饶、严危，失饶、严，则广信必不支，而崇关不能守，陛下大事去矣。兵贵速不贵久，贵合不贵分，我以待兔之愚，长彼蚕食之渐，坐而自毙。请急敕郑彩由杉关出抚、建，分兵一捣南昌，一援饶州。再令黄光辉、曾德等，由江山直上衢、严，袭徽、歙，纵不能进，亦可自救。

施福、陈梧等皆赞同家玉的建议。隆武帝亦以家玉之言可行，下令速催郑彩由建昌、抚州分兵两路挺进，直至南昌。然郑彩怯懦，观望不前，驻军邵武月余，不去支援施福抗击清军，扩大战果，耽误了大好时机。虽然隆武帝下诏切责，郑彩仍然按兵不动，家玉“太息而已”。②

为不失战机，夺取胜利，十月，张家玉出杉关至广信，不断以忠义鼓励诸将。十一月，抚州告急，郑彩仍然不动，却致书家玉，令其督率诸将往援。家玉遂转至杉关，以监军行督师之事，东约右镇陈辉，

①张家玉：《报明江省情形疏》，载《张家玉集》第15页。

②邵廷采：《东南纪事》卷一《唐王聿键》，第155—156页。

西约中镇林习山，南约前镇蔡钦会兵于许湾，与清军交战，进而取得许湾大捷。

原来，十一月十四日，清军包围抚州，张家玉急率三营军疾进驰援，间道至抚州，细密策划，先坚壁设伏，继而乘虚出袭，与清军激战，直捣其老营，清军惊走。是役“杀两总兵，获级四百，夺马四十匹，器械无算”。清军受挫后合师数万反扑，家玉乃“设高皇帝、关壮缪位”，率诸将拜泣，设赏金于前，加以激励，并部署诸将分别率死士百人，伏于山谷中。十五日凌晨，家玉拔大营佯作撤退之状。清军合万众来追，遂入伏中。家玉乃鼓噪回军反击，大破清军，清军“步兵五千殆尽，骑兵舍马渡河，溺死过半”。于是，抚州围解。此役被评为“福州战功第一”。[①] 此次胜利虽然是在赣州的督师万元吉极力配合之下取得的，是万元吉与张家玉共同努力的成果，但起关键作用的则是张家玉军。这可谓隆武朝五路出师中唯一一次辉煌的战绩。促成这一胜利的施福与张家玉，皆听命于郑氏集团，受郑氏方面调遣，胜利当然亦应记录在郑氏功劳簿上。

许湾大捷后，如能乘胜追击，本可扩大战果，隆武朝的北伐亦将开创新的局面，然而此大好形势并未得以发展。

胜利后，张家玉以兵宜神速，乘敌大创之余，并力而前，可以席卷江西为由，请郑彩出师，以先发制敌。然而，郑彩竟按兵不动。不久，清军发动反击，十一月底，家玉所率明军遭到挫折，抚州终于失陷。

此时，隆武帝原来宣布的五路出师中的另外三路竟毫无动静。而原定五路之外，黄斌卿滞留海岛，独自艰难挺进的黄道周之师凶多吉少。算来算去，隆武帝的雄心壮志想要实现，也只能盼望二郑两路出征取得成功。

然而，隆武帝北伐的宏愿随着两名御营先锋的逗留不前大受挫折。

---

①邵廷采：《东南纪事》卷一《唐王聿键》，第156页；许湾战事又见佚名：《隆武纪略》，载《台湾文献汇刊》第1辑第1册，第115—116页。按：“许湾”，《隆武纪略》作“浒湾”。

先锋因兵饷不继而止步不前，御驾亲征更难以成行，心急如焚的隆武帝对此十分气愤和忧虑，却又无可奈何。隆武帝周密部署并一直抱有热切希望的五路出师，可谓一无所成。当时不少有识之士认为南京、江楚一带，“仰望王师急如拯溺，迟出关一日，则人心一日瓦解。国家之失在此着”①。

至此，隆武帝依靠郑氏助成北伐大业的一切指望均已落空，深感只能亲自统军出征了。

三、亲征梦碎，以身殉国

十二月朔，隆武帝宣布定于初六日亲征，以建宁府为御营。准备乘舆之时，忽报城中“父老遮道留”，隆武帝遂“返跸”不行，不再准备。大学士熊开元对此叹道：“此何等事，儿戏尔尔耶?”乃拉大学士曾樱同赴郑芝龙处问处理之计，因为曾樱乃郑芝龙一向敬佩之人，而开元与曾樱要好。郑芝龙正值气盛之时，直言道：“圣驾不可行!”开元乃规劝百端，芝龙方消气，答应初四、初六两日出行，届时百姓“不复留”。然而与开元再次会面时，芝龙仍对隆武帝出行表示不满。对此，开元深感“时事终不可为”，乃具疏称“恩深命薄，心痛难支”，离开朝廷，登舟而去。隆武帝回答道：“百姓之留，实出意外，不得不俯答舆望。朕心实切如喇（刺），初六之行，如金如石，卿还，善摄于舟中，入直不必再有疑虑。”② 开元面对如此恳切挽留，颇为感动，所乘之舟未发，遂于河干上暂候。

十二月初六日，隆武帝命唐王聿鐭于福州监国，邓王朱器壖协守，他与皇后曾氏一起在隆重的仪式中离开福州，踏上御驾亲征的道路，开始践行抗清复仇的计划。他踌躇满志，但所携粮饷兵器均不足用。十五日，他敕令御营兵部速与郑芝龙议造盔甲一万副，并运至军前，

①李天根：《爝火录》卷一二，第570页。
②佚名：《隆武纪略》，载《台湾文献汇刊》第1辑第1册，第116—117页。

“以为破虏用，刻不可缓”①。然而命令归命令，兵饷、器械却难以一时备齐，因而亲征之师行动迟缓。

隆武二年（1646）正月，隆武帝师次建宁。忽传郑彩畏惧清军势盛，丢下监军张家玉，率军从新城逃入永定关，而“城中男妇尽窜”，独张家玉与知县李翔“誓死不去”。隆武帝震惊不已。

原来，自十一月抚州失守后，张家玉败不馁志，一再催促郑彩出兵。郑彩不得已，于正月十六日，方令前锋出发。当天，郑彩突闻清军大举反攻，随即尽撤兵马入关，弃新城不守。家玉力争，谓：“新城者，永定屏障；永定者，福京门户。门户固，而堂奥乃安；屏障安，而门户乃固。新城虽小，不可弃也。”② 恳请留一军镇守，郑彩不从。家玉乃与新城知县李翔招募乡兵据守。事未办妥，清骑突至攻城，李翔登陴，家玉领亲兵、乡兵三百人出城，血战城南，多有斩获。酣战中，张家玉中箭坠马，裨将林雄奋勇杀入阵中，挟家玉以归，家玉方免遭不测。此事传来，隆武帝如同被泼了一盆冷水，大怒道：“统兵大将，尽走入关，独令文臣陷阵，何以自解？”③ 遂下令降郑彩永胜伯为恩宥伯，④ 以示惩戒。

隆武帝还亲手书写诏书慰劳家玉道：“许湾战而建、抚复，新城守而杉关宁。朕以子子汝，汝以父父我，晋都察院右佥都御史，巡抚广信。”⑤ 家玉因无功为愧，疏辞不受。

但祸不单行，不久又传来郑鸿逵所部于马金岭大败之讯。原来，清军攻占徽州不久，郑鸿逵曾部署林顺、黄光辉等率军出仙霞、马金岭、白济、连岭等地，与清朝对峙。然而郑彩并不出击，而是驻足观望，实是坐待挨打。隆武二年（1646）正月，清军以偏师牵制白济、连岭的明军，而以主力猛攻马金岭，黄光辉等溃败而退，郑鸿逵遂退

①陈燕翼：《思文大纪》卷三，载《虎口余生纪》第183页。
②张家玉：《孤臣被箭腹穿，坠马断臂，血战将死疏》，载《张家玉集》第37页。
③邵廷采：《东南纪事》卷一《唐王聿键》，第159页。
④温睿临：《南疆逸史》卷五三《郑彩》，第417页。
⑤张岱：《石匮书后集》卷四九《陈刘张黎姚陈苏彭王列传》，第286页。

至仙霞岭，下令诸路军一律撤退。隆武帝闻讯大怒，乃遣官封剑令郑鸿逵即于军中斩黄光辉。郑鸿逵惶恐上疏谢罪，械送黄光辉至隆武帝所在的建宁行在，隆武帝乃赦之。[①]

这时朝中有人向隆武帝建议推迟出关日期，吏部主事曹元芳反对此议，上疏希望皇上速行。隆武帝说："朕既统师启行，岂有仅止建宁之理？现今催趣将士，到日即自先驱，驻跸金、衢，还相机行！"[②] 这是准备越仙霞关，经由浙江金华、衢州一路北上。他对臣下特别是辅臣不能与己一心共赴时艰深感失望。他在谕辅臣朱继祚时，一针见血地痛责诸辅臣遇事"一筹不展"，"推诿因循，毫无爱君之真情"，加以警告道：

> 君臣一体，虽小臣亦必加恩；法自贵近，即大臣亦从画一。朕天性忠厚，爱诸臣以大体，以廉耻。登极七月，优礼备至，乃始以坚卧之套，必待朝廷几次温旨，如请伊（按：指伊尹）、葛（按：指诸葛亮）之才。至到日又一筹不展，推诿因循，毫无爱君之真情，心存假恭之旧例。呜呼！高拱不作，张居正已往，朕今身任中兴，举目不知所倚，深可痛伤！看今日之情态，则知世庙之于夏言，神庙之于张位，烈庙之于刘鸿训等，皆圣心之不得已也。此次暂且从宽，再若因循推卸，或以紧要军事，推委之于中书，或将紧急敕书，不自作自写，故意延迟，要坏国事。或当会票之本，不肯确议。或当担当决断之事，上则推候圣裁，下则推下部议。凡有此等，则三尺具在，祖宗大法，朕必不敢私徇，断断必行！尔等详之慎之！呼吸死生，大迷不醒，不得不如此行也。又令内阁出入之门，着将外门速速严锁，要从川堂之门走动。张鸣凤速速遵行，机务正繁，辅臣德璟，还即日入直，不许延挨。

---

①温睿临：《南疆逸史》卷五四《郑鸿逵》，第425页。按：《隆武纪略》作黄光辉"阵殁"，见《台湾文献汇刊》第1辑第1册，第126页。

②陈燕翼：《思文大纪》卷四，载《虎口余生纪》第189—190页。

各该部科道官，一体遵行毋忽![1]

看来隆武帝是真正发火了，痛斥了自恃才高而不办实事的慵懒辅臣，指出这种“故意延迟，要坏国事”。他警告说，若再如此，“则三尺具在，祖宗大法，朕必不敢私徇，断断必行”，实行严惩。这是要臣下在“呼吸死生”的危急关头必须改变“大迷不醒”的状态，说明他对曾最为倚重的大学士，已产生了信任危机，反映了其痛感身边无人的孤独与焦躁。他心情十分不顺，已处于内外交困之中。尽管形势对他实现北伐大业十分不利，但隆武帝仍然锐气不减，强自振作。

当广信巡抚徐世荫上疏迎驾并请面奏时，他立即批准，答复说：“逆寇犹狂，广信地重，着且料理堵剿。朕今暂住建宁，不时即要出关，即于建牙处召对。”[2] 这是再次表明自己亲统大军奔赴抗清前线的态度。他在读过江南各臣的上疏之后，感慨道：“江南士绅无人不洒涕思明，枕戈待举。朕必亲提黄钺，张皇六师，以慰臣民之望。大小文武，当时时刻励尔志，毋狃偏安!”[3] 这是再申出关的决心。他经过认真考虑，决定改变行军路线，不再经浙江北上，而是经江西，入湖广。但饷源不足，兵无纪律，又使他大伤脑筋。他得知绍宁官兵“沿途骚扰，民不聊生”后，急下令禁止。他沉痛地说：“朕决计亲征，先救现在之民，欲杀害民之寇，岂有擅兵无纪，成此惨伤？兵额不由于天子，兵数不报于本部，兵饷不由于司农。人善自纵而惮拘简，致民尽自毙，祸及国家。”他指出弘光朝时江北各镇因害民而溃败，惨痛的教训就发生在眼前，又说：“今亲戎在途，第一痛心此事。”他表示除前事不予追究外，现“严行榜示，有犯必惩，继以御榜张挂，以救民生。江上将士还勉效忠义，迅图灭彝，副朕除暴救民至意”。[4] 然而“师饱在饷”，出征必须饷足，此时他又不得不一再批准实行加派、捐纳等事，

①陈燕翼：《思文大纪》卷四，载《虎口余生纪》第192—193页。

②陈燕翼：《思文大纪》卷四，载《虎口余生纪》第194页。

③陈燕翼：《思文大纪》卷四，载《虎口余生纪》第200页。

④陈燕翼：《思文大纪》卷四，载《虎口余生纪》第201页。

以增加兵饷。[1] 显然这与其宣称的除暴救民主张又相矛盾，可谓无奈之至。

然而，隆武帝仍对北伐充满希望。就在隆武二年（1646）正月，他敕告两广总督丁魁楚、广东巡按王化澄、总兵周仕凤时说：

> 朕因兵力未厚，致稽出关。卿等仍照前旨，募兵五千，不可为浮议疑阻，再召狼兵七千。七千之兵，俱准支销正项粮饷。三月之内，朕要见卿之兵到。仍命大将周仕凤督至御营，随驾征剿。朕亲至虔入楚，以收天下全局，卿其力赞成功焉。[2]

隆武帝热切盼望所募之兵及所筹之饷皆能如愿，他将亲自从江西进入楚地，“以收天下全局”。他的迫切出关之情、倚赖众臣之意，“蔼然言表”。然而这不过是一厢情愿，因为其所依赖之人皆靠不住，“惜无有应之者”，“真臣负君矣!”在这种情形下，不要说出闽入楚，即令“偏安之业，亦不可成。”[3] 这不能不令他深感伤痛。

此时，对隆武朝来说，敌强我弱的形势愈发严峻，然隆武帝求胜心切，遂再次令郑彩采取进攻行动，结果愈发不妙，接连失利。清文献载称，顺治三年（1646）二月，梅勒章京屯泰奏报：“伪永胜伯郑彩，遣伪总兵刘福、副将林引等，领众来援江西抚州，副将王得仁等率兵驰入贼阵，击败之。斩贼千五百余级，生擒贼将。又败其伪副将赵珩等于高山岭，斩获无算。”[4] 旋即，江西巡抚李翔凤疏报：“浮梁、余干等县逆寇，勾连闽贼倡乱，直犯饶城，副将邓云龙等率兵击败之。副将王得仁等进兵水口，击败闽贼，克光泽县。复旋师抚州，剿杀东乡、安仁一带逆孽，俘斩甚众。”[5] 显见，这皆是针对郑彩的军事行动。

---

①陈燕翼：《思文大纪》卷四，载《虎口余生纪》第207页。其捐纳内容是：“廪生加贡，纳银一百五十两；增广加贡，纳银二百两；附学加贡，纳银三百两；青衣加贡，纳银三百五十两；社生加贡，纳银四百两。”

②陈燕翼：《思文大纪》卷四，载《虎口余生纪》第206页。

③陈燕翼：《思文大纪》卷四，载《虎口余生纪》第206页。

④《清世祖实录》卷二四，顺治三年二月乙酉，第285页。

⑤《清世祖实录》卷二五，顺治三年四月丙申，第301页。

至此，郑彩奉命主动出击的抗清行动彻底失败，其统率之军皆已溃逃。施福、林顺等率所部退至建阳。隆武帝大失所望，乃下令革郑彩职，令平夷侯郑芝龙追缴郑彩的伯爵印、征虏大将军印、黄钺、剑、敕书，予以重惩。① 隆武帝又令郑成功负责接收郑彩所部逃兵，毋令其惊扰地方百姓，并巡视诸关隘，接替郑彩；又授成功为招讨大将军，颁敕自行招募兵士，以护驾西行。至此，隆武帝下定决心离开福建。

隆武二年（1646）正月，隆武帝命郑芝龙专理水师，户、工二部事务有相关者，听其兼理。隆武帝又颁敕于黄斌卿道："卿孤兵久处舟山，援饷不继，朕每以为念。今得张名振资助万金，克复苏松，可望其大焉。鸟铳、火药、硝磺、枪刀、铅弹等项一并给发。"这时，平夷侯郑芝龙呈进浙直水陆地图，隆武帝乃曰：

> 观图备悉奇正之着，五路并出，与合太湖义兵为策应，使西兴将士，为我出力，俱是全着急务。卿其速规进取，毋但仅托条陈！②

接连败阵之后，面对张名振助饷、郑芝龙献图之举，隆武帝似乎又受到了激励，再次将五路出师提上日程。然而，这又纯属不切实际的幻想。此时黄道周军已经覆败，黄道周慨然就义于南京；孤悬海外的黄斌卿、张肯堂军，皆援饷不继，且久无作为，对清廷形成不了压力；而隆武帝企盼的鲁监国的西兴将士，即方国安所统率的鲁王军队能为其出力，更是一厢情愿，实际上绝无可能。此时仍宣称"五路并出"，只不过是画饼充饥、自欺欺人而已。

可悲的是，隆武帝仍然执迷不悟，尽管对二郑的举动已深感失望，对鲁监国政权一直与其对立无法释怀，但仍抱有强烈的幻想。他对近臣道：

> 靖彝（夷）侯方国安江上战功独多，归向又敦切；勋臣刘孔昭世臣中深明大义者，辞公爵而来投诚，朕所嘉尚；科臣刘中藻

①陈燕翼：《思文大纪》卷五，载《虎口余生纪》第212页。

②陈燕翼：《思文大纪》卷五，载《虎口余生纪》第212页。

> 奉使开诏，骨力坚挺；台臣郑遵谦起义独先，归戴最早；勋臣黄斌卿虽未有恢剿显功，而舟山扼守，待时而动：在朕均依为腹心手足，有何疑贰？即诸臣识见稍或不同，亦何尝有意攻击？内外文武臣工，各宜仰体朕心，共襄大计，毋开嫌阻可也！①

他此时仍然认为一切问题都可顺利解决，还特命大学士何吾驺至郑芝龙处会议兵饷，特嘱咐其“须竭诚意以感动之”②，争取郑芝龙能为己用，但此举并未收到实效。

这时，何腾蛟、杨廷麟皆有疏迎隆武帝。隆武帝于是决计出闽入赣，遂“传命允之”，但仍然是因“郑芝龙固留而止”，“郑芝龙请驾还天兴”。③

对此，郑鸿逵亦极力上疏谏阻，指出亲征必面临“无兵、无将、无饷”的局面，且“备言全闽空虚之状”。④ 他更将其疏稿加以刊刻散布，展示公开反对隆武帝亲征的姿态，旋又驰赴行在面奏道：

> 今王（帝）威不越于畿甸，寇氛已逼于衽席。乘舆远播，将欲何之？且闽封之外，城邑萧条，就令敌骑未至，舆马之刍豢已乏，若使凶逆突加，猰貐之凌犯孰御？折冲何人，转输谁任？万一至赣而赣已非，回闽而闽亦异，进退趑趄，为虑实深。⑤

郑鸿逵强调现在处境危急，兵力物力皆极匮乏，不具备出闽条件，且已无人为之捍御，一时冲动出闽必将陷入绝境，这明显是在极力反对隆武帝出闽赴赣。然而隆武帝深知，此时已无人为之捍御，三郑已不可信，不出闽必将坐以待毙，所以他听到此言，便默不作答。但他对郑成功却充满厚望，随即召成功“指画关门险要、兵卫参署、督师督饷之策”，而排除阻力，“决计出关”。⑥

---

①陈燕翼：《思文大纪》卷五，载《虎口余生纪》第220页。
②陈燕翼：《思文大纪》卷五，载《虎口余生纪》第221页。
③佚名：《隆武纪略》，载《台湾文献汇刊》第1辑第1册，第127、133页。
④佚名：《隆武纪略》，载《台湾文献汇刊》第1辑第1册，第137页。
⑤温睿临：《南疆逸史》卷五四《郑鸿逵》，第425页。
⑥温睿临：《南疆逸史》卷五四《郑鸿逵》，第426页。

三月，当隆武帝决定要离开福建建宁进入江西时，郑芝龙又是大唱反调，“以关门单薄，固请回省”，定请隆武帝班师回福州。然而正在此时，黄道周慷慨殉节的消息传来，隆武帝“恸哭辍朝”，更加坚定了他排除阻力、率师抗清的决心。他宣布将通过汀州进入江西。从一开始就反对御驾亲征的郑芝龙，见隆武帝果真要离开福建，唯恐挟持天子以售其奸的计划落空，便故伎重演，再次阻拦，因自己不便出面，于是“使军民数万人遮道号呼，拥驾不得行”①，“呼拥请还，不还则绝天下之望”②。郑芝龙乘此机会又上表，“固请回福州”。隆武帝难以断然违背舆情，不得已而停銮于延平。

虽然赴江西之举未能成行，但隆武帝决不放弃出关的计划。四月初五日，他迎来了自己的四十五岁生日。前一日，群臣请祝诞辰，他拒不接受，说：

> 朕奉大统已近十月，孝陵不见，百姓不安。文困循于内，武扰害于外。中兴事业，茫无端绪。蔬菜自勉，岂可晏然自居，以听群工庆祝耶？惟于行在公所，总用太牢一分，遥祭二祖列宗；唐国祖宗，另设于旁！③

他念念不忘的是复仇雪耻的北伐大业。事业未成之际，自我庆贺，于心不安，乃下令按免元旦之贺的前例，至此再免寿诞之庆。虽然在郑芝龙的策动下，舆论一再要他返驾福州，停止亲征，他也决不接受。闽县、侯官县百姓耆老来到延津，恳请隆武帝驾回福京，聿键为之感叹不已道：

> 即位十一个月，无时不思靖虏救民。飞跸既久，岂得回銮？固知入虔□险辛之状，但恨在闽不能安闽，闽民不负朕，朕负闽民实多矣。④

---

①温睿临：《南疆逸史》卷二《绍宗》，第16页。

②计六奇：《明季南略》卷八《隆武驻建宁》，第322页。

③陈燕翼：《思文大纪》卷五，载《虎口余生纪》第224页。

④陈燕翼：《思文大纪》卷五，载《虎口余生纪》第230页。

他因不能离开福建进行北伐而负疚甚深，但权衡利弊，仍坚持拒不返驾。他敕谕御营内阁传示臣民说：

> 臣民拥立朕躬，志誓救民雪耻。逆寇虽狂，尚可暂守而养战锐。诸臣议论纷纭，殊为道旁筑舍。今征士蔡鼎回报关上情形甚确，国姓成功巡关回来，迎驾暂至邵武，相机出关，念八日之行且止。总之，自古创业中兴，谁不危而后济？朕惟以“宁进死，不退生”六字自誓，并以此六字察验臣工。此后除战守驻跸，一听条陈外，若有敢请驾回天兴，并请退避广东者，诸臣必从重议罪，余必立斩以徇。朕心通于上帝，臣民仰体钦承！①

此谕表明了他决不退缩的态度。

但当有人请求他再驾临建宁时，他虽然表示“进取之念甚坚甚切，万无转跸之理”，却又以“农家力作，征役宜宽，朕亦耿耿于衷”② 为由，竟止步延平而不行动了。这是无奈的选择，因为他没有兵力物力的保障，行动起来困难殊多。

然而，即便此时，隆武帝仍不放弃抗清的努力。他命令接替郑彩指挥大权的郑成功及大学士傅冠等率兵，以蔡鼎为军师，速出分水岭，以进取江西，随后敕谕军师蔡鼎道：

> 朕原速期幸虔，以迎兵未至，故调国姓成功、辅臣冠，护驾前行。今于华玉兵已至，又虔中迎疏叠来，则国姓、辅臣，政（正）可用力湖东，不必调到湖西。东西并举，朕亲节制于虔，江省之复可必。着国姓、辅臣速约各镇鼓锐前进，铅山告警，必行兼顾，以巩崇关。③

这是向郑成功发出的进攻江西的命令。隆武帝信心满满，似乎令下兵行即可取得胜利，他可坐镇赣州，指挥全局。然而这又是不切实际的幻想，且终蹈覆辙——蔡鼎指挥出击，不计实力，以弱抗强，终于在

---

①陈燕翼：《思文大纪》卷五，载《虎口余生纪》第230页。

②陈燕翼：《思文大纪》卷五，载《虎口余生纪》第230页。

③陈燕翼：《思文大纪》卷五，载《虎口余生纪》第225页。

黄土隘一仗中，被清军击溃。隆武帝对此很是无奈，并流露悲观情绪，他颁旨说："黄土隘之失，……军师蔡鼎调度未宜，殊难辞责！还同郭、陈二将协力御剿，以冀榆收。"[①] 他希望蔡鼎等人仍能坚持抗清，以挽回惨败的损失，然而情况不妙，事实一再让他失望不已。

不久清军攻入江西，包围广信。而进入五月之后，兵与饷两不足的隆武帝驻跸延平，更难起身。面对此情，他又决不甘心。他因誓师之后又难以出师，长时徘徊闽境而深感愧疚。

五月十六日，他谕大学士何吾驺："朕在延多日，漫云兼顾江浙，终于江浙何补？不如实实出关，拿定一件做去，尚为得法。且今地方止有闽、广、江、楚四省，咽喉全在一处，清所必争，我所必守。今不自出，负祖负民，朕之存亡，犹甚小者。今还要催林□兵，并陈天榜兵到，决意初一日必行。"[②]

隆武帝虽然早已调兵遣将把守福建各关口，但事实证明，这些人闻警即逃，关口并无保障。五月下旬，他决定特用文臣守关：以张调鼎、赵秉枢等守永定关，以谢绍芝、周维新等守大安关，以黄大鹏、郑为虹等守仙霞关，指示"务要调和兵民，侦御奸寇。与守关兵将，有功同赏，有罪同罚"[③]。这也是不得已而为之。隆武帝不久又得杨廷麟赣州"危在旦夕，援兵半已溃亡"的疏报，于是再次表示"朕十日内外，一定亲跸汀州，面议方略，誓在必行，决不失信！"[④] 但他终究还是失信了，因为十日期满，他仍未成行。于是流言四起，说他要回驾福州。他闻讯后大怒："朕以进战自誓，岂有复回之理？谁为此言，以惑乱耳目？即应立刻察明斩首，以警其余！"[⑤] 当然他追查不到流言制造者。延平"地窄米贵"，隆武帝"原不欲久住"。[⑥] 进入六月，警

①陈燕翼：《思文大纪》卷五，载《虎口余生纪》第228—229页。
②陈燕翼：《思文大纪》卷七，载《虎口余生纪》第260页。这里的初一日是指六月初一日。
③陈燕翼：《思文大纪》卷七，载《虎口余生纪》第268页。
④陈燕翼：《思文大纪》卷七，载《虎口余生纪》第265—266页。
⑤陈燕翼：《思文大纪》卷七，载《虎口余生纪》第271页。
⑥陈燕翼：《思文大纪》卷七，载《虎口余生纪》第272页。

报又至：清军已入绍兴，鲁监国浮海而去。奔赴抗清前线再也不能迟疑，但他仍然寸步难行。粮饷匮乏，造成诸多问题。“兵以无粮迫民，民以求生投寇”①，这种严酷的现实，令他痛心疾首！他说：“朕布衣蔬食，经时寡费，所余重饷，皆以养士给兵。乃内帑无多，应用每窘，为之奈何！”② 他虽然已做到自律、节俭，但仍无济于事。

隆武政权已山穷水尽、难以为继了，清军在浙江的战事却节节获胜，继顺利渡过钱塘江后，取绍兴，下东阳，克金华，占衢州，势如破竹。郑鸿逵闻浙江师溃，便弃仙霞关，“徒跣而逃”③，三日后抵达浦城。仙霞关守兵皆溃散而去，不可收拾。隆武帝对领兵大将于紧要关头临阵脱逃的行为大为震惊，立削郑鸿逵封爵。与此同时，郑芝龙也丢下隆武帝，率兵向安平而去。原来，郑芝龙已经暗中降清。他见清军即将入福建，为退步计，决定抛弃隆武帝，上疏说：“海寇狎至，今关饷取之臣，臣取之海，无海则无家，非往征不可。”疏上后不待皇帝旨令，立即率兵启程。隆武帝接疏后亲笔颁谕，挽留郑芝龙说：“先生稍迟，朕与先生同行。”④ 太监奉敕急忙追到河边，而郑芝龙早已飞帆驰离延平。

就在险象环生之际，隆武帝却又喜上眉梢——皇子诞生了。可能是生育太晚之故，皇子出生时缺少上唇。尽管如此，四十五岁的隆武帝还是欣慰之至。群臣也与皇帝分享了欢乐，他们纷纷上贺表，其中有“日月为明，止戈为武”之句，这使隆武帝产生了难以名状的感慨和惆怅。但无论如何，中年得子总是喜事，于是他大赦覃恩，“从龙诸臣悉加封爵”⑤，连郑氏的厮养人也都获得三代敕诰。一时之间撰敕者、织轴者，“日不暇给”，而当时“兵羸饷绝”，危机四伏，当权派却无

①陈燕翼：《思文大纪》卷七，载《虎口余生纪》第 269 页。
②陈燕翼：《思文大纪》卷八，载《虎口余生纪》第 274 页。
③徐鼒：《小腆纪年附考》卷一二，第 486 页。
④计六奇：《明季南略》卷八《郑芝龙拜表即行》，第 325 页。
⑤钱澄之：《所知录》卷一《隆武纪年》，第 36 页。

人谈及兵事，“举朝如梦如醉”。[1] 御史钱邦芑上疏说：

元子诞生之辰，正浙东新破之日，同盟且应见恤，剥肤益复可忧。臣以为是举朝同仇发愤之秋，非覃恩爵赏之时也。且覃恩不宜太优，爵赏不宜太滥，若铁券金章徒以锡从龙之旧，则将来恢复疆土，何以酬汗马之勋？非所以重名器，劝有功也。[2]

对这一正确的逆耳之言，隆武帝竟没有反应。

当时一位“局外人”推官钱澄之曾有一诗咏叹闽浙水火、鲁监国败逃及隆武帝生子之事，其中后半部分咏道：

闽中恃越为藩篱，如今越破闽亦危。往时纷争不足论，与国既失应同悲。昨夜中宫诞元子，通侯鹊印何累累。中兴所重在边疆，恩泽滥冒同烂羊。唇亡齿寒古所忌，君不闻元子之诞唇先亡！[3]

这里巧妙地将生理与政治上的缺憾结合在一起咏叹，道尽了隆武帝政治上的举措失当。

七月初一日，隆武帝驾至建宁。此时，已占据浙江的清军将翻越仙霞岭，危机更加严重。辅臣何吾驺劝帝起驾进入广东，[4] 而张先璧、郝永忠等将领“合疏迎驾”[5]，请其入湖南。因迎驾兵未至，隆武帝难以继续行动，处于进退维谷的状态。金堡上疏恳切地说：

今日之势诚能直走湖南，用何腾蛟之锐，竟捣荆襄，传檄中原，北方闻之，以为陛下从天而降，此上策也。移跸虔州，此中策也。并兵出关，背城一战，败不徒死，此下策也。若往来延、建，观望经时，轻骑叩城，避不暇出，为无策矣。[6]

此疏剀切分析，鞭辟入里。金堡在危急时刻提出了切实可行之策，提

①计六奇：《明季南略》卷八《皇子诞生》，第 323—324 页。
②钱澄之：《所知录》卷一《隆武纪年》，第 36 页。
③钱澄之：《所知录》卷一《隆武纪年》，第 36—37 页。
④佚名：《隆武纪略》，载《台湾文献汇刊》第 1 辑第 1 册，第 146 页。
⑤邵廷采：《东南纪事》卷一《唐王聿键》，第 167 页。
⑥邵廷采：《东南纪事》卷一《唐王聿键》，第 167—168 页。

醒隆武帝形势危急，必须当机立断，实有振聋发聩之效。

无奈缺乏兵饷、难有所恃的隆武帝此时已乱了方寸，迟疑不决，最终落到束手无策的境地。群臣见大势已去，暗中通敌者日渐增多。二十五日，将散朝之时，隆武帝命内臣捧出一上覆黄帕之匣，放在御座之前。隆武帝动情地对群臣说：

> 朕本无利天下之心，为勋辅诸臣拥戴在位。朕布袍蔬食，晓夜焦劳，有何人君之乐？只是上为祖宗，下为百姓，汲汲皇皇，惟恐负诸臣拥戴之初心。今观诸臣大非初意，昨关上主事搜得闽中出关迎降书二百余封，今具在此。朕不欲知其姓名，命锦衣卫官检明封数，捧至午门前对众焚之。班内诸臣宜亦有之，朕俱不问。有之者，当从此改心易虑；其本无者，益宜矢志竭力，毋贰初终。①

群臣通敌、迎敌，隆武帝面对这个令人无比痛心却又无力改变的现实，采取了宽容大度的态度，想以此做最后一次争取人心的努力，但终归徒劳。

八月初六日，隆武帝再临延平。十一日，早已通敌的郑芝龙尽撤闽浙一带各关口之兵，出现了“关门无一守兵”② 的状态。清军大举通过仙霞岭及各山口要隘，分兵多路长驱直入福建，又集中兵力向延平、福州扑来。十七日，清军占浦城，退守浦城的监军御史郑为虹与刑科给事中黄大鹏俱被俘，拒不投降，英勇就义。抗清失败，从浙江退至浦城的杨文骢父子三人，亦拒不降清，同日殉难。

二十一日，隆武帝得仙霞关失守、清军随时可至之报，再也不迟疑，立即收拾行装与皇后一起携宫眷仓皇离开延平，取道汀州向江西奔逃。这时御营兵马皆散，随行者仅辅臣何吾驺、朱继祚、黄鸣俊数人。正在外地的路振飞闻讯追赶不及。

当此生死关头，嗜书成癖的隆武帝于崎岖逃亡之路上，“犹载书十

---

①钱澄之：《所知录》卷一《隆武纪年》，第 37 页。

②计六奇：《明季南略》卷八《清兵从容过岭》，第 325 页。

车以从”[①]，因而行动迟缓。二十二日，清军进占延平，警报传至时，无一兵一卒的延平知府王士和召父老告之曰：“我虽一月郡守，当与城存亡，若等当速去，无使数万生灵尽膏斧锧。”乃退入内府谓友人曰：“吾一介书生，数月而忝二千石，安敢偷生!”[②] 遂从容投缳而死。是日，隆武帝得悉杨廷麟、万元吉于赣州英勇抗击清军的不屈事迹，深为感动，乃赐赣州以“忠诚府”[③] 之名，以示激励。离开延平三天后，隆武帝才抵达顺昌。这时清军已抵延平的消息传至，隆武帝仓皇就道，二十七日抵达汀州后，“因曝龙凤衣”而“停一日”。[④] 第二日清晨，忽有一支队伍急叩城门，称是护驾之兵，城兵开门延入之际“始知是北兵”。[⑤] 原来，清军已经追上隆武帝一行，猝不及防的隆武帝与曾后俱被俘。曾后经九龙潭时，乘人不备投水死。[⑥] 多种史料记载，聿键在福州遇害。[⑦] 南明隆武朝也就此结束。

关于隆武帝的生死，当时就有不同的记载。或云清军攻下汀州，隆武帝当即被杀：“大兵猝至，从官迸散，见害于都司署。”[⑧] 这是汀州遇害说。或云当清军突至汀州府衙时，“从官一时奔散，遂不知上所在”[⑨]。这是下落不明说。又有人说“敌人入宫，见一衣黄衣者，射杀之，盖有卫臣貌类上，为代死也”[⑩]。有人说这名代死者即张致远，而隆武帝“实未死，其从亡之臣赖垓、熊纬”，后来郑成功屯兵鼓浪屿时

---

①邵廷采：《东南纪事》卷一《唐王聿键》，第168页。

②李天根：《爝火录》卷一六，第679页。

③佚名：《隆武纪略》，载《台湾文献汇刊》第1辑第1册，第152页。

④佚名：《鹿樵纪闻》卷中《唐王》，载《扬州十日记》第134页。

⑤钱澄之：《所知录》卷一《隆武纪年》，第38页。

⑥黄宗羲：《行朝录》卷一《隆武纪年》，载《黄宗羲全集》第2册，第120页。

⑦黄宗羲：《行朝录》卷一《隆武纪年》，载《黄宗羲全集》第2册，第120页；查继佐：《罪惟录·附纪》卷二〇《唐王附纪》，第422页；计六奇：《明季南略》卷八《贝勒杀隆武帝后》，第329页；张廷玉等：《明史》卷一一八《诸王三·唐王桱》，第3610页。

⑧温睿临：《南疆逸史》卷二《绍宗》，第17页。

⑨钱澄之：《所知录》卷一《隆武纪年》，第38页；苏蒿：《家佑叔易箦遗言叙东阁大学士建明伯宇霖公行事略》，载《明苏爵辅事略》，1919年刻本。

⑩钱澄之：《所知录》卷一《隆武纪年》，第38页。

曾遣使存问诸臣，这是为人代死说。又有人谓隆武帝“为僧于五指山”，当然也有人“力辩其伪”,[①] 这是为僧说。等等。不论生死如何，隆武帝自始至终欲有所作为且保持着凛然抗清之志。粤中永历帝立谥号为思文皇帝[②]，后谥曰绍宗襄皇帝，曾后曰襄皇后[③]。

隆武帝的这位曾后，非一般女子可比，十九岁许配隆武帝，长期与其患难与共。她“读书通文”，熟谙文史，当隆武帝登极后，“每召对奏事”时，往往“于屏后侧听，上回宫与共决可否”。曾后直接参与国家决策，外庭亦知此事，因而“时有‘二圣’之称”。[④] 尽管有大臣以“若垂帘之制，非圣世所宜，不可以示远人”[⑤] 为由加以劝阻，隆武帝对此谏言却不以为然。隆武帝后就是这样彼此信任，互勉互助，儒雅自持，砥砺志节。他们最终共同殉国，谱写了混乱不堪的南明诸帝史册上最为壮丽的一页。

---

①温睿临：《南疆逸史》卷二《绍宗》，第18页。
②钱澄之：《所知录》卷一《隆武纪年》，第38页。
③温睿临：《南疆逸史》卷二《绍宗》，第18页。
④钱澄之：《所知录》卷一《隆武纪年》，第18页。
⑤全祖望：《鲒埼亭集》卷一〇《明太傅吏部尚书文渊阁大学士华亭张公神道碑铭》，载《全祖望集汇校集注》第204页。

卷三　鲁监国：漂泊海上

南明诸帝中唯一一位没有皇帝之名的帝王是监国的鲁王朱以海，通称鲁监国。所谓监国即监管国事，往往指太子代君主管理国事，即所谓“君行，太子居，以监国也”①。又，帝王因故不能亲政，由权臣或近亲摄政，亦称监国。监国虽然没有皇帝名义，却能行使皇帝职权，实际上等同于皇帝。朱以海明悉此中道理，但却坚持监国而不称帝，表示虚位以待能者，更充分展示了虚怀若谷的心态。虽然名义不正，但这并不影响他行使帝王之权，他仍然属于南明皇帝中的一位。他坚持抗清斗争时间之长、辗转海上百折不挠的精神，更堪称南明诸帝之最。同时，他又是南明诸帝中唯一一位善终者。

朱以海监国名义的获得，是弘光政权覆亡后，浙东抗清的大好形势促成的。

①《国语》卷七《晋语一》，载《景印文渊阁四库全书》第406册，第81页。

卷三　鲁监国：漂泊海上

第一章　大好的机遇

一、遍举义旗，共请监国

弘光元年（1645）五、六月之际，江、浙一带鼎沸了。弘光帝出逃，南京城失陷，清军乘胜南下，特别是清廷严行剃发之令，引起江南社会极大的恐慌。各界人士认为这是亘古未有的巨变，是奇耻大辱；到处响起“头可断，发不可剃”的呼声，民众群起反抗。清军一边血腥镇压，一边于六月初挥兵进入浙江。

当此危急关头，在浙江的原明朝文武大臣本欲于杭州共同拥戴久负贤名的潞王朱常淓监国，但这位潞王没骨气，令人大失所望，监国仅数日，便不顾群臣的坚决反对，向兵临城下的清军投降。清军顺利占据杭、嘉、湖一带，开始向钱塘江挺进。清军进占杭州后，发出招降文，接连派出招降使分赴浙江各府州县受降。

面对这种巨变及屈辱现实，广大官绅士庶无法接受，一场规模宏大的反清斗争便酝酿起来。这场反抗斗争于闰六月上旬展开，一经爆发便势头猛烈，形成了全面开花的局面。

首先揭起抗清义旗的是六月初九日于余姚起兵的孙嘉绩、熊汝霖。

孙嘉绩，字辅之，号硕肤，余姚人，崇祯十年（1637）进士，累官兵部职方司郎中。因拥护总督卢象昇抗清，违忤中官高起潜，获罪入狱，被救出狱后，归里隐居。弘光元年（1645）六月，被拥立监国的潞王朱常淓向清投降时，他便与同里的熊汝霖满怀义愤，商议起兵抗清之事。

熊汝霖，字雨殷，余姚人，世居余姚天花街。为人忠勇，直言不避权势。崇祯四年（1631）进士，授福建同安知县，有强直之誉。[①] 时荷兰殖民者入寇，乃亲率兵渡海，败之于厦门。十四年（1641），以考选擢户科给事中。疏陈历来用将之失，言："天下安，注意相；天下危，注意将。今阃外无一杀敌之兵，由师中无一驭兵之将所致。"建议行保举连坐法，慎选真才。十五年（1642）十一月，疏劾天下督抚，谓尽皆非人。旋又言："误国之杨嗣昌未罪，殉节之卢象昇未褒，殊挫忠义之气"，又指斥沈迅、余爵、宋一鹤等官员，"皆误国宜罪"。疏入不报。[②] 时清军突入内地，京师戒严，汝霖分守齐化门（朝阳门）。一日召对，汝霖痛陈道："如此则将不能御兵，何名为将？督师不能用将，何名督师？"遂连上三十余疏，皆援剿事宜，然百不一行。其疏指责杨嗣昌负国，断送封疆，有"二祖列宗之灵，能无饮泣地下乎"之语。帝阅之大怒，贬汝霖为福建按察使司照磨。[③] 崇祯十七年（1644）五月，南明弘光朝立，起补原官。上疏反对起用阉党阮大铖，极力谏阻设厂卫，而被罚俸。寻补吏科右给事中。然其建议终不被用，旋奉使出差，乃弃官归里。弘光元年（1645）六月，当清军将至杭州时，熊汝霖曾急赴杭州奔告潞王朱常淓，建议发兵拒战，且守独松关，遭到拒绝，于是东归至绍兴，拜见对自己有知遇之恩的刘宗周。其时刘宗周见国事颓败难以挽回，决定以死报国，已开始绝食。刘宗周对悲愤得泪流满面的熊汝霖叹息道："吾已绝粒待死，诸公倘有能为田氏即墨之守者，天下事未可知也。顾悠悠之辈，其谁足语者，君其勉之。"熊汝霖从绍兴回余姚，便与孙嘉绩商议起兵之事，但"计无所出"。这时余姚知县已弃官潜逃他乡，司教王元如出面向清军投降，清军任命王元如署理知县事。王元如一朝有权便施淫威，他下令征发百姓修驰道，并以百姓不出力为由而肆意殴打，引起公愤。百姓哗变，痛打王

①邵廷采：《东南纪事》卷五《熊汝霖》《熊汝霖传后》，第224、228页。

②李聿求：《鲁之春秋》卷四《熊汝霖》，第41—42页。

③黄宗羲：《南雷诗文集》上《移史馆熊公雨殷行状》，载沈善洪主编：《黄宗羲全集》第10册，浙江古籍出版社，1993年，第539—540页。

元如。正在百姓“攘攘不可止”之时，闻报的孙嘉绩当机立断，率健儿“鸣金鼓，突入县署”，杀掉了王元如，揭起抗清的旗帜，“百姓从之者如云”。[①] 孙嘉绩急邀熊汝霖前来，分起义军为两营。这天正是闰六月初九日，而前一天刘宗周绝食死，临终前对门人说：“我缓死，以雨殷诸君不忘明室故，今已矣。”弥留之际，勉强取笔书一“鲁”字。熊汝霖得知后，悲恸道：“先生有命，霖何敢忘？霖生于王事之以死。”[②] 刘宗周临死念念不忘故明，并对熊汝霖、鲁王朱以海寄予厚望。宗周希望拥立鲁王，实际是给汝霖的政治遗嘱。

孙、熊义旗一举，马上产生连锁反应，多地出现斩杀清朝指派的接收官员、率众誓师起兵响应的情况，而钱肃乐的起兵经历尤能反映民众同仇敌忾之情。

钱肃乐，字希声，号止亭，浙江鄞县人。生于望族之家。幼颖异，博综经史，淹通百家。生平以植品行，厉大节自任。崇祯十年（1637），中进士，授苏州府太仓州知州。以廉慎自誓，“每谓人曰：‘我若得罪天地，当令子孙斩绝。’自揣归家，量口炊米，裁身置屋，书生门户，如斯而已”[③]。任知州五年，立法严明，视事精敏，迁刑部员外郎。因亲丧归家守孝。不久，弘光政权覆灭，清军南下，并传檄各地要求束手迎降。而各府州县原明朝官员闻讯后或逃或降，浙江各地人心惶惑。宁波知府朱之葵、通判孔闻语奉檄降清，清下令任命朱之葵为知府，孔闻语为同知。得知此事的钱肃乐非常震惊，对地方官员的投降行为十分愤慨，又因自己无力抵抗、扭转危局而悲痛万分。想到堂堂七尺之躯，不能挺身报国，他更是羞愧万分。他思前想后，泪流满面，饮食不进，陷入迷惘之中难以自拔。这时传来了刘宗周绝食而死的消息，这对他触动很深，于是他决心加以仿效，“恸哭，绝粒

①全祖望：《鲒埼亭集外编》卷四《明兵部尚书兼东阁大学士赠太保谥忠襄孙公神道碑铭》，载《全祖望集汇校集注》第796页。

②邵廷采：《东南纪事》卷五《熊汝霖》，第224页。

③黄宗羲：《南雷诗文集》上《钱忠介公传》，载《黄宗羲全集》第10册，第556页。

誓死”。他死志已坚，家人劝阻无效，兄弟们已开始为他准备后事。闰六月初十日，孙嘉绩、熊汝霖于余姚起义抗清的消息传来，他受到极大的鼓舞。同时，他听说朱之葵为献媚清朝，特向率师入浙的清军统帅输粮。运粮车队抵达余姚时，因孙、熊抗清义军已占据县城，不敢通过，只好再退回宁波府治所在地鄞县。百姓对此议论纷纷。钱肃乐得知后喜形于色，于是停止绝食，振作起来连夜乘车赶至城东，“观变”①。使他尤为感奋的是，鄞县“六狂生”再次约他出面共举大义。

原来在清军入浙之后，鄞县贡生董志宁便首倡抗清，邀集诸儒生至学宫，以便共同商议抗清事宜。响应他这一举动的有诸生王家勤、张梦锡、华夏、陆宇爆、毛聚奎五人。他们都是热血青年，聚会后便分赴有一定社会影响的“同里荐绅”之处，动员他们共举大义。除钱肃乐一人表示赞同外，大多数人以守财保命为信条而不应，甚至“笑以为狂”，背地里称董志宁等六人为“六狂生”，故“事莫能集”。② 这使六人很失望。

而这时孙嘉绩为推动抗清事业派人四处联络同志之士，致书鄞县约其部下、故吏科都给事中林时对起兵响应。林时对接书后立即行动，走访“诸乡老”，结果这些人仍然“莫敢应”。正在“六狂生”与林时对“皇皇计无所出”之时，陆宇爆听说钱肃乐已来到城东，乃喜出望外，因为他与钱有同学之谊，且彼此“相善”，于是奔向城东，挽肃乐进城。途中陆、钱与董志宁相遇，便共同商议策划了举义的具体步骤。十二日这天，他们预先通知众绅士、乡老人等在城隍庙议事，人们陆续前来。朱之葵、孔闻语不知从哪里也听说了此事，便赶到会场，准备听个究竟。守门者跑进议事堂递上名刺。这时集议者尚无定见，见知府大人来到，便纷纷离席起立，降阶出迎。钱肃乐却怒不可

---

①全祖望：《鲒埼亭集》卷七《明故兵部尚书兼东阁大学士赠太保吏部尚书谥忠介钱公神道第二碑铭》，载《全祖望集汇校集注》第143页。

②全祖望：《鲒埼亭集》卷八《明兵科都给事中董公神道表》，载《全祖望集汇校集注》第158页。

谒，夺过其名刺折断掷地，继而拂衣而起，痛斥朱、孔二人的无耻背叛行为。二人吓得战栗不已，难置一词。这时群情激昂，布衣戴尔惠挺身而出，大声呼喊道："何不竟奉钱公起事！"① 这说出了许多人的心里话，于是一呼百应。众人便簇拥着钱肃乐到巡按署衙门大堂继续议事。而一再乞求饶命的朱、孔二人，在百姓的说情下被驱逐出去。这时，海防道两营兵丁及城守兵因形势突变，也撤防进城，要求加入抗清的行列。在"六狂生"的坚决请求和支持下，钱肃乐便不再推脱，穿着孝服督率军旅，接受率众抗清的大任。为壮大力量，他们决定约请定海总兵王之仁率兵抗清。

北直隶保定人王之仁治军有方，因崇祯十五年（1642）平定海盗、保护漕运有功，而受命驻扎定海。清军入浙后，为自身计，他已派人赴省城上缴印札准备投降。清军统帅贝勒博洛已许诺其降清后仍然镇守原地。钱肃乐修书一封，遣人持往，晓以大义，约其前来宁波，劝其与民众一起抗清。

钱肃乐等人的行动引起了鄞县的一个大绅士的仇恨。此人名叫谢三宾，字象三，号寒翁，天启五年（1625）进士。他早年颇有胆识。崇祯时，曾监军山东，痛击李九成、孔有德叛军，解莱州围。以功官至太仆寺卿，后以丁忧还籍。他家资颇丰，是一方大财主。清军入浙后，他主动西行至军中迎降，将浙东战守形势尽报清贝勒博洛。他获得赞扬后便怀着得意之情返回宁波，坐待清军之至，不料钱肃乐等人却揭起了抗清义旗，这让他切齿不已。

原来，当林时对奉孙嘉绩之命，与同道好友沈延嘉、葛世振、徐殿臣等走访动员诸乡绅起兵时，四人曾一致认为谢三宾"饶于资，向监军山左，曾身历戎行，宜奉之为主"。四人共同拜谒恳请，却遭到严拒，三宾道："势如压卵，若辈不畏死耶?"② 至是，三宾得知一些人

①全祖望：《鲒埼亭集》卷七《明故兵部尚书兼东阁大学士赠太保吏部尚书谥忠介钱公神道第二碑铭》，载《全祖望集汇校集注》第143页。

②林时对：《荷牐丛谈》卷四《蠡城监国》，载《中国野史集成续编》第26册，第619页。

于宁波城内聚众起事，准备加以阻挠。

谢三宾西行时得知王之仁已通表降清，于是立即致书王之仁，声称宁波城内已出现动乱，一些人在叫嚷抗清。他攻击说，现在这里出现了“滃滃訿訿”、众口附和的一面倒的情形，完全是“庸妄”的“六狂生”和一个“稚绅”的鼓动而造成的。只要将军率所部将士一到，擒斩这七人，事情将立告平息，他“当以千金为寿”。所谓“稚绅”指钱肃乐，因其年纪尚轻。王之仁几乎同时收到了钱、谢之书，也均以支持的态度做了回答，并约定十五日率军至宁波城。但他暗地里却对钱肃乐所派使者倪懋熹另加嘱咐，让其回告钱肃乐做好犒军的准备——此时他幡然悔悟，决定抗清。对此，谢三宾当然毫不了解，“方以为杀肃乐在旦夕”。[①]

闰六月十五日，王之仁率大队人马来到了宁波，邀请诸乡老会于演武场。钱肃乐、“六狂生”及谢三宾等人都已到达。除谢三宾外，宁波人都心向举义抗清，于是个个摩拳擦掌，准备誓师出征。王之仁不负众望，表示国家危亡之际，要与众同仇，共同抗清，决不三心二意，说罢便从靴中拿出谢三宾的亲笔书信，令人当众一字不差地宣读。谢三宾感觉这次会见的气氛不对，一听宣读己之书信，意识到自己已被捉弄，卑鄙凶残的嘴脸一下子暴露无遗。他惊恐万状，突然跳起来蹿上前去，想夺回自己的手书，以掩盖罪证，不料引起哄堂大笑。王之仁也立即沉下脸来，怒喝谢三宾立即归位坐下，又回过头来对钱肃乐说：“是当杀以祭纛否?”话音未落，王之仁部下的刀斧手便挟持谢三宾而下。吓得面如死灰的谢三宾见就要杀自己的头以祭旗，便极力挣扎，跪下哀号起来，请求饶命，并表示愿拿出巨资以充兵饷，跟随众人抗清以赎罪。王之仁知道，虽然已众志成城，义兵奋起，但兵饷难征却是极现实的问题，便将谢三宾留了下来，以观后效。[②] 于是兵民一起庄严誓师，正式揭起抗清大旗。

---

①翁洲老民：《海东逸史（外三种）》卷七《王之仁》，第35页。

②翁洲老民：《海东逸史（外三种）》卷七《王之仁》，第35页。

闰六月上、中旬，浙东掀起的抗清起兵之潮风起云涌。除十二日钱肃乐于宁波起兵外，十一日，诸生郑遵谦于绍兴，分守道于颖于萧山，原兵部尚书、右佥都御史张国维于东阳起兵，十三日，原兵部尚书朱大典于金华，原湖广佥事沈宸荃、原兵部职方司主事冯元飏于慈溪，原兵部职方司主事陈函辉于临海起兵，抗清风潮很快席卷城乡各地。

其中，于绍兴举义的郑遵谦，字履公，余姚临山卫人。父郑之尹，天启进士，曾官山西提学佥事，而徙家于会稽。遵谦少为诸生，任侠击剑，不为绳墨之士所礼，颇有忠义之志。杭州失守，遵谦乃决意起兵抗清，其父一再劝阻，不听，遂于闰六月十一日，与郡中诸少年会合于水神庙，发誓起兵。此时降清的会稽知县彭万里接受清朝新命归来，招摇过市，引起众怒。众人遂将其杀于清风里，进而攻下府署，击杀知府、通判，并传檄四方抗清。分守道于颖乃率兵五百响应。十二日晨，遵谦着戎装坐大堂之上，召集众缙绅议事，并直言举兵抗清之由，缙绅皆“悸伏，莫敢正视”。遂有举义者环辕门高呼道：“郑将军今为国，诸公觍受大禄，有贰议者，剑斩之。”① 于是行祭旗礼，正式举义。这时，余姚孙嘉绩、熊汝霖所遣使者已到达绍兴。义旗既举，声震杭州。

抗清义师兴起之后，摆在各路组织发动者面前的最现实的问题，是拥戴谁为君，结果众人对这个问题的看法惊人的一致，即拥戴鲁王朱以海。

当时在浙江的明藩王共有五名，举义者认为避难于台州的鲁王最为贤明。孙嘉绩、钱肃乐、熊汝霖于余姚起兵时便有此意，遂与起兵绍兴的郑遵谦合谋准备迎立鲁王。这时在金华的朱大典也遣派孙珏至台州上表鲁王，劝进大位。几乎同时，张国维也来到了台州，与陈函辉、宋之普、柯夏卿及孙、熊、郑联合劝鲁王监国。而受钱肃乐之命

①邵廷采：《东南纪事》卷六《郑遵谦》，第238页。

奉表前来台州的张煌言也加入了拥戴的行列。作为称帝的第一步，他们共请鲁王接受民意出来监国。[①] 与此同时，总兵王之仁自定海，总兵黄斌卿遣部将自舟山，副将张名振自石浦，皆率兵携饷来归，一致表示拥戴鲁王。

当时在台州的陈函辉率先走谒鲁王，进行劝进。[②] 他阐述的道理虽然清晰明澈，然毕竟是一人之请，鲁王犹豫不决。至是，众臣一致敦请，鲁王遂同意监国。

于是，又一位南明帝王出现在了历史舞台上，开始了他惊心动魄的政治生涯。

二、接受大任，首战告捷

避难到台州的鲁王朱以海，正在惊魂未定之时，未料到突然之间竟有那么多文武大臣合词劝进，请他领受监国大印，赓续明朝正统，以率众抗清，恢复江山。尽管他毫无思想准备，不免有力不从心、风险太大之想，但面对群臣的一片诚心，想到家国风雨飘摇，便也慨然而起，毅然接受了群臣之请，决定监国。此时历尽艰辛的朱以海，真是百感交集，有一种说不出的滋味。

朱以海，字巨川，万历四十六年（1618）五月十五日生于山东兖州鲁王府邸。[③] 明太祖朱元璋第十子鲁荒王朱檀之后，鲁肃王朱寿镛第五子。兖州地处物阜民康的鲁南，为孔孟之乡，礼乐文教之风气十分浓厚。在这个儒学发源地里成长的朱以海，从小便受到传统文化熏陶与良好的教育。他“天姿粹朗，性慈易，能书法，谙歌吟”[④]，自幼便多才多艺。崇祯六年（1633）七月，他袭封镇国将军。十二年

①计六奇：《明季南略》卷五《鲁王监国》，第287页。
②翁洲老民：《海东逸史（外三种）》卷五《陈函辉》，第27页。
③周凯：《内自讼斋文集》卷一〇上《明监国鲁王墓碑阴》，清道光刻本。
④查继佐：《罪惟录·附纪》卷一九《鲁王监国附纪》，第403页。

(1639)，父寿镛病故，嫡长兄朱以派袭封鲁王。在这种养尊处优的环境里生活，他从未想过能有什么忧虑，但非常不幸的意外却向他的家族袭来。崇祯十五年（清崇德七年，1642）冬，清军在多罗饶余贝勒阿巴泰和内大臣图尔格等人的率领下，突破长城，一路烧杀抢掠，如疾风暴雨，席卷北直隶、山东，兵锋甚至进入南直隶境内。饱掠之后，清军于第二年夏方离开内地撤回关东。这次入关之战中，明境“三府十八州六十七县，共八十八城”皆被清军攻破。清军所至之处的明藩王及宗室、官员等“数千人尽皆诛戮”。[①] 兖州鲁王府被洗劫，鲁王朱以派被俘自杀。以海也被清军俘虏，他机警地“诡称牧儿”[②]，清军便把他置于一旁，不甚留意。他见清军在王府里大肆抢掠财物，止不住内心伤痛而流出眼泪。看守的清兵感到奇怪，便追问其他被俘者此系何人。有人便说：“此鲁王（藩）八千岁也。”清兵听说是王子，不由分说举刀向他砍去。说也奇怪，清兵明明对着他连砍了三刀，却一刀也没砍中，这实在是他命大。这个被自己的行动弄蒙了的清兵便说：“汝有大福，我不害汝。前有一少年女子，甚丽，犯之不从，死于墙下，意汝妇耶？汝其埋之。”[③] 他因此保住了性命。清军撤离后，他去看墙下之尸，果然是自己的妃子周氏。一年多以后，即崇祯十七年(1644)二月十五日，他嗣鲁王位。但即位仅一月，灾难又从天而降，北京失陷，明王朝覆灭。接着清军入关并挥师南下，他随难民一道仓皇南奔，四月渡过淮河，六月下旬进入浙江，十一月奉弘光帝命移居台州。[④] 弘光元年（1645）四月，弘光帝又命其移驻江广[⑤]，未及行动，而弘光政权一朝覆亡。

当天下板荡之际，臣民怀一腔忠义，六月初于杭州共拥潞王朱常淓监国，结果却是失败之举。潞王拱手献出杭州，给抗清事业造成了

①《清太宗实录》卷六四，崇德八年五月癸卯，第1072页。
②查继佐：《罪惟录·附纪》卷一九《鲁王监国附纪》，第403页。
③南沙三余氏：《南明野史》附录一。
④计六奇：《明季南略》卷二《十一月甲乙总略》，第107页。
⑤李聿求：《鲁之春秋》卷一《王师平定浙闽表上》，第1页。

更多的麻烦。清军咄咄进逼之势，更使人们惴惴不安。一个前所未有的景象出现了：一方面是许多原明朝地方官员为自身计纷纷向清招抚使献册籍迎降，一方面是像孙嘉绩、熊汝霖那样的忠义之士愤然起兵抗清，真是鱼龙混杂，忠奸并在。朱以海看在眼里，一次次地吃惊，也一次次地思考。投降与反抗，他都不想选择，像刘宗周那样无力回天便以死殉国，绝食而亡，他更没想过。他觉得只能得过且过、听其自然了，但是，陈函辉等文武大臣的出现完全改变了他的生活道路。

陈函辉，字木叔，号小寒山子，浙江临海人，崇祯进士。胸怀大志，广有交游，豪放不羁，不拘小节。曾官靖江知县，因“日事诗酒”，行为不检，在考核官员的“大计”之时，被御史左光先弹劾而丢官。友人规劝他戒酒，他却以“非百里才”的东汉末年著名谋士庞统自况，说：“彼虽废事，犹获大用。”“吾闻之，君子志其大者远者。”[①]他口出大言，而实际上也确实如此。崇祯十三年（1640），他官复原职。旋以奉旨擒海盗之功，擢兵科给事中。但不久，又被罢官归里。十七年（1644），京师陷落的消息传到浙江后，他悲痛万分，发布檄文，独自组织了勤王队伍。他亲笔起草的檄文气势磅礴，声情并茂，极为打动人心。后弘光帝立，“不许草泽勤王”，[②]他才罢兵未动，但充满激情的檄文却远近传诵。

弘光政权覆亡，清军收得杭州后，清廷勒令各地剃发归降。大多数府州县地方官员乃至在浙江的明藩王不敢对抗，纷纷上缴册籍，弘光元年（1645）闰六月初，奉表投降。浙江各地人心惶惶，陈函辉便主动拜谒住在临海城中的鲁王朱以海。这时，清使已至台州逼迫朱以海投降。朱以海正卧病不起，清使见此情形便又说如其不能亲自赴杭州归降，可“先檄印册”。[③]朱以海计无所出，正在犹豫不定之际，获知此情的陈函辉便对他说：“国统再绝矣，王亦高皇帝子孙也。报耻继

①李聿求：《鲁之春秋》卷八《陈函辉》，第77页。
②翁洲老民：《海东逸史（外三种）》卷五《陈函辉》，第27页。
③张岱：《石匮书后集》卷四五《陈函辉列传》，第254页。

统，于是乎在，王盍图之？”劝其坚定意志，抗清举大事。朱以海说出心中疑虑：“国家祸乱相仍，区区江南，且不能保，尚何冀乎大事？”这虽是坦诚自白，但也是畏惧困难，无所作为之言。然而陈函辉却不这么看。他说：“不然，浙东沃野千里，南倚瓯闽，北据三江，环以大海，士民忠义技勇，勾践所以擒吴称霸也。王若起事，足以立国。臣愿竭股肱之力，奔走后先，上以报高皇帝，而下尽忠于王。”①

这些话极大地鼓舞了朱以海，使他坚定了抗清的信念。而对目前清使就在台州城的现实，他又感到束手无策。在陈函辉的策划下，他开始出面与清使周旋，以“屡遭兵火，印册俱失”为由，只交出了王府的图书，未交册籍。他还将清使挽留下来，不使任何疑点外露。不久，余姚孙嘉绩、熊汝霖、钱肃乐及会稽郑遵谦等人已起兵的消息传来，朱以海、陈函辉认为时机已到，遂于十四日组织义兵起事，会同按事先约定率兵进城的南洋协镇吴凯等，杀掉清使，“誓众祭旗”，正式起兵抗清。②

就在朱以海与陈函辉等刚刚举起抗清义旗之际，兵部尚书张国维及举人张煌言等先后到达台州共请鲁王监国。闰六月二十一日，朱以海欣然接受众臣之请决定监国。这样一来，浙江抗清的形势便发生了重大变化。

诸臣认为监国是一国主宰，应居中指挥，号令臣民。台州位置偏僻，而绍兴乃居中之地，便于控制浙东，北收杭州、嘉兴，诸臣认为应选作监国驻跸之地。七月十八日，在陈函辉、柯夏卿率兵扈跸下，朱以海到达绍兴，于是各地起兵文武大臣齐集此地，各项准备就绪，朱以海遂于即日宣告监国，③ 以分守公署为行在，举行隆重的监国典礼，祭告天地祖宗，以明年（1646）为监国元年，这年仍称弘光元年。立张氏为元妃。谥故皇太子即崇祯帝太子朱慈烺曰悼皇帝，弘光帝朱

①温睿临：《南疆逸史》卷三〇《陈函辉》，第209—210页。
②张岱：《石匮书后集》卷四五《陈函辉列传》，第254—255页。
③翁洲老民：《海东逸史（外三种）》卷一《监国纪上》，第7页。

由崧曰赧皇帝，潞王朱常淓曰潞闵王。尽管朱以海尚不知朱由崧、朱常淓的生死，但仍给予谥号，以表明监国政权延续正统的合法性与权威性。

监国的当天，朱以海便将内阁、九卿人选定好，并予以公布。其中张国维进少傅兼太子太傅、兵部尚书、武英殿大学士，朱大典与宋之普均为东阁大学士。这三位大学士的分工是：张国维统领监国朝全军，获赐尚方剑，督师江上；朱大典镇守金华；宋之普负责票拟。孙嘉绩、熊汝霖、钱肃乐、沈宸荃皆为督师、右佥都御史。六部中，王思任为礼部尚书，陈函辉为礼部右侍郎。而两位领兵拒敌的将领则进封为侯，其中严州总兵方国安封镇东侯，定海总兵王之仁封武宁侯。举人张煌言以劝进之功，特赐进士出身，授翰林院编修。这样翊戴诸臣均获优升，监国一朝的统治机构正式开始运转。

鲁监国下令臣民称其为国主，将所发布的诏书一律称令，制一律称敕，以表示逊皇帝一等，不许言过其实，不许在称谓上有僭越行为。监国数日之后，众大臣纷纷上疏，共同敦请朱以海去监国之号而称帝。不论群臣如何劝进，朱以海态度鲜明、坚定，决不答应。他说："孤之监国原非得已，当俟展拜孝陵，徐议乐推未晚也。"① 他又说："芟夷大难，须命世神圣，俟拜孝陵，择宗贤。"他这一方面是表示谦逊：空出大位以待最合适称君、称帝的贤者；另一方面是表示抗清复仇的决心，待参拜孝陵之日，即抗清节节胜利，至少渡过长江，挺进到黄淮流域之时，方可再谈论正大位的问题。而即使到那时仍要"择宗贤"，即选推明宗室中的贤者，以表达自己以国事为重，不为一己之私的本意。他的言谈举止给臣民以极好的印象，"中外翕然，有中兴谊辟之望焉"②。谦逊得众，鲁监国朱以海执政伊始表现出的谦逊，确实将臣民士庶的积极性激发起来。许多忠义之士聚集在他的这面旗帜之下，不计艰难险阻，奋起奔赴抗清前线。一时之间，浙东大地出现了同仇敌

---

①翁洲老民：《海东逸史（外三种）》卷一《监国纪上》，第 8 页。
②邵廷采：《东南纪事》卷二《鲁王以海》，第 172 页。

忾的壮观景象。

然而，鲁监国虽为人谦和仁厚，却少威断，遇事优柔寡断，刚毅不足。监国之时，前来投奔的人士之中有马士英、阮大铖。张国维怒不可遏，首先参马士英有十大罪。马士英惧，不敢入朝，乃与阮大铖共入方国安军中，且获得信任与重用，有负责领军指挥出战之权。对此，监国朝却“不能执而诛之，以此赏罚尽失，士气衰沮”。而且，鲁监国威仪不振，缺乏震慑力，不能令行禁止，更不能平息廷臣间的争斗，而听之任之。总兵方国安及其子方元科，养尊处优，“尤悍戾，日与朱大典构隙；拥百练之卒，不肯进取杭州”。危机当头，社会风气却很坏，大小官员“沿习承平，求官乞荫，涂巷之内，半腰犀玉，至有以白石充之。时人语曰：‘带何挺挺，白石粼粼。’其子弟方髫龀，绣衣冠佩，传呼道上，又为之语曰：‘痘儿哥，痘儿哥，横街骑马谁敢何！’”监国朝中内斗不断。故巡抚田仰自淮扬来，与郑遵谦争饷，喧哗于殿廷之上，彼此互不相让，不可开交，田仰部下拔刀猛砍，遵谦急忙奔逃，大呼救命。事后，太监客凤仪竟派兵助田仰所部与遵谦所部巷斗，遵谦逃向钱塘江小亹，方躲过一难。对此严重事件，鲁监国不能判明是非，仅仅“遣臣解之而已”。①

当然，总体说来，鲁监国能与众同赴国难，身历行间，对抗清臣民而言是极大的鼓舞，于是有江上之捷。

清军自占据浙江省城、战略要地杭州后，便处在非常有利的位置。清方从这里不断向浙江各地派出招抚使，以收不战之功。当时清军大队兵马仍驻守杭州待命，尚未渡过钱塘江。为制止清军进逼，打击其南下气焰，鲁监国朝的首要任务便是部署力量扼守住钱塘江，阻其涉江而来；进一步则是收复钱塘江西岸地区，即已被清军占领的杭州府境内诸城；最后包抄杭州而一举夺取之。因战事全在钱塘江流域展开，故称为江上之战。

---

①邵廷采：《东南纪事》卷二《鲁王以海》，第 173—174 页。

在鲁监国未部署兵力之前，许多大臣已看到钱塘江的战略地位。他们起兵之后，便陆续率兵前来，准备与清军鏖战。闰六月二十三日以前，于颖已派兵攻下了被清军占领的富阳县城，兵至钱塘江上。当时，义士王襄、刘肇勷、阮维新、缪法信等也率多支义旅参与抗清。二十三日之后，王之仁率所统标兵同熊汝霖、孙嘉绩所率义兵至西兴，而总兵俞玉、方任龙及兵部职方司郎中方端士、工部虞衡司员外郎骆方玺、刑部云南司主事史继鰌等，各督兵至义桥。然而不久，清军反扑，明军不敌，富阳得而复失。七月初，于颖又率师至渔浦，同张国维所率大军一道，再次夺回富阳。

继而，绍兴起义乡绅章正宸率自募义兵至赭山汛守；宁波钱肃乐、冯元飏、沈宸荃等各统义兵至西兴汛守；绍兴郑遵谦领兵至长山汛守。而总督浙直水师的都察院右佥都御史荆本彻也统领水师，由苏松前来赴援。群集于江上的抗清义旅声势浩大，摆开了与清朝对峙的阵势。进入八月，张国维率所募义乌兵八千人抵江上，士气甚盛。[①]

当时，鲁监国兵马云集，挥师西进，除将得而复失的富阳县再次收复外，又攻克於潜县城；接着于沿江要害地区建立“木城”[②]，加强了江防。与此同时，大将方国安统领总兵方元科、马汉等水陆步骑兵，也从严州出发，经富阳，陆续抵达江上。

抗清大军虽然兵马云集，但“人治一军，不相统一，部曲骚然”，存在着严重的力量分散问题，如不及时笼络有可能被敌人各个击破。统率诸军的张国维看到了问题，于是上疏鲁监国，请求道：

> 刻期会战，则彼出此入，我有休番之逸，而攻坚捣虚，人无应接之暇，此为胜算。必联诸帅之心为一心，然后使人人之功罪视为一人之功罪。[③]

这是很有见地的主张，鲁监国当然赞同此议。而久临前线的“江上诸

①徐芳烈：《浙东纪略》，载《海东逸史（外三种）》第110—111页。

②翁洲老民：《海东逸史（外三种）》卷四《张国维》，第22页。

③翁洲老民：《海东逸史（外三种）》卷四《张国维》，第22页。

军请监国誓师甚急”[1]，他们热切希望鲁监国能亲临前线以鼓舞士气。但向来身体欠佳、“恒病喘”[2] 的朱以海，此时又添新病，“正病脾痛”。上月他从台州至绍兴监国之时，乃是“舆疾”，即抱病登车而至，“至则卧不可起”。[3] 卧于病榻的鲁监国见将士此情此景，也很受鼓舞，于是决定亲赴军前。他支撑病体，于十九日离绍兴西行，直抵西兴，驻跸于王之仁寓所。

八月二十五日，在鲁监国的主持下，各将领大会于萧山的西陵。在这次军事会议上，他对各将领驻防汛地做了统一部署：方国安部扎营于七条沙，马士英部驻内江新坝，王之仁部扎营于西兴，张国维部驻内地长河，孙嘉绩、熊汝霖部扎营于龙王塘，章正宸、沈宸荃、钱肃乐部等上下协防，郑遵谦部扎营于小亹，于颖部驻内江渔浦，北洋协镇张名振部扼守三江，南洋协镇吴凯同副总兵刘穆率部据险策应。这个部署比较周密，有效地遏制了清军的攻势，并对杭州构成了威胁。会后，方国安令其侄方应龙率军出余杭，令其子方元科率军出六和塔，而自率师由江上接应。

这月，清廷以杭州已下，令贝勒博洛班师回京，只留管浙江总督事的张存仁及总兵田雄等据守。清军的攻势相对减弱，这对鲁监国朝来说称得上是最佳时期。

二十六日，鲁监国本欲率众祭祀钱塘江，结果病又加重而“不克赴”，乃命方国安代祀。当晚应祭祀之时，方国安却未到，只好改为二十七日，由张国维主持典礼，但结果却很不顺利：当张国维来到祭坛之时，“肩舆扛折倒地，国维腰玉损，冠坏”[4]。尽管这令人扫兴，被认为是不祥之兆，但监国军中士气依旧高昂。在钱塘江南岸连绵数百里的地段上，鲁监国的兵营相望，场面甚为壮观。

---

①徐芳烈：《浙东纪略》，载《海东逸史（外三种）》第111页。
②李天根：《爝火录》卷一一，第519页。
③徐芳烈：《浙东纪略》，载《海东逸史（外三种）》第111页。
④徐芳烈：《浙东纪略》，载《海东逸史（外三种）》第112页。

然而，部署既定，各军并未协调步骤，克期会战，一致出师。正如张国维所料，各军仍然呈互不统属、各自为政的状态。九月初三日，鲁监国自西兴还于萧山，各军分散于驻地。此后，虽有行动，有的还颇有战绩，然多为分散，未能形成合力，未能巩固成果。

九月初，方元科出兵，于五云山击败清军，进而扎营六和塔。十一日，清军出动大队兵马进攻余杭，进行反扑，方国安军依靠有利地形，顺风扬灰，清骑兵猝不及防，顿时乱作一团，被斩杀五六百人。此战成为监国朝成立以来首次抗清大捷。然而，此次胜利并未维持多久，清军迅速调整兵力，并力猛攻余杭，方应龙支撑不住，被擒获，余杭城陷落。清军遂乘胜进击，乘夜火烧六和塔木城，方国安军只得撤退。

监国军虽然首次出击失利，但损失不大，江东兵势尚盛，仍然有乘敌之隙渡江袭击之举。然而军队缺乏训练，号令不一，仍然形成不了合力，众臣战守主张参差不齐，莫衷一是。

其中，王之仁等主张坚守，方国安则极力主张攻取杭州城，而熊汝霖忠勇过人，积极主张迅速进军。

时抗清义师纷起，熊汝霖军于其中最弱，而战最勇。众军多划江而守，汝霖认为“非长计”①，“以江面仰攻不如内地做起”②，决定挺进浙西，主动出击。恰巧海宁诸生顾名佐赴浙东请援，而查继坤、查继佐兄弟亦至。查氏兄弟力言抗清义士临平陈万良勇武，汝霖乃请于监国，以书币招至，授陈万良平胡将军。七月十八日，汝霖提军由小亹渡江，驻扎于乔司，进至海宁募兵，集海宁父老豪杰，激扬忠义，洒泪誓众，闻者莫不感动，踊跃入伍者近万人。汝霖遂列行伍，分汛地，以该地进士俞元良司饷，指挥姜国臣主兵，因此浙西、吴中响应，一时号为“熊兵”。海宁旋复陷，元良战殁，汝霖退还。

九月，监国朝诸部将领相见于小亹，共议大举，定于九月初九重

---

①温睿临：《南疆逸史》卷三二《熊汝霖》，第223页。

②徐芳烈：《浙东纪略》，载《海东逸史（外三种）》第113页。

阳日会师于龙王堂，因风雨阻潮，皆失期。十一日，熊汝霖独率所部至六和塔，助王之仁与清军战于江上，败归。十二日，汝霖部与之仁部一道再战于牛头湾。时军饷不继，人心离阻，之仁部有逃者，但汝霖不气馁，乃上疏监国道：

> 臣四月江舟，风雨饥劳，遂膺腹疾。自小亹至西兴，延袤六十余里，彼方备舟乔司，潜谋径渡。臣及嘉绩标卒，两家不过千余，缓急何以防御？之仁一腔肝胆，心力相违，宜温言谕留，勉图后效。朱大典部内火器最精，原任总兵尉允昌，文武兼才，岂合投闲诸暨？敕即统大典兵江上。海宁新令已至，宜令张名振速渡，以固浙东门户。①

这是考虑周全、颇有见地的战守建议，然而疏上之后，所请却无一落实。

十月初，熊汝霖面对时局，再次上疏请鲁监国振作精神，抓住时机，一改朝中颓废之风，积极鼓舞文武诸臣士气，指挥众军向清开战：

> 今日会稽隙地，竟作京雒规模，诸臣之薪胆未尝，末世之秕政悉踵。内员出司军饷，外戚入典禁兵，骄卒哄于街衢，青衿哗于殿陛。行间文武，动以朝政为辞，文其退缩。惟殿下奋然更始，副远近之望。②

熊汝霖所言甚为尖锐，皆点中监国朝的弊端，但鲁监国缺乏魄力，难以振作朝纲。这时，清军突然向监国军发起进攻。监国军组织了抵抗。

十月初八日，督师大学士张国维下令诸营向清军发起进攻，之后连战十日，每日各有战绩，其中尤以十四日大捷最为出色。这天，清军至，方国安严阵以待，张国维则率步兵接应，王国斌、赵天祥等继进。钱肃乐前锋钟鼎新等“击死北穿绯衣者一人”。副将吕宗忠等直杀抵清营，“伤北数千”。游击俞国荣等直抵张湾，缴获大批器械。沈宸荃部下都督佥事姜克复等过张家嘴敕塘一带，以计诱敌，清军六七百

---

①邵廷采：《东南纪事》卷五《熊汝霖》，第225页。
②邵廷采：《东南纪事》卷五《熊汝霖》，第226页。

骑张两翼夹冲而至，被监国军“用火多击死”，结果清军大败回城。[①]监国军奋起而追，一直追到杭州草桥门下，因“疾风暴雨骤至，火炮弓矢不得发，遂收兵”。如此数日，皆不能战，“士气大沮”。[②]

此役不仅未能扩大战果，且无功收兵，有些积极参战之部又颇有损失。如熊汝霖部于龙王堂扬帆渡江，与陈潜夫合营进击，部将魏良、黄麒、吴彪及其从子吴茂芳先登。清骑兵六百早布阵以待，伺明军涉渡，即突击之，良等且战且退，汝霖亲督军中，乘小舟对射。熊部与敌交战四次，皆未能胜，魏良、黄麒、吴彪及诸生钱振宗等十余人阵殁。熊汝霖麾军继续战斗，所遣率部西行的部将徐明发杀清临平税务官。二十二日，徐明发与陈万良合军驻扎于五杭，击败清嘉湖道佟国器兵，焚其舟。二十九日，至大开河，遭清军截击遇险，适汝霖以兵赶至得脱。熊部旋以饷不继乃返回浙东，而损失颇重。

尽管如此，此役却是朱以海监国以来的首次大捷，极大地鼓舞了士气，意义重大。论者谓：“甲申、乙酉间，清兵南下，至兖，至豫，至淮、扬，以及入金陵，下苏、杭，所至逃降，莫敢以一矢相抗者。至是而始与之战，战而且捷，真三十年来未有之事。”[③]

第二章　失当的举措

一、坚仇同姓，筹饷无方

江上捷报并未使身临前线的鲁监国喜悦多久，随之而来的隆武帝颁诏浙东之举及诸将分饷、分地之争等问题，又令他大伤脑筋。他处

①徐芳烈：《浙东纪略》，载《海东逸史（外三种）》第115页。
②计六奇：《明季南略》卷五《清兵大败》，第288页。
③计六奇：《明季南略》卷五《清兵大败》，第288页。

置不当，使问题愈加严重。

当鲁王朱以海于绍兴正式监国之时，唐王朱聿键早已于福州即皇帝位并改元隆武。当时双方并未互通声息，彼此并不了解。按明朝皇室的宗支论，唐与鲁皆属远支，彼此并无尊卑之分。但按辈分论，唐王聿键是鲁王以海的长辈，即聿键为叔，以海为侄，彼此乃叔侄关系。按时间先后考虑，聿键监国与称帝皆在先，处于优先地位，以海自当退避。此时，以海如能冷静思考，恰当处理，双方关系自会缓和，然而以海虑不及此，形势最终恶化。

隆武元年（1645）十月，隆武朝兵科给事中刘中藻奉帝之命颁诏至绍兴，诏略云：

> 朕与王约：朕未有子，得金陵为期，朕当让位皇侄，布衣角巾，萧然物外。①

这是要求鲁王及其臣下接受隆武朝的号令，服从其统治，实即要求朱以海取消监国称臣。隆武帝颁诏浙江的同时，更对监国朝诸臣多加官爵，特别是加张国维为东阁大学士，敕其辅佐鲁王。此事在鲁监国朝引起了巨大反响。

监国朝人心浮动，同意与反对开诏者，各有其人。实际上，文武中欲开读者多，遂议开读之礼。但熊汝霖反对，声称：

> 主上原无利天下之意，唐藩亦无坐登大宝之理。有功者王，定论不磨。若我兵能复杭城，便是中兴一半根脚，此时主上早正大号，已是有名，较之闽中乘时拥戴奄有闽越者，规局更难例论，千秋万世，公道犹存。若其不能，而使闽兵克复武林，直趋建业，功之所在，谁当与争？此时方议迎诏，亦未为晚。②

他指斥“唐藩”的要求毫无道理，坚持鲁监国的地位不可动摇，拒绝接诏，且不容商量：

---

①查继佐：《鲁春秋》，适园丛书本。
②黄宗羲：《移史馆熊公雨殷行状》，载《黄宗羲全集》第10册，第542页。

> 吾知奉吾主上而已，不知其他。[①]

他坚决主张抵制接诏。此时，有人甚至要撤抗清武装，倾全力与隆武朝“回戈相向”[②]。

当然，同意接诏者不在少数，很显然他们的理由更充分一些。他们主张服从隆武帝号令，接受其领导，是从国家安危与抗清大局考虑的。

当时主张接诏的代表人物有钱肃乐与朱大典，他们说：

> 大敌当前，而同姓先争，岂能成中兴之业，即权宜称皇太侄以报命，未为不可。[③]

退一步说，即使现在同意其称大号为帝，接受其号令，如有朝一日，“我师渡浙江，向金陵，大号非闽人所能夺也”[④]。此番话将道理阐述得非常清楚，是通情达理之言。

作为全面了解此情而身在其中的当事人，鲁监国朱以海更是一清二楚，但他对隆武帝颁诏事甚为反感。他自知如坚持同福建对抗于情不通，于理不容，而“惶惑欲退避”[⑤]。对此，熊汝霖“泣阻”，而监国“不听”，且下令返回台州。熊汝霖乃上疏道：

> 今日之事，殿下宜力疾江干，檄闽师刻期来会，使浙西克复，仍借庙谟。唐王亲来，亦当心折。若恋恋宫眷，遽返旌旄，思为退保之图，久成日蹙之势。传之海内，未为克让。又臣标参将张行龙，以臣令回籍临平，图结义兵，夹攻内应。其家丁陈义，入杭侦听，闻已具舟，旁结草人思赚我火器。而宁盐义士沈案、查继美、陆鸣时等，同时具来，言起兵家难状。徐出启疏，以近日嘉湖铁骑，尽返武林，但得精兵数千，直捣嘉兴，断其往来馈道，杭城自成坐困。胜于今日阻江索战。我客彼主，劳逸相殊。乞优

①钱澄之：《所知录》卷一《隆武纪年》，第23页。
②徐芳烈：《浙东纪略》，载《海东逸史（外三种）》第113页。
③李聿求：《鲁之春秋》卷五《钱肃乐》，第49页。
④李聿求：《鲁之春秋》卷五《钱肃乐》，第49页。
⑤温睿临：《南疆逸史》卷二九《张国维》，第206页。

迁窜等，以彰激劝。若王必欲东归，臣亦惟就海岛死耳。[1]

此疏强烈请求鲁监国采取攻势，推进恢复大业，不可遇难而退，示弱东归，且提出壮大自我、主动抗清的建议。其实，鲁监国如果真能断然决定，痛快返回台州，听凭隆武政令畅行，一切问题都好解决，抗清大局将会出现新的天地。但他的“欲退避”并非真意，而是迫不得已的一种姿态，所以此际汝霖之上疏，正合其意，坚定了他决不接受隆武诏书、决不退缩之志。于是，鲁监国亲手颁敕以“比之韩愈”[2]褒美汝霖，乃不东归。

正当人心惶惶之时，张国维紧急至绍兴，极力反对接诏，曰：

继大统者，世治先嫡长，世乱先有功。唐殿下提兵北伐，则国维当为前驱。若止为闭户天子，反以官爵分浙东办卤之心，则恢复无期，中兴何日？是太祖高皇帝之罪人也。不敢奉诏。

尽管隆武帝连续七次专给张国维发来手敕，而国维始终不展阅，并毫不客气地对使臣说：“张国维但知今日江上，收文武人才，治战守具为急，不知东阁大学士为何官。可即以此语报唐殿下。”[3] 又上疏聿键，疏曰：

今日之事，凡为高皇帝子孙，皆当同心并力，共复国仇，成功之后，入关者王。监国退守藩服，礼制昭然。若以伦序，叔侄定分在，今日原未假易。且浙东人心涣散，鸠集为劳，一旦南拜正朔，则江上诸将皆须听命，猝然有变，监国之号令不行，唇亡齿寒，悔莫可追。臣老矣，岂敢朝秦暮楚，有所左右于其间哉？[4]

张国维此疏坚决反对接诏，尽管理由并不充分，鲁监国朱以海却如同得了救命稻草，马上采纳这个建议，不接受隆武之诏，坚持继续监国的立场，并宣布：“有如言开诏者，与众弃之。”[5] 遂不受诏。闽使刘

---

①邵廷采：《东南纪事》卷五《熊汝霖》，第226页。
②邵廷采：《东南纪事》卷五《熊汝霖》，第226页。
③张岱：《石匮书后集》卷四〇《张国维列传》，第242页。
④翁洲老民：《海东逸史（外三种）》卷四《张国维》，第23页。
⑤查继佐：《罪惟录·附纪》卷二〇《唐王附纪》，第420页。

中藻无功而返。

至此，关于是否接诏的争论在朝中告一段落，但从此闽浙水火之势已成，彼此之间的矛盾愈演愈烈，而因此事产生的新矛盾在朝中也蔓延开来，越来越严重地威胁到鲁监国的统治。

旁观者清，鲁监国从一己之私出发，不顾钱肃乐、朱大典等大臣的正确主张，坚决拒绝了隆武帝，保住了权位，自以为得计，实际对抗清大局而言是严重伤害。身处局外而关心天下大事之人看得一清二楚，“天下多不直鲁王”①，即以鲁王为非，甚至有人不顾危险，当面指斥其过并提出建议。其中，金堡的举动最为突出。

鲁监国元年，即隆武二年（1646）正月，曾拒绝接受鲁监国任命而被隆武朝授为兵科给事中的金堡，由福建再次来到浙江后，进《上鲁藩启》说：

> 为祖仇不可忘，家难不可构，请持理势之平，崇仁让之美，以定中兴一统之计事。
>
> 职以书生弃家抗节，始与姚志卓会师余杭，继与郑遵谦同盟江上。马晋允谬列职名，蒙殿下职方正郎之加职，不受。而入觐请师，遂以直言受知，衔命监军。职非轻殿下而不臣，私皇上而效命也。职闻天下之大，非一身所能为，一家之仇，非二心所能报。一矢可折，九矢不可折，虽夷狄犹能言之。职等倡举义旗，初非为殿下争天子，亦非为皇上定诸侯，直欲为高皇帝二百余年摧荡廓清之功雪恨耳。计高皇帝在天之灵，与其两孙相持，不如一孙独任。计诸臣所仰体高皇帝在天之灵，与其两主相衡，不如一主独令。
>
> 昔更始称尊，刘缜止居大司马之位；湘阴继统，刘崇亦守节度使之官。缜岂甘以贤让不肖，崇岂甘以父让子哉？恐一家之中有二天子，即外患得以相乘也。今且无论帝王之名与先后之序，殿下

---

①邵廷采：《东南纪事》卷二《鲁王以海》，第174页。

以侄事叔，则今上既非湘阴，殿下以贤事圣，则今上并非更始。即上表称臣，拜疏迎驾，岂遂为屈己乎？

古今事势略有鉴观，有以诸侯为天子者矣，未有已为天子，因一诸侯不顺，而遂自贬为诸侯者也。然则两大相抗必至于离，两难相厄必至于败，使狡虏得乘瑕观变，坐而收渔人之功。谁为高皇帝不孝之孙，谁为高皇帝不忠之臣？恐殿下与文武诸臣不得辞其责矣！殿下至仁至让，职所深知，顾使轻薄险躁之徒，扼腕抵掌而张拒闽之声。宁有江东十万之师，合之未足以退虏，而用绍、宁、台三郡之众分之，又足胜皇上者！《诗》云："兄弟阋于墙，外御其侮。"今当御侮之时，而自启阋墙之衅，此亦与诸臣忘家报国之初心，自相刺谬也。殿下诚能排群议以奉一尊，异日光复二京，祇谒寝庙，皇上之功不过汉光武，而殿下之德乃过于周文王，厚实不亏，而显名烂焉，即皇上亦安能屈殿下哉！

职奉天子之命而来监军，固不容郑遵谦不纳，傥谓职非殿下之臣，难与共事。职仰体皇上亲睦之谊，必不以去就开争端。如以职挟持异说，摇动人心，将甘心于职。职固高皇帝之忠臣，亦非今上之私臣。弃此七尺，如脱敝屣，事后反观，则合今日佐命诸人，无有如职之能爱殿下敬殿下者，惟殿下少垂察焉。①

这是从大义、大局出发，开导朱以海认清严峻形势，放下身段，接受隆武帝之诏。然而，鲁监国坚决不接受，这是因为鲁监国从私心出发，不欲放弃监国之权。他不仅不听，且令旨法司究问，金堡乃外逃。②

鲁监国之所以如此，实是不欲舍弃小朝廷带来的纸醉金迷的生活。时人所咏"鲁国君臣燕雀娱，共言尝胆事全无"，乃是实录。鲁监国在朝中尽情"调弄声色"，而"守江诸将日置酒唱戏，歌吹声连百余

①金堡：《岭海焚余》卷上《上鲁藩启》，载《丛书集成续编》第58册，台湾新文丰出版公司，1991年，第56页。

②邵廷采：《东南纪事》卷二《鲁王以海》，第175页。

里"[①]，君臣儿戏，宴饮无度。为保持这种优游岁月、醉生梦死的状态，鲁监国当然坚决不接受隆武之诏。

主张接诏的钱肃乐、朱大典，不仅建议被否决，自身更遭到反对接诏者的忌恨，尤其是方国安、王之仁竟为此对其进行人身攻击。当时鲁监国执政之后大封群臣，以钱肃乐有拥戴之功，初加封为太仆寺少卿，晋右佥都御史、督师，驻营于瓜沥，旋升右副都御史。钱肃乐拒绝接受，"四疏辞新命"[②]。他上疏说：

> 臣郡臣邑，因臣起义兵，桑梓膏血一空，曾莫之救，而今日迁官，明日加级，是臣无恻隐之心也。沈宸荃、陈潜夫之才略机谋，方端士之勇，官阶并出臣下，而臣反受赏，是臣无羞恶之心也。臣部将钟鼎新等，斩级禽囚之事，皆出其力，臣以未得取杭，不欲为请殊擢，而臣自受之，是臣无辞让之心也。臣少见史册所载冒荣苟禄，恶之若仇，而臣自蹈之，是臣无是非之心也。

他又说：

> 臣近者十道并举，冀杭城可复。闻主上起行中廷，盼望捷音，不能安坐，而臣终不能绝流而渡，臣今不能入杭，誓不再受一官。[③]

他坚决请求以原来的官衔署事，"并辞诸弟侄之从军授爵者"，同时对大封官爵提出不同看法，"力言爵赏宜慎，不可蹈福王覆辙，滥予名器"。[④] 这本是处处为朝廷着想的考虑周详的正确之举，更充分反映了他廉洁奉公、不谋私利、谦逊自砺、光明磊落的高尚品德，本应成为诸臣的表率，而方国安、王之仁等却针对此事故意歪曲而大做文章。他们散布流言说钱肃乐不接受右副都御史之职，是"怀贰心于闽"，大

①李寄：《李介立诗钞》卷二《西施山戏占》附注，转引自邓之诚：《清诗纪事初编》卷一，上海古籍出版社，1984年，第48页。

②李聿求：《鲁之春秋》卷五《钱肃乐》，第48页。

③全祖望：《鲒埼亭集》卷七《明故兵部尚书兼东阁大学士赠太保吏部尚书谥忠介钱公神道第二碑铭》，载《全祖望集汇校集注》第145—146页。

④李聿求：《鲁之春秋》卷五《钱肃乐》，第48页。

肆颠倒黑白，混淆是非。钱肃乐不得已，方“郁郁受官”。[1] 但他接受新命领兵驻防后，却无兵饷，这等于把他逼入绝境。

兵饷问题是鲁监国执政以来最棘手的问题。监国政权控制的地区仅为浙东一带，所能征收之饷只有六十万两白银，远远满足不了各地奋起的抗清义军所需，所以军饷分配成了至关重要的问题。当时监国军分为正兵和义军两种。正兵是原有列入正式编制的营兵卫军，义军即各乡绅于家乡招募的义勇。监国政权将正兵与义军分别划定驻防地区，于所驻之地征饷、分饷。所谓正兵食正饷，义军食义饷。正饷即田赋所出，而义饷则是通过各种方式如向富室劝捐、加派而获取。当时正兵大多归方国安、王之仁统领，正饷均由其把持。作为义军统帅的各大臣如钱肃乐、熊汝霖、孙嘉绩等则领其部众食义饷，而义饷往往征收不上来。

总的说来，这种分饷分地的办法弊端甚多，引起了无穷的矛盾。有时饷额全为正兵所食，造成义军“遂无所取给”的局面。按饷地划分，钱肃乐应食鄞县、奉化二县的义饷，但方国安却认为这是王之仁的地盘，“檄二县不必支应”。[2] 方国安的行径导致军队出现了有兵无饷的状况。这时鲁监国正好派太监客凤仪、李国辅负责军饷，钱肃乐上奏“力言中官不可任外事”，加以反对。这样除本来就厌恶钱肃乐的方国安、王之仁制造的麻烦之外，又加上太监们的从中作梗，钱肃乐的处境更加困难，军中竟连续四十天无饷。但军士们被钱肃乐的忠义之心所感动，“相依不散，至行乞于道，卒无叛者”。肃乐“连疏乞饷，数十上，而饷终不至”。[3] 正兵、义军的饷地矛盾愈发尖锐，鲁监国不得不召开了关于饷地分配的会议。

---

①全祖望：《鲒埼亭集》卷七《明故兵部尚书兼东阁大学士赠太保吏部尚书谥忠介钱公神道第二碑铭》，载《全祖望集汇校集注》第146页。

②全祖望：《鲒埼亭集》卷七《明故兵部尚书兼东阁大学士赠太保吏部尚书谥忠介钱公神道第二碑铭》，载《全祖望集汇校集注》第145页。

③全祖望：《鲒埼亭集》卷七《明故兵部尚书兼东阁大学士赠太保吏部尚书谥忠介钱公神道第二碑铭》，载《全祖望集汇校集注》第146页。

方国安、王之仁所部管理军饷的官员都赶来参加，他们各为主将争利，各说各的理由，弄得“殿陛哗然”。这时主管军饷事务的户部贵州清吏司主事董守谕见状立即挺身而出，厉声责问他们今天是为什么而来，在天子面前竟如此放肆，眼中还有没有主上。纷纷攘攘的殿廷立即肃静下来。他于是转过身来向鲁监国跪奏道：

> 分饷分地，非也。当以一切正供悉归户部，核兵而后给饷，核地而后酌给之先后。所谓义饷者，虽有其名，不可为继。义兵食义饷，是散遣义兵之别名。

此言一针见血地点破所谓正饷、义饷的实质，指出分饷分地之谬。这本是非常中肯的意见，鲁监国听后也“以为然”，但又不能采纳。会议之后，饷地问题依旧。

不久，王之仁便以正饷不足上疏建议填塞鄞县的金钱湖为农田，请求推行征收人头税的税人法，又请求官卖大户祭祀祖宗的祀田，以开饷源。还是这个董守谕，立即上疏反对，说“湖不可塞，祀田不可官卖，税人必致激变”。王之仁见董守谕公开与己作对，暴跳如雷，扬言道：“行朝大臣尚不敢裁量幕府，何物竖儒，乃尔事事中格乎！”他轻蔑地发出一封简短书札，要召董前来见识见识。这时鲁监国虽然很赞赏和同情董守谕，却“不能为力，阴使公避之”，生怕董守谕遭到迫害，只有令其回避。但面对气势汹汹的军阀，董守谕一身正气，毫无畏惧，面对朝臣慷慨陈言：

> 饷司命吏，生杀听于主上，非武宁所得专。桓温、刘裕何许奸雄，亦必托言晋阳之甲，无敢擅出一檄执朝臣而去者。臣归死上前，武宁能以臣血溅丹墀则可。①

武宁即武宁侯王之仁。董守谕以凛然的正气面对狂暴，引起广泛同情，举朝皆愤愤不平，皆言如果王之仁胆敢杀害饷司董守谕，便是反叛，还谈什么忠义？王之仁也终于迫于大义，不敢再恣肆妄为。虽然董守

---

①以上多处引文引自黄宗羲：《户部贵州清吏司主事兼经筵日讲官次公董公墓志铭》，载《黄宗羲全集》第10册，第301—302页。

谕未遭毒手，但此事却暴露了鲁监国的懦弱。鲁监国以帝王之尊，竟在飞扬跋扈的军阀面前无能为力，这是鲁监国本人的悲哀，也是监国朝廷的悲哀。

由是，监国朝廷里分饷分地的问题越来越严重。为妥善安排分饷分地的问题，朝廷必须再次明确各军取饷之地。当时朝廷所控制之地只有浙江八府。其中宁波专给王之仁，金华则归朱大典，而台州、衢州、严州、温州、处州五府之地则给方国安。绍兴一府所征之饷由户部支配，供各营义兵之需。义兵数目不小，饷额却极为窘迫。方国安对此安排仍不满意，要求把绍兴府也归为己有，坚持义兵之饷完全可以去自筹，绍兴之正赋不该给义兵。户部主事邵之詹对他说："义饷者，无名之税，征之民间富室，若虐及乡里，民心溃散，饷无从征，将不知所归宿矣。"然而，他听不进去。[1] 不仅如此，方国安还忌恨曾主张接受隆武诏书的朱大典，觊觎其多财及所辖金华之富庶，"谋袭取之"，"声言索饷四万"。[2]

更为严重的是饷源枯竭、义饷不继的问题。就在钱肃乐乞饷之疏"数十上而饷终不至"之时，原监军御史、河南巡按陈潜夫也因乏饷而陷入了困境。陈潜夫曾因上奏朝廷称于河南发现了弘光帝妃童氏一事，被弘光帝及马士英以妄谒妖妇之罪逮问下狱，后南京失陷，他得以归里。鲁王监国于绍兴，他被授太仆寺少卿，自募三百人，与诸军守卫钱塘江。他完全是"以家财养军"，但家财毕竟有限，当"财竭"之后，他请求户部支用四百两银子以充饷，却无银可得。钱肃乐对他很同情，深有感触地说："潜夫破家为国。今听其军之饿死而不恤，何以鼓各营。"于是特向朝廷进言，为陈潜夫请饷，"力言军费之当均"。鲁监国同意钱的见解，但却"无若方、王何"。[3] 关系到监国政权生死存

①李聿求：《鲁之春秋》卷一一《邵之詹》，第111—112页。

②李聿求：《鲁之春秋》卷三《朱大典》，第36页。

③全祖望：《鲒埼亭集》卷七《明故兵部尚书兼东阁大学士赠太保吏部尚书谥忠介钱公神道第二碑铭》，载《全祖望集汇校集注》第146页。

亡的筹饷问题一直无力解决，一时奋起的各路义军，只能坐以待毙，崩溃瓦解已成必然之势。

二、国势大坏，陆难立足

鲁监国被分饷分地的问题困扰得不知所措。他知道分饷分地不均，方国安飞扬跋扈，侵占兵饷，而义军无饷可得，因此一再对指挥义军的将领表示同情，但又在此时采取了一个惊人的行动——授方国安为大将。

十一月的一天，鲁监国劳军江上之时，于西兴冠山绝顶之上筑起了坛台。这天“旌旗蔽空，车马如织”①，监国在这里举行了隆重的拜将封爵典礼，拜方国安为大将，总统诸营，统一指挥江上抗清大军；同时进方国安为荆国公。鲁监国举行盛大典礼，意在激发方国安的忠义之心，结果却事与愿违。

方国安，字磐石，贵州贵阳人。崇祯时官至总兵。鲁监国初封其为镇东侯，驻严州。他本无战绩，却能招降纳叛，制造事端。南京弘光政权覆亡后，阁臣马士英挟持太后逃至浙江杭州，拥立潞王朱常淓监国，因被群臣攻击颇为狼狈，又逃至绍兴谒鲁王以海。官绅士庶群起而攻之，称其为奸相，必欲杀之。原任九江兵备佥事王思任上疏请“立斩士英之头，传示各省”，以赎其欺君误国之罪。刘宗周也主张“非斩士英无以收既溃之人心”。② 马士英惶惶如丧家之犬，无处容身，最后狼狈逃到严州，入同乡方国安军中躲避。不久方国安又收留了阮大铖。先是，阮大铖追随弘光帝出逃至芜湖，及至弘光帝被俘，他便随朱大典撤退至金华。大典欲留其于军中治事，士民得知后，传檄声讨，称其为逆贼，大典于是将其送至严州。就这样，马、阮成了方国安的座上客，他们对自己所遭的冷落衔恨不已，必欲报仇。他们投方

①徐芳烈：《浙东纪略》，载《海东逸史（外三种）》第116页。

②徐鼒：《小腆纪年附考》卷一〇，第371—372页。

国安所好，很快勾结在一起。尽管臣民士庶无一不对马、阮切齿痛恨，方国安却十分信任两人，进而上疏请求允准马士英入朝，但立即遭到反对，张国维“劾其十大罪，乃不敢入”[①]。而臣下要求遂杀马、阮的呼声仍然不绝，鲁监国却“不能执而诛之，以此赏罚尽失，士气衰沮”[②]。他见握有重兵的方国安庇护马、阮二人，不仅不予追究，竟然令马士英督方国安之军。[③] 除恶不尽，遗患无穷。方国安本来就缺少报国之志，马、阮来到后更是与其“日议分饷分地，以杀异己者为事”[④]，置国事于不顾。他们疯狂地侵夺军饷，致使众多义军无饷可得，使抗清事业陷入困境。方国安拜将之后，虽然又组织了大小十余战，但“无败亦无胜”[⑤]。因此时清贝勒博洛班师回京尚未返回，清军的方针是据守杭州，暂不出击，以便蓄积力量。此时方国安军频频出击，不只是虚耗兵力，且潜伏着危机，但他本人连同鲁监国对此却并不知晓。

鲁监国对暂时的军事相持，并未认真分析以采取积极对策，又重蹈了弘光政权陶醉升平而朝政浊乱的覆辙。

鲁监国朱以海宠幸的妃子张氏是萧山人。朱以海监国绍兴后，将她立为元妃，由于受宠，其父张国俊得封伯爵。小人得势的张国俊凭借皇亲的关系，“内结阉臣客凤仪、李国辅，外倚悍将方国安、王之仁，颇通贿擅事。诸臣相继进谏，王不听”[⑥]。张国俊等人作威作福，“气倾中外。咫尺大敌，而越城哀（衷）衣宽带，歌读宴会如平常”[⑦]。他们的所作所为扰乱了朝政，使进贤之路堵塞。

不久，客凤仪、李国辅以太监的身份管理军饷，引起朝臣一片反

①翁洲老民：《海东逸史（外三种）》卷四《张国维》，第22页。

②邵廷采：《东南纪事》卷二《鲁王以海》，第173页。

③徐芳烈：《浙东纪略》，载《海东逸史（外三种）》第111页。

④李聿求：《鲁之春秋》卷二一《方国安》，第197页。

⑤徐芳烈：《浙东纪略》，载《海东逸史（外三种）》第117页。

⑥翁洲老民：《海东逸史（外三种）》卷三《元妃张氏》，第20页。

⑦邵廷采：《东南纪事》卷五《钱肃乐》，第231页。

对之声。鲁监国却认为群臣是小题大做，不予理会。面对监国朝的混乱状况，钱肃乐愤然上疏痛陈道：

> 国有十亡而无一存，民有十死而无一生；翘车四出，无一应命，一也；宪臣刘宗周之死，关系甚巨，谥赠荫恤，未协舆情，敕部改正，迟久未上，二也；张国俊以戚畹倚强藩，权侔人主，三也；诸臣以国俊故相继进言，主上以为不必，几于防口，四也；新进鼓舌摇唇，罔识体统，五也；反覆之徒借推戴以呈身，观望之徒冒荐举而入幕，六也；楚藩江干开诏，欲息同姓之争，李长祥面加斥辱，凌蔑至此，七也；咫尺江波，烽烟不息，而褒衣博带，满目太平，燕笑漏舟之中，回翔焚栋之下，八也；所与托国者，强半弘光故臣，鸮音不改，九也。此犹枝叶也，请言根本：七月雨水不时，漂庐舍以千百，以水死；卤潮冲入，西成失望，以饿死；壮者殒锋镝，弱者疲转输，以战死；绛票赤纸，日不暇给，以供应死；东南泽国，倚舟为命，今士卒争舟，小民束手，以无艺死；入乡抄掠，鸡犬不遗，以财死；富民即曰应输，非有罪于官也，而拘系之，有甘心雉经者，以刑死；沿门供亿，淫污横行，以辱死；劣衿恶棍，罗织乡里以为生涯，以忧死。今也竭小民之膏血，不足供藩镇之一吸，继也合藩镇之兵马，不足卫小民之一发，凛凛乎将以发死。由前九亡，并此而十。臣不知所税驾矣。①

这不啻向鲁监国敲起警钟。所谓“国有十亡而无一存，民有十死而无一生”，并非危言耸听，而是现实。这是对关系监国朝生死存亡的问题、危害监国朝的诸多弊端的深刻揭露，可谓沉痛至极之言。他衷心希望此疏能引起鲁监国注意，然而这无异于对牛弹琴，因为朱以海见不及此，即有所悟，亦心有余而力不足，更无雄心与魄力，故其“十死”之命运已在所难免。

---

①全祖望：《鲒埼亭集》卷七《明故兵部尚书兼东阁大学士赠太保吏部尚书谥忠介钱公神道第二碑铭》，载《全祖望集汇校集注》第146—147页。

公开抨击鲁监国放纵皇亲国戚之失及朝政诸多弊端，且指名道姓，这是钱肃乐勇气的体现。但此疏似乎并未触动鲁监国，张国俊及方、王、马、阮、客、李之流则“恨甚”，张国俊尤其恨钱肃乐入骨。

这时，在宁波抗清举义事变中曾扮演极不光彩角色、乞求饶命而以家资助军的投机人物谢三宾，正积极活动准备混入朝廷。他大肆行贿，打通关节。获得“金万两”的张国俊便“胁监国必致三宾于枢要”。[①] 于是朱以海于十二月回绍兴后，便任命谢三宾为礼部尚书、东阁大学士。谢三宾入朝入阁，更加剧了监国朝的混乱，于是邪恶势力沆瀣一气，不遗余力地排挤打击钱肃乐等正直大臣。

此月，监国朝铸“大明通宝”钱，兵部主事署余姚县事王正，进所制鲁监国元年大统历。[②] 而这时方国安等争饷如故。进入鲁监国元年（1646）以后，义军几乎完全处于无饷状态，事情已经到了不可收拾的地步。

浙东本来是熊汝霖、孙嘉绩首举义旗之地，然而此时却兵单饷匮，难以为继。鲁监国政权建立伊始，吸引了众多抗清之士前来投奔，其中不仅有军阀、武将，更有“亡将溃兵”，当然他们多投奔有饷、有势的一方。方国安拥重兵权倾一时，出现了“客反居上”的局面。熊、孙等以大局为重，接受了这个现实，愿意“与同济难”，但方国安却“逍遥殊无意，一年之中糜饷数百万”。这些军饷全出自当时所控制的八郡之民，百姓负担沉重，已弄得“贫富交尽”。[③] 面对这种状况，礼兵二部尚书陈函辉长叹道：“八郡敝矣！诸军犹诛粮无厌，是重弃民也。北来生兵，日益一日，不知此身何所耳。”[④] 他的忧虑全是事实。但可悲的是，从百姓身上残酷搜刮来的军饷，几乎全被方国安等人侵夺，广大义军却全然无份。

---

①徐鼒：《小腆纪传》卷八《鲁监国张前妃》，第99页。

②温睿临：《南疆逸史》卷四《监国鲁王》，第31页。

③邵廷采：《东南纪事》卷五《孙嘉绩》，第230页。

④邵廷采：《东南纪事》卷五《陈函辉》，第236—237页。

钱肃乐、孙嘉绩等因无兵饷可筹，再也支撑不下去，他们联名上疏请求放弃兵权，将所部军队归开远伯吴凯指挥，鲁监国不许。于是钱肃乐又上疏说：

> 臣兵不得不散。但臣以举义而来，大仇未复，终不敢归安庐墓。散兵之日，愿率家丁数人，从军自效。①

这是万般无奈的沉痛至诚之言。鲁监国如稍能自主，合理分配一下窘迫的军饷，也不会令义军瓦解，但他却一点主意也没有，只会无济于事地“温旨慰留”。这时反对者们又造谣诽谤说钱肃乐“将弃军逃入闽”，去当隆武朝的大臣。这是因为隆武朝遣使颁诏浙东时，一并赐倡义诸臣敕命，加以官爵，钱肃乐曾以礼回复，上表称谢，遂成为此时一些人的口实。随后有风声说，有人已派人埋伏于肃乐经过的途中，准备截杀。钱肃乐便不再迟疑，丢下军队，“拜表即行”说：“臣从今披发入山，永与世辞。主上请加踪迹，断不入闽，以遭殄灭。”鲁监国得疏后，大惊失色，见这位曾毁家起兵、全力拥戴自己的大臣竟离朝而去，很受震动，但考虑到其去志已坚，不可挽留，于是降旨令其往海上同黄斌卿、张名振一道“共取道崇明，以复三吴”。② 同时，鲁监国加钱肃乐为吏部尚书兼理户部事。这不啻异想天开，钱肃乐拒绝了鲁监国的任命。

就在这时，佥都御史章正宸率领的义军，也因“无饷，乃散军”③。这支惨淡经营起来的满怀忠义之心的抗清义军，这支振兴国家的极其宝贵的武装力量，就这样白白葬送了！

义军溃散，忠臣愤离，监国朝廷国势大坏。陈函辉对他竭力拥护的鲁监国政权丧失了信心，叹道：“大事去矣！夫无种、蠡（按：指文

---

①全祖望：《鲒埼亭集》卷七《明故兵部尚书兼东阁大学士赠太保吏部尚书谥忠介钱公神道第二碑铭》，载《全祖望集汇校集注》第148页。

②全祖望：《鲒埼亭集》卷七《明故兵部尚书兼东阁大学士赠太保吏部尚书谥忠介钱公神道第二碑铭》，载《全祖望集汇校集注》第148页。

③李聿求：《鲁之春秋》卷六《章正宸》，第60页。

种、范蠡）之材，而有伯嚭之佞，何以能久？"[1] 陈函辉所言全是事实。目光短浅且"少威断"[2] 的鲁监国既无力振作朝纲、纠正时弊，更难驾驭跋扈之臣。当时，在文武朝臣中，贪鄙已成为一种竞相仿效的风气："诸将骄横，诸臣竞营高爵，请乞无厌。"而更令忠义正直之臣痛心的是，鲁监国对此竟听之任之，往往尽量满足其无厌之求，滥行赏赐。他自以为如此便可以笼络人心，安定大局，殊不知实乃自乱阵脚。兵部尚书余煌以沉痛的心情上疏规劝道：

> 今国势愈危，朝政愈纷，尺土未复，战守无资。诸臣请祭，则当思先帝蒸尝未备；请葬，则当思先帝山陵未营；请封，则当思先帝宗庙未享；请荫，则当思先帝子孙未保；请谥，则当思先帝光烈未昭。[3]

此疏谆谆告诫鲁监国要励志、警醒，但这种苦口婆心的劝告，似乎并未发生多大作用。鲁监国已是思虑不及，绝难振作，监国朝内已是颓风难挽。

鲁监国任命的大将方国安成事不足而败事有余。方国安贪饷恣肆，严重地败坏了国事，贻误了战机。监国军与跨江对峙的清军多次交战均未能获胜，"各营皆西望心碎"，士气低落。这时，王之仁突然有所醒悟，上疏鲁监国说：

> 事起日人人有直取黄龙之志，乃一败后遽欲以钱塘为鸿沟，天下事何忍言！臣为今日计，惟有前死一尺，愿以所隶沉船一战。今日欲死，犹战而死；他日即死，恐不能战也。[4]

王之仁自告奋勇，主动请战，凛凛有生气，这是难能可贵的。自南明政权相继组建以来，武将们大都拥兵自重，"未建寸功辄封侯伯，竭天下之饷以奉之。平日骄横，卑视朝廷，一闻敌至，莫不逃降。'战'之

①温睿临：《南疆逸史》卷三〇《陈函辉》，第210页。
②邵廷采：《东南纪事》卷二《鲁王以海》，第173页。
③李天根：《爝火录》卷一四，第630页。
④计六奇：《明季南略》卷六《王之仁请战》，第290页。

一字，虽上趣之不能，而况自请乎？”这种感人举动，被史家评为“洵推当时武将第一”。[①] 然而，王之仁空怀壮志，鲁监国力所不及，难助其成。

当然，鲁监国对王之仁之举自然有所触动，但抗清必须“一乃心力”，全面呼应，彼此协调。自方国安任大将军，总统诸营之后，其注意力并未放在抗清事业上，而是“期会不信，调度不灵，故缓急有不相应之势”。尽管江干之上不乏忠义爱国的将士，但往往呈现出“一处进战，一处退休”的状态。[②] 诸营互不协调配合，致使战事难胜。鲁监国不好直接去发号施令，对王之仁的请战要求只有等待时机去实施了。

三月初一日，清军兵船数艘自钱塘江上流而下，督师张国维紧急严令各营守好汛地。王之仁则驱舟迎战，并急命发炮，然而仓皇间，“持火者颤不能举，之仁手刃其人，自引火发之，碎一舟”[③]。当日东南风大起，王之仁率众“扬帆奋击之，碎清舟无数”。张国维随即督诸军助战，“清兵为之少却”。此战取得了胜利，仅郑遵谦率所部从江中捞取清人所弃的铁甲就达八百余副。[④] 这是监国朝自入春以来的第一次抗清大捷，它消除了人们一直以来对王之仁的种种怀疑。王之仁坚定抗清之志“皎如云如日”，大白于天下。对此“江干诸旅莫不称快”。[⑤]

鲁监国毕竟是一国之主，没有忘记抗清复国的大业。三月十九日是崇祯帝殉国的两周年纪念日，即所谓大祥之日，鲁监国下令“三军缟素一日”，并于朝堂设祭，亲自哭临，[⑥] 想借此激发众人的同仇敌忾之心，以全力抗清。可是不久，闽使陆清源被杀之事又使他恐惧得不知所措。本来他不接受隆武帝之诏已属理亏，此事发生后，他更觉理亏且无法交代，生怕被激怒的福建方面发兵来讨，于是“定议抽兵属

①计六奇：《明季南略》卷六《王之仁请战》，第290页。
②徐芳烈：《浙东纪略》，载《海东逸史（外三种）》第117页。
③徐芳烈：《浙东纪略》，载《海东逸史（外三种）》第120页。
④计六奇：《明季南略》卷六《王之仁击清兵》，第290页。
⑤徐芳烈：《浙东纪略》，载《海东逸史（外三种）》第120页。
⑥温睿临：《南疆逸史》卷四《监国鲁王》，第31页。

国维西征”，令礼部尚书余煌兼兵部尚书，督师江上，以支撑局面，然而“事不可为矣”。[①]

尽管形势愈加严峻，但不久海上出师的捷报又使他高兴了一番。四月，兵部主事王正中率师渡海攻下了澉浦城。五月，黄宗羲率孙嘉绩、熊汝霖部义军与王正中合师共三千人，连同太仆寺少卿陈潜夫，兵部主事吴大斌、查继佐所率数百人，共同渡海驻扎谭山，准备攻取海宁，显示了不屈的气概。这是监国朝将士于最困难时期，由忠义所激发的最出色表现。但随着形势突然恶化，一切成就又都付之东流。

五月，贝勒博洛奉命率师再至杭州，清军实力增强，士气大振，准备渡钱塘江，挥师东进。而这时，浙江一带因自春以来大旱无雨，向来波涛汹涌、水深江阔的钱塘江变得流细波微，水势枯落。这对把钱塘江作为天然屏障的明军来说极其不利，形势岌岌可危。原本清军就是因为江水难渡而发动不了攻势，当探得此情之后，便于二十五日以数十骑试渡水深不及马腹的江面，向东岸挺进，炮击明军兵营，正好击中方国安军中内厨锅灶。方国安叹曰：“此天夺我食也，我自归唐王耳！”[②] 他认为清军势重无法抵御，又私念隆武帝曾以手敕相招，入闽必大用；事即使不成，亦可相机退入滇、黔。结果，方国安部所在的七条沙一带“营头尽散”，清军遂于五月二十七日之夜拔营向绍兴急进。

二十八日，方国安率部溃逃。二十九日，绍兴城得到清军渡江的警报，当时“江上诸营俱未动，北渡者少”，仍可组织力量抵御。大学士陈盟进劝鲁监国“作亲征六诏，飞递江干”，不料这时方国安的将士及其家眷均已拥入绍兴城。江上诸营见主将未战先逃，“亦无固志”，而此际绍兴城内兵民，知清军已渡江而来，便“争欲去之山间”，出现溃逃景象。[③]

---

①计六奇：《明季南略》卷六《鲁王惧闽发兵》，第 291 页。
②计六奇：《明季南略》卷六《方国安夜走绍兴》，第 291 页。
③徐芳烈：《浙东纪略》，载《海东逸史（外三种）》第 123 页。

面对这一情况，鲁监国惊惶失措，开始做逃跑的准备，次日便在方国安军的簇拥下离开绍兴，向台州逃去。其时，方国安已接受阮大铖之计，准备劫持鲁监国降清，特令人看守鲁监国，并暗中联系降清事宜。鲁监国很快发觉此事，恐惧万分。幸亏看守者患病，鲁监国密令兼程赶来扈驾的张国维等将其袭杀，乘机逃脱。此时他已再难立足于陆地之上，便从海门仓皇入海，踏上了逃亡之途。

鲁监国脱逃后，六月初一日，清军进占绍兴。方国安、阮大铖、谢三宾、方逢年等不战屈膝降清，但其他文武大臣则不负起兵时的誓言，慷慨赴义，谱写了可歌可泣的历史篇章。

当方国安挟鲁监国逃出绍兴城时，有人提议据城抗清。兵部尚书、督师余煌叹息道："数万军犹不能战，乃以老弱守孤城，是聚肉待虎也。"[①] 于是立即大开诸门，任民避难，因此"一城获全"[②]。之后，余煌赋绝命词道：

> 穆骏自驰，老驹忽逝，止水汨罗，以了吾事，有愧文山，不入柴市。

随后，他投水而死。礼部尚书王思任城破后绝食而死。陈函辉因追随鲁监国不及，半路相失，返回台州，入云峰山自缢而死，死前作六言绝句十章，表明心迹。其一云：

> 生为大明之人，死作大明之鬼。
> 笑指白云深处，萧然一无所累。[③]

五月二十八日，方国安于江干拔营溃逃，各营随之溃散。二十九日，钱塘江上只剩王之仁一军尚在，并做好了由江入海的准备。张国维对王之仁说应抽兵五千分守各营，守住江面抵抗清军。王之仁流着泪说："吾两人二年心血，今日尽付流水，坏天下事者非他人，方荆国也。清兵数十万屯北岸，倏然而渡，孤军何以迎敌？吾兵有舟可以入

①徐鼒：《小腆纪年附考》卷一二，第479页。
②温睿临：《南疆逸史》卷三〇《余煌》，第210页。
③徐鼒：《小腆纪年附考》卷一二，第479页。

海，公兵无舟，速自为计。”[1] 这说的是实在话。张国维迫不得已，与王之仁作别后便整顿部队追扈鲁监国，辗转追赶到台州后，因无船下海，遂回东阳治兵。二十五日，清军破义乌，亲众劝国维入山以图后举，国维叹曰：“误天下事者，文山、叠山也，一死而已。”二十六日，清军至七里寺，国维具衣冠南向再拜，曰：“臣力竭矣。”遂作绝命诗三章，其《念母》诗曰：

一瞑纤尘不挂胸，惟哀耋母暮途穷。

仁人锡类能无意，存殁衔恩结草同。[2]

随后，国维从容投入园池而死。

张国维率军走后，王之仁将妻妾子女尽沉于蛟门水中，“捧所奉敕印，北面再拜，投之水，乃立旗帜，鼓吹张盖，泛海至松江”。清军以为其来降，便将其拥至南京。他“峨冠大袖，肩舆而入”，从容入见清江南经略洪承畴，“自称前朝大帅，国亡当死，恐葬于鲸鲵，身死不明，后世青史无所征信，故来投见，欲死于明处耳”。[3] 洪承畴待之以礼，劝其剃发投降，之仁不从，并骂背明降清的洪承畴道：“昔先帝设三坛祭汝，殆祭狗乎！”[4] 遂于八月二十四日被杀。而太仆寺少卿陈潜夫于城破日“合室沉河”[5]。大学士朱大典固守金华，清军攻月余不下，后清军以红衣大炮破城，大典“合门纵火焚死”[6]。其他从容就义者大有人在。而既未出海又未暴露目标者，则暂时隐忍，蓄积力量以图后举，如所谓“六狂生”中的华夏、王家勤等人，不久又开始了抗清活动。但鲁监国去而不返，漂泊海上，各支抗清力量终因缺乏统一领导与协同配合，旋起旋落，不过空发出悲壮的音符而已。

---

①计六奇：《明季南略》卷六《浙师溃散》，第 292 页。
②计六奇：《明季南略》卷六《张国维赴园池》，第 294 页。
③翁洲老民：《海东逸史（外三种）》卷七《王之仁》，第 36 页。
④计六奇：《明季南略》卷六《王之仁见杀》，第 295 页。
⑤计六奇：《明季南略》卷六《陈潜夫合室沉河》，第 297 页。
⑥计六奇：《明季南略》卷六《朱大典合门焚死》，第 298 页。

第三章　海上的抗争

一、重组政府，短暂辉煌

鲁监国被方国安劫持，险些做了降清的见面礼，多亏张国维扈驾赶到，守者又突然患病，使他逃离险境；又多亏富平将军、原石浦游击张名振遣中军方简及时开船来迎，使他顺利地从台州府海门离开大陆，被接到南田住下。南田是海上小岛，与陆地有大海相隔，倒也安全。鲁监国这才惊魂稍定，得以喘息。此时是鲁监国二年（1646）七月初一日。

七天后，张名振备船开至南田。七月末，他在黄斌卿的邀请之下，奉鲁监国赴隆武帝之臣肃虏伯黄斌卿所据之舟山。因斌卿于困难时，曾得张名振及其部将阮进的有力支援，故而有感于心，遂邀请名振与之共守舟山。

张名振，字侯服，南直隶江宁人，世居青溪浮桥，以军籍徙陕西富平县。“少伉爽有大略”[①]，为人侠义。壮游京师时与太监及东林人物都有联系。明朝廷杖之刑甚为残酷，多有被杖死者。当直言敢谏的行人司副熊开元因言事被廷杖时，他竟能贿通行刑之人，嘱其手下留情，使开元得以不死。而名振从未与熊开元见面，只不过是激于意气而已。崇祯十六年（1643），他得授台州石浦游击。清军下杭州，向各地派出安抚使，他拒不受命。鲁监国政权建立后，名振被封为富平将军。当时肃虏伯黄斌卿奉隆武帝之命镇守舟山，舟山与石浦互为犄角，彼此呼应。黄、张二人交契，虽然闽浙相争，但二军兼受唐、鲁之命。

①全祖望：《鲒埼亭集外编》卷四《明故太师定西侯张公墓碑》，载《全祖望集汇校集注》第811页。

二人商议由海道经崇明，袭扰三吴，展开江上之役，但因江上师溃，计划未能实现。

鲁监国被张名振遣将迎至南田之际，定海副将张国柱降清，招引清军围攻黄斌卿，战于横水洋，斌卿败北。斌卿紧急求救于名振，并愿结姻，以为唇齿之盟。名振遂令部将阮进往援之。阮进率大战船七艘、兵八百人出击，张帆直撞，溃围而入。清军以沙唬船抵挡，立被撞碎，三十余艘船沉没。阮进部又发炮击碎清军二十余艘船，清军五艘大战船败逃数十里。阮进急追不舍，击坏其各式战船两百余艘，击杀清军甚众，叛将张国柱乘小舟逃遁。斌卿围解，遂与阮进结为兄弟。事后，斌卿非常感谢名振，乃致书曰：

> 石浦形势，无险可守。今闻贝勒已破金华，兵至衢州，标将秦应科内应，城破，张鹏翼、楚王、乐安王、晋平王、督学御史王景亮，皆被执不屈死，浙之东西尽矣。长驱入闽，岂独甘心于将军哉？舟山沃野八百，春秋甬东地也，前朝置昌国县，地广民众，城池坚固，愿与明公共守此土，练兵选将，以图大举。一匡之业，端基于此矣。①

黄斌卿的诚恳邀请极为适时，亦正合张名振之意。七月末，名振命偏将驻守石浦，自率兵护卫鲁监国，分乘船只至舟山，以参将府为监国王府。名振又移家眷入城，而与斌卿府第东西相望。名振之兵驻于沈家门、竹山门，斌卿兵驻于螺头门，而阮进则驻于粟港。黄斌卿虽然十分感戴隆武帝的知遇之恩，但他从大局出发，对鲁监国政权亦抱支持态度。诸多史料说黄斌卿拒纳鲁监国，应该是一种误传。②

然而，不幸的是，保定伯毛有伦护卫鲁监国王妃张氏、世子等宫眷乘船前来舟山途中，竟遭飞来横祸。张妃等于海上遇乘舟仓皇逃亡

---

①郑达：《野史无文》卷一〇《张名振传》，中华书局，1960 年，第 106 页。

②徐卫东：《南明将领黄斌卿事迹志疑》，载朱诚如、徐凯主编：《明清论丛》第 15 辑，故宫出版社，2015 年，第 73 页。

的张国柱，被其劫走，“不知所终”[1]。这真是城门失火，殃及池鱼。鲁监国遭此不幸，历经险阻之后，终于得到了黄斌卿的接纳，有了暂时的栖身之所，也算不幸中的万幸。

鲁监国虽然得到黄斌卿的允许进驻舟山，但心情并不舒畅。因斌卿忠于隆武帝，对鲁监国拒不接诏事耿耿于怀，只是为抗清大业考虑，才容其住下。不久，隆武朝永胜伯郑彩从南而来，见此情景，便恳请鲁监国南下另辟抗清战场，鲁监国欣然赞同。于是，十月二十五日，鲁监国与郑彩一道南下厦门，而张名振、张煌言仍留在舟山，与黄斌卿一道以图实现恢复三吴之战略。

鲁监国仓皇出逃之时，几乎所有大臣皆不知其去向，他们四处寻觅，也备受困窘。六、七月间，航海追赶鲁王的督师、兵部尚书、东阁大学士孙嘉绩心力交瘁，疽发于背，强撑病体踏上舟山岛后，又不见鲁监国去向，焦急万分。疾笃之时，他对其子延龄说：“倘闻王所在，宜急从之!”[2] 语毕而逝。尚未定于何方立足的鲁监国又失去了一位忠心耿耿的大臣。八月初，鲁监国在张名振的扈拥下暂驻舟山，心神尚未安稳，又传来了赶来扈跸的都察院右副都御史冯元飂病卒的消息。[3] 但鲁监国困不丧志，决心振作精神，同拥戴之臣共同开创抗清新局面。

十月，郑彩奉鲁监国渡海至福建福宁。然而，变故随即发生。

这时清军已攻入福建，隆武政权覆亡。拥重兵的平国公郑芝龙已接受了清军统帅贝勒博洛的招降，不顾郑鸿逵、郑成功、周鹤芝等人的坚决反对，决计降清，并已向清廷递上降表。这时郑芝龙获悉朱以海在郑彩扈卫下已经抵闽，乃密令郑彩将其押赴军前，作为献给清廷的厚礼。郑彩不愿从命，但表面上不敢表示反对。他将鲁监国隐藏起来，将貌似鲁监国之人“服王冠服，居舟中”，招摇前进，掩人耳目，

---

①翁洲老民：《海东逸史（外三种）》卷三《元妃张氏》，第 21 页。

②徐鼒：《小腆纪传》卷四〇《孙嘉绩》，第 384 页。

③李聿求：《鲁之春秋》卷九《冯元飂》，第 97 页。

并嘱咐卫兵说，如果发生郑芝龙前来取人的紧急情况，“则缢死以示之”。[①] 但郑芝龙降清后已身不由己，他十一月十五日到达福州，三天后便被突然挟离福建进京，从此与海上绝缘，执送鲁监国的计划当然作罢。此月，以海至厦门。

鲁监国免遭郑芝龙“献礼”的厄运，却又不容于其子郑成功。郑成功在对待清廷的问题上与其父截然相反，他决不向清廷屈服，并决心与清军抵抗到底，光复河山。当其父降清之时，他便于中左所（厦门）起兵誓师抗清。他对隆武帝感戴之情极深，念念不忘隆武帝的赐姓和厚望。对天下大势的发展，特别是闽、浙相争的历程，他心中自有看法，对鲁监国坚不奉隆武帝诏之事很是不以为然。尽管隆武帝已殉国，隆武朝已不复存在，他却不买鲁监国的账，不奉其正朔，以明年仍为隆武三年（1647），且不愿意与刚刚进驻中左所的鲁监国同踏一块土地。于是几天后，郑彩便奉鲁监国另居长垣，以明年为鲁监国二年（1647）。于是，同是抗清的队伍中出现了两个朝廷的纪年。

鲁监国在长垣立足之后，大臣们也纷纷赶到。于是，鲁监国重组政府，以熊汝霖为东阁大学士，进郑彩为建国公、张名振为定西侯、杨耿为同安伯、郑联为定远伯、周瑞为闽安伯、周鹤芝为平夷伯、阮进为荡胡伯。朝廷实权掌握在郑彩手中。鲁监国二年（1647）正月，熊汝霖奉监国之命，出师抗清。

张名振赶至监国朝后，见闽地诸将林立，自己身单力薄难以发挥更大的作用，便奏请回浙江召集旧部以壮军威，遂离朝辞鲁监国而去。但无奈的是，他到达浙江后方知根据地石浦已为清军所有。至此，他没有再走回头路折回福建，而是再入舟山投奔黄斌卿。黄斌卿因张名振以孤军来依，颇为轻视，“稍侮之”[②]，彼此产生矛盾。

四月，清松江提督吴胜兆反正，遣人携蜡书至舟山求援。张名振与在舟山的都御史沈廷扬、翰林张煌言、御史冯京第等人皆以为机不可失，

---

①温睿临：《南疆逸史》卷四《监国鲁王》，第32页。
②李聿求：《鲁之春秋》卷二一《张名振》，第201页。

力主出兵。黄斌卿赞同，乃派部分兵将参与。张名振以银铸镌有“监国鲁王颁隆武叁年”字样的“平江将军”之印一枚及封伯敕书一道，差密使付与吴胜兆，并约定师期。[①] 张名振遂率沈廷扬、张煌言、冯京第、给事中徐孚远、总兵蔡聪、副将张名斌（张名振弟）统兵分乘战船二百余艘北上。水师将抵崇明之际，台风大作，战船互相撞击，兵、粮尽覆海中。张名振仅得小舟，自双阙回舟山，张煌言、冯京第间道得归，沈廷扬、蔡聪被执死，张名斌则率一百零七名兵丁、水手临阵降清。[②] 吴胜兆因海上失约，事败遇害。黄斌卿以名振丧师败归舟山，已无军可率，“益侮之”[③]。

在张名振北上之际，鲁监国也多次遣军出击福建沿海地区，攻城略地，虽然旋得旋失，但斗争不息，威名大振，鼓舞了臣民士庶的士气，使得鲁监国朝的抗清斗争又出现了新的局面。就在这种背景下，因饷匮军疲被迫弃军离朝的钱肃乐闻鲁监国至琅江，乃于鲁监国二年（1647）六月入朝，鲁监国大喜。时马思理、熊汝霖早已入阁，郑彩署兵部事。郑彩举肃乐自代，以海授肃乐兵部尚书。肃乐“泣陈无功”，请求以侍郎名义负责掌管兵部事务，监国不许。因此，他上了一份很有见地的奏疏，疏中说：

> 兵部之设，所以统理群帅，归其权于朝廷。今虽未能尽复旧制，然当申明约束，使臣得行其法，不相凌辱，可乎？国家多难，大帅往往揜败为功，以致日坏。江干王之仁报捷诸书（疏），其余习也。臣愿海上诸臣，持“勿欺”二字以事主上，可乎？臣在化南，有感臣忠义，愿携资来投者，有愿夺降臣家财以充饷者，聚之可数百人。臣亦不敢私以自卫，藩臣入关，当驱臣兵为先锋。但愿诸将稍存部臣体统，一切争兵并船，不相加遗以为朝廷羞，

①《刑部残题本》，载台湾“中研院”历史语言研究所编：《明清史料》已编上册，中华书局，1987年，第104页。

②《苏松巡按卢传揭帖》，载中央研究院历史语言研究所编：《明清史料》甲编第2本，商务印书馆，1930年，第185页。

③李聿求：《鲁之春秋》卷二一《张名振》，第202页。

可乎？叙功之举，往往及官而不及兵，谁肯致死。臣请凡兵有能获级夺马者，竟授守、把等官，可乎？

又言：

近奉明旨，江上之师，病在不归于一。今宜以建国公彩为元戎，登坛锡命。平夷、闽安、荡湖（胡）诸镇，此建国之左右手，令其选择偏裨，或为先锋，或为殿后，合而为一，弗令异同，如郧下九节度之师。其次则编定什伍，弗令杂然而进，杂然而退，孟浪以战。[①]

其实这是他对接受兵部尚书任命提出的先决条件：要做有职有权的兵部尚书，要能掌握实权，使号令通行无阻，各将不得拥兵自重，不得掩败为胜、欺骗朝廷。其实质是加强朝廷的权威，极有利于抗清之大局。奏疏还请求以功行赏，特别是官兵同赏，以激发士气。鲁监国很同意他的见解："得旨允行。"接着他又上疏建议："今自建国以下六大营，每营挑选敢死善战之士另为六军，悬金印六于此，令曰：有能将本营挑选之士破敌者，不论守、把等官，各以印佩之。"[②] 并暂停一切封拜，"如此，则奇杰之人至矣"。鲁监国"以为然"，批准钱肃乐按此执行兵部尚书的使命。尽管不久前，钱肃乐上疏抨击越中十弊，指名道姓地揭露监国弊政，曾遭到一些人的猜疑和攻击，然而此次入朝，鲁监国坚持授之以大任，对其所上奏疏中的建议欣然赞同和采纳。对钱肃乐的态度反映了鲁监国的明察与知人善任，由于用人得当，成效很快显现，"兵威顿振"。[③]

七月，鲁监国朱以海祭旗，率师亲征。十月，以马思理为东阁大学士。前隆武朝大学士刘中藻起兵于福安。在此后的一年之中，抗清斗争取得了辉煌的胜利。海上的行动与陆上的起义互相配合，攻克连江、延

---

①全祖望：《鲒埼亭集》卷七《明故兵部尚书兼东阁大学士赠太保吏部尚书谥忠介钱公神道第二碑铭》，载《全祖望集汇校集注》第149页。

②黄宗羲：《钱忠介公传》，载《黄宗羲全集》第10册，第558页。

③全祖望：《鲒埼亭集》卷七《明故兵部尚书兼东阁大学士赠太保吏部尚书谥忠介钱公神道第二碑铭》，载《全祖望集汇校集注》第150页。

平、庆元、福安、福宁、福清、长乐、闽清、永福、罗源、永春、德化、大田、顺昌、将乐等地，只有福州未下，监国朝军声大振。这是鲁王朱以海就监国之位以来所取得的最辉煌的成就。

是年，鲁监国为扩大影响，遣国戚陈廷镇潜回浙东，联络佛教高僧。陈入慈溪五磊山中，建报国道场，请临济宗和尚木陈忞上堂祝圣，木陈忞遂向广大僧俗信众广为宣传“中兴世界主，监国大明王”“四兵腾举，万国风从”的大好形势，祝愿其即得“金轮统御三千界，宝历弥隆亿万春”。①

此时是鲁监国朝廷最辉煌的时期。鲁监国信任钱肃乐，钱肃乐则竭诚效忠朝廷。他推荐原太仆寺卿刘沂春、广东粮道吴钟峦，请特敕召用。鲁监国不在意其曾仕隆武帝、不主动前来的往事，果断下旨召用。即使如此，二人“犹不起”。钱肃乐于是亲自致书，“以君父之义感之，二人始翻然就道”，入朝受职。对坚持隆武正朔的郑成功，钱肃乐也从大局出发，表示理解。他特致书“奖其忠义，勉以恢复”，所以郑成功也并不干扰鲁监国的所有行动，彼此相安无事。鲁监国对钱肃乐所为之事深有感触，“大愧叹”，深为钱肃乐坦诚忠义之心所感动。他曾对钱肃乐说：“先生所上奏疏，予皆贮藏之，灯下时时览焉。”②其时，朝廷除东阁大学士熊汝霖外，还有马思理与熊同辅政，以林正亨为户部尚书、沈宸荃为工部尚书、刘沂春为右副都御史、吴钟峦为通政使、余飏为左都御史、林嵋为吏科给事中、黄岳为吏部考功司郎中等，各司其职。鲁监国朝虽在海上，但颇有中兴之象。

鲁监国三年（1648）正月，鲁监国移驻琅琦屿。监国之师连克各地，抗清斗争节节胜利，前武英殿大学士刘中藻受此鼓舞，与隐居的兵部侍郎林汝翥、吏部主事林垐等先后起兵攻克福安、福宁、宁德诸

---

①弘觉道忞（按：即木陈忞）：《天童弘觉忞禅师语录》卷三，载《禅宗全书》语录部第29册，第353—354页。

②全祖望：《鲒埼亭集》卷七《明故兵部尚书兼东阁大学士赠太保吏部尚书谥忠介钱公神道第二碑铭》，载《全祖望集汇校集注》第150页。

县，福建形势一时大好。

然而就在此时，掌握监国朝实权的郑彩竟忘乎所以，专横跋扈起来，不许任何人违其意。当刘中藻疏请鲁监国移驻福宁时，他非但不予支持，反掠其地，“致百姓怨叛”[1]。对他这种暴横行径，熊汝霖持反对态度，“每折之以礼”[2]。郑彩同闽安伯周瑞关系恶化，熊汝霖明显支持周瑞，这使郑彩怀恨在心。不久郑彩又同义兴侯郑遵谦展开了商船之争，他时时戒备，生怕有人算计自己。正月十七日夜，郑彩派出杀手，闯入熊汝霖邸宅，将熊及其幼子缚绑沉入海中。郑遵谦闻变气愤至极，哭奠熊汝霖之后便赴海而死。鲁监国得悉噩耗，痛不欲生，悲愤道：“杀忠义以断股肱，生何益耶！”[3] 欲投海死，被诸臣极力劝阻乃止。

郑彩行凶之事昭然若揭，只是人们畏惧其权势不敢言破而已。熊、郑二人的被害对钱肃乐刺激极深，但鲁监国却以相位已缺为由，命其为东阁大学士，肃乐力辞不得。每日票拟不过细小之事，而监国朝所有大事，皆被郑彩垄断，鲁监国“亦不得而问”。这时忧愁与恐惧的乌云罩在监国朝的上空。钱肃乐每入见鲁监国便流涕不止，他说：“朝衣拭泪，昔人所讥，臣不能禁。”鲁监国闻听此言“亦为之潸然”。[4]

但公道自在人心，终有气愤不过而奋起抗争者。兵科给事中陈希友上疏揭参是郑彩杀害了熊汝霖，指出其“逆罪大著”，应加定罪。给事中熊曰绘也为此草疏入奏。鲁监国见到奏疏，“皆不报”。熊曰绘对鲁监国这种忠奸不辨、是非不分、不能伸张正义的态度，大为失望，愤懑万分，“痛哭竟日”，离朝而去。见此情景而深怀同情之心的给事中鄢正畿、检讨崔相、监纪推官陈豸“皆去官”，陈希友也“缴印辞去”。这时兵部尚书卢若腾再疏劾郑彩杀害熊汝霖之罪，鲁监国依然置

[1]温睿临：《南疆逸史》卷五三《郑彩》，第418页。
[2]李聿求：《鲁之春秋》卷四《熊汝霖》，第46页。
[3]李聿求：《鲁之春秋》卷二一《郑遵谦》，第197页。
[4]全祖望：《鲒埼亭集》卷七《明故兵部尚书兼东阁大学士赠太保吏部尚书谥忠介钱公神道第二碑铭》，载《全祖望集汇校集注》第151页。

若罔闻，“亦不报”。[①]

忠义之臣熊、郑被害，横暴之臣郑彩擅权，朝臣人心涣散，监国朝出现的大好形势急转直下。就在监国朝朝臣惶惑之际，清廷已急速增派江广、两浙之兵入闽救援。仅数月之间，监国朝所得福建之地，除宁德、福安二城外，“所复州县皆陷”[②]。至此，监国君臣士庶共创的辉煌局面已黯然消逝。

六月初五日，大学士钱肃乐在极度忧虑中，“血疾大动”，卒于琅江，年仅四十一岁。鲁监国闻讣极为震惊，辍朝三日，亲自“制文祭之”。[③] 十月，东阁大学士马思理也卒于海岛之上。鲁监国苦苦承受着大臣相继亡逝的打击，授沈宸荃、刘沂春为东阁大学士，继续坚持着海上的抗清斗争，但形势越来越严峻。

鲁监国四年（1649）正月，鲁监国见琅琦屿已不安宁，便航海进驻福建东北角的沙埕，至此情形更为窘迫。但鲁监国困不丧志，仍坚持高举抗清大旗；内地人民遥奉其年号，也不断地展开英勇的抗清斗争。特别值得一提的是，余姚人王翊于四明山起兵，攻破上虞，一时颇能鼓舞人心。

王翊，字完勋，浙江慈溪人，诸生，励志节，好言兵，有智略，见天下多难，思以功名立世。弘光元年（1645）鲁监国政权建立时，王翊乃与慈溪诸生王江同起兵于海滨，与江上抗清诸师相呼应，监国朝授兵部职方司主事。次年五月，江上师溃，乃赴海滨招兵，组建抗清义军。清军搜捕不得，遂捕杀其弟王翃，王翊抗清之志益坚。鲁监国二年（1647）年初，率部进入四明山。先是，江上师溃后，黄宗羲所组抗清义师数千人入四明山，因军纪涣散，就地取粮，民不堪其扰，取粮士卒多被激愤的乡民击杀。王翊率师驰入山中，乃严明军

①李聿求：《鲁之春秋》卷四《熊汝霖》，第46页。
②温睿临：《南疆逸史》卷四《监国鲁王》，第33页。
③全祖望：《鲒埼亭集》卷七《明故兵部尚书兼东阁大学士赠太保吏部尚书谥忠介钱公神道第二碑铭》，载《全祖望集汇校集注》第151页。

纪，语父老曰："前此以诸将横扰居民，遂至激变。今吾军来，足为是山之卫而无所扰，父老念故国，其许我乎？"[1] 民见者皆悦。王翊建造山寨于大兰山，自称大兰洞主，积极扩大抗清队伍，十日间，即增加千余人。王翊又接受义士华夏的计谋，联络舟山黄斌卿。

鲁监国三年（1648）三月，王翊率前锋将军王岳寿破上虞，杀清知县，军声大振。当时浙东抗清队伍纷纷建造山寨，诸如奉化夏盖的李长祥、上虞平冈的张煌言、会稽㑊山的章钦臣、鄞县大皎的张梦溪、定海柴楼的徐孚远等，各寨遥相呼应。然多数山寨实力不强，且军纪涣散，掳掠乡间，只有张煌言部、李长祥部、王翊部三支义军，且耕且屯，独不扰民，而纵横于四明八百里之内的王翊军最为强盛，这也使其成为清军剿捕的主要对象。清军屡捕不胜。至鲁监国四年（1649）春，王翊军势又振，挥军攻破上虞，清知县仓皇逃窜，浙东震动。王翊不扰山民，队伍发展很快。清朝控制的浙东列城城门昼闭，胥吏不敢催租，清朝官员惶惶然龟缩城中。王翊准备在此继续经营，推进恢复中原的大业。

张煌言，字玄著，号苍水，浙江鄞县西北厢人。生于万历四十八年（1620）。幼时多病，然天资聪敏，能文章，善骑射。十六岁为诸生。二十三岁举于乡。时农民军已成燎原之势，而清军一再入内地攻掠，煌言常感愤国事多艰，愿请缨，更刻苦励志，研求兵事。弘光元年（1645）闰六月中旬，宁波士民奋起反清，煌言乃与原刑部员外郎钱肃乐共议抗清大计，旋奉命迎鲁王于天台，鲁王授煌言为行人。鲁王于绍兴监国，乃赐其进士，加翰林院编修，改兵科给事中，入掌制诰，出筹军旅，颇受器重。煌言虽与钱肃乐共事，但持议并不尽同。时唐王朱聿键于福州称隆武帝，十月，隆武帝颁诏之使至，监国朝就接受诏书与否出现两议，钱肃乐及大学士朱大典以大敌当前，主张接诏，以靖同姓之争；而大学士张国维与兵部右侍郎熊汝霖，以鲁、唐

[1] 全祖望：《鲒埼亭集外编》卷四《明故兵部右侍郎兼都察院右佥都御史王公墓碑》，载《全祖望集汇校集注》第 805 页。

同为高皇帝子孙，共图兴复，未可言上下，力主拒绝开读。煌言赞成国维之言，并请自充报使入闽，以释二国之嫌。鲁监国乃从国维之议。然浙闽水火，终成鹬蚌之势。及煌言自闽还，虽屡有建议，但不被采纳。鲁监国元年（1646）五月，江上师溃，清军挺进绍兴，煌言乃与张国维急护监国过曹娥江，奔石浦。旋张名振奉监国入闽，煌言遂留舟山，监国加为右佥都御史。鲁监国二年（1647）四月，煌言应清松江提督吴胜兆归明之请，监张名振军率水师出舟山，发兵合取南京，至崇明，忽遭台风覆舟，师溃，煌言与名振等皆陷敌境。有一名百夫长认识煌言，煌言在其引导下逃出，七日后，间道复归舟山。鲁监国四年（1649）年初，浙东抗清武装复起，煌言乃登陆组织义师。秋，率部移驻上虞平冈山寨，焚上虞，破新昌，浙东诸城为之震动。时煌言所部履亩劝税，与民相安无扰，民乐于相助。煌言时常深入民间，其诗云：

浓云似墨滞行旌，点染春郊最有情。
话到桑麻风自古，灾余草木雨还生。
土龙不用胡僧咒，竹马偏喧稚子迎。
烟火几家寥落尽，空山布谷一声声。[①]

此诗充分反映了张煌言部与民众水乳交融之情。

王翊与张煌言的抗清斗争，足为鲁监国朝生色。但此时监国朝已颓局难挽。

鲁监国四年（1649）三月，宁德陷落。四月，已被围困七个月的福安“食尽”。坚守城池的兵部尚书兼东阁大学士刘中藻，知城必将陷落，乃“为文自祭，吞金死”。[②] 随着刘中藻忠义一生的结束，监国朝在陆上的最后一块阵地福安终于陷落。刘中藻部将董世尚等数百人皆死。

鲁监国又一次面临危机，“闽地尽陷”，“浙遣（遗）臣南来者，

---

①张煌言：《劝农遇雨，时余屯兵山寨》，载《张苍水集》第67页。
②温睿临：《南疆逸史》卷三一《刘中藻》，第217页。

多为郑彩所害”[①]。害人害国又使自己陷入孤立的郑彩，见无利可获，遂“弃王南去”[②]。

当鲁监国身边已无强兵，十分窘迫之时，张名振、阮进又及时航海赶来，迎其还浙，次于南田，[③] 旋至健跳所，这使他再一次化悲为喜。原来一直屈居舟山的张名振于上月率军收复了浙江台州府的健跳所，尽管其地面积不广，但总算又有了一块安身之地。他得知郑彩已弃监国朝廷而去的消息后，便立即驾舟前来迎接。鲁监国于是结束了在福建海上的三年生活，转到浙江沿海的健跳所。

二、频频失策，痛离舟山

鲁监国四年（1649）七月，鲁监国又一次绝处逢生。当他眼看无处容身，几遭灭顶之灾时，张名振再次出现，把一班与其同尝甘苦、虽九死而不悔的大臣接到浙江健跳所。这些跟随着他的大臣有大学士沈宸荃、刘沂春，礼部尚书吴钟峦，兵部尚书李向中，兵部侍郎孙延龄（原大学士孙嘉绩之子），兵部职方司郎中朱养时，户部主事林瑛，左副都御史黄宗羲等。

健跳在一个伸进海中的偏僻半岛上，属台州府，其地荒凉，屋舍不多，没有像样的厅堂，群臣“每旦，朝于水殿”[④]。尽管艰苦，但也乐在其中，因为鲁监国君臣毕竟又有了自己的活动场所。可是这种窘迫的安宁也没持续多久。不久之后，清军得到消息，水陆齐至，团团包围了健跳所，鲁监国又一次面临危险。但鲁监国君臣很快又化险为夷，时刻在关注着鲁监国安全的荡胡伯阮进、平西将军王朝先闻讯立即遣兵入卫。阮进所率楼船多达数百艘，声势浩大，清军见此状方解

①邵廷采：《东南纪事》卷二《鲁王以海》，第 179 页。
②温睿临：《南疆逸史》卷五三《郑彩》，第 418 页。
③邵廷采：《东南纪事》卷二《鲁王以海》，第 179 页。
④邵廷采：《东南纪事》卷二《鲁王以海》，第 179 页。

围而去。鲁监国以扈驾功，随即晋封王朝先为平西伯。

王朝先本为四川土司，崇祯时奉调征塞上，累立战功。后巡守边海至浙江奉化鹿头，聚兵数千。鲁监国政权建立后被封为平西将军，后为舟山总兵黄斌卿留之帐下，但不任以事，与张名振相友善，后又同为黄斌卿所冷落。鲁监国被张名振迎至健跳所后，朝先欣然率兵入卫。鲁监国封朝先为平西伯的同时，其标下诸将吕廷诏、张济明、王文龙等均升为总兵。[①]

阮进，号大横，原为福建舵工，曾为海盗，善水战，“能以少击众，熟谙水性”[②]，得张名振提拔，管理水师营，曾“率一舰破贼船三百余，故海上多望而畏之”[③]。定海总兵张国柱叛乱，督率楼船四百艘，进攻黄斌卿所据之舟山，斌卿不支，求援于张名振，名振乃遣阮进出击。阮进率战船迅猛突入张国柱的兵营，国柱大败溃逃。黄斌卿亏得名振遣阮进救援，不仅得以解围，而且缴获大量楼船、器械。阮进因此役晋职参将后，欲自为一军，乃取名振战船二十艘及大批军资，移师于福建琅琦屿。鲁监国二年（1647）正月，鲁监国进驻中左所，阮进率兵参与护驾，获封荡胡伯，自此与名振成并驾齐驱之势。鲁监国四年（1649）夏，闽地尽失，阮进乃与名振一道，护卫鲁监国由沙埕至健跳所。不久，清军又来突袭，张名振虽竭力守城，仍寡不敌众。危急之时，阮进率水师营百余艘战船，自海外而至，与王朝先一道迎击清军。健跳所“城中闻之，妇女皆踊跃，出乘城，鸣金击鼓，声振天地”[④]，迫使清军拔营而去，危机解除。

八月，在清军解围去后的宽松气氛中，鲁监国世子诞生于健跳所。但短暂的欢乐之后，困窘又随之而来——监国朝严重缺粮。鲁监国召集群臣商议解决办法，苦无良策。阮进以昔日自己有保卫舟山、解救

---

①李聿求：《鲁之春秋》卷二二《王朝先》，第208页。
②温睿临：《南疆逸史》卷五三《阮进》，第418页。
③翁洲老民：《海东逸史（外三种）》卷一一《阮进》，第54页。
④温睿临：《南疆逸史》卷五三《阮进》，第418页。

黄斌卿之功，便与张名振等赴舟山黄斌卿处“告籴”，即请其接济粮食，但黄斌卿不念旧德，拒不救助。留在舟山的原隆武帝的大学士张肯堂规劝黄斌卿说：“监国漂泊海中，公不能奔问官守，荡胡昔有德于我，今违其请，内负名义，外树强敌，公不虑后患乎？”[①] 黄斌卿听不进忠告，一意孤行，仍然拒不接济，引起众怒。这时正好有黄斌卿部将黄大振劫掠海船数万两银子献给黄斌卿，而黄斌卿仍不满足，继续索要，大振万般无奈，只好逃入王朝先营中藏匿，并“驾危言以动朝先”[②]。王朝先于是与张名振、阮进等共议，他们认为“海上诸岛，惟舟山稍大，而斌卿负固，不若共讨而诛之，则监国可驻军”[③]。于是“上疏监国以杀斌卿”[④]，获允，遂“以王命讨斌卿”[⑤]，三军水师共讨舟山。黄斌卿遣部将陆玮、朱玖进行抵御，结果大败而回。黄斌卿于是按张肯堂的建议，上章待罪，“请迎监国以自赎”[⑥]。张名振等准备接受这个请求，于是议和于诸营曰：“彼此皆王臣，兵毋得妄动，候旨处分。”双方各按兵不动，约定九月十四日，一齐聚会于海上。起初，双方皆按约定行事，彼此皆安然不动，但黄斌卿部将陆玮、朱玖却突然间“背约出洋”。阮进等怀疑黄斌卿叛逃，便纵兵大掠，王朝先部下旗鼓尹明于乱军中砍死黄斌卿，将其尸身投入海中。[⑦] 舟山随之而下。

黄斌卿在抗清阵营内的同室操戈中死去，令许多有正义感的人士感到惋惜。徐孚远悼念之诗云：

忆昔相依水一方，似君风度使人伤。
高名早见推元礼，隽笔何须借孔璋。
海内英流归俎豆，千群铁骑惮舟航。

①温睿临：《南疆逸史》卷五三《阮进》，第418页。
②李聿求：《鲁之春秋》卷二二《王朝先》，第208页。
③李聿求：《鲁之春秋》卷二一《张名振》，第202页。
④李聿求：《鲁之春秋》卷二二《王朝先》，第208页。
⑤温睿临：《南疆逸史》卷五三《阮进》，第418页。
⑥徐鼒：《小腆纪年附考》卷一六，第620页。
⑦李天根：《爝火录》卷一九，第821—822页。

自矜天意终扶汉，常拥遗书看小匡。

（其一）

变来昌国事悠悠，帝子当年岂自由？

纵使脱鳌非负宋，从教化碧尚尊周。

海潮添恨君何似，越绝成书我更愁。

南去空怀三载泪，难将佩剑挂遗丘。

（其二）①

“自矜天意终扶汉”“从教化碧尚尊周”，是说黄斌卿以恢复大明天下为己志，虽肝脑涂地，九死而忠于故国之心不变。此二诗深情回忆与赞美了其爱国志节。

张煌言的悼念诗云：

百年心事总休论，堕泪凭看石上痕。

竹帛早应传魏胜，河山终不负刘琨。

当时杖履知何在，此日衣冠赖孰存？

一自将台星陨后，胡尘天地尚黄昏。②

张煌言将黄斌卿比之志在收复中原的东晋名将刘琨、南宋名将魏胜，认为其奋斗经历无愧于大好河山，志节与精神将永垂史册，如此将星陨落而“胡尘”肆虐，沉入黄昏，将难有清明之时。这是深切惋惜其不幸而死对抗清大业、对国家民族造成的损失。作为操纵杀害黄斌卿的张名振最为倚重之人，煌言如此痛悼与赞颂黄斌卿，表明黄斌卿绝非平庸之辈，而是抗清大业中举足轻重的难得人物。

有学者指出黄斌卿是“南明政权中一员较为优秀的将领”，认为他“虽是武人出身，但与文人集团关系良好，有大局观，密切联合抗清各种势力，图谋恢复。他在治军、治民方面都很有一套办法，也能够听

①徐孚远：《钓璜堂存稿》卷一三《挽黄虎痴》，载《清代诗文集汇编》编纂委员会编：《清代诗文集汇编》第14册，上海古籍出版社，2010年，第528页。

②张煌言：《吊肃虏侯黄虎痴》，载《张苍水集》第68页。

人意见，所以他能据守舟山五载而清兵不能下”。[①]

然而，由于黄斌卿对隆武帝的知遇之恩过于执着，与诸将不时发生冲突，加之张名振等不断同室操戈，一时之间黄斌卿与诸将、与鲁监国关系紧张，终致被杀，对抗清事业造成了不可弥补的损失。因此，舟山的防卫危机重重。

十月，鲁监国遂进驻舟山。三年前他从台州海门仓皇出逃，虽然曾获得黄斌卿的允许在张名振扈卫下进入舟山，但忠于隆武帝的黄斌卿并非情愿，态度冷淡，礼数不周。鲁监国内心不快，又很快离开南下。三年来他历经波折，喜忧交织，辗转漂泊后，终于踏上这块热土，了却了宿愿，其欢愉的心情自不必说。在舟山立稳脚跟之后，鲁监国重新安排内阁九卿：因刘沂春还闽，遂以张肯堂为文渊阁大学士兼吏部尚书，与沈宸荃共同辅政，沈则推让德高望重的张为首揆；以朱永佑为吏部侍郎，孙延龄为户部尚书；加张名振太保，主持国政，掌握监国朝的军政实权。监国朝进入了暂时的安稳时期。

鲁监国并未陶醉于眼前的升平景象，他清楚九州大地已全在清军控制之下，他所在的仅是海外弹丸孤岛。几经周折之后，鲁监国所统军队也不多了，而且分由几个将领统率，几成家兵，朝廷指挥调度之权十分有限。黄斌卿败亡之后，其水陆兵员分别被各将吞并，且有瓜分不均的问题，这样就留下了隐患。想要回师大陆，光复失地，谈何容易，但抗清复国是他坚持不懈的目标。为了实现这一目标，他除了极力协调文武群臣特别是各将领的关系外，又产生了借助外力之想，这就是乞师日本。

本来乞师日本之举始于隆武元年（1645）秋，隆武朝派水师都督周鹤芝赴日本，但无成果。丁亥年即鲁监国二年（1647）三月，周鹤芝遣义子林皋等再赴日本乞师，仍然“不得其要领而还”。次年，御史冯京第与黄斌卿弟黄孝卿至长崎乞师，亦无结果。鲁监国四年

---

①徐卫东：《南明将领黄斌卿事迹志疑》，载《明清论丛》第15辑，第64页。

（1649），鲁监国驻跸舟山后，又萌生乞师之念。这年冬正好有僧人湛微自日本来，向阮进进言，说如乞师前往，“师可得也”，条件是送上普陀山一部藏经，因为“中国之聘薄，彼国饶金帛，未足动也。诚得普陀山慈圣李太后所赐藏经为贽，则兵必发”。鲁监国在阅过张名振、阮进的奏疏后，便派遣冯京第为正使，以澄波将军阮美为副使，持藏经前往日本乞师，行前鲁监国亲自赐宴。十一月初一日，冯京第一行人从普陀出发，与险风恶浪拼搏，终于顺利抵达日本。最初，日本人“闻之大喜”，继而方知此事乃湛微所促成，鄙视湛微其人之“狡狯多变”，故拒绝接受所赐藏经，亦不发兵。[①] 其实，日本并无意发兵，向其求救兵，无异于缘木求鱼。冯京第等无获而返，鲁监国借助外力的希望终于落空。

鲁监国五年（1650）元旦，鲁监国率大臣晋谒太庙。他行礼毕，潸然泪下，动情地对辅臣张肯堂等说道：

> 昔高帝起布衣建业，先帝忧勤沦陷，闵予小子，播迁无地，不能保浙东数郡，以延庙食，是以痛心。[②]

诸臣闻听此言皆泣，顿首待罪。他们苦苦挣扎，似乎对前途感到迷惘，但仍然不愿放弃抗清的努力。

张名振因扈驾有功便日渐骄矜，越发目中无人，凡不顺其意者则多方设阻，致使贤人却步。当时朝廷对王翊的态度最能说明问题。

当鲁监国政权最困难之时，王翊于浙江募兵起义，结寨于大兰山，树起抗清义旗。他历经周折，坚持斗争，曾攻克上虞县，军声大振，并与当时并起的各山寨抗清义军相呼应，成为清军剿捕的主要对象，吸引住了清军的兵力，极大地支持了鲁监国政权。鲁监国四年（1649）七月，鲁监国进驻健跳所，王翊主动“发使奔问官守，并致贡”[③]。鲁

---

①温睿临：《南疆逸史》卷五三《周鹤芝》，第420页。

②邵廷采：《东南纪事》卷二《鲁王以海》，第179—180页。

③全祖望：《鲒埼亭集外编》卷四《明故兵部右侍郎兼都察院右佥都御史王公墓碑》，载《全祖望集汇校集注》第807页。

监国于是遣使拜王翊为河南道御史，这是一个很不合适的任命。左副都御史黄宗羲上言道：

> 诸营文则自称都御史、侍郎，武则自称将军、都督，未有三品下者。主上嘉其慕义，亦因而命之。惟王翊不自张大，仅授御史。御史在承平时，固为显要，而非所论于今日。诸营小或不及百人，大亦不过王翊一部，今品级悬殊，以之相临，恐为未便。

大学士刘沂春、礼部尚书吴钟峦都同意黄宗羲的见解，一致建议鲁监国封王翊以高官。但鲁监国却有难言之隐，他无法做主，因为掌握实权的张名振“持之不肯下”。

原来，当时各地义军奉表朝廷请求封号，皆通过张名振上达鲁监国，唯独王翊的上表未通过张名振。名振因此大不高兴，放言道：“俟王翊之来，吾为上言之也。”① 王翊听说后十分反感，便决计入朝见识见识这位大人物。鲁监国五年（1650）三月，王翊亲自率军航海赴舟山，朝见鲁监国。他举行了庄严隆重的朝拜仪式，并请鲁监国视其军。鲁监国见其“军容甚整，大悦”，于是升其为兵部左侍郎。王翊离开舟山时说：“吾岂受定西侯钤键者哉!”② 这是忠诚与力量的双重展示，但也反映了张名振权高震主，是鲁监国朝廷之忧。而在此之前的正月，张煌言奉召入卫舟山，已超擢兵部左侍郎。

九月，鲁监国为加强舟山力量，改变兵力集中于一岛的孤立状态，命周瑞、周鹤芝以楼船三百艘分屯于温州三盘岛，以为舟山犄角。他的出发点很好，结果却大违人愿。不久，二周之间就发生了矛盾，鲁监国派湖广武陵人胡明中前往调解。但胡明中到了三盘岛，反而故意激化两人矛盾。于是周瑞南依郑彩，周鹤芝也北依阮进，势同水火。这时支持周瑞一方的郑彩正与郑成功争夺中左所，特向舟山乞援。张名振为不得罪郑成功，加之怒其弃鲁监国而走的前事，予以反击，大

---

①以上多处引文引自黄宗羲：《行朝录》卷九《四明山寨》，载《黄宗羲全集》第2册，第187页。

②李天根：《爝火录》卷二〇，第834页。

破其众。[①] 郑彩走投无路而投奔郑成功，这对监国朝廷来说则少了一份力量。而此事尚未了结之时，四明山传来凶讯，清军多路出击大兰山，山寨失守。

原来，王翊坚持不懈的抗清斗争，使清所控制的浙江局势动荡，难以用全力向舟山用兵。王翊所部已成浙江清军的心腹之患。清廷愈加痛恨王翊从中作梗，认为“不洗山寨，无以塞内顾”[②]，遂命平南将军、一等阿达哈哈番金砺由奉化，提督田雄由余姚，分兵两路进攻大兰山，用团练为先导。王翊屡战不能胜，山寨失守，乃率亲兵入海，至舟山。冯京第因病不能撤离，乃匿于鹳顶山，旋为叛将出卖被捕，遇害于宁波。诸寨降逃者众，这支足以牵制清军力量的陆上抗清力量瓦解。至此，与监国朝呼应的外部力量不复存在，舟山全部暴露在敌人面前，形势日趋严重。

鲁监国六年（1651）闰二月，监国朝发生了一件大事——定西侯张名振杀掉了平西伯王朝先。鲁监国对此没有表态，他也无法表态。此事是张、王多年矛盾加剧的必然结局。

本来张、王彼此协和，并曾与阮进合谋一起诛杀黄斌卿，共同拥戴鲁监国。但实力雄厚的黄斌卿被杀后，阮进收其水师，王朝先则收其陆兵及军资甲仗，张名振却一无所得。王朝先自从吞并黄斌卿兵之后，“势甚张”，便忘乎所以，张名振遂同其产生矛盾，进而决心除掉王朝先。这年年初，张名振移师南田。居守舟山的王朝先“不虞名振见袭”，乃放松警惕，为减轻军饷支出，特将士卒散遣民舍，自我解除戒备。不料“名振猝至”，王朝先“手格杀数十人而死”，其所统之兵遂瓦解。[③]

此事后果严重，不仅仅是虚耗内部力量，更为严重的是王朝先部

①李天根：《爝火录》卷二〇，第844页。

②全祖望：《鲒埼亭集外编》卷四《明故兵部右侍郎兼都察院右佥都御史王公墓碑》，载《全祖望集汇校集注》第808页。

③李聿求：《鲁之春秋》卷二二《王朝先》，第209页。

将张济明因此投降清朝，将“舟山虚实尽泄”，并自告奋勇“愿充先锋，定海氛”[1]。清浙闽总督陈锦于是决计进攻舟山，鲁监国又大难临头了。

七月，清分兵三路，总兵张天禄出崇明，总兵马进宝出台州海门，陈锦、金砺等督重兵出定海，杀向舟山。

鲁监国得报，召集诸将商议防御之策，决定命阮进独当蛟关，张名振督总兵张晋爵、叶有成、马龙等遏南师，张煌言、阮骏率总兵顾忠、罗蕴章、鲍国祥等断北洋，另外监督、巡城、守城诸事各有专责。诸将各司其职，准备迎击来犯清军。可是部署既毕，张名振又生他想，以为蛟关乃天险，易守难攻，又海上诸军常常与海打交道，最熟悉风信，足以抵御清军，敌人绝不可能突然过海而来，与其坐以待敌，不如先发制人。于是他重新决定：仍留阮进守横水洋，大学士张肯堂以兵六千守舟山，以弟左都督名扬、中军金允彦、安洋将军刘世勋协助守城，而张名振亲自率大兵奉鲁监国直捣吴淞牵制之，以打乱清军部署。鲁监国已没了主张，一切听任张名振安排。

部署既定，有人对张名振说：“物议谓公借此避敌。”张名振回答说：“吾母、妻、子弟皆在城中，吾岂有他心哉！”当时，舟山戒严，士兵陆续登舟，准备出发，鲁监国也被簇拥着携带世子即将登舟，张名振见状便上前进谏说：“臣母耄年，不敢轻去，恐寒将士心。主上督率六师，躬擐甲胄，是为有辞，世子岂可遽去，将为民望邪！”[2] 他劝阻鲁监国带世子亲征，是为安定人心而采取的死中求生之策。无奈他这一招棋走错了，出征之师刚一出发，尚在海中颠簸，清三路大军已冲风破浪飞抵舟山。时为八月二十一日。

荡胡伯阮进未料到清军到来如此迅速，遂紧急率军与清军战于定海之螺头门，先以三舟突阵，清军败去。首战小胜，阮进遂回师。当天大雾弥天，咫尺不见。不久，大批清军突然杀至，守城者发现时为时已晚。

①徐鼒：《小腆纪年附考》卷一七，第658页。
②徐鼒：《小腆纪年附考》卷一七，第666页。

正还师的阮进于横水洋遇见杀至的清军，于是立发火球攻击清军兵船，不料风向突变，大火飞向自己，阮进面部顿时被灼伤，随行将领李锡祚往救，亦“被创力竭”，二人同时投水而死。[①] 横水洋宣告失陷。

另一战场同时在舟山展开。安洋将军刘世勋、左都督张名扬送走出征之师不久，便见大批清军乘船而至，立即统率精兵五百、义勇数千，背城与清军激战。金允彦却临阵缒城降清，尽泄城中虚实。清军加紧攻城，世勋、名扬力守，至九月初一日，城中火药用尽，军民仍死守舟山，并遣人急召张名振还救。

张名振得悉舟山被攻，急忙调转船头回救。九月初二日，出征之师回还，到离城六十里处，正待涨潮时进发，突见城中烟焰蔽天，知不可救，乃开船离去。此日舟山陷落，鲁监国元妃陈氏及宫嫔等投井死，大学士张肯堂自缢死。

先是，张名振擅权，杀王朝先，独专国事，张肯堂不得干涉，飞书发使，每多受阻，忧心终日，以致愤恨不食。但肯堂老成持重，为朝野依赖。因时势危迫，乃叹谓门下士苏兆人曰：“此吾止水也！”兆人曰：“公死，兆人必不独生。”[②] 当名振奉鲁监国袭吴淞后，肯堂留守。清军乘虚突然来攻，势将危殆。有人劝肯堂逃走，肯堂曰：“我昔为闽抚，应死封疆，以唐王存亡未审，故不死。后知鲁王在，是亦高皇帝子孙，因事之。今更何所图，惟有一死而已。”[③] 遂率兵民坚守十余日，终不支。九月初二日，城陷。先一日，肯堂知城不保，乃作《永诀词》：

虚名廿载误尘寰，晚节空愁学圃闲。
难赋归来如靖节，聊歌正气续文山。
君恩未报徒长恨，臣道无亏在克艰。

①徐鼒：《小腆纪年附考》卷一七，第668页。

②全祖望：《鲒埼亭集》卷一〇《明太傅吏部尚书文渊阁大学士华亭张公神道碑铭》，载《全祖望集汇校集注》第207页。

③翁洲老民：《海东逸史（外三种）》卷一〇《张肯堂传》，第48页。

留与千秋青史笔，衣冠二字莫轻删。[①]

然后，肯堂冠带北面叩首，将就缢，忽听仆人报兆人已缢死庑下。肯堂取酒酹之，曰："苏君待我！"[②] 遂归至雪交亭，视家属接连自杀后，乃题诗于襟，从容自缢于亭之中梁。唯其一子茂滋，为义士保护而逃脱，后著有《余生录》。[③] 与此同时，礼部尚书吴钟峦自焚死，兵部尚书李向中、吏部侍郎朱永佑均被俘不屈死，其他文臣武将数十人以及大量官绅士庶于巷战中英勇殉国。面对如此场面，清军将领也感到震惊，说："吾兵南下，所不易拔者江阴、泾县，今舟山而三耳。如两京易取也。"[④]

而在此之前，王翊已英勇就义。原来出亡在外的王翊，于鲁监国六年（1651）七月，得悉清军将分三路进攻舟山，深知监国朝已处危急之中，便说"事急矣，请复入山，集散亡以为援"，于是急返大兰山，准备召集旧部重举义旗，牵制清军，以解舟山之压力。但入山之后，他才发现"诸将死殆尽"。兵员难集，他也只能"旁皇故寨"。[⑤] 二十四日，王翊拟由奉化出天台招兵，行至北溪，为清团练兵所执。八月初一日，他被押赴定海，一路上神态自若，赋诗不辍，其《绝命诗》有"平生忠愤血，飞溅于群虏"之句。在狱中，他每日从容整冠，掠发修容，谓守卒曰："使汝曹得见此汉官威仪也。"十二日，浙闽总督陈锦等会审，王翊坐地上说："毋多言，成败利钝皆天也，汝等何所知。"[⑥] 十四日行刑时，清军政大员对其坚决抗清的行为恨之入骨，将其作为箭

---

①全祖望：《鲒埼亭集》卷一〇《明太傅吏部尚书文渊阁大学士华亭张公神道碑铭》，载《全祖望集汇校集注》第208页。

②温睿临：《南疆逸史》卷三一《张肯堂》，第218页。

③全祖望：《鲒埼亭集》卷一〇《明太傅吏部尚书文渊阁大学士华亭张公神道碑铭》，载《全祖望集汇校集注》第208页；叶梦珠：《阅世编》卷五《门祚一》，来新夏点校，上海古籍出版社，1981年，第118页。

④邵廷采：《东南纪事》卷二《鲁王以海》，第180页。

⑤全祖望：《鲒埼亭集外编》卷四《明故兵部右侍郎兼都察院右佥都御史王公墓碑》，载《全祖望集汇校集注》第808页。

⑥翁洲老民：《海东逸史（外三种）》卷九《王翊》，第44页。

靶，大加残害。固山额真刘之源射中其肩，总兵田雄射中其颊，固山额真金砺射中其胁，王翊傲然不动，最终壮烈牺牲，[①] 年仅三十六岁。

张名振回舟急救舟山不成，撤舟躲避，随后得悉舟山城陷。其时张母范氏、妻马氏、弟名扬偕其幼弟及诸妾阖门举火自焚死，名振悲恸万分，痛哭道："臣误国误家，死不足赎。"[②] 他欲投于海，鲁监国及诸将竭力救之乃止。鲁监国此时也悲难自抑，他又一次家破人亡，无处容身。但茫茫大海之中不能久停，他于无奈之中，只得再走回头路，在张名振的扈从下向福建进发，又开始了新的漂泊生涯。

第四章　最后的岁月

一、时危势蹙，削号归藩

鲁监国六年（1651）八月，鲁监国在张名振等拥戴下自舟山率六军征讨吴淞，未及至而闻舟山被袭，回救已不及，九月初，舟山尽陷。所可庆幸者，舟中所载的君臣将士尚安然无恙。陆上既不能登，浙江沿海亦难久留，鲁监国船队只得驶向福建海域。但福建所得之地已于两年前尽失，欲夺取一块新地，实非易事，以仓皇避难之师进行攻城夺地之战已绝无可能。鲁监国船队在海上漂泊寻觅达数月之久，竟无一块立足之地可以停泊，最后还是驶向本不想前往但又不能不前往的郑成功控制的中左所。

中左所即厦门，本是郑成功的抗清根据地与大本营。五年前郑成功坚决不奉鲁监国正朔，不愿与其同踏一块土地，因此在中左所仅停留数日的鲁监国又被迫迁徙他处。五年来尽管彼此共同从事着抗清大

①邵廷采：《东南纪事》卷七《王翊》，第249页。

②徐鼒：《小腆纪年附考》卷一七，第668页。

业，且相距不远，却一直没有政治交往。此时郑成功仍然坚决不奉鲁监国年号，而是奉永历帝正朔，但穷途末路的鲁监国在张名振等扈跸下，仍是硬着头皮向郑成功请求进入其控制之区。

郑成功接纳了鲁监国，并召集诸参军商议接见之礼。潘庚钟说："鲁王虽监国，而藩主奉粤西正朔，均臣也，相见不过宾主。"建议按一般的宾主之礼相对待。郑成功则不以为然，他说："不然，外藩于诸王非敌体，况监国乎！用宾主则纪纲混矣，吾以宗人府府正之礼见之，则于礼两全矣。"这是表示他尊崇明室，以宗人府府正的身份，以对待明藩王的礼节对待鲁监国。如此，既无碍于不奉监国正朔的既定方针，又不失对明朝藩王之应尽礼节与尊崇。这种"于礼两全"的办法考虑周全，部下欣然赞同。于是，鲁监国七年（1652）正月，鲁监国被迎进中左所。同时，郑成功"赀千金，绸缎百端，安插诸宗室从官，月致饩焉"①，"从臣亦皆有赠"②，保证了鲁监国进驻后所需的物资供应。

随鲁监国驻跸中左所者有定西侯张名振，东阁大学士沈宸荃，兵部侍郎张煌言、蔡登昌、任颖眉，侍郎曹从龙，太常寺卿任廷贵，太仆寺卿沈文光，副使马星、俞图南，主事傅启芳、钱肃遴、陈荩卿、张斌、叶时茂、林泌，侍读崔相，中书丘子章，赐蟒玉侍郎张冲符，行人张吉生、张伯玉，监纪推官陈豸，钦天监丞杨玑，总兵张子先，锦衣卫杨灿，内官陈进忠、刘玉、张晋、李国辅、刘文俊等数十人。③尽管人数并不多，但毕竟自有正朔、自成体系，与奉永历正朔的郑氏元帅府是截然不同的体制，双方同居一岛确实多有不便。没过多久，郑成功便将鲁监国移至他所控制的金门，拉开了彼此的距离，但对鲁监国"供亿唯谨，遇节，上启称贺，年余不懈"④。这是郑成功敬而远之的策略。

---

①以上多处引文引自徐鼒：《小腆纪年附考》卷一八，第676页。

②翁洲老民：《海东逸史（外三种）》卷二《监国纪下》，第17页。

③徐鼒：《小腆纪年附考》卷一八，第676—677页。

④查继佐：《罪惟录·附纪》卷一九《鲁王监国附纪》，第412页。

鲁监国七年（1652），沈宸荃乘船停泊于南日山时，竟“遭风失维，不知所之”[①]。鲁监国历经波折之后虽然在金门安稳住下，但心事难平，从臣日渐稀少。重整旗鼓，开展收复故土的中兴伟业，对他来说已无从谈起。鲁监国八年（1653）三月，他清醒地看到大势已去，监国已有名无实，继而“有构鲁王于朱成功者，成功礼仪渐疏”[②]。鲁监国已无法摆脱窘境，开创新的局面，于是宣布“去监国号”[③]，同时以鲁王的身份遣光禄寺卿陈士京通表永历帝，遵其正朔，正式归藩，从而结束了八年的监国历程。

二、困不丧志，养晦以终

朱以海虽然处境艰难，削号归藩，但其历经险阻的八年监国生涯、坚定不挠的抗清之志、与臣下同甘共苦的刚毅品格，深得臣下之心，许多大臣对他忠心耿耿。

张名振、张煌言等仍以鲁王的名义奔走呼号，出生入死从事抗清大业；王忠孝、郭贞一、卢若腾、沈佺期、徐孚远、纪石青、林复齐等，不离其左右，认真“调护之”[④]。他虽处困境，但抗清复国之志不泯。从某种意义上说，此时他虽无监国之名，却仍有监国之实。

忠诚于鲁王的张名振，决心继续坚持恢复伟业，但郑成功对他丢失舟山、擅权专断的行为印象极坏，疑心甚大。当他扈卫鲁监国前来投奔时，郑成功曾毫不客气地责问他：“汝为定西侯数年，所作何事?”名振说：“中兴大业。”成功问：“安在?”名振答：“济则征之实绩，不济则在方寸间耳。”成功问：“方寸何据?”名振答：“在背上。”于是解衣示之，背上有“赤心报国”四字，“长径寸，深入肌肤”。成功

①黄宗羲：《行朝录》卷四《鲁王监国·纪年下》，载《黄宗羲全集》第2册，第140页。
②徐鼒：《小腆纪年附考》卷一八，第690页。
③黄宗羲：《行朝录》卷四《鲁王监国·纪年下》，载《黄宗羲全集》第2册，第140页。
④徐鼒：《小腆纪年附考》卷一八，第690页。

“见之愕然，悔谢曰：‘久仰老将军声望，奈多憎之口何！’因出历年谤书盈箧，名振立命火之。于是待名振以上宾，行交拜礼，总制诸军”。[①]郑、张由此解除误会，加深了彼此的友谊。

在朱以海去掉监国之号的这年（永历七年，1653）九月，张名振向郑成功请师北上伐清，郑成功允准拨给他两万将士与三个月粮饷。于是名振以张煌言为监军，发水师北上。师过舟山，于金塘山获斩叛将金允彦，遥祭舟山死难军民，将吏皆哭。大军一直攻入长江口，驻于崇明岛平阳沙。不久，军中粮食不继，名振与士卒一同挨饿，士卒遂流传“太师枵腹，我辈忘饥”之谣，军心因此凝聚不散。十二月朔，天寒大冻，清驻防兵万余人、马三百匹，踏冰渡江，入平阳沙。名振乃听煌言急击之议，统领浴日将军王善长等，以三百人冲入清军之左；煌言率监军主事王浚等，以三百人突入清军之右。清军猝不及防而大败，无一返者。[②]然名振正拟西进之时，竟“被谗”[③]，郑成功急命其回师，随后又尽撤回福建。

永历八年（1654）正月，张名振因驻军上游的孙可望遣师东下，有蜡书请为内应，乃再以张煌言为监军，率郑军乘海船数百艘进行北伐。这时，平原将军姚志卓、诚意伯刘孔昭偕其子永锡等亦率众军前来，参与抗清。于是，名振号召旧旅，奋勇前进，破京口，截长江，十三日抵镇江，泊金山。张名振乃偕同刘孔昭、张煌言等一道登山，从者五百人。金山寺僧持簿募化，名振笑曰：“大兵到此，秋毫不扰，得福多矣，尚思化乎？”遂助米盐各十石，并书写留言道：“张某到此，大兵不得侵扰。”次日，名振身着纱帽青袍角带，再次登山，向东南遥祭孝陵，三军恸哭失声。他设醮三日，题诗金山云：

十年横海一孤臣，佳气钟山望里真。

---

①翁洲老民：《海东逸史（外三种）》卷一二《张名振》，第57页。

②徐鼒：《小腆纪年附考》卷一八，第694页。

③徐鼒：《小腆纪年附考》卷一八，第691页。按：此处所记“被谗”事为该年三月，不确，应为十月。

鹑首义旗方出楚，燕云羽檄已通闽。
王师桴鼓心肝噎，父老壶浆涕泪亲。
南望孝陵兵缟素，会看大纛祃龙津。[①]

诗之前有小序道："予以接济秦藩，师泊金山，遥拜孝陵有感而赋。"诗后云："甲午年孟春月，定西侯张明正（按：即张名振）同诚意伯题并书。""秦藩"即指秦王孙可望。一同登金山的监军张煌言步其原韵和诗六首，其第六首云：

飞樯十载误逋臣，喋血凭谁破女真。
霸就鸱夷原去越，兵联牛女正当闽。
投鞭不觉江流隘，传檄兼闻铙吹新。
正为君恩留一剑，莫教龙气度延津。[②]

这次出师事先与长江上游的孙可望约定共指南京，不料上游所约出师之兵终不至，名振孤军难进。很快，清军以重兵反击，名振派前军迎战失利，便决定急速撤师。回师时，名振索盐商助饷金不得，遂入吴淞，"掠战船六百余号"[③] 而还。

三月二十九日，张名振等率水师再入长江，四月初七日过京口，直抵仪真，焚烧盐船数百艘后迅速撤退。

九月，张名振与张煌言率水师抵上海县城下。十二月十八日，水师直抵南京郊外燕子矶。清官员惊呼"咫尺江宁，势甚披猖"[④]，紧急调集兵力截杀。名振因上游所约终不至，遂于次年初东下，退至长江口，驻兵崇明，以为后图。

永历九年（1655）二月，郑成功改中左所为思明州，分所部为七十二镇，分六官分理庶务，"雄视海上"，对鲁王朱以海及沈佺期、辜朝荐、徐孚远等遗臣，虽待为"上客，军国大事，悉以咨之"[⑤]，实则

①计六奇：《明季南略》卷一六《张明正题诗金山（或作名振）》，第484页。
②张煌言：《和定西侯张侯服留题金山原韵六首（之六）》，载《张苍水集》第107页。
③翁洲老民：《海东逸史（外三种）》卷一二《张名振》，第57页。
④《"今春海寇直至金山"残揭帖》，载《明清史料》己编上册，第468页。
⑤徐鼒：《小腆纪年附考》卷一八，第705页。

愈加冷淡。

七月，郑成功决定出兵北伐，命忠靖伯陈辉为总督，一切水师事务悉听其节制调度；升北镇陈六御为总制，遂与甘辉、王秀奇等统十二镇水师北上，并约名振会师入长江。

十月二十二日，水师至舟山，次日围城。张名振亦自崇明率兵至，参与攻城。二十八日，甘辉等攻下舟山，清镇守副将把成功等人开城投降。名振"徒步痛哭入城，至故宫，祭元妃陈氏及殉难诸忠臣，又祭其母，大作佛事，哀动三军"[①]。不料，他竟一病不起，临终前对张煌言说："吾于君母恩俱未报，若母尸不获，毋收吾骇（骸）。"[②] 他留下遗言，将所部交给张煌言，并"悉以后事付之"[③]。十二月二十八日亥刻，"名振起坐击床，连呼崇祯先帝数声而绝"[④]。

朱以海听闻张名振死讯，很是悲痛，"垂泪，几废寝膳"。因为这时他的处境愈加恶劣了，郑成功对他已礼数渐薄，他"不免饥寒，出无舆导，至以名刺投谒"。像忠于他的张煌言、徐孚远等人，平时为避郑成功的"形疑"，也不敢轻易前来朝见。他"寄食郑氏，如家人而已"。[⑤] 永历十年（1656），郑成功将朱以海迁至广东南澳，直到永历十三年（1659）夏才迁回金门。

清廷多次对张煌言进行招降，均被拒绝。煌言曾收到清江南总督郎廷佐的招降信，他立即义正词严地予以批驳，并对郎廷佐进行策反，指出其先人乃辽东世代官宦人家，与清朝结有深仇大恨，劝他不可为虎作伥，甘心附逆，而应幡然悔悟，反戈报仇雪恨：

某复书于皇明辽阳世胄郎使君执事前：夫揣摩利钝，指画兴

---

①翁洲老民：《海东逸史（外三种）》卷一二《张名振》，第57页。

②邵廷采：《东南纪事》卷一〇《张名振》，第280页。按：关于张名振之死因此书云"遇毒"（第182页），又载"或云成功鸩之"（第280页），因皆系此书所载，属于孤证，摒弃不用。

③全祖望：《鲒埼亭集外编》卷四《明故太师定西侯张公墓碑》，载《全祖望集汇校集注》第813页。

④查继佐：《罪惟录·列传》卷一二下《张名振》，第1962页。

⑤邵廷采：《东南纪事》卷二《鲁王以海》，第181—182页。

> 衰，庸夫听之，或为变色，而忠贞之士则不然。其所持者天经地义，所图者国恨家仇，所期望者豪杰事功、圣贤学问。故每毡雪自甘，胆薪弥厉，而卒以成功，古今何可胜计！如仆者，将略原非所长，只以读书知大义，痛忿胡氛，左袒一呼，甲盾山立。区区此志，以济则赖君之灵，不济则全臣之节。是以不惜凭履风涛之中，纵横锋镝之下，迄今逾一纪矣。同仇益广，晚节愈坚。练兵海宇，正为乘时。今何时乎？两粤天声，三楚露布，以及八闽军书，何啻雷霆飞翰。况岛夷外讧，西戎内侵，清人左支右吾，其消灭可计日而待矣。仆方当起而匡扶帝室，克复神州。此正忠臣义士得志之秋也。即或不然，而谢良平竹帛，抗黄绮衣冠，亦之死靡他。岂复烦词曲说，足以动其心哉！乃执事俨然以书进，是以仆为庸庸者流，可以利钝兴衰动者。譬之虎伥戒途，雁奴伺夜，既受其役，竟忘其哀。在执事固无足怪，而仆闻之，发且冲冠矣。虽然，执事固我朝勋旧之裔，而辽左死事之孤也。念祖宗之厚泽，宜何如悲伤；痛父母之深仇，宜何如报雪。稍转一关，不失为中兴人物。顾以陵、律自居，华夷莫辨，甚为执事不取也。……以来函温润，谅执事非愦愦者，聊附数行以复，若斩使焚书，适足以见不广，仆亦不为也。此复。①

煌言将郎廷佐认定为明朝辽阳世家大族、辽左抗金死难者的后代，对其进行策反，这里用计用间，虚虚实实已不可考，然而此举展示的是煌言忠于明朝的坚定志节。对此，清人亦无可奈何。

永历十三年（1659）五月，郑成功出动大军北上，张煌言率本部随征，入长江，攻瓜洲，克镇江。清军望风披靡。张煌言继续率军溯长江而上，七月，至芜湖，传檄郡邑，“大江南北，相率送款”，共收取四府三州二十二县之地。清漕运总督亢得时因出援镇江兵败，投水而死，“自巡抚而下，仓皇欲走，东南大震”。② 抗清斗争取得辉煌胜

---

①张煌言：《复郎廷佐书》，载《张苍水集》第10—12页，“国恨家仇”一语从“章刻本”。

②徐鼒：《小腆纪年附考》卷一九，第750页。

利。可是，这月下旬，郑成功因南京城下一战失利，大军败逃入海，功败垂成。张煌言军被截断退路，队伍星散。张煌言历经险阻回到浙东海滨，但志气不减，仍然坚持抗清斗争。

此时，永历帝已经逃入缅甸。消息传至闽海，这时在朱以海周围的诸臣，“拟监国即真，以延明运”，主张朱以海登帝位，接续明朝正统，以号召天下，并把这个主张透露给张煌言。张煌言闻讯，连续向鲁王朱以海“三上笺”，希望他“无以虚名为的，养晦待时”，并尖锐地指出“海滨孤子，无所为汉官威仪者矣”。[①] 这是告诉他要认识到现已缺乏称帝的基础，不要树立让人攻击的目标，要耐心等待时机。张煌言的意见是正确的，朱以海当然也不敢贸然行动，此事便作罢。

不久，形势又发生了新的变化。郑成功于永历十五年（1661）年底收复台湾后，于次年五月病逝。这时又传来了永历帝于昆明被吴三桂杀害的消息，张煌言遂于七、八两月连续上启朱以海，指出：“国难已极，天命宜还。”“中华正统，岂可久虚?”希望他“早定大计，以存正统，以图中兴事”，“速正大号，使天下晓然知本朝尚有真主，中国自有正朔”。[②] 朱以海接启后，立即复书，表示多年来卧薪尝胆之志未尝稍懈，但仍须养晦待时，不能称帝。煌言又连上两启，除表白自己忠于鲁王历久不变外，还指出自己所主张的“养晦”，是“潜跃权宜”之计，以避免他人“猜疑”。现延平王郑成功逝世，已“秉钺无人。论国势，疑兴汉益难；察人心，幸尊周转切”。[③] 形势所需，必须立帝以号召天下，所以他恳切期望朱以海“潜算雄图”，早下决心，“以维系人心，以嗣续正统”。[④] 张煌言的态度十分诚恳，这在理论上、感情上说得通，实际上却行不通。饱经患难的鲁王朱以海认真冷静地分析了各种条件，感觉到莫说称帝正大位，即使再行监国也不具备条件。

---

①查继佐：《罪惟录·附纪》卷一九《鲁王监国附纪》，第416页。
②张煌言：《上鲁国主启（壬寅七月）》，载《张苍水集》第26—27页。
③张煌言：《上鲁国主启（壬寅八月）》，载《张苍水集》第28页。
④张煌言：《上鲁国主启（壬寅）》，载《张苍水集》第29页。

尽管他抗清复国的信念始终未泯，但仍拒绝了张煌言的建议。

其实，此时南明政权早已不复存在，清朝统治已经稳定下来，将一切反抗势力消灭殆尽。尽管拥戴鲁王朱以海的忠臣义士仍然不愿离开其左右，漂泊海上，希冀伺机实现恢复大业，但这又谈何容易，当时形势已愈加险恶，基本上失去了恢复的条件与基础。一直跟随在朱以海身边、颠沛流离于大海中的忠臣徐孚远，目睹严峻现实，深有所感，咏道：

柱天无力向谁号，衔石填波空而劳。

士女已怀新日月，逋臣犹狎旧风涛。[①]

他虽有恢复故国的凌云壮志，然形势大变，回天无力，人心已归向新朝。尽管逃亡之臣矢志不移地在海上坚持，但只是徒劳而已。这是痛苦的现实，更是清醒的认识。朱以海拒绝张煌言的建议是明智的。

康熙元年（1662）十一月十三日，鲁王朱以海因患“哮疾”，“中痰”病逝于金门[②]，终年四十五岁。张煌言万分悲痛，他哭泣着说：“孤臣之栖栖有待，徒苦部下，相依不去者，以吾主上也，今何望乎?”[③] 这是真情的表白。朱以海百折不挠、历久弥坚的抗清之志，是张煌言坚持斗争的精神支柱。朱以海的逝世，使他失去了中兴大明的最后希望。他不再继续抗清，遂于康熙三年（1664）六月尽散部下之兵，隐居于舟山群岛中的荒岛悬岙，此处无清军驻防[④]。从者仅罗子木、杨冠玉，以及船夫、仆役而已。

时战事已息，海内承平，清政府加紧追捕张煌言，煌言最终被原来的随从出卖。这个随从于夜半时分引清军从山后顺着藤蔓越岭而入，煌言被执，时为七月十七日。同时被捕的还有参军罗子木、侍童杨冠玉及一名船夫。然煌言毫无恐惧，当即吟诗道：

---

①徐孚远：《钓璜堂存稿》卷二〇《海愁》，载《清代诗文集汇编》第 14 册，第 616 页。

②周凯：《内自讼斋文集》卷六《明监国鲁王墓考》，清刻本。

③翁洲老民：《海东逸史（外三种）》卷一三《张煌言》，第 61 页。

④祝求是：《张苍水被执地舟山悬岙考辨》，载中国社会科学院历史研究所清史研究室编：《清史论丛》2014 年号，中国广播电视出版社，2014 年，第 99 页。

何事孤臣竟息机？鲁戈不复挽斜晖。
到来晚节同松柏，此去清风笑蕨薇。
双鬓难容五岳住，一帆仍向十洲归。
叠山迟死文山早，青史他年任是非。[①]

他已看清颓势难挽而复明幻灭的形势，抱着必死之心，一无牵挂而坦然就逮。

十九日，煌言被送至宁波，总兵张杰以轿迎入，举酒道："迟公久矣。"煌言道："父死不能葬，国亡不能救，死有余罪。今日之事，速死而已。"[②] 几天后，煌言被押上船只送往杭州。有防守卒史丙，坐于船头，夜间忽然唱起苏武《牧羊曲》。煌言披衣而起道："汝亦有心人哉！虽然，吾志已定，尔无虑也。"并扣舷和之。渡江，煌言又于船中得无名氏"此行莫作黄冠想，静听先生《正气歌》"之字条。煌言笑道："此王炎午之后身也。"[③] 王炎午即宋咸淳间太学生、文天祥幕僚，当文天祥被元兵所执，乃作《生祭文》"以速丞相死"[④]，激励其坦然就义。煌言既至杭州，浙江总督赵廷臣多次劝降。煌言致书明志，云：

夫自古废兴亦屡矣。废兴之际，何代无忠臣义士，何代无逋臣处士？义所当死，死贤于生；义所当生，生贤于死。盖有舍生以取义者焉，未闻求生以害仁者也。某之忧患已过乎文山（按：指文天祥），隐遁殆几于叠山（按：指谢枋得）矣。而被执以来，视死如归，非好死而恶生也，亦谓得从文山、叠山，异代同游，于事毕矣。……谓某散兵在先，归隐恐后，可以觊觎赊死。殊不知散兵者，悯斯民之涂炭，归隐者，念先世之暴荒，谬思黄冠故里，负土成坟，然后一死以明初志。原非隐忍偷生，自留赊死。何期拥兵则岁月犹存，解甲则旦夕莫保。箕山不有安瓢，而颍水弗能

①张煌言：《甲辰七月十七日被执进定海关》，载《张苍水集》第175页。
②黄宗羲：《兵部左侍郎苍水张公墓志铭》，载《黄宗羲全集》第10册，第285页。
③全祖望：《明故权兵部尚书兼翰林院学士侍讲鄞张公神道碑铭》，载《全祖望集汇校集注》第193页。
④万斯同：《宋季忠义录》卷一一《王炎午》，载《丛书集成续编》第253册，第146页。

高枕。身为累囚，贻笑天下，是某之忠孝两亏，死难塞责者矣。临难苟免，非我本怀。……伏冀台下，立赐处决。……幸甚。[1]

被俘后，煌言坦然自若，从容面对死亡，写下了许多气势磅礴的壮丽诗篇表明心迹。其《被执过故里》云：

仿佛丁令威，魂归华表巅。
有靦此面目，难为父老言。
知者哀其辱，愚者笑其颠。
或有贤达士，谓此胜锦旋。
人生七尺躯，百岁宁复延。
所贵一寸丹，可逾金石坚。
求仁而得仁，抑又何怨焉。

而《甲辰八月辞故里（二首之二）》云：

国亡家破欲何之，西子湖头有我师。
日月双悬于氏墓，乾坤半壁岳家祠。
惭将赤手分三席，敢为丹心借一枝。
他日素车东浙路，怒涛岂必尽鸱夷。[2]

此诗明确表示要以于谦、岳飞两位先贤为榜样，为国捐躯，葬身西子湖畔。

康熙三年（1664）九月初七日，煌言遇难于杭州弼教坊，临刑前，遥望凤凰山一带，曰："好山色!"乃赋诗曰：

我年适五九，偏逢九月七。
大厦已不支，成仁万事毕。[3]

煌言终年四十五岁。罗子木、杨冠玉、船夫三人皆从死。妻董氏、子万祺，先煌言三日被害于镇江。煌言的遗骨为鄞人万斯大等葬于西湖南屏山。

---

①张煌言：《贻赵廷臣书》，载《张苍水集》第41页。
②以上两诗均载《张苍水集》第176页，文字从“章刻本”。
③张煌言：《绝命诗》，载《张苍水集》第179页。

卷四　绍武帝：时危高枕

在纷纷攘攘、来去匆匆的南明诸帝中，即位最为仓促、立国最为短促、覆亡最为急促的要算绍武帝朱聿鐭了。他尚未来得及向世人正面展现自己的形象，便转瞬间消逝在历史舞台上。如果不聚焦历史的镜头，多着墨几句，人们甚至会忽略他的存在。

第一章　匆忙称帝的喜悦

绍武帝朱聿鐭，是隆武帝朱聿键的四弟，他被拥立为帝实属意外。由于他政治生涯短促，有关他的记载实在太少，他称帝前的经历人们已难得其详。其生年也难以确知，但不会晚于万历四十一年（1613），因为这年，其父唐世子器墭被囚禁于承奉司，四个儿子同时被投入囚所，当然包括他在内。此后情况不详，当然，可以肯定，他同乃兄一样，同父在监狱度过了十六个岁月，直至父亲被毒害后，方得出狱，可谓备尝苦难，历尽艰辛。当其兄朱聿键于福州称帝时，他被封为唐王。不久，隆武帝宣布将率师亲征，命其监国，改原都察院为唐王府，并命其叔邓王朱器埔协守。隆武元年十二月初六日（1646 年 1 月 22 日），隆武帝离开福州亲征，朱聿鐭正式开始监国。进入隆武二年（1646）之后，形势已相当严峻。清军正向浙闽逼近，隆武帝虽已率师离开京城，但兵少饷乏的问题一直在困扰着他。为维持庞大的官僚机构的日常开支，尤其是巨额的军费兵饷，他不得不向民间大量征派，导致百姓困苦不堪，因此引起社会动荡不宁，逃兵与民乱现象一再发生，百姓要求蠲免减负的呼声甚为高涨。奉命监国的朱聿𨮁行使皇帝职权，号令臣民积极完成国赋，俨然是一国之主，但有皇帝在世的监国与无皇帝在世的监国毕竟不同，所以朱聿𨮁又随时处在已远离京城的隆武帝的遥控之中。

三月，唐王朱聿𨮁与邓王一起接受皇帝的谕令：

> 京中民情安堵，市肆不迁，朕心慰悦。亲征原以安民，闽都根本重地，王等还多方晓谕，禁戢逃兵。朕若早觐孝陵，自有蠲免恩诏！①

这是指令朱聿𨮁加强统治，撑住局面，严控社会，不可放松警惕，原有的政令不可轻易变更，减轻社会负担的恩诏自有颁发之日，但不是今天，实际是告诫朱聿𨮁不可独出心裁减少征敛而取悦于民，可见隆武帝对他既放心又担心，希望他把监国重任担当好。四月，已经亲征出师五个多月的隆武帝仍未跨出福建一步，还在延平徘徊不前，因而京师流言四起，说皇帝即将回师，弄得人心惶惶，社会不靖。当然，如皇帝回还，自可以安定社会，监国重任便宣告结束。于是朱聿𨮁便上疏请皇帝回銮，很快接到了隆武帝专发给他的谕令：

> 六师久出，岂得回銮？暂驻延津，正规进止。以战守总无成算，文武仍不同心，饷绌兵单，内忧外惧。朕不得不回环却顾，计万全之着。兼以农事方殷，驿路艰苦，朕爱民切切于念，岂忍重困？王必能知朕意，毋惑谣言！②

这是坦诚无隐的内心剖白，隆武帝将自己的困难处境和思考，如实告诉自己的弟弟，可见作为唐王行监国之权的朱聿𨮁，已获得了自己的兄长隆武帝的充分信任，这也反映了隆武帝与朱聿𨮁兄弟间的友爱。

---

①陈燕翼：《思文大纪》卷五，载《虎口余生纪》第213页。
②陈燕翼：《思文大纪》卷五，载《虎口余生纪》第223页。

但信任归信任，隆武帝的“家法严，不以友爱故假借”①。他绝不给臣下包括爱弟超越规定的特权，朱聿𨮁必须严格遵守国法、家法，必须遵守藩王之礼。四月末，朱聿𨮁与邓王又一起接到隆武帝的敕谕：

> 二王毋私受官民章奏，必由通政司封进，方不失藩王体。违者辅导官方士亮、何九云治罪。至于词讼，应归有司，通政司不许封进。②

这要求是相当严格的。自幼受过良好教育，特别是受到兄长隆武帝朱聿键读书明礼熏陶的朱聿𨮁，“甚率谨，在福州一年，未尝有过”③。但他也仅仅是率留守诸臣谨遵臣节，按隆武帝的既定方针行事，循规蹈矩，维持现状，没有也不可能有创造性的作为。不久，清军进入福建，形势大坏，现状再也无法维持下去。

九月十九日福州陷落，朱聿𨮁在慌忙中乘船，“泛海达广州”④。但令朱聿𨮁万万未料到的是，他这个落魄无依的难民，竟有意外的好运向他招手。朱聿𨮁仅数日便戏剧性地当上了皇帝，速度之快使他自己也大为吃惊，但这绝非梦境，而是真真切切的现实。原来促成朱聿𨮁当上皇帝的关键性人物，乃原隆武朝大学士苏观生。

苏观生，原名时泽，字宇霖，或作汝临，广东东莞人。年三十，始为诸生。受知于督学曾化龙，崇祯六年（1633）充拔贡。后得资助进京，获授北直隶无极知县。他安民勤事，颇有政绩，以“本县一不要钱，二不要官，三不要命”为信条，百姓称其为“三不要老爷”⑤。历官永平府海防同知、黄州知府，转户部员外郎，调兵部。南明弘光

①邵廷采：《东南纪事》卷一《唐王聿键》，第169页。

②邵廷采：《东南纪事》卷一《唐王聿键》，第163页。按佚名《思文大纪》卷六作：“毋得私受启本。凡官民奏章必由通政司封进，方不失藩体；违者辅导官方士亮、何九云重治。至于词讼应归有司，通政司不许封进，以扰士民；违者通政司治罪。”（载《虎口余生纪》第246页）

③邵廷采：《东南纪事》卷一《唐王聿键》，第169页。

④邵廷采：《东南纪事》卷一《唐王聿键》，第169页。

⑤苏蒿：《家佑叔易簧遗言叙东阁大学士建明伯宇霖公行事略》，载《明苏爵辅事略》。

朝立，授南直隶督粮道，督饷苏松，旋授监军副使。[①] 观生清廉，为官八年，“橐金不满百两”[②]。南京覆亡，他奔入浙江，与诸臣共拥隆武帝朱聿键入福建登极，以拥戴之功，升吏部侍郎兼东阁大学士，并曾主持招贤馆，以招四方之士。后招贤馆因得士无几且无实用而被裁撤。他洞悉郑芝龙兄弟“智不出于盗贼，非有复仇雪耻之心”[③]，极力主张隆武帝率师出闽境往江西，从而继续指挥抗清大业。但郑氏挟持隆武帝，目的是以之为跋扈自重的资本，根本不愿其离开福建，因而对苏观生的建议极为不满。被郑芝龙把持的朝廷，就皇帝亲征与否的问题，展开了激烈的争论，久议不决。

隆武帝令苏观生先行至江西，大征甲兵，为抗清做准备，终因“饷不继，竟不能出师”[④]。隆武二年（1646），隆武帝加苏观生吏兵二部尚书、太子太保、武英殿大学士，令其出为经略，赴南安征兵，亦因饷缺无成。这时江西、福建相继告急，观生以兵力弱未赴援，后奉命至广东募兵，驻南雄。不久，闻讯汀州陷落，隆武帝遇难，观生撤兵回韶州。

这时丁魁楚等人正商议拥立永明王朱由榔监国，苏观生欣然赞同，并派人前往联络，表示愿意参与共同拥戴的行列。而丁魁楚“素轻观生，且欲专定策功，虑其旧相居己上，拒不与议”。吕大器也以其非进士出身，资历浅薄，“叱辱之”。[⑤] 其实，苏观生“矢清操，稍有文学，而时望不属”[⑥]，缺乏威信，被歧视之事早已有之。隆武朝观生身居高位，人或忌之，对其非科目出身即颇有非议。其同乡翰林院侍讲兼兵科给事中张家玉看不过，乃上疏力保，称其历官将有十年，而家世空

①苏蔿：《家佑叔易箦遗言叙东阁大学士建明伯宇霖公行事略》；屈大均：《皇明四朝成仁录》卷九《前广州死难诸臣传·苏观生》，载《屈大均全集》第3册，第831页。

②徐秉义：《明末忠烈纪实》卷一三《苏观生》，第242页。

③温睿临：《南疆逸史》卷二四《苏观生》，第169页。

④张廷玉等：《明史》卷二七八《苏观生》，第7137页。

⑤李天根：《爝火录》卷一六，第696页。

⑥张廷玉等：《明史》卷二七八《苏观生》，第7136页。

存四壁，则其清也千古；当此天下动荡之际，乃推戴输诚于皇上，则其忠也千古。聿键批答道：

> 辅臣苏观生，心膂重寄，大节真忠，朕久交孚，浮议宁动。任贤朕自有鉴裁，张家玉不必过虑。[①]

隆武帝对苏观生可谓极其信任，苏观生也确实“慨然有澄复之志”[②]。然其志大才疏，缺乏战略思想，并未能为隆武帝做出应有的贡献，其弃南雄之举，便颇遭非议。丁魁楚等便以苏观生“弃南雄，撤兵擅归，不令与议”为借口[③]，将其排除于拥立行列之外。

十月十四日，永明王朱由榔在丁魁楚、瞿式耜等人拥戴下，于梧州监国。遭到冷落的苏观生，怒火中烧，拒绝赴肇庆去朝拜这位天下新主。继而，他突发奇想，乃遣陈邦彦赴梧州劝进，请永明王正式登帝位，并请移跸广州，以占据主动之权。[④] 邦彦方行，他听说唐、邓二王已从福建航海到了广东，便觉得唐王朱聿𨮁奇货可居，遂产生了与丁魁楚等人对着干的强烈念头。他于十月二十九日，拥唐王朱聿𨮁进入广州城。与朱聿𨮁同时来到广州的，还有大学士何吾驺。令苏观生欣喜的是，两名官员关捷先、梁朝钟首倡“兄终弟及”[⑤] 之议，苏观生便乘机倡言道：“吾受大行厚恩，死无以报，今其亲弟在，何外求君?”[⑥] 他积极联络布政使顾元镜，侍郎王应华、曾道唯等，共同请朱聿𨮁监国。

应该指出，在向外公布的拥戴者名单中，旧日阁臣何吾驺的名字被列于显著位置。其实何吾驺并未参与拥戴，这是苏观生假借其名义，因为在此之前，何吾驺已航海至粤，并致函总督丁魁楚，“述上之变。因言即今永明王讳由榔……序亲序贤宜立”，建议拥戴其继统。于是，

---

①《张家玉集》卷二，第 19 页。
②邵廷采：《东南纪事》卷四《苏观生》，第 215 页。
③钱澄之：《所知录》卷二《永历纪年上》，第 61 页。
④屈大均：《顺德给事岩野陈公传》，载《屈大均全集》第 3 册，第 442 页。
⑤张廷玉等：《明史》卷二七八《苏观生》，第 7137 页。
⑥邵廷采：《东南纪事》卷一《唐王聿键》，第 169 页。

丁魁楚与巡抚瞿式耜、巡按王化澄、侍郎吕大器、南赣巡抚李永茂等，据其建议进行“议立”。[①] 此时何吾驺正卧病广东，并未在广西梧州，亦未参与苏观生之活动，但名字被列入拥戴朱聿𨮁者名单中，影响颇大。

苏观生拥戴朱聿𨮁之举引发了不同意见。反对者认为“永明监国，诏已颁发，天下知有新君矣，今复蹈靖江故辙，速外氛；二百里间立两帝，自树内梗，三百年国纪，人披其叶而我刈其根矣，奚止不利于孺子王耶！”[②] 靖江王指朱亨嘉，其封国于广西桂林。弘光政权覆灭后，他于八月称监国，设官颁诏，俨然又一新朝廷。当隆武帝的诏书到时，他拒不接受，并“举兵将东”，拉开与隆武政权对峙的架势。他的僭越行为立即遭到瞿式耜、丁魁楚等大臣的反对，很快被镇压下去。朱亨嘉被械至福州，隆武帝下令囚禁其于福建连江，命“严加钤束”[③]。国家的统一，是天下臣民最大的利益所在，如同时出现两个分庭抗礼的政权，只会给社会造成混乱，贻敌人以可乘之机，无异于自我毁灭。可见，反对者是从全局出发思考问题的。

其中，陈子壮的反对态度最为坚决。当时，陈子壮正在广州，议立时苏观生曾征求他的意见。子壮道：“天演（潢）之序不可紊，况端州已正大位，若必为之，是启争端也。”苏观生道：“兄终弟及何谓紊序？即起争端，岂谓吾等甲兵不坚利乎？”子壮道：“以兄终弟及为宜，则端州之立，固所以继南京也。且公等亦思今日偾事之由乎？自煤山遘变以来，南京则不二年而亡，福京则仅一年而陷。其时，南京之倡议迎立者，马士英也，而士英则以奸邪误国；福京之决计拥立者，郑芝龙也，而芝龙则以观望丧师。良由诸臣徒以推戴贪功，不以兴复廑念，以至宗社日移，国祚日短也。今公等不鉴败亡覆辙，犹欲各据争立，势必至天潢之内，互为敌仇。谚所谓‘鹬蚌相

①金钟：《皇明末造录》卷上《东南纪略》，载《狩缅纪事（外三种）》第135页。
②李天根：《爝火录》卷一六，第696页。
③陈燕翼：《思文大纪》卷六，载《虎口余生纪》第239页。

持，渔人之利'，吾未见为得计也。"苏观生说："君言拥立非功，何以劝进端州？争非得计，何不劝端州退位，以成让国之美？"① 子壮知其意不可回，深为反感，乃"举家航海，招义旅，间道贻书于瞿式耜，请西师疾下，愿举海舟会击，馘观生，靖内乱，以图外御"②。反对者的识见甚高，无奈苏观生已决心同丁魁楚等一争高下，对此充耳不闻，一意孤行。

朱聿𨮁遂于十一月初二日监国。

从酝酿到宣布监国前后仅四天，时间仓促，许多事情都来不及做。朱聿𨮁也大有临时上阵之感，窘迫万状，但即使这样，他仍然于广州行监国典礼。尽管比永明王的监国时间晚了十八天，苏观生仍然不甘示弱，力图把这晚了的十八天时间夺回来，于是决心加快朱聿𨮁称帝的步伐。

监国仅三天的朱聿𨮁于十一月初五日在群臣的拥戴下即皇帝位，举行更加隆重的登极大典，改明年为绍武元年，于是朱聿𨮁成为南明的又一位皇帝——绍武帝。朱聿𨮁加封苏观生建明伯、东阁大学士，何吾驺、关捷先、曾道唯、顾元镜、王应华等皆为东阁大学士，分掌诸部之事，而以"军国事专属观生"③。此处何吾驺的任命如不久前其被列入拥戴者行列一样，本人绝不知晓，更非其意，纯属苏观生借其名义招摇撞骗的政治骗局。苏观生故意"于拥戴名单中加相国名"，实乃"挟相公名以收人心"④ 而已。

朱聿𨮁称帝太过匆忙，因此准备宫室、服御、卤簿的工作很急迫，致使"通国奔走，夜中如昼"。"不旬日，除官数千，冠服皆假之优伶云。"⑤ 身穿优伶之服登极的朱聿𨮁，也无异于一个完全任由苏观生等

---

①佚名：《陈文忠公行状》，载《丛书集成续编》第58册，第97页。
②王夫之：《永历实录》卷六《陈姜列传》，第52页。
③黄宗羲：《行朝录》卷二《绍武之立》，载《黄宗羲全集》第2册，第123页。
④马楚坚：《明末何吾驺相国之生平与志节》，载《明清边政与治乱》，天津人民出版社，1994年，第198页。
⑤张廷玉等：《明史》卷二七八《苏观生》，第7137页。

人摆布的优伶。他称帝的过程中很少体现出自己的思想与意志，但傀儡也能自得其乐。可惜的是，他的欢乐并未持续多久，十三天后，永明王的称帝消息传来，又不能不令他紧张起来。

第二章 内讧获胜的陶醉

绍武帝朱聿𨮁宣布监国的当天派出联络永明王的使者陈邦彦，于隆武二年（1646）十一月初六日到达梧州。扶立永明王朱由榔的丁魁楚等人对陈邦彦的到来十分重视，于是传监国之命立即召见。入夜二鼓时分，陈邦彦在十余名太监的带领下，至江上舟中拜见朱由榔。王太后垂帘坐于朱由榔之后，而丁魁楚则侍坐其侧。礼仪性的寒暄之后，双方便谈起广东方面之事。陈邦彦此时并不知晓朱聿𨮁已于昨日正式登极称帝，还在按原来的思路考虑问题，根据自己对形势的分析判断，认为此时永明王称帝最为合适，于是便完全站在拥护永明王的立场上说话。他说：

天潢之序，固应属王。……不如早正大位，以属人心。[①]

因此他建议朱由榔应去掉监国之号而称帝，这样便可以号令天下，安定社会。朱由榔说，广东现已监国，“今非战则和，二者安出?”这是看到了肇庆与广州实际上已经形成对立局面，冲突必然发生。陈邦彦进行了深刻分析，指出当前之际，不可正面冲突，不可开战，亦不可讲和。他说：

我弱彼强，以战则非敌；我直彼曲，以和则非名。虏急矣，观生若不悔祸，亡无日矣！悔祸则不得不求和于我，是我为主也，焉用先之以示弱，则和不可。粤西之兵，长于滩濑，而不长于江

①黄宗羲：《行朝录》卷二《绍武之立》，载《黄宗羲全集》第2册，第123页。

海，且新募浮嚣，战必不胜，借幸而胜，其力必疲。虏以锐来，我以疲往，必难御矣，则战不可。且天家之胤，中州之产，尽区区两粤中，不以死仇雠之虏，而死于骨肉乎？当今之计，独宜速返肇庆，正大位以属人心。缮舟固险，驰檄远近，摩厉以观其变。[①]

他特别强调说：

以言乎战，外患方殷，宁可寻迹谭、尚，贻笑千古？不如早正大位，以属人心。[②]

这是从现实与历史两方面考虑后的谆谆告诫：因清朝正虎视眈眈，大敌当前，不能丝毫削弱自己，更不能内斗。东汉末年，实力强大的河北军阀袁绍死后，其子袁谭、袁尚兄弟不能协和一致对外，而是彼此争斗，为曹操所乘，终皆败亡。这惨痛教训不能不认真汲取。

他进一步阐释说：

北师已迫，观生若惧，当求和于我，如其不然，粤东十郡，我据其七，而使彼以三，代我受敌，不亦可乎？[③]

为实现这个战略计划，他建议立即派遣劲旅攻取韶州，以达到广东十府由己方控制七府的目标，而将另外与福建接壤的三府，留给唐王朱聿𨮁去统辖；也就是说，让唐王与清军正面接触，“代我受敌”，从而“乘其敝”[④]，坐收其利。陈邦彦的这番话，说得朱由榔“大悦”，于是立即提升陈邦彦为兵科给事中，并向苏观生颁一敕谕，晓以大义和利害，令其带回。

陈邦彦的计划完全被丁魁楚等接受，他们立即开始商议奉永明王朱由榔返还肇庆与称帝登极的事宜。十八日，朱由榔便在丁魁楚、瞿式耜等人的拥戴下，于肇庆称帝，以明年为永历元年（1647）。

---

①屈大均：《顺德给事岩野陈公传》，载《屈大均全集》第3册，第442—443页。

②黄宗羲：《行朝录》卷二《绍武之立》，载《黄宗羲全集》第2册，第123页。

③李天根：《爝火录》卷一六，第697页。

④屈大均：《顺德给事岩野陈公传》，载《屈大均全集》第3册，第443页。

这时，永历君臣获悉朱聿鐭于广州称帝的消息，他们认为这是不顾国家大局的非法行为。被隆武朝任命为大学士的陈子壮致书瞿式耜，“力请馘观生，而驱兵东下”①，立即采取武力解决绍武“伪朝”。永历帝说：“先遣官谕之，俟其拒命，讨之未晚也。”② 二十四日，兵科给事中彭燿、主事陈嘉谟奉永历帝之命赴广州向朱聿鐭宣诏。彭燿，广东顺德人，举人出身，“为知县有能声”。他很清楚，这是一项十分危险、十分艰巨的使命。他自知此行凶多吉少，但为了国家大计，还是受命出发了，行前“辞家庙，托子于其友”③。他抱定视死如归的态度，勇敢前往。彭燿到达广州之后，以诸王礼拜见绍武帝，说：“以天潢伦叙，王虽高皇帝之裔孙，而吾王先帝之从弟，当立者也。”④ 他指出永历帝之立名正言顺，且监国在先，你唐王不该再监国，更不该再称帝，现应削号归藩，谨遵臣节，“语甚切至”⑤。面对义正词严的彭燿，绍武帝气愤得不知道该说什么好。彭燿又转过头来，激昂慷慨地责备起苏观生。他说：

> 今天下分崩，国统三绝。粤中崎岖山海间，天末一隅。然忠义之士，奋臂思立君者，感二祖列宗之德，思光复大业耳。桂王神宗之孙，伦序既正，监国名号已定，布告四方。公不砺戈锻刃，志切同仇，而置王自擅。强敌日逼，百里之内，二君抗拒，使敌坐收渔人之利，此谭、尚所以卒并于曹瞒也。公受国厚恩，乃贪一时之利，不顾天下大计，后世其以公为何如人？⑥

他义正词严，说得句句是理。苏观生大怒，于是加罪名而杀之于市。陈嘉谟亦毫不屈服，同时被杀。苏观生随即下令“即日集兵向肇

---

①钱澄之：《所知录》卷二《永历纪年上》，第61页。
②戴笠：《行在阳秋》卷上，载《三朝野纪》第237页。
③温睿临：《南疆逸史》卷二四《苏观生》，第170页。
④佚名：《明亡述略》下，载《崇祯长编》第305页。
⑤徐鼒：《小腆纪年附考》卷一三，第512页。
⑥温睿临：《南疆逸史》卷二四《苏观生》，第170页。

庆”[1]，要与永历朝决一死战。

就在苏观生刚刚下令杀掉永历朝来使彭燿、陈嘉谟之时，出使梧州的陈邦彦辗转回到了广州。他闻听此讯后大惊，觉得事情已败坏到不可收拾的地步。他无法再向苏观生复命，便派遣自己的随从将永历帝的敕谕转致苏观生，同时送上一封自己给他的亲笔信，晓以利害：

> 外有强敌，一国之内，而立两君，必内相攻。攻则清人乘隙以来，将焉致力？永明亲为神宗之孙，吕、丁诸公奉之，非为越序，公宜并力合一，以卫社稷，而启中兴。不然，国中自斗，以贻渔人利也。[2]

陈邦彦规劝苏观生与丁魁楚同心并力共同抗清，拯救国家，万勿同室操戈。为防止被苏观生追杀，邦彦“遂隐高明山中”[3]。

绍武帝斩杀来使，引起永历君臣极大的愤慨。本来永历君臣认为绍武帝为一己私利而僭越误国，早欲兴问罪之师进行征讨，此事发生后便不再迟疑，永历帝立即命总督王化澄遣将出师。当时，王化澄正代丁魁楚为两广总督，本应督兵，但他“庸懦，且怀观望”[4]，临时慌了手脚。兵部右侍郎林佳鼎自请代王化澄出师，永历帝于是命其以原官同佥事夏四敷一起督率诸军，杀向广州。

绍武帝获悉西部兵来，急命苏观生加以部署。苏观生令番禺人陈际泰率师向肇庆进发，予以反击。二十八日，两支互相征讨之军于三水相遇，立即展开激战。支持永历朝的武靖伯李明忠也率师赶来。混战之中，永历军大捷，绍武军损失八百余人，陈际泰率残军溃败而去。获胜的林佳鼎骄形于色，挥师穷追溃敌不舍，直向广州杀来。

三水之战的败讯传到广州后，绍武帝大吃一惊，苏观生于是派广州总兵林察率师抵抗。林察与林佳鼎同姓，过去二人关系尚好，这次

---

①李天根：《爝火录》卷一六，第700页。

②郑达：《野史无文》卷九《陈邦彦传》，第74页。

③温睿临：《南疆逸史》卷二五《陈邦彦》，第180页。

④钱澄之：《所知录》卷二《永历纪年上》，第61页。

林察所率数万兵丁均为海盗出身，他凭借与林佳鼎的老关系，使群盗前往诈降。佳鼎信以为真，便放松了警惕，放心地容纳了降卒，而率战船数十艘昼夜兼行，乘胜追击绍武兵。

十二月初二日，于海口附近的三山口，两军再次相遇。这时风向突然改变，海盗趁东南风大作之机，用火器攻击永历军战船，林佳鼎军所乘之舟接连燃起大火，兵士纷纷登岸逃生。结果，“淖深三尺，人马皆陷，全军皆覆”①。激战中，林佳鼎中炮死，夏四敷赴水死，李明忠仅以三十骑走免。

刚为获得大捷而欢呼的永历朝廷，突又获得全军覆没的噩耗，君臣皆大惊失色。广州的绍武帝却为此心花怒放起来，因为他登极后，大臣们曾一再向他奏称朝廷有精兵猛将，请他无须惧敌来犯，尽可安心正位，高枕无忧，他还对此将信将疑。而此次大捷确实扫去了他心中的疑云，他开始自我陶醉于胜利之中。殊不知这次绍武、永历的同室操戈，给双方造成的损失都是惨重的，不仅伤了各自的元气，也让敌人坐收渔人之利。

绍武朝的致命危机在君臣沉睡中已经降临，当时预感到这一点的人是苏观生。十二月初五日这天，他见到已隐姓埋名遁身而去的陈邦彦致他的书信，细细体味其内容，心中受到了极大的震动，才猛然感到绍武、永历之争的危险。他犹豫数日之后，才下定决心要放下身段与永历朝议和。但当时正值林佳鼎兵败身殁、永历朝仇恨高涨之时，他这一打算“不果”②，便准备等待机会再议。他尚未来得及向绍武帝奏报此事，急转直下的形势竟使绍武朝永远失去了这个机会，绍武帝亦走向了毁灭。

---

①黄宗羲：《行朝录》卷二《绍武之立》，载《黄宗羲全集》第 2 册，第 124 页。

②李天根：《爝火录》卷一六，第 702 页。

第三章　毫无戒备中覆亡

三山口大捷给绍武帝带来的不是幸福，而是灾难。本来仅局促于广州一隅之地的绍武小朝廷，兵弱饷乏，国力极其空虚，如不卧薪尝胆，发愤图强，蓄聚力量，将难以立足，更难对付长驱直下的清军。而就绍武、永历双方兵力而言，绍武不如永历，三山口之捷纯属偶然。这一胜利着实令绍武君臣头脑发热，自以为强大无比，这使本来就胸无大志的绍武帝及其小朝廷更加昏昏然起来。他们觉得天下太平，一切都无所畏惧。绍武小朝廷本处危急之时，却显示出一派升平景象，绍武帝按照苏观生的安排竟安心地过起太平皇帝的生活。

绍武新朝廷建立，本应针对现实制定明确的以抗清为主要目标的建国方针与大政方略。其当务之急应是确保政权稳固，首要任务应是加强战备，积极而周密地部署兵力，全面安排好战守，不仅应稳定局势，严控内部，更应严防四境，特别是既要严防虎视眈眈的清军来袭，不给敌人以任何可乘之机；还应做好出击清军的准备，以实现光复明朝大业的总体目标。然而，这一切皆不在他们考虑的范围之内。他们昧于大势，没有任何危机感，没有任何抗清的准备，好像清军并不存在。他们不知治国该从何处入手，甚至不知政权为何物，一切看似热热闹闹，实际皆如演戏一般。

绍武帝称帝的一个月之内，“郊天祭地、幸学大阅等巨典，按日举行”。他封官许愿，滥施赏赐，“二三文武，覃恩数次，举朝无三品以下官”。[①] 举朝臣工皆大欢喜，绍武帝耳边一片歌功颂德之声。被绍武帝授以军国大权的苏观生“本无猷略，既兼综内外事，益惛瞀”[②]，但

①李天根：《爝火录》卷一六，第697页。

②徐鼒：《小腆纪年附考》卷一三，第517页。

却一刻不忘“粉饰大（太）平”①。他相信和倚靠的只有几个人，而这几个人皆无远略，其中关捷先、梁朝钟是他最早的同盟者。

关捷先，广东南海人，崇祯进士，历官监司，“小有才，使司笔札”。梁朝钟，广东番禺人，举人出身，“善谈论”，颇有文才，三迁至祭酒。此二人与苏观生一起拥立了绍武帝。还有一名叫杨明竞的广东潮州人，“好为大言，诡称精兵满潮、惠间，可十万”。对这种漫无边际的谎言，绍武君臣却信以为真。绍武帝特授杨明竞为潮惠巡抚。梁朝钟对人说：“内有捷先，外有明竞，强敌不足平矣。”② 绍武朝陶醉在自我安慰之中。苏观生对关、梁、杨等人倍加器重，“事必咨之”。为苏观生所信任的还有一名叫梁鋆的“妄人”，此人被任命为吏科都给事中。他与杨明竞一起狼狈为奸，“日荐用数十人”，损公肥私，大纳贿赂。③

绍武帝虽号称大明皇帝，但“七门以外，号令不行”④，其实际所辖仅广州一城，且城内又相当混乱。当时广州一带寇盗横行，陆寇有花山寨，水寇则有所谓“四姓兵”的石、徐、马、郑四姓贼首。苏观生拥立绍武帝之后，“皆抚之为用”。但这些人被招抚进入广州城后，“桀骜不听节制。白昼杀人市中，悬其肠于官府之门，莫敢向问”。⑤因此，“城内外大扰”⑥，官绅士庶皆惶恐不安。

绍武帝虽然大封群臣，但大臣们欲壑难填，不少人出仕入朝多为肥己。又，普通大臣与有拥戴之功的元勋，由于利益分配的不公，彼此矛盾甚深。绍武帝无力解纷，只得听之任之。

原来两广地区在籍的官绅，派系严重，皆各立山头，各树党羽，互相争斗，且多与三司两院暗中串通，把持吏治。自万历末年以来，

---

①李天根：《爝火录》卷一六，第 703 页。
②佚名：《鹿樵纪闻》卷中《唐王》，载《扬州十日记》第 134—135 页。
③李天根：《爝火录》卷一六，第 703 页。
④李天根：《爝火录》卷一六，第 697 页。
⑤黄宗羲：《行朝录》卷二《绍武之立》，载《黄宗羲全集》第 2 册，第 124 页。
⑥李天根：《爝火录》卷一六，第 703 页。

双方一直争斗不断，势力互有消长。苏观生拥戴绍武帝之后，因有拥戴之功，权势极隆，广东潮阳人辜朝荐受到冷遇而失势，乃大为失落，遂忌恨有加，报复之心愈加强烈。八月，清军攻入福建，消灭了隆武朝后便驻扎不动，并没有收到入两广的命令。辜朝荐考虑到在明朝已难有出头之日，便想在清朝立个首功，以压倒苏观生，于是便计划引清军入两广。他亲自前往福州，向清军统帅献取两广之计，极力鼓动说清军一出，只需三个月便可抵达桂林。清军统帅遂决定发兵。

就在绍武、永历两军鏖战三山口之际，清将李成栋与佟养甲已发兵南下，经由漳州袭取潮州，招降大盗陈耀，又进占惠州。清军一路之上几乎没遇到任何抵抗，潮、惠两府“长吏皆降附”[①]，李成栋“即用两府印文移广州，报无警”，苏观生信而不疑，“泰然不为备”。[②] 十二月十四日，李成栋选精骑三百，由惠州出发，昼夜西行，过增城县。十五日，这些骑兵潜入广州城北花山，前锋十余人用青白布裹头，伪装成洋船舵工，顺利无阻地进入广州城，直抵布政使司衙门前紫薇牌坊下。他们当着众人之面突然掀掉头上裹布，露出清人的装束辫发，挥刀大呼清军来到，声起刀落，仅杀掉一人，众人便被吓得魂飞胆丧而满城崩溃。

这天，绍武帝赴国子监幸学阅射，身穿朝服、簇拥其后的群臣正在行隆重的参拜之礼，一片庄严肃穆。突然卫士闯入，急报清人杀至。绍武君臣均大惊失色。苏观生立即沉下脸来说：“潮州昨日尚有报，安得遽至此！妄言惑众，斩之。”[③] 于是，他下令将报信卫士推出斩首。但报警者接连而至，全城骚乱。苏观生还认为是受招抚的花山寨人又在城中捣乱，这种骚乱几乎天天发生，他已熟视无睹，所以仍不在意。他正宣布皇帝视学大典继续进行之时，大队清军从广州城东门拥入，已“红笠载道”，苏观生这才急忙召兵迎敌。因精兵多已去同永历朝的军队

---

①徐鼒：《小腆纪年附考》卷一三，第517页。

②黄宗羲：《行朝录》卷二《绍武之立》，载《黄宗羲全集》第2册，第124页。

③李天根：《爝火录》卷一六，第706页。

交锋，尚未还师，宿卫之兵虽有万人之众，却“仓卒不及集”。①

事发突然，人人自顾不暇，国子监内的诸臣顾不上体面，纷纷逃命而去。被扔在一旁的绍武帝，不敢出国子监正门，乃“变服逾垣”，到大学士王应华家藏匿，继而感到不妥，便缒城逃至洛城里。清巡逻兵抓获了他，将他安置在东察院。李成栋令人送上食物，绍武帝拒不接受，曰：“吾若饮汝一勺水，何以见先帝于地下?”② 于是自缢而死。当时在广州的周王、益王、辽王等明藩王二十四人同时被杀。③ 绍武帝短暂的政治生涯中，虽然并未做出一件值得肯定的好事，但他于危急之时，“从容遇难”，“所谓‘亡国而不失其正者’”。④ 他在生死之际堂堂正正，确也赢得了后人的同情。

导演绍武帝登极、覆亡全剧的苏观生，在事变发生后召集兵将不成，见大势已去，便急至他最信任的吏科都给事中梁鋆住所商量对策。梁鋆平静地说道：“死耳，复何言!”于是他们共同决定以死报国，以全名节。商议既毕，苏观生入东房，梁鋆入西房，各关闭房门自缢。梁鋆入室后故意扼住咽喉，发出憋气之声，接着又推翻茶几，发出倒地之声。苏观生以为梁已自缢身死，便感慨万端地提笔在壁上题诗道：

人皆受国恩，时危我独苦。

丹心佐两朝，浩气凌千古。⑤

他又大书“大明忠臣义士固当死”九字，然后自缢而死。⑥ 第二天梁鋆献出苏观生尸体降清。

当时，见绍武政权倾覆而自杀身死者有太仆寺卿霍子衡、国子监司业梁朝钟、行人梁万爵，而被绍武帝拜为大学士的顾元镜、王应华等皆率官绅投降。绍武帝及其拥戴之臣，就以这样的行动结束了他们

---

①黄宗羲：《行朝录》卷二《绍武之立》，载《黄宗羲全集》第2册，第124页。
②黄宗羲：《行朝录》卷二《绍武之立》，载《黄宗羲全集》第2册，第124页。
③李天根：《爝火录》卷一六，第706页。
④黄宗羲：《行朝录》卷二《绍武之立》，载《黄宗羲全集》第2册，第125页。
⑤苏观生：《临难题壁作》，载张其淦辑：《东莞诗录》卷二二，东官张氏寓园刊本，1924年。
⑥黄宗羲：《行朝录》卷二《绍武之立》，载《黄宗羲全集》第2册，第124页。

的历史篇章。

最后需要再提一笔的是，诸多史籍记载绍武朝倾覆之时，众多降清官员中有何吾驺[①]，且其降清后，“乞修明史”，获得李成栋的准许，于是“门署‘纂修明史何’”。时人对其嗤之以鼻，广州城里于是传有“吾驺修史，真堪羞死”之谣，将何吾驺描绘成丧失气节的无耻之徒。[②] 这同前面所谓其参与拥立绍武帝一事皆为不实之词，是子虚乌有的厚诬。历史学家马楚坚据1959年于广东中山县凤凰山出土的黄士俊撰《何相国墓志铭》（全名《大明进士特进光禄大夫左柱国太傅兼太子太师吏礼兵三部尚书中极殿大学士赐敕印尚方剑便宜行事首辅象冈何公墓志铭》），撰文全面评价了何吾驺。文中指出何吾驺于国难危急之秋，以致仕之身复出，效忠于南明，履艰蹈险，鞠躬尽瘁，正身洁己，不党不偏，是大节凛然之人，只是为党争所累，负流俗之谤。文章最后指出何吾驺“降清失节及拥立绍武一事乃千古之奇冤”[③]，言之凿凿，可谓不刊之论，特附言如此，以还历史本来面貌。

①黄宗羲：《行朝录》卷二《绍武之立》，载《黄宗羲全集》第2册，第124页；王夫之：《永历实录》卷四《吴何黄列传》，第42页；张岱：《石匮书后集》卷五二《瞿式耜列传》，第304页；戴笠：《行在阳秋》卷上，载《三朝野纪》第239页。

②计六奇：《明季南略》卷九《辜朝荐献策下广》，第338页。

③马楚坚：《明末何吾驺相国之生平与志节》，载《明清边政与治乱》第197页。

卷五　永历帝：闻警即逃

南明诸帝中在位时间最长、活动地域最广、颠沛流离经受苦难最多、朝臣忠奸善恶最为分明、经历斗争也最为激烈的一位皇帝，便是永历帝朱由榔。这位南明的最后一帝，胸无主见，遇变即惊，闻警即逃，错过了一个个有利时机，辜负了许多忠臣义士的艰苦努力，终致国破身亡。他惊惶悲惨的一生留给人们无尽的思索。

第一章　永明王成永历帝

一、显赫身世，多难经历

永历帝朱由榔，天启三年（1623）十月十九日生于北京桂王府邸。他乃明太祖朱元璋十一世孙，神宗皇帝朱翊钧第八子桂端王朱常瀛第四子，生母为贵人马氏，是支派显赫的天潢贵胄。朱常瀛于万历二十九年（1601）封桂王，一直住在京师，直到天启七年（1627）方之国于衡州。五岁的由榔随父前往。明末崇祯年间皇室成员已多如牛毛，有王爵者多达百人以上，他们分布于全国各处封地，榨取地方钱粮以满足其巨大开支。由于朝廷“崇礼亲藩”，诸藩王多凭借特权，为非作歹，“侵有司，烦苦士民”，成为社会上的一大公害。但

“独桂邸以安靖闻”，桂王安分，没有对社会造成危害，算得上出类拔萃。编修马世奇、中书舍人张同敞分别于崇祯十一年（1638）、十五年（1642），奉敕赴各地“戒谕诸王”，即考察诸王行迹，两人“俱以（桂）王贤报命”。① 由此可见，桂王朱常瀛算是污浊中的清白者，以贤明的美誉远近闻名。生活在这样的环境中的朱由榔耳濡目染，不能不受到影响，于是在社会上树立起了有教养的形象。

崇祯六年（1633），由榔被封为永明王，其同母兄由樱被封为安仁王。十四年（1641），由榔结婚，妃为王氏。次年年底，张献忠率大西军攻入湖南，十六年（1643）八月，进占衡州。桂王朱常瀛仓促间携宫眷出逃，其世子、次子均被农民军擒杀于衡州。当朱常瀛携由樱、由榔等乘舟，逃至永州之南石期市（在今湖南东安县境）时，被大西军追上，于是急忙弃舟上岸奔逃。幸亏巡道中军王上庸率将士拼死抵御农民军，常瀛及三子由樱才得以逃脱，从全州进入广西。由榔则于慌乱中走失，被农民军擒获，囚押于永州，准备押送衡州。这时，诸生出身的永州经历吴继嗣出于同情之心，对由榔极力维护。他不愿将由榔马上押赴衡州，故意采取拖延方针，还特意征询由榔意见，问其何日赴衡州为好。由榔脱口而出说：“二十四日。”当时已二十一日，吴继嗣等“嫌其太速”。二十三日午后，永州城内突然人声鼎沸，传言大兵来到。惊恐万分的由榔以为农民军又从衡州杀来，认为自己性命休矣！正在绝望之际，城中传令戒严，原来广西征蛮将军杨国威已率兵入境。傍晚，杨国威部下旗鼓官焦琏督兵攻下永州城，至囚所，破槛车救出由榔，扶掖上马，出城而去。但二十年来在优裕环境中享受惯了的由榔只能坐轿，不会骑马。焦琏亲自“负之里许”，渡河后方脱离险境，再“肩舆送入粤”。② 十七年（1644）三月，桂王父子君臣相会于桂林。这时，桂王常瀛除世子、次子已死难外，五子、六子亦“访无消息”，身旁只有三子由樱和四子由榔。广西巡抚瞿式耜、巡

①王夫之：《永历实录》卷一《大行皇帝纪》，第1页。
②鲁可藻：《岭表纪年（外二种）》卷一，第5页。

按郑封及总兵杨国威等商议后认为，桂王系朝廷亲王，今遭难至此，应及时供应所需钱粮，妥善安置。但桂林本是靖江王的封地，二王不便同城居住。虽然此时张献忠已撤出湖南，但湖南经兵燹之后已残破不堪，不能让桂王马上返回封地，现附近只有梧州一府可以安置，可请桂王先行迁移至此，就近支取钱粮，然后再共同上疏朝廷请旨批准。桂王欣然赞同此议。六月，朱常瀛携二王子及众宫眷到达梧州。

就在众臣协商安置桂王于梧州之际，李自成攻下北京、清军入关等事接踵发生。在南京诸臣议立新帝之时，按以亲以贤的标准，桂王朱常瀛曾在拟被拥戴之列，但因其居地僻远，终被排除在外。对此，桂王本人并不知晓。常瀛刚刚抵达梧州，忽然传来福王朱由崧于南京监国的消息。接着，弘光帝登极的“喜诏”与崇祯帝殉国的“哀诏”相继颁至。得悉崇祯帝“罹难之惨”，桂王“伏地大恸”，悲伤过度，“绝而复苏，遂致不起”，不久去世，葬于藤县之北。①

桂王朱常瀛死后，丧事按亲王丧礼操办，开支浩大。颠沛流离至梧州的安仁王由榎、永明王由榔“资囊搜括殆尽”，加以形势日渐恶化，地方动荡不安，百姓疲困，征收越来越少，王府“仓廪空虚”。②这时桂王府里的妃嫔、僚属、宫眷尚有千余人之多，日常支出浩繁而供应不足，由榔虽为王者之尊，却境况窘迫。

不久，弘光政权覆亡的消息传至广西，广东在籍尚书陈子壮等按皇室宗派条件，决定奉安仁王监国，以承继明朝大统。正在准备时，唐王朱聿键于福州即皇帝位的消息传来，“议遂寝”③。隆武元年

①李天根：《爝火录》卷一六，第692页。

②李天根：《爝火录》卷一六，第692页。

③徐鼒：《小腆纪年附考》卷一三，第505页。按：此处称“将奉端王监国”，有误，应为“将奉安仁王监国”。

（1645）八月，隆武帝遣使册封安仁王由榎袭封桂王爵[①]，徙居肇庆府。正在这时，广西发生了一场意外事变——靖江王朱亨嘉起兵反叛。多亏瞿式耜断然处置，才使局势转危为安。

瞿式耜，字起田，号稼轩，南直隶常熟人，万历进士，为人忠义果敢，刚正不阿。弘光朝时官至右佥都御史、广西巡抚，开府于梧州。当唐王朱聿键于福州即皇帝位的登极诏书颁至广西后，他接受诏书，并整饬地方，安定社会。但封国于桂林的靖江王朱亨嘉却拒不接诏，在征蛮将军杨国威、推官顾奕等人的支持下，悍然举兵，自称监国，并移檄广西各府州道官员及左右江四十五洞土狼标勇听命；同时准备举兵东指，与隆武朝对抗。手中无兵的瞿式耜明确反对，立即上启责以大义，并指出：

> 两京继陷，大统悬于一发，豪杰耽耽逐鹿。闽诏既颁，何可自兴内难，为渔人利？[②]

靖江王十分恼火，立即遣使至梧州敦促其赴桂林参与拥戴。瞿式耜拒绝前往，同时私下做了紧急部署，密令思恩参将陈邦傅率兵防卫梧州，又令狼兵不要听命于靖江王。不久瞿式耜被执，软禁于桂林，式耜家人急赴福州报警并乞师讨伐，隆武帝遂发讨逆之诏。广西各地从靖江王之命者少，靖江王呼应不灵，很快陷入孤立。万般无奈之中，靖江王又请求瞿式耜重返巡抚衙门，行使职权。在瞿式耜周密部署之下，陈邦傅、焦琏协同两广总督丁魁楚等率军攻下桂林，擒获杨国威、顾奕等，随后攻下靖邸，平息了这场争位之乱。事后式耜进秩兵部右侍郎。

---

①钱澄之：《所知录》卷二《永历纪年上》，第59—60页；邵廷采：《东南纪事》卷一《唐王聿键》，第154页。按：《东南纪事》作“遣使册封桂王世子由根（榔）为桂王”，有误，应为“由榎”，因此时桂王世子为安仁王朱由榎，而非朱由榔。且安仁王朱由榎尚在，他是第二年即隆武二年六、七月间去世的。《所知录》言之凿凿：“思文皇帝正位福州，晋封安仁为桂王，徙居肇庆府。隆武二年，闻虔州警，复返梧州。未一月，王薨。上当袭位。思文帝语廷臣曰：‘此永明之天下也。永明，神宗之嫡孙，正统所系。朕无子，后当属诸永明。’”隆武帝本欲册封朱由榔为桂王，但未及实施即殉难。因此，朱由榔至称帝前始终是永明王，未受封过桂王。

②瞿共美：《天南逸史》，载《岭表纪年（外二种）》第254页。

瞿式耜对靖江王不顾大体的争位之举嗤之以鼻，断然平息，但对桂王父子却情有独钟。他钦佩桂端王朱常瀛的廉明，更钦佩其第三子桂恭王朱由楥的英敏干练。由楥虽在王府中长大，但“英明特达，才学过人，有知人之鉴”。他与瞿式耜私交很深，彼此敬重。由楥曾对人说：“居安可寄社稷，临难不夺大节者，惟司马瞿公一人。”① 这是极高也是极恰当的评价。

隆武二年（1646）五月，清军大举入江西，围赣州。警报传至肇庆，桂王朱由楥为躲避兵锋，遂返回梧州。但未及一月，不幸的事情发生了。一天，由楥宴客之后，深夜突然发病，自知危殆，急召瞿式耜入王府，嘱托后事。他执瞿式耜之手，泪流满面地说道：“孤负先生。”随即一面看着站在一旁的由榔，一面对瞿式耜说：“国家事一听瞿先生处分。”又说：“孤再生伽蓝，而王第一罗汉也，先生好辅之。”说罢而逝。式耜“哭之恸”。由楥、由榔的嫡母王太妃抑制悲痛解劝道：“先生且休！事皆赖先生，先生毋伤神如是。”② 瞿式耜对此知遇之恩感动万分，从此他便把精力集中到永明王由榔身上。桂王由楥逝世后，瞿式耜便同肇庆知府朱治憪商议，共迎由榔还肇庆，仍居于旧王府之中，由此由榔及王府成员的生活有了较好的保证。由于父兄的先后去世，他成为桂王府的主宰，但两年来接连而至的不幸与困窘，对向来养尊处优的由榔来说，刺激极大。

二、才非拨乱，君临天下

桂王朱由楥病逝，王府官员立即向朝廷报哀，隆武帝得悉噩耗很是痛惜。由楥、由榔向负贤名，隆武帝在慨叹由楥早逝之余，又对由榔寄予了深厚希望。他对臣下说：“此永明之天下也。永明，神宗之嫡

①瞿共美：《天南逸史》，载《岭表纪年（外二种）》第263页。

②瞿共美：《天南逸史》，载《岭表纪年（外二种）》第264页。

孙，正统所系。朕无子，后当属诸永明。”[①] 但他说完此语之后，还未及颁发册封由榔为桂王之旨，便踏上了逃亡之路。然而，隆武帝播迁闽西之时，仍念念不忘由榔，“待永明王以大公”。他对群臣说：“大宗适自属永明，朕在此间，去永明千里，不暇相求，臣民敦迫，勉行即位。然行年四十，未耀前星，不审永明才度何如，良用关切。”[②] 话语间对其寄予无限希望。不久隆武帝便遇难，隆武朝覆亡。由榔始终未接到承袭桂王爵之诏，所以他仍然是永明王，但这丝毫影响不了他将要承担的大任。

隆武朝覆亡的消息传至广西后，明朝文武诸臣便开始议论拥立新君的问题，他们一致的意见是永明王朱由榔当承继大统。首先提出此议的是瞿式耜。瞿式耜得到隆武帝殉国的消息后，急乘舟至肇庆，对两广总督丁魁楚说：

> 永明王神宗皇帝孙，宜立久矣。向者，郑鸿逵拥立非次，下骄上疑，致布高爵重权，饵督抚镇将，威令不行，天下坐溃。今仅南方一隅地，犹使非分者因仍覆轨，恢复不待问，即欲稍延大明一线，谢高皇帝于山陵，亦不可得已。永明王宜立，在耜与公耳！楚、蜀文武吏士，虑无不从者。[③]

其实，丁魁楚已经获悉隆武帝蒙难之讯，但并未采取行动，而是考虑“远害全身之计”[④]，心怀观望，犹豫不决。而在此之前，旧阁臣何吾驺向其致书，称今永明王朱由榔，“序亲序贤宜立”[⑤]，丁心有所动。至此，一经瞿式耜提出拥立事，丁魁楚便完全赞同。于是瞿、丁二人会同巡按御史王化澄、郑封，知府朱治憪，锦衣卫佥事马吉翔，太监庞天寿等共议，都认为朱由榔应立即宣布监国。这时旧臣吕大器、李永茂、晏日曙、汤来贺、董天闳、周鼎瀚、方以智、林佳鼎、程源

①钱澄之：《所知录》卷二《永历纪年上》，第60页。
②邵廷采：《东南纪事》卷一《唐王聿键》，第168页。
③王夫之：《永历实录》卷二《瞿严列传》，第21页。
④瞿式耜：《丁亥正月昭江道中寄》，载《瞿式耜集》卷三，第256页。
⑤金钟：《皇明末造录》卷上《东南纪略》，载《狩缅纪事（外三种）》第135页。

等先后来到肇庆，一致认为朱由榔“王统系正，贤而当立”[①]，于是共同上表请朱由榔监国，结果出乎众臣的预料，请求被拒绝。

此时，朱由榔年二十四岁，“姿表非常”[②]。其身材长相极像其祖父神宗皇帝朱翊钧，史称“神宗诸子惟端帝（按：指桂端王朱常瀛）肖之，诸孙又惟帝肖之”。“帝玉体龙颜酷似神祖，而性恶繁重亦略近之。”他们不仅是外表相像，性情也相像。所谓“性恶繁重”，即好逸恶劳，难担重任。其实这是非常严重的缺欠，等于是废人一个。当然他也有优点，所以又说他“生而厚重谨默”，“事务了了于心”。这是说他既谨小慎微、不出风头，但又有洞察力，对事物皆能清清楚楚，又“绝无声色珍禽他嗜好，不饮酒，不置妃嫔”，“事太妃极孝”。[③] 所以当群臣将共请其监国之事向他禀告时，他竟拿不定主意，乃立即禀报嫡母王太妃。王太妃态度坚定，“心不欲立，辞甚切”[④]，拒绝的态度极其坚定。她召朱由榔入宫告诫说：“儿非治世才，何苦以一朝虚号，涂炭生民，南中、闽中可鉴也。”[⑤] 王太妃谈的是肺腑之言。承担无力承担之事，只能造成恶果而贻害无穷，更何况国家大事！

大臣们见所请被拒绝，更坚请不已。“魁楚、式耜独见同见而请之，皆不可。”[⑥] 王太妃一律加以拒绝。王太妃一再说：“此大事，恐不胜任，愿先生更择可者。”[⑦] “诸君何患无君，吾儿仁柔，非拨乱才也，愿更择可者。”[⑧] 但诸臣不达目的决不罢休，在他们的一再请求下，王太妃终于违心地收回成命而勉强同意朱由榔监国。

十月十四日，朱由榔在众臣拥护之下于广东肇庆府举行典礼，正

---

①徐鼒：《小腆纪年附考》卷一三，第506页。
②钱澄之：《所知录》卷二《永历纪年上》，第60页。
③鲁可藻：《岭表纪年（外二种）》卷一，第5页。
④鲁可藻：《岭表纪年（外二种）》卷一，第6页。
⑤徐鼒：《小腆纪年附考》卷一三，第506页。
⑥鲁可藻：《岭表纪年（外二种）》卷一，第6页。
⑦瞿共美：《天南逸史》，载《岭表纪年（外二种）》第264页。
⑧李天根：《爝火录》卷一六，第691页。

式监国，颁诏楚、滇、黔、蜀。以总督两广兵部尚书丁魁楚兼东阁大学士，为首辅。督军兵部尚书吕大器、兵部左侍郎瞿式耜各兼东阁大学士，同入直。其余众臣升进不等。但由榔监国之初人事安排便出现了问题，这就是以丁魁楚为首辅和授太监王坤为司礼监秉笔太监。

丁魁楚，字光三，河南永城人，万历进士。官至兵部右侍郎，总督蓟辽保定军务。崇祯九年（1636），因清军入塞蹂躏内地，不能抵御，而被遣戍边卫。弘光时，以重贿马士英而起故官。旋改任两广总督兼广东巡抚，驻梧州，进兵部尚书。他“善事权要”[①]，行径卑劣，为众所不齿。此时，魁楚在瞿式耜提议下共同拥戴了朱由榔，但又欲占据拥戴首功，而颇悔未能及早行动，乃用计暗中行贿，尤与内臣王坤深相结纳，图谋高位。于是当朱由榔于肇庆即帝位后，魁楚便晋东阁大学士兼兵部尚书，自任为首辅。此后，他更与王坤一道把持朝政，卖官鬻爵。先是，原隆武朝大学士苏观生致书魁楚，愿与其共同拥戴，魁楚虑其以旧相之身份将居己之上，乃力拒之。观生遂立唐王聿𨮁于广州，建绍武朝，以致彼此治兵相攻。

而王坤乃前朝太监，是声名狼藉之人。弘光政权覆亡后，入闽而被隆武帝拒绝不用，至此却被授为司礼监秉笔太监。丁魁楚、王坤用事，堵塞贤路，或造成日后的混乱。朝廷虽起用旧日的南赣巡抚李永茂，但永茂坚持守制，拒绝入阁。吕大器虽已受命，见魁楚为首辅又掌握兵部之权，“忿甚”，“拂衣去”，“竟不辞而行”。[②] 刚就监国之位的朱由榔当然看不到这诸多事件背后的大问题。但是，他对个人安全却极为敏感。

朱由榔就任监国的当月，清军连下福建漳州、江西赣州而逼近广东的消息传至行在，他大惊失色。司礼监王坤建议应马上移跸梧州，加以躲避，由榔立即接受。其实战地距肇庆甚远，躲避毫无必要。

朱由榔一朝得位，便执意举朝转移。群臣对由榔这种草木皆兵、

---

①王夫之：《永历实录》卷三《丁王朱列传》，第35页。

②鲁可藻：《岭表纪年（外二种）》卷一，第7页。

胆小如鼠的举动深为不安。瞿式耜极力谏阻说：

> 上之立也，为祖宗雪仇耻，为民生援涂炭，正宜奋大勇以号召远近。今强敌日逼，东人复不靖，苟自懦，外弃门户，内衅萧墙，国何以立？①

这里“强敌”指清军，而“东人”指的是绍武朝。但此时朱由榔对这位平素尊敬的“瞿先生”之忠告，竟全然听不进去。监国仅六天，隆武二年（1646）十月二十日，他便匆忙率众臣移跸梧州，首开他闻警即逃的纪录。这令王太妃十分气愤。她阻止不及，便呼由榔近臣，“面呵其弃逃无固志，诸臣皆伏地引罪”②。

朱由榔逃离肇庆不久，又发生了令他震惊的新情况。原来他遣出颁监国之诏的使者尚未回还，而朱聿𨮁已于广州监国，并派出通好的使者陈邦彦来到他的面前。天无二日，国无二帝。两个监国政权并存的局面，对他来说是难以容忍的。而丁魁楚等朝臣十分清楚朱聿𨮁监国广州的政治背景，这纯属苏观生因被肇庆诸臣拒之于拥戴行列之外，恼羞成怒而进行的一场政治赌博。

丁魁楚等决不甘心与苏观生处于同等地位，面对已发生的情况，决定先发制人，请监国永明王正式称帝。朱由榔完全同意丁魁楚的建议，又不再过多考虑清军已攻占赣州、漳州的安全威胁，立即于十一月十二日启驾返回刚刚离开的肇庆，准备称帝。这时朱聿𨮁已于十一月初五登极称皇帝的消息传来，更使他恼火与焦急。本来他按丁魁楚等人的建议要抢在朱聿𨮁之前称帝，不料却晚了一步。他到肇庆后立脚尚未安稳，就于十一月十八日举行祭告天地祖宗的典礼，登极称帝。当年仍称为隆武二年，以明年丁亥（1647）为永历元年。他追尊父桂王朱常瀛为端皇帝，庙号兴宗；尊嫡母王太妃为慈宁皇太后、生母马氏为皇太后，妃王氏为皇后；谥皇三兄桂王朱由樱曰恭；同时遥上隆

①瞿共美：《天南逸史》，载《岭表纪年（外二种）》第266页。

②徐鼒：《小腆纪年附考》卷一三，第511页。

武帝为思文皇帝。[1]

第二章　颠沛流离无宁日（上）

一、登极伊始，自乱朝纲

朱由榔在朝臣的共同拥戴下，于隆武二年（1646）十一月十八日即皇帝位。众拥戴者各怀不同的目的，但不外乎为己和为国两种，于是忠义与邪佞并现于朝的现象出现了。他们都顽强地表现自己，努力促成自我意志的实现，与共同拥戴的永历皇帝周旋，出现了接连不断的对立与冲突。

在富贵之乡长大的永历帝朱由榔，不更世事，但事亲孝，特别是对嫡母慈宁皇太后极孝。他当上皇帝之后，凡政事无不禀报太后，一切唯太后之命是从，所以立身行事皆努力体现太后的意志，这造成了他一生中的幸与不幸。

根据太后的教导，同时也是自身荣辱所系，永历帝也希望能当个好皇帝。即位伊始他特颁谕旨：不设东厂，不选宫人，表示要推行清明政治，做英明皇帝，这在群臣中产生了强烈反响。诸臣退朝之后，也难抑欢愉之情，互相议论说：

凤准龙颜，果中兴主也。不设东厂，不选宫人，为始政之最美。

而慈宁皇太后也随之召群臣入宫，颁发懿旨：

今朱家皇帝仅存此一线缵承大统，愿诸先生尽忠竭力辅相之。[2]

---

①鲁可藻：《岭表纪年（外二种）》卷一，第9页。

②李天根：《爝火录》卷一六，第699页。

当时聆听懿旨的场面是“百官拜谢感泣，各图自奋，颇有中兴气象”[①]。中兴明朝、重振国家是皇帝、太后与臣民士庶的一致心愿，所以永历帝及太后便努力将忠义的干练之才充实到内阁九卿班底之中，以期实现中兴的宏愿。当时人望及忠义之士多被收罗入内，如吕大器、瞿式耜、何腾蛟等皆为内阁大学士。特别是永历帝对瞿式耜的信任与倚重对永历朝的存在与发展意义重大。

虽然太后“习文墨，晓事机，剖决诸务能晰情理”[②]，是妇女中不可多得的佼佼者，但囿于所处的条件，许多复杂的人事纠葛，以及诸多邪佞谄媚的花招，她难以识破，甚至往往被利用。在最初组选内阁内廷人员时，一些人明显地钻了这个空子。马吉翔、郭承昊为锦衣卫指挥使，王坤为司礼监秉笔太监，显系太后所安排。劣迹昭著而“阴鸷便巧”[③] 的太监王坤，弘光朝覆亡后逃至福州，为隆武朝所不容，后又窜来肇庆，却很快当上司礼监秉笔太监，其原因是“宫府草创，无习故事者，留为司礼秉笔”。后来，此人“颇弄权，而外廷亦遂夤缘以进”。[④]

朱由榔发现当上皇帝之后一切都不像以前那样随随便便，他必须临朝理政，接见、听取群臣谏议，还要随时拿出主张、做出决定，这种生活习惯的重大改变使他很不适应。大事多由慈宁皇太后做主，但国事繁杂，他不能事事请示，到后来也很少请示。不过，凡事总都得有个处理意见，他很快发现了解决问题的快捷办法，这就是依靠身旁的太监，特别是王坤。他即位初期对王坤的信任与依靠程度令人惊讶。对王坤的话，他言听计从，而对大臣的谏议却越来越听不进去了。

朱由榔称帝后第一个大动作，便是同广州绍武政权争夺帝统。从实力对比、人心所向及即位过程来考虑，应该说永历帝的即位理由更

---

①李天根：《爝火录》卷一六，第699页。

②鲁可藻：《岭表纪年（外二种）》卷一，第5页。

③王夫之：《永历实录》卷二五《宦官列传》，第211页。

④钱澄之：《所知录》卷二《永历纪年上》，第62页。

充分一些。一个很有趣的现象是，当绍武帝朱聿鐭在明知永明王已宣布监国的情况下，又自行宣布监国，他所派出的使臣陈邦彦竟然不代表他的利益，反而向接待方出谋划策。这是陈邦彦深知绍武帝理亏的表现。

当然，陈邦彦并非卖主求荣，而是从当时的全局出发，为了抗清大业。他向已逃至梧州的永明王提出建议：必须立即率属“急还肇庆正大位，以系人心”。这是在政治上采取主动。军事上他提出命南雄劲卒取韶州，“粤东十郡我制其七，而使其三代我受敌，从而乘其敝”。[①]这是在军事上采取以我为主，争取主动、占据有利地位的措施，承认双方并存的现实，有利于抗清大业。

但由于永历朝派出的使者彭燿等为绍武朝苏观生所杀，绍武朝同时又杀来问罪之师，永历君臣不能冷静地分析形势，以为错全在对方，而头脑发热，举朝愤然决定以师相拒，以致“国中自斗，贻渔人利”[②]，终于造成两败俱伤的悲惨结局，给清军挺进提供了方便条件。

原广东布政使汤来贺奉隆武帝之命练兵于广东，又奉命赴云南，然而尚未到达，就得知隆武朝覆亡。不久，他又获悉绍武朝立于广州，而永历、绍武又相争斗，乃“率兵缴册，并未用钱粮”，满怀热情地主动到达肇庆投奔永历朝。他上书永历帝，指出“让为上，和次之，争斯下矣”，这本是考虑周全、极为正确的见解，但永历帝却不予接受，丁魁楚竟称其“疑为唐王用”，“闭城不纳”，拒绝了这支重要力量。[③]汤来贺不得已，流落他方，后归隐乡里。可见，在关系国家生死存亡的关键决策上，永历帝即位之初便出现了重大失误。

对永历帝在监国之初即任王坤为司礼监秉笔太监一事，瞿式耜很有意见，以为不妥。他曾上疏说：“草昧之初，惟养圣德，修纲纪，慎政教，挽人心，布威武，起用人望，招徕贤俊为首务。”这是对王坤等

---

①温睿临：《南疆逸史》卷二五《陈邦彦》，第179页。
②李天根：《爝火录》卷一六，第700页。
③鲁可藻：《岭表纪年（外二种）》卷一，第11页。

“奄人窃柄”的“预虑”。[①] 瞿式耜委婉告诫永历帝应让贤人执政，不可让阉人窃柄，无奈“未甚学问”[②] 的永历帝并不理解这上疏的含义。瞿式耜无疑对牛弹琴，枉费一番心思，难达预期目的。一般说来，臣下只有建议而无决定之权，而建议的提出又受许许多多条件的限制，即使委曲婉转地提出建议，也往往被否定。像瞿式耜这样的重臣都不能阻止王坤的“窃柄”，而王坤“窃柄”之后，很快赢得永历帝的信任，他的乱政行为，更使瞿式耜等正直大臣疾首蹙额。

十二月初，永历帝连降谕旨：升广东巡按御史王化澄为副都御史、总制两广，又升为兵部右侍郎，掌兵部印。任命令刚发出，兵部尚书吕大器去职，便又升王化澄为兵部尚书。这种接连提升，全未经过部议的正常手续，而是所谓“斜封墨敕”，由皇帝亲手内批任命。这种不按正常程序且毫无限制的连续升迁的做法引起朝中大哗。瞿式耜立即上疏谏阻，他说：

> 化澄诚贤，有廷论，斜封墨敕，何可为例？请补部疏，尚可塞幸进之门。[③]

这是其从维护皇帝与朝廷尊严的角度出发提出的中肯建议。永历帝这才发现问题的严重性，于是，在维持原有任命的前提下，“补部疏行”[④]。其实王化澄并非贤能之士，这个奇怪的任命“皆王坤之为也”[⑤]，只不过通过了永历帝之手。原来，任广东巡按数年间便搜刮到“宦资至二十万”的王化澄，在永历政权建立后，很快与王坤“厚善”，勾结在一起。接着他又巴结永历帝皇后之兄王维恭，与维恭“通族为兄弟”。[⑥] 靠着这种关系，王化澄得以连续高升。

永历帝在王坤的怂恿下，不顾朝廷的章法，竟行内批之事，受到

---

①李天根：《爝火录》卷一六，第694页。
②鲁可藻：《岭表纪年（外二种）》卷一，第5页。
③李天根：《爝火录》卷一六，第702页。
④王夫之：《永历实录》卷三《丁王朱列传》，第36页。
⑤李天根：《爝火录》卷一六，第702页。
⑥王夫之：《永历实录》卷三《丁王朱列传》，第36页。

阁臣抵制时便稍作收敛。但此事过后不久，永历帝依然故我，照旧根据王坤等人的建议，不通过内阁进行内批。二十三日，内批改户部郎中周鼎瀚为给事中。瞿式耜极力劝阻，甚至指出“瀚历部俸深，且有拥戴功，应升卿寺，今破例而改，非升也，何以示新政？”① 他争的是朝廷章法，提醒并要求朝廷用人行政一定要符合程序，不可任意妄为。但这次规劝失败了，永历帝坚持己见，决不收回成命。而王坤凭永历帝的信任越发有恃无恐，肆无忌惮。

永历帝监国不久，曾起召原兵部尚书李永茂为大学士，李永茂因守制不能入阁办事，永历帝特下旨令其夺情，专掌经筵之事。永茂于是向朝廷推荐十五省人望，共十五人，其中包括“有盛名”② 的陕西富平人、山西道御史刘湘客。但太监王坤接过推荐表看后，不悦，涂抹掉自己不满意的十四个人，刘湘客也在其中。李永茂十分气愤地指出：“朝廷方以启沃资永茂，永茂以十五省人才进，非私也，而去之，是言不信也，敢知经筵事乎？”说罢便于当天离朝，解舟而去。对此，瞿式耜上疏永历帝指出：“大臣论荐，新朝盛事，司礼辄去取其间，无以服御史，何以安大臣？”③ 永历帝竟漠然置之，不置可否。

不久，王坤竟独自上疏向朝廷推荐海内“人望数十人”。大学士瞿式耜立即向永历帝进言说：“司礼抑人固不可，荐人更不可。”这是说司礼太监没有资格干预朝政，因为这是朝廷的规矩。永历帝对此很不高兴，却又不便发作。正在此时，吏科都给事中刘鼒等人也向永历帝上疏，明确指出“内臣荐人之非”。这捍卫的是朝廷章法，永历帝竟怒不可遏，下令“夺鼒等官”。由于瞿式耜据理力争，此事“乃寝”，王坤的企图终未得逞。永历帝在李永茂愤然离朝之后，仍按其推荐提升方以智为中允，改刘湘客为编修，充经筵讲官，王坤对此感到“不悦”。④

---

①钱澄之：《所知录》卷二《永历纪年上》，第 62 页。

②徐鼒：《小腆纪传》卷三二《刘湘客》，第 324 页。

③李天根：《爝火录》卷一六，第 703 页。

④徐鼒：《小腆纪年附考》卷一三，第 516 页。

无规矩不成方圆，国家的典章制度、法令法规必须严格执行，不得有丝毫疏忽，否则必将造成混乱。可是永历帝对此似乎相当随便，他是在忠诚敢谏大臣的不断匡正之下理政的。如御史童琳劾都御史周光夏“越资序题，私乱台规”。这位御史分明是为捍卫朝廷法规的尊严而战斗，但大概碰到了对国家大法并不那么重视的永历帝的痛处，于是永历帝大怒，“下琳廷杖”。他竟公然下令在朝廷之上痛打朝臣，气急败坏到这种地步，简直令人不可思议。瞿式耜见状，及时上言：“新政未布，何可杖言官？”[①] 永历帝这才收回滥施淫威的成命。

永历帝称帝一个多月以来，朝廷毫无新政展示以鼓舞人心，反而出现了太监干政、权奸贪赃枉法的现象，皇帝自乱朝纲之事也一再发生，足以令正直之士寒心。永历帝往往重情面而坏国法，其良莠不分，时有丧失理智、轻易动怒惩处言官之事发生。这个“规律”被别有用心之人掌握后，竟至出现借永历帝惩罚言官之手以达到自身目的之事。

崇祯进士、南直隶华亭人李绮时任御史，他已看透了永历帝毫无作为、朝中混乱难治等难以克服的弊端。十二月下旬，他得悉广州已破，绍武朝覆亡，清军即将西上，断定永历帝必将闻讯逃跑，而扈从出逃实为极其困难之事，想脱身他去又苦无良法，于是想出让永历帝罢官之计。他上疏永历帝，参劾东阁大学士丁魁楚“欺君、误国、玩兵、害民、败群、乱常、罔神、蔑誓并丧身、辱祖”十大罪，指出“若不改辙，覆亡立候”。[②] 他所言确凿有据，都是事实。丁魁楚抱着个人的目的拥戴永历帝，他贪婪成性，“与王坤相表里，以意黜陟，中外失望”[③]。此时，李绮一条条地数落其罪，于朝会之时，更“面帝朗诵”，弄得丁魁楚措手不及，无言以对，只好“引罪”。在这种情况下，永历帝并未站在正义一边，鼓励进谏，贬斥奸臣，而是对丁魁楚“慰谕之”。第二天颁旨：“李绮降三级，调外。”李绮所设想之事完全实

---

①徐鼒：《小腆纪年附考》卷一三，第 516 页。

②李天根：《爝火录》卷一六，第 708—709 页。

③王夫之：《永历实录》卷三《丁王朱列传》，第 36 页。

现，他得旨后“喜极，即解维入廉州”，赶快逃命而去。①

御史李绮完全从个人身家性命出发，抓住并巧妙地利用了永历帝的弱点，实现了保全自己的目的，其行为虽不足为法，但从中可以看出永历帝自乱朝纲的后果。

就在李绮刚刚离开肇庆之时，广州失陷之报传至朝廷，永历帝又六神无主起来。王坤于是紧急建议永历帝立即“西避之”，永历帝完全采纳，下令举朝转移，小朝廷因而乱作一团。官兵、臣僚马上分头收拾细软，做出逃准备。这时大学士瞿式耜正在外地视师，闻讯急忙乘小船返回肇庆，加以劝阻。他分析敌我形势，劝永历帝稳住心神，说：“我兵水陆皂至，三水可上下扼也。”② 但王坤坚决不从，永历帝便坚持出逃的方针，拒绝瞿式耜的建议。瞿式耜见力争无效，于是请求亲自率兵留守肇庆以抵抗清军。这时宗人府朱容藩却向永历帝进言说，现在皇帝周围可以依靠的人，只有瞿式耜了，如果瞿式耜留在肇庆不动，那么皇帝就越发孤立。永历帝认同他的分析，于是不准许瞿式耜驻兵肇庆，要他与己同行。另以肇庆知府朱治憪为两广总督，留守肇庆，瞿式耜只得违心地服从。草草地做出决定后，永历帝便登上西行之舟，仓皇逃去。瞿式耜在肇庆部署五天，一切安排妥当之后，急忙乘船赶到梧州，结果扑个空。原来，永历帝已于五天前从这里又向西逃去。

这个朱容藩背景颇为复杂，他本是楚藩通城王派下一庶人，因“居家无赖，不容于王府”，逃出在外，到处招摇撞骗，或“假称郡王”，或称“楚王宗子”，但“举动乖异，语言虚诈”，每每遭疑，而奸未得售。永历帝监国之时，他奔赴肇庆，向内阁丁魁楚声称其了解大顺军余部情形，魁楚乃“信其舌辩，遂荐之朝”，而掌宗人府事，得参大政。容藩更与兵科给事中程源结纳，互相标榜，二人竟连连升迁。程源升为太常寺少卿，经理三省，而改容藩为兵部右侍郎兼右佥都御

①李天根：《爝火录》卷一六，第709页。

②徐鼒：《小腆纪年附考》卷一三，第518页。

史，总督川东兵马。当绍武朝覆亡，永历帝向西逃奔之际，丁魁楚自带子女辎重远去，内阁护驾者只瞿式耜一人。永历元年（1647）至桂林，朱容藩、程源觊觎入内阁办事，乃指使人上疏称“容藩、程源皆系拥戴重臣，不宜轻出外”。此时永历帝对一再干政的朱容藩十分厌恶，乃曰：“尔等又欲拥戴容藩耶?”遂下令削其官，夺其总督敕印，欲斩之。容藩惧怕起来，乃贿买内监庞天寿求太后对帝曰：“变乱以来，宗室凋零。容藩罪不至死，毋过求。”① 永历帝向来孝顺，乃奉承太后懿旨，赦容藩，仍复其官，还与敕印，殊不知却留下了后患。

二、临危扈跸，唯有式耜

永历元年（1647）元旦，永历帝朱由榔是在逃亡的船上度过的。他听说清军已攻下广州，正挥师西指，感到万分惊恐。根据司礼监王坤的建议，他只把两广总督朱治憪留在肇庆，便慌张弃城西逃，好像丢在身后的土地、人民与他毫无关系。当时逃难之船布满江面，均是溯流而上，场面甚是凄惨。他所乘的御舟驶入梧州，群臣劝其下船入城，他拒绝了，同时也取消了他称帝改元后本应隆重举行的第一个元旦朝贺典礼。因为心神不安，兴致索然，他只是稍事停留，准备等大学士瞿式耜到来，一起继续奔逃。

这时梧州江面上西行船只虽众，但真正随从永历帝的大臣并不多。跟随他逃来此处的只有户部尚书吴炳，宫詹方以智、朱天麟，郎中吴贞毓，给事中唐诚，御史程源，中书吴其雷、洪士彭，锦衣卫指挥使马吉翔，司礼监庞天寿、王坤等少数一批人。大学士丁魁楚、李永茂，兵部尚书王化澄，工部尚书晏日曙等已不知去向。他们此时究竟做何打算，永历帝心中无底，甚是惶惑。

永历帝在梧州船上焦急地等候了两天之后，仍不见瞿式耜来到，

①计六奇：《明季南略》卷一一《朱容藩僭乱本末》，第379页。

而江面上向西疾驰之船只渐少，他惶恐更甚，认为梧州非安全之地，不可久停，便不再等候，于是离开梧州，由府江（今桂江）溯流北上。因“兵卫寥寥”[①]，梧州知府陆世廉只得取库银五十两雇纤夫挽舟以进。正月十六日，舟抵平乐。这时，瞿式耜率水师赶上，永历帝这才惊魂稍定，舒了一口气。他发现，朝廷重臣“护跸者惟式耜一人”[②]。抵达平乐稍事休息之后，他并不敢停留，继续溯水而上，于二十一日抵达桂林。

经过二十多天的紧张奔波，永历帝方得安稳，于是下令加瞿式耜太子太保，遣使赴湖广慰劳督师何腾蛟，敦促其率兵入卫，同时任命吴炳、方以智为大学士，同瞿式耜入阁办事。吴炳入阁，仍掌兵部，但方以智却固辞不赴。瞿式耜“肃殿陛，敕守御，联络湖湘，控制两粤”[③]，全面承担整顿内部、加强保卫桂林的任务。他传语告诫各路征镇说：

> 粤西居山川上游，敌不能仰面攻明矣。兵士云屯湖南、北，南宁、太平出滇，柳州、庆远通黔，左、右江四十五洞土狼标勇，詟国家威惠，三百年悉受衔橛，足资内备，愿诸君勉之。[④]

瞿式耜分析形势，讲清有利条件，以鼓舞士气。由于瞿式耜的努力整顿，永历朝廷又出现了新的气象，而像王坤这样的“权阉”，经这次溃逃的冲击，加上受到抑制，气焰有所收敛。朝廷又开始正常运行。

可是安稳日子没过几天，警报又接连传至。正月十六日，永历帝奔至平乐当天，清军攻下了肇庆，刚刚任命不久的两广总督朱治憪弃城逃走。二十三日，清军统帅李成栋所遣兵马分别攻下了广东高州、雷州、廉州三府之地。接着清军继续向西挥师，正月二十九日，攻取了梧州。

---

①徐鼒：《小腆纪年附考》卷一四，第521页。

②徐鼒：《小腆纪年附考》卷一四，第522页。

③李天根：《爝火录》卷一七，第714页。

④徐鼒：《小腆纪年附考》卷一四，第523页。

广西巡抚曹烨见清军兵临城下，不做任何抵抗，大开城门，以车载棺一口，“肉袒牵羊以迎”清军统帅李成栋，称：“烨不知天命，不早事君，使君怀怒，以及下邑，烨之罪。若以罪不赦，俘诸军门，亦惟命。若惠邀天之福，苟保首领，使得自新，君之惠也。”言毕“涕泣不敢仰视”。李成栋“笑而受之，释其缚，焚其榇”。在此之前，人们纷纷传说清军取肇庆，将来到梧州，苍梧知县万思夔乃制作一个大木龟，令人牵之置于路旁，上面书写“降敌者似此”。当清军来到时，广西巡抚曹烨竟当众屈膝投降，请清军入梧城，“万思夔大书曹烨姓名于木龟上，置诸堂，遁去”。[①] 这充分反映了人们对丧失气节、临阵降敌者的鄙视。

其他没在永历帝面前出现的大臣各有去向。永历帝传召的李永茂、晏日曙及太仆寺卿田芳未及朝见，听说帝已出奔，便与通政使郑封等紧急撤退到博白县深山之中躲藏。王化澄则携带兵部印鉴向浔州方向逃去。大学士丁魁楚做了充分表演之后，乃降清送死而去，其下场比曹烨悲惨得多。

原来，在肇庆最早获悉广州陷落、绍武朝覆亡的是丁魁楚。但他没有声张，也不许任何人往外透露消息，因为他早怀异志，在为自己的退路做打算。他拥戴永历帝的本意也是从维护自身利益的角度出发。拥戴之后，他“深结太监王坤，得为首辅”[②]，同时将自己的亲信苏聘安插入朝为内阁办事中书。魁楚纳贿，大肆搜刮，凡有请托升进诸事均由苏聘接手，大量收取贿银。

丁魁楚贪于财，所积金币珠宝甚多，然甚为悭吝。当永历治兵与广州绍武相争时，瞿式耜往犒义师，自捐五千两银子，盼魁楚能资助万两银子，或数千两银子亦可，魁楚竟吝而不予。魁楚早就自为保财计，曾用苏聘的妻父钟鸣远为岑溪知县，营造日后运藏财宝之狡窟。[③]

---

①瞿共美：《天南逸史》，载《岭表纪年（外二种）》第269页。

②李天根：《爝火录》卷一六，第710页。

③鲁可藻：《岭表纪年（外二种）》卷一，第14页。

先是，十二月十五日广州城破之事，丁魁楚知之最早，此时见永历朝朝不保夕，便密遣亲信携大量财物，顺流急下，重贿清军统帅李成栋，希冀顺利降清而保官保财。至二十五日，举朝获悉广州凶讯，一片惊惶，纷纷准备出逃，他这时接到密报，亲信已经安全投入李成栋帐下为家丁，于是只等回音。他心里已有了底数，因而表现得与众不同，十分镇定、安闲。在众人慌张登船时，他却从容不迫。永历帝仓皇出逃，魁楚初护之走梧州，既而弃之，又返回肇庆。

丁魁楚有大舟三百余艘，他将三年宦囊黄金二十万两、白银二百四十万两，全部载入舟中。[①] 当永历帝及众臣狼狈西逃而去之时，他仍在肇庆，并在这里迎来了元旦。正月上旬，他方缓缓移舟西上。迨永历帝率众溯府江北上之后，他才从梧州进入岑溪，但并不上岸，而是专候李成栋的回音。魁楚亲信于二月初始以金宝送达成栋处，并转禀魁楚降清之意，成栋曰："何不早言，正欲邀尔主仍为两广军门。"[②] 遂急修书致魁楚。二十六日，魁楚于岑溪舟中得成栋手书，大悦，随即移舟返回，顺流东下。

此时李成栋已进驻梧州，先上溯五里迎之，握手道故，相见恨晚。丁魁楚三子已夭其二，只存长子。当晚，成栋邀魁楚父子饮，隆礼有加，把臂间，谈论地方形胜，品评时势，谓"东南半壁，惟某与老先生撑持"，并约定："明日吉期，敢烦再摄两广篆。拜表即真，亦在明晨。"成栋遂令将旗牌符纛、总督旧敕印等拿出，亲自付与魁楚。魁楚极为高兴，告别而去。夜半，成栋戎服升帐，列炬交戟，发令请魁楚父子至，言将有机密语。魁楚茫然不知所措，匆忙过舟而入，见成栋正位端坐，知事已变，遂跪请曰："魁楚止一子，或不及妻孥。"[③] 成栋笑曰："汝身且不保，尚求活人耶！"随即令部下将其父子一并斩首，

---

①瞿共美：《天南逸史》，载《岭表纪年（外二种）》第269页。

②计六奇：《明季南略》卷一〇《李成栋斩丁魁楚》，第347页。

③计六奇：《明季南略》卷一〇《李成栋斩丁魁楚》，第347页。

又将魁楚家丁分配到每营，细查其家属数百人，“凡男子无少长皆杀之”。[1] 其一妻、四妾、三媳、二女及婢女、仆妇，被净身搜检，携入成栋舟中，唯有一妾于过船时投入江中。三百余船财物悉归成栋。

由于警报不断传来，永历帝又开始不安起来。他认为桂林已成危城，不可安身。这时奉何腾蛟之命率师入卫的定蛮伯刘承胤，已从湖南进入广西全州，并具疏迎驾。永历帝身旁的王坤沉默了一段时间之后，又活跃起来，一再鼓动永历帝赶快离开桂林，临幸楚地。王坤的建议与永历帝所想完全合拍，永历帝于是向臣下宣布前往湖广的决定。大学士吴炳也认为幸楚之议可取。

瞿式耜听到永历帝将要幸楚后，坚决反对。他上疏全面分析胜败存亡及山川要害之理，言辞激切，十分动情。他说：

> 驾不幸楚，楚师得以展布，自有出楚之期。兹乃半年之内，三四播迁，民心兵心，狐疑局促，势如飞瓦，翻手散而覆手合，诚不知皇上之何以为国也！皇上在粤而粤存，去粤而粤危。我退一步，则（敌）进一步；我去速一日，则（敌）来亦速一日。今日匆遽出楚，则出楚也易。今日若轻弃粤，则更入粤也难。海内幅员，止此一隅，以全盛视西粤，则一隅小；而就西粤图中原，则一隅甚大。若弃而去之，俾成残疆，虽他日侥幸复之，而本根已不足恃矣。[2]

瞿式耜剀切地指出坚守广西对敌奋斗，是图存自保之路，是进路，而面前摆放的只有进路并无退路，退是死路一条。他指出此时广西有极其重要的战略地位，决不可轻弃，弃之则贻害无穷。

瞿式耜上疏后，即入见，跪曳永历帝衣袖，涕泣请留，但一心只想逃跑的永历帝对恳切的挽留之言一点也听不进去。而刘承胤早已勾结好马吉翔，并通过王坤，一再劝说两宫皇太后催促皇上赶快行动。

瞿式耜见劝阻无效，便哭泣请求道：“东藩已失，所存惟桂林一

①温睿临：《南疆逸史》卷二四《丁魁楚》，第173页。

②王夫之：《永历实录》卷二《瞿严列传》，第22页。

隅，若复委而去之，武冈虽金城汤池，何能长久？臣本巡抚此地，愿与此地俱存亡。”[①] 他于二月十三日，郑重其事地上一份《留守需人疏》，称：

> 今上意既决，不可留；廷臣又决，不肯留。惟是桂林为省会之地，不可空虚，诸臣尽随驾以行，谁为留守？臣自念昔日曾叨抚粤，颇得人心，且与思恩侯陈邦传（傅）共事保疆，习知地利。臣今自愿以身当贼，为皇上力守危城。

又称：

> 臣与勋镇臣，多方筹画守御之法，务保万全。布置既翼然可观，人心自帖然镇定。臣一面大颁赏格，激发将士；一面分路进兵，先定平、梧。仍将留守情形，不时飞报，以慰圣怀，以尽臣犬马报主之心。

永历帝览奏批答道：

> 朕因楚中督镇，连章迎请，恢复大计，非幸楚不可。粤疆留守，卿既力任其难，朕何忧西顾？准卿以兵部尚书、特进、太子太傅，留镇西土。兵马钱粮，悉听调度，与思恩侯陈邦傅协力办剿，恢梧奠粤，伫有世酬。吴炳练达忠诚，即准以原衔兼东阁大学士，入阁办事，以资行营启沃。[②]

这里冠冕堂皇地把他闻警要逃说成是应众臣之请，为恢复大计着想，是大势所趋。同意瞿式耜所请，并许诺如有功勋则日后酬报，这是虚的，实的是支持他的逃跑主张的吴炳立即升官并入阁办事，掌握朝廷大权。永历帝一切从个人安危出发的实用主义，于此竟表现得如此充分。

瞿式耜并不计个人得失与名利地位，完全以大局为重，考虑的是如何使永历朝度过危局并向前发展。请留守桂林的奏疏呈上之后，他思之再三，觉得永历帝深入湖南境内，驻跸武冈之事十分不妥，而驻跸全州方为万全。因此，他于二月十八日，又向永历帝呈上一疏，言道：

---

①李天根：《爝火录》卷一七，第716页。

②以上多处引文引自《瞿式耜集》卷一，第54页。

今移跸者再四，每移一次，则人心涣散一次，人心涣而事尚可为乎？议者不过谓楚中据上游，可以图进取也。使楚而可以无粤也，则不索饷于粤矣。何腾蛟不劝上且驻桂林乎？楚之强镇，人人自雄，勋督亦仅以诚感之，以术縻之，而非能以力制之也。皇上身居粤地，以威灵遥慑之，以符檄调度之，悬爵禄以鼓励之，彼犹知有天子之尊。一旦舍粤幸沅，则彼诸镇之心，必且谓皇上舍己弱而就彼强也。彼其骜然自视，更何如者？即诸督、抚义胆忠肝，屡劝幸楚，言人人合，亦止谓居重可以驭轻，宅中可以图大，若使知粤中近日情形如此，亦必谓皇上宜暂镇粤而不宜亟入沅。盖粤与楚为唇齿之相依，离粤太早，则门户既撤，抵御更难，且未免示诸镇以怯也。

臣故请皇上宜径驻跸全阳。全与楚为邻，不两日而至永，楚中声息既近；全于桂为属，不两日而达桂，当事提掇犹灵。彼督、抚、镇将诸臣，见皇上驻全，犹有不忘两粤之意，职守犹不敢尽废，防御犹不敢遽疏。即各府、州、县钱粮，亦奉命征解以应军需。去全而尚有可望乎？即使桂林果危在旦夕，而楚镇提劲兵数万直趋桂林，岂容贼入全境一步？此臣反覆思维，谓皇上断宜驻全以留粤也。

他深刻指出粤地重要，不可离开，轻易离开则示弱于人。若居于粤地，占据强势的有利地位，扼楚粤以内外兼顾，足可掌握主动，保持天子之尊严，震慑诸拥兵自重的军阀。

瞿式耜实心为国的恳切建议，说得明晰透彻，初步说服了永历帝。于是永历帝批旨说：

朕暂驻全州，俟楚中督、抚诸臣酌议请跸。卿恳请留守，实心为国，朕岂不知？但行营左右，匡赞是倚，料理数日，已有规绪，望卿即遄来。①

---

①以上两处引文引自《瞿式耜集》卷一，第55—56页。

这话未说死，永历帝表示驻于全州之后，看看情况再说，实际上他想逃得越远越好。所以，他在瞿式耜上疏末尾所颁之旨中特加一笔，坚持要求瞿式耜随他出逃。显然，瞿式耜对形势的中肯分析，特别是对拥兵自雄的军阀不可掉以轻心的提醒，并未引起永历帝的充分注意，而永历帝也不愿意考虑这个问题，这实在是辜负了瞿式耜的一片忠心诚意。

不久，永历帝便陷入了严重的困境。瞿式耜的担心不幸言中，这也是永历帝料想不及的。这时警报仍然不断传至，自永历元年（1647）二月以来，平乐、浔州均被清军夺取，桂林万分危急。于是永历帝要立即启程，并催促瞿式耜治装从行。瞿式耜拜答道：

> 君以仁，臣以义，臣奉命守此土，当与此土共存亡。①

他委婉而坚决地拒绝了与永历帝一道逃亡的要求，誓死守土到底。

永历帝消除不了恐惧，为远离祸害，终于在从官簇拥下逃出桂林。永历帝逃出桂林的同时，总督侍郎朱盛浓逃向灵川，巡按御史辜延泰逃向融县，布政使朱盛瀾、副使杨垂云、桂林知府王惠卿等大小官员，几乎全部逃遁而去。桂林成了一座孤城、空城，只有瞿式耜同通判郑国藩、县丞李世荣及都司林应昌、李当瑞、沈煌这几名下级官员，率兵民坚守危城。②

三、武冈受制，日坐汤火

永历元年（1647）二月十五日，永历帝不听瞿式耜的一再劝阻，在司礼监王坤的极力鼓动下，从桂林逃至广西东北角的全州。他自以为热情迎驾的刘承胤会对自己效忠，可以获得安稳生活，而恃帝弄权的王坤自以为从此以后可以更为所欲为，结果却使两人大失所望。

永历帝所乘龙舟驶入全州，刚一靠岸停泊，久候在岸上的刘承胤

①徐鼒：《小腆纪年附考》卷一四，第531页。

②李天根：《爝火录》卷一七，第717页。

等人便立即登舟迎驾。永历帝喜不自胜之际，刘承胤当面揭发王坤“鸷悍骄恣”的“奸状”。他声色俱厉，怒不可遏，同时呼唤与王坤狼狈为奸的周鼎瀚、唐诚之名，令其近前“斥叱之”，随即下令于龙舟之上“锁坤上岸”。第二天永历帝按刘承胤的要求，降旨将王坤安置于永州。王坤的离朝出避大快人心。因为王坤自任司礼监秉笔太监之后，“逞才专擅，每召对，曰代天言，众实恶之”。而周鼎瀚、唐诚“呈身附和”于王坤，兴风作浪，败坏朝政。[①] 自永历帝从肇庆出逃之后，王坤等人越发肆无忌惮。承胤此举获得了群臣赞扬，“廷士翕然称承胤公忠”。[②]

其实刘承胤此举包藏祸心。他不仅与永历帝身边的马吉翔等人勾结，实现了马吉翔打击王坤以邀帝宠的目的，更通过此事“以胁主立威”，实现了个人野心。当时就有人清楚地看到了这点，认为永历帝一进全州便发生王坤之事，“甚不妙”。他们说：“非谓坤不当处也，承胤方欲树威，诸君适委以此，固假诸公公以行之，而威已震主矣。是后脱手做事，谁复能禁者！太阿倒授，诸君不其权舆乎？”[③] 但不幸的是，永历帝当时却看不出其中的问题，反而认为其正直忠勇。不久，永历帝乃以拥卫之功，晋封刘承胤为安国公，加上柱国，赐尚方剑，[④] 使他成为永历朝中最显荣的人物。从此刘承胤与永历帝身边的佞臣马吉翔、郭承昊、严云从紧密勾结，互相利用，以售其奸，终将永历帝置于危险境地。

此时永历帝的身边虽然少了一个随时向他出谋划策的王坤，但马吉翔很快填补了这个空缺，此后一段时间他向永历帝施加的影响不亚于王坤。永历帝到全州后，瞿式耜苦口婆心地反复强调“楚不可遽往，粤不可轻弃”，极言“上在粤则粤存，去粤则粤危”[⑤] 的目的是保留、

---

①鲁可藻：《岭表纪年（外二种）》卷一，第19页。
②王夫之：《永历实录》卷二六《叛臣列传》，第217页。
③鲁可藻：《岭表纪年（外二种）》卷一，第20页。
④李天根：《爝火录》卷一七，第719页。
⑤徐鼒：《小腆纪年附考》卷一四，第530页。

巩固广西这块土地，以为恢复中原的根本，根本如失，一切将无从谈起。但永历帝对瞿式耜的告诫仍然无动于衷。

永历帝逃跑之后，对广西的战守事宜毫不关心。他逃离桂林时，令瞿式耜留守，而瞿并无兵卒。这时桂林在清军进逼下更加危险。瞿式耜一再上表乞师，请发援兵，以救桂林。他却不予答复，好像此事与他没有任何关系。这时他关心的仍是个人的安危，他希望能臣勇将都在他身边，以增加安全感，其他问题则不予考虑。他到全州后不久就发出敕谕，要瞿式耜离开桂林赴全州。其敕谕说：

> 六飞载道，机务丛杂，望卿之至，有如饥渴。西事付托有人，卿启沃重臣，自宜夙驾。况今楚中镇将，闻銮舆移跸，踊跃倍常，而忠贞诸营，复渡江会师，誓将北伐。事机之来，正资庙算，非卿老成，朕复何赖？今特差中书舍人刘肇昌前来敦趋，卿其星言促旅，慰朕殷切，信宿信处，毋使心劳。钦哉！

这里冠冕堂皇地说要瞿式耜前来是为了出师北伐，策划机密。广西特别是桂林的险情现在如何，以及如何加强战守，他却一概不闻不问。他要瞿式耜到他身边，无异于要式耜放弃桂林乃至广西。瞿式耜理所当然地加以拒绝，上疏说：

> 每皇上移跸一番，则臣心如捣，臣颜如削。今丑虏凭凌，自东徂西毫无顾忌，明欺中朝之无人也。臣于前月十五日，皇上移跸全阳，臣自请留守省会，盖实见勋镇臣邦傅劝上驻柳，其意已久不在桂，不得不坐镇此以观事局。乃日来贼氛渐张，风声渐紧。初犹有邦傅守平，今竟拔营而去矣；初犹谓丑虏犯梧，今且溯流而上矣。荡然无阻，孰禁之不长驱直入省会乎？臣为此迫切乞师，已三效秦庭之哭。在刘承胤原以恢粤为己任，则今日先平粤西而后恢粤东，自其所锐然者。但得大兵一到，桂林人心，便有所恃，未知果定于初三日启行否？此时城中之人为彼奸细向导者，实繁有徒；而打点迎贼者，更不乏其人。臣身一离，便将会城拱手而送矣，故不得已且勉自挣扎。惟望皇上，鉴臣此日正当极危极险、

> 万死一生之日，速催援师，救此危疆。俟大兵既集，省会无虞，臣自当亟赴行在，再效驱策，臣非敢有违严命也。[①]

此疏清楚阐明他不能离开桂林的原因乃桂林无守城大员，且形势危急严迫。此时实为极危极险、万死一生之日，必须为皇上守住疆土，不仅不可轻易离开，还必须速速遣兵增援，救此危疆。永历帝见瞿式耜说得如此明确，这才打消要他离开桂林的念头，同时告诉他刘承胤已发出救兵。

永历帝终于被瞿式耜一再请求援救桂林之疏所打动，派出了救兵。发兵总比不发好，但这次却没有发挥作用。刘承胤之兵尚在途中，清军已在叛徒参将王天爵的内应下，于三月十一日，突至桂林城下，并冲进西门，登上城墙，居高向城内射击，桂林城岌岌可危。

由于瞿式耜事先一再多方求援，大将焦琏率兵冒雨于初十日上午赶到桂林，准备稍歇一二日再赶赴阳朔守卫。遇此险情，“铁胆包身”的他立即率众投入战斗。各路明军陆续增援，“奋勇争先，与贼死战，阵杀红旗贼首七八十人，箭伤、铳伤者数百人，夺其战马数百匹，衣甲、刀箭倍之，余贼丧胆夺魄，飞骑奔回”，创造了“从来未有之奇功”，取得了桂林大捷。这是永历朝建立以来同清军对阵取得的第一个大胜利。

瞿式耜特飞疏报捷，指出是焦琏获得了破虏首功，特为其请功。永历帝览奏，降旨说：

> 焦琏身先士卒，大挫狂锋，且虏既入城，击斩逐北，尤称奇捷。着先加太子太保，再荫一子锦衣卫百户。俟平、梧克复，即与伯爵。[②]

永历帝承认焦琏建立了奇功，但仍按历来“悬爵以待”的老规矩，先开个空头支票，许诺待焦琏收复平乐、梧州后，再封赏伯爵，表明爵位应与大功相一致。其实按焦琏之功，完全可以封伯爵甚至更高，并

---

①以上两处引文引自《瞿式耜集》卷一，第56—57页。

②以上多处引文引自《瞿式耜集》卷一，第58—59页。

应实授，何况是非常时期。与此同时，永历帝封瞿式耜为临桂伯，进武英殿大学士、少师兼太子太师，荫一子锦衣卫指挥同知，世袭，再荫一子尚宝司丞。对此，瞿式耜惶恐万分，接连上疏推辞；同时极力称颂焦琏之功，并请求封其为伯爵。他说：

> 然而焦镇之功，其真莫匹矣。万矢攒来，一身抵敌；千兵散处，匹马冲锋；扫尘灭迹，斩其骁帅。会城屹然不动，残寇喙矣狂奔。此其胆气如何，勇力如何，使肇庆有焦镇，岂至有肇庆之失？使梧州有焦镇，岂至有梧州之失？使平乐有焦镇，岂至有平乐之失？即将来恢梧复肇之功，必得此才有破竹迎刃之势。臣愚以为焦镇兹捷，乃中兴第一武功，断宜先封流伯一辈，而世爵俟梧、肇既平，准与铁券，庶足以鼓其气而慰其心。仅仅宫保世荫，殆非所以酬答殊勋也。
>
> 至于微臣，虽切请缨之志，原无汗马之劳，即今留守桂林，幸告无罪，尚未足以赎轻离峡口之前愆。况先奉留守之明旨，原以恢梧奠粤为期，苟梧、肇一处未平，臣决不敢卸留守之责。皇上奈何以血战首功之赏，反先移及于臣，而使中外远迩，叹酬庸之失当也哉？为此，沥情控陈，伏乞皇上收回成命，晋封焦镇伯爵，而微臣仍以阁衔留守。此正为皇上昭激劝之大权，非止为一己敦廉让之小节。臣有一字虚浮，鬼神殛之。臣无任激切悚息之至。

但永历帝拒不收回成命，坚持已发之敕，对焦琏仍“悬爵以待”。[①] 看起来永历帝是在坚持必立大功方得高爵的原则，其实并不然。就在瞿式耜一再建议封焦琏伯爵而终不得的同时，永历帝竟轻而易举地将毫无寸功之人封为伯爵，造成举朝大哗。

不久，永历帝根据刘承胤的建议，封锦衣卫指挥使马吉翔为文安伯，东司房郭承昊为遵化伯，西司房严云从为清江伯，“以酬扈驾之

---

①以上两处引文引自《瞿式耜集》卷一，第60—61页。

劳”。这一举措立遭廷臣异议。御史毛寿登参劾道：“金吾无矢石功，何得援边镇例晋爵?”[1] 随后，给事中万六吉、御史吴德操相继上疏参劾，刘承胤大怒。这时周鼎瀚乘机讨好刘承胤，“曲意事之”，乃与马吉翔一起对刘承胤说：“寿登疏，刘湘客所作也。湘客与瞿阁老议，要驾勿从公出楚。今若不谴此二人，上必不得入武冈。”这一下子抓住了要害，碰到了刘承胤的痛处。原来刘承胤迎驾的本意是挟天子以自重，他从一开始就打算把永历帝迎至其控制地武冈，以便完全由他操纵。由于廷臣，特别是瞿式耜的劝阻与反对，永历帝迟迟难得成行，刘承胤只好先将永历帝迎至全州。到全州后，刘承胤展开全面攻势，恨不得马上将永历帝移至武冈，现在听此议论，自然不高兴。于是他面奏永历帝，攻击毛寿登、刘湘客“把持误国，请逮问”[2]。接着周鼎瀚又造谣散布“为董卓、傕、汜之说以激怒承胤”，把刘承胤比之为东汉末年挟天子以乱国政的奸臣董卓之流。这个十分恰当的影射挑起刘承胤不可遏制的怒火，他“诉诸上，逼上立下廷杖”。[3] 永历帝被刘承胤要挟，完全按其意立下廷杖之旨：将毛寿登、刘湘客、万六吉、吴德操四臣绑赴午门外准备廷杖。当时，“诸臣亦跪午门外，伏地不起申救”[4]。大理寺卿杨乔然跪奏称：“言官有过无罪，皇上若重处之，反成其名。”永历帝怒气稍减，连呼要乔然起来，但乔然不动，仍旧重复前面所说。刘承胤乃上奏道：“成他好名，明是成臣恶名了。”他很是气愤，但无可奈何。帝遂下令众臣皆起立，仍旧下令逮捕毛寿登、吴德操、万六吉、刘湘客，准备廷杖四人。众臣再次伏地请求赦免。刘承胤见如此场面，对己十分不利，于是随机应变，也假惺惺地“同众伏阙”“请宥”,[5] 被逮之臣方得幸免。但第二天，永历帝又颁旨：提出异议之臣各降三级调用，而马吉翔等三人所封之伯原封不动。

---

①徐鼒:《小腆纪年附考》卷一四，第 539 页。
②王夫之:《永历实录》卷二六《叛臣列传》，第 217 页。
③钱澄之:《所知录》卷二《永历纪年上》，第 64 页。
④瞿共美:《天南逸史》，载《岭表纪年（外二种）》第 272 页。
⑤鲁可藻:《岭表纪年（外二种）》卷一，第 27 页。

从此，刘承胤“益横，遂揽大权”[①]，“势倾内外”[②]，加快了他要永历帝驻跸武冈的步伐。他听说瞿式耜取得桂林大捷之后，生怕“粤西渐安，上将还跸桂林”[③]，以致自己的打算落空，遂于四月十五日，挟持永历帝驻跸武冈。

武冈在湖南西南的群山之中，汉代名为都梁县，交通闭塞，非进取之地，是瞿式耜极力反对驻跸之处。现在永历帝进武冈，如同进入刘承胤的魔窟。刘承胤为壮大声势，装饰门面，逼迫群臣随其一起扈驾移跸，他为“防各官不随扈者”，特“四布伏路”，[④] 加以严防。尽管如此，“恶畏”承胤的廷臣仍“多四逸，不从驾行”[⑤]。永历帝只带了少数臣子进入武冈。

南宁伯张先璧闻知永历帝为刘承胤所骗，将驻跸武冈，遂领兵从攸县奔至东安，“欲统兵入扈，与承胤为难”，准备在去武冈的路上设伏截击，加以阻挡。不幸的是，“甫渡河，浮桥断”，过河的兵将仅五十分之一，重新架设浮桥已来不及，先璧“临流太息”，只好将兵带到附近的新宁驻扎。[⑥]

永历帝进驻武冈后，改武冈为奉天府，以岷王府为行宫，而“政事皆决于承胤矣”[⑦]。永历帝彻彻底底地成了傀儡，他立脚未稳就按刘承胤之意颁敕驰谕张先璧，令其速回原驻地，目的是减少刘承胤的麻烦。

永历帝不听瞿式耜一再劝阻，抛弃两广，执意北赴武冈，令臣下十分失望。他到达之后，尚未立稳脚跟，竟又向坚守广西的瞿式耜颁发一敕，令其离开桂林，迅速赴武冈“匡赞大计”：

---

①瞿共美：《天南逸史》，载《岭表纪年（外二种）》第272页。

②王夫之：《永历实录》卷二六《叛臣列传》，第217页。

③钱澄之：《所知录》卷二《永历纪年上》，第65页。

④鲁可藻：《岭表纪年（外二种）》卷一，第29页。

⑤王夫之：《永历实录》卷二六《叛臣列传》，第217页。

⑥鲁可藻：《岭表纪年（外二种）》卷一，第29页。

⑦钱澄之：《所知录》卷二《永历纪年上》，第65页。

皇帝敕谕勋辅臣瞿式耜：江左肇造，镇东宣猷；灵武嗣兴，邺侯翊赞；两臣皆分列君臣，谊兼师友，故能弘济艰难，底于克定。卿首识朕于潜邸，当胡尘澒洞，人心风靡，矢戴危朝，倡义定策。及东人构衅，肘腋叵测，卿毅然视师，躬履行阵。朕提兵入楚，又复自请留守。风鹤叠告，兽惊鸟骇者，不知其几。而卿屹然如山，卒能割级擒渠，虏氛远靖，奠我西陲，卿皆身当其难，不以虏遗君父也。卿一德格天，精忠贯日，二祖列宗，实式凭之，非朕凉德所能致此。朕于卿如鱼有水，夙夜启沃，犹惧或违。今新督臣于元烨已至，卿与商榷机宜，必有次第，督臣自当奋其新硎，以副委任。行营左右，实借卿匡赞大计，特遣中书舍人王毅之敦趋，卿其星言夙驾，以慰延伫。钦哉！特敕，钦此。

这实际上是彻底抛弃桂林乃至广西之令。

对此，瞿式耜惊诧莫名，上疏说：

伏念臣自留守桂林以来，蒙皇上专敕召臣者三矣。臣自揣谫劣，有何才能足资匡赞？然既叨辅弼，臣即不才，谊当朝夕左右，亦无远违君父之理。顾臣处今之日，实有不能如臣之愿者。夫办贼一节，无过筹兵、措饷二事，而兵一日未行，臣敢先行乎？……所苦属邑风鹤屡惊，催科一时难应，民间盖藏已鲜，粮米凑办维艰。臣多方拮据，心血已竭，后兹接济，犹如水中捞月，臣真无可奈何。

疏中痛陈自己不能离开桂林的理由是所负留守之责并未完成，虽积极筹办，尚处艰难之中，筹兵、措饷，皆尚无头绪，因而绝难离开。他只有坚守岗位，方不负皇帝委任与封疆之寄，故不能离开留守之桂林。疏中又说：

知皇上于十五日即已移跸武冈，又蒙皇上赐臣敕书二道，勉臣努力图粤。臣捧读再四，涕泪交颐，皇上其竟舍粤而去乎？竟舍臣而去乎？臣前疏留驾，实从封疆起见，字字血泪。岂知臣疏未入御览，圣驾先已启行。臣自此渐远天颜，楚、粤遥隔，呼应不灵，臣恐终不能始终前局，仰副宸衷，是又臣之所怦怦然、惴惴然，不敢先请负托之罪者也。臣无任激切悚仄瞻恋之至。

此《留守之担难弛疏》一片赤诚，是对永历帝不听劝阻，坚不留桂，不顾封疆，轻易抛弃粤地，导致出现危局的痛心与无奈。该疏字字血、句句泪，明白地阐述自己决不能离开岗位的道理，有力地拒绝了永历帝抛弃桂林的要求，持理甚正。永历帝理亏，再也无法坚持命令式耜离开桂林，只好以冠冕堂皇的话，来为自己打圆场，遂对式耜的奏疏批答道：

卿一意留守，必能恢复西粤，以佐中兴。朕跸都梁，相去未远，时伫嘉谟，览奏诚恋弥殷，深朕凄切。大兵既集，平、梧迅荡有期。[①]

这里流露了他“凄切”的心情，大概他已感觉到了自己处境不妙。

刘承胤挟天子于武冈，遂专擅无忌。他派出守卫桂林之兵也于当地横行。五月十四日，其兵与焦琏部哗斗，击伤焦琏后，“大掠城中而去”。留守瞿式耜檄诛为首者二十余人，并上疏揭发刘承胤“驭兵无律”。焦琏受到攻击后，将所部撤离桂林城，赴黄沙镇驻扎。清军侦知桂林发生兵变，突然集合平乐、阳朔之兵众，蜂拥而至，桂林危急。焦琏闻讯，匆忙率师回桂林做紧急部署，于二十五、二十六两日冒大雨与清军激战于桂林城下。瞿式耜竭力搜集署中之米蒸饭分食众士兵，终于“士气百倍，北兵大败，尽弃甲仗而奔”。[②] 桂林保卫战取得辉煌胜利，瞿式耜借此机会再次上疏请永历帝返跸全州。他说：“臣所倚恃者皇上，皇上驻全，犹有见天之日。驾既幸武，臣复何望？”[③] 式耜的言辞极其恳切，却未得到回音。因为此时的永历帝已被刘承胤牢牢挟持，失去了自由，十分苦恼。

永历帝原来驻跸于粤地，尽管警报不断，但消息灵通，文武尚称

①以上多处引文引自《瞿式耜集》卷一，第66—68页。
②钱澄之：《所知录》卷二《永历纪年上》，第65页。
③瞿共美：《天南逸史》，载《岭表纪年（外二种）》第273页。

得人，遇事可以集思广益。但他来到武冈后，耳目已完全闭塞。刘承胤因接驾之功，被永历帝高封国公爵位，这个举动立即产生恶果：群臣“畏其刚暴，争谄之以自固，交章颂功德”①，其亲信亦布满朝廷。刘承胤更加为所欲为，“威福自恣，文武将吏予夺唯承胤意”。刘承胤恨太仆寺少卿赵廷璧，便“系而箠之”；又“廷辱刑部侍郎杨乔然。乔然去，遣兵掠之于道。李若星为吏部尚书三日，承胤掣之，不得有所云为。若星大骂去”。刘承胤的暴虐不得人心，与周围的军阀也多有矛盾，他生怕张先璧来夺己之权，先璧奏使至，“承胤磔杀之”，致使“楚、蜀、黔、粤奏报者皆不得通”。② 永历帝被完全孤立起来。

永历帝苦不可言，“尝与太后涕泣宫中”，以泪洗面，后悔来到武冈。当瞿式耜、何腾蛟所遣之使来到武冈时，他如见久别亲人，发出“救朕出此”的沉痛呼声。③ 刘承胤“横肆日甚，且阴蓄异谋”，有废永历帝立岷王之意。岌岌可危的永历帝乃与亲信密计，派出杨太监，密召何腾蛟除刘救驾，“天语极为悲切”。④

这时，刘承胤亦请帝召何腾蛟入阁办事，实欲解其兵权。而腾蛟自隆武元年（1645）十月，同巡抚堵胤锡招降大顺军余部后，力量陡增。当时，农民军归明者众多，腾蛟恐其难制，乃令其与自己统领的明军穿插驻防，开镇于洞庭湖南北，号称“十三镇”。然腾蛟发号令，各镇多不从，腾蛟亦无可奈何，故指挥多不灵。年底，清廷遣平南大将军、多罗贝勒勒克德浑等，率八旗劲旅进攻湖广。腾蛟乃布告出师，发慷慨激昂出师之令，与各路约定会师于岳州，以合攻武昌，然诸镇观望不进，只有堵胤锡所率忠贞营李赤心部如约进攻荆州。腾蛟随即上奏称荆州恢复。⑤ 次年正月，腾蛟拜表出师，在赴湘阴途中，因传闻勒克德浑率八旗兵迫境，四镇遂不战而逃，腾蛟只得退回长沙，岳州

---

①温睿临：《南疆逸史》卷五六《刘承胤》，第450页。
②王夫之：《永历实录》卷二六《叛臣列传》，第217页。
③鲁可藻：《岭表纪年（外二种）》卷一，第29页。
④蒙正发：《三湘从事录》第249、247页。
⑤陈燕翼：《思文大纪》卷四，载《虎口余生纪》第186页。

竟为清军轻易夺取。勒克德浑则挥军驰援荆州，顿兵荆州城下的忠贞营猝不及防，大败而退。一场声势浩大的出师竟如此收场。而后诸镇渐骄横肆虐，腾蛟不能制，从此，不再议出师。先是，腾蛟虽然迭疏请隆武帝聿键出闽赴楚，但是并不情愿，因为他有便宜制楚之权，文武将吏皆出其门，他不愿失去权柄。他曾对章旷说道："上若幸楚，则（虏）当聚力攻楚，恐未易支也。"① 所以，他在权衡利弊后并未积极迎驾，而是按兵不动。永历朝立，腾蛟进武英殿大学士，加太子太保。永历元年（1647）二月，清孔有德、耿仲明、尚可喜三王等统率满汉官兵攻湖广，至长沙，腾蛟力孤不能御，退往衡州，长沙、湘阴俱失。五月，腾蛟退至永州。初腾蛟设十三镇以卫长沙，至是无一可靠，民甚恨之。腾蛟空有督师之名，实已左支右绌，无力指挥众军。

六月，督师何腾蛟奉诏入武冈朝见永历帝。为配合腾蛟入朝的斗争，重病中的湖北巡抚章旷"传檄入武岗（冈），历数承允（胤）十大罪，并移檄张先璧、曹志建、郝永忠、马进忠等，共勒勤王之师"，摆开了同刘承胤对阵之势。刘承胤"见各勋环戈为难，气焰稍沮"，但他怕腾蛟在武冈居中内应，"竟欲絷维幽闭，将图不轨"，拟软禁腾蛟，断绝其一切往来，而朝中大臣慑于刘承胤的淫威，也"不敢与督师通起居"。这时，腾蛟便秘密上奏永历帝："臣在外则上安，臣在内则上危。臣在外则承允（胤）恐臣纠率诸勋讨逆，不敢他萌；臣在内则身为孤注，号召不灵，承允（胤）无复顾惮，皇上与臣俱危矣！"② 这个判断完全正确，腾蛟决计离开武冈。然腾蛟手中无兵，乃请示永历帝，将驻扎武冈附近的滇营将领赵印选、胡一青所率两营划为督标，归己统辖。刘承胤得知腾蛟将辞朝回返，"乃伏千骑于道中，将俟其行杀之"。腾蛟得悉，即随之辞朝，帝乃赐金币，并令廷臣于城外隆重饯行。送行仪式既毕，腾蛟却称疾不行，而驻于城外荒寺之中。一日夜，

①王夫之：《永历实录》卷七《何堵章列传》，第64—65页。

②蒙正发：《三湘从事录》第249—250页。

腾蛟突然统率两营出发，“尽歼其伏骑”，吃了亏的刘承胤“讳之不敢言”。[①] 但是，他对永历帝的迫害进一步加剧。

永历帝感到处境越来越危险，惶惶不可终日，便召商丘伯侯性入卫。此前侯性以击败李成栋之功晋封伯爵，遣使入朝拜谢。皇太后趁此机会特赐其母田氏珠冠凤袍，内侍李国泰交付时特意叮嘱使者说：“太母亲解所御袍，勿落他人手！”田氏得袍，觉得其中必有玄机，于是，“扪袍带得寸纸，曰‘承胤恶甚操、卓，朕母子日坐汤火，卿其念之！’”田氏“恸哭”，乃催促其子侯性立即率兵入卫，解救皇上。这时形势已急转直下，清军向湖南发起进攻，何腾蛟退军永州，郝永忠率军南走，巡抚章旷病死于军中，明军节节败退。至八月，孔有德所率清军长驱直入，武冈危在旦夕。永历帝向刘承胤询问战事，刘承胤茫然无以应，乃说：“我兵众，（清军）必不敢至。”[②] 其实刘承胤兵正步步退缩。一日，通山王朱蕴釪紧急请求入见，他慌张地报告永历帝说：“（虏）至三十里外，上犹不知，猝至，当如车驾何！”永历帝大惊，急召刘承胤追问此事。刘承胤却说：“（虏）犯紫阳，臣已大破之，北奔，旦夕收复宝庆。谁以此恐喝陛下者？”他坚决要求永历帝说出通风报信之人，“语不逊”。永历帝不得已，沉默了很长一段时间才说出：“宗臣蕴釪。”刘承胤气势汹汹地退出宫中，正好在宫门与朱蕴釪相遇，便挥拳向其打去。朱蕴釪门牙被打掉，之后便逃遁而去，保了一条命，从此“中外无敢言敌将至者”。但清军仍在不顾一切地进攻。刘承胤部将陈友龙拼死抵御，挡住了清军多次进攻，并火急请刘承胤出援。刘承胤登高一望，见清军势盛，心中胆战，决计投降，遂不发救兵，更下令要陈友龙不得再战。刘承胤遂回营立召诸将议事，然群情激愤，“皆请死战”[③]。但刘承胤执意投降，立即修降表飞递孔有德，随即亲赴清营投降，并表示愿献出永历帝。孔有德认为有诈，刘承胤便又返

---

①温睿临：《南疆逸史》卷五六《刘承胤》，第 450 页。

②温睿临：《南疆逸史》卷五六《刘承胤》，第 451 页。

③王夫之：《永历实录》卷二六《叛臣列传》，第 218 页。

回武冈城外北寺剃掉头发再往清营，孔有德这才相信其投降是真，于是接受其投降，要其次日交出永历帝。刘承胤在与清营议降之际，命部下将武冈城门紧闭，不许任何人出入。永历帝“与百官仓皇莫措”，焦急万分。①

因刘承胤为投降事一再往返清营，当夜不及入城，于是永历帝的大臣抓住了逃脱的机会。皇亲王维恭与掌院事张同敞、锦衣卫指挥使马吉翔等人共同会见刘承胤之弟刘承永说：“令兄如此举动，将欲以皇上作晋惠、宋钦耶?”承永说：“家兄此行，正是挺身当锋，以保皇上耳!”诸臣说：“既是如此，何不开门，待皇上移到靖州，不更便耶?”承永正迟疑之际，众人又请承永之母出来，乃向其“恳切言之”，说明了真实情况。刘母说：“吾儿既不肖，自陷其身，岂有复陷皇上之理?”② 立即下令取出城门钥匙。众人随即入宫扶永历帝并宫眷上马，夺门而出，其他臣子闻讯也仓皇跟出。不久，刘承胤发现情况有变，乃报告清军，清军遂紧急追杀永历君臣。

在清军的追杀下，大学士吴炳被执，后自杀。扈驾参将谢复荣以五百兵卒断后与追骑战，死于王家堡。③ 逃跑中，永历帝临时改变路线，由靖州经古泥奔向柳州，途中遇到总兵侯性、太监庞天寿率水师五千人迎驾。这时正大雨滂沱，在泥淖内狼狈跋涉的永历君臣终于绝处逢生。④

四、三忠赴义，粤西得安

永历元年（1647）八月下旬，永历帝险些成了叛将刘承胤降清的见面礼物。千钧一发之际，在马吉翔等人扈卫下，他抛下群臣，狼狈

①鲁可藻：《岭表纪年（外二种）》卷一，第41页。
②蒙正发：《三湘从事录》第261—262页。
③徐鼒：《小腆纪年附考》卷一四，第554页。
④钱澄之：《所知录》卷二《永历纪年上》，第67页。

逃离武冈。

早在二月中旬，他不听瞿式耜等重臣一再劝阻，弃全州离广西进入湖南，至此，在外刚好半年时间。这半年，是他由满怀希望到陷入绝境的半年。去时扈驾队伍浩浩荡荡，此次再返广西，“中外随驾者仅百余人”①。尤其使他意想不到的是，他出逃时，广西遍地警报，清军迅猛推进，几乎已无他容身之地，而湖南形势看好，抗清力量强盛。这时，两地发生了完全相反的变化。

永历帝曾寄以希望之地，并未因为他的驻跸而生辉增色，展示更加光明的前景。相反，各统兵将领人人自雄的状况越加严重，彼此更难协和，终于抵不住清军的大肆推进，疆土日蹙，终成危地。而他曾急切弃之而去的土地，此时竟纷纷被收复。广西这种转机与大好局面的出现，是忠义之士，特别是广东“三忠”，即陈子壮、张家玉和陈邦彦，以鲜血和性命进行奋斗的结果。他返回广西时，这种奋斗仍在继续。

陈子壮，字集生，号秋涛，广东南海人。万历四十七年（1619）探花，授编修。长身美髯，仪容瑰伟，性敏练，谙习掌故。崇祯间累官至礼部右侍郎，署理部事。以刚正不阿、直言敢谏著称。崇祯八年（1635），崇祯帝欲行宗室换授之法，凡郡王子孙文武堪任用者，可授职。子壮乃上疏力争，极言不便，称其“有未必然者三，不可行者五”，恳请“允罢前议，藩规铨政，所全良多”。② 唐王朱聿键则引前代史事驳斥之。帝览疏大怒，斥子壮“非祖间亲，欺罔恣肆”③，将其免官下诏狱。因廷臣交章申救，次年四月，出狱还乡。弘光朝立，起礼部尚书。行至芜湖，而南京破，急回广东与两广总督丁魁楚商议，拟拥立桂王朱常瀛。继而得报唐王朱聿键已于福州称帝，便终止其议。

①钱澄之：《所知录》卷二《永历纪年上》，第67页。

②陈子壮：《礼部存稿》卷四《议改授宗秩疏》，载《丛书集成续编》第58册，第136、140页。

③谈迁：《国榷》卷九四，第5720页。

隆武帝登极后即起子壮为东阁大学士，召其入闽，辞不行。后奉命以阁部兼兵部尚书，督兵援赣。兵至大庾岭，而福建失陷，隆武帝遇难，乃返回南海县九江村。永历朝立，拜为大学士兼兵部尚书，节制江广闽楚军务。未及出境，清军攻陷广州，并准备大举西进，向永历朝发动攻势。他敏锐地觉察到问题的严重性，便对门人、给事中陈邦彦说："事亟矣，不急举兵以牵制敌骑使无西，则粤即闽之续也。"[①] 陈子壮认为如不及时把清军牵制住，一旦清军长驱西下，永历朝便将像隆武朝那样一朝覆亡，这是顾全抗清大局的十分高明的见解。在他的动员下，陈邦彦、张家玉等迅速起兵抗清，有效地牵制了清军，其中最早举起义旗抗清的则是陈邦彦。

陈邦彦，字令斌，广东顺德人。幼颖敏，意气豪迈，慷慨有大节。十八岁成诸生，屡试不中，迁居县北锦岩讲学，从学者甚众，人称岩野先生。[②] 陈子壮罢官乡居后，读其文而奇之，延请至家，使训诸子。邦彦感子壮知己，乃以师礼事子壮，二人甚为投合。[③] 甲申之变，邦彦发誓报国，乃恸哭走南京，向弘光朝上万言中兴政要三十二策，不予采纳。唐王朱聿键入闽，读其策，叹曰："奇才！"[④] 后隆武帝召之，未赴，即于其家擢为监纪推官，而邦彦恰中举于乡。隆武二年（1646）年初，苏观生荐为兵部职方司主事，监广西狼兵，从观生驻南安。六月，赣州被围急，诸军不进，乃自请赴援，遭观生拒绝。该年秋，延平陷落，隆武帝遇难，观生称奉密旨，欲引兵还岭南，拥立新君。邦彦乃谏曰："国自有主，非阁下所急，今大清军全力在闽，宜注意东备，疾走惠、潮，因漳、泉未溃，以控扼之，犹可及也。若以拥立为功，动淹时月，待敌度关而行，此土崩之势，难与守矣。邦彦请留一

①温睿临：《南疆逸史》卷二五《陈子壮》，第176页。

②陈恭尹：《兵科给事中赠资政大夫兵部尚书先府君岩野陈公行状》，载陈伯陶辑：《胜朝粤东遗民录·附录》，1916年真逸寄庐刻本。

③佚名：《鹿樵纪闻》卷下《粤东三烈》，载《扬州十日记》第182页。

④张岱：《石匮书后集》卷四九《陈刘张黎姚陈苏彭王列传》，第290页。

军，为阁下固锁北门，效死以之。”① 观生不听，撤兵回至韶州。

绍武、永历争立之时，陈邦彦劝朱由榔早正大位。绍、永交战，他避入高明山中。不久广州破，绍武政权覆亡。永历元年（1647）初，他见李成栋“尽锐西出”，追击永历军队，乃自山中出，临西江之口，登高而望，面对“积峡奔流，帆旆飞扬”的壮观景象，心中生出无限感慨：“浩然出涕曰：莫可救也！”他十分担心永历帝，痛感自己无力前往营救。但不久前陈子壮关于举兵以牵制清军的话使他大受启发。他猛然醒悟：“夫若乘其未定，得奇兵径袭广州，此孙膑所以救赵也。”于是他积极活动，说服了拥有两万余众、据守甘竹滩的农民军首领余龙与他联合抗清。

二月初十日，余龙率军于东莞虎门一举焚毁清军战船百余艘。随后，陈邦彦于高明起兵，与余龙军一道由海道入珠江，进攻广州。清两广总督佟养甲闻警急速召李成栋撤军回援，对外声称回师的李军将“径道袭取甘竹”。眷属、辎重皆在甘竹的余龙生怕根据地被捣毁，于是尽撤进攻广州之兵。孤军难战的陈邦彦叹息退下。尽管如此，李成栋还是从广西前线撤军了，这在很大程度上减轻了永历朝承受的压力。

这时，广东各路抗清义军纷纷而起，其中于东莞起兵的张家玉与韩如琰势力最盛。于是，陈邦彦致书张家玉说：“成不成天也，敌不敌势也。方今乘舆播迁，桂林危如累卵，得牵制毋西，浔、平之间庶可完葺，是我致力于此而收功于彼也。”② 这再次明确表达了邦彦为了当时永历朝廷的安全宁可自我牺牲的决心。他乘此机会派门人马应房率军再与余龙合军，共同攻下了顺德县城。李成栋紧急回兵往救，余龙战败，马应房不幸被俘，不屈而死。四月，余龙率军再起，与清军激战于黄龙江，不幸阵亡。邦彦受挫之后乃收余众千余人奔向高明，下江门，再图他举。与此同时，张家玉正在牵制清军，与之较量。

---

①邵廷采：《西南纪事》卷五《陈邦彦》，载《续修四库全书》第 332 册，第 126—127 页。“大清军”系后人文饰之语，陈邦彦不可能称清军为“大清军”。

②以上多处引文引自温睿临：《南疆逸史》卷二五《陈邦彦》，第 180 页。

张家玉是明清之际一位卓尔不群的特殊人物。他曾出仕过李自成，清军入关，李自成败，乃间道南下归里。弘光立，被逮至南京，定为罪臣，旋得有力者为之辩解，遂得释。隆武朝立，授翰林院侍讲，旋兼理吏、户、礼三科事，积极参与抗清，并力主招降大顺农民军余部。隆武朝覆亡，返回故乡。

当清军攻占广州后，清两广总督佟养甲慕其名，数次遣人持书招降，均遭家玉严词拒绝。他自称“孔门高弟，太祖孤臣”①，说：“大丈夫得志则立事功，失志则存名节。”② 他表示要坚守抗清之志，蓄发不剃：“人各有心，不可夺也。玉之宝惜此发也，拔去一茎，即禅我以清朝天子，犹且不屑，拘拘官爵，岂足云乎？”③ 他以嬉笑怒骂的态度，拒绝招降，更积极策划起义事宜。不久他便复书陈邦彦共约起义以牵制清军。

永历元年（1647）三月十四日，张家玉同举人韩如琰起兵东莞，执清知县郑鋈，没收降清绅士李觉斯家产以犒军，并传檄远近，同时上表朝廷。永历帝进家玉为兵部尚书，提督岭东军务。不久李成栋率兵反扑，家玉撤兵退至家乡到滘。血战三日，到滘陷落，清军血洗此地，家玉祖母、母、叔、妻及妹均死难。家玉随之又集众复起，接连与清军交战，五月底败还西乡。

六月，陈子壮散尽家财，招募义勇，起兵于南海县九江村，与张家玉、陈邦彦、新会王兴、电白崔良樻、潮阳赖其肖等抗清武装互通声息，分别出击，抵抗清军。当时李成栋又率清军西进，广州城空虚，陈子壮遂同陈邦彦，秘密联系原明朝指挥使杨可观、杨景晔等人，以为内应，又指示花山义军三千人向佟养甲伪降，潜伏广州城内为内应，约定于七月初七日共同进攻广州，到时以内外举火为号。不料事前二日，子壮派至广州的谍者为清人所获，消息泄露。佟养甲急召李成栋还师，同时立

---

①张家玉：《答佟养甲书》，载《张家玉集》第90页。

②张家玉：《与佟养甲书》，载《张家玉集》第88页。

③张家玉：《回王书》，载《张家玉集》第91页。

诛杨可观、杨景晔等，三千花山义军全部被害，义军内线被切断，子壮兵至五羊驿而败。

七月十四日凌晨，陈子壮再次组织水师袭击广州城。清军有备，义军战舟被焚，大溃。子壮退还九江村，长子上庸战死。这时前御史麦而炫率义军一举攻破高明县城，迎子壮及前刑部主事朱实莲共同率众坚守。

与此同时，张家玉于西乡兵败之后，又联合姚金之、陈谷子、罗同天等所率义军，一鼓作气，收复龙门、博罗、连平、长宁诸城，声势复振，继而进攻惠州，攻克归善，旋回龙门募兵。自幼即“好击剑任侠，多结山泽之豪”的家玉，“故所至翕然，蹶而复起”，[①] 仅十天间便募得万人。至此，他分其兵为龙、虎、犀、象四营，随后攻下增城，形成威胁广州之势。

但回师广州城的李成栋，却认为此时对广州的最大威胁在于据守清远等地的陈邦彦。陈邦彦攻广州失败之后，急速引兵与其他义军会合，攻下三水、新宁、新会诸地。八月，清远指挥白常灿杀守道、知县，迎邦彦。邦彦以清远为广州咽喉，引兵赶至，并横江树栅，绝岭东饷道，由此形成张家玉在广州之东，陈邦彦在广州之西的局面。佟养甲与李成栋相议，以为“邦彦居上流，舟师剽疾，若大兵东出，彼不乘广州之虚，必远连西越之众”[②]，遂决定以小股部队牵制张家玉，而集中力量先行征讨陈邦彦。于是双方先于江门，后于胥江，接连展开激烈的水战。

九月，李成栋指挥水陆师两万攻清远。陈邦彦与白常灿等率军，联合花山霍师连部义军一道反击。会北风起，师连遣火舟出栅大战，成栋败走，师连驰舟追之。风忽然反向，成栋返转回战，师连水师被栅栏阻住回撤之路，遂溃，师连死，精锐尽丧。成栋进攻清远城，邦彦、常灿与太学生朱学熙遂退入清远县城，据城固守了十日，但邦彦

①温睿临：《南疆逸史》卷二五《张家玉》，第178页。

②佚名：《鹿樵纪闻》卷下《粤东三烈》，载《扬州十日记》第184—185页。

军也已伤亡惨重，且外无救兵。清军挖地道直达城下，用火药炸开城墙，常灿死，邦彦犹率数十人巷战，自辰及午，肩中三刃，退至朱氏园亭，见学熙已自缢死，乃拜而痛哭，题诗于壁曰：

无拳无勇，何饷何兵？联络山海，喋血会城。天命不佑，祸患是撄。千秋而下，鉴此孤贞。[①]

陈邦彦书毕，欲投水自尽，适清骑至，被执而押赴广州。佟养甲派医诊治创伤，膳夫进食，皆笑却之。养甲逼问子壮所在，并令书招其投降，邦彦曰："我两人各殉国，何问焉？且生平师事之，即知无可言者。"[②] 养甲劝降，则坚拒之。邦彦抗清意志极其坚定，他"自起兵来，日一食，夜假寐不就枕，与士卒同劳苦，故其下人人感动，即小衄无思叛者"[③]。他孤贞足贯日月，为了永历帝的安全，不惜以性命顽强拼搏，以牵制清军。他被俘后，拒绝医治创伤、拒绝饮食，在狱五日，慷慨赋诗，其临难之前的绝命词曰：

天造兮多艰，臣在江之浒。
书生且谈兵，时哉不我与。
我后兮何之，我躬兮独苦。
厓山多忠魂，前后照千古！[④]

"我后兮何之"，他就义之前惦念的仍然是永历皇帝的安危，可见他对君王的忠诚之心至死不渝。他受到了残酷的磔刑，壮烈殉难，时为九月二十八日。

陈邦彦的威胁消除后，清军便全力对付张家玉。十月初，李成栋增兵增城。初四日，双方于水上展开大战。临战之际，家玉军中指挥信号失误，军中大乱，导致此战失败。

李成栋围之数重，身中九矢的张家玉见大势已去，无法挽回，拒

①徐秉义：《明末忠烈纪实》卷一五《陈邦彦》，第275—276页。
②佚名：《鹿樵纪闻》卷下《粤东三烈》，载《扬州十日记》第185页。
③温睿临：《南疆逸史》卷二五《陈邦彦》，第181页。
④温睿临：《南疆逸史》卷二五《陈邦彦》，第181页。

绝了诸将血战突围的建议。他感慨地说：

矢尽炮裂，欲战无具，将伤卒死，欲战无人，天明俱受缚矣。丈夫立天常，犯大难，事至已坏，乌用徘徊不决，以颈血溅敌乎哉？

随后，他便极力支撑着站起来，“遍拜诸将，自投野塘中以死”。[①] 时为十月初十日，年仅三十三岁。

陈邦彦、张家玉相继殉国之时，陈子壮又连续以兵攻新会、新兴，均不克，遂弃九江村入高明。十月二十一日，清军围攻高明，子壮与御史麦而炫、刑部主事朱实莲等率义军据城固守，人人自奋。二十九日，敌用大炮、火药轰倒城墙，冲入城内。实莲阵亡，子壮、而炫等被俘，随即被械送广州，而炫旋不屈遇害。佟养甲对陈子壮说：“吾与公年家也，何苦反？”年家者，同年登科者的互称。陈子壮义正词严地说：“若知年家所由来乎？若叛本朝，乃名我反，我国之大臣，讵为汝屈！”[②] 遂于十一月初六日壮烈牺牲于广州。

“三忠”以自己的鲜血和生命谱写了一曲晚明史上极为悲壮的爱国抗清之歌：“事虽不成，然义旗并举，牵制李成栋，使不得西上，而桂林、武冈犹得从容驻跸者，三人不为无功也。”[③] 正是在他们三人的带动下，在半年多的时间内，南明军民前仆后继、不屈不挠的抗清斗争，紧紧地将清军牵制在广州附近，永历帝方得以在广西一带立足。也正是由于这种牵制，焦琏得以收复阳朔、平乐，陈邦傅得以收复浔州、梧州等地。

永历帝吃尽了刘承胤的苦头，仓皇逃出武冈，进入了形势大好的广西。然而，他并未能趁此十分有利的机会整顿朝纲，革新政治，积极进取。他考虑更多的仍是如何避害远祸，以求个人安稳，加上驭众无方，难弭纷争，遂白白错过了大好良机。

永历元年（1647）九月初，瞿式耜获悉永历帝已逃离武冈，便急

①郑达：《野史无文》卷八《张家玉传》，第72页。

②温睿临：《南疆逸史》卷二五《陈子壮》，第177页。

③钱澄之：《所知录》卷二《永历纪年上》，第68页。

忙撰写一封奏疏，遣人持往，请其进入广西，向其恳切极言广西险要可据，物阜民康，且部署有序："悉心为皇上出死力者，而一时云集于桂林"，特请移跸桂林：

> 桂民百炼于兵燹之中，获生于刀镬之下，乡各立团，民自为兵，一朝闻警，制挺（梃）而出，可以代王师，可以奏敌忾，楚中有此义愤之民心否也？臣与督臣于元烨、按臣鲁可藻，万死一生，力保危疆，以待皇上回跸。虽才力或有不逮，而之死靡他，百折不回，一片愚忠，犹加人一等，或可仰邀皇上之眷顾，冀幸皇上之跸粤者也。
>
> 夫幸桂之万无一失如此，留楚之确有可虞如彼。伏祈皇上无嫌无虑，毅然由靖达柳，由柳达桂，则非特臣等从前拮据不付东流，行见中兴大业，肇造西土。自此剿楚奠粤，恢江右，取闽、浙，复两京，则候皇上驻跸之日，与诸臣次第计之。臣当亲诣行在，恭迎翠华。……臣无任激切盼望之至。

但永历帝接到这份奏疏时，已安居柳州，他不仅没有表示将会驻跸桂林之意，反而"三敕召卿，面议大计"，竟要求瞿式耜也前往柳州：

> 奉圣旨：武攸变厄，幸忠武之臣，扈朕母子，滹沱几渡，麦饭几进，言之复可悲感。迂道入靖，一以危城步之袭，一以慰滇、黔之望。今已跸柳，览卿奏迎，忠爱至切。三敕召卿，面议大计，朕日望为岁，冀单车疾趋，以副眷倚。该部知道。①

瞿式耜得旨很是惊讶，乃立即上疏永历帝，请其"速幸桂林"。他严肃地指出"居重乃兴业之基，处偏非宅中之计"，认为："柳州傜、僮杂处，地瘠民贫，此最偏僻之区，何谓居中？抑或有以南、庆为言，从臾皇上之远幸耶？"而南宁与庆远亦皆不可久驻。因为庆远壤邻黔界，南宁地逼交趾，进入其地，实为自困之举："皇上方将乘高扼要，以为图大之谋，宁有身入荒陬，仅思避地，而尚可以成大业者？"他认

---

①以上多处引文引自《瞿式耜集》卷一，第 75—76 页。

为上述三地绝不可入，而桂林则是难得的王兴之地，这是从恢复大业、长远大计出发的忠告。他又苦口婆心地陈述道：

> 臣等自春徂秋，苦守一年，无非以桂林为西省上游，形胜嵯峨，城郭坚固，确然兴王根本之地。北规楚，东恢粤，惟此地为适中。今借师武臣力，腥膻尽扫，疆宇廓清，正宜奉圣母安置宫闱，以息风霜之苦；集群臣谋求战守，以周牖户之防。皇上复何顾、何虑、何揣、何疑，而不迅发六飞，以慰中外臣民之望，以安文武将吏之心也？督辅臣何腾蛟，自楚入粤，正为皇上已跸粤西，诸勋镇适临此地，亟欲调度分拨，为皇上巩此岩疆，故力疾星驰。今督辅单车已至桂林，皇上銮舆犹彷徨柳境，彼先不解圣意何属，其何以肃将大伐之明威，激发同仇之锐气耶？人心聚涣之关，即社稷存亡之界，臣敢不避苦口，冒死力争？伏祈皇上毅然张主，星言幸桂，若复迟回却顾，舍此而别为他狩之图，人必以皇上不复注意中原。既冷思汉之心，且昧进取之计，天下大事从此去矣！臣无任激切哀吁，悚息待命之至。①

他深情而严肃地指出，桂林“确然兴王根本之地”，正是“居重”“宅中”之区，其他地方不可远幸。他殷切希望永历帝不要彷徨，“毅然张主，星言幸桂。若复迟回却顾，舍此而别为他狩之图，人必以皇上不复注意中原。既冷思汉之心，且昧进取之计，天下大事从此去矣！”这不啻严重警告。永历帝终于被这份奏疏说服了，十月初二日他批示：“朕刻期入桂。”② 表示不再他往，选定合适日期入跸桂林。此时，在诸臣的努力下，形势发展对永历朝十分有利。

然而，永历帝虽已做了决定，却行动迟缓。不久又出现新的情况。由于湖南已为清军所据，郝永忠等率兵退入广西，与焦琏所部出现了严重矛盾，形势紧张。在瞿式耜、何腾蛟、严起恒等昼夜焦劳筹划下，郝永忠与焦琏趋于激化的矛盾得以调和。十一月，当清军大举进攻全

---

①瞿式耜：《请速幸桂林疏》，载《瞿式耜集》卷一，第76—77页。

②《瞿式耜集》卷一，第77页。

州之际，郝、焦“誓于神，刻期出师”，[①] 因而何腾蛟指挥自如，大败进犯的清军。永历帝得报，称为“奇捷”，“真中兴战功第一”，并再一次说“朕已刻期跸桂”。[②] 但直到十二月初，他才来到桂林。

其实在此之前，永历帝从柳州出发时，本欲从象州至南宁，由于乱兵阻隔才转跸桂林，而三宫却被护送至南宁。瞿式耜与严起恒并为大学士，庞天寿则为司礼监秉笔太监。而被逐的原秉笔太监王坤，此时通过马吉翔的力量重新入朝。本来勾结刘承胤、极力怂恿永历帝移跸武冈的马吉翔，又以扈跸功深得慈宁皇太后及永历帝信任，加少保，晋爵文安侯。从武冈至象州，票拟皆出马吉翔之手。永历帝抵达桂林后，票拟之权“始归诸内阁”，但“阁拟复多改票。式耜力争之，不能得”。[③] 马吉翔虽然不再票拟，但见所拟不合己意，最后竟有代皇帝改票之权，其根本原因是永历帝信任、偏袒及交权于马吉翔。针对朝中这种极不正常的现象，瞿式耜疏请永历帝“揽大权，明赏罚，严好恶，亲正人，闻正言，威德兼行，以服远近”[④]。这些当时即被认为是名言的谆谆话语令永历帝很感动，乃“嘉纳之”[⑤]。瞿式耜也为局势好转而高兴，认为这是振兴国家的良好契机。他竭诚地负起辅臣之责，“五鼓，肃衣冠而起，黎明入阁，夜分始归”。他密切注视永历帝的动静，竟至永历帝不食他不敢先食，“犹孝子之事严亲也”。“各路奏使，计道路远近，给口粮，四方蜡表月数至，远人亦以桂林为归。”[⑥] 桂林大有中兴之都的景象。

但可惜的是好景不长，永历帝缺少励精图治的精神，总怕辛劳，怕困难和挫折，也懒得多动脑筋，总要依靠一些人替自己出主意。他又孝心至醇，唯太后之命是听，往往被坏人钻空子。这次仍是如此。

---

①计六奇：《明季南略》卷一〇《永历入粤西》，第351页。
②《瞿式耜集》卷一，第79页。
③钱澄之：《所知录》卷二《永历纪年上》，第69页。
④计六奇：《明季南略》卷一〇《永历入粤西》，第351页。
⑤王夫之：《永历实录》卷二四《佞幸列传》，第205页。
⑥徐鼒：《小腆纪年附考》卷一四，第565页。

对瞿式耜的尽忠之举和有针对性的言论，马吉翔十分反感，他通过太监夏国祥向慈宁皇太后诉苦，“谓式耜间己，不容皇上有患难亲臣”。此言果真产生作用，而后瞿式耜之“言遂不用”。[①] 忠臣志士用生命和鲜血换得的暂时安稳与良好的转机，并未被很好地巩固和利用。永历帝驻跸桂林的安稳日也并未持续多久，随后，令他心惊肉跳的事情又接连发生。

永历二年（1648）二月二十一日，驻防兴安的郝永忠声称为清军所袭，急忙奔向桂林，并面奏永历帝，指出桂林危险，要其马上移跸柳州。永历帝身边侍臣也极力鼓动迁移。对此，留守瞿式耜坚决不同意，说：

> 不可。督师警报未至，营夜警，无大恐。二百里之风尘，遽欲使九五露处耶？播迁无宁日，国势愈弱，兵势愈难振，民心皇皇复何依？[②]

他尖锐地指出形势并未严重，要镇定应对，不可自乱阵脚，否则贻害无穷。但侍臣们仓皇色变，惊恐不已，一再请求永历帝下定决心迅速移跸。瞿式耜说，实在不得已，请等督师何腾蛟回来后，再决定不迟：

> 果急，天威咫尺，激厉将士，背城借一，胜败未知；若以走为上策，桂危柳不危乎！（清军）今日至桂，明日不可至南、太乎！[③]

瞿式耜反复劝说，然而永历帝的心早已飞出桂林，听罢这类规劝大不高兴，他竟然说：

> 卿不过欲朕死社稷耳！[④]

此话亏他说得出口！瞿式耜面对这个胆怯愚昧、不通情理的皇帝，悲伤得“泪下且沾襟”[⑤]。严起恒极力周旋，提出今日已晚，明晨再议的

---

①王夫之：《永历实录》卷二四《佞幸列传》，第205页。
②瞿共美：《天南逸史》，载《岭表纪年（外二种）》第276页。
③徐鼒：《小腆纪年附考》卷一五，第574页。
④瞿共美：《天南逸史》，载《岭表纪年（外二种）》第276页。
⑤瞿共美：《天南逸史》，载《岭表纪年（外二种）》第276页。

主张。瞿式耜见无法挽留，乃准备好御用白银三百两，但未及进呈之时，永历帝已不再与瞿式耜商议，于二十二日凌晨在近侍簇拥下自行出发了。而几乎与此同时，一场未曾料想的灾难又突然降临。

原来，就在永历帝正要出逃之际，郝永忠挥兵大肆抢掠桂林，他尤其憎恨民团，于是放火烧城，发泄积在心头的怒气。郝永忠率领的这支原属大顺农民军的部队，自从归明抗清以后，多立战功。但明军将领对其成见甚深，不仅不予合作，甚至故意制造麻烦。永历元年（1647）七月，永忠奉调至桂林时，竟有乡团“扼于路”。更有甚者，有人还提出“闭门不纳”，或“闭门歼除”的主张。永忠军进驻之后，蔬菜得不到供应，“乡间蔬菜俱不入市，往乡，乡民又辄杀殴之”，处境十分困窘。[①]后以全州遇警，永忠奉命率军前往，为避免与焦琏军冲突，遂分驻兴安、平乐，但并未解决实际问题。永历帝当然也了解此情，但他却绝无本事，也未想过去消弭各将之间的纷争，致使事情发展到不可收拾的地步。

永历君臣皆遭受了这场劫难，十分狼狈。据《粤事记》所载，这次抢掠是从夜间开始的，哗变士兵首先闯入皇宫大内，“劫帝于寝被中，舁出城外”，“将文武百官捆吊勒索，尽逼所有，妻孥不保”。瞿式耜也被“劫掠如洗”。永历帝的龙袍都被抢去，成了裸体之人，幸好没有受伤。其出逃时，“马吉翔备布袍竹轿，掖帝而行。遇水濡足，过岭扳枝，可谓行路难矣”。[②]永历帝就这样结束了诸臣为他争得的暂时安稳的生活，告别了曾经出现过的大好形势，告别了瞿式耜一再请其驻跸的桂林，又开始了新的播迁。

①鲁可藻：《岭表纪年（外二种）》卷一，第40—41页。

②计六奇：《明季南略》卷一一《帝走平乐》，第363页。

第三章　颠沛流离无宁日（下）

一、柳暗花明，难握良机

永历二年（1648）二月二十二日凌晨，永历帝不顾瞿式耜的苦苦进谏，狼狈逃出桂林，扔下被洗劫之后一片火海的危城和生死不明的瞿式耜。在如此大难临头的时刻，他感到自己的前途已十分渺茫，什么光复大业、中兴伟志，已无暇去想，他唯一的企盼是留得一条性命，求得安稳。可是不久，意想不到的幸运又向他招手，陡然间形势竟一片光明，但如何去迎接幸运之神，驾驭这一大好形势，又一次难住了他。

在永历帝出逃之际，郝永忠放兵大掠一通之后，便饱扬而去。继而从灵川撤回的滇营兵趁火打劫，也来到这里参与抢掠，桂林城雪上加霜，"城中烟焰弥天，兵刃相加，不辨主客，公私涂炭，朝士皆被戮辱"①，一片惨象。

瞿式耜被劫持到船上，三天后被放回。他在樟木港遇见刑部侍郎刘远生，给事中丁时魁、万六吉、刘湘客，与他们集会于民舍，立即派出一吏急赴桂林城扑灭残火，收拾仓储余粮，并催促焦琏率兵入援，同时起草文告分路散发，令远近知道留守仍在坚守岗位，以安定人心。式耜先是暂住阳朔，三月初一日，回到桂林官署。很快，焦琏自平乐率兵火速开至桂林，楚镇周金汤、熊兆佐，滇镇胡一青闻讯后也先后率兵赶到，督师何腾蛟亦提兵从永福至。几乎与此同时，清军接到桂林发生兵变大乱、永历帝出逃的消息，急发兵乘虚进攻。何、瞿二人

①钱澄之：《所知录》卷二《永历纪年上》，第70页。

立即部署展开了一场桂林保卫战。

瞿式耜坐镇守城，胡一青领滇兵，周金汤、熊兆佐领楚兵，焦琏随督师分兵三路出击。哀兵必胜，明军个个士气高昂。焦琏刚一遇敌，便奋臂大呼："诸将军看琏杀贼!"他单骑横冲敌营，随后众兵齐上，"皆殊死战"。[①] 而滇、楚诸营又从旁夹击，清军不支，败退下去。胡一青从东来，麾师奋击，清军大败。胡一青所骑为剪鬃马，清军呼为牛，称其为"骑牛蛮子"。他身材短小精悍，善用铁标枪，马上腾掷如飞，于十数步外取人，百发百中。已败的清军见他率兵杀来，惊呼"骑牛蛮子"来了，抱头鼠窜。胡一青与焦琏追杀二十余里，清军逃遁而去。瞿式耜于北门迎候督师何腾蛟率师凯旋，并马入城，时为三月二十二日。

桂林保卫战虽取得大捷，但历经战乱的桂林城地方官吏皆哄然而散，百姓四处逃亡，来援桂林的诸将列营榕江，仅每日所需之米即达数百石，供应极其困难。瞿式耜经多方筹集，尽其所有，以供军需。"得升升往，得斗斗往。"而何腾蛟则"计升斗分给士卒食"。二人皆廉洁奉公，一丝不苟。尽管条件艰苦，但官兵同甘共苦，军心渐趋稳定，"久之，民多争出乐输，饷大足"，[②] 终于顺利度过了经兵燹后的最困难时期。瞿式耜着意治理桂林，仍然希望永历帝能重返驻跸这座"宅中"之区，以实现中兴伟业。

永历帝从桂林逃出，一路艰苦奔波，于三月初十日抵达南宁，遂以南宁府为行在，加守道赵台以巡抚衔，令其专供皇宫饮食。同时随至的大臣只有内阁大学士严起恒、兵部尚书萧琦、吏科给事中许兆进、户科给事中尹三聘、礼科给事中洪士彭、兵科给事中吴其雷及锦衣卫指挥使马吉翔七人。南宁虽为重镇，但条件远不如桂林优越，于是落脚南宁不久的永历帝，又产生了再行迁移而进入土州的打算。萧琦上《十便十不便疏》加以劝阻，他才没再出行。但这时"君臣资斧空乏实

①钱澄之：《所知录》卷二《永历纪年上》，第 70 页。

②钱澄之：《所知录》卷二《永历纪年上》，第 71 页。

甚”。首相兼吏部尚书的严起恒为开辟财源，笼络人心，于三月十一日便张贴告示于通衢：“民间俊秀愿立本朝者，悉陈履历姓氏，即于三月十五日广为开选。”这是公开卖官鬻爵。结果南宁府二十四土州中，贩卖槟榔、盐、布等物的商人，以及土乐户，纷纷花钱买功名、买官，“皆注仕籍、列鸳班”。朝廷为了让这些花钱买官者过把官瘾，表演当官上任之场面，风光一下，特“借府学明伦堂为公座莅任地。自晨至暮，日以百计，鼓乐旗帜，轩舆扇盖。前人按套伛偻罄折尚未遽毕，后官多叠趾以候”。[①] 明伦堂人来人往，犹如商埠闹市。

永历帝到南宁不久，便收到了瞿式耜问候皇上及三宫起居之疏，才得知瞿式耜安全无恙，桂林平定，竟“为之泣下”[②]。原来，永历帝逃出桂林时，只有瞿式耜抱着与城共存亡的态度独处孤城。此后桂林“频传凶信，帝每欷歔泪下”，因为永历帝在越困难的时刻就越想起瞿式耜的忠诚不贰。瞿式耜以百折不挠的精神，为永历朝，为抗清事业尽心竭力，是朝廷赖以支撑、须臾不可或缺的重臣。当其遭遇不测传言传来时，永历帝怎能不为之心伤？现在得到其疏，他喜极而泣，于是“下玺书褒美，遣官慰视憔悴状”，旋得知瞿式耜经过桂林之劫难，已“寸缕无遗”，一贫如洗时，便“赐纱缎、尚方银两，并赐‘精忠贯日’金章”。[③] 太后也赐予瞿式耜夫人邵氏以纱缎、银两。

永历帝对瞿式耜的认识是正确的。瞿式耜念念不忘朝廷，不忘永历帝，他一再考虑南宁非久驻之地，希望永历帝能早日返跸桂林。当此之时，虽然君臣相距遥远，但他无时无刻不关心朝廷的举措，凡得知朝政有所不当，“必驰疏论谏”。他深情地对永历帝说：

> 臣与皇上患难相随，休戚与共，原不同于诸官，一切大政，自当与闻。朝议可否，众指所归，本乱而求末治，未之有也。

---

①计六奇：《明季南略》卷一一《永历驻南宁》，第364页。

②钱澄之：《所知录》卷二《永历纪年上》，第71页。

③李天根：《爝火录》卷一八，第765页。

永历帝被这至诚之心所感动，“褒纳之”。[①] 瞿式耜考虑到皇帝身边无讲官，“经筵不御，石室尘封，何由闻得失”[②]，于是亲手书写八条箴言于扇上进呈。他真切地盼望永历帝能有所作为。

正在永历君臣共渡难关之时，令他们意料不及的大好消息陆续传来：掌握江西、广东兵权的原叛明降清诸臣，突然调转矛头反清归明——江西总兵金声桓、副将王得仁本年正月于南昌，广东提督李成栋本年闰三月于广州，分别举兵“反正”，旗帜鲜明地打起反清大旗，传檄远近，声讨清廷，要坚决恢复明朝天下。这些将领曾率领重兵，疯狂地向抗清军民挥舞屠刀，此时突然放下屠刀，回戈所向，直指清廷，震动了天下。这个消息最初得之于陈邦傅。永历帝闻此讯息，十分震惊，将信将疑。

陈邦傅，字霖寰，浙江绍兴人，“有口辨，善逢合，以贿中武科”[③]。崇祯末年官至分守柳（州）庆（远）参将。隆武时因未附靖江王反，却以结纳丁魁楚得录平叛首功，获封富川伯，接征蛮将军印，擢都督同知。永历帝即位，又以推戴功，加太师，封思恩侯。邦傅是个膏粱狭邪之徒，无威望。征蛮将军本驻桂林，邦傅畏惧楚兵强盛，则立帅府于南宁。永历帝至南宁，即进入他的控制区，他便居功自傲，结交权臣马吉翔，凡马吉翔有所请求，多得其呼应。邦傅虽为大将却漫不知兵。当李成栋攻陷梧州，进逼浔州、横州之际，他预感大难临头，于是遣人修书至李成栋处表达降清之意，因李成栋此时正准备归明，所以对此不屑一顾。邦傅见久无回音，急不可待，又密遣幕客沈原渭带着土地甲兵册籍去见李成栋，并表示要献上永历帝作为降清的见面礼。沈原渭到达梧州时，李成栋已发布了反正命令。广州城内到处张贴《奉朔改妆示》，要求广州官民人等立即剪掉发辫，更换汉装，并使用明朝的历法，将顺治五年（1648）四月改为永历二年（1648）

---

①徐鼒：《小腆纪年附考》卷一五，第579页。

②计六奇：《明季南略》卷一一《两粤复全》，第368页。

③王夫之：《永历实录》卷二六《叛臣列传》，第219页。

闰三月。广州府署已出现“乌纱吉服、腰金象简满堂，如汉宫春晓”的景象。[1] 此事情形飞速传遍四方。沈原渭得悉此况大吃一惊，寻思一番后，立即拿定主意，烧掉投降的册籍，改乘快船昼夜兼程急返南宁，还特意在船上打出一面旗帜，上书“招安粤东”[2] 四个大字。回南宁后，他便立即上书永历帝，说自己奉思恩侯陈邦傅之令，赴广州劝李成栋反正归明，事已成功，特来回报。

原来李成栋遣使者上归降表于永历帝，使者所乘大船逆流而上，正遇右江水涨，行动缓慢，迟迟未到。永历帝正处于对沈原渭的报告疑团百生之际，四月初十日，李成栋派出的使者洪天擢、潘曾纬、李绮三名进士，终于来到南宁。他们携带李成栋所辖广东、广西兵马钱粮、户籍土地册籍，前来奉献，“赍奏称臣，并请圣驾东跸肇庆，为逾岭策应地”。这个举动使“满朝惊喜”，但“犹恐兵贵神谋，中藏诡秘”，因而疑信参半。洪天擢等极力陈述“李固山忠诚恳挚，跂足注望”[3]，永历帝及群臣才相信。

李成栋、金声桓、王得仁等反正归明之事，发生得实在突然，其前后行动截然相反，令人不能不疑。他们这种行为有偶然性，也有必然性。除了他们因降清后个人权欲未得满足这个重要原因外，广大汉族军民同仇敌忾的抗清斗志、不屈不挠的气节，也让他们深感震动，使他们萌生归明之念。

李成栋，字廷贞，陕西人，一说山西人。本是农民起义军李自成部下将领，后降于官府，归高杰部下，屡官至总兵官、都督同知。弘光时，奉命于徐州、颍州一带镇守。清军南下，弘光朝覆亡后，乃举部降清，随贝勒博洛，收江南，下福建，攻广东。自认为有大功的李成栋，奉命与佟养甲进兵两广，却受佟的节制，“心不能平”。打下广州后，清军缴获大小印鉴五千余颗，他唯将两广总督之印留藏起来，

---

①计六奇：《明季南略》卷一一《李成栋归明》，第 365—366 页。

②王夫之：《永历实录》卷二六《叛臣列传》，第 220 页。

③以上多处引文引自计六奇：《明季南略》卷一一《李成栋归明》，第 365 页。

希望能得受此职。结果佟养甲被授为两广总督，他仅为广东提督，心中更为不平。当金声桓、王得仁于江西举兵反正归明时，他“闻之心动”。而此时，与他甚为相投的背明降清的广东提学副使袁彭年，觉察到其心态，便“稍稍以词色挑之”。他虽不应，但“面色甚愉”。他的养子名元胤，字元伯，河南南阳人，本姓贾，原为儒家之子。成栋为盗时掠得，养为己子。元胤貌轻脱，而富于心计，有器量，稍读书，知大义，对李成栋降清怏怏不快，[①] 故早有反清之志。此时他乃极力进劝，“涕泣陈大义益切”。李成栋终于拔刀奋起说：“事即不谐，自当以颈血报本朝！”[②] 但他仍有疑虑，而他身旁爱妾张玉乔的“杀身激之”[③]，促成了他立即起兵反清归明的决心。张玉乔本是陈子壮的侍妾，是颇有气节之人。陈就义后，她没有从死。李成栋抄陈子壮家时，见其“美丽，遂娶之”[④]。她“有更大的志向，因而忍辱偷生相从”[⑤]。她揣知李成栋的心意之后，便力“劝其举事”。李成栋说出了家口都在松江的忧虑，玉乔便毅然地说：“丈夫不能割爱乎？”[⑥] “公如能举大义者，妾请先死尊前，以成君子之志！”[⑦] 说罢突然拔刀自刎。李成栋抢救不及，哭道“我乃不及一妇人”[⑧]，“益感愤”[⑨]。于是成栋令元胤召袁彭年入密室，决策反正。他们议论道：

吾辈因国难，去顺归大清，然每念之，自少康至今三千余年矣，正统之朝，虽或有败，已必有继起而兴者。本朝深仁厚泽，远过唐宋。先帝之变，遐荒共悯焉。今金将军声桓所向无前；焦

---

①王夫之：《永历实录》卷一一《金王李陈列传》，第111页。

②王夫之：《永历实录》卷一一《金王李陈列传》，第109页。

③查继佐：《国寿录》卷四《李成栋》，第162页。

④江日昇：《台湾外记》卷三，第91页。

⑤何龄修：《张玉乔》，载何龄修、张捷夫主编：《清代人物传稿》上编第7册，中华书局，1994年，第178页。

⑥钱澄之：《所知录》卷二《永历纪年上》，第72页。

⑦王夫之：《永历实录》卷一一《金王李陈列传》，第109页。

⑧钱澄之：《所知录》卷二《永历纪年上》，第72页。

⑨王夫之：《永历实录》卷一一《金王李陈列传》，第109页。

> 将军琏以二矢复粤西七郡；陈将军邦傅虽有降书，不解甲。天时人事，殆可知也。又闻新天子在粤西，遣人瞻仰，云表酷似神祖，将相协和，神人共戴。若引兵辅之，事成则易以封侯，事不成则不失为忠义鬼。①

这是为反清归明找到的“理由”，语多牵强，但“事成则易以封侯”则道出了反清的主要目的，即寻求利益的最大化。就这样，李成栋举起了反清归明的旗帜。

而在此之前，永历二年（1648）正月，金声桓、王得仁在南昌反清归明，这件事亦颇有戏剧性。

金声桓，字虎夫，一作虎符，辽东人。初为明东江总兵黄龙的副将。崇祯六年（1633），黄龙于旅顺抗击后金兵时兵败自刎，声桓全家被俘，只身逃遁入关。后奉命与农民军交战，累升至淮徐总兵，后隶宁南侯左良玉部下，为后营总兵。弘光元年（1645），从左良玉讨马士英，旋良玉乃以江西委声桓。五月，左良玉子梦庚以全军降清，声桓随降。英王阿济格奉诏班师，令梦庚率诸将进京。声桓不欲往，自请取江西以献，遂获准以提督抚剿总兵衔，挂讨逆将军印自效，乃与副将、原大顺军将领王体忠合兵而进，南昌城唾手而得。七月，剃发令颁至，声桓率兵士皆剃发，而体忠拒绝剃发，被部下游击王得仁与声桓合谋杀死，得仁遂统领体忠部。二人乃统兵出击，至九月，除赣州未下外，江西悉平。自此声桓独控江西，上奏清廷。

金、王二人以为不烦满洲一卒，传檄而定十三府七十二州县，拱手归清，能博得特殊封赏。尤其是金声桓，他自以为战功卓著，盼望封侯。然而，十月，清廷颁诏实授声桓为左都督，充镇守江西总兵官，得仁为副将。二人大失所望。顺治三年（1646）年初，声桓乃疏请曰：“臣原衔提督抚剿，今更为镇守，事权不隆，无以弹压军民文武。请仍给原衔，锡之敕书，假以便宜。”疏上，被部议斥以“镇臣无节制文官

①瞿共美：《天南逸史》，载《岭表纪年（外二种）》第281页。

之例，本朝更无便宜行事之制。声桓所请殊为僭越”。[①] 十月，金、王攻下赣州，再为清廷立大功。二人于攻城略地时疯狂搜刮，杀人劫财，聚敛甚多，但却为随后受清廷任命的巡抚、巡按所觊觎与敲诈。金、王既屡不遂心，乃萌反清之志，且愈加强烈。

永历二年（1648）正月二十七日黎明，金、王严闭城门，发兵绞杀巡按董学成，下令官民皆剪发辫。章于天被擒投降，声桓令其督造炮车。声桓又遣人迎弘光朝阁臣姜曰广，出告示安民。金、王、姜等人虽然知悉隆武帝已死，但仍称隆武四年。金声桓自称豫国公，王得仁自称建武侯（二人的爵位后由永历帝正式加封）。半年后，“有旧臣至，述闽陷广立之详”[②]，他们方知永明王朱由榔已即帝位，遂改年号为永历二年，并上疏请旨。金、王反正后“传檄远近”，除赣州一地未下外，江西“全省复归于明”。[③]

江西、广东的先后反正，鼓舞了永历朝军民的斗志，他们乘势出击，收复不少失地。

面对如此大好形势，永历帝及其臣子喜上眉梢。何腾蛟率军收复全州后上疏报捷，“不肯自为功”，说：“为皇上以信臣用臣者，惟瞿式耜一人也。”六月初三日，瞿式耜抱病前往全州劳师，这使官兵上下受到了极大鼓舞。“诸军列营全城外数十里，旌旗蔽云日，大帅咸帕首弓刀伏马前，无不曰：‘无瞿公，无以至今日！’”[④] 可见，这种盛大隆重的欢迎仪式里蕴含了同仇敌忾、立志建功的深情啊！

形势的转变，也使不少退缩之人重新伸头露面，出现“弹冠者遍地”的景象。如“王化澄杜门半载，忽入直矣。朱天麟变姓名，隐太平府，走别窦，邀拜相矣。晏清自田州出，为冢宰矣。张凤翼兵科兼翰林院修撰矣”，“一时人情咸以出仕为荣、不出仕为辱矣”。[⑤]

---

①《清世祖实录》卷二六，顺治三年五月庚申，第309页。

②瞿共美：《天南逸史》，载《岭表纪年（外二种）》第283页。

③徐鼒：《小腆纪年附考》卷一五，第573页。

④瞿共美：《天南逸史》，载《岭表纪年（外二种）》第283页。

⑤计六奇：《明季南略》卷一一《群臣复出仕》，第366—367页。

严起恒曾为解决朝廷开支，实行卖官开选，当时涉及范围不广、影响不大，而此时却掀起了买官高潮。买官者“拽裾就道，弥漫如蚁。曾经出仕，佥曰‘迎銮’；游手白丁，诡称‘原任’”，以致“六曹两侍，旬日间驻列济济”。时人评论说：“地少官多，朝小官大，自古如此，于今为甚。”①

永历帝大封反正之功臣，封李成栋为惠国公、金声桓为豫国公、王得仁为建武侯、佟养甲为襄平伯，其他将领也各有封爵。

当然也有浑水摸鱼、以售其奸者，最为突出者即陈邦傅。陈邦傅曾向清朝递降表，李成栋深恶之，本欲揭穿其丑行，“马吉翔为弥缝之，乃止”，永历帝对此并不知晓。陈邦傅反以拥戴功瞒天过海，将李成栋反正“猎为己功”，得以进封庆国公。然而他仍不满足，得寸进尺，竟上疏请求“世守广西”，如同明朝开国功臣沐英的子孙以黔国公的身份享受世守云南那样的待遇。入阁后的王化澄，“已诺允之”，中书舍人张文光以为此不合制度，坚持不肯起草敕书，最后乃改称“居守广西”，但陈邦傅对外行文仍“自称世守”。对此，瞿式耜上疏批驳说：“今日躐五等者相望，初未裂土而封，海宇剥削，止粤西一隅为天子之土，桂、滇数万之师日需食，邦傅辄称世守，将置车驾于何地？”②陈邦傅之企图未得逞，而其所为更引起廷臣厌恶，包括由其推荐而当上广西巡抚的赵台。赵台一朝得志之后，便蔑视陈邦傅，并废除己女与陈邦傅之子的婚约，陈邦傅因此怒火满腔。

李成栋反正之后，立即遣官迎驾，并令梧州地方官修葺永历帝之父桂端王的陵寝兴陵，极力请求永历帝移跸肇庆，再至广州。永历帝心有所动，但又犹豫不决。陈邦傅坚持皇帝应驻跸南宁，或者东移至浔州，但不必他往。瞿式耜则疏请永历帝前往桂林，又请求“驾勿遽东”，担心李成栋像当年刘承胤那样挟帝以自专。其奏疏曰：

> 兴陵两载陷风尘，成栋令地方官葺陵殿，巍然天寿。彼数年

①计六奇：《明季南略》卷一一《章服错乱》，第367—368页。

②王夫之：《永历实录》卷二六《叛臣列传》，第220—221页。

> 想见天子汉官，一旦奋不顾身家，具移山趋海之力，更非有所疑也。但事权号令，宜归于一。兹军功爵赏、文武署置决于成栋，若归于朝廷，则事权中扰，阃外不能专制。不归朝廷，则徒拥虚位。且楚黔雄师百万，腾蛟翘首威灵，如望云霓。圣驾既东，军中将帅谓皇上幸新复之地，成栋亦有邀驾之嫌。号令既远，则人心涣散。①

奏毕，瞿式耜又先后派出检讨蔡之俊、给事中蒙正发前往南宁，迎帝回跸桂林。

永历帝见疏无法回答也不批复，便决定独自起驾南宁东移，六月十一日驾临浔州，因宫眷有病而暂停下来，这正中陈邦傅下怀。他扬言帝东下广东，赵台必将随扈，过此我必杀之，以解心头之恨。不料，赵台闻讯便留在南宁不走。陈邦傅见赵台未至，便声色俱厉地向永历帝算起账来："皇上听两衙门交构于臣，无少加恩。倘丁亥二月，无臣父子血战梧、浔三昼夜，焉有今日！赵台赖婚负义，皇上反加优容，彼且不敢随扈，何足任留守？南、太系臣辖下，何必再设巡抚！望皇上大奋乾刚，毋为文武作奴仆，身受实祸。"对这种狂暴无礼的训斥，永历帝竟"面赤不能答"，迟疑一会儿后，便对陈邦傅说："尔补本来。"② 永历帝不得已批准陈邦傅居守浔州，设官征赋，如瞿式耜居守桂林；陈邦傅则坚持要求世守。

永历帝面对陈邦傅一定要给予世守的无理要求，实在没有办法对付，幸亏大学士朱天麟坚持不许，以及给事中吴其雷、督师何腾蛟、巡抚鲁可藻、御史吴德操等先后上疏反对，勋镇曹志建也哗然不平，事情这才作罢。永历帝停留浔州的二十天里，陈邦傅还放肆地侮辱朝臣，放纵家丁以乱石击沉尚书萧琦之舟，舟半沉，又不容萧琦上岸，致其活活闷死。他还以拳殴死户部主事王渚。③ 永历帝难再停留，于是

---

①瞿共美：《天南逸史》，载《岭表纪年（外二种）》第284页。

②徐鼒：《小腆纪年附考》卷一五，第589页。

③计六奇：《明季南略》卷一一《陈邦傅留帝浔州》，第370—371页。

又起驾，经梧州谒兴陵后，进入了广东肇庆。

瞿式耜前后多次请永历帝移跸桂林之疏俱无回音，继而听说帝已离开广西进入广东，更加担心，“泪簌簌下”。他再次上疏说：

> 前日粤东未复，宜住桂以视楚。今日江、广反正，则宜住桂以图出楚。事机所在，毫厘千里。①

瞿式耜从抗清复国的全局出发，考虑得十分周全，很有现实意义，亦很有远见。然而，永历帝一点也没听进去，白白辜负了这位老臣的耿耿忠心。

为阻止永历帝移跸广州，瞿式耜特派刘远生前往肇庆。这时正值李成栋修葺行宫后，遣官前来迎驾，永历帝便派刘远生赴广州劳师。远生与李成栋有乡里之谊，于是坦率地对李成栋说：

> 天子，天下主也。爵赏征伐出自天子，天子又与天下共之。若在此，则爵赏征伐，人疑天子必有私隐令寄政，不可不嫌也。且江、广同时反正，六师当不日下金陵。上不返桂林，犹云直从南、韶出江右耳。若幸广城，则示天下以苟安之局矣。②

这才说服了李成栋，使其不再坚持皇帝非移跸广州不可的主张。但成栋又上疏永历帝说：“式耜拥戴元臣，粤西扼御定，毋容久于外。应亟召还纶扉。”希望将瞿式耜召至朝廷。于是永历帝遣官三四次召瞿式耜离开桂林赴肇庆行在。瞿式耜不应召，他说：

> 前日在南宁，桂林危，桂林危则天下去矣，其机在外不在内也。今江、广悉定，何公督师下长沙，朝臣且辐至，予不敢忘危而即安。③

瞿式耜见永历帝一再要他赴肇庆，便相应地一再提出告老还乡的请求，永历帝当然不予批准。就这样，瞿式耜仍留守桂林，而永历帝不听劝告，进驻肇庆。这之后臣下无尽的纷争，又使他陷入迷惘、痛

①计六奇：《明季南略》卷一一《两粤复全》，第368页。
②钱澄之：《所知录》卷二《永历纪年上》，第74页。
③计六奇：《明季南略》卷一一《两粤复全》，第369页。

苦之中。

二、喜得安逸，不思进取

永历帝在李成栋坚决有力的迎请下，冲破了陈邦傅的阻挠，终于在永历二年（1648）七月二十九日，移舟至肇庆城下。李成栋早已准备好一艘“长三十二舱”的“龙舟”，于百里外迎接皇帝的到来。永历帝满怀欣喜之情，对这个不久前还狂舞屠刀的凶恶敌人、此时反正迎驾的功臣“慰劳备至”。[①]

从来没见过皇帝的李成栋，在幕宾的指点下，练习了奏对时应说的话语，特别是“述已忠悃者备悉”。当永历帝温颜接见，“赐坐，慰问再四”时，他竟“俯首战栗，唯唯起，叩头趋出”，事先准备的话一句也没说出。事后有人问他何以如此，他说：“吾武人，容止声音，虽禁抑之，犹觉勃勃，更为之言说，动上听睹，将无非人臣礼乎！”[②] 尽管如此，李成栋仍异常兴奋。

八月初一日辰刻，李成栋率文武百官举行了一次隆重的迎驾仪式，亲手扶皇帝所乘的銮舆入肇庆行宫，并特意于宫中储银一万两以备皇帝赏赐之用，而供帐等装饰器物复约一万两银子。这种周到的考虑与安排，使永历帝很感动。朝贺之后，永历帝加李成栋为公爵，赐御袍靴带、尚方剑等，李成栋拜谢接受。这时朝中首辅大学士为严起恒，其次为王化澄和朱天麟，但政事不论大小，他们必先呈报李成栋，然后才上奏永历帝。[③] 李成栋从迎驾伊始，便掌握了朝中实权。他此时确实想真心实意地效忠明室，参加抗清复明的大业。

永历帝特敕拜李成栋为大将军、大司马，命于城东筑拜将坛，像汉高祖拜韩信那样，准备亲临授钺。坛筑到一半时，李成栋得知此事，

---

①计六奇：《明季南略》卷一一《永历再入肇庆》，第 374 页。

②王夫之：《永历实录》卷一一《金王李陈列传》，第 109—110 页。

③计六奇：《明季南略》卷一一《永历再入肇庆》，第 374 页。

上奏说："事在人之为耳，岂必坛之登与否乎！"他恳切推辞此事，永历帝坚持不许。原来李成栋是"刎颈爱妾刻不去怀，必欲得当以答其意也"。他是想以实实在在的行动忠心报国，以悼念死去的张玉乔。李成栋报国之心是诚挚的，八月十二日，他面奏永历帝说："南雄以下事诸臣任之，庾关以外事臣独肩之。"于是他"一言竟去，提兵二十万上南雄"。[①] 原来他已同在南昌反正的金声桓取得了联系，金准备挥师南下，与他约期共同采取军事行动。

此时，四川又传来朱容藩被擒斩的消息。原来永历元年（1647）朱容藩谋求入内阁失败后，悻悻离开朝廷，由楚入川，假称"三省总督、兵部右侍郎"。永历二年（1648）五月，容藩于夔州自称监国招讨副元帅，称制封拜惑众，御史钱邦芑传檄讨之。檄文有曰："臣察得逆宗朱容藩，自元年正月在广西得罪皇上，欲置之死，幸蒙天恩赦宥，还其原官，命料理湖南一带。彼时寇逼湖南，容藩即由施州卫走入川东。……维时皇上幸广西，川中不知圣驾所在，容藩即自为吏兵两尚书，铸刻印信，选授文武，笼络军民，隐有称王之意。今岁六月，臣巡川南，忽军中传来朱容藩刊《谕建置文武榜文》，其自称则曰'予一人''予小子'，如此而欲其终守臣节，其可得乎？……容藩包藏祸心，谋窥神器，阳尊朝廷，阴行僭伪，假皇上之威福，布党乱之爪牙。其意待羽翼既成，便欲盘据西川以为公孙子阳、王建、孟知祥之事。"邦芑乃封疏稿檄文，致书堵胤锡，期合兵共讨之。胤锡乃于八月率马进忠所部由施州卫乘船至夔州，质问容藩。容藩曰："圣驾播迁，川中不知顺逆，聊假名号弹压之耳。"胤锡驳斥曰："公身自为逆，何能服叛逆乎？钱代巡有檄会兵，若再不悛，钱公率兵下，吾截其后，川将皆朝廷臣子，谁为公作贼者？"容藩无言以对，于是被迷惑者多省悟。至是，督师吕大器至涪州，会见川中诸将，恰好有容藩牌至，书有"楚王世子、监国天下兵马副元帅"之衔，大器乃笑道："副元帅非亲王太

---

①计六奇：《明季南略》卷一一《李成栋出师》，第374页。

子不敢称，且天子在上，何国可监？此人反叛明矣。”“尔等受其官必不免矣。”众将领乃请讨叛以赎罪。容藩以兵相拒，不胜，乃败走夔州山中，匿于草舍，“为土人擒献，斩之，川东之难悉平”。[1] 一场因永历帝的宽容而引发的政治闹剧至此结束。

李成栋慷慨离朝，率军北上之后，朝局大变，令永历帝忧心。这时掌握朝廷大权的是李成栋的养子李元胤。元胤“庸蠢”，“留肇庆守家”。他虽“暴戾自用”，“笑骂无情”，但其行动多受他的心腹、饶有心计的袁彭年左右。袁彭年，字介眉，湖广公安人，著名诗人袁中道之子，崇祯进士。曾官礼部主事，以亢直闻名。弘光时因反对设厂卫被罢官，隆武朝覆亡后降清，李成栋荐为广东提学副使。他于广州城张贴告示说：“金钱鼠尾，乃新朝之雅制；峨冠博带，实亡国之陋规。”他极力称颂清朝的剃发易服令，献媚取宠的丑态毕露。而随李成栋反正后，他又诋毁起剃发易服来，以“反正第一功臣”自居。[2] 李成栋出征之后，袁彭年欲行之事多通过李元胤来实现。朝臣对他反复变节的行为多有鄙视，朝堂之上也因而出现了各植党相抗的局面。

这时永历朝中“一时政事人心乖离殊甚”，大臣大致分为四派，各自援引，彼此对立。其中，吏部侍郎洪天擢、大理寺正卿潘曾纬、广东学道李绮、兵部尚书曹烨、工部尚书耿献忠、通政使毛毓祥等李成栋的亲信，“皆自五羊（按：指广州）来”，为第一种；严起恒、王化澄、朱天麟三辅臣，吏部尚书晏清，吏部侍郎吴贞毓，以及各种不同出身和经历的六科给事中吴其雷、洪士彭、雷得复、尹三聘、许兆进、张孝起等，“皆南宁随驾西来”，为第二种；来路不同，因彼此气味相投结成一伙的，如都察院副都御史刘湘客、礼部尚书吴璟、吏科都给事中丁时魁、兵科都给事中金堡、户科都给事中蒙正发、礼科都给事中李用楫、吏部文选司郎中施召征、光禄寺正卿陆世廉、太仆寺正卿马光、礼部仪制司郎中徐世仪等，为第三种；第四种主要是广东本土

---

①计六奇：《明季南略》卷一一《朱容藩僭乱本末》，第381—382页。

②计六奇：《明季南略》卷一一《朝臣媚李元胤》，第375页。

人士，如翰林陈世杰、吏部封验司郎中吴以连、给事中李贞、御史高赉明、太仆寺少卿杨邦翰等。彼时“种种望风归入一党”，互相倾轧。

袁彭年在党争中尤为积极，他“召引同志，驱除异己”，于是“元胤之门如市，登其堂者不啻龙门”；又进行“拜盟认宗”，凡是李姓、贾姓之人“莫不矜喜”。李元胤“为人暴戾自用，狂率不情，客至不揖，去不送”，且贪婪成性，常常令仆卒同来客赌博，往往使来者“倾囊奉之”。[①] 对此，李元胤洋洋自得。面对朝中这种混乱不堪的局面，永历帝对此无可奈何。更棘手的是，马吉翔不断给他制造麻烦，干预朝政，使他在不知不觉中受害。马吉翔，北京人，锦衣卫世职出身。永历朝立，升指挥使。其“性便黠巧佞，粗通文墨”，奸诈无比，善于逢迎，尤善与太监往来，得其欢心。“内交宦竖，外结诸镇，因得在上左右”，为永历帝所信任。他曾勾结刘承胤，逼永历帝移跸武冈而险遭不测，此事不仅没受追究，他本人反而很快以扈驾忠臣的面孔出现。永历帝从武冈逃出后，马吉翔极力效犬马之劳。十一月，永历帝自象州欲往南宁，时“兵戈充斥，道路荒阻，文武诸臣皆微服行，吉翔傍御舟，褰裳涉水，挽拽上下，上见之挥涕。卒与严起恒扈驾，溯十八滩还桂林。流离艰苦，风雨不避，取为小勤，以媚于上”[②]。

永历帝一行从武冈逃亡时，马吉翔之妾寸步不离太后左右，殷勤服侍，讨得太后欢心，赐号勤敏夫人。马吉翔“恃有内主，益无惮”[③]，在永历帝的充分信任下，“入内阁掌丝纶房事，专司票拟。虽瞿式耜不能比其亲信也”[④]。这样，永历朝的“文武升授与章奏票拟”，要一一通过他才能实行，永历朝内“致有马皇帝之号”[⑤]。一天，马吉翔对李成栋说：“上念贵标诸镇将从公反正，功不可泯，尚未颁爵赏，烦疏姓名，以便上闻。”李成栋便将杜永和、李元胤、罗成耀等八员开

①以上多处引文引自计六奇：《明季南略》卷一一《朝臣媚李元胤》，第375页。
②温睿临：《南疆逸史》卷五六《马吉翔》，第451页。
③蒙正发：《三湘从事录》第273页。
④温睿临：《南疆逸史》卷五六《马吉翔》，第452页。
⑤蒙正发：《三湘从事录》第273页。

列。于是，马吉翔当着李成栋之面缮写了一份奏单，封进上奏。奏章呈上不一会儿，封爵之命便下，速度之快令李成栋十分惊讶。马吉翔正是“以此示恩”，但此举给李成栋留下的印象极坏。李成栋立即看穿这是向自己“示威福”，感觉十分不是滋味，开始痛感朝廷内存在的问题的严重。他更一眼看透马吉翔“权奸”的面貌。他归而叹曰：“人言马皇帝，岂不信哉？懋赏不典也，五等显秩也，爵人于朝，与士共之，乃于一座之顷，呼吸如意，何其神也？我弃老母幼子为此举，惟望中兴有成，庶不虚负，今见权奸如此，宁有济哉？”权奸当朝，令他非常失望，他只好“郁郁返羊城”。①

十月十五日为李元胤生日，这又是马吉翔与袁彭年等搜刮钱财的好机会。他们事先放出风去，李元胤“威权日盛”，致使“在朝文武，馈遗络绎”。李元胤则来者不拒，“公分之外有私分，私分之外有私公分，私公分之外又有私私分。自八月至冬杪，无日不奔竞于元胤之门”。② 武将领兵在外奋力抗清，而朝中如此混乱，这使忠心为国之士忧心如焚。号令不一，人心涣散，瞿式耜曾经担心的问题已成现实。

瞿式耜再次上疏恳请永历帝移跸桂林，以指挥抗清全局，并做率师北上收复中原的准备，其实是希望他摆脱群小的包围，励志奋进。永历帝这次却一反一提移跸桂林或不可东移便默不作声的常态。十月二十一日，他向瞿式耜颁敕谕一道说：

皇帝敕谕辅臣瞿式耜：朕闻奠万年之业者，以审图形胜为上计；慰兆民之望者，以收拾人心为要图。朕以藐躬，祗承鸿业，鼎新蛊干，夙夜维艰。幸天心厌乱，江、粤告平，郢、楚渐复。朕与二三臣庶，谘度庙谟，惟是控扼荆、襄，以规石头天堑。众议佥同，朕心俞悦。嗣以东粤新附，久不见大明天子，必欲望朕颜色，云霓之想，实切来苏。朕不得已暂跸端溪，召见勋臣成栋及佟养甲、耿献忠等，料理东土，绥辑遗黎。即命勋臣成栋督率

①蒙正发：《三湘从事录》第 273 页。

②李天根：《爝火录》卷一八，第 789 页。

大兵，援江恢闽，俾朕无南顾忧。朕随返跸桂林，星驾湖南，直趋建业，展谒陵寝，志固未尝须臾忘楚也。恐楚、粤诸勋镇谓朕偏安东粤，缓图中原，特敕卿等慎勿轻信。俟捷音一至，即当与卿及勋辅腾蛟握手面商。晤期不远，卿其明体朕意，布告将士，咸使闻知，钦哉！特敕，钦此，钦遵。①

瞿式耜接到这份敕书之后，对皇帝"宅中图大"之志欣喜非常。他会同勋臣焦琏、按臣吴藻德等"恭展拜诵"，随即又上一份《请移跸桂林疏》，分析了当前的大好形势，认为不偏安岭海具有十分重要的意义，指出永历帝要想抓住机会，把握已出现的胜局，必须西上。他说：

今者永阳新捷，衡、宝告平，督师辅臣之胜气，方且迅扫长、岳，直驱武、汉，恢恢乎其有席卷中原之势。独是万乘之尊，久滞岭海，天威高远，行间将士，鼓舞不灵，臣尝惜之。臣固知我皇上之不肯偏安东鄙也，敕到之日，万姓欢呼，三军踊跃。而捷音随至，凯檄四传，岂非天心效顺，圣怀感格？惟是今日之胜局，以必幸楚为主；而幸楚以必西上为主。诚恐廷臣偷安习便，以东省为未经残破，而狃于目前，坐失大计，遂使王言不信，四方灰心耳。②

最后他恳切希望永历帝"速赐定议，星驾六龙，入桂而后入楚，入楚而后规定中原"。这是要永历帝说话算数，拿出实际行动来，以取信于臣民。永历帝接奏后批旨说：

览卿奏请幸楚，上控关中，下规金陵，诚属根本至计。第以东勋部曲方出庾关，朕伫听凯音，再与卿面定中原大计。③

这是把问题推到李成栋获胜之后再解决，而目今李成栋捷音未获，暂不能行动。这样，永历帝所口口声声表示的移跸桂林、未尝忘楚的许诺，实际上仍是空头支票，瞿式耜因此焦虑万分。

---

①《瞿式耜集》卷一，第88—89页。

②瞿式耜：《请移跸桂林疏》，载《瞿式耜集》卷一，第89页。

③《瞿式耜集》卷一，第89页。

瞿式耜这份奏疏刚刚发出，就收到了永历帝十一月初三日降下的敕书。这是一份十分奇特的敕书，从一开头便极力称赞瞿式耜：

> 朕倚卿再造，以缵丕基，笃念元功，旷代鲜俪。……而卿以补天之手，效致主之忱，安社稷于苞桑，奠疆土于磐石，使朕得从容庙议，匡复多方。黔、蜀载绥，滇、楚渐靖，粤东、江右，共奉赤符，七闽、三吴，伫归白水，皆卿内宁根本，外畅声灵，所以不谋来同，翕然感应。今朕次端水，期出豫章，迅指金陵，以新陵庙，眷求良弼，为中外所具瞻，为夷夏所咸服，惟卿名德，实所仪刑。①

这是对瞿式耜的高度赞誉。敕中历数瞿式耜对永历朝的杰出贡献，称其经世治国之丰功伟绩“为中外所具瞻，为夷夏所咸服，惟卿名德，实所仪刑”，是实现中兴大业的“良弼”。这并非过誉，说的是实在话，亦是永历帝从切身体验中得出的结论。但永历帝在此时说这些，并非要嘉奖瞿式耜，而是别有企图。所谓“期出豫章，迅指金陵，以新陵庙”，只不过是铺垫，是虚晃一招，实则是拐弯抹角地收回自己信誓旦旦“返跸桂林，星驾湖南，直趋建业”的承诺。他不想再北上，不仅要驻跸南方不走，且要“良弼”瞿式耜离开桂林，赴肇庆来陪伴他。他接着说：

> 兹特差侍卫徐起鸿，宣敕敦召，卿其严装夙诣行在，以匡不逮，尚其辅予。如以八桂之控楚服，不可无重臣以弹压，卿之威望，遐陬僻壤，莫不震动，在内犹在外也。即万有难释，不嫌入总端揆，出兼机务，庶慰倚毗，无困寤思，钦哉！②

要瞿式耜马上离开桂林奔赴肇庆，才是永历帝的真正目的。他还特别指出“在内犹在外也”。

对此，瞿式耜“不胜惶怵，不胜惭恧”地加以拒绝。他在十一月十七日的上疏中说：

---

①《瞿式耜集》卷一，第90页。

②《瞿式耜集》卷一，第90页。

> 至臣于恢全之后，再请留守，实因督师臣腾蛟，躬率诸勋，僇力南楚，天子声灵渐远，自合居中接应，臣有何威望弹压边陬？臣今日保固中兴根本之区，以待六龙西幸，且使江、楚、滇、黔，知根本尚自有人，则圣跸出楚有望。臣区区狗马之愚，实是如此。①

这是说自己坚守桂林，实乃出于长远打算，“保固中兴根本之区”，以待皇上临跸，以待日后大举北上，实现光复伟业。他正“恭候西幸，以信前诏”，就是正在等候皇上兑现西进诺言，不料皇上又产生如此想法。他指出如果听从皇上召唤，“臣乃先去此地，督师臣之心必疑，诸勋镇之心必冷，臣之举足岂无重轻？”所以他表示“宁负违命之愆，而不敢轻离西土一步也”②。瞿式耜从国家的大局出发，义正词严地拒绝了这一无理要求。

永历帝见疏后，仍不清醒，批旨是：

> 南楚已有督辅勋镇，殚力战守。所赖卿速返纶扉，面商大计。朕仍信西幸前诏，卿惟亟来，勿迟整鞅。③

永历帝除了做了一番自己说话算数的表白之外，仍然坚持要瞿式耜速赴肇庆。不知这里是谁向他出的这个主意，总之这是以攻为守的策略：你不是一再要我奔赴抗清前线、驻跸桂林吗？我要你离开桂林前来肇庆！不论出于何种考虑，永历帝这种决定都是很不恰当的。

瞿式耜仍然没有放弃对永历帝的竭诚规劝。十一月二十九日，当督师何腾蛟恢复衡州，忠贞营李赤心已取益阳、直抵湘潭的捷报传来之际，他又密疏请永历帝西幸，称：

> 天下大势在楚不在粤，粤东三面阻险，易入难出，臣不敢争者，以勋臣成栋一片血忱，方倚为江右声援，一旦拂其望幸之心，何以劝忠？今衡、永恢复，游魂东窜，粤西之背愈厚；赣州负固，

---

①瞿式耜：《不敢轻离西土疏》，载《瞿式耜集》卷一，第91页。
②瞿式耜：《不敢轻离西土疏》，载《瞿式耜集》卷一，第91页。
③《瞿式耜集》，卷一，第91页。

江围未解，粤东之齿尚寒。在成栋宜奉皇上去危就安，既无内顾，可毕力以围赣；而楚师得万乘亲临，勇增十倍，便可乘胜以长驱矣！①

瞿式耜对形势的分析和希望永历帝移跸桂林的道理阐述得再透彻不过了，但并未打动永历帝之心。永历帝喜欢肇庆安逸的环境，甘愿坐视群臣无休无止的争斗，也不想冒风险再赴桂林。尽管瞿式耜一再说，如能御驾亲临，抗清将士将勇增十倍，永历帝也无意离开肇庆。

三、胜局突坏，诸帅丧亡

正在湖南各抗清将领日盼永历帝能亲临前线，而永历帝迟迟不移跸桂林之际，湖广形势已日趋恶化。

先是，永历元年（1647）二月，清孔有德、耿仲明、尚可喜三王统率满汉官兵攻湖广，至长沙。何腾蛟指挥失灵，力孤不能御，退往衡州，长沙、湘阴俱失。五月，南明军退至永州。湖北巡抚章旷疽发于背，卒于东安。时衡州空虚无人，被清军所取，而永州亦空，清遣一知府入守之。初腾蛟设十三镇以卫长沙，至是无一可靠，民甚恨之。而湖南各抗清将领彼此间的矛盾却愈演愈烈，竟至难以调和，战局大坏。清军于湖南得手后，挥师向黔桂挺进。十月，孔有德遣南明降将陈友龙攻入贵州黎平，执腾蛟继母及妻妾，迫腾蛟降，致书曰：“若顺天命而归真主，富贵共之，否则亲尸被掘，妻辱子戮，欲悔何及?”腾蛟毅然复书答曰：“为天下者不顾其家，为名节者不顾其身。且腾蛟负性硁拙，各奉其事，各为其主，各存其体耳。……欲挟吾顺不能也!”②妻徐氏乘间致书请救，腾蛟答书云：“夫为忠臣，妻为节妇，死亦何恨！族属之妇女既入网罗，便是劫数，俱应速死。……所不忍言者，

---

①钱澄之：《所知录》卷二《永历纪年上》，第76页。

②俞渭修，陈瑜纂：光绪《黎平府志》卷七上《何腾蛟》，光绪四年刻本。

王陵之母，千古伤心；赵苞之报，寸衷难谢耳!”① 十一月，清军三路逼全州，腾蛟督五将合击，郝永忠部尤为奋勇，大败之。清军始退驻湖南。

永历二年（1648）正月，朱由榔还桂林，何腾蛟进为太师、上柱国，兼兵部尚书。二月，清军攻破全州，至兴安。郝永忠兵大溃，掠桂林而南。由榔奔南宁，腾蛟方屯师永宁，闻报急引胡、赵之兵，还保桂林。旋即，江西金声桓反清归明，清军主力北撤武昌。

何腾蛟乘机召集溃散之兵，北上反攻。堵胤锡传檄诸镇俱出湖南。四月，马进忠收复常德，王进才收复桃源、澧州、石门，忠贞营亦收复荆门、宜城等地。五月，进忠兵战于牛皮滩，又战于麻河，俱大胜。由此，湖南抗清形势开始好转。曾随刘承胤降清的将领陈友龙，此时反清归明，攻下靖州，旋又攻克武冈、宝庆。此捷报至，腾蛟即出严关，身先士卒，与清军大战于日月桥，乘胜收复全州。于是，旧镇将领陆续自山中率师来会，腾蛟统之，进围永州。然而，攻势颇不顺利，明军苦战逾三月，大小三十六战，至十一月朔方克之。

堵胤锡闻何腾蛟围永州久攻未下，乃与马进忠等议曰：“长沙为湖南诸郡咽喉，今徐勇虽败，实吾肘腋忧。急檄忠贞营并力攻之，则长沙可复。长沙复，则江楚可定也。”② 议定，十月，堵召忠贞营入湖南，但同时令马进忠让出常德，马对此甚为不平。这时他听说忠贞营大队兵马已前来，距此仅有百里之遥，便疑其“旦夕即并己”，立即下令“焚廨舍庾积，掠百姓，拔营南走”③，“驱百姓出城，纵火不遗一椽”④，而王进才、牛万才等将领闻之亦弃宝庆而走。长途跋涉的忠贞营进入的是一片“赤土，无茎草，不能留”⑤ 的常德空城。尽管如此，忠贞营仍受命，由常德东进，自十一月十一日起攻长沙，掘城凿洞，

①张岱：《石匮书后集》卷四七《堵胤锡何腾蛟列传》，第 272 页。

②《堵文忠公集》附录《邑志忠义传》。

③王夫之：《永历实录》卷七《何堵章列传》，第 69 页。

④徐鼒：《小腆纪年附考》卷一五，第 595 页。

⑤王夫之：《永历实录》卷七《何堵章列传》，第 69 页。

四面攻打，敌难招架，城池将破。

在忠贞营攻城之时，堵胤锡曾对人言："督师失之，我为复之，不亦善乎？"① 何腾蛟得闻其言颇为不快，"意长沙自我失之，必自我复之"②，遂亟约胤锡至湘潭议事，谓将自督马进忠及诸镇兵围长沙，要胤锡率忠贞营立援江西，曰："湖南郡邑在吾掌握中，公何不移攻长之兵往援豫章，以解汤火之厄？如是，则功各有所属矣。"③ 胤锡本欲以全力复长沙，恐兵分势弱，其势难成，然督师令难违，遂于十六日，放弃即将攻克的长沙，率忠贞营东援江西。

至此，多日来猛攻长沙城的忠贞营奉命撤围而去，清人所据的长沙竟得以保全。与此同时，郝永忠奉何腾蛟之命，偷袭武冈，一举击败陈友龙而并其军。郝、陈火并之际，靖州、宝庆再次失陷。原来，当清军入贵州黎平时，奉命逮捕腾蛟家人者即为陈友龙部。友龙虽反清归明，且成为一支重要的抗清力量，但腾蛟宿怨难消，遂有此命。如此自相残杀，无疑是最好的资敌行动，腾蛟因个人恩怨造成了难以弥补的损失。

然而，堵胤锡率军东去，何腾蛟所拟攻城之兵却迟迟难集，马进忠仅遣少量兵马至湘潭。时清廷闻湖南战事吃紧，亟遣郑亲王济尔哈朗率重兵驰至，腾蛟忙于协调诸军，对此竟毫不知晓。永历三年（1649）正月，清军大举挺进湖南，他方感事已危殆，乃急向朝廷上疏引罪自劾，称："湖南千里一空，前恢复诸城，一旦尽弃。"④ 二十一日，清顺承郡王勒克德浑的骑兵突至湘潭，腾蛟身旁亲兵仅有三十人。有人劝其立即走脱，以图再举，腾蛟大恸曰："五年督师心血呕尽，而所成竟如是，天也！"⑤ 遂坐堂上不去，被执，拥至郊外。清遣降将徐勇劝降，被腾蛟大骂叱退，徐勇乃拽腾蛟见济尔哈朗。济尔哈朗礼敬

①蒙正发：《三湘从事录》第275页。

②鲁可藻：《岭表纪年（外二种）》卷三，第86页。

③《堵文忠公集》附录《墓表》。

④钱澄之：《所知录》卷三《永历纪年中》，第84页。

⑤冯甦：《何文烈公传》，载光绪《黎平府志》卷七上。

之曰："钦公忠略久矣，愿得复为阁部。"① 腾蛟坐地不答。清军乃置其于郊外慧德庵中，济尔哈朗复以书招之曰："（公）心与文文山一辙，而境遇之艰难倍蓰过之。忠贞亮节，谁不怜惋？先生之道尽矣，若肯承合天意，知命来归，当不让洪承畴之一席也。"腾蛟答曰："腾蛟少壮立朝，运逢屯蹇，甲申三月，自分一死。所以苟延至今者，思蹑汾阳后尘也。不意志切才疏，致兹狼狈，负恩辱国，臣罪当诛，尚可苟延人世乎？头可断，心可剖，先王、先公实式凭之。"② 固山额真佟图赖亲临劝降，腾蛟曰："我国不幸，大臣被掳，吾荷大明三百年纲常之重，岂以一身事两主？我血性男子，百折不回，汝何惜一剑？"③ 遂七日不食。二十六日，清再遣人劝降，腾蛟乃坚拒之曰：

> 孔曰成仁，孟曰取义，衣带之遗，彼则行之，我则继之。吾志决矣，勿复多言。④

腾蛟遂从容就义于流水桥畔，年五十八岁。

何腾蛟不幸被俘遇害，从此楚地战局大坏。何腾蛟英勇就义之时，江西又接连传来凶信：清军攻克南昌，金声桓、大学士姜曰广投水而死，王得仁被俘遇害，李成栋兵溃信丰，溺水而亡。曾经出现的湘赣胜局，至此全坏。

金声桓、王得仁反正之后，江西各地接到传檄相继归明，唯独赣州守将刘武元、胡有升、高进库等坚守不降。金、王多次组织兵力，强攻不下，便退回南昌。但金、王采取的是守势，不出江西一步，贻误了扩大战果的良机，清军蜂拥而至后，二人被困于南昌。

南昌形势危急之时，金声桓方急派吴尊周赴肇庆、朱谋垔赴何腾蛟处求援。⑤ 原为金声桓幕宾的吴尊周反正后得巡抚之职，但他官迷心窍，只图个人身家之利，全不为国事着想。他本是专为紧急求援而到

①陶汝鼐：《阁部何公殉节传》，载光绪《黎平府志》卷七上。
②光绪《黎平府志》卷七上《何腾蛟》。
③何琮先：《文烈公编年纪略》，载光绪《黎平府志》卷七上。
④陈文政：《何文烈公论》，载光绪《黎平府志》卷七上。
⑤王夫之：《永历实录》卷一一《金王李陈列传》，第106页。

肇庆，到后却不言请援之事，“而求总督”。在一片混乱的永历朝中，竟无人顾及这位来自江西的使者入朝何事。接待他的丁时魁收取了贿赂后，便使吴尊周如愿以偿获得了江西总督的任命，而在江西的金声桓切盼援至，已等得望眼欲穿。当永历帝问起江西战况时，吴竟“大语以宽上心”，不仅粉饰太平，且恨江西人有报警者。直到何腾蛟将朱谋垩请求救援之事上报朝廷，永历帝这才得知江西的真正战况，急拨饷支援，但“已无及”。①

姜曰广自从愤然离开弘光朝后，便隐居在家乡新建县，清廷累召不应。金声桓、王得仁反正归明后，以曰广名望所归，乃迎曰广居南昌，镇抚士民。此事闻于永历朝，敕加曰广少师兼太子太师、建极殿大学士，赐尚方剑，便宜行事，督师恢复南京、湖北、福建、浙江。

姜曰广清望甚高，素为金声桓推重，然声桓拥重兵而起，自以功大，遂专制生杀，与姜曰广难以协调。姜曰广乃墨守成规之儒，用兵非其所长，亦缺乏远略。是时金声桓已定江西大部，唯赣州未下。有幕客认为应夺取九江，顺江而下，扼安庆，直向南京，姜曰广则云当年宁王朱宸濠起兵，不破赣州，终留后患。金声桓以姜曰广之言为是，遂倾全力攻赣州。② 旷日持久，空耗兵力，此乃战略上的大错。

时江西地方抗清武装甚多，姜曰广欲招揽之以为援军，金声桓却不从，姜曰广遂称疾不视事。永历帝召姜曰广陛见，金声桓留之不放。旋清军大集，围困南昌。金声桓撤赣围回守南昌，王得仁率所部趋九江，为犄角之势。姜曰广乃以檄召之，令其保卫南昌。王得仁谓：“弃要害入孤城，譬猛虎陷坑阱耳。”③ 姜曰广不听，一日夜檄数十至，王得仁不得已，还南昌。金、王多次出城与清军搏战，皆败，被迫坚守不出。金、王又请姜曰广遣人出城，号召四乡义军前来解围，但义军或已解散，或被清军镇压，无能援者。十月，姜曰广刺血修表上奏朝

①鲁可藻：《岭表纪年（外二种）》卷二，第80页。
②徐秉义：《明末忠烈纪实》卷一六《姜曰广》，第360页。
③徐鼒：《小腆纪传》卷一一《姜曰广》，第138页。

廷乞援，使者吴尊周不得力，永历朝无所作为；又驰檄何腾蛟求救，终无果。南昌粮尽，姜曰广倾资卖仆妾以充饷，然无济于事。永历三年（1649）正月十九日，城陷，有人劝其出奔，姜曰广乃曰：“吾今日不死，尚何待!”① 遂投偰家池死，一家从死者三十余人。死前姜曰广作绝命歌六章及绝句二首，中有：

自古谁人不死亡，要知遗臭与流芳。
读书九世才今日，莫谓偷生是吉昌。②

金声桓身中两箭，投帅府荷花池自尽。王得仁在城中与清军大战，杀敌甚多，力竭被俘遇害。

李成栋出师本是赴援江西，攻打赣州，如能与金声桓、王得仁互相配合，南北呼应，不难取得战事胜利，结果他两次出征竟一无所获。

首次出兵，他误信赣州守将刘武元、胡有升、高进库等人诈降之言，突遭清军袭营后，便仓皇退却，大军丢盔卸甲而回。十一月，李成栋截获佟养甲通清之使，乃请旨后杀养甲。永历三年（1649）二月，李成栋再次进兵赣州，这时金声桓、王得仁已兵败身亡，大队清军南下赣州，敌我双方兵力发生重大变化。三月初，李成栋在信丰与清军交战不利，遂紧急退军，他本人殿后。他乘骑渡信丰东门外大水泛涨的桃江时，突然落马溺水而死。

李成栋的突然败殁，与永历帝、永历朝廷及他本人都有关系。如此重要的出征，永历朝廷却从未就此认真商议对策，制订切实可行的方案，也没有派出监军，随时掌握战报，而是听任李成栋自行其是。

当然，不只是李成栋的军队如此不堪，其他军队亦皆如此，这是朝中缺乏统一领导的必然结果。而李成栋只靠个人力量，拒绝甚至排斥外力支援。当李成栋以清帅统军入广东时，抗清“义师四起”，与之对抗，后李成栋反正归明，他不仅不重视这些“自家人”，借之以为助力，反而“犹患之”。目光短浅、缺乏韬略的永历帝，便完全按李成栋

①王夫之：《永历实录》卷六《陈姜列传》，第 56 页。
②计六奇：《明季南略》卷一二上《姜曰广临难赋诗》，第 395 页。

的意愿“诏各义师俱回原籍，不得再出”，结果“坐此竟自撤藩卫”，失去了有力的同盟与帮手。[①] 此举导致李成栋孤军奋战，终致失败，这是永历帝与李成栋始料未及的。

四、无力止争，众臣相倾

正当湘、赣抗清前线险象环生，永历帝无策以应之际，朝中党争却愈演愈烈。本来以超脱物外、垂拱而治为宗旨的永历帝，此时已无法超脱。然而，他以帝王之尊对臣下之争施加影响，不仅未能解决问题，反而使斗争变得更加激烈复杂。

永历二年末（在1649年2月），永历帝令诸大臣于次年新春之日，先诣太庙，“誓同心济国而后入贺”[②]。这种改变以往入贺在先的老规矩的做法，突出表明了他要求群臣停止无休止的纷争，共同为国事着想的急切愿望，但无济于事。

原来臣分四派的争斗逐渐分化组合，演变成彼此对立的吴党与楚党两大派。

属于吴党的有阁臣朱天麟，吏部侍郎吴贞毓，给事中张孝起、李用楫，在外则有督师堵胤锡，以及江西人王化澄、万翔、雷德复，还有四川人程源、广东人郭之奇等，均为吴党中坚人物。

属于楚党的主要人物有湖广人袁彭年、丁时魁、蒙正发，以及陕西人刘湘客、浙江人金堡。另外，瞿式耜“亦每事关白，居然一体矣”，是具有楚党倾向者。一般说来，“凡自湖南、广西随驾至，出于督师（按：指何腾蛟）、留守（按：指瞿式耜）门者，大半归楚”。吴党之人散布说楚党“东恃元胤，西恃留守”，是符合实际情况的。其实吴党也有靠山，那就是“内倚吉翔，外倚邦傅”，只不过“其踪迹秘

①鲁可藻：《岭表纪年（外二种）》卷二，第77页。
②鲁可藻：《岭表纪年（外二种）》卷二，第82页。

密，不似时魁等招摇人耳目耳”。[1]

楚党在朝中个性突出，相当活跃。其中袁彭年榜标“正纲纪、慎名器”，一味在“争体统、重资格”上纠缠不休。刘湘客“好言典制，然其所习者，皆先朝陋规也”。他本是由诸生荐举起家，被瞿式耜重用，没有进士出身的经历，却也跟随袁彭年用资格来约束别人，故而“人益不服”。丁时魁“颇招权，刚狠有气习，同辈亦不善其所为”。蒙正发则“依附诸公，听其指使”，是摇旗呐喊之人。而金堡一向有“清直”的名声，他“遇事敢言，然性豁刻不近人情，笔锋甚锐，人颇惮之”。[2] 他们锋芒毕露，意气用事，一旦帮派形成便党同伐异。他们从攻击陈邦傅起，拉开吴楚党争的序幕。

陈邦傅是李成栋十分鄙视之人。本来他惧怕当时的清朝将领李成栋的兵威，已呈递投降书，后由于陈子壮、张家玉的牵制，再加上李成栋撤回西进之兵，他才得以安居于浔州、庆远二府达两年之久。他“自侈以为功”，到处宣扬“浔、庆、南、太，未经剃发，勋比汾阳”，自比唐代中兴名将郭子仪，“借以陵人”，[3] 甚至要挟永历帝准其世守广西。他凶残成性，为泄私愤，于永历二年（1648）十月率兵进攻南宁，找巡抚赵台算毁婚之账，围城达两月之久，并将媒人磔死于城下。赵台最终支撑不住，开城门投降，“涕泣出女与邦傅为媳，邦傅父子遂驻南宁府”[4]，事情才算罢休。

楚党于永历三年（1649）正月开始，“以攻陈邦傅为正课，其余国政无人谈及”[5]。首先上阵的是金堡。

金堡，字卫公，别字道隐，浙江仁和人。年少之时即“博通群书，熟知天下利病”。其“文笔清坚，度越溪径”[6]，为同辈所倾服。崇祯

---

①钱澄之：《所知录》卷三《永历纪年中》，第96—97页。

②钱澄之：《所知录》卷三《永历纪年中》，第95页。

③计六奇：《明季南略》卷一二上《科道击陈邦傅》，第388页。

④计六奇：《明季南略》卷一一《陈邦傅围南宁》，第377页。

⑤计六奇：《明季南略》卷一二上《科道击陈邦傅》，第388页。

⑥王夫之：《永历实录》卷二一《金堡列传》，第183页。

十三年（1640）中进士，任山东临清知州时，因与扰民悍将刘泽清对抗而深得人心。时兵荒大旱，金堡因不催科逼民，为上司纠参，居官五月，即罢官归里。隆武朝立，他上疏揭发郑芝龙无人臣礼，皇帝“不可倚”[①] 芝龙。未几，隆武朝覆亡，金堡避地湖南。永历元年（1647）冬，金堡匿居于黔阳山中，清辰沅道戴国士慕堡名，驰书请金堡相见。金堡“自称无路之人”[②]，婉拒。二年（1648）冬，以守制期满出山，至桂林。因瞿式耜荐举，被召入永历朝，授礼科给事中。金堡不畏权势，遇事敢言，听闻时事后当即上疏抨击时弊，曾持请式耜寓目，式耜令其至肇庆，与刘湘客商酌。原疏中，李成栋、陈邦傅、庞天寿、马吉翔等皆被参，湘客删去李、庞的相关内容后封上。其抨击指责，毫无避讳。他极言时政有八失，亟须厘正：称朝政不宜独专，勋封不宜无等，罪镇不宜久纵，中旨不宜频传，贪墨之风不宜自内廷始，调停之术不宜自言路终，义兵不宜概行摧折及奉使不宜滥及非人，皆是针对朝中弊端而言。疏中言文安侯马吉翔专政，“权震世者主危”，不可为继；陈邦傅以居守之旨行世守之敕，矫诏妄为，割裂封疆，致“天子将为寄生”，不可容忍；郝永忠归朝后，“未尝与虏一战，而震惊乘舆，戕贼内地”，当诏削其官，声其罪，使天下知其为国法所不赦。[③]他还上疏永历帝，揭发陈邦傅、马吉翔：

> 今日天下败尽，陛下据一隅而望中兴，非有夏少康、汉光武之忧勤刚断，终无济理。如欲为晋元、宋高，因人成事，即不可必得之数，而亦何者为可因之人也！今日之大患，莫甚于阃外不知有朝廷，而朝廷复以匪人持政柄，贻阃外轻。郝永忠残贼已复之土，杀掠空武、靖，宜削爵暴罪，檄楚督擒之，正法以张国威，而为残黎救一线之命。陈邦傅无尺寸之功，爵上公，假敕自称世守，隶视抚按，宜褫其爵，勿使与效死疆埸（場）之臣齿。马吉

①温睿临：《南疆逸史》卷二八《金堡》，第201页。
②王夫之：《永历实录》卷二一《金堡列传》，第184页。
③金堡：《岭海焚余》卷中《时政八失疏》，载《丛书集成续编》第58册，第59—61页。

> 翔扈从之劳，在所当念，然爵列侯，官锦衣，酬之足矣，宜勿使与国政，挠乱是非，为附膻之薮。从此收拾威灵，一归之陛下，庶几人心可壹，天命可延。不然，臣不知所终也。[①]

金堡言辞激烈，责难口气很重。永历帝览奏，很不高兴。

此疏引起轩然大波，首先看到这份奏疏的马吉翔怒不可遏，但他知道仅他自己发作毫无用处，便“为危词激两宫，思以陷堡”。果然，当被激怒的两位皇太后出面过问时，永历帝便发起怒来，即欲颁旨廷杖，乃召阁臣朱天麟入暖阁，厉声问道：“金堡何等人也?”朱天麟回答说：“堡在隆武中为给事，直谏，以参郑芝龙为思文皇帝所倚用者。”永历帝一听脸色突变，追问道：“卿谓郑芝龙为可参耶？当参耶?”[②]朱天麟一下子看透永历帝的心思：权臣是不可触动的。他自觉失言，立即吓得不敢吱声，退了下来。然永历帝未降旨之前，却遣太监赴广州问询李成栋。成栋听读金堡疏后大惊，乃感叹道：“朝廷尚有如此人乎?”即回奏道：“此直臣，不可处也。”[③] 永历帝于是仅降严旨切责，令其安静供职，金堡躲过一劫。这时大学士严起恒见永历帝怒，亦上前进劝，说金堡尽管言辞过当，但在多难之时，“欲收人心，万不可谴斥直臣”，永历帝的怒气这才“稍解”。[④] 金堡遂转兵科给事中。

但一石激起千重浪，陈邦傅对金堡尤为怨恨，连上两疏攻击金堡。疏中说：“皇上两三年几次奔逃，流离颠沛之极，并无一位两衙门官共尝辛苦。何今日即次稍安，侍御济跄，议论纷纭若是？如以臣为无饷无兵，窃取勋爵，请即遣金堡为臣监军，观臣十年粮草、十万铁骑。”[⑤]同时，他还造谣说金堡当年为临清知州时“降贼受官逃回”，现从湖南来此，是充当“北人间谍”。当时值班的阁臣是严起恒与朱天麟。天麟

①王夫之：《永历实录》卷二一《金堡列传》，第184页。

②王夫之：《永历实录》卷二一《金堡列传》，第184—185页。

③金堡：《岭海焚余》卷下《请处分第一疏》编者附言，载《丛书集成续编》第58册，第85—86页。

④王夫之：《永历实录》卷二一《金堡列传》，第185页。

⑤计六奇：《明季南略》卷一二上《科道散朝》，第388页。

见到陈邦傅的奏疏喜形于色，大笑道：“金道隐喜骂人，今亦被人骂倒耶！”于是，永历三年（1649）正月十一日，天麟票拟一份圣旨：“金堡辛苦何来，朕所未悉。所请监纪，着即会议。”所谓“辛苦何来”，是暗用杜甫诗中“辛苦贼中来”之语，这是配合陈邦傅的攻击造谣，是对金堡的冷嘲热讽与诬陷。明眼人一看便知其中的含义，但也非常清楚，这虽以皇帝圣旨降下，却是出自阁臣朱天麟之手。丁时魁等见旨后愤怒异常，当夜便邀集两衙门科道十六人，于十三日晨入朝廷大肆喧噪。他们说：“堡论邦傅，请监纪，即令监纪；堡又论郝永忠，若永忠请其首，亦即与之耶？”[①] 他们说这是“强臣箝结言官之口，将来唐末节度可虞，宗周守府再见”。于是彼此哄叫着而出，高呼“吾等不做官矣”，并“将公服袍带掷弃庭中，小帽叉手，白衣冠联袂去”。这是公开示威，向皇帝施加压力。这时，永历帝正坐在穿堂召太仆马光叙谈，忽闻科臣闹朝廷之事，大惊失色，“两手振索，茶遂倾衣”。[②]

就在众科臣喧嚣朝廷之时，金堡又上一疏，针对陈邦傅要其监军及票拟之旨加以反击：

> 邦傅何人？尪羸伏处之兵，亦何所监？而敢请天子从官为其监军，妄意臣且惧之，得复其矫诏称世守之罪。乞追原敕，视有无世守字样，令罪有所归。[③]

他采取攻势，十分尖锐地提出要核实一个哄传已久、聚讼纷纭的问题。陈邦傅向外行文自称世守广西，并说这是皇帝诏中之语，而攻之者说根本没有此事，诏书是他伪造的。但敕书是发至陈邦傅本人之手，外人不可得见，陈邦傅深知此情，更是有恃无恐。金堡这次入朝后的上疏中便提到了这一问题，但由于永历帝不悦，下严旨切责，这一问题便被搁置。此时，当发生众科臣闹朝的严重事件后，永历帝不能再回避不查。于是当与阁臣陛前会议时，永历帝便降旨取陈邦傅原敕复查，

---

①钱澄之：《所知录》卷三《永历纪年中》，第 88 页。

②计六奇：《明季南略》卷一二上《科道散朝》，第 388—389 页。

③王夫之：《永历实录》卷二一《金堡列传》，第 185 页。

一查，果然没有世守字样，群臣所抨击完全属实。面对这个事实，陈邦傅立即泄了气。

十四日，永历帝退却了，降特旨“敕李元胤各到十六位科道门，谕令仍入本衙门办事，前本另发票拟”。阁臣朱天麟于当天被免官，放归田里。[①] 由于阁臣的空缺，二十八日，永历帝召旧辅黄士俊、何吾驺赴肇庆行在。然而，何吾驺的再次出仕，并为首辅，竟遭到诸多非议。[②] 这是何吾驺本人和永历帝所始料未及的。

何吾驺是一位明清之际大节凛然却饱受非议的人物。他是广东香山人，字龙友，号象冈，出身于世代缙绅之家。万历四十七年（1619）进士，选庶吉士。崇祯七年（1634）官至文渊阁大学士，旋与首揆温体仁忤，乃辞官归里。隆武朝被召为大学士，隆武帝手敕七至，以病辞，不允，勉强就道。隆武二年（1646）四月抵延津，向隆武帝“三昼夜痛陈布置失宜，封爵太滥”，帝叹曰：“卿来之晚！”“既而计练兵措饷，亲征复剿等事，皆有条划。”后于从帝逃跑途中坠马垂死，乃以病返家。隆武朝覆亡后，何吾驺曾首先致书两广总督丁魁楚，建议拥立永明王朱由榔继帝位。清帅李成栋入广州，因“素仰重公”，而“公以不磷不缁之概，引类触端”，在坚持不降清的原则下，与李成栋有所接触。对此“一时共事，莫测其故”，时人有所怀疑。实际上，何与李“就议密室，如公之潜运忠谟，允效狄梁公之为”，最终策动李成栋反正归明。[③] 何吾驺上述这些活动皆是秘密进行的，故不为外界所知，以致出现许多无端揣测，乃至人身攻击。时人指责何吾驺在当年李成栋率清军攻破广州时，他剃发投降，并称其善于阿谀，与李成栋关系融洽，受命修《粤东志》，为广东人所不齿。[④] 又有记载说，李成栋下广

---

①计六奇：《明季南略》卷一二上《科道散朝》，第389页。

②李天根：《爝火录》卷一九，第803页。

③据马楚坚《明末何吾驺相国之生平与志节》一文表述，马文乃据黄士俊撰《大明进士首辅象冈何公墓志铭》研究写就。以上一些引文皆出此墓志铭中。该文载《明清边政与治乱》，第189—225页。

④钱澄之：《所知录》卷三《永历纪年中》，第88页。

州，“吾驺乞修明史，门署‘纂修明史何’。广州有‘吾驺修史，真堪羞死’之谣”[①]。污言秽语不一而足。

但李成栋养子李元胤对何吾驺的人品志节是清楚的，他对其恭恭敬敬，素执礼门下，至此特推荐其入朝，永历帝遂加起用。对此，朝廷内外“物议不平”，只是碍于李元胤，无人敢言。只有行人方祚亨、太仆寺丞张尚、都察院经历林有声几个人相继“伏阙极诋之”，但结果不仅没扳动何吾驺，反而“皆夺职去”。[②]

何吾驺秉政数月，终不为金堡等所喜。这时又有流言四起，有谓何吾驺交结太监夏国祥，此事遂被金堡抓住不放，加以参劾，称其“大奸大诈”，“性本贪邪，才兼凶很，弃君贺（卖）国，人得诛之”。金堡攻其有十大罪，而请“陛下赫然一怒，明正吾驺之罪，诞告四方，使知圣人英断，迥出寻常，政本不摇，而乱萌坐绝”；[③] 又上疏奏请皇帝治吾驺之罪，“若不治吾驺之罪以谢天下，即治臣之罪以谢吾驺”[④]；甚至发誓“永不与吾驺比肩事主，虽长逝九原，亦为目前干净之鬼，何乐如之！”[⑤] 对何吾驺纠缠不休。未几，何吾驺引疾而去。[⑥] 随后，金堡又劾大学士王化澄贪鄙无物望，并于经筵侍班时当面斥责之，化澄愤而离朝。金堡等既连逐诸臣，愈加恣肆，往往入内阁指挥授意，阁臣患之。[⑦]

何吾驺既去，永历帝命黄士俊为首辅，同严起恒一道入直。起恒“每事持平”，又与庞天寿、马吉翔共事久，彼此无矛盾。楚党“五虎”多不满意，丁时魁等“辄指为邪党，起恒亦不以为意”[⑧]。

总之，楚党首次出击得手，便志满气骄起来，盛气凌人，大有不

---

①计六奇：《明季南略》卷九《辜朝荐献策下广》，第 338 页。
②钱澄之：《所知录》卷三《永历纪年中》，第 88 页。
③金堡：《岭海焚余》卷中《劾何吾驺疏》，载《丛书集成续编》第 58 册，第 70、72 页。
④金堡：《岭海焚余》卷中《驳何吾驺疏》，载《丛书集成续编》第 58 册，第 74 页。
⑤金堡：《岭海焚余》卷中《再辞印务疏》，载《丛书集成续编》第 58 册，第 75 页。
⑥钱澄之：《所知录》卷三《永历纪年中》，第 89 页。
⑦温睿临：《南疆逸史》卷二八《金堡》，第 202—203 页。
⑧钱澄之：《所知录》卷三《永历纪年中》，第 89 页。

可一世之势，尤其是袁彭年总是炫耀自己有同谋反正之功。他曾经在永历帝面前争论，出言不逊。永历帝辩论不过，便以君臣大义来约束他。他竟然上疏说：“使去年此日，惠国（按：指惠国公李成栋）以五千铁骑鼓行而西，此日君臣之义安在!”[1] 见到这种丧心病狂的蛮横语言，永历帝毛骨悚然，“持其章疏泣诉臣下，举朝失色”[2]。

但是非自有公论。当时肇庆流传着《假山图》《五虎号》的漫画，这两幅漫画就是讽刺楚党的。所谓“假山”即“贾山”，贾指本来姓贾的李元胤。图绘假山一座，山下绘朝官数百支撑着，山巅有黑气一道，直上冲天。《五虎号》是绘虎一头，各部分均有所指，即虎头为袁彭年，虎牙为金堡，虎皮为刘湘客，虎脚为蒙正发，虎尾为丁时魁。这是讽刺楚党要人如凶恶的老虎。从此，“五虎”在一段时间里把持朝政，造成“言非虎党不发，事非虎党不成，星岩道上，遂成虎市”[3] 的局面。

永历帝面临的危机不止于此。当时除朝中之臣分四种，后成两党之外，他所辖的天下——两广地区又政分四区，勋臣武将各控一地而各自为政。如广东则先李成栋，后李元胤为政；桂林、平乐则留守瞿式耜为政；庆远、柳州则焦琏为政；浔州、南宁、思恩、太平则陈邦傅为政。这种局面在他到肇庆后不久便已形成，而且越来越严重，特别是陈邦傅所辖之地几成独立王国。这样一来，朝廷的权力就很有限了。朝廷里文武众臣纷争，而在远离朝廷的抗清前线，诸将士则在顽强地斗争，苦苦支持着危险的时局。

金声桓、王得仁、李成栋死后，江西全失；督师何腾蛟就义，湖南战局大坏，但由于焦琏、胡一青、曹志建等率兵顽强奋战，收复全州、永兴、耒阳、武冈、宝庆等地，并团团包围永州，湖南一带又曾出现转机。然而，永历朝廷中无休止的纷争与混乱状态，终于严重影响到了抗清事业。当时朝廷并没有一个统领全局、发展抗清大业的通

---

①钱澄之：《所知录》卷三《永历纪年中》，第 95 页。
②计六奇：《明季南略》卷一二上《假山图五虎号》，第 396 页。
③计六奇：《明季南略》卷一二上《假山图五虎号》，第 396 页。

盘计划，而且兵饷供应不继，诸将彼此间的矛盾难以调停，问题便越来越严重。当清朝向永历朝发起全面进攻之后，永历朝迅速陷入困境。永历四年（1650）正月初三日，清军在越过大庾岭后，顺利攻占南雄，开进了广东。永历帝又一次面临危机。

对永历帝来说，摆脱危险的最好办法便是他一贯坚持的“逃”。正月初六，肇庆方面获悉南雄失守、守将罗成耀弃韶州逃走的战报。永历帝吓得六神无主，决定西移，遂立即召集群臣商议移跸步骤。但群臣“皆言车驾不宜轻动”[①]，反对逃跑。金堡与御史彭佺反对迁移最坚决，上疏力争，首辅严起恒也“坚请车驾勿动”，请求永历帝不要丢弃广东。永历帝被说动了，他召严起恒入内廷，“面谕允留”，表示留下不动。严起恒叩头起身，急返内阁起草敕书，要求各地征调援兵。正研墨濡笔之时，太监急来报两宫皇太后已经登舟，皇上移跸的车驾起行了。严起恒如遭巨雷轰顶，惊得目瞪口呆。他愤懑已极，流着泪责备太监庞天寿。庞天寿说：“外廷固有主张上速行者，非但我辈也。”[②]他这是指马吉翔。当南雄失守的战报传来后，马吉翔极力主张逃跑，意在借此机会脱离楚党控制区，取得陈邦傅的外援，以达到杀金堡等人、驱逐严起恒、夺瞿式耜兵权的目的。为了逃跑，他乘机散布流言蜚语，并使之传入内廷，说杜永和、李元胤心怀叵测，将劫持永历帝为降清资本，致使永历帝“震恐”。而这时肇庆城内一片混乱，“上下崩溃，武弁家丁大肆抢杀，先劫囊之厚者”，“凡文臣所有，悉为之掠”。[③] 太后闻讯自感性命难保，更加不安。马吉翔又嗾使夏国祥“以太后驾先登舟，胁上必行”[④]，这样永历帝便与太后一起登上龙舟仓皇出逃，时为正月初九日。众官如同末日来临，纷纷登舟，“仓皇就道”，而“粤东人皆奔回”，永历朝如鸟兽散。只有阁臣黄士俊独坐阁中不

---

①钱澄之：《所知录》卷四《永历纪年下》，第109页。

②王夫之：《永历实录》卷二《瞿严列传》，第28页。

③计六奇：《明季南略》卷一三《帝至梧州》，第424页。

④王夫之：《永历实录》卷二四《佞幸列传》，第206页。

走，永历帝“念其年且九十，不能从行，勒令回籍，俟乱定再召”，黄士俊这才离开肇庆。袁彭年请求随驾西去，李元胤却异常镇定，他慨然上奏说：“百官皆去，将委空城以待敌耶？上自西来，今日仍归西。元胤留之，恐宵人谓我有异志，‘一朝不戒，生劫入舟’，至今思此语，犹背负芒刺。但广东一块土，臣父成栋立功于此，殒命于此，何忍弃之？皇上若仍念东土，臣愿留督肇庆一带，与江宁伯杜永和互相堵御，以壮声援，此元胤之职也。”① 永历帝于是颁下手诏，命李元胤留守，督理各营军务。

桂林的瞿式耜得悉清军破南雄，永历帝闻讯准备弃肇庆西逃时，紧急上奏劝阻：

> 粤东水多于山，虽良骑不能野合。自成栋反正，上有宁宇，财赋繁盛十倍于粤西。衣甲粮饷，内可自强，外可御敌，材官兵士，南北相杂，制胜致王，可操券而求也。且肇去韶千余里，强弩乘城，坚营固守，亦何（可）待勤王兵四至。《传》曰：我能往，寇亦能往。以天下之大，止存此一隅，退寸失寸，退尺失尺，今乃朝闻警而夕登舟，不知将退至何地？②

可这份奏疏呈达朝廷时，永历帝所乘之舟已驶离肇庆，进入了梧州境内。

二月初一日，永历帝终于到达广西梧州，这时又一起震动朝野的大事件已经展开。

由于永历帝批准李元胤留守肇庆，同时召陈邦傅统兵入卫，这样永历朝中各派力量对比便发生重大变化。楚党失势，重新抬头的吴党便嚣张起来，他们久藏心中的愤怒立刻得到机会发泄。在随驾途中，户部尚书吴贞毓，礼部侍郎郭之奇，兵部侍郎程源、万翱，礼科都给事中李用楫，户科给事中张孝起、李日炜等十四人合谋拟定了一份奏疏，参劾袁彭年、刘湘客、丁时魁、金堡、蒙正发等五人“把持朝政、

①钱澄之：《所知录》卷三《永历纪年中》，第109—110页。

②瞿共美：《天南逸史》，载《岭表纪年（外二种）》第300—301页。

罔上行私、朋党误国十大罪”，“罪当死”。永历帝龙舟刚一靠梧州岸，他们便纷纷请求皇帝召见以面君奏事，“极言其罪”。

永历帝于是颁旨：以袁彭年有反正之功，免议。其余四人立“下锦衣狱，敕掌卫事张鸣凤严加鞫问”。阁臣严起恒请面君，不得入，无奈“率诸臣长跪沙际”申救。[①] 永历帝召严起恒入龙舟，气愤地说：“毋论其他，他们日在朕前说李元胤要反，求朕曲从他些，今元胤力任守肇，家眷随朕来，何有反意？勋臣马宝昨奏刘湘客要封他侯，云‘皇上晓的甚！我们说了就是’。只是应处不应处？”对这些莫名其妙的话，严起恒无法插言，只能说刘湘客毕竟是经筵讲官，请求宽容。永历帝则说：“王子犯法，与庶人同罪。”[②] 执意不允，且颁旨“照北京厂卫故事，全副刑具轮番更用”[③]。实际上，这几个人的行为惹怒了太后，永历帝只是奉太后之意行事。

在此事发生之前，有个马吉翔的宾客吕尔玙混入了御史行列，金堡上疏加以驱逐。针对吕尔玙上疏辩解之事，金堡又上疏批驳，其中有言曰：“臣何人也？尔玙何人也？以仁杰之袍，赌昌宗之裘，志士犹为怏怏，顾且肆言无忌也！”语甚刻薄不伦。这分明是用武则天的宠臣张昌宗影射马吉翔。揭宫廷秽事，是很犯忌讳的，当时攻击金堡者便以此语煽动两太后。这天，当永历帝颁旨逮捕四人下诏狱之时，程源正在船侧，他故意高声说道：“金堡即‘昌宗之宠方新，仁杰之袍何在’两语，便该万死！”当时永历帝嫡母慈宁皇太后正在船中，听到此话极为气愤。永历帝便向张鸣凤颁密旨，“必致堡死”。[④] 因而金堡受刑极重。

正当永历帝于梧州严刑拷打四臣之时，瞿式耜接连上疏辩五人之罪，指出治五人罪于程序、道理均不合：

> 就使诸臣而果罪状昭彰，一如疏中所指，处分岂无时日，而

---

①钱澄之：《所知录》卷三《永历纪年中》，第110页；徐鼒：《小腆纪年附考》卷一七，第635页。

②鲁可藻：《岭表纪年（外二种）》卷四，第113页。

③计六奇：《明季南略》卷一三《瞿式耜谏勿滥刑》，第425页。

④钱澄之：《所知录》卷三《永历纪年中》，第111页。

汲汲为此朝不待夕之举动？又且不先不后，恰当勋臣邦傅到梧之时，能无我虽不杀伯仁之疑否？

这分明是揭发此事被如此急速处理，陈邦傅有推卸不掉的干系。而且，被处分的五臣平时与皇上接触最频，“或为皇上持风纪，或为皇上资启沃，或为皇上争是非”，其生平品格，皇上最为清楚，如果他们真有不可饶恕之罪，“何不于驻跸端州时，即震霆威大庭广众之中，暴其罪状，而优容含忍至今，当文武播迁之日，行错枉惩奸之典？”他甚至怀疑此举是否“出圣意”，所以他恳切请求“皇上暂息雷霆，将原参疏发下廷臣公议，虚实立见，曲直自明”。[①]

永历帝此时尽管也一肚子气，想借此处死金堡，但冷静一考虑，也“知堡无死法”[②]，遂于三月间将四人从狱中提出，令“法司追比”[③]，随即定案：金堡与丁时魁俱谪戍金齿卫，对刘湘客、蒙正发继续追赃。金齿卫在极边远的云南西部永昌府境，为人迹罕至之地。旨下，首辅严起恒泣奏：“谏臣非今所宜谴，严刑非今所宜用，请贷堡等。”[④] 永历帝不听。但严起恒此举却进一步惹怒了吴贞毓等人，他们本以为平时多次遭到丁时魁等指摘的严起恒，定会乘此机会投井下石以解恨，不料却反为申救，大为失望，遂攻击严起恒。刑科右给事中雷得复疏列起恒“私比刘湘客，结交各勋镇”等二十大罪，“累千言”，将之比于严嵩，称他为“嵩贼”,[⑤] 必欲逐之出朝。严起恒便上疏永历帝“谢病”乞休，疏凡七上，没得回音，于是“解舟去平乐”。永历帝急遣官追留，又遣李元胤赍敕留之。起恒不得已而返回朝中，但却“为群小所摇，志沮不行”。“四方镇帅闻起恒摧抑不用，皆解体，无斗志。”[⑥]

这时，瞿式耜得到金堡等人被追比遣戍之报，便再上疏永历帝说：

---

①瞿式耜：《救刘湘客等五臣疏》，载《瞿式耜集》卷一，第 144—145 页。

②钱澄之：《所知录》卷三《永历纪年中》，第 111 页。

③鲁可藻：《岭表纪年（外二种）》卷四，第 119 页。

④王夫之：《永历实录》卷二《瞿严列传》，第 28 页。

⑤鲁可藻：《岭表纪年（外二种）》卷四，第 121 页。

⑥王夫之：《永历实录》卷二《瞿严列传》，第 28—29 页。

> 中兴之初，宜保元气，勿滥刑。诏狱追赃乃熹庙魏忠贤锻炼杨、左事，何可祖而行之?①

永历帝乃下旨公布四人罪状。瞿式耜知敕书出自忌者之手，非帝之意，遂原封不动地封还，随即又上疏说：

> 法者，天下之至公也，不可以蜚语弹章，横加考按，开天下之疑。且四人得罪，各有本末，臣在政府，若不言，恐失远人望，其何辞于后世?②

疏凡七上，永历帝仍然不听。不久，在外的武将曹志建、焦琏、胡一青、杨国栋、马进忠、王进才、马宝等也“交疏申救”。马进忠上疏说：

> 臣等于堡，从无阃外之交，但缘皇上今日具官济济，而中外舆论，谓可心膂寄者唯一金堡。乃忽举此崇祯、弘光取败之敝政，而加诸直臣，军民之心无不惊骇。乞速宥堡，置之言路，以回天意、收人心。③

永历帝这才心有所动。吴贞毓等仍欲置金堡于死地，并欲彻底驱逐严起恒出朝，他们想引陈邦傅从三水来朝以为声援，但无借口。这时，吴贞毓等人听说忠贞营突然来朝，喜出望外。

此时忠贞营统帅李赤心已死，兵权统于高必正、党守素二人。两人带兵五千，于五月十三日抵达梧州。朝臣皆郊迎四十里外，牛酒犒师，必正、守素甚为高兴。

先是，吴贞毓等人以阁臣严起恒多次被丁时魁、金堡所指摘，揣度他定会怀恨，必乘机报复，置金堡等于死地，不料起恒竟申救甚力，金堡等人遂免于死。而王化澄向来贪庸，与王坤、马吉翔等相勾结，夤缘入阁。李成栋反正后，永历帝驻跸肇庆，命化澄留守南宁，扈卫太后两宫，并特赐手敕，以便宜行事。化澄却趁机卖官鬻爵，唯贿是求。有以土司纳银数百两竟改宣慰司者，最初不知宣慰司与土司乃同

---

①徐鼒：《小腆纪年附考》卷一七，第635页。

②李天根：《爝火录》卷二〇，第836页。

③王夫之：《永历实录》卷二一《金堡列传》，第188页。

级之官，当了解底细后，“诸夷哗然”，对此永历帝亦有耳闻。后化澄至行在入直，屡被金堡参劾，痛加揭露。帝亦厌其所为，化澄乃请假注籍（按：指官员被弹劾，离职在家听候处分），时间既久亦不召回。至是，贞毓等合疏请起用化澄为首辅，想借此排挤掉严起恒，计谋必杀五人而后已。他们一度想借陈邦傅之力，但陈远驻三水，外援力度不够，难以左右皇帝。这时，他们听闻忠贞营高必正入觐，喜出望外。

吴贞毓趁机对高必正说：“朝事坏于‘五虎’，为之主者，阁臣严起恒也。公但入见，请除君侧奸，不过数语而决，公功在社稷矣。”必正点头不语。

严起恒得知其谋，当日即注籍，五人皆惴惴待命。

高必正到梧州的次日，便请求奏对于水殿，然而高必正见永历帝时竟说：“阁臣严起恒虚公，宜专委任。金堡等处分过当。”王化澄、吴贞毓等皆大失所望。这时严起恒已移舟他去，在高必正、党守素二人的请求下，永历帝再次遣官追及严起恒于平浪，要其回朝视事。

两天后，永历帝再次于龙舟召见高必正。这时李元胤刚从肇庆来，便同时面君奏事。慈宁皇太后垂帘，永历帝东向而坐。元胤奏事完毕，忽然伏地请死道：“金堡等非臣私人，有罪，皇上何不处分于端州，必俟到此地处分？是以臣与堡等为党也。向以封疆事急，不敢请罪。今事稍定，请正臣罪。”帝慰勉之，道：“卿极忠极孝，朕岂疑卿？”元胤说：“皇上既不疑臣，何为以处四臣之故赐臣敕，令臣安心办事？”皇太后从帘内说：“卿莫认金堡等是好人，卿如此忠义，他却谤卿谋反。”元胤说道：“说臣谋反，还是有本，还是面奏，还是传言？”这一问，可把皇太后难住了，支支吾吾，答不上来。永历帝也回答不出，竟沉默下来，场面很是尴尬。

这时高必正给他解了围，插话道：“皇上重处堡等也是。但处堡等之人，看来不如堡等；处堡等之后，也不见有胜于堡等之事。”他回过头来当面质问辅臣王化澄徇私植党之事。化澄很是窘急，申诉不能成语，永历帝则为之解围。这时给事中张孝起、李用楫同御史廖应亨，竟趁机互相揭发起来。太后立即对永历帝说，应“传谕中书科，以后科道本章，不许封进”。这是阻止科道再惹是生非。永历帝说：“科道是言官，以言为职，若本章不封进，是绝言路也。但令有言军国大事，许非时进。其余是非本章，不许擅封可耳。”

奏对完毕，永历帝忽然转过身来问在下的廷臣：“金堡毕竟是君子，是小人？”连问两次，没人回答，于是散朝而出。

次日，词臣钱澄之上疏言：“臣昨侍班次，闻皇上再问金堡是君子是小人。恶堡者皆在班列，无有对者，则良心难昧，天理难欺，堡之不为小人可知。”接着他又说：“堡受刑特重，左腿已折，仅相随一仆，复堕水死。今远戍金齿，以孑然残废之身，蹩躠于蛮荒绝域之外，去必不到，到亦必死，虽名生之，犹杀之也。伏乞量改近边，以全堡命。”①永历帝这才颁旨改金堡戍地为清浪卫。高必正以百金为金堡药资，金堡不受。马宝亦自德庆来朝，亲为金堡洗创，金堡得以不死。“五虎”之一的丁时魁则戍靖州卫。清浪、靖州二卫均属湖广都司管辖，因此时已为清军所占，金堡前往受阻，赴戍无地，至桂林后请留守代为报告。永历帝下旨：“就近收管，俟烽烟稍息，即令该地方官转解。”②金堡便停留于桂林。

于是，严起恒继续留用，仍为首辅，王化澄亦不再求退。同时，永历帝召朱天麟入直。

沸沸扬扬的吴楚党争到此告一段落，但永历帝面临的问题更加严重了。

五、两粤危殆，瞿、张殉国

永历帝目睹并多方干预的吴、楚两党之争，最后以楚党失败，金堡遭到摧残、流放而告终。但对永历帝来说，这场斗争的结局，并未

①钱澄之：《所知录》卷四《永历纪年下》，第113—115页。

②李天根：《爝火录》卷二〇，第839页。

获得是非的澄清、国家的大治，他所得到的只是诸臣离心，朝政更加混乱，以及自己尊严受到严重冲击等诸多恶果。

楚党的失败，并没有给吴党带来多少欢乐，因为吴党没有实现斩尽杀绝、彻底消灭楚党的目的。令他们扫兴的是，他们本想置之于死地的金堡，竟然保全了性命；对楚党申救甚力，令他们仇视不已的首辅大学士严起恒，驱逐不成又重新入朝。而且，永历帝集群臣召对高必正等人，对失败的楚党做最后处理时，他们不仅未能因此巩固胜利的成果，反而暴露了诽谤陷害楚党的嘴脸。在这次斗争中，吴党极力推出入阁的王化澄，被高必正“面质”“徇私植党”时，竟“窘急申诉，不能成语”。永历帝“为解释之”，才使他勉强渡过难关。① 吴党深感难堪，于是，掌握朝中大权的吴党人物，便把仇恨和斗争的矛头指向公正不阿的首辅大学士严起恒与为国事着想、主持正义的忠贞营统帅高必正。

高必正这位昔日的大顺农民军高级将领，自归明之后，坚持抗清的大方向，对诸将拥兵自重、互相争斗，及朝廷对此听之任之而驭下无方的现象十分不满。这次，他与党守素奉诏入卫至梧州朝见永历帝，便主张诸臣应捐弃前嫌，“大家该和衷为国”②，更主动提出：

> 以兵归兵部，赋归户部，简汰疲弱，分汛战守，较勘功罪，则事尚可为；如因仍离析，兵虽众，将虽尊，皇上求一卒之用亦不可得，有主臣皆陷而已。

高必正同时表示要首先从他自己做起，“为诸将倡”。这种反对军阀割据、加强中央统一领导的顾全大局的见解，切中时弊，具有十分重要的现实意义，如能付诸实行，于国于民均有大利。对此，尽管“朝廷翕然歆动”，但这将触动、削弱拥兵在外的各勋臣、将领的切身利益，显然难以实行。特别是永历帝缺乏权威，做不了主，而具体职能部门的户部尚书吴贞毓、掌部事的兵部侍郎万翱，更是“庸猥嗫嚅不敢任”，不敢触动各握兵权而跋扈一方的将领的一根毫毛。对此，一腔热

①钱澄之：《所知录》卷四《永历纪年下》，第114页。

②鲁可藻：《岭表纪年（外二种）》卷四，第125页。

血报国的高必正只有“太息而已”。[①]

高必正并未受到永历帝和朝廷的格外倚重，相反还被吴党视为障碍。他的入卫之举更引起陈邦傅的忌恨。陈邦傅以发展自己的势力为要务，因此既十分嫉妒李元胤，又仇视金堡。为除掉金堡，争取外援，他巴结忠贞营，拜李赤心之婶母高夫人为母，而“厚奉必正，舅事之”[②]，劝其举兵入朝除掉李元胤，杀金堡等楚党人物。高必正率兵入朝后，却主持正义，反对党派纷争，主张和衷为国，使吴党、陈邦傅大失所望，陈邦傅“嗔其不附己，潜遣标将袭其老营”。在抗清前线出生入死的高必正，未料到竟遭到“自己人”的袭击，并因此蒙受损失。六月十九日，他紧急求援于桂林，留守瞿式耜立发滇营总兵刘崇贵等率军进驻柳州、庆远，“遥为声援”，从而制止了事态的进一步恶化。永历帝得悉此事，“急敕邦傅，谕以和好”。[③] 对这样是非十分清楚的问题，他竟不能谴责陈邦傅。这种态度实际上是对悍将的鼓励，对正义的打击。

章法乱于朝中，必然导致战事坏于前线。当时清军已突破大庾岭进入广东，围攻广州。李元胤请高必正挥师东援，高必正欣然同意，上疏请战，准备率师东行奔赴抗清前线。而驻肇庆的马吉翔、陈邦傅，不愿看到其势力东指，便暗中指使太监夏国祥于宫中作祟，“持两端止之”[④]，于是久无诏书下达。吴贞毓也“尼之”[⑤]，从中阻拦。结果，一心等候圣旨的高必正，见自己的请战要求不被理睬，深知朝廷之“事不可为，意大沮丧”[⑥]。他见率师东进已不能行，梧州也难立足，只好请撤军回南宁。由于兵饷匮乏，其部辗转于宾州、横州、南宁之间，消耗甚大。这年冬，在清军将至而“食且尽”[⑦] 的情况下，高必正不

①王夫之：《永历实录》卷一三《高李列传》，第 129 页。
②王夫之：《永历实录》卷一三《高李列传》，第 129 页。
③钱澄之：《所知录》卷四《永历纪年下》，第 117 页。
④王夫之：《永历实录》卷一三《高李列传》，第 130 页。
⑤王夫之：《永历实录》卷一一《金王李陈列传》，第 114 页。
⑥王夫之：《永历实录》卷一三《高李列传》，第 130 页。
⑦徐鼒：《小腆纪年附考》卷一七，第 656 页。

想坐以待毙，率众北上。他在行军途中中箭牺牲，余部在李来亨的率领下抵达川楚边界一带，在夔东建立了根据地。

而这时，永历朝的其他武装亦处于可怕的瓦解状态，这几乎注定了南明在两广的败局。

自从永历四年（1650）年初，韶关失守后，清军便长驱直下，指向广州，从二月初四日开始便把广州团团围住。两广总督杜永和一面向朝廷报急求援，一面率军固守。

广州是易守难攻之城，东南两面临珠江，北城壕外有二里之广的圩田，人马均不能站立，只有西门一带为山麓，杜永和便以石加固西门，加意防守。但肇庆的陈邦傅，三水的李元胤、马吉翔皆“观望不敢进”，而潮州守将郝尚久、惠州守将黄应杰皆已降清。广州周围均为清军占领，成了孤城。然珠江以南五大县物产丰盛，钱粮供应不断，故广州能长期坚守不破。自二月至十月，清军发动了三次大规模进攻，均被击退，杜永和晋封侯爵。广州被围日久，朝廷却派不出一支增援之师，晋封杜永和，只不过是“以虚名慰劳而已”。①

因援师迟迟不至，广州终生内变。十月初十日为永历帝生辰，杜永和会齐文武官员于五层楼拜祝。广州西城外城主将范承恩绰号“草包”，皂役出身，目不识丁，此时亦在拜祝行列。因被杜永和当众直呼绰号，范深感受辱，“恨甚”，遂潜通清平南王尚可喜、靖南王耿继茂，于十月二十八日率兵退入内城，使清军攻占外城。三日后，广州内城也被攻陷，杜永和率部下突围“航海而去”。②

几乎在广州失守的同时，桂林的形势也迅速恶化。当清平南、靖南二王进攻广东之时，定南王孔有德率清军向广西推进。早在三月中旬，原驻湖南的曹志建部败退入广西，驻恭城、阳朔一带，清军便屯集于衡州，与永历朝形成对峙局面。九月初八日，清军向广西发起攻势，袭破恭城、灌阳，曹志建战败，桂林东面受敌。十八日，马进忠

---

①温睿临：《南疆逸史》卷三《永历帝》，第23页。

②计六奇：《明季南略》卷一三《羊城崩陷》，第427页。

兵败于爪里，入武冈山中，清大队兵马急速进逼全州，旋即破城。

这时焦琏所部驻守平乐，而桂林以北大榕江一带皆为滇营驻防之地，而滇军将领之间矛盾重重。于元烨督兵桂林时，将女儿许配于宁远伯王永祚。开国公赵印选听说此事后，便欲已娶而强求之。于元烨畏惧赵之势力，便将女儿改嫁赵印选，王、赵因而结仇。而赵印选又与卫国公胡一青争权，矛盾甚深。胡一青一直出守榕江，而赵印选居城内守老营，“惟酒色是耽”，胡一青“心甚不平”，所以滇军“三帅各有私愤”,[①] 谁也不服谁。当清军进攻全州时，竟无一人前往抵御，以致全州陷落。十月二十九日，清军已经杀来，胡一青、王永祚竟从前线撤下，不约而同地进入桂林城分饷，榕江一带成了无人防守的空旷地带。清军则紧随其后，杀向桂林。警报不断传至，瞿式耜不断催促诸将抵御，却无有应者。

十一月初五日，瞿式耜令赵印选出城迎战，赵却留恋自己的大本营而不出。式耜再遣人催促，赵已“尽室而行”。这时胡一青及武陵侯杨国栋、宁武伯马养麟、绥宁伯蒲缨等“各家老营俱去”，而王永祚临阵降清，桂林城已无可战之兵。式耜恸曰：“朝廷以高爵饵此辈，百姓以膏血养此辈，今遂作如此散场乎！”[②] 遂端坐府中。总兵戚良勋牵两匹马来到府中，请其速出曰：“公为拥戴元老，系国安危，身出危城，尚可号召诸勋，再图恢复。”式耜曰：“四年忍死留守，其义谓何？我为大臣，不能御敌，以至于此，更何面目见皇上提调诸勋乎！”乃令良勋出城。又有家人泣请曰：“当忍死须臾，次公子从海上来，二三日且至，万里赴行在，乞一面而诀。”式耜曰：“我重负天子，尚念及儿女耶？”挥家人出曰：“去！毋乱我。”[③] 这时，通山王朱蕴釬驰入进劝：“先生受命督师，全军未亏，公且驰入柳，为恢复计。社稷存亡，系公去留，不可缓也。”遂曳其袖，固请上马。式耜从容应曰：“殿下好去，

①钱澄之：《所知录》卷四《永历纪年下》，第117页。

②瞿式耜：《临难遗表》，载《瞿式耜集》卷一，第153页。

③瞿共美：《天南逸史》，载《岭表纪年（外二种）》第306页。

幸自爱！留守，吾初命也。吾此心安者死耳，逃死而以卷土为之辞，他人能之，我固不能也。”[①]

傍晚，总督张同敞自灵川回，得知桂林只有留守瞿式耜困守孤城，乃曰：“安可使留守独殉社稷！”[②] 便泅水过江，直入留守府见式耜说：“事迫矣！奈何？”式耜说：“皇上以留守命我，与城存亡。自丁亥（按：指 1647 年）三月桂林濒破时已拼一死，今得死所矣，夫复何言！子无留守之责，盍去诸？”同敞毅然决然地说：“死则俱死耳！古人耻独为君子，吾师顾不许某同死乎？”[③] 于是决定不走，与式耜一起守孤城，恪尽城存与存、城亡与亡的职守，坦然面对危难。

张同敞，号别山，湖广江陵人，大学士张居正之曾孙。慷慨知兵，有胆略，为诸生时即有文名。崇祯时诏补中书舍人。隆武时袭锦衣卫，视师湖南。受知于瞿式耜，执弟子礼。曾疏劾刘承胤跋扈。永历三年（1649）以总督、兵部侍郎监胡一青军。他“至性过人，局度恢廓，每鼓厉诸将，辄流涕被面，诸将翕然钦感之”，“皆奉节制”。他“尽瘁行间”，廉洁自奉，“尤为诸武人所重”。[④] 至此，二人坦然留下，对坐畅饮。式耜四顾周围，只有一老兵未走，遂命其召中军徐高至，“以敕印、书、剑悉付之”，谕令其星驰赴行在，“完归皇上，勿为敌人所得”。当夜雨不止，城中寂无声，二人张灯相向坐至天明，有数名佩腰刀挟弓箭的清军骑兵闯入，执二人去。二人说：“吾两人坐待一夕矣，无容执。”二人遂“偕之出”，见孔有德。孔有德踞坐于地上，举手说：“谁是瞿阁部先生？”式耜说：“某是也。城既陷，惟求一死耳。”有德说：“吾在湖南，已知有留守在城中。吾至此，即知有两公不怕死，不去。吾断不杀忠臣，何必求死？”又说：“阁部无自苦。我掌兵权，阁部掌钱粮，一如在前朝可耳。”式耜说：“我天朝大臣，为皇上供职，

①王夫之：《永历实录》卷二《瞿严列传》，第 24 页。
②郑达：《野史无文》卷八《瞿式耜传》，第 69 页。
③钱澄之：《所知录》卷四《永历纪年下》，第 118 页。
④王夫之：《永历实录》卷一八《二张列传》，第 159 页。

岂为汝犬羊供职耶?”有德说:“我居王位,于阁部亦非轻。”式耜说:“安禄山、朱泚而自以为王,何王之贱也!”有德说:“我先圣之裔,势会所迫,以致今日,阁部何太执耶?”同敞厉声说道:“尔无辱先圣,尔不过毛文龙部下走狗耳,乃自以为圣裔耶!”有德大怒,跳起来批其颊,叱左右刀杖交加。同敞不屈,折两臂,伤一目。式耜叱之说:“此宫詹张司马,国之大臣,死则同死耳,不得无礼!”有德下令住手,接着又说:“某年二十,起兵海上,南面称孤。投诚后,拥旄节,爵名王,公今日降,明日亦然矣。语曰‘识时务者为俊杰’。清自甲申入中国,五年之间,南北一统,至县县破,至州州亡,天时人事盖可知矣。公守一城捍天下,屡挫强兵,能已见于天下,不转祸为福,建立非常,空以身膏原野,谁复知之?”式耜说:“汝为丈夫,既不能尽忠本朝,复不能自起逐鹿称孤,为人鹰犬,尚得以俊杰时务欺天下男子邪?昔少康、光武恢复中兴,天时人事,未可知也。本阁部受累朝大德,位三公兼侯伯,常愿殚精竭力扫清中原。今大志不就,自痛负国,刀锯鼎镬,百死莫赎,尚何言邪!”①

孔有德知瞿、张之志不可屈,便将两人置于桂林城北叠彩山麓风洞附近的僧舍,按上宾对待。后来孔有德又数次派人前来劝降,均被拒绝;又劝两人剃发为僧,仍被拒绝。

瞿式耜、张同敞被囚禁于桂林,求死不得,便吟诗明志,互相唱和,作《浩气吟》数十首。唱和诗中,瞿式耜诗云:

借草为茵枕块眠,更长寂寂夜如年。
苏卿绛节唯思汉,信国丹心只告天。
九死自甘遑恤苦,千秋公论亦随缘。
残灯一室群魔绕,宁识孤臣梦坦然。

（其一）

已拼薄命付危疆,生死关头岂待商?

①钱澄之:《所知录》卷四《永历纪年下》,第118—119页;瞿式耜:《临难遗表》,载《瞿式耜集》卷一,第153—154页;徐鼒:《小腆纪年附考》卷一七,第651页。

二祖江山人尽掷，四年精血我偏伤。
羞将颜面寻吾主，剩取忠魂落异乡。
不有江陵真铁汉，腐儒谁为剖心肠？

（其二）

正襟危坐待天光，两鬓依然劲似霜。
愿作须臾阶下鬼，何妨慷慨殿中狂。
凭加搒辱神无变，旋与衣冠语益庄。
莫笑老夫轻一死，汗青留取姓名香。

（其三）

年逾六十复奚求？多难频经浑不愁。
劫运千年弹指到，纲常万古一身留。
欲坚道力凭魔力，何事俘囚学楚囚？
了却人间生死业，黄冠莫拟故乡游。

（其八）

张同敞和诗：

棱棱瘦骨不成眠，祖德君恩四十年。
腰膝尚存甘作鬼，死生有数肯呼天？
叠山欲附文山烈，苏武休思汉武缘。
蹈镬撩衣谈笑里，何须血泪更潸然。

（其一）

异国凋零非故疆，首阳一死尚留商。
舌存不信乾坤去，臂断宁同儿女伤？
胡语可怜原汉语，帝乡无路是愁乡。
幽魂应变天边月，照见孤臣铁石肠。

（其二）

连阴半月日无光，草簟终宵薄似霜。
白刃临头唯一笑，青天在上任人狂。
但留衰鬓酬周孔，不羡余生奉老庄。

有骨可抛头可断，小楼夜夜汗青香。

（其三）

忘生反觉死难求，甲士相环任我愁。

祭酒一身同腊尽，睢阳二子共名留。

已拼魂作他乡鬼，博得人称亡国囚。

三百年来恩怨息，先皇应许得从游。

（其八）[①]

瞿、张二人爱国之心与报国之志跃然纸上。

闰十一月（清历十二月）十四日，瞿式耜对张同敞说："吾两人待死四十日矣，尚隐忍偷生，其为苏武耶，李陵耶？谁实知之？"同敞说："易耳。"二人便共同起草一份密信，命老兵抄小道急送焦琏处。密信说："城中满兵无几，若提劲旅疾入，孔有德之头可立致也。"[②]不幸，老兵出城八十里后竟被巡逻兵擒获，献于孔有德。十七日晨，有数骑来到囚所，请瞿式耜出。瞿式耜知清人将要加害，提笔作诗二首。一为《十七日临难赋绝命词》：

从容待死与城亡，千古忠臣自主张。

三百年来恩泽久，头丝犹带满天香。

一为《赠别山》：

断臂伤睛木塞唇，犹存双膝旧乾坤。

但将一死酬今古，剩有丹心傍主臣。[③]

题毕，瞿式耜又将在囚所所作的临难诗稿及与张同敞唱和诗稿（共101首）置于几上，整肃衣冠，向皇帝所在的南面跪拜后，从容而出，与张同敞相遇于道。张同敞说："快哉行也！厉鬼杀贼，讵敢忘之？"[④] 瞿式耜说："吾两人多活四十一日，今得死所矣。"张同敞从怀

---

①《瞿式耜集》卷二，第232—236页。

②钱澄之：《所知录》卷四《永历纪年下》，第119页。

③《瞿式耜集》卷二，第245页。

④钱澄之：《所知录》卷四《永历纪年下》，第119页。

中取出白网巾说："服此以见先帝。"① 行至叠彩山，瞿式耜说："吾平生爱山水，此地颇佳，可以去矣！"② 瞿、张二人遂于叠彩山风洞前遇害。③ 一代忠臣就这样壮烈地为国捐躯。瞿、张二人就义后，已经为僧的金堡（法名性因）上书孔有德，请求收葬，获准。而在此之前，吴江医士杨秋已潜拾瞿、张遗骸，葬于桂林城北。

永历朝连遭危机，内廷亦深受震动。永历帝的嫡母，即已信奉天主教、教名烈纳的王太后，更为此深感不安。她于永历四年（1650）十月十一日，亲自致书罗马教皇，希求外援。其书中云："伏乞圣父向天主前，怜我等罪人，去世之时，赐罪罚全赦。更望圣父与圣而公一教之会，求天主保佑我国中兴太平。俾我大明第拾捌代帝，太祖第拾弍世孙，主臣等悉知敬真主耶稣。更冀圣父多遣耶稣会士来，广传圣教。"④ 与此同时，另一天主教徒、太监庞天寿，也致书教皇，汇报了永历朝中君臣文武信教情况，请求"多令耶稣会士来我中国，教化一切士民悔悟，敬奉圣教，不致虚度尘劫，仰邀大造，实无穷矣"⑤。书成，在华诸耶稣会士决定派耶稣会士卜弥格持之返回欧洲呈递。卜弥格在十九岁的中国人沈安德的陪同下，从肇庆出发，经由澳门、波斯一路辛苦西行，于永历六年（1652）抵达威尼斯，继而到达罗马。然而他却遇到了大麻烦，教廷各枢机在多次集议后，竟认为此奉使事乃一骗局，拒绝接受。卜弥格一再申诉，并一直在罗马静候消息。永历九年（1655），新教皇即位后，事情方有转机。教廷接待了卜弥格，并复信王太后。卜弥格既得复信，乃抓紧时间，自罗马赶到里斯本，然后略做准备，于永历十年（1656）三月初五日，与同伴八人一起登舟返华，历尽艰辛，其中五人不幸死于途中。卜弥格为尽早完成使命，

①徐鼒：《小腆纪年附考》卷一七，第654页。
②瞿元锡：《庚寅始安事略》，载《崇祯长编》第201页。
③参考唐咸明：《瞿式耜、张同敞殉难桂林地点考》，载《桂林师范高等专科学校学报》2015年第4期。
④方豪：《中国天主教史人物传》上，第295页。
⑤方豪：《中国天主教史人物传》上，第290页。

竟无暇回波兰省亲。而卜弥格神父赴欧及在欧奔走之时，亦正是南明永历朝颠沛流离之际。永历十二年（1658），卜弥格一行抵达暹罗，驻澳门的葡萄牙人得知后，恐怕得罪清廷，乃遣人通知卜弥格不许进入澳门。不得已，卜弥格乃乘一荷兰船至安南暂居，时已六月。同年底卜弥格向耶稣会致函报告称“已至中国边界”，并表示一定完成使命：“我将往依永历皇帝。”然而，他难以进入中国境内，只得在安南与广西边界徘徊。不久即得知永历帝已流亡缅甸。其实在此之前的永历五年（1651）四月，即卜弥格刚刚启程赴欧洲不久，王太后便已病逝。至此，卜弥格十分迷惘，手持教廷复信竟无处投递，乃百感交集，竟于永历十三年（1659）七月初六日病逝于安南。此时距信件发出时已历经九年，永历帝最终也未收到回信，王太后为挽救永历朝而联络罗马教皇一事，最终落空。[①] 当然，这是后话。

广州、桂林的相继失陷，标志着永历朝在两广统治的全面崩溃。十一月初九日，当桂林陷落的战报传至梧州后，永历帝惊惶不已，他来不及思考和部署，立即下令出逃，“乘炮船夜发”。次日晨，人们才发现皇上已经逃离梧州，诸从官这才“踉跄遁走”，纷纷慌忙地踏上逃亡之路。[②] 陈邦傅向来图谋挟持永历帝以自重，这时他听说广州失陷，便急速从肇庆“飞帆先归，谋劫驾”。不料，永历帝已经先他冒雨而逃。他扑了个空，只劫得其后出发的运载百官卤簿之舟。永历帝以历来逃跑的经验，一直拼命狂奔，经浔州而不停留，直达南宁。严起恒、马吉翔、李元胤追扈而至。永历帝到达南宁时，陆续跟来的百官已“饥冻无人色”[③]。可这里并没有给永历帝带来多少欢乐，新的困局接踵而至。

①方豪：《中国天主教史人物传》上，第306—308页。
②温睿临：《南疆逸史》卷三《永历帝》，第24页。
③徐鼒：《小腆纪年附考》卷一七，第653页。

六、可望邀封，苦于应付

永历帝是在广州、桂林两城相继失陷后，仓皇逃出梧州再入南宁的。由于他闻警即逃，行动迅速，不仅躲过了清军的追捕，更摆脱了陈邦傅的要挟。但他万万没有料到的是，自己又进入了一个新的樊笼。

永历五年（1651）元旦（清历顺治八年二月初一日），永历帝是在南宁度过的。这里离前线较远，两个月来，警报稍有停息，他得以安闲片刻。一些逃散的旧臣，跋涉关山陆陆续续来到行在，朝廷之上，“文武两班，位列楚楚”，也算粗具规模。但与人才济济的过去相比，这种景象实在萧索，永历帝不免有些懊恼，“以国家多难，免朝贺”。[①]他想卧薪尝胆，熬过艰难岁月，再重振朝纲，但形势越来越坏。二月(清历闰二月)，梧州、柳州相继失陷。而更令永历帝痛心和震惊的是，孙可望竟遣将率兵以扈驾为名入朝，擅杀首辅大学士严起恒等大臣十九人。这是永历帝自登极以来从未遇过的暴逆之举。

孙可望擅杀大臣是由其请求封王爵一事引起的。

孙可望本名可旺，陕西米脂（一说延长）人，无业游民出身，大西农民军领袖张献忠部将，狡黠善战，每遇敌能率所部坚立不动，号“一堵墙”。他深得张献忠喜爱，与李定国、刘文秀、艾能奇同被献忠收为义子。他居长，被李、刘、艾三人称为大哥。张献忠死后，四人面对清军紧追不舍的危急形势，产生了“反正扶明，洗去贼名”[②] 的想法。孙可望被推为首领，率余部破涪州，克遵义，进入贵州。这时正值云南发生土司沙定洲叛乱，世守云南的黔国公沐天波从省城昆明逃至永昌，云南副使杨畏知所坚守的楚雄被围，许多州县相继沦陷。石屏土司龙在田急向孙可望求援，孙可望等四人遂率军挺入云南，解楚雄之围。但杨畏知仍以孙可望等为贼，带兵于禄丰抵抗，兵败被执，

①徐鼒：《小腆纪年附考》卷一七，第658页。

②温睿临：《南疆逸史》卷五二《李定国》，第405页。

并大骂不止。孙可望"素闻其名"，下马慰问说："公，吾乡人也，公毋疑我贼，吾今来为云南讨贼耳。诚得公共事，当相与扶王室，救危乱。可望且得归正，而公功名永不朽。"杨畏知闻听此语，吃了一惊，以为是骗人之言，乃直接说道："贼绐我耳！"孙可望诚恳地说："不信，当折矢誓。"杨畏知说："果尔，我与汝约三事：一除伪号，二守国法，三禁淫掠。从我者顺，否则逆。"[①] 孙可望完全接受。于是杨畏知与孙可望等共入昆明。不久，李定国擒获沙定洲，叛乱平息，云南便在大西军控制之下。

孙可望等大西军将领占据云南之后，与杨畏知等明朝大臣进行了较好的合作，一改过去滥行杀戮等强硬政策，对云南进行了精心治理。他们建立并健全了政权机构，置六部等官，尊孙可望为国主，并加强军队建设，整顿军纪，加强社会治安，推行善政，发展生产，成效立见，出现了"外则土司敛迹，内则物阜民安"[②] 的大好景象。

孙可望等率大西军挺进并治理云南之际，正是永历帝刚刚即位不久，惊惶奔窜于两广、湖南间之时，频繁的战争与奔波难得宁息。孙可望虽然表示要归明、扶明，但进入云南之后，一切发展顺利，遂铸"兴朝通宝"钱，以干支纪年，俨然一国，并不急于与永历朝联系。但不久后由于内部的发展变化，他开始与永历朝进行联系。

原来，孙可望虽被推为大西军余部的首领，但李、刘、艾三人与其权力相等，彼此不分高下，平起平坐。当年孙可望为平东王，李定国为安西王，刘文秀为抚南王，艾能奇为定北王。入昆明后，四人各建王府，地位相当。孙可望虽以国主自居，但仍然难以约束三人。他念念不忘的是想办法扩大自己的势力，提高自己的地位。后来艾能奇于云南东川战死，其部将冯双礼主掌兵营事务，孙可望遂乘机"以术笼致之，遂兼两部，浸欲自大"，运用权术把冯双礼所部控制在自己名下，遂握两部之兵权，实力增强。但李定国、刘文秀仍"与比肩，不

---

①温睿临：《南疆逸史》卷二二《杨畏知》，第160页。

②佚名：《明末滇南纪略·政图安治》，载《狩缅纪事（外三种）》第49页。

听约束”[1]。孙可望遂想出一条妙计，即请求永历帝封己为王，在政治上占据主动，以制服二人，遂有遣使入朝请封王爵之事。

永历三年（1649）四月，杨畏知及原兵部职方司主事龚彝受孙可望所遣赴肇庆，请朝廷封孙可望王爵。其书说：

> 先秦王荡平中土，扫除贪官污吏，十年来未尝忘忠君爱国之心。不谓李自成犯顺，玉步旋移。孤守滇南，恪遵先志，合移知照：王绳父爵，国继先秦，乞敕重臣会观诏土。谨书。己丑年正月十五日，孙可望拜书。[2]

这是一份“不奉朔，亦不建朔”[3] 之书，先秦王是指张献忠。孙可望明确提出了封自己为秦王的要求。永历帝将此书付廷议，多数大臣见国势衰微，大西军势大，同意此封。独兵科给事中金堡援引祖制无异姓封王之例，连上七疏坚决反对，认为祖宗之制不可坏，略曰：

> 窃惟孙可望等，革心效顺，同仇讨虏，朝廷待之有恩，固可以收其功，而御之有虽（体），乃足以严其心。先经廷臣会议，后臣与枢臣曹烨再奏，亦既详且尽矣。滇抚杨畏知、寺臣龚彝复有所请，臣以为不可徇也，徇其请两（而）适不足以服其心。吾惟明理而守法而已矣。何谓理与法？夫本朝无所为异姓王也。开国则中山等，靖难则河间等，皆追封耳。可望归命本朝，而一旦听其擅大，陛下且不可变祖制，臣等又安敢亵主威？

又说：

> 则又有为之说者曰：“我无以制彼之自王也，不如因两（而）予之。”臣请折之曰：“我无以制彼之自王也，彼既自王矣，又何贵于我之予之？彼思为我之人，宜守我之法。如不欲守我之法，是终不欲为我之人耳。今日不能制其自王，异日岂能制其自帝耶？”

---

①钱澄之：《所知录》卷三《永历纪年中》，第 93 页。
②计六奇：《明季南略》卷一二下《孙可望请封王》，第 413 页。
③计六奇：《明季南略》卷一二下《孙可望请封王》，第 413 页。

并明确指出孙可望请封书之悖逆：

> 可望启而不奏，名而不臣，其意非能相下者。臣忝列兵垣，不能稍佐庙谟，除残戡乱，以致国势凌夷，不尊不敬，与文武臣工罪皆万死，岂可遽谓鸠形已化，漫然听之。此固可耻而不可喜，可吊而不可贺之时也。愿陛下严谕诸臣，裁之以正，一意战守，无为其所挟持，使遗（远）迩传笑，宗社幸甚！①

大学士严起恒、文安之皆同意这个主张。但杨畏知上疏说：

> 国事危矣，不及此时以虚名为招徕，而竟自树强敌乎！且可望固盗之渠也，向者屠毒海内，庙社凌夷，今一旦投诚向义，岂朝廷威德所能制。盖列圣神灵，阴以启之也。倘因其来而明示以异等之恩，彼必踊跃听令，庶几收用于万一。奈何信及一二腐儒，坐失大计。夫法有因革，势有变通，今土宇非昔，百务俱隳，而独于区区封议，必欲执旧法以绳之邪！②

这是从现实，更是从大局出发的颇有远见的精辟之论。这时有宗室朱议袒疏劾金堡“把持误国”，也连上数疏。杨畏知说：“朱君谬矣，给事言是也。给事引祖制以争，使滇知朝廷有人；皇上破例特封之，使滇知朝廷特典，不更感恩乎？”又有贵州总兵皮熊、遵义总兵王祥皆上疏说，孙可望“名虽向正，事非革心，朝廷毋为所愚”③。于是廷议久而不决。经过数月争论之后，杨畏知又提出，孙可望“意不过欲驾出两雄上耳，今既不予以王爵，则晋以上公，而爵两雄以侯，使等级有异，彼意亦惬矣”④。于是，朝廷这才议定：封孙可望为景国公，赐名朝宗。李定国、刘文秀皆封为侯。朝廷差大理寺卿赵煜为册封使，同杨畏知、龚彝前往昆明。

杨畏知、龚彝离肇庆西上，经过梧州时，对督师堵胤锡说出了心

---

①以上多处引文引自金堡：《岭海焚余》卷中《论滇封疏》，载《丛书集成续编》第58册，第69—70页。

②徐鼒：《小腆纪年附考》卷一六，第610页。

③钱澄之：《所知录》卷三《永历纪年中》，第93页。

④钱澄之：《所知录》卷三《永历纪年中》，第94页。

中的忧虑："朝廷无知大略者，激猛虎而使噬人，奈何？"并说册封使赵煜知孙可望对封公爵之事定会大怒，现在不敢前往。堵胤锡说："苟利国家，我则专之。"[1] 遂上疏曰：

> 臣窃谓孙可望父子久已割据西川，今滇、黔尽为所有，固能自立，曷能禁其不自王？今可望尚知请命，其意犹可取。我不能禁其不王，而欲绝之，势将偾决。当即降敕封之，使恩出朝廷，乃可得其用。……不然，是驱之为变也。

疏上，朝中大哗，首辅严起恒，户部尚书吴贞毓，兵部侍郎杨鼎和，给事中刘尧珍、吴霖、张载述等仍坚持不可。胤锡又密疏曰：

> 廷臣谓异姓封王非祖制，不当自可望变乱始。持论良正，然不为今日言。可望固逆献养子，凡逆献滔天之恶，与有力焉。今姑取其归正一念，冀收其将来之用，安可泥颁爵之常法哉？且可望已自称平东王，一旦封以公爵，彼必不乐受，因而为逆，谓天下威灵何？谓天下事势何？若欲收其用而反损国体，非良策也。臣窃有一说于此，臣谨按开国功臣徐达、常遇春等侑食太庙，称六王，皆追封也。伏乞皇上乾断，量封可望为二字王，即于敕书中详载旧制，明示破格沛恩，而勉之以中山、开平之功。如此，可望必感激用命，揆之祖制亦不为背谬。国家今日于可望善收之，则复有黔、滇。不善收之，则增一敌国。利害无两立，得失不再图，不可不熟虑也！[2]

疏上，永历帝从其所请，遂命铸印封孙可望为平辽王，印与敕书由杨畏知、赵煜赍往。

此时，永历朝中派系林立，诸臣相争，彼此掣肘，内耗严重，朝事愈加疲敝。堵胤锡在处处遇困后，忧愤成疾而离世。朝廷又失去了一位实心为国的干城。

原来，永历三年（1649）二月，胤锡闻湘潭失守，何腾蛟死难，

①温睿临：《南疆逸史》卷二二《杨畏知》，第161页。

②计六奇：《明季南略》卷一二下《堵胤锡始末》，第409页。

乃率师撤往衡州。时忠贞各营与腾蛟标下不和，三月，忠贞营兵败于茶陵，撤向广西。胤锡遂率滇将胡一青等扎营衡州，悉力拒守，然而仍旧摆脱不了诸将不和引发的厄运。四月朔，胤锡率军与清军大战于草桥，兵败，乃弃衡州，退扎耒阳，与忠贞营会合，又遣侄堵正明率老营驻于永兴。不久，永兴陷落，正明及诸眷属皆遇害，胤锡乃走郴州。忠贞营退却时冲犯曹志建辖区，越岭而去。胤锡道遇清军，几为所获，遂入龙虎关，欲依志建。志建认定是胤锡率忠贞营蹂躏己地，欲行加害，乃乘夜坑杀胤锡从兵千余人。胤锡与其子逃入富川瑶峒，幸亏绅士何图复间道迎接，以乡兵护卫胤锡自怀集走梧州。胤锡沿途招集散亡，兵势复聚。

六月，胤锡至肇庆朝见，拜文渊阁大学士，入阁办事。公宴时，给事中金堡当面发难，攻击他丧师失地，又责难其接待孙可望使节之事，说："滇与忠贞皆国仇也，厥罪滔天。公大臣，偏欲与此辈交结，何意?"胤锡甚为吃惊，乃曰："某辛苦万状，如君言，全无功矣。"金堡竟说："劳则有耳，功则何为?"胤锡遂对楚党人物大为厌恶。入阁三日后，胤锡加升总督直省军务，兼理粮饷，特赐龙旗、尚方剑，便宜行事，加少傅兼太子太师，并吏兵两部尚书，持节督师，节制天下兵马，实令其调动忠贞营北上，经略湖南。胤锡行前请求兵饷，连上五疏，户部仅支拨事例银三千两，途中又为李元胤部夺去，所得者布绘龙旗二面而已。

七月初三日，胤锡师次梧州。永历帝敕封胤锡为光化伯，给诰券，胤锡上疏力辞，遂赐四代诰命。不久便有与杨畏知等合谋奏请，封孙可望二字王之事发生。

胤锡至梧州，部下陆续来归，而他所期待的李赤心等竟不至，乃亲临其营催促之。李赤心因败于茶陵，战马铠仗俱尽，将卒疲惫，无意北上，又欲让胤锡代请赴高、雷二州休兵，胤锡不许。他镇之兵亦迁延不至。李元胤于朝中用事，每有奏请，辄为掣肘。胤锡忧愤交加，旧病发作，吐血不止。永历三年（1649）十一月二十六日，胤锡舟泊浔江，病笃，夜半草遗疏曰："臣受命以来，罪大孽重，不复自谅，拟再合余烬，少收桑榆。不料调兵则一营不发，若曰：'堵阁臣而有兵，则丰其羽翼也。'索饷则一毫不与，若曰：'堵阁臣而有饷，则资其号召也。'致臣如穷山独夫，坐视疆场（埸）孔亟。昨西上横邑，感疠大重，一病不起，遂快群腹。臣但恨以万死不死之身，不能为皇上毕命疆埸，而死于枕席，是为恨也。臣死之后，愿为厉鬼以杀贼，伏乞皇上拣任老成，用图恢复。如国家大事，有李元胤、刘湘客、袁彭年、金堡、丁时魁、蒙正发六人作皇上腹心股肱，成败可虞，祖宗有灵，实鉴临之。臣死矣，不胜余憾云！"疏毕，又南向拜父母，曰："儿死不获更还丘垄矣！"临终，自题十语曰：

> 有明堵子，生而精敏，遭家不造，诚身事亲。遭时多艰，诚身事君。四十九年，孤儿遗臣，而今而后，浩然苍旻。①

堵胤锡卒后，永历朝赠浔国公（或作镇国公），谥文襄（或作文忠），后改谥忠肃。

杨畏知、赵煜赍捧封孙可望为平辽王的敕书到达昆明，令他们大吃一惊的是，孙可望早已"受封"，当上了秦王。原来这是陈邦傅的中军胡执恭所为。胡执恭封武康伯，驻军泗城州，与云南相接。听说朝廷为孙可望请封之事久议不决，为讨好孙可望，胡执恭便与陈邦傅合谋，"矫作册命"，册封孙可望为秦王。册文中有"秦王总统天下兵马钱粮，节制诸文武，以监国亲王体统行事。朕尊礼如古仲父"② 等语，把孙可望尊崇到永历帝之上。孙可望得此消息，以为是杨畏知努力的结果，十分高兴，举行了隆重的接诏仪式，"郊迎甚恭"，并"誊黄布告"，广为宣传。"将吏额手贺，称千岁"，大西军将领们与他分享了这份喜悦。所以当杨畏知拿出敕书时，孙可望很是惊讶，立即将胡执恭召来质问。杨畏知当即指出胡执恭的敕书是假的；胡执恭则指出杨畏知所拿封平辽王的敕书也是假的，同时说出了真实的情况：永历帝封

①以上多处引文引自计六奇：《明季南略》卷一二下《堵胤锡始末》，第409—410页。
②以上两处引文引自查继佐：《罪惟录·列传》卷三一《孙可望》，第2727页。

的是景国公，敕印具在。孙可望大怒，辞回册封使，另遣官赴肇庆请旨说："臣于某日接敕，封臣秦王，于某日接敕，封臣平辽王。臣莫知所从，惟陛下裁赐。"① 他只字不谈原敕所封及矫诏之事，意在必得秦王之封。

朝廷针对孙可望的请旨又展开了一场争论。大学士严起恒坚持祖宗之制不可改，朝臣因此"执议如初，且以为不臣其人，则不受其贡"②，将孙可望献上的白金玉带等物悉数退回。这时高必正正好奉召入卫，他听说此事，便召孙可望的使者说："本朝无异姓封王例。我破京师，逼死先帝，蒙恩宥赦，亦止公爵。尔张氏窃据一隅，封上公足矣，安冀王爵！自今当与我同心报国，洗去贼名，毋欺朝廷孱弱，我两家士马足相当也。"他又致书孙可望，"词严义正"，使者"唯唯退"。③ 敕封孙可望之事被搁置起来。时为永历四年（1650）夏。

当然，孙可望决不甘心，他照旧自称秦王，"改诸军悉曰行营，设护卫曰驾前官。自称曰孤，曰不穀。文书下行曰秦王令旨，各官上书曰启"④。

这时，形势变化对永历朝越来越不利，清军已开始分兵两路，从江西向广东，从湖广向广西，发起进攻。这年冬，永历帝又一次面临危机，从肇庆仓皇奔逃至南宁，疆土日蹙，兵力单弱，国困民穷，情况已愈加窘迫。与之形成鲜明对照的是，孙可望的大西军呈现大发展的势头。永历三年（1649）至四年（1650），孙可望占有了贵州全省。永历五年（1651），孙可望又遣军入川，占领了四川南部。这样一来，云贵两省及川南一带均在孙可望有效控制之下。当此之时，雄踞西南、兵强马壮的孙可望要实现实封秦王的愿望，已如探囊取物，但这次首先采取行动的，不是孙可望，而是永历帝。

①温睿临：《南疆逸史》卷二二《杨畏知》，第161页。
②温睿临：《南疆逸史》卷二二《杨畏知》，第161页。
③徐鼒：《小腆纪年附考》卷一六，第616页。
④徐鼒：《小腆纪传》卷六五《孙可望》，第746页。

永历五年（1651）春，永历帝又痛感危难临头，因自去冬以来，广州、桂林、梧州、柳州等城失守，“南宁且危，西窜无地”[①]，形势大坏，已到了山穷水尽的地步。为生存计，永历帝只得求助于孙可望。永历帝随之想起其请封王爵之事，让朝臣就此议定一个方案。其中，关键的问题是应不应封他为秦王。朝议认为“秦王乃亲藩上十王之首，轻犯宗牒，有违祖训”，所以不能接受这个请求，但因“国家多事，须恃滇黔为援”，又不能不封其为王，因而决定将其所请王爵改换一字，封为“冀王”。[②] 永历帝批准了这一修改方案，并立即派册封使前往云南，但连遣三使，均去而不返。孙可望仍坚持称秦王，对封冀王之诏拒不接受，对前来的册封使者或杀或扣，以不使外人获悉真情。杨畏知劝孙可望说：“秦、冀一也，顾假何如真？”[③] 畏知请其接受冀王之封，可望坚持不允。

而这时，孙可望也听说滇中臣民“皆知秦王之封为伪，多有窃议者”，“亦以为耻”，因而又再遣人入朝，“必欲实求秦王之封，请即用原宝，但求上加敕书一道”。这仍是原来的要求，并未再提新的条件。但严起恒、吴贞毓及兵部尚书杨鼎和等仍持原议。吴贞毓说，秦王不可封，“若竟封秦王，是陈邦傅、胡执恭为天子矣”。[④] 但令他们意想不到的是，就在此时，孙可望所派遣的部将贺九仪、张胜、张明志率兵五千以“护驾”为名，已闯入南宁。贺九仪等直入严起恒所居之船，厉声逼问封不封孙可望为秦王。严起恒毫不畏惧地回答道：“君远来迎驾，其功大矣，朝廷且有特恩。若专问此，是挟封也，毋乃不臣乎？”[⑤]

---

①温睿临：《南疆逸史》卷二二《杨畏知》，第161页。

②佚名：《安龙逸史》卷上，载《狩缅纪事（外三种）》第91—92页。按：此两卷本《安龙逸史》的作者待考，《狩缅纪事（外三种）》一书标为“屈大均”，不确。朱希祖指出，此书实即“无名氏之《残明纪事》”，“嘉业堂本既改书名，又伪托作者，刘氏（按：指嘉业堂主刘承干）乃受作伪者之欺耳”。（见人民文学出版社《屈大均全集》第8册第2145页）故《安龙逸史》的作者难以确定，以“佚名”标示。

③温睿临：《南疆逸史》卷二二《杨畏知》，第161页。

④计六奇：《明季南略》卷一二下《孙可望胁封谋禅本末》，第415—416页。

⑤温睿临：《南疆逸史》卷二二《严起恒》，第154页。

贺九仪大怒，立即格杀起恒，投尸江中。曾经阻封的给事中刘尧珍、吴霖、张载述乃至兵部尚书杨鼎和等十九人同时被杀。贺九仪面对吓得魂不附体的众大臣说道："前日国主请封，此数人实阻之，故奉令来杀之耳。"① 永历朝廷之上竟行起孙可望之令，朝廷的尊严至此扫地以尽。永历帝对此更是无可奈何。他听说自己的首辅大臣被杀，伤心痛哭，"出金募泅人，得起恒尸，裹以御衾，买棺葬于南宁江岸"②。这是他唯一能做的事情。在武力威逼下，万般无奈的永历朝廷终于封孙可望为秦王。

杨畏知这时也来到南宁奏事，听说贺九仪擅杀大臣之事，悲愤已极，"痛哭自劾，语多侵可望"③。永历帝深为他忠悃之心所感动，特下旨留他于朝，拜为东阁大学士，入阁办事。杨畏知"三疏乞收回成命，不许"④。他入阁之后，竭诚效命，以报答永历帝的知遇之恩。但这却引起了孙可望的恼怒，遣使立召他回贵阳，永历帝竟不敢阻止。杨畏知说："臣闻猛兽当人则止，若得臣而止其逆，臣焉避之。"永历帝痛心地与他挥泪而别，并亲赐他一枚金章，上镌"忠贞直谅"四字。杨畏知于别前又对永历帝说："苟利社稷，死生以之，愿陛下廓清天地，正位二京，臣即瞑目。"⑤ 杨畏知回到贵阳后，孙可望向他怒斥道："遣尔至粤，所行何事？且做尔内阁耶？"杨畏知说："此由圣恩，畏知三疏力辞，不蒙俞允，业已报闻久矣。"孙可望说："果尔，即宜潜回本国，尔宁做得内阁耶？"杨畏知愤然回答说："殿下已归正，遣畏知请驾，畏知在朝，欲为殿下行尊周盛事，假令畏知不可为内阁，殿下何以独可为秦王乎？"⑥ 孙可望大怒，便要将他治罪。杨畏知更是怒不可遏，斥责孙可望道："朝廷何负汝，而擅杀大臣？我固自误，贼岂可

---

①佚名：《安龙逸史》卷上，载《狩缅纪事（外三种）》第92页。
②王夫之：《永历实录》卷二《瞿严列传》，第29页。
③温睿临：《南疆逸史》卷二二《杨畏知》，第162页。
④佚名：《安龙逸史》卷上，载《狩缅纪事（外三种）》第93页。
⑤徐鼒：《小腆纪年附考》卷一七，第660页。
⑥佚名：《安龙逸史》卷上，载《狩缅纪事（外三种）》第93页。

与为善，徒负不义名于天下，死不偿辱。”[①] 说罢便摘下头上之帻掷向孙可望，遂遇害。

大臣接连被孙可望肆无忌惮地杀掉，永历帝不能制止，甚至连谴责之语也不敢说，尽管孙可望并未在他的身边。

就在永历帝的帝王尊严扫地的窘迫日子里，永历五年（1651）四月，他的嫡母慈宁皇太后王氏怀着深深的遗憾逝世了。这位“性慈惠，通大体”[②] 的女性，最了解其子非治世之才，曾竭力阻止由榔即帝位。而由榔即位后，她操尽了心，多次垂帘听政，想对永历帝之失有所匡正。但囿于见闻，她所信任的是太监夏国祥这类谄佞小人，而夏与马吉翔等狼狈为奸，他们与奸臣、悍将相勾结，许多坏事便通过夏影响太后。太后发令，永历帝“虽知其不可”，但“不敢违”，只好加以推行。当群臣议论纷纷、加以谏阻时，太后便垂帘，“引群臣涕泣”说：“予唯一死以殉社稷，不似尔等可去可降，以国家为戏。”对这种近似撒泼的做法，“群臣莫能对，上亦不能以意行也”。[③] 显然这又是帮了永历帝的倒忙，干了坑己误国之事。后来朝政日坏，国势日危，太后因无能为力而心急如焚。无可奈何之际，她便想起借助外力，想起她平生信仰的天主教，遂联系起罗马教廷，然而也无济于事。

由于形势吃紧，南宁已不安全，永历帝又开始考虑移跸之事。正好，孙可望遣总兵曹延生、胡正国率兵六百，以入卫之名入南宁，上呈请帝移跸云南之疏。永历帝急召廷臣集议，吴贞毓等主张赴钦州依李元胤，阁臣朱天麟则力请赴云南依孙可望。朱天麟说：“元胤屡败之余，众不满千，栖息海滨，士气不振，其何以护万乘？云南山川险阻，雄师百万，北通川陕，南（东）控荆楚，今既臣顺，亟宜就之，以坚

①温睿临：《南疆逸史》卷二二《杨畏知》，第 162 页。
②徐鼒：《小腆纪传》卷八《永历王太后》，第 97 页。
③王夫之：《永历实录》卷二四《佞幸列传》，第 207 页。

其拥戴之心。”[①] 永历帝听罢，很是赞同。但吴贞毓坚决反对，说：“可望跋扈无礼，若一入黔，则上下俱为所制，国事危矣！”[②] 此议不决，移跸之事便又搁置起来。

九月，陈邦傅诱杀焦琏，以浔州降清。随后他便为清朝效命，连取平乐、庆远，南宁危急。永历帝得警报后，已无暇再议，急忙仓皇登舟，逃出南宁，奔至新宁州。十一月，永历帝拒绝了李元胤移跸防城的请求，但此时应何去何从，他仍然拿不定主意。他在盼望赵印选、胡一青击退清军的消息。十二月初七日，清军攻陷南宁，开国公赵印选、卫国公胡一青兵败，永历帝已无路可走。本“以可望无人臣礼，雅不欲就黔”[③] 的永历帝，这时在庞天寿、马吉翔的极力鼓动下，最后决定移跸孙可望控制的贵州。君臣仓皇速行，由水道走土司，于十二月初十日至濑湍。这时，君臣得报说清追兵已过新宁州，从陆路追击，仅隔百余里。君臣大惊失色，“悉弃船只辎重登陆，兼程而行。其力能上岸者，得随车驾，余皆星散”。永历帝连皇嫂桂恭王妃“亦相失，不复能相顾矣”[④]。逃至罗江时，永历帝与追骑相距仅三十里，危险至极。幸而清军停止追击并撤退，永历帝方免于难。于是永历帝由安平、下雷、归顺一路进发，终于告别了他苦苦支撑了五年之久的两广之地，进入云南，这时已是永历六年（1652）正月。

---

①温睿临：《南疆逸史》卷二二《朱天麟》，第157页。
②计六奇：《明季南略》卷一二下《孙可望胁封谋禅本末》，第416页。
③佚名：《安龙逸史》卷上，载《狩缅纪事（外三种）》第94页。
④佚名：《安龙逸史》卷上，载《狩缅纪事（外三种）》第95页。

第四章　安龙岁月足心惊

一、困居僻壤，处境愈危

永历帝的将领抵挡不住清三王的兵锋，节节溃败，致使永历朝廷再次危如累卵。当此大难临头之际，永历帝又运用他惯用的出逃之法避之，经过一路狂奔，终于摆脱追兵，于永历六年（1652）年初逃出广西，进入云南广南府境。由于在逃亡中不断出现追兵将至的险情，永历帝为保住性命，将所携带的辎重抛弃殆尽，所以永历帝逃出虎口之后，紧接着就面临着物资匮乏的困境。多亏经过地区的“诸蛮”，即各少数民族前来“供粮饷并从官夫役”，[①] 永历君臣得以顺利通过了人烟稀少的崎岖难越之地，于正月十二日至富州，十六日到达广南府城。但又令永历君臣十分伤心的是，于危难之中真诚前来援助而“归朝”的两部土司，竟遭孙可望部将的“剿洗”，以致“积尸遍野”。[②] 原来这是天威营高文贵、外后营狄三品二将率领的迎驾兵所为。永历帝在未见到迎驾将士之前，已先睹其暴行，真是令他不寒而栗。而作为万乘之君的他，对此却不能做出判断，严加处理，真有一种说不出的屈辱滋味。他已预感到未来日子的不妙，但毫无办法。

永历帝进入广南后，高文贵等人率迎驾兵方才出现。朝见时，高文贵等人表达了孙可望的迎驾之意，随后便率所部返回云南。按孙可望的安排，永历帝既不能前往云南省城昆明，也不能到达贵州省城贵阳，甚至连一般的府、州也不能进——孙可望把他安排到贵州西南“万山之中”的安隆所（普安州所辖）。这是“群蛮杂处，荒陋鄙俗，

①徐鼒：《小腆纪年附考》卷一七，第674页。

②佚名：《安龙逸史》卷上，载《狩缅纪事（外三种）》第95页。

百物俱无”① 的僻远之地。

从云南广南至贵州安隆，路途虽不算遥远，但山林茂密，沟壑纵横，跋涉不易。多亏“得土官侬治用输饷进贡，赖以获济”②，永历帝及文武诸臣才于正月二十五日从广南出发，经童卜、晒利、鼎贵、加蒲、那羊、侄堂，于二月初六日到达安隆所。③ 永历君臣在向导引路的情况下，进入了安隆小城。这里屋舍简陋，居民不多，一片冷落景象，永历帝心中很不是滋味。尽管如此，他总算有了一块可以立足、可以展开朝廷活动之地。他特地发出玺书，向三军将士、官民人等郑重宣布移跸安隆之事。

这时大西军西胜营总兵张胜正屯兵安隆城外，按兵不动，当他见永历君臣陆陆续续都进入小城之后，才进城谒见。永历帝“慰劳之”。张胜传达了孙可望请旨改安隆所为安龙府的建议，将原安隆所办事之处改为行宫，请皇上于此驻跸；同时提出指派督捕张应科前来，为总理提督，负责警跸任务——这实际是在随时监视永历帝。对这一系列安排，永历帝只有同意，但当时他就听到不少议论，众臣认为贵州如此之大，何处不可驻跸，为何非安置在安龙不可，“得毋以竹加龙，义取牢笼乎?”④ “可望置帝于安笼，是以鸟而笼治之”⑤。对此，永历帝“颇不自安”⑥，但自己无力振作，寄人篱下，心虽不满，却不能说半个“不”字，只能委曲求全而已。张胜将一切安置妥当之后，便撤营而去。随后，张应科率兵至安龙，管理提塘驻镇事务。待一切安排就绪，他才向永历帝呈上秦王孙可望奏安请贡之疏。对这种怠慢之举，永历帝仍然无可奈何。

按常理说，作为臣子的秦王孙可望在永历帝遇到危难之时，本应

---

①计六奇：《明季南略》卷一二下《孙可望胁封谋禅本末》，第 417 页。

②佚名：《安龙逸史》卷上，载《狩缅纪事（外三种）》第 95 页。

③徐鼒：《小腆纪年附考》卷一八，第 676—677 页。

④佚名：《安龙逸史》卷下，载《狩缅纪事（外三种）》第 97 页。

⑤佚名：《明末滇南纪略·发兵图蜀》，载《狩缅纪事（外三种）》第 53 页。

⑥佚名：《安龙逸史》卷下，载《狩缅纪事（外三种）》第 97 页。

亲自提兵火速勤王，或亲自提兵扈驾，请帝移跸更应亲为先导开路。而皇帝已经驾临安龙之时，他也应立即趋赴行在，朝觐问安，但这些他一概没有做到。他迟迟不露面，直到两个月后，从云南返回贵阳，路经普安时，才准备借便赴安龙陛见永历帝。他的兵部尚书任僎向他进言说："国主欲入安龙，恐二龙不便相见。"孙可望立即接受，赴安龙的打算遂作罢。这个任僎博学能文，尤擅占卜之类，常常向人们散布说："明运以终，事无可为矣。"实际上他是以此为幌子，暗地里有拥戴孙可望之意。孙可望在昆明大修宫殿之时，他曾"具疏请进"，建议孙可望自行称帝。虽然孙可望早有此意，对任僎之举"甚昵之"，但他心中有数，此时条件尚不成熟，不敢贸然行动。孙可望对任僎十分信任，言听计从，这样便进一步确定了他对永历帝、对朝廷的方针，即采取冷漠、傲慢的态度，处处挟制皇帝。孙可望将永历帝迎至安龙，并不尊而崇之，而是加以控制，作为多余人员来养活。他谕令张应科只要按时上报永历帝每年日常生活用银即可。而规定的用银是每年二千两、食米六百石，由府库仓中支给。于是孙可望任命的安龙知府范应旭，便在支销簿上明确写有"皇帝一员，后妃几口，月支银米若干"的字样。[①] 而仓官在发放粮米的开销册上，也有相同的记录。孙可望见之"恬不为异"。久而久之，贵州的镇、道、府等各官也对此习以为常，没有任何人提出反对意见。在他们看来，永历帝已是无足轻重的赘员一个。

在这里，永历帝的生活来源看似有了保证，其实孙可望的供应远远不够支出。随永历帝而来的数百口人日用困窘，"纷纷告艰借俸"，永历帝"日居宫中，一筹莫展"，只有将所有银器销毁发给臣下以解燃眉之需。小朝廷朝不保夕，许多随跸之臣对前途丧失信心，或"银米已至，即用以呼卢取快"，或"灌园怡情，不复计军国事"，以致"人心解散"。[②] 这是永历帝面临的严重问题。永历帝驻跸安龙，日用支出

①佚名：《安龙逸史》卷下，载《狩缅纪事（外三种）》第97页。
②佚名：《安龙逸史》卷下，载《狩缅纪事（外三种）》第98页。

十分窘迫，而“宫室礼仪”更是“一切草简”。[①] 与此形成鲜明对照的是孙可望的昆明王府：屋舍俱用帝王方能使用的黄瓦，王府“大门外设通政司，立下马牌，制天子仪仗，殿悬五龙，设螭陛，选有声音者为鸿胪寺赞礼，显然有僭称天子之形”[②]。

更使永历帝愤懑的是，他来到这里虽然远离了风波，但却受制于孙可望，出现了“凡一应诏命，悉非帝出”[③] 的局面。孙可望“假天子号令，行中外调兵催饷，皆不上闻。生杀予夺，任意恣肆”[④]。以任之聪为安龙知府、朱用九为通判、谭江藩为推官的任命均由孙可望发布；动用库银为新任命之官建公署，也由孙可望决定。永历帝几成傀儡。永历帝的这种处境，引起不少大臣的不满。尽管这时人心涣散，但永历帝的五十余名随臣中，仍有不少忠直之士。

永历六年（1652），大西军分兵两路向清朝发起攻势。七月，李定国率军攻下桂林，清定南王孔有德兵败自焚。八月，投降于清的明叛将陈邦傅父子被擒押送贵阳，孙可望以劫驾、害从官、诱杀焦琏诸罪下令将其剥皮杀掉，杀后传尸到安龙，并在传令牌上写道：“逆犯陈邦傅先行肆劫皇杠，摽掠宫人，罪大漏网，不思建功赎罪，辄行背主反叛。今已拿获，解赴军前，立将邦傅父子剥皮传示滇黔。”[⑤] 孙可望根本没有向皇帝奏报之意，更没有奏报之疏。他还明确下令：将两人尸首传示安龙之后，立即转递他处。这是根本没把皇帝放在眼里。对此，御史李如月劾奏孙可望不经请旨，擅杀勋镇，是“罪同操、莽”的“无君之奸”，特“请除国患”；同时请为陈邦傅加恶谥，“以惩其逆”。永历帝见上疏之后，便把奏疏留中不发，同时召见李如月入朝，当面斥责道：“谥法乃褒奖忠良字样，从无恶谥之例。尔小臣何得越典妄言。”下令将其革职，并在午门外廷杖四十棍驱逐了事。李如月确实糊

①江之春：《安龙纪事》，载《虎口余生纪》第311页。

②佚名：《明季滇南纪略·悔罪归明》，载《狩缅纪事（外三种）》第51页。

③佚名：《明季滇南纪略·发兵图蜀》，载《狩缅纪事（外三种）》第53页。

④佚名：《安龙逸史》卷下，载《狩缅纪事（外三种）》第98页。

⑤佚名：《安龙逸史》卷下，载《狩缅纪事（外三种）》第99页。

涂昏聩，陈邦傅本是叛逆之人，他却称之为“勋镇”，奏请“加谥”。永历帝生怕李如月的奏疏被孙可望看到而招引大祸，所以只追究他不懂谥法、越典妄言之事，加以处分了事。但此事终究被孙可望安插的张应科揪住不放。张应科可能有所耳闻，特地入朝要查阅科钞，当得知此本留中之后，便直接找李如月索要疏稿。李如月毫不示弱地笑道：“何须用稿？自有揭帖，明早发来。”当天，张应科果然收到了李如月遣人投来的揭帖，只见封皮写道：“大明山东道御史揭帖递至伪营提塘当堂开拆。”张应科对这种公开的挑战怒不可遏，立即驰报孙可望。很快，孙可望令张应科杀李如月并剥皮示众。张应科将李如月缚绑至朝门，捧孙可望之令，大喝如月下跪。如月怒斥道：“我是朝廷命官，岂跪贼令！”他走至中门，向永历帝所居的皇宫跪拜，大哭道：“太祖高皇帝，我皇明从此无谏臣矣。奸贼孙可望，汝死期不远。我死立千古之芳名，汝死遗万年之贼号，孰得孰失？”① 张应科遂下令将其残酷杀害。一个揭露孙可望无人臣礼的臣子，就这样惨死在皇宫之前，而永历帝及其朝臣竟不能过问一声。

但永历帝并非已屈服于暴力，在困境里，他也在进行艰难的挣扎与抗争，终于使孙可望撤回张应科。原来安龙行宫低矮狭小，容纳不了所有宫中之人，随驾侍候的内监宫人仅百余名，并轮班入直，其余皆居朝外民居之中。宫人夏良璞年方十九，“聪敏姝丽，能诗，工真草书，驰马试剑，皆绝技也”，多才多艺。应科一日经过良璞住处，见其正在“据案作书”，心动，乃串通巴东王妃诱致之。后良璞“昼入王第，夜宿应科署”。② 有人将此事密报于司礼监，司礼监上奏，永历帝乃下令立执良璞拷讯之，尽吐实情，乃将其杖毙，又杖毙知情不举的内监李某；赐巴东王及妃自缢；密遣人将此事谕知孙可望。孙可望对来使说：“朝廷何苦因一宫人杀多命，孤当遣人去处应科，尔可同

①佚名：《安龙逸史》卷下，载《狩缅纪事（外三种）》第99—100页。
②南沙三余氏：《南明野史》卷下。

回。"[1] 遂将张应科革职。张应科于永历朝门之外遭杖打之后，被押回贵阳。尽管不久后孙可望对他又任用如故，但这毕竟是来到安龙后一直处在困境中的永历帝维护尊严的一个胜利，也是他鼓起勇气同孙可望斗争的唯一一次胜利。但是，他的举措也并不高明。一位史家说，当时孙可望正跋扈难制，"而应科又其爱将，能举足为重轻。良璞解人，安知其非献身自靖，阴有所谋划，以冀裨益于国事哉?"即非如此，永历帝之举，也是器小识短，缺乏"恢阔大度"。[2] 这是正确的评论。

使永历帝最感到不安的是马、庞之流的逼宫闹剧。马吉翔以善于钻营谄媚得封文安侯。他在朝中历事既久，老奸巨猾，专意勾结太监，因而永历帝的"一举一动，无不预知"。他"巧为迎合"，皇帝及皇太后均对其"深信之，以为忠勤"。[3] 于是，马吉翔得以掌管军政。

先是，马吉翔见孙可望势力雄强，便决定投靠，并暗中与其取得联系。孙可望遣曹延生、胡正国入南宁时，他见有机可乘，便对管营勇卫营内监庞天寿说，朝廷已岌岌可危，秦王势力却日渐强大，很有希望，我们应"早有结纳"，这样可以保持荣华富贵。现在秦王的心腹曹、胡二人已经来到朝廷，何不乘机同他们结为兄弟？庞天寿赞同马的观点。二人于是同曹、胡结兄弟之盟。结盟后，马吉翔便对他们说出了心里话："秦王功德兼隆，天命已归。我意欲令主上行受禅事，两公为我先达诚乎?"其实马吉翔看错了人，曹、胡二人虽为武人，但"性实忠义，闻之愕然"。他们说："此国家大事，公何易言。且我军官也，军事得启之，其他不敢闻命。"马、庞见被拒绝，便直接密启孙可望请其夺取大位。孙可望知中外人心未服，不敢轻动，也未同意其请。本来孙可望早想亲自提兵迎驾入黔，这时也暂停以待时机。曹延生、胡正国向来钦佩大学士吴贞毓，便将马、庞二人之谋如实以告，并建

①佚名：《安龙逸史》卷下，载《狩缅纪事（外三种）》第101页。
②柳亚子：《南明史纲·史料》，上海人民出版社，1994年，第228页。
③江之春：《安龙纪事》，载《虎口余生纪》第311页。

议："公，大臣也，安危系焉。宜劝上驻广西境，系属人心，号召远近，以阻奸谋。"[1] 所以此后在议论移跸问题时，吴贞毓坚决反对移向云贵，明确指出孙可望无人臣礼，表达了恐为其所制的忧虑，但议而未决。马吉翔遂将此事密告孙可望，"谓事将成，为贞毓所阻"[2]，所以孙可望急派高文贵、狄三品等率兵迎驾。

到安龙后，马、庞加快了投靠孙可望的步伐，密谋逼永历帝让位给孙可望，但感到吴贞毓等人是实现此谋的最大障碍，于是唆使其党冷孟鉦、吴象铉、方祚亨等接连上奏参劾吴贞毓，必欲将其排挤出朝。永历帝"素知毓忠贞，俱寝不行"[3]，他们又密谋道："贞毓入阁视事，则我不得参预机密，公等参毓徒费纸笔。今秦王权倾内外，我具一启托张提塘封去，求秦王令谕以内外事委戎政、勇卫两衙门总理，则大权归我两人。我内（人）（原文注：恐系"入"之误）作秦王心腹，公等作羽翼，然后徐谋尊上为太上皇，让位于秦王，则我辈富贵无量，贞毓何能为乎！"他们建议让孙可望下令，以朝廷内外大事委托马吉翔、庞天寿，这样二人便可主持逼皇帝禅让之事。为搜罗羽翼、扩大势力，马吉翔派遣门生郭璘，拉兵部武选司主事胡士瑞入伙。郭对胡士瑞说："今上困处安龙，大势已去。我辈追随至此，无非为爵位利禄耳！揣时观变，当归秦王。况马公甚为倚重，目下即欲以中外事属之。若公能达此意于诸当事，共相附和，力劝禅位，何愁不富贵？不然，我辈俱不知死所矣！"不料，胡士瑞听罢大怒，厉声斥责郭璘道："汝丧心病狂，欺蔑朝廷，遂谓我辈亦随波逐流乎！"郭璘惭愧而退，但仍不甘心。他受马吉翔指使，持白绫一条前往善绘画的兵部武选司郎中古其品处，令其画一幅《尧舜禅受图》，以进献给秦王孙可望，但古其品"愤怒不画"。孙可望得马吉翔密报后，遣人将古其品锁拿而去，"毙之杖下"。如此一番折腾后，六月，孙可望发下一札，谕庞天寿、

①温睿临：《南疆逸史》卷五六《马吉翔》，第452页。

②计六奇：《明季南略》卷一二下《孙可望胁封谋禅本末》，第417页。

③江之春：《安龙纪事》，载《虎口余生纪》第312页。

马吉翔，令其掌朝廷内外机务。谕中说："若有不法臣工，一听戎政、勇卫两衙门参处，以息其纷嚣！"这是凌驾于永历帝之上向朝廷发出的命令。永历帝对此并未介意，朝臣却感到"惶惧"。[①]

在多数朝臣畏惧孙可望的淫威而抱缄口远祸的态度时，吏科给事中徐极，兵部武选司员外郎林青阳、主事胡士瑞，兵部职方司主事张镌，工部营缮司员外郎蔡䌹等气愤不过，聚而相议道："天寿、吉翔曩在楚粤，怙宠弄权，以致楚粤不戒，銮舆屡迁。今不悔祸，且包藏祸心，称臣于可望。一人孤立，百尔寒心，我辈若畏缩不言，不几负国恩，羞鹓列乎！"于是，诸人分别上疏揭发马、庞二人罪状。"章三上"，永历帝这才得悉马吉翔、庞天寿欺君卖主的种种罪行；马、庞二人曾盗用御笔私封龙府土官赵维宗为龙英伯一事也被揭发出来。永历帝大怒，准备召集群臣议二人罪。马、庞二人大惧，急入内廷向太后求救，这才"得免"。[②] 马、庞二人遭此揭露，却毫不悔改，决心要对徐极等下毒手，并变本加厉地谄附孙可望。

而此时，孙可望也更加肆无忌惮。他自设内阁、六部、科道等官，凡四川、云南、贵州地区，也就是奉永历朝正朔的主要地区，文武大臣数百员，均须听孙可望之令，"刻期朝见，授以伪衔，有不从者即诛之"。他又铸造八叠文之印鉴，尽换明朝旧印。他任命吏部侍郎雷跃龙为大学士，贵州总督范鑛为吏部尚书，御史任僎为礼部尚书，四川总督程源为兵部尚书，御史张重任为六科都给事中，礼部主事方于宣为翰林院编修。这个方于宣极尽谄媚之能事，他为孙可望撰《国史》，称张献忠为太祖，作《太祖本纪》，把张献忠比作商汤、周武，把崇祯帝比作夏桀、殷纣，进呈孙可望览阅。孙可望觉得这样做太过分，说："亦不必如此之甚。"方于宣却说："古来史书皆如此，不如此不足以纪开创之勋。"他特地制作"天于（子）卤簿、九奏万舞之乐，作为诗

①江之春：《安龙纪事》，载《虎口余生纪》第 312 页。
②江之春：《安龙纪事》，载《虎口余生纪》第 313 页。

歌纪功颂德，与鸿胪寺薛宫商订朝仪。可望喜甚”。[①] 他还为孙可望“定仪立制”：设太庙，庙中供奉三人，明太祖高皇帝神位居中，张献忠神位居左，孙可望祖父之神位居右。方于宣等“拟改国号曰后明，日夜谋禅位”[②]。处境本已十分窘迫的永历帝，得悉上述情况，更加寝食不安。

二、密敕失密，再遭惨祸

困居安龙的永历帝面对孙可望的不臣之举及其谄附者的逼宫，坐卧不宁。他虽然平庸、无所作为，但涉及自身生存问题时，又决不甘心任人宰割，于是昼夜焦思，琢磨对策。当然，他深知此时仅凭自己与一些真心追随他的大臣的力量，难以逃出虎口，更难与孙可望较量。在几乎陷入绝望之时，他想起安西王李定国，决定向李定国求救，却万万未曾料到又造成了一幕历史惨剧。

一天，永历帝密召太监张福禄、全为国二人说：

> 可望待朕无复有人臣礼，奸臣马吉翔、庞天寿为之耳目，朕寝食不安。近闻西藩李定国亲领大帅（师），直捣（东）粤，俘叛逆陈邦傅父子，报国精忠，久播中外，军声丕振。将来出朕于险，必此人也！且定国与可望久有隙，朕欲密撰一敕，差官赍驰行营，召定国来护卫。汝等能为朕密图此事否？[③]

张、全立即回奏说，前给事中徐极，部司林青阳、胡士瑞、张镌、蔡𬘡在秦王孙可望发札任命庞天寿、马吉翔时，曾极力反对，“抗疏交参，忠愤勃发”，是陛下一德一心之臣。张、全又说：“臣等将圣意与他密商，自能得当以报。”永历帝同意了他们的建议。于是二人到张镌、蔡𬘡寓所，正好徐极、林青阳与胡士瑞也同时来到，他们便密传

①计六奇：《明季南略》卷一二下《孙可望胁封谋禅本末》，第417页。

②江之春：《安龙纪事》，载《虎口余生纪》第313页。

③江之春：《安龙纪事》，载《虎口余生纪》第313页。

永历帝之意。他们听罢便说，这是关系国家生死存亡的大事，当与老成持重的首辅大学士吴贞毓密商，张镌、蔡䌽、徐极、林青阳、胡士瑞五人随即来到吴贞毓的私宅述说此事。吴贞毓说："今日朝廷式微至此，正我辈致命之秋也！奈权奸刻刻窥伺，恐机事不密，诸公中谁能充此使者？"林青阳立即回应说："某愿往！"为避免孙可望同党的"疑阻"，林青阳借口"请假归葬"。[①] 于是吴贞毓密嘱礼部祠祭司员外郎蒋乾昌起草敕文，由兵部职方司主事朱东旦缮写好，张福禄等秘密持入皇宫，盖上皇帝宝玺。一切妥当之后，林青阳便随身藏好密敕，辞别永历帝，离开安龙。当时孙可望对永历帝实行严密监视，沿途均设哨盘查，林青阳遂抄小道奔赴当时李定国率兵驻扎的柳州。

李定国，字宁宇，陕西榆林人。穷苦农民出身，十岁为张献忠收为义子，后成为大西农民军张献忠部下著名的四将领之一。他"长八尺，眉目修阔，躯干洪伟，举动有仪度"，在农民军中"独以宽慈著"。他"喜接文士，通兵法、纬象，读《通鉴纲目》，略通大义"[②]，"骁勇超逸"[③]，能征善战。张献忠称帝时，他被封为安西将军，是张献忠部下中地位仅次于孙可望的第二号人物。张献忠死后，他同孙可望等率大西军余部借平定沙定洲叛乱之机进入云南，建立大西政权。云南人、故御史任僎，谄媚孙可望，倡议称可望为国主，设六部，铸兴朝通宝钱，以干支纪年，可望大悦。当时，大西军余部四首领，不分伯仲，一时并列无主，任僎此议促成孙可望为主而余皆听命的局面。三将领皆"非心服也"，而定国"尤倔强，心非任撰（僎）议"。他对孙可望的专权独断表示不满，"每事相抵牾"，引起可望恼怒。永历二年（1648）四月，孙可望为树立个人权威，执定国于演武场，当众责打一百军棍。之后，孙可望却抱定国大哭说："吾以大义辱吾弟，愿弟改心

---

①江之春：《安龙纪事》，载《虎口余生纪》第313—314页。

②以上多处引文引自王夫之：《永历实录》卷一四《李定国列传》，第132页。

③邵廷采：《西南纪事》卷一〇《李定国》，载《续修四库全书》第332册，第154页。

共济大事，勿相戕也。”定国“由是恨可望”。[1] 虽然如此，李定国仍以大局为重，自请擒沙定洲，终于平息了叛乱，云南出现了安定局面。定国在平叛之战中“声势益强”，孙可望面对“无以为制”[2] 的情形，决定请永历帝封王，以此来约束他人。这种联明之举，正合定国心意。在此之前他曾倡议“挈滇、黔、蜀归就明室，诚心辅佐，恢复旧京，荡清海内”[3]。永历三年（1649），永历帝封定国为康侯，赐名如靖。但孙可望却拒绝接受平辽王的封号，坚持要求封秦王，于是展开了一场封号之争。定国不同意孙可望所为，他曾向明臣范鑛表示：“可望扶明，我则与之共事；若其渝盟，我则杀之无难也。恢复中原之责，有定国在，乞勿念。”[4] 史书说“誓扶明室无二心”[5]，可见其恢复明室之志相当坚决。

永历六年（1652）二月，永历帝移跸安龙。三月，孙可望遣李定国进军湖南。定国率军挺进湖南，连战皆捷，又转入广西境，在全州、严关击败清军，于七月初四日攻下桂林。清定南王孔有德兵败自焚。定国乘胜进军，收复广西全境，取得了辉煌胜利。定国因孙可望的奏请被永历朝封为西宁王，随后提兵北上，于十月收复了衡州。清廷闻听前线败报，于七月间派敬谨亲王尼堪为定远大将军，统率八旗大军南下。十一月十九日，尼堪率军杀至湘潭。二十三日衡州复陷，定国于撤退时设伏，击毙了穷追不舍的尼堪。定国因无其他军队接应，乃撤兵退至宝庆。虽未能反击清军，扩大战果，但数月之间的桂林、衡州之捷，“两蹶名王，天下震动”，被评论为自万历戊午年（1618）以来“全盛之天下所不能有”[6] 之大捷，南明及清朝廷都大受震动。定国威名大振，这引起孙可

①温睿临：《南疆逸史》卷五二《李定国》，第405—406页。

②徐鼒：《小腆纪传》卷三七《李定国》，第361页。

③刘彬：《晋王李定国列传》，载郭影秋编著：《李定国纪年》，中国人民大学出版社，2006年，第188页。

④刘彬：《晋王李定国列传》，载《李定国纪年》第188页。

⑤徐鼒：《小腆纪年附考》卷一七，第645—646页。

⑥黄宗羲：《行朝录》卷五《永历纪年》，载《黄宗羲全集》第2册，第168页。

望的忌恨。定国在退兵宝庆之时，得到了孙可望令其赴武冈议事的命令。“三昼夜书七至，定国不得已西行。”当行至紫阳渡，就要到达武冈时，定国突接密报说，“可望俟其至，即收杀之”。[①] 定国大惊，立即引兵向广西转移，以避免发生冲突。他流着泪对部下说：“不幸少陷军中，备尝险阻，思立尺寸功，匡扶王室，垂名不朽。今甫得斩名王，奏大捷，而猜忌四起，且我与抚南弟同起云南，一旦纰误，辄遭废弃，忌我当必尤甚。我妻子俱在云南，岂得已而奔哉！”[②] 定国的沉痛之言引发全营将士的同情，他们都跟随定国转移。

孙可望见李定国不赴会，自己的计划落空，便凶相毕露，急率精骑追赶，不料于宝庆岔路口突遇清军，大败而回。定国于是引兵入广西，屯扎于柳州。不久，林青阳至。定国听说有皇帝诏书，便“设香案龙亭，传谕官军皆郊迎开读。哭泣涕泪，众军感动”。定国对林青阳优礼有加。因皇帝诏书系密敕，定国表示“俟恢取东粤，即来迎驾”。[③] 林青阳恐怕机密泄露，不敢直接回安龙，由廉州泛海而去。随后，李定国率军往攻肇庆，但未能攻克。

永历七年（1653）六月，一直在焦急之中盼望李定国回音的永历帝，见林青阳一去不回，十分挂念，打算再派官往催。吴贞毓提出派翰林院孔目周官前往。武安伯郑允元上奏说：“此番比前更要慎重。今马吉翔在左右，日夜窥探，凡事必报可望，必须先将马吉翔差出，使他不得窥探，事乃可济。若吉翔在内，则奸党蒲缨、宗（宋）德亮、郭璘、蒋御曦等往来奔走，阴伺举动，深为不便。”[④] 永历帝遂遣马吉翔镇守新收复的南宁。之后，永历帝便命蒋乾昌撰写敕文，遣周官持往李定国处。周官战战兢兢地涕泣受命，离安龙而去。

十二月，身在南宁的马吉翔听到不少人在议论林青阳将密敕送达

---

①王夫之：《永历实录》卷一四《李定国列传》，第 137 页。

②徐鼒：《小腆纪传》卷三七《李定国》，第 362 页。

③佚名：《安龙逸史》卷下，载《狩缅纪事（外三种）》第 102 页。

④江之春：《安龙纪事》，载《虎口余生纪》第 314 页。

李定国军营之事，立即差人前往打听究竟。不久于途中遇见主事刘议新。刘以为马吉翔定然也参与此事，便说："上有密敕与西藩，先差林青阳，后差周官。西藩接敕感泣，不日亲往安龙迎驾。"① 马吉翔一听果真有此事，大惊失色，于是紧急具启上报孙可望，同时嘱咐其弟马雄飞尽出家资贿赂安龙提塘官王爱秀，求王为自己说话。因为他深感问题严重，自知如果此谋成功自己将遭灭顶之灾，即便不成功也将被孙可望怀疑参与其中。他身为永历帝身边近臣竟不知如此大事，真是有口难言，无法交代，只得事先请托王爱秀。这时已是永历八年（1654）正月，而在此之前形势又有了新的发展。

永历帝身边臣下多有马吉翔党羽，他们"布列甚密，日伺探听"。永历帝深感"孤立自危"，于是又做出决定：以内阁缺员，敕部考选，补员任用。十二月二十四日，他"临轩亲试"，将蒋乾昌、李元开选为翰林院检讨，张镌选为刑科给事中，李颀、胡士瑞选为浙江、福建两道监察御史，杨钟、徐极、蔡缜、赵赓禹、易士佳、任斗墟、朱东旦等，也以"资深俸久"，分别晋级加职。这样的人事安排，显然对孙可望及其同党不利。庞天寿、马雄飞等人"益相危惧"，他们议论说："凡我仇敌，俱选清华，我辈危矣！"这时，林青阳返回复命途中至田州总兵常荣军营。常荣已得知密敕之事外泄，阻止其返回安龙。林青阳于是留于营中，暗派心腹刘吉前往安龙，密奏永历帝。永历帝得知李定国决心护驾之事十分高兴，当即提升林青阳为兵科给事中，同时指示吴贞毓说："仍撰敕与青阳，敕内先要说'寿、翔表里为奸，将谋不利于朕，着令藩臣为朕剪除'等语。俟朕与将军握手时，即行告庙晋封之典！"② 吴贞毓立即按永历帝的旨意照办，撰好敕书后，又发金三十两为李定国铸"屏翰亲臣"之印，交给林青阳所差的刘吉。林青阳接到敕书和金印之后，常荣立即发兵护送其至廉州，李定国得以拜受敕书与金印，时为永历八年（1654）正月。但几乎与此同时，密敕

①江之春：《安龙纪事》，载《虎口余生纪》第 314 页。

②江之春：《安龙纪事》，载《虎口余生纪》第 315—316 页。

之案发生了。

蒲缨、庞天寿等人正为永历帝考选授官一事恨得咬牙切齿，听到了密敕传闻，便说："此辈死无日矣！"几天后，马吉翔密报孙可望的书启飞递至安龙。庞天寿、马雄飞得启，急送至王爱秀处说："马公访得朝中有两次差官赍敕往西藩去，召他带兵迎驾，现有启报秦王，烦公即发拨启闻。"王爱秀大惊，他表示自己是主掌这里军政大权的提塘，此事也应由他上报。这也正合庞天寿、马雄飞的心意，他们生怕犯失察、失职之罪，便说："公果具启救我辈性命，诚再生之恩也。"①

孙可望同时收到马吉翔和王爱秀报告密敕之启，大怒，立即派郑国前往南宁马吉翔处打听林青阳、周官的活动情况，并侦察李定国虚实，同时监视永历朝廷。这时马吉翔不断将探听到的林青阳、周官之事上启孙可望，斗争已相当紧张。主动参与密敕的徐极、杨钟、赵赓禹等人以攻为守，交章参马吉翔欺君卖国，与庞天寿表里为奸。永历帝也表现得异常坚决果断，降旨令廷臣公议治罪，要雷厉风行立加处置。庞天寿及马吉翔弟马雄飞为躲避灾难逃至贵阳，将参与密敕之臣一一密报于孙可望。于是一场残酷的迫害展开了。

孙可望所差的郑国赶到田州常荣兵营时，方得知林青阳已于十天前离开这里。郑国遂将马吉翔从南宁带回，因孙可望怀疑他也参与了密敕之事，命其与各可疑大臣当面对质。

三月初六日，在孙可望的指示下，郑国、王爱秀召集各官在一起。郑国说："马吉翔已拿在此，列位要明白说出林青阳、周官赍敕之事，他果与谋否，以便回覆国主！"国主是指孙可望。吴贞毓说："学生职司票拟，关防严密，如何晓得？"郑国说："既如此，我到朝内请上面对！"这是要把永历帝叫出来对质。诸臣被逼着来到朝廷，永历帝被迫出来于文华殿见群臣。郑国、王爱秀上奏说："西藩私通朝内奸臣，胁敕要封，国主已发人往拿正法，林青阳、周官不日便到。皇上可知是

①江之春：《安龙纪事》，载《虎口余生纪》第315页。

何臣主持？待臣等好回覆国主。”这是逼永历帝招供。永历帝说：“密敕一事，朝中臣子必不敢做。数年以来，外面假敕假宝亦多，尔等还要密访，岂皆是朝里事！”他矢口否认，并把话题转移到别处。郑国、王爱秀见永历帝如此滑头，无法逼问出结果，便愤然离去，又与庞天寿气势汹汹地进入朝房，同时要朝臣也立即到这里集中。他们威胁道：“我们要回青（贵）州，列位须快说明白！”吴贞毓说：“皇上虽值播迁，朝廷法度尚在，谁敢妄行？学生们实不晓得！”[①] 仍不承认。于是郑国、王爱秀及庞天寿等便将吴贞毓扭出朝房，并将杨钟、郑允元、蒋乾昌、蔡缤、赵赓禹、张锡、徐极、李颀、胡士瑞、李元开、朱东旦、朱议昶、周允吉、许绍亮、胡世寅、陈麐瑞、易士佳、任斗墟等人逮捕，俱收锁于王爱秀宅中，接着又于坤宁宫外擒张福禄、全为国、刘衡三内监。太后及皇后“稍问之，天寿怒目诃之，径出”[②]，气焰十分嚣张。

这时孙可望的党羽冷孟銋、朱企镆、蒲缨等入宫逼永历帝指出密敕是何人所为，“速将密敕情由指出是何人所为，以便处分，不然，危亡在旦夕矣！”永历帝说：“汝等逼朕认出，朕知是谁?!”说罢就“悲愤而退”。[③]

第二天，郑国、王爱秀等备齐刑具，再次逼被逮诸臣招供。他们首先将本无干系的吴贞毓的妾父、户部员外郎裴廷谟提到审问，郑国叱令其下跪，廷谟厉声道：“我是朝廷五品大夫，如何跪你！”郑国怒下令拷打，于是乱棒齐下，几乎打断廷谟两臂；随即又拷夹逼问密敕之事，廷谟不应。于是，除吴贞毓一人以大臣免刑外，张镌、徐极、周允吉、赵赓禹、张福禄等都遭受酷刑，但他们仍然坚拒不招。诸臣被“夹数夹，笞数百，痛苦难禁，惟呼二祖列宗”[④]，这时张镌、周允

①江之春：《安龙纪事》，载《虎口余生纪》第316—317页。
②徐鼒：《小腆纪年附考》卷一八，第698页。
③江之春：《安龙纪事》，载《虎口余生纪》第317页。
④江之春：《安龙纪事》，载《虎口余生纪》第317页。

吉、徐极挺身而出说："此系我等所为。因我君性命悬于贼子之手，惟借安西一着，或可保延朱氏国祚。今既事败，天也，生不能戮力王庭，死当为厉鬼，以杀奸逆，奈何箝口以贻主上忧乎？"于是他们要纸笔交代同谋之人，共写出十八人姓名。但郑国等人仍不甘心，追问是谁撰写敕稿。张镌说："吾为之。"周允吉说："改定者我也。"郑国又问玉玺从何而得。张福禄说："我为尚宝，宝由我盗用。"郑国说："此事必有主使。"[①] 其意在牵连出皇帝。郑国又问："皇上知否？"蔡缤大声说道："未经奏明。"[②] 郑国等人对此回答很不满意，又加刑逼供。张镌便说："果有主使者。"郑国急问是谁，张镌厉声说："逆贼孙可望也。"郑国气得大骂，张镌也以大骂回击，十八人"皆同声不可屈"。[③]

郑国等把审讯情况上报孙可望后，孙可望便发令，以被捕诸臣"为奸，以马吉翔为忠"，并请永历帝"裁断"。永历帝被逼得无可奈何，"忧愤御殿"，令廷臣公议。吏部侍郎张佐宸、绥宁伯蒲缨、太常寺少卿冷孟銋、兵部武选司郎中朱企镃、总兵宋德亮、刑部主事蒋御曦等唯孙可望之言是听的廷臣，"俱附耳向郑国云：'这些官今日都要处死，若留一个，祸根不绝！'国云：'自然，还须列位主持。'"遂以"欺君误国，盗宝矫诏"八字定案。[④] 十八人均被定为死罪。马吉翔、庞天寿仍不甘心，以为永历帝皇后必是知情者，一定要永历帝废后。皇后"泣诉，事得已"[⑤]。接着郑国等假借永历帝的名义发出一份诏书，称颂孙可望"力任安攘"，攻击吴贞毓等人"包藏祸心"。其诏曰：

朕以藐躬，缵兹危绪。上承祖宗，下临臣庶，阅今八载，险阻备尝。朝夕焦劳，罔有攸济。自武、衡、肇、梧，以至邕、新，

---

①佚名：《安龙逸史》卷下，载《狩缅纪事（外三种）》第103页。
②徐鼒：《小腆纪年附考》卷一八，第698页。
③佚名：《安龙逸史》卷下，载《狩缅纪事（外三种）》第103页。
④江之春：《安龙纪事》，载《虎口余生纪》第317—318页。
⑤徐鼒：《小腆纪年附考》卷一八，第698页。

播迁不定。兹冬濑湍，仓卒西巡，苗截于前，虏迫于后。赖秦王严兵迎扈，得以出险，定跸安隆，获有宁宇。数月间捷音叠至：西蜀三湘，以及八桂，洊归版图。忆昔封拜者累累，若若，类皆身图自便，任事竟无一人。惟秦王力任安攘，昆予一人。二年以来，渐有成绪，朕实赖之。乃有罪臣吴贞毓、张鐊（镌）、张福禄、全为国、徐极、郑光元、蔡宿（缤）、赵赓禹、周允吉、易士佳、杨钟、任斗枢（墟）、朱东旦、李颀、蒋乾昌、朱议浕、李元开、胡士端（瑞），包藏祸心，内外连结，盗宝矫敕，擅行封赏，贻祸封疆。赖祖宗之灵，奸谋发觉，随命朝廷审鞫。除赐辅臣吴贞毓死外，其张镌、张福禄等同谋不法，蒙蔽朝廷，无分首从，宜加伏诛。朕以频年患难，扈从无几，故驭下之法，时从宽厚，以至奸回自用，盗出掖廷，朕德不明，深自刻责。此后凡大小臣工，各宜洗涤，廉法共守，以待升平。[1]

永历帝这是完全按孙可望的意志，对朝臣和自己加以否定。孙可望利用此举进一步制造永历帝本人无能甚至祸国的舆论，为日后步步紧逼，将永历帝废掉做铺垫。在这个问题上，永历帝完全任人摆布。

定诸臣之罪的当天，吴贞毓等十八人便被杀害。他们被绑赴法场时，“俱神色不变”，望阙叩头说：“臣子一念，今日尽矣。无以报国，虽死有余责耳！”又说：“天寿、吉翔、雄飞朋胁为奸，欺君卖国，我辈今日为他杀尽，他日必借秦王势挟制天子为所欲为，中兴大业从兹已矣！”他们“临刑绝无戚容，各赋见志”，其中吴贞毓的绝命诗云：

九世承恩愧未酬，忧时惆怅发良谋。
躬逢多难惟依汉，梦绕高堂亦报刘。
忠孝两穷嗟百折，匡扶有愿赖同俦。
击奸未遂身先死，一片丹心不肯休！

蒋乾昌诗云：

---

[1]戴笠：《行在阳秋》卷上，载《三朝野纪》第286—287页。

天道昭然不可欺，此心未许泛常知。

奸臣祸国从来惨，志士成仁自古悲！

十载千辛为报国，孤臣百折止忧时。

我今从此归天去，化作河山壮帝畿！

他们为忠于永历帝、维护永历朝而慷慨就义。他们就义前，毫无惧色，绝无戚容，对被驱至刑场的众官员拱手道："学生辈行矣！中兴大事交付列位！但列位都要忠于朝廷，切不可附天寿、吉翔卖国，学生辈虽死犹生也！"① 十八人的遗体后被合葬于安龙北郊的马场。永历帝亲自设计的自救之举，竟以这样惨痛的代价宣告失败。

三、山穷水尽，绝处逢生

永历帝本想借发密敕来解救自己，脱离虎口，不料事机不密，适得其反，忠耿之臣几乎被一网打尽。孙可望更加专横跋扈，使永历帝简直喘不过气来。十八人被杀之后，孙可望向永历帝上了一份奏疏：

为行在诸奸，矫敕盗宝，擅行爵赏，大为骇异。随奉皇上赐书，将诸奸正法，仰见乾纲独揽，离照无私。首恶吴贞毓、张鐫（镌）、张福禄也，为从者徐极、蔡宿（缜）等也。皇上立置重典，以彰国法矣。

盖李定国②，臣弟也，剿虏失律，法自难宽，方责图功以赎前罪，而敢盗宝行封，是臣议罚诸奸，反以为应赏矣。且臣所部诸将士，比年来艰难百战，应赏应罚，惟臣得以专之。故名器宜重，早已具疏付杨畏知奏明。即畏知之服上刑，亦以晋中枢旋晋内阁之故。原疏具在，可复阅也。

因忆两粤并陷时，驾跸南陵，国步既已穷蹙，加之叛爵焚劫

①江之春：《安龙纪事》，载《虎口余生纪》第319页。

②按这里原文作"李颀"，应为李定国，徐鼒已有考证（见《小腆纪年附考》卷一八，第700页），较为符合实际。

于内，虏首弯弓于外，大势岌岌，卒令骁喙潜迹，曼（晏）然无恙，不谓非贺九仪等遵王朝令、星驰入卫之力也。又忆濑湍移跸时，危同累卵，诸奸恶力阻幸黔，坚请随元胤败死。使果幸防城，则误主之罪，寸磔遂足赎乎？兹跸安龙三年矣，才获宁宇，又起风波，岂有一防城一元胤可以再陷圣躬乎？

臣累世力农，未叨一命之荣、升斗之禄，亦非原无位号不能自雄者也。沙定洲以云南叛，臣灭定洲而有之，又非无屯兵难于进攻退守者也。总缘孤愤激烈，冀留芳名于万古耳。即秦王之宠命，初意岂能觊此哉？故杨畏知之赍奏疏中云："今之奏请为联合恢剿之意，原非有意以求封爵也。"

臣关西布衣，据弹丸以供驻跸，愿皇上卧薪尝胆，毋忘濑湍之危。如皇上以安龙僻隅，钱粮不敷，欲移幸外地，唯听睿断。自当备办夫马钱粮，护送驾行，断不敢阻，以蒙要挟之名。①

孙可望气势汹汹，指斥十八人遭重典乃罪有应得，指责李定国违法作祟，力言皇上你是在"两粤并陷"，"国步既已穷蹙，加之叛爵焚劫于内，虏首弯弓于外，大势岌岌"之时，由我派贺九仪"星驰入卫"，才使你"晏然无恙"的，结果你"才获宁宇，又起风波"。难道能让那些"误主"之人"再陷"你于困境吗？他强调自己并非"原无位号不能自雄者"，而"秦王之宠命，初意岂能觊此哉！"此言意指他想做什么都可达到目的，即称帝亦不在话下。"如皇上以安龙僻隅，钱粮不敷，欲移幸外地，惟听睿断。自当备办夫马钱粮，护送驾行，断不敢阻，以蒙要挟之名。"这是公开向永历帝叫板，也是威胁永历帝：只许你老老实实，否则将有不测之灾。

孙可望这种无人臣礼的态度，使永历帝在安龙的处境愈加困窘："涂苇薄以处，日食脱粟饭。守将承可望意，更相凌逼，挟弹射鸟，直入其门。文吏乘舆呵殿过之，不复下。"② 这是对皇权明目张胆的冒犯

①戴笠：《行在阳秋》卷上，载《三朝野纪》第287—288页。

②郑达：《野史无文》卷五《永历皇帝本纪》，第42页。

与凌辱。从此，永历帝“笑啼言语不敢自由。中宫、太子重足而立，惴惴焉刻不自保，以生帝王家为不幸矣”①。

密敕之事，更使孙可望“恨安西不置”，必欲除之而后快。他命云南守将王尚礼将李定国在昆明的家眷及文武兵丁妇女加以抄没，分配于各营。但王尚礼担心，如将李定国大营分散，“将滋内乱”，会出现不可收拾的严重后果，于是接连上启陈明利害，请求收回此令，孙可望这才作罢。但孙可望仍下令取消了对李定国在云南的安西大营的粮饷供应。对此，王尚礼不敢违背，但为稳定大局，他暗中仍予接济，定国家眷及安西大营因此“得不狼狈”②。从此，孙、李矛盾进一步加剧，他们把注意力集中到互相提防和牵制上，严重影响了抗清大业。

密敕案之后，孙可望除对永历帝、李定国采取毫不留情的态度之外，还加快了称帝自立的步伐。他从贵州回云南，选择吉日，准备于六月初一日称帝登极。可是到期他却发现，已制作好的皇冠竟小得不能戴，从清晨到中午又“大雨倾盆，雷电交作”。“可望不悦而止，遂归贵州。”当然他绝不会就此罢休。当时趋炎附势者众，“缙绅劝进者累累”。滇人对此情形，作诗加以嘲讽，其末尾道：

秦宫火后收图籍，犹见君家劝进书。

八月，孙可望俨然以皇帝自居，设科取士，“以慧光寺为贡院，取中陈士基等五十四人”③。而困居安龙的永历帝，虽名义上乃一国之天子，但实际上早已毫无作为。

度日如年的永历帝把唯一的希望寄托在李定国身上。

李定国在密敕案事发之后，为防止兵强势盛的孙可望袭击，开始转移部队，进行东征。永历八年（1654）二月，李定国挥师入广东，连克廉州、高州、雷州三府，广东各处义师纷纷起而响应。六月，李定国军进攻通往广州的要地新会，因清军竭力防守，未能攻克，遂围

---

①叶梦珠：《续编绥寇纪略》卷二《滇黔窜》，载《续修四库全书》第390册，第126页。

②佚名：《安龙逸史》卷下，载《狩缅纪事（外三种）》第104页。

③佚名：《安龙逸史》卷下，载《狩缅纪事（外三种）》第104页。

城。李定国还派使者赴厦门，催促郑成功出兵广东，双方于广州会师。但郑成功军迟迟不至，而李定国数月连续用兵，消耗极大。十二月，清朝增援大军抵达新会，李定国军与之交战，大败，损失惨重，数月间收复的三府三州十八县尽失。

原来在此时，郑成功正与清廷和谈，故而一再耽误原定的联合行动。虽然李定国从永历六年（1652）起就遣使致书约期会师，但成功为了和清廷周旋，仅做消极的回应。永历八年（1654）四月，李定国约成功共取广州并议子女联姻。九月，李定国又两次致书郑成功约定会师，成功亦“欲调兵南下勤王”，但因清廷谈判使者正在泉州，故兵未发而“令差暂住金门”。[①] 因与清廷谈判受挫，郑成功方于十月派出勤王之师：“藩驾驻中左（按：指厦门）。十九日，藩遣师南下，与晋王等会师勤王。委左军辅明侯林察为水陆总督，提调军中一切机宜；委右军闽安侯周瑞为水师统领，委戎旗勋镇王秀奇为陆师左统领，左先锋镇苏茂为陆师右统领，督率殿兵营林文灿、游兵营黄元、正兵镇陈勋、护卫左镇杜辉、后劲镇杨正、信武营陈泽等官兵数万，战舰百只，克日南征。”[②] 林察、周瑞、王秀奇、苏茂等率水陆师数万人，准备从海道入广西与李定国会师。这当然是一支强大的抗清队伍，双方会师，定会取得重大战果。然而，林察、周瑞等人却行动迟缓。当李定国部战事紧急、急需援军时，郑成功的勤王之师并未出现，李定国部最终败北。

新会之战失利后，李定国因广东难以立足，遂退守南宁。而此时，李定国之军仅剩六千人，处于衰困状态。但这一军事转移，却使不知虚实的孙可望大惊。他以为李定国就要袭击安龙，前来接驾，于是急遣刘镇国、刘肇明、张明志等十三营兵马，共四万之众，由关有才统率，“迎拒定国”。关有才一过安龙，便坚壁清野，“尽烧土汉仓贮，以

---

①陈碧笙：《先王实录校注》，福建人民出版社，1981 年，第 84 页。

②陈碧笙：《先王实录校注》第 95 页。

绝定国之来”。[①] 此时的李定国已夹于两个强敌之间，可谓腹背受敌，形势岌岌可危。正在此困迫之际，永历帝密遣的兵部侍郎萧尹持血字诏书来到南宁。李定国奉诏，“伏地恸哭不能起”，感动万分，表示要“誓死先为陛下除逆臣，后议恢复”，[②] 决定把接驾迎永历帝作为首要任务。

李定国虽驻南宁，却“衰弱不振”，面对和他直接对阵的孙可望部将关有才、张明志等人“计无所出”。这时，他的亲信内阁中书金维新、曹延生说：“明志等兵虽多，皆帅主旧部下，安敢相敌！今以奇兵袭之，彼不虞我之至也，且惊而溃，我乘胜至安龙，迎皇上入云南，美名厚实，兼收之矣。”[③] 李定国同意了这个建议，于是安下心来，伺机而动。

事实确如金、曹二人的分析。关有才等人率四万之兵开出之后，经过侦探，断定“定国所向，绝无入滇之信”[④]，于是屯兵田州。但时间一久，由于兵马众多，田州地小，粮饷不继，关有才等人兵马便就近劫掠，因所得无几，为生存计，便逐渐远去掠食，因而田州各军营多为空营，守兵很少。

李定国探得关有才、刘镇国所率诸营实情之后，便派兵偷袭，抄小路急驰三昼一夜，突然来到田州，一举攻入关营。当时关有才不在营中，刘镇国等以为清军从天而降，慌张逃去。其余兵将知是李定国来到，“皆胆落跪迎”。李定国并未展开厮杀，而是以好言劝谕，“两军相遇如家人父子，喜慰交庆”。次日，李定国对关有才的部下说：“本藩与秦王兄弟也，为小人所间，彼此情不自通。将来相见，兄弟之好如故。岂有令尔等杀戮之理乎？本藩回西粤时，已分兵下贵州，今下云南，兵马众多，尔等且宜歇息。俟本藩会晤秦王，另调尔等出兵。”

①佚名：《安龙逸史》卷下，载《狩缅纪事（外三种）》第104页。

②王夫之：《永历实录》卷一四《李定国列传》，第138页。

③徐鼒：《小腆纪年附考》卷一八，第710页。

④佚名：《安龙逸史》卷下，载《狩缅纪事（外三种）》第105页。

话虽有虚有实，但感情真挚。说毕，又发银二万两犒军，“众皆感悦”。[①]李定国遂不动干戈，便瓦解了孙可望所派前来讨伐之师，并收得三千余人，壮大了自己。对此孙可望竟毫无所知。

十月，孙可望担心关有才兵力不足，派遣白文选率兵赴援。白文选来到安龙朝见了永历帝后，方得知关有才已弃营而逃，于是驰报孙可望，而自己则留驻安龙不动，另有打算。

白文选，陕西吴堡人，大西军前军都督，与王尚礼、王自奇为同辈。张献忠死后，随孙可望等入云、贵。永历四年（1650），随刘文秀进兵四川，留守嘉定。后攻湖南，以象阵克辰州，而“威声颇著”。他虽为孙可望信任，但“心不直其所为”。[②]明四川巡抚钱邦芑见其“忠诚可用”，便私下对他说：“忠义美名也，叛逆恶号也，孺子且辨之，丈夫可身陷不义乎？”文选“大感动”，决心效忠明室。后钱邦芑同他谈到永历帝困居安龙，指出“主辱臣死”的道理，文选“泣下数行”，“折箭誓必杀可望”。[③]孙可望派文选进兵安龙增援关有才，正合文选心意，他暗中决定为永历帝效力。孙可望得知田州之败，料定李定国必至安龙，决定先下手行动，乃于十二月派百户叶应祯赴安龙“要驾入滇”，准备把永历帝迁移至云南，牢牢控制在自己手中，同时命令驻镇官员周自贞雇夫千名交文选使用，以便运送。在安龙的永历君臣，听说李定国已至田州而“皆窃自喜”。[④]但不久，孙可望派叶应祯至，要迎皇帝入云南，吉凶难卜，太后“闻之哭，从官皆哭”。白文选很清楚，他估计李定国必来，便入宫告以实情：“姑迟行，且俟西府至。”[⑤]西府即指李定国。

永历十年（1656）正月，果然，李定国派遣心腹将密疏通过司礼监庞天寿送至永历帝手中。其疏署有“藩臣李定国谨奏”字样，加印

①佚名：《安龙逸史》卷下，载《狩缅纪事（外三种）》第105页。
②徐鼒：《小腆纪传》卷三七《白文选》，第366页。
③徐鼒：《小腆纪年附考》卷一八，第710—711页。
④佚名：《安龙逸史》卷下，载《狩缅纪事（外三种）》第105—106页。
⑤徐鼒：《小腆纪年附考》卷一八，第711页。

“屏翰亲臣”赐章。永历帝见此非常激动。只见疏上写道：“臣今统兵迎扈，不日至行畿，先遣奏万安，勿轻听奸逆，辄行移跸。”永历帝心中一块石头落了地。他吸取以往教训，对此事实行绝对保密，“不令一臣知之”。[①] 但世上没有不透风的墙，叶应祯还是发觉了李定国遣人来安龙之事，但又搜索不到来人，不由勃然大怒，决定立即行动。正月十六日，叶应祯率人入皇宫逼迫永历帝等，立即乘马开赴贵阳，“逼勒再三，凶恶之状目无君父”，宫中一片哭声响彻内外。这时白文选赶到，把“肆无忌惮”的叶应祯叫到一旁说，国主孙可望恐怕安西王李定国投降清朝，所以才派你前来迎驾，这是防备皇帝陷入敌人之手。既然是保驾，“事须缓宽”，不可操之过急。像这样逼迫，朝廷的金枝玉叶，不同于你我性命，万一发生意外，你能担得了责任吗？现在我出去侦察一番，“若安西果通清军前来，移跸未晚。倘止是安西还兵，彼乃一家人，我等何得过为逼迫，自取罪戾”。叶应祯听罢，觉得不好对抗，便暂缓行动。白文选则出城而去，但并不是去侦察，而是“从远山放鹰犬”。[②] 这是故意拖延时间。五天后，叶应祯不等白文选回还，便决定执行孙可望的命令，勒令永历帝立即启驾，但他还是晚了一步，永历帝尚未启驾之时，李定国已经兵临城下。

二十一日夜，白文选突然率兵驰至安龙城下，大呼：“城内守门军人，速报朝内，不得轻自开门出去。安西兵马即至矣，城中切须谨慎。”说完，他又驰马而去。手中无兵的叶应祯得知此事，无比惊慌，但却无可奈何，而城中永历君臣听说此事“皆大喜”。二十二日黎明，“大雾四塞，咫尺不辨”，忽然有叫门者道：“我西府长随夏太监也。”于是永历帝开门令其入朝，夏太监乃面奏道：“定国即至矣，遣臣先驰奏闻。因冰冻难行，秦兵又倒树塞路，马不能前，所以稍迟耳。”不久，李定国大队兵马开到，安龙城沸腾了，永历君臣“皆额手称庆”。不一会儿，城四周炮声响起，马嘶声传至，李定国将大军安扎在城外

①佚名：《安龙逸史》卷下，载《狩缅纪事（外三种）》第106页。
②佚名：《安龙逸史》卷下，载《狩缅纪事（外三种）》第106—107页。

后，便入城朝见永历帝。永历帝与李定国相见后，“君臣相抱持痛哭”。永历帝说：“久知卿忠义，恨相见之晚。”李定国激动得泪流满面，上奏说：“臣蒙陛下知遇之恩，欲取两粤以迎銮舆，乃不惟不副臣愿，且重贻陛下忧，臣万死无能自赎。”[①] 他为未能早日前来迎驾深感内疚，同时向永历帝发誓“效命”尽忠，并脱去上衣，露出后背上所刺“尽忠报国”四字。廷臣见此，“咸啧啧忠臣”。[②] 永历帝更是大为感动，乃“温旨慰谕，赐坐”。君臣共同饮茶之后，李定国离开内廷时，大雾消散，红日大放光辉，此时已是中午。

李定国还营后得知白文选离此不远，乃遣夏太监等四人追请回还，于普平寺追上。白文选遂返回，同定国共同入朝，“密计幸滇”[③]，即扈从永历帝入滇事宜。二十六日，做了一些必要的准备之后，李定国同白文选一起率兵，扈永历君臣离开安龙。永历帝终于离开了这块他称帝以来居住时间最长且令他无比伤心的囚笼之地，真是如释重负。他想到为了这一天的到来，竟付出如此惨重的代价，内心无限感慨。

李定国以三千骑卒为前导，三千骑卒为后卫。永历帝在李定国与白文选的居中扈从下，途经新城、普安进入云南，于二月十一日直抵曲靖，暂时驻于此处，李定国则亲率精兵入昆明，联络进驻事宜。从此，永历帝的政治生涯又开始了新的一页。

---

①佚名：《安龙逸史》卷下，载《狩缅纪事（外三种）》第107页。

②查继佐：《罪惟录·列传》卷九下《李定国》，第1558页。

③佚名：《安龙逸史》卷下，载《狩缅纪事（外三种）》第107页。

第五章　滇都升平危机忘

一、君臣和辑，难得安定

永历十年（1656）二月十一日，永历帝在李定国、白文选的扈卫下离开虎口安龙，来到了曲靖。虽然摆脱了孙可望的控制，但危险并未完全消除，这里也并非久驻之地。入滇的目的地本是昆明，而昆明这时由刘文秀、王尚礼率兵驻守。李定国护驾来滇之前，为保证安全和顺利，一切行动都在绝对保密中进行，并未与昆明方面取得联系。现一行人进入云南，必须马上与昆明联络、协调，以取得支持。所以，护驾军刚一踏上曲靖，李定国在安排永历帝于行宫暂时住下并严密保护之后，便亲自率精兵急赴昆明。

此时云南昆明有抚南王刘文秀及抚标各营镇扈卫，以及孙可望封的固原侯王尚礼并各标镇营留守，在昆明共有驻军数千人。此外，将军王自奇所统骑兵五千驻楚雄，贺九仪所统之兵五千驻武定，再加上其他各城驻军，总共五万余人，均由刘文秀指挥。他们也在不断地留心形势的发展。他们听说李定国已入安龙，正议派人前往侦察虚实，突然得报李定国已率军至曲靖。于是，刘文秀约集王尚礼、贺九仪，紧急召集众将聚议战守。“有议以兵迎拒者，有言调集王、贺等营前御者，有议坚守不令定国入城者，纷纷未定。”而这时李定国已率军长驱直入，抵达距昆明只有百余里的松林。李军的突然出现，使昆明诸军措手不及，“调兵战守，俱不暇计”①，一切皆已来不及应付。而刘文秀则未想抗拒，他早有自己的打算。

---

①佚名：《安龙逸史》卷下，载《狩缅纪事（外三种）》第108页。

刘文秀虽为孙可望委以守云南的重任，却不赞同孙可望的所作所为，“意在保卫宫驾”。他表面上与王、贺等商议战守，暗中却抽空率数骑飞抵松林，会晤李定国，对李定国说：

我辈为贪官污吏所逼，因而造反，将朝廷社稷倾覆，实我等有负于国家，国家无负于我等。即今上是烈皇帝嫡派之弟，不若同心共保，倘得借滇黔以恢复中原，那时封妻荫子，荣归故里，也得个青史流芳。如只跟秦王胡乱作为，虽称王称公，到底不得归正。但我辈今日以秦王为董卓，恐董卓之后，又换一个曹操。[①]

刘文秀坦露心迹，表示决心拥戴永历帝，但分明又对李定国放心不下。李定国听出话中之音，立即指天自誓，表示绝对效忠于皇帝，誓无二心。刘文秀得到这个保证，放下了心中的疑念，决心迎永历帝移跸昆明，于是又急速返回昆明。

王尚礼、贺九仪等议论未决之时，突然得知李定国已兵临城下，深感措手不及，遂同意刘文秀的提议，接受李定国扈永历帝入城。于是，他们先遣黔国公沐天波远迎皇帝。刘文秀、王尚礼、贺九仪等随李定国一起，“俱戎服带重兵，披挂严整”，迎候皇帝于松林，“沿路马兵护送，百姓瞻睹如云”。三月初一日，护驾大军将至昆明城时，永历帝传旨说：“朕到，勿分军民老幼，听其仰首观觇，巡视官兵不许乱打。”圣旨传下之后，“百姓阻塞道路，左右观者如堵”。有年老者数十人见皇帝来到，感动得大哭起来，说：“不图今日复见大明天子！”永历帝见此热烈场面也十分激动，“含泪点首而过”。[②]

第二天，永历帝于新皇宫视朝，接见群臣。这座金碧辉煌、红墙黄瓦的殿堂本是孙可望的王府，孙可望为自立称帝而修。永历九年（1655）六月初一日，孙可望本欲举行登极大典，不料一场大雨浇得他兴致全消。他悻悻返回贵阳，空留下一座巍峨皇宫。这时李定国又对宫阙进行一番修整，军民“不分老幼，无不踊跃欢呼”，并有歌谣云：

---

①金钟：《皇明末造录》卷上《东南纪略》，载《狩缅纪事（外三种）》第150页。

②佚名：《明末滇南纪略·迎帝入滇》，载《狩缅纪事（外三种）》第59页。

怕你修，怕你盖，自有人儿现现戴！①

如今，永历帝成了这里理所当然的主人。

永历帝与群臣首次见面，便令在云南的文武各官一律填写好一份官衔品级册，送至吏、兵二部，以便“甄别擢用”，这是给官员以实惠的争取人心之举。这次朝见仪式相当隆重，永历帝一扫脸上的愁云，以很少见的欢悦心情、极高的兴致同臣下畅谈。他对站在御案之侧的沐天波说：“三百年世臣，惟尔一人在矣。凡一切紧要事宜，尔可不时入奏，禁军听尔执掌。”同时，他又与廷臣相议加封各官事项及布告各土司事宜；差人封安南国王，赐金章两枚，以加强与邻国的关系。他更没有忘记当年因效忠于他、反对孙可望僭越而被杀害的东阁大学士杨畏知，特追谥文忠，遣官遥望致祭。祭文中言：

方其百折不回，正可以挽狂澜而安社稷；倘使一朝付托，亦可以作舟楫而济大川。②

祭文给予杨畏知以极高评价。

这天，永历帝当众颁旨：封李定国为晋王，刘文秀为蜀王，白文选为巩国公，王尚礼为保国公，王自奇为夔国公，贺九仪为广国公，秦王护卫张虎为淳化伯，水军都督李本高为崇信伯。封公者六人，封伯者十一人，“皆领敕谢恩”③。同时，以金维新为行在吏部侍郎兼左都御史，龚铭为行在兵部侍郎，扶纲为东阁大学士，张佐宸为吏部尚书，王应龙为工部尚书，曹鸣凤为布政使，刘鸣凤为太常寺卿兼提督学政。封五军都督，以史文为后军都督。加黔国公沐天波柱国、少师。其余各官普遍晋升，皆大欢喜。“朝政一新，衣冠复振。”④ 永历朝呈现一片祥和景象。然而，奸臣马吉翔仍入阁办事如故。

原来，李定国曾令心腹部将靳统武逮捕马吉翔，将其拘禁，拟请

①佚名：《明末滇南纪略·移黔谋逆》，载《狩缅纪事（外三种）》第61页。
②佚名：《明末滇南纪略·迎帝入滇》，载《狩缅纪事（外三种）》第59页。
③佚名：《安龙逸史》卷下，载《狩缅纪事（外三种）》第108页。
④佚名：《明末滇南纪略·迎帝入滇》，载《狩缅纪事（外三种）》第59页。

诏治罪。吉翔乃日夜谄媚统武及定国中书金维新、龚铭。这三人皆认为吉翔是好人，便为之鸣不平，进而极力劝说定国推荐马吉翔入阁办事，定国遂从其请。永历帝虽深恨吉翔，但碍于定国情面，“不得已从之”①。小人竟利用皇帝对定国的充分信任，钻皇帝宽容的空子而得势，然而，也正因如此才留下祸根。这是永历帝始料未及的。

令群臣敬佩不已的是，永历帝对残暴不仁的孙可望表现了极大的宽容。他特遣巩国公白文选前往贵阳，“以玺书招秦王孙可望”，谕“可望与定国和衷”。② 散朝之后，见到大明皇帝的群臣无比激动，并对永历帝宽宏大度的轩昂气概无比钦敬。李定国说：“吾统数十万众，于当场对垒之日，未常心动。今见皇上冠履俨然，虽不言不动，令人如处芒刺中，不觉汗流浃背。”刘文秀也说：“今日始知天子之尊。”他们对永历帝充满了信心，从此二人“协和辅政”，而以李定国之“主张居多”。③

永历帝移跸昆明之后，面对虔诚效忠的群臣，满心喜悦。他深知这种局面的出现来之不易，为保持这个局面必须加强内部的团结与统一，必须化解矛盾，协调各方面的关系。孙可望曾令他吃尽苦头。此时，永历帝很清楚，虽然已经逃离孙的虎口，但问题并未解决，特别是孙可望与李定国的矛盾问题不解决，永历朝不会安宁。所以，永历帝竭力争取孙可望，准备派白文选、张虎赴贵阳孙可望处。一日退朝之后，他特召白文选、张虎入后宫，赐宴，并各赐金篦一枚，叮嘱道：“卿等往道朕意，务使两藩复敦相好，事事为祖宗社稷起见，卿等功名垂竹帛矣。”④ 他竭诚希望群臣和辑，朝廷安定。

一天，永历帝对李定国说：“朕自即位以来，日在金戈铁马中，虽出诏诰，而一切祀典全未举行。王当卜地建山川坛，朕亲祭焉。”⑤ 这

---

①徐鼒：《小腆纪年附考》卷一八，第712页。

②佚名：《安龙逸史》卷下，载《狩缅纪事（外三种）》第108页。

③佚名：《明末滇南纪略·移黔谋逆》，载《狩缅纪事（外三种）》第61页。

④佚名：《安龙逸史》卷下，载《狩缅纪事（外三种）》第109页。

⑤佚名：《明末滇南纪略·移黔谋逆》，载《狩缅纪事（外三种）》第61页。

说的是心里话，也是实际情况。本来祀典是自古以来国家政治生活中一项极为重要的内容，是“礼义之邦”的重要标志。“凡治人之道，莫急于礼；礼有五经，莫重于祭”①，而对天、地、人鬼之祭更为国家盛典。因此，历代帝王为显示天人合一的君权神授，为表示敬天法祖、代天行事，登极的第一件事，便是举行祭天大典。永历帝自登极以来，几乎一直处于颠沛流离的状态，少有宁日，至于举行祀典，甚至想都不敢想。现入昆明，君臣和谐，社会安定，有了举行祀典的条件，所以他提出了这一想法。于是，李定国奉旨下令，选择于昆明城东南吴井附近空地，修建一座极为壮观的祭坛。当祭坛修好，一切准备停当之后，永历帝准备选择吉日亲往祭祀。李定国劝阻说：“祭祀神祇，不过表其诚敬，遣官亦可。况可望心腹布满省城，驾万不可出。”② 李定国说的是实情，永历帝于是命太常寺官代祭。当天，代祭官员以全副仪仗在前开路，如同皇帝亲临一般，云南百姓第一次领略天子的銮仪。

李定国与刘文秀二人在永历帝的充分信任下，认真治理云南，“日练兵马”，“同心辅帝”。在他们的建议下，永历帝下诏考试武官，“以励兵心”，要求自公爵以下至游击、守备各级武官一律接受考试，由晋王李定国、蜀王刘文秀监考。考试内容是：马箭、步箭均“以九矢为准”，文理“以平通为最”，另加策文一道。考试分两场进行。第一天考武，为第一场，先考步，后考马。第二天考文，为第二场。考试时各级武官下营站队，俱赴教场，甚是壮观。考试结束后张榜公布考试结果，其中马箭、步箭共中十八矢，文理平通者，有关有才、吴子圣二人，为第一等。马箭、步箭共中十六矢，文理亦通的共有靳统武、邹子贵、窦名望等二十四员，为第二等。其余大小官员两百余员，均列为第三等。张榜之后，各官齐赴宴。宴毕，获一二等者“簪花挂红，

①《礼记正义》卷四九《祭统第二十五》，载阮元校刻：《十三经注疏（清嘉庆刊本）》，中华书局，2009 年，第 3478 页。

②佚名：《明末滇南纪略·移黔谋逆》，载《狩缅纪事（外三种）》第 61 页。

鼓乐送归署”。次日，他们又一齐“赴朝奏谢”。[1] 一时之间，整军讲武蔚然成风。

永历帝又下诏广求治国直言。诏中说，凡绅士军民，勿以卑贱，自安其分，人人都要关心国家大事。如有一技之长，有关于国计民生者，均可直书奏章，把意见、建议、看法，原原本本写出来，不必拘泥于奏本的体裁、格式。只要写好之后，签上自己的姓名，并标明所奏何事，写几句简短提要即可上交通政司，由通政司汇总在一起呈报御前，同时保证“即有妄言者亦不究”。[2]

永历十一年（1657）春，永历帝决定开科考。他命安宁进士陈玺提督学政，考试四川。命刘鸣凤任云南学道，考试云南全省生童，为秋季乡试做准备。八月，永历朝开科。以教场作考场，一切办法“悉如旧制”[3]。这次乡试共“取中王肇兴等五十四人”[4] 为举人。所取中的举人亦按旧制，“俱给头巾青圆领，赴宴，鼓乐送归”[5]。这又掀起了文教之风。这时永历朝“重学校，讲乡约，举老年，恤孤寡，访节孝，凡一应祀典，悉照滇南旧额举行”[6]。所谓滇南旧额，即明朝承平时期的考试配额。这说明，此时永历朝已恢复了明朝旧规。

永历帝驻跸昆明的当年，即永历十年（1656），“秋成大有，民食有余，且雨旸时若”[7]。年成大好，风调雨顺，永历帝称帝登极以来第一次看到了他治下社会安定的景象。这是他和竭诚拥戴他的李定国等忠义之士积极努力的结果，也是人心思定的一个必然反映，他由衷地感到喜悦。但是，这仅仅是内部治理。抗清大业未举，对永历朝构成最直接威胁的孙可望与李定国的矛盾并未解决。虽然永历帝一再下诏

---

①佚名：《明末滇南纪略·迎帝入滇》，载《狩缅纪事（外三种）》第59—60页。
②佚名：《明末滇南纪略·迎帝入滇》，载《狩缅纪事（外三种）》第60页。
③佚名：《明末滇南纪略·移黔谋逆》，载《狩缅纪事（外三种）》第62页。
④佚名：《安龙逸史》卷下，载《狩缅纪事（外三种）》第111页。
⑤佚名：《明末滇南纪略·移黔谋逆》，载《狩缅纪事（外三种）》第62页。
⑥佚名：《明末滇南纪略·迎帝入滇》，载《狩缅纪事（外三种）》第60页。
⑦佚名：《明末滇南纪略·移黔谋逆》，载《狩缅纪事（外三种）》第61页。

调解，孙可望却“不报”①、“不从”②，不仅不予理睬，甚至坚决加以拒绝。一场危机已迫在眉睫。

二、得道多助，挫败可望

永历帝移跸昆明后最担心孙可望举兵进犯。一年多之后，战争终于爆发了。其实为避免这一事态的出现，永历帝已尽了最大的努力。

永历帝被迎至昆明伊始，即派遣白文选、张虎持玺书召孙可望入朝，态度十分诚恳。孙可望不仅不予理睬，反而“大怒，欲举兵与定国决战”。白文选劝解道：“天子在彼不便，两和为是。”③ 孙可望也明白这个道理，现在李定国拥天子占据主动地位，自己如若举兵进攻，那将更加被动。他更明白，自己的家眷包括一大部分部下都在昆明，如决裂后果将不堪设想，但又怨气难消。白文选再三劝他应与李定国和好，释却前嫌，共以国事为重。文选诚恳建议说：“国主倘以旧好为念，不必苛求。”并说现在李定国兵微势弱，力量不足，“若必欲擒之，假臣精兵二万，当立致定国于麾下”④。但孙可望认为这是欺诈之言，下令将其逮捕杀掉。由于众人相救，文选得免死，但遭到了杖责，被监禁起来。孙可望遂派遣张虎回昆明复命，并强调如要和好，李定国必须亲自谢罪。

不久，永历帝又令王自奇与张虎共赴贵阳为孙、李说和，而王自奇也说“定国孤军易擒”。孙可望以其言与白文选所说相合，这才释放文选，同时密令王自奇返回云南，准备做内应。王自奇返回昆明觐见永历帝时，“力言可望必不可和”。⑤ 他建议不要再为争取孙可望白费心思，奏毕便返回驻地楚雄。

---

①佚名：《明末滇南纪略·移黔谋逆》，载《狩缅纪事（外三种）》第61页。
②佚名：《安龙逸史》卷下，载《狩缅纪事（外三种）》第108页。
③计六奇：《明季南略》卷一四《孙可望犯阙败逃本末》，第457页。
④佚名：《安龙逸史》卷下，载《狩缅纪事（外三种）》第109页。
⑤佚名：《安龙逸史》卷下，载《狩缅纪事（外三种）》第109页。

尽管如此，永历帝仍不放弃对孙可望的争取。他深知和则于国于民有利，而决裂则祸患无穷。李定国也持同样的态度。

永历十一年（1657）正月，孙可望派遣部下程万里入朝，请求将他留在云南的部下送至贵州。对这种撤云南之防而增强孙可望实力的要求，永历帝也毫不犹豫，立即应允，并下诏："仍给夫马送之。"①其目的当然还是争取孙可望。

五月，永历帝见多次要孙可望入朝均被拒绝，孙已绝无入朝之意，便准备将孙在昆明的家眷三千余人，并金宝辎重诸物，一并送至贵州。有人以为不可，向永历帝进谏说，应扣留其家眷，"以系其心"，使其不敢妄为。永历帝却不以为然，他的看法是："昔楚项且不留汉高家属，岂朕以天子而为之？"他想继续做宽厚仁慈的皇帝。劝谏者听了永历帝的表示后，又提醒说："上不记安龙事乎？"永历帝却说："在可望则可，朕则不可。"② 永历帝决心已下，不可更改，遂派人护送孙可望家眷回贵州。

这时在云南的王尚礼、王自奇、张虎均为孙可望心腹，而张虎最为狡诈、能干。但当永历帝移跸昆明大加封爵之时，他因自己位在诸人之下，感到十分不满。把这一切看在眼里的白文选秘密对李定国说："今可望死党王尚礼、王自奇拥重兵在辇毂之下，而张虎尤奸诡，日伺左右，祸且不测。今欲与可望议和，须奏皇上遣张虎行，乃可无反覆。"李定国、刘文秀乃一起上奏永历帝，永历帝于是决定派张虎护送孙可望家属前往贵州，并特召张虎至后殿，恳切地说："秦、晋两王义当和好，此须卿一行。"张虎叩头接受使命。永历帝随即从头上拔金簪一支给张虎说："和议成，卿功不朽，必赐公爵，以此簪赐卿为信。卿此去见此簪如见朕也。"③ 永历帝衷心希望孙可望能回心转意，并希望以自己的诚意与恩惠感动张虎，使其为自己效命。结果这都是他的一

①佚名：《安龙逸史》卷下，载《狩缅纪事（外三种）》第110页。

②金钟：《皇明末造录》卷上《东南纪略》，载《狩缅纪事（外三种）》第151页。

③计六奇：《明季南略》卷一四《孙可望犯阙败逃本末》，第458页。

厢情愿，张虎根本没把他的话放在心上。

张虎临行之前私下对王尚礼、王自奇说：“我此行不半年，必与秦王整顿兵马来取云南，尔二人如何接应?”王自奇说：“尚礼率亲丁在城中为内应，我兵马俱札楚雄、姚安一带，秦王自黔来，我从楚雄而下，夹攻之。尚礼为内应。定国、文秀不满三万人，又皆疲弱。我辈上下精兵二十万，彼能支乎!”① 商议妥当之后，张虎便护送孙可望家属启行。永历帝又是以宽容的态度“听其搬运”，一切只要能启运，悉听其便，以至出现了“绎络千里，车马相望”的景象。孙可望既得妻子、部属与财物，便没有任何顾忌，他扬言“上负我，定国、文秀叛我”，积极准备反叛。② 而来到贵阳的张虎，早就盼望孙可望起兵攻打昆明，且唯恐孙可望不坚决，乃蛊惑孙可望说：“上虽在滇，端拱而已。文武两班，唯唯诺诺，内外大权，尽归李定国。定国所信则中书金维新、龚铭，武则靳统武、高文贵，终日升官加赏。兵马不满三万，人无固志，可唾手取也。”孙可望听罢十分高兴。张虎又将永历帝封他的淳化伯之印拿出上缴孙可望，说：“在彼处不受，恐生疑忌，故伪受之。臣受国主厚恩，岂敢背哉！白文选受国公之职，已为彼所用矣。”他说罢又请求孙可望斥退左右之人，拿出永历帝赐他的金簪，编造谎言对孙可望说：“臣临行时，皇上赐此簪，命臣刺国主以报功，许封臣二字王，臣不敢不以上闻。”③ 孙可望完全信以为真，更加怒不可遏，于是决定举兵进攻昆明。

孙可望虽已决定发兵，但十几万兵马同时出动，粮草一时难以供应，于是暂缓出兵之期。正在这时，永历帝又派白文选率兵前来贵阳议和。孙可望立即将其囚禁，夺其兵权，加快了起兵反叛的步伐。

当时，孙、李双方兵力对比悬殊，孙可望所统之兵据称有七十余

①计六奇：《明季南略》卷一四《孙可望犯阙败逃本末》，第458页。
②金钟：《皇明末造录》卷上《东南纪略》，载《狩缅纪事（外三种）》第151页。
③计六奇：《明季南略》卷一四《孙可望犯阙败逃本末》，第458页。

万，“诸镇自楚粤至者皆聚于黔”[1]，而跟从李定国之兵“皆伤残之卒”，刘文秀“所留滇兵亦少”。[2] 正如张虎所说，两人所统之兵总共不满三万，形势严峻。当时正被孙可望拘禁于大兴寺的前四川巡按御史钱邦芑，听说孙可望即将进犯昆明之事，便想起了程源与郑逢元。程源是孙可望的兵部尚书，郑逢元则任职于都察院，但两人很有正义感而“不忘朝廷”，钱邦芑“知其可用”，便找来二人商议说：“马宝、马进忠、马维兴虽隶可望麾下，然皆朝廷旧勋，图报无路，至白文选决不相负。今可望入滇，从中计图之，如反掌耳。”[3] 他们谋划在孙可望内部利用其旧有矛盾，进行策反，以粉碎其犯阙逆谋。

他们的分析是正确的。当时孙可望虽然兵多势盛，“然人心不直可望”。马宝、马进忠与马维兴，“以同姓相密，又与白文选交，皆密谋助定国，而可望不知也”。[4] 当程源、郑逢元将钱邦芑之计谋转告白文选、马宝等人时，他们完全赞同。马宝等遂行动起来，对孙可望说：“文选乃心膂旧人，诸将才望无出其右者。某等探知前在云南，初亦不肯受封，奈屡辞不允，并为定国所胁，不得已受之。使其心果向外，必不敢来。既来而夺其兵，则失人心。试重用之，彼必感恩同尽心力矣。”[5] 程源也乘机对孙可望说：“文选骁勇可用，使功莫如使过。”[6] 孙可望完全相信了这些分析，于是命大将冯双礼留守贵州，马进忠因病留安顺，乃以白文选为征逆招讨大将军，总统各营兵马，马宝为先锋，领诸将前行，而自率十四万大军随后。[7] 孙可望于八月初一日誓师，不久便启行。十八日渡过北盘江，云南闻讯大震。

永历帝闻听孙可望起兵反叛，立即下诏削其秦王之爵，并指示由

---

[1]金钟：《皇明末造录》卷上《东南纪略》，载《狩缅纪事（外三种）》第151页。
[2]温睿临：《南疆逸史》卷五二《李定国》，第408页。
[3]徐鼒：《小腆纪年附考》卷一九，第723—724页。
[4]温睿临：《南疆逸史》卷五二《李定国》，第408页。
[5]金钟：《皇明末造录》卷上《东南纪略》，载《狩缅纪事（外三种）》第151页。
[6]邓凯：《求野录》，载《崇祯长编》第222页。
[7]温睿临：《南疆逸史》卷五二《李定国》，第408页。

李定国、刘文秀前往讨伐。王尚礼则私约一些将领于昆明做了接应孙可望的准备。在楚雄的王自奇因于七月醉后误杀李定国营将，惧怕定国前来讨伐，已率兵渡过澜沧江，进据永昌府。这里距昆明一千余里，交通阻隔，所以孙可望入云南之事，他并不知晓，故不能响应。

九月初，李定国、刘文秀得报孙可望已率十余万众至交水，列三十六营，离曲靖仅三十里，“相顾失色”，自感危在旦夕。刘文秀说：“城中有王尚礼诸人为内应，再迟二十日，王自奇知此消息，必引兵从永昌而下云南，腹背受敌，不战自溃矣。莫若乘此时走交趾，犹可自全。”李定国说：“交趾兵亦不少，我辈不过二三万人，且有家口，安能往？不若由沅（元）江、景东取土司以安身为上。”二人议论两日，仍犹豫不定。初四日，白文选率所部兵从交水连夜拔营逃至曲靖驻扎，单马带数骑飞驰至昆明。初六日，白文选至昆明，直接入皇宫，朝见永历帝，仔细陈述他与三马计划之事。李定国、刘文秀听说白文选只身前来，极为惊讶，于是紧急入朝相见。白文选说：“此时宜速出兵交战，马宝、马维兴及诸要紧将领已俱有约，稍迟则事机必露，断不可为矣。”李定国将信将疑，怕白文选是在行反间之计。白文选急切地说：“若再迟，则我辈死无地矣。有一字诳皇上、负国家，当死万箭之下！我当先赴阵前，汝等整兵速进。”[①] 李定国乃大喜，请永历帝加封文选，永历帝于是当即封白文选为巩昌王。事不宜迟，白文选又立即上马飞驰而去。随后，李定国、刘文秀统领大军奔赴交水。

这时，孙可望突然发现白文选竟临阵投敌而去，十分恼火。他见势不妙，打算引兵退回贵州。马宝清楚，如孙可望撤军，一切计划都将败露，便假装十分气愤的样子，咬牙切齿地骂道：“我乃为跛贼所欺，今当手缚之，生食其肉。且一人去，何足为重轻而废大事耶！”白文选早年作战时脚部曾受过伤，故有“跛贼”之说。马维兴也说：“王部下战将勇士甚众，今文选一人有不为多，无不为少，尽此处兵马做

①计六奇：《明季南略》卷一四《孙可望犯阙败逃本末》，第461页。

一个明白。”[①] 孙可望闻听此言，便转怒为喜，说：“诸将能如是，吾复何忧！”于是决定不撤退。十八日，孙可望见李定国引兵前来，知昆明兵马尽出，城内空虚，立即召张胜说：“尔可率领武大定、马宝，选铁骑七千，连夜走小路至云南城下暗袭之。城中有王尚礼、龚彝等为内应。尔一入城，则定国、文秀等知家口已失，不战而走矣。”张胜领命与马宝相约傍晚出发，马宝回营立即遣人送密书至李定国处，指出：“张胜等已领精兵七千往袭云南，云南若破，则事不可为，必须明日决战，迟则无及矣！”[②] 孙可望与李定国初约定于二十一日会战。十八日晚，李定国接到马宝之书，大惊，当夜即传令诸将，于十九日天未明时拔寨而出，列阵相向。孙可望见状，亦下令各营出兵交战。两阵初交，刘文秀营骁将李本高马失前蹄被杀，军中骚动。孙可望见定国等锐气受挫，命令诸营迅速出击。李定国、刘文秀皆有惧色，乃紧急商议道：“毕竟众寡不敌，不若暂退再议。”白文选见状大怒道：“张胜已往袭云南，我兵若退，彼以精骑蹑吾后，我兵不鸟散则蹂为肉泥矣，尚能归乎！进而死于阵，不犹愈于走而死于马足乎！况彼阵中马维兴、袁韬皆与我有约，若决志而前，必相应也。”说毕，不等李定国、刘文秀表态，他便急率所部五千铁骑直向孙可望阵地冲去。这时马维兴列阵不动，当白文选飞奔而来时，他按兵不放一箭，并开阵迎文选进入。两人于是合兵直抄孙可望阵后，所向披靡，连破数营。孙可望在高冈处向阵中一望，大惊失色，呼道：“维兴诸营俱叛矣！”孙可望部下诸将见此情景，均已丧失斗志。李定国与刘文秀同白文选、马维兴一道乘胜截杀，孙可望军顿时大乱，溃败而逃。李定国与刘文秀商议说：“今张胜往袭云南府，王自奇又据永昌，圣驾在云南，我当回救。汝可同文选急追可望，必擒之而后已。”[③] 二人遂分兵行动。

这时张胜由小路急驰五日到昆明城下，结果城中有备，黔国公沐

①金钟：《皇明末造录》卷上《东南纪略》，载《狩缅纪事（外三种）》第151页。

②计六奇：《明季南略》卷一四《孙可望犯阙败逃本末》，第461页。

③计六奇：《明季南略》卷一四《孙可望犯阙败逃本末》，第461—462页。

天波已将王尚礼等人拘留，而城头插着打败孙可望的报捷大旗。原来这是前一天夜里李定国派人从大路飞驰送到的。张胜见状大惊，对武大定、马宝说："我大营兵既败，李定国必截吾之后，我辈孤军安可居此！"① 张胜于是急忙撤军回返。撤退途中遭遇李定国之军，张胜挥军拼死搏杀，在李定国部几乎支撑不住之时，马宝从张胜阵后连放大炮，拥兵杀来。张胜军遂溃败，张胜被擒，解至昆明杀掉。与此同时，在昆明的王尚礼见孙可望已败，担心事情败露，遂自缢而死。

兵败如山倒，孙可望急忙夺路逃回贵阳。孙可望已如惊弓之鸟，命冯双礼带兵守威清要路，并告诉冯双礼，如刘文秀追兵到，"可速放三炮"。冯双礼早就厌恶孙可望，唯恐其逃得不快，孙可望一进贵阳，他便立即连放三炮。其实刘文秀引兵至普安已停止追击，孙可望却以为追兵赶到，不敢在贵阳停留，遂携妻子连夜出城，向东拼命奔逃，其辎重、妇女多为冯双礼部下所劫；其经过之城，"各守将俱闭营不纳"。② 孙可望见众叛亲离，难以再振旗鼓，便只带数百人至宝庆投降清朝。

孙可望败退之后，刘文秀率军进驻贵阳，召集旧将，安定地方。黔中文武诸臣一致指出，促成孙可望举兵犯阙之祸者乃张虎、方于宣二人。数日后，张虎率残兵从云南逃回，投刘文秀。文秀问他说："皇上赐金簪，原嘱汝议和，何从有行刺之说?"张虎无言以对，遂被解赴昆明，永历帝举行告庙报捷大典时将其杀掉。奸佞小人方于宣为孙可望称帝大造舆论，曾为其修《本纪》，并以观天象对人言："帝星明于井度，秦王当有天下。"他当时正任提学使，在沅州、靖州等处负责科考，所出试题有《拟秦王出师讨逆大捷》等，攻击永历朝为"逆"。可是他一听说孙可望兵败，急忙致书钱邦芑说："欲纠集义旅，擒可望以献功朝廷。"钱邦芑鄙薄其为人，写诗答之曰：

修史当年笔削余，帝星井度竟成虚。

①计六奇：《明季南略》卷一四《孙可望犯阙败逃本末》，第462页。

②计六奇：《明季南略》卷一四《孙可望犯阙败逃本末》，第463页。

秦宫火后收图籍，犹见君家劝进书。[①]

十一月，李定国率马宝、高文贵等将领进兵永昌，擒斩王自奇。至此，孙可望诸营兵将俱归永历帝。对永历朝的存在构成严重威胁的孙可望势力，以及牵延十年之久的孙可望、李定国之间的矛盾，至此得以解决。永历帝也从中看出，诸臣的诚心效力是解决这一艰巨问题的一个重要因素。

于是，永历帝下诏大赦天下并大封功臣，晋封白文选为巩昌王，遣官召川、黔大臣程源、郑逢元、万年策、刘泌等。李定国率诸文武上疏，请表彰安龙死难十八忠臣，并追叙进剿孙可望诸文武之勋劳。永历帝赠谥荫吴贞毓、郑允元、张镌、徐极、杨钟、蔡缜、赵赓禹等有差，俱遣官谕祭；其中赠吴贞毓少师兼太子太师、中极殿大学士、吏部尚书，谥文忠，荫一子锦衣卫佥事世袭。永历帝深感于怀，特为著文道：

> 卿等乾坤正气、社稷忠臣，早倾捧日之忱，共效旋天之力。讵意叛逆生忌，祸起萧墙，枭獍横行，顿忘君父。安龙之血，终当化碧。九原汗青之书，各自流芳千古。今日移跸滇、云，鹓鹭骈列。回思卿等簪履趋跄，杳不可见，夫独何心，能不悲哉！将兹俎豆，慰彼泉台。[②]

当时，廷臣多谓孙可望未能篡位弑君，皆吴贞毓诸臣护持之力。此月，永历帝乃复遣通政使尹三聘前往安龙，为十八忠臣立庙。

然而，激烈的孙、李争斗导致双方两败俱伤，不论是李定国的胜利，还是孙可望的溃败降清，均产生了严重的后遗症。此时，沉浸在一片欢乐之中的永历帝及永历朝没有意识到，又一次严重的危机已经来到。

---

①计六奇：《明季南略》卷一四《孙可望犯阙败逃本末》，第463—464页。

②计六奇：《明季南略》卷一四《孙可望犯阙败逃本末》，第464页。

三、沉酣猛醒，危已难挽

移跸昆明后的永历帝，虽然面临不少问题，但总的说来，他觉得在这里度过了称帝以来最好、最惬意的时光。君臣和辑，社会安定，物阜民康，似乎一切都非常顺利。他非常清楚，出现这种局面的关键在于李定国、刘文秀等诸臣的诚心辅佐，所以他充分信任李、刘。取得反击孙可望进犯的胜利后，一时之间君臣沉浸在胜利的喜悦之中。但永历帝却未能充分留意从入滇之时即已潜在的危机，而这一危机不断演化，终致一朝爆发，不可收拾。

永历帝登极称帝十年来，受尽了武臣跋扈与奸佞弄权之气，几乎没有安宁之日。很多事情他做不了主，心情十分郁闷。十年中，拥戴他的文臣武将已散亡殆尽。此时，他深知朝廷的安宁来之不易。为保持与巩固已有的成果，协调文武，争取人心，他到昆明后大加封赏，并给予李定国最充分的信任，委以军国重权。为加强朝臣之间的团结，他曾尽最大的努力争取孙可望，协调孙、李之间的矛盾，同时也积极促进李定国与刘文秀的团结。永历帝还以宽大的胸怀对待那些曾在孙可望肆虐时无人臣之礼的文武大臣，其出发点完全是为了治理好国家。但遗憾的是，永历帝未能坚决果断地除奸肃政，他又被马吉翔迷惑了。

永历帝在安龙备受煎熬之时，马吉翔投靠孙可望，以极为卑鄙凶残的手段逼永历帝禅位、残杀大臣，几乎将永历朝葬送。作为永历帝、永历朝不可饶恕的罪人，马吉翔死有余辜。所以，当永历帝一进入昆明，李定国便下令逮捕马吉翔及其家人，“令部将靳统武收系，将杀之”[①]。正在李定国“将请诏治罪”[②] 之时，马吉翔大肆施展起他惯用的谄媚手段，“日夜谄媚统武，统武悦之”。靳统武因此放松了对马吉翔的警惕，甚至认为马吉翔是值得信赖之人，竟为其效命。当时李定

①李天根：《爝火录》卷二六，第907页。
②徐鼒：《小腆纪年附考》卷一八，第711页。

国最信任的是中书金维新与龚铭二人。一日，金、龚二人到靳统武宅中议事，统武特意将本应拘禁不许外出的马吉翔引出与二人相见。极善应酬的马吉翔便“曲意逢迎”。简短交谈之后，金、龚二人便认定马吉翔是非同一般的“佳士”，对他印象极好。靳统武又极力称誉马吉翔，同时为其“颂冤”。马吉翔十分委屈地说道：“从前事皆他人所为，嫁祸于我。但得一见晋王，诉明心事，死不恨矣！”[①] 不了解底细的金、龚二人完全被其蒙蔽而信以为真。二人转而向李定国称赞起马吉翔来，“兼辩其冤”。对此，李定国并不相信，仍认为马是个作恶多端之人，仍要请旨定其罪。金、龚二人极力请求李定国见一下马吉翔再采取行动，李定国便召见了马吉翔。马吉翔又极力施展其谄媚手段，极虔诚地向李定国叩头，称颂李定国迎永历帝入滇是“再造国家之功”，“千古无两，从此以后，青史流芳”。这样一番吹捧之后，他才轻描淡写地说了一下自己：“吉翔今日得际此时望见颜色，死亦可以不朽。其他是非冤苦，俱不足辨。”李定国也被这种花言巧语所蒙蔽，“于是大悦”，竟与马吉翔“握手谈心，恨相见之晚”。这次见面之后，李定国没让马返回囚所，而是留他住在自己宅中数日，不时召见畅谈。马吉翔“谄谀之工，无所不至，凡左右内外，众口同声交誉吉翔”。“目不识丁，粗戆直率”的李定国，完全被马吉翔“所弄”而“堕其术中”，相信他是被冤屈的好人。[②] 就这样，这个恶人得以逍遥法外。

但事情并未就此结束。一天，马吉翔对金维新、龚铭说：“晋王功高，皆两公为之提挈。今晋王既进封，两公亦当不次封赏，安得仍旧职乎？若吉翔得在皇上左右，定当为两公言之。”这表面上是为金、龚二人未得封赏鸣不平，实际上是在婉转许愿，激发二人为自己复职做努力。金、龚二人果然中计，听后“大悦”，于是对李定国说：“吉翔原是朝廷旧人，当仍荐补朝廷要职。彼实归诚殿下，凡事必与我辈相照应也。”对金、龚二人言听计从的李定国，对此自然没有异议，便令

---

①计六奇：《明季南略》卷一四《孙可望犯阙败逃本末》，第 459 页。

②计六奇：《明季南略》卷一四《孙可望犯阙败逃本末》，第 459—460 页。

金维新起草奏疏推荐马吉翔入阁办事。永历帝迟疑再三，终于“不得已从之”，批准他最厌恶、险些置自己于死地的马吉翔重新入阁，时为永历十一年（1657）正月。[①]

马吉翔阴谋得逞之后，“既挟定国之权以要（要挟）皇上，又假皇上之宠以动晋王，而内外大权，不一月尽归吉翔，不但诸臣屏听，即皇上亦坐视无可奈何矣”[②]。从此，永历朝便埋下了失败的种子，一切坏事皆由此发生。

本来，李定国“小心臣节”[③]，律己甚严。他“性抗直，与人无私曲。回滇矫可望失，事上尽礼，进奉极丰。不以威凌士类，人以此多之”。他谦逊得众，很受好评。永历朝廷本很平静，而自从马吉翔入阁之后，朝廷便不得安宁，“群小争趋之，旧人失职，多怨望”。[④] 而更为严重的问题是马吉翔对李定国、刘文秀等人的愚弄与腐蚀。孙可望进犯云南失败之后，永历君臣并未认清形势，没有抓紧时间秣马厉兵，以准备对付清军，而是大肆奖赏，设官设吏，“率皆宴饮恬愉，争功修怨，绝不以国事为念”，昏昏然以为天下太平了。而以文安侯的身份掌握内阁大权的马吉翔，不仅未能制止颓风，将朝廷引向正轨，反而起了推波助澜的作用。在他歌功颂德的谄媚声中，李定国、刘文秀满怀欢喜，多次赴马吉翔家“为长夜欢”。朝中正直的大臣看在眼里，对这种现象极为忧虑。光禄寺少卿高勣、御史邬昌琦联名上疏永历帝，指出李、刘“二王功高望重，不当往权佞之门，蹈秦王故辙”。疏中说：“内患虽除，外忧方棘，伺我者方雁行顿刃，待两虎之一毙一伤以奋其勇，而我酣歌于漏舟（之中），熟睡于积薪之上，能旦夕否乎？二王老于兵事者也，胡亦泄泄如是！”李定国得知后十分恼火，立即在永历帝面前“激切陈诉”，非惩治高、邬不可。接着，李、刘二人，便“不入

①计六奇：《明季南略》卷一四《孙可望犯阙败逃本末》，第460页。
②计六奇：《明季南略》卷一四《孙可望犯阙败逃本末》，第460页。
③邵廷采：《西南纪事》卷一〇《李定国》，载《续修四库全书》第332册，第158页。
④温睿临：《南疆逸史》卷五二《李定国》，第409页。

朝”，以示威胁。永历帝对此虽有自己的看法，但晋王的请求，不可不满足，便拟杖高勷、邬昌琦。但朝臣极力谏争，指出这将背上杀谏官的恶名，双方相持不下。这时清军大举进攻，已从湖南杀进贵州。李定国闻听此讯，如同头上浇了一盆冷水，突然清醒了许多，“始逡巡引罪”①，承认了过错，二人方得幸免。但此事的影响很坏，也使不少大臣看清了马吉翔的嘴脸。

永历十二年（1658）年初，永历帝授前兵部尚书程源为礼部尚书，前四川巡按御史钱邦芑掌都察院事。此二人都是忠诚正义之士。钱邦芑曾明确拒绝拥戴孙可望，并以落发出家为僧相对抗。程源在孙可望的淫威面前虽然表示服从，并成为孙可望信任之人，但在拥永历帝还是随孙可望走的两种选择面前，他坚定地选择了前者。程源和钱邦芑一道积极离间孙可望的党羽，“激发忠义”，鼓动马宝、马维兴、马进忠效忠永历帝。永历帝对此一清二楚，于是有此任命。二人也决心不辜负永历帝的知遇之恩，愿竭诚效忠。然而，马吉翔对他们的入朝却很不高兴，“颇忌二人”。程源“功名自许”，入朝之后，立即上疏“发吉翔奸状”，以表对朝廷、对永历帝的一片忠心。对此，老于心计的马吉翔自己没有出面。他嗾使一些言官上疏弹劾程源，攻击程源“曾臣事可望，非纯臣”。由于马吉翔把持朝政，没人出来澄清事实，批驳这种似是而非的陷害人的论调，程源感到受了极大的委屈，便“发愤杜门不视事”。钱邦芑虽然仍掌都察院事，但他的身份仅是御史，而督理晋王李定国军事的金维新官职却是左都御史，位在钱邦芑之上，是都察院中掌实权者。钱虽在朝，不过“郁郁浮沈，朝请而已”，发挥不了实际作用。② 永历朝中历经动荡，本就缺乏人才，现为数不多能入朝的正直之士又郁郁不得志，这既是朝廷的危机，更是永历帝的危机。

永历帝在经历无穷苦难之后，进入云南，但他所获得的仅是暂时的安宁，因为他即位以来一直对他构成威胁的清朝势力丝毫没有削弱，

①以上多处引文引自邓凯：《求野录》，载《崇祯长编》第222—223页。
②徐鼒：《小腆纪年附考》卷一九，第730—731页。

相反却在不断增强、不断发展。他本应在暂时安宁的环境里居安思危，积极努力，壮大自己，以寻求对付清朝之良策，困中求生存，困中求发展，但他却安而忘危，以危为安。

当时云南与其他省相比，局势确实比较平稳，其主要原因除地理位置优越之外，也与清朝一时之间尚未摸清大西军虚实很有关系。张献忠败亡之后，大西军余部由孙可望等四将领率领进入云贵，其战斗力相当强盛，加上数年的休养生息与补充训练，实力益发强大，是其他南明军队难以比拟的。消灭定南王孔有德、敬谨亲王尼堪的赫赫战功，正是大西军所建，这是其他南明军队从未建立的奇功，也是清军闻之也足以丧胆之事。因此，顺治十年（1653），清廷派出了老谋深算的大学士洪承畴经略湖广、广东、广西、云南、贵州五省，总督军务，兼理粮饷。这位五省经略本也想一举荡平“逆寇”，可是经过一番较量之后，他不敢硬打硬拼，而是采取了“多得贤良，安民劝农，以守为战；简拔将领，练兵制胜，以战为守。联络土司，使不为贼用，以树我之藩篱；计离贼党，使自为解散，以溃彼之腹心”[①] 的策略。他深有感触地说：“臣受命经略五省，以平贼安民为责任，贼之胁从数多，不招抚必不能平贼。但此贼负固已久，不真剿必不能成真抚。”[②] 于是洪承畴实行坚守地方、稳扎稳打、广示招徕的策略，且一守就是五年，然而竟“一筹莫展，寸土未恢”[③]，军事、政治均无大进展。其原因是大西军的势力尚强，他无隙可乘，只有坐待时机。

而永历帝进入云南后，如能协调好朝廷与孙可望的关系，特别是李定国同孙可望之间的关系，增强大西军内部的团结，对永历朝的安全将起到十分重要的作用，清朝也将不敢轻易进攻。永历帝也确实在努力争取孙可望，但却毫无收效，最后只好听之任之，终于导致内战。而内战之后，永历帝又未能采取更为积极主动的措施来团结内部。当

①卫周祚：《洪承畴墓志》，国家图书馆藏拓片。
②《经略大学士洪承畴密疏稿》，载《明清史料》甲编第 4 本，第 307 页。
③《经略洪承畴揭帖》，载《明清史料》甲编第 6 本，第 551 页。

时原孙可望部下大多数都已站在永历帝一边，却仍未能使永历帝安心，新的矛盾又出现了，致使问题更加复杂。

这主要是永历帝最信任的李定国在胜利面前头脑膨胀、威福自专而引发的一系列问题。本来，李定国对永历帝忠心耿耿，“军行进止，一以诏敕从事”①，克尽臣节，从不敢造次行动。但奸人马吉翔与李定国亲信金维新“朋比”为奸，李定国便“听其蛊惑”，而“渐次疏远正人”，朝中“奸党仍复布列”，朝政便日渐败坏。② 击败孙可望之后，李定国本应增进与刘文秀的友谊与团结，然而，在群小包围下的李定国竟与刘文秀产生猜疑与矛盾。当时刘文秀追击孙可望至贵阳，曾收编孙可望溃兵达三万人之多，“练以备边，渐有成局”。这本是很好的事情，李定国却“不悦”，特请永历帝召刘文秀回昆明，“并召诸将之在边者”。③ 四川、贵州及湖南辰州、沅州一带的镇将，虽为孙可望所安置，但他们中的大多数并未随从孙可望进攻朝廷，且刘文秀于事后又对他们进行过安抚，李定国却放心不下，将他们一律调回云南“核其功罪”④，并重新“论功罪为分兵多寡之地”，遂导致“边警猝至，兵失其将，将不得兵，迄于大溃”⑤。

刘文秀被召回昆明。永历帝召其入皇宫，于东殿赐座赐茶，询问孙可望如何逃脱。刘文秀说，当时杀败孙可望之后，未料到他竟从小路逃跑，“臣带多兵只知从大路追去”，“故追不及”。永历帝听后，沉默了好长一段时间，才说道：“若捉不住，原可不必追他。今追之不获，反激之投他处，恐滇南之祸不远矣。”刘文秀“汗流满面谢出，从此抱闷不乐”。⑥ 他对孙可望从自己手下逃走深感内疚，更对李定国的

①王夫之：《永历实录》卷一四《李定国列传》，第 138 页。

②计六奇：《明季南略》卷一四《孙可望犯阙败逃本末》，第 465 页。

③邓凯：《求野录》，载《崇祯长编》第 223 页。

④李天根：《爝火录》卷二八，第 919 页。

⑤邓凯：《求野录》，载《崇祯长编》第 223 页。

⑥佚名：《明末滇南纪略·蜀王旋滇》，载《狩缅纪事（外三种）》第 69 页。

揽权“抑郁不自得，每屏人语曰：‘退狼进虎，晋王必败国！’”[①] 他以孙可望为狼，把李定国比喻成祸国之虎，这是激愤伤心之言，并不客观，但这个比喻也并非无中生有。李定国在处理孙可望的善后问题时，确实带有很强的个人感情色彩，对他所喜欢的人加官晋爵，对他所厌恶的人“俱降级夺爵”，永历帝左右“皆定国心腹”。[②]

刘文秀自贵州返回昆明后，终以未能擒获孙可望而深为不安。当李定国一举灭掉王自奇、声誉愈加藉藉之时，朝中竟有议论文秀“负恩怀二心者”[③]。刘文秀得知后忧郁成疾，以致一病不起。永历帝亲自慰问也难以抚平他心中的创痛。永历十二年（1658）四月，文秀病笃，弥留之际，特给永历帝留下一份遗表：“我死，国事可预知！臣精兵三万人，皆在黎、雅、建、越之间，尝窖金二十万，臣将郝承裔知之。臣死之后，若有仓猝，臣妻操盘匜以待，臣子御驾鞘以备执御，请驾幸蜀，以十三家之兵，出营陕洛，庶几转败为功也。”[④] 刘文秀已预感永历朝将要败亡。李定国对这份遗表大为不满。二十四日，刘文秀病故。

此时，李定国误信“妖人贾自明幻术，计更无聊”[⑤]。这个贾自明，自称是安西人，“识天文地理，阴阳象纬遁甲之事无不洞晓，兼能制木牛流马、火攻器具，及驱遣风雷诸术”[⑥]。他说因见王气在滇黔之间特来此地，首先遇刘文秀，刘文秀以为异人，将其引见给李定国，李定国更信以为真，便将其推荐于朝廷，永历帝下诏任其为雷击将军。李定国被其迷惑，相信他“上帝以某日助兵”之说。当时清军已开始向云贵进兵，四方告急文书飞向朝廷，而这个贾自明“辄云有待”。李

①邓凯：《求野录》，载《崇祯长编》第223页。
②李天根：《爝火录》卷二八，第919页。
③佚名：《安龙逸史》卷下，载《狩缅纪事（外三种）》第116页。
④邓凯：《求野录》，载《崇祯长编》第223页。
⑤计六奇：《明季南略》卷一四《续孙可望踞云贵事》，第474页。
⑥佚名：《安龙逸史》卷下，载《狩缅纪事（外三种）》第116页。

定国便按兵不动，等候出现奇迹，但“久之无验，怒斩之”，这才出师抗清。[①] 不久，李定国便查清了此人的来历，原来他是洪承畴所派遣的奸细，但悔之晚矣。

刘文秀死后，李定国“以蜀自益，朝政悉委之龚铭、金维新，致派兵加饷，卖官鬻爵，文武诸臣，各自营私，边警日迫，定国不觉察也”[②]。李定国已在不知不觉中脱离了他向来尊重的群众。他“睥睨尊大”之时，“而大清兵三路至矣”。[③]

由于孙可望与李定国的矛盾激化，“频年战争，猛将劲兵，十捐六七”[④]，两败俱伤，永历朝的抗清实力被极大地削弱了。孙可望溃败后降清，云贵虚实尽皆暴露在清人面前，清廷遂于顺治十四年十二月十五日（1658 年 1 月 18 日），下令分三路向云贵发起总攻。而永历帝及李定国却迟迟未能注意并做出应对，反而消极观望，似乎战事与己无关。四月，重庆、遵义、贵阳失守，永历朝兵将抵敌不住，清军就要杀进云南，李定国这才不再“等待”，开始向永历帝“上表出师，传檄会师”，做迎战的准备，“发令迤西民夫运粮安顺，迤东民夫运粮乌撒，日役万人，计程严限。值天雨，泥深数尺，挽负不前，辄鞭之至死，填沟壑者甚众。于是冤号载道，日恨清师之至不速矣”。[⑤] 此举显然不得人心。

七月，李定国率兵出师，永历帝举行了隆重的命将出征大典，亲授定国“以黄钺，凡古命将之礼无不备”[⑥]，并于五凤楼为定国“宴饯”[⑦]。永历帝对定国这次出师抱有极大希望，可惜此时战机已过，南明失去了战略主动权。

---

①徐鼒：《小腆纪年附考》卷一九，第 734 页。
②佚名：《安龙逸史》卷下，载《狩缅纪事（外三种）》第 116 页。
③李天根：《爝火录》卷二八，第 919 页。
④佚名：《鹿樵纪闻》卷下《桂王中》，载《扬州十日记》第 178 页。
⑤佚名：《安龙逸史》卷下，载《狩缅纪事（外三种）》第 117 页。
⑥邓凯：《求野录》，载《崇祯长编》第 224 页。
⑦佚名：《安龙逸史》卷下，载《狩缅纪事（外三种）》第 117 页。

清廷在下令三路进攻西南后，又于顺治十五年（1658）正月初九日授信郡王多尼为安远靖寇大将军，趁南明内乱、人心未定之际，统领八旗军进取云南。六月，抵达湖北荆州。九月，抵达贵州。十月，与征西大将军、平西王吴三桂，征南将军、固山额真卓布泰，五省经略洪承畴会于贵州平越府杨老堡，议定多尼为中路，自贵阳进发，吴三桂为北路，自遵义进发，卓布泰为南路，自都匀进发，分兵进取，约定十二月会师云南省城昆明。

形势危殆，李定国做出紧急部署：命冯双礼扼守鸡公背，拒中路；命张先璧[①]扼黄草坝，拒南路；遣白文选率众守七星关，拒北路；而自守北盘江铁索桥。他们所拒守之处均为山路崎岖的险要之地。然为时已晚，清军已云集，且部署妥当，无懈可击。而且，由于孙可望降清，清人已对山川形势了如指掌，再加上吴三桂等以重金收买向导，李定国所据险要的具体情况均被掌握，已无机密可言。

其中，卓布泰率兵经广西至北盘江罗炎渡口，因明军已扼险沉船，清军不得渡，乃用降清土知府岑继禄之计，从下流十里，取所沉之船，乘夜潜师渡江，明军仓皇逃溃。凉水井有明将李承爵屯兵万人于山谷口死守，卓布泰则挥军环山四面夹击，大败李承爵，挺进至安龙。十一月，李定国闻讯，乃率重兵三万，趋战于炎遮河，并以象阵争山，初战击败卓布泰军。然而，卓布泰迅速反击，继而遣兵登山，迅猛出击，竟一举夺得险要。定国军大败，战象多失，被清军急追，退至陆格。定国遂复率三十营兵，列栅拒守。十二月十二日，卓布泰分兵为三队，展开左右翼击之，再战皆捷，追杀定国军四十余里，获象马甚众。定国大败后，竟全线溃退，以致不可收拾。

而此前，洪承畴、孙可望又不断向明军发动策反、招降攻势，特别是孙可望招诸将帅之信很有诱惑力。他说自己“已受王封，视亲王，恩宠无比，诸将降者皆得予厚爵，非他降将比，惟定国一人不赦”[②]，

---

①一说张先璧于保宁之战后为孙可望所杀。

②王夫之：《永历实录》卷一四《李定国列传》，第139页。

此言起了很大的瓦解作用，致使不少将领陆续投降，加速了李定国的失败。

李定国见清军难挡，急焚北盘江铁索桥。十三日，他微服回昆明，请永历帝火速移驾。在此之前，李定国知败不可免，已密疏奏请移跸。永历帝方知大势不好，令沐天波率廷臣密议，但莫衷一是。独行人任国玺反对出昆明，他上疏说："君为社稷死，臣为君父死可也，何往焉！"要拼死一战，与城与国相存亡。永历帝让群臣就此集议，群臣一致反对，他们说："卷土重来，再图恢复，天意未可知也。君臣死社稷，苟非其时，何遽出此？"① 几天过去，君臣仍未拿定主意。昆明城内人心惶惶，有往外出逃者，杀而不止。永历帝得奏后说："连朕亦不知作何景况，听其自便罢了。"②

当时，刘文秀部将广平伯陈建等上呈刘文秀遗表，请赴蜀地。李定国立即反对道："蕞尔建昌，何当十万人之至？不如南楚。缓出西粤，急入交趾。"他主张移至云南东南部。但反对者说："清军乘胜逾黄草坝，则临、沅（元）、广南道路中断，且丧败之后，焉能整兵以迎方张之势？不可！"而黔国公沐天波则提议西走永昌："自迤西达缅甸，其地粮糗可资，出边则荒远无际，万一追势稍缓，据大理两关之险，犹不失为蒙段也。"③"请走迤西，地近缅甸，急则退守阿瓦、太公诸城，缓则据大理两关。"④ 这是在主张退入荒无人烟的绝境，甚至离开故土，远赴异国。翰林刘茝（又作刘蒞）进谏道："今滇云四面皆夷，车驾若幸外国，文武军吏必无一人肯从者。就使奔驰得脱，而羽毛既失，坐毙瘴乡矣。惟建昌连年丰稔，粮草山积。若假道象岭，直入嘉定，养锐以须，即或兵势猖逼嘉阳，战船、商船一刻可刷数千艘，顺流重厦（庆），直抵夔关，十三勋闻圣驾至，必夹江上迎。乘此威灵，

①佚名：《安龙逸史》卷下，载《狩缅纪事（外三种）》第118页。

②佚名：《明末滇南纪略·西走缅甸》，载《狩缅纪事（外三种）》第71页。

③邓凯：《求野录》，载《崇祯长编》第224—225页。

④佚名：《安龙逸史》卷下，载《狩缅纪事（外三种）》第119页。

下捣荆襄之虚，如唾手尔。”[①] 三议既上，众人议论纷纷，莫衷一是。永历帝认真听取后，权衡利害，乃“独出宸断幸蜀”[②]，决定北上赴蜀地，臣民精神为之一振。然而，永历帝很快变卦，决定西走，这是接受了马吉翔的主张。在此紧要关头，马吉翔表现得异常活跃，前两议均为马吉翔所坚决反对，因为他生怕去湘、蜀二地自己将失势无权。他坚决支持沐天波西走永昌，急可入缅甸之议，永历帝遂“可其议”[③]，决定西走。这实际上是马吉翔“决计入缅”，永历帝于关键时刻改变主意而从其计。这时，李定国已无法再细加斟酌，“见贼兵三面且至，云南猝难固守，不得已从其议”。[④]

临离昆明之前，永历帝指示李定国勿烧毁仓廪。李定国遂遵旨传谕各营：“不得毁其仓廪，恐清师至此无粮，徒苦我百姓。”其时，秋粮已开始收贮。李定国又向百姓颁谕道：“本藩在滇多年，与尔人民情均父子。今国事颠危，朝廷移跸，势难同尔等偕行。恐清兵一至，杀掠淫污，猝难逃避，尔等宜乘本藩未行时，各速远遁，毋致自误。”百姓闻谕，昆明全城一片惊恐。次晨，“内外居民携负狼奔，为之一空”。[⑤] 十五日晨，永历帝离开昆明，逃向了自己也难以捉摸的地方。

第六章　一逃铸成千古恨

一、仓皇去国，背井离乡

清军三路入滇的紧急警报，已使永历君臣失去了从容集议逃向何

①刘茝：《狩缅纪事（外三种）》第 3 页。
②刘茝：《狩缅纪事（外三种）》第 5 页。
③佚名：《安龙逸史》卷下，载《狩缅纪事（外三种）》第 119 页。
④金钟：《皇明末造录》卷上《东南纪略》，载《狩缅纪事（外三种）》第 154 页。
⑤佚名：《安龙逸史》卷下，载《狩缅纪事（外三种）》第 118—119 页。

处的时间，尽管李定国希望赴云南东南部，而多数大臣倾向幸蜀，永历帝也表示要前往四川，但最后一刻还是采纳了沐天波提出且被马吉翔一再坚持的逃向缅甸的主张。

永历十二年十二月十五日（1659 年 1 月 7 日）晨，永历君臣逃离昆明，仓皇就道。当时清军即将杀至的消息已经传播三天，昆明城里一片混乱，末日来临的恐惧笼罩全城。“国势既摇，人心思叛。”[①] 永历帝刚一出城，“兵马即有他遁者”[②]，庆阳王冯双礼、广平伯陈建、武功伯王会及艾能奇的长子艾承业，便逃向建昌。而艾承业又纠集狄三品等人，率千余劲卒埋伏于大寺之中，“谋劫驾”，多亏被李定国发觉，而“亲殿后”。[③]“定国遽率兵千人严队西走，承业等不敢追”，使其劫持皇帝赴蜀地之谋未能得逞。但绝大多数臣下兵民还是留恋永历朝，留恋永历帝。当永历帝车驾出发之际，“官兵男妇马步从者数十万人”。[④] 永历帝出昆明城，行至碧鸡关时，见数不清的兵民“塞路不前，哭声震动天地”，激动万分，立即传谕车驾暂停。他站起来，手扶着沐天波的左肩，向昆明城回望，流着泪说：“朕行未远，已见军民如此涂炭，以朕一人而苦万姓，诚不如还宫死社稷，以免生民惨毒。”[⑤]说着说着他就大哭起来。沐天波急忙跪下劝慰，李定国也飞骑赶来共慰，永历帝于是又登辇而行。因从行之人太多，而道路狭窄，按此速度每天所行不过二三十里。马吉翔见行动迟缓，便假传李定国要皇帝于草铺地方住宿，令众人加快车驾行进速度，中途不再停留，永历帝也“不得进中膳”，仓促到达草铺时，已经傍晚。文武官员赶至安宁，“皆饥疲已极，无一人能追及乘舆”。[⑥] 这样，经楚雄、赵州，一路奔

①邓凯：《求野录》，载《崇祯长编》第 225 页。
②刘茝：《狩缅纪事（外三种）》第 4 页。
③佚名：《安龙逸史》卷下，载《狩缅纪事（外三种）》第 119 页。
④邓凯：《求野录》，载《崇祯长编》第 225 页。
⑤佚名：《安龙逸史》卷下，载《狩缅纪事（外三种）》第 119 页。
⑥刘茝：《狩缅纪事（外三种）》第 5 页。

波，到达大理时，扈从诸文武“相失已过半矣”[①]。

李定国率兵赶到后，上奏永历帝，请驻跸大理，随后便部署战守方略。几天后，白文选也率兵赶至，虽然他与清军交战失利，但还有兵士数万人。李定国闻讯出迎，白文选见到李定国后大怒，他悲愤交加，泪流满面地斥责道：“人主以全国全师畀王，一旦至此，谁执其咎！”定国十分惭愧，向南叩头道：“帝幸赦臣！”又对文选说：“上既赦我，愿身一死以赎前罪。”文选态度才有所缓和，止住哭泣说道：“王几许人！死敌何益！王行矣！”[②] 他不同意停在大理，要永历帝继续向永昌方向转移，并自请断后。定国接受了这个建议，于是护帝启行。这时，大臣们得知皇帝还要奔逃，人心更加不安。吏部尚书张佐宸、少詹事汪蛟闻讯后立即逃匿于大理府山中。而兵部尚书孙顺、礼部尚书程源、户部侍郎万年策、大理寺少卿刘泌、左佥都御史钱邦芑等，路过永平时便“变姓名入山去”[③]。

永历十三年（1659）正月初四日，永历帝逃至永昌，追扈的大臣又零零星星地相继赶到。三天后，永历帝召见百官及永昌的官绅，君臣共商下一步对策。这时，翰林刘茝与吏科给事中胡显等上奏说：“陛下前在云南（按：指昆明），独出宸断幸蜀，不幸中改，径走永昌，已失中外之望。今永为天末，舍此则夷矣。外间轰传车驾又欲幸缅。缅为外国，叛服不常，就使忠顺来迎，我君臣患难之余，狼狈到彼，亦不能号召中外。况若称兵相阻，则銮舆进退何所恃耶？今中兴二字不过臣子爱君父之言，其实绝无机绪。莫若尝胆卧薪，闭关休养，外之守固关隘，内之劝课农桑，死守年余，以待天意转移，幸而苟全，四方必有勤王者。若敌兵势逼，仍当取道走蜀，犹可瓦全。”奏罢，“号恸不能起，左右皆为泪零”。这话说到了点子上。本来当危机出现、商议移跸之时，从各方面情况来看，转移四川为最上之策，既安全可靠，

①佚名：《安龙逸史》卷下，载《狩缅纪事（外三种）》第119页。
②邓凯：《求野录》，载《崇祯长编》第225页。
③刘茝：《狩缅纪事（外三种）》第5页。

又有发展前途。永历帝曾同意此议，但却临时改变主意逃向永昌，使臣民大失所望。但永历帝不能再逃了，因为已无路可逃，更不可进入缅甸，否则将不能号召中外，等于自取灭亡。唯一的办法是卧薪尝胆，固守关隘，以图再举，待机再向四川转移。这是很中肯的分析与判断，永历帝也“为之俯首”。[①] 他深深感到事已至此，只有努力振作，加强内部团结，以求危中得安，危中得生存，遂决心向天下臣民颁《罪己诏》，将起草任务交给刘茝。

很快，永历帝的《罪己诏》在永昌公布了，诏中说：

明知祖制之不可灭裂，而力不能见之行事，遂徒托诸空言；明知邪正之不可混淆，而心几欲辨其贤奸，又渐寝于独断，以致天下忠臣义士结舌而寒心，当路鬻爵卖官，寡廉而鲜耻。

他坦率检讨，深深自责。

随后，永历帝又祷告上帝，宣读忏悔之文。此文也是由翰林刘茝起草的，其中有“祖宗成宪既不知所，率由左右奸回，公然受其蒙蔽”，“惟苍天不早生圣人为中华主，使黎庶得谬推小子作亿兆君。忠孝阻壅于铨门，而臣不及觉；苞苴公行于政府，而臣不及知”等语。

两文公布之后，朝廷上下到处传诵，皇帝的诚心罪己，赢得了好评，鼓舞了士气。皇帝在自责的同时，也痛斥了当权的奸臣。显然这是词臣借皇帝之口对权奸的鞭挞，因而马吉翔“大怒”。[②]

这时，李定国向永历帝“还黄钺待罪，自请削秩”[③]。永历帝为之“夺三阶”，而其他文武各官均“降级有差”。马吉翔一定要降刘茝一级，因永历帝不许方作罢。[④] 这时，朝内朝外经过整顿，大有重新振作的气象。但仅仅驻跸月余，警报又一次传来，打破了这里的暂时宁静。

永历帝仓皇逃出昆明十多天后，清军才进入昆明。首先进入昆明

---

①刘茝：《狩缅纪事（外三种）》第5—6页。
②刘茝：《狩缅纪事（外三种）》第6页。
③温睿临：《南疆逸史》卷五二《李定国》，第409页。
④刘茝：《狩缅纪事（外三种）》第6页。

的平西王吴三桂出示安民，招降南明官员等。于是，卫国公胡一青、提学道徐心箴、土司总兵龙世荣等皆剃发出降。独户部主事刘之谦拒绝剃发，不屈遇害。[①] 清军随后分兵三路追击永历帝。闰正月中旬，吴三桂率清军追至大理玉龙关，白文选奋力迎击，三战皆败，退至永平冲漾碧。清军继续追杀。李定国得到败讯后，急请永历帝立即转移。永历帝遂于永历十三年（1659）闰正月十五日撤离永昌城，奔入高黎贡山中。这时“腾越山中，散亡载道”。跟随永历帝而来的大学士扶纲、户部尚书龚彝、礼部侍郎郑逢元、御史陈起相、兵科给事中胡显、吏部文选司主事姜之琏等人，“皆遁去”。[②]

李定国为阻击狂潮般涌来的清军，决定设伏以消灭之。他断定清军累胜之后穷追必无戒备，遂于怒江以西的磨盘山上设伏。此山有石门一道，长达五里，两侧高山峭壁，极为险峻。李定国伏精兵六千，设三道埋伏，每道伏兵二千，拟待清军至三伏，山巅号炮起，首尾横突截攻，清军无备，必全军覆没。初伏领兵将领为窦名望，二伏为高文贵，三伏为王国玺，各率兵隐蔽于险要之处，并于山谷必经之地埋设地雷。李定国命令：“敌尽入，初伏发，燃地雷，二、三伏乃发，首尾击之，可一鼓尽也。”这是一个十分周密的作战计划。信郡王多尼统率清军结筏，先后渡澜沧江、泸江，追击数百里，均未遭阻击，料李定国已远遁，直追至磨盘山。山中鸟道幽深，弯弯曲曲，仅通一骑。清军队伍长驱直入，遂入伏中，正要遭到灭顶之灾时，突有李定国中书卢桂生前来投降，将伏兵机密尽告之。清军慌忙停止前进。卓布泰与吴三桂急令兵士以枪炮射击埋伏的明军，并掩击之，破坏了明军的总体部署。明军见清军有异动，初、二、三伏一齐杀出，清军前队被歼灭殆尽。卓布泰、吴三桂指挥清军竭力还击，终于反败为胜。稳坐山头、等候捷音的李定国，突闻“炮失序”，乃大惊道：“兵败矣！”自炎遮河一败之后，他费尽心思准备的这一仗功败垂成，令他伤心不

①徐鼒：《小腆纪年附考》卷一九，第739页。

②刘茝：《狩缅纪事（外三种）》第6页。

已。他立即上马撤退，稍过一会儿，他让部下探听永历帝去向，回报说："将至茶山。"茶山在中缅边界上，虽为僻远之区，难得发展，但不失为可以暂时隐蔽的安全之地。李定国沉吟道："君臣俱死无益也，姑他往以图再举。"[1] 他没有立即去追扈永历帝，而是率残兵退至孟艮。

闰正月二十四日，永历帝得报磨盘山失利的消息，又惶惧出奔，次日至盏达土司一个名叫布岭的地方。百官虽疲困已极，但仍紧紧跟随。马吉翔很不高兴，与其弟婿私议说："我等百千谋议，方得车驾幸缅。今从官相随又已至此，万一得有宁宇，上意必悔不早入蜀，在廷又欲持文墨以议我弟兄。今护卫平阳侯右协孙崇雅，与我极为同心。莫若先示以意，使之妄传追逼，则乘舆今夜必兼程入关。伺夜半昏黑，车驾一过关，便将从官尽劫，则东奔西窜，流离万状，必无有随驾者矣。"这是一条孤立永历帝的十分阴险卑鄙的诡计。永历帝误认为清军追逼已近，不敢入睡，马上兼程于昏黑中奔逃，刚奔走五里便出现乱兵劫掠。马吉翔原打算只劫掠一些随驾文官，结果动手之后，"各营齐起"，顿时大乱，分辨不清谁在抢掠，从皇帝到侍卫没有不遭劫掠的。永历帝在混乱中丢了鞋子，"跣足不能登山"，多亏天威营众兵急来护驾方幸免于难。"火光中士大夫赤身徒跣，被发跛曳数十里，哭声震地。"由于惧怕劫掠，凡从驾文武及各营将士落队在后者均不敢前进随驾，"不得已逃窜山前，若鸟兽散"。[2] 马吉翔孤立永历帝的阴谋得逞。暮夜，永历帝一行到达铜壁关。二十六日，一行人到达囊本河，此地离缅甸仅十里之遥，可谓到了极边之地。沐天波于是派人前往缅甸联系。

扈驾队伍出铁壁关，来到缅甸边界时，缅甸守关官兵知道黔国公沐天波其人，前来迎接。当时扈驾文武官员近两千人，并无将士相随。缅使提出条件说，众兵压境，诸蛮惊惧，从官放下随身携带的兵器，方可进入。众官认为解除防身武器等于束手待毙，坚决不同意。马吉

①佚名：《安龙逸史》卷下，载《狩缅纪事（外三种）》第120页。
②刘茝：《狩缅纪事（外三种）》第7页。

翔急于进入缅甸，便“矫旨从之”，假传帝之圣旨，同意缅人的要求，“诸臣力争不得”。[①] 于是众人纷纷放下随身携带的武器后，大队人马进入缅境。

当天，一行人到达离缅城不远的蛮莫（或称茫漠）。沐天波与华亭侯王维恭、太监李崇贵等商议说：“此地属缅边，尚未深入。我等若将文武将士分一半随大驾入缅，以一半导太子入茶山调度各营，即上在缅地亦有外援可恃。不然，深入夷穴，音耗内外不通，终于坐困。”[②] 商议停当，正拟上奏永历帝，缅甸方面又遣人前来通话说：“缅土小邦，为大明贡域，今天子亲临玉趾，敢不伏而迎诸郊。惟是扈跸诸王及勋镇将军携有重兵，宜次于外，以图恢复疆宇。若入小邦，是示天下以不武也。”[③] 这是在同意永历帝及放下武器的文武群臣可以进入缅境，明确表示不许明军将士入境。这样一来，永历帝周围将无扈卫者。沐天波见形势更加不妙，便上奏永历帝说：“圣驾进，臣必居外，君臣南北，阻以大江之险，音问难通。请陛下以太子托臣，臣奉之监国，一则可以在外调度，次亦可以遥为声援，此顾前虑后之长策，愿陛下决之。”永历帝对这一考虑万全之策却说：“兴废由天，非人力能挽，太子尚幼，父子之情何忍遽离？”他在此紧要关头只顾身家，为自身活命，大有末日来临、听天由命之感，说起目光短浅的话。此际，他已把自己一直念念不忘的天下、社稷完全抛在脑后。皇后之兄华亭侯王维恭为此特向皇后请示，“后亦弗许”。[④] 这样，有关永历帝及永历朝生死存亡的大事便被草草决定了。

闰正月三十日，永历帝至大金沙江边。二月初一日，缅甸国王遣人以客船四只来迎。所载之人有限，其余不能登船者，只得临时雇舟前往，“一时舟船涌贵，小航非十金不得”[⑤]。缅人也说，陆路虽然崎

①佚名：《安龙逸史》卷下，载《狩缅纪事（外三种）》第 120 页。
②刘茝：《狩缅纪事（外三种）》第 7—8 页。
③佚名：《安龙逸史》卷下，载《狩缅纪事（外三种）》第 121 页。
④佚名：《安龙逸史》卷下，载《狩缅纪事（外三种）》第 121 页。
⑤金钟：《皇明末造录》卷下《入缅纪略》，载《狩缅纪事（外三种）》第 156 页。

岖不平，但也可到达。当时从腾越出发时随行人等共四千余人，此时清点共一千八百七十五人。乘船者共八百九十六人，陆行者共九百七十九人，马九百四十五匹。随后又陆续有人追来。然而，至十八日到达井梗时，全部人员也只有两千余人。

二月二十四日，缅甸国王遣人请永历朝二大臣前往讲话。永历帝遂命中府都督马雄飞、御史邬昌琦二人前往。二人以大国的姿态宣谕“南幸”之意。缅甸国王并不出见，只令通事（翻译）往来传话，但其所言都是明神宗时之事。缅人拿出神宗时的敕书，要求与永历敕书对验所用国宝，结果“颇差一分，遂疑以为假”。缅人又拿出黔国公的印信相对，则完全相合，而“始无他疑”。[①] 原来，明神宗万历三十三年（1605），缅甸发生内乱，缅人求救于明朝时，明朝政府不肯发兵干预其内政，缅甸当年即“绝贡”[②]，至此已整整五十五年。

永历帝离开蛮莫进入缅境时，缅甸国王随即谕嘱土官思线砍伐树木堵塞道路，以阻挡清军追赶。永历帝离开后，思线竟率兵连续搜山三日，将所有陆续赶来追扈永历帝的臣民尽行掠杀。结果清军未来，被阻挡的却是追驾之臣，而李定国、白文选率兵在外，不知永历帝消息。不久，李定国取道走木邦，派人赍奏入缅甸寻永历帝，竟被缅人所杀，“自此乘舆隔绝”[③]。永历帝本以为进入缅甸便是进入了安全之区、自由之地，可以重整旗鼓，不料事与愿违，他完全失去了安全与自由，失去了与外界的一切联系，从而陷入了无限的困窘之中。

二、追扈不及，忠良饮恨

永历帝进入缅甸之后便与外界失去了联系，原因是缅甸并不情愿接收永历君臣。缅甸为本国安全计，提出了不许携带武器入境、不许

---

①刘茝：《狩缅纪事（外三种）》第8页。

②金钟：《皇明末造录》卷下《入缅纪略》，载《狩缅纪事（外三种）》第156页。

③刘茝：《狩缅纪事（外三种）》第8页。

所有将士入境的条件。为确保这一条件的落实，缅甸加强了边境守卫，封锁了出入道路。而几乎在永历帝进入缅甸的同时，清军统帅吴三桂已遣使至缅甸，强烈要求缅王必须向清朝缚献永历帝，并威胁道："不然，我且屠阿瓦。"[①] 阿瓦是当时的缅甸国都。缅人惧怕强大的清朝，不敢不从，本想立即缚献永历帝，因顾忌永历帝周围人多难以下手，尤其清楚李定国、白文选等将领正拥兵境上，若因此结怨，必后患无穷，于是缚献之事便拖延下来。但同时，缅王又做出另一项决定：尽管并不欢迎永历帝入缅，但此时又决不能让他离境，否则将无法向清人交代，因此加意控制永历帝，坚决封锁消息，不许其与外界联系，拒绝一切迎驾人马。形势变得复杂起来，这苦了永历朝想护驾、迎驾的忠臣义士。

李定国、白文选等将领为迎驾永历帝尽了极大的努力。巩昌王白文选、晋王李定国先后在玉龙关和磨盘山失利之后，为避免全军覆没，紧急收拾残兵，转移队伍。他们在极短的时间里重新振作，踏上追扈永历帝之途。但永历帝已携众臣进入缅甸，踪迹难寻，迄无下落。他们辗转追寻，于二月十五日会师于缅境木邦，却不见永历帝，"相持而泣"[②]。这时，他们冷静地分析了形势。李定国说："我兵入缅，缅人苦供馈，必相拒于境，击之祸结，恐酿不测。不如择近边险要地，暂息士马，益招集散亡，两人相为犄角。缅外惮吾两人，在内者可无恐。且得觇云南动静，结连诸土司为后图。"[③] 这个分析相当客观。白文选认为永历帝一定在盼望救援，如果两军都在外，则内无倚靠，"不如我入护主，王任外事"[④]。李定国同意了他的主张，于是率军进入孟定、勐缅、孟连一带，召集士兵，训练队伍，同时与云南各土司取得联系，颁发敕书，争取同盟力量。元江土知府那嵩接受敕封为总督之命后，

---

①叶梦珠：《续编绥寇纪略》卷四《缅甸散》，载《续修四库全书》第390册，第142页。

②刘茝：《狩缅纪事（外三种）》第8—9页。

③冯甦：《见闻随笔》卷下《李定国》，载四库全书存目丛书编纂委员会编：《四库全书存目丛书》史部第56册，齐鲁书社，1996年，第77页。

④温睿临：《南疆逸史》卷五二《李定国》，第410页。

积极发动各土司，准备起兵抗清，并待机迎回永历帝。

白文选按与李定国的约定，率兵从木邦出发，冒炎热深入缅境，寻求永历帝踪迹，缅人“大发兵守隘”[①]。文选挥兵“一鼓而前，缅人望风披靡。文选兵皆陆续过江，鳞次而进，杀缅兵四五万人，积尸横野”。由于缅人封锁消息，文选挥兵直达阿瓦城下，仍不知永历帝在何方。“缅人大恐，收兵入城。时文选师薄城下，欲即攻城，又恐车驾在城受惊，末（未）敢轻进。”[②] 因“迎驾不遇”[③]，文选在扎营五日后，又起营而去。

其实，这时永历帝车驾所在的缅甸井梗距文选驻军之处相隔不过六十里。文选虽撤军而去，缅人却恨透了明军。有记载称：不久，从陆路而来的扈驾臣民千余人，在潘世荣率领下，结队前来，因不知永历帝正在井梗，而直抵阿瓦城下。“缅人以为寇至，发兵围之，被杀者过半，余安置远方，后竟无存焉。”[④] 其实际情况是，缅人见潘世荣率千余人迎驾而来，便以十余艘大船迎接，骗世荣说：“你家主子已到，尔等可即去见。”世荣等便欢喜登舟。一过大江登岸，缅人便以兵威胁，将人众“引各夷寨去”，“分引诸人散寄，每一家止容一人，马匹尽皆夺去。千余人主不见仆，父不见子，夫不见妻，且尽夺其行李，逼诸朝贵舂碓汲水。潘世荣知中狡计，仰天椎心而死。其内使江国泰、总兵姜承德等皆愤气填胸，自经树间”。[⑤]

四月，缅甸蛮莫地方向国王报告说，有明军将领祁三昇“英勇之极，今以兵来迎驾，其夫马行粮已备”[⑥]，请求发令阻止。接着，他们又报警说，该军已“杀入缅界，锋不可当”，“缅人大震”，[⑦] 便要求永

①邓凯：《求野录》，载《崇祯长编》第228页。
②刘茝：《狩缅纪事（外三种）》第9页。
③金钟：《皇明末造录》卷下《入缅纪略》，载《狩缅纪事（外三种）》第157页。
④邓凯：《求野录》，载《崇祯长编》第228页。
⑤刘茝：《狩缅纪事（外三种）》第9页。
⑥金钟：《皇明末造录》卷下《入缅纪略》，载《狩缅纪事（外三种）》第158页。按：刘茝：《狩缅纪事（外三种）》第10页作“广昌侯高文贵、怀仁侯吴子圣”率军前来。
⑦刘茝：《狩缅纪事（外三种）》第10页。

历帝降敕阻挡。原来咸宁侯祁三昇于云南境内击退追击清军后，得知永历帝在缅，便上表迎驾。缅人阻挡不了，便将其事通报永历君臣。这是永历帝自入缅以来见到的国内大臣所上的第一份奏表。许多大臣深受鼓舞，奏请永历帝说："此我君臣出险之一时也！"他们认为这是脱离虎口的良机，建议趁此机会离开缅甸。但在马吉翔左右下的永历帝竟然听任其摆布，降敕阻止祁三昇入缅，并特遣两名官员持敕前往阻止。敕书说：

朕已航闽，将军善自为计！

祁三昇"捧敕痛哭"[①]，竟完全相信了这种欺骗，以为皇帝真的已离缅远航福建，大失所望，乃撤军离去。与此同时，马吉翔又以永历帝的名义颁敕至缅甸各关口，有"朕已航闽，后有各营官兵来，可奋力剿歼"等语，这是为了讨得缅甸国王欢心的举动，结果使追驾将士"自此尽隳心矣"。[②] 但是李定国、白文选等将领却对此真实性十分怀疑，他们决不放弃迎驾永历帝的努力。

当永历帝逃难入缅时，缅人对其十分轻视，而清人逼缅甸交出永历帝，更增加了缅人对永历帝的轻蔑之心。但自从他们目睹明将祁三昇接敕时的激动之状与接敕后立即撤退之事，便感到永历帝"威令尚行，恐一旦移跸，纾祸无计"，于是决定"迎帝优奉，以为缓急自救之策"。[③]

五月初四日，缅王派遣官员驶来两艘龙舟，在鼓乐声中将永历帝从井梗迎至者梗。缅人于此营造草房十大间，用竹作一小城，作为永历帝的宫垣；文武官员则自备竹木，结草为屋。这里每天派有百余名兵丁"更番护守"，而"进贡颇厚"。[④] 此地在缅都阿瓦城下，位于大金沙江与小盈沙之间，"四面皆海，人不得通"[⑤]。此举实际是把永历

---

①邓凯：《求野录》，载《崇祯长编》第228页。
②刘茝：《狩缅纪事（外三种）》第10页。
③邓凯：《求野录》，载《崇祯长编》第229页。
④刘茝：《狩缅纪事（外三种）》第10页。
⑤戴笠：《行在阳秋》卷下，载《三朝野纪》第295页。

帝更严密地控制起来，“潜阻内外，声闻不通，而帝益困矣！”[①] 从此，许多大臣不只迎驾不得，连上疏进表也绝难到达永历帝面前。

在缅甸表面上受到优礼的永历帝实际处境越发艰难。九月，颍国公杨武率兵收复腾越，遣官覃仁卿赴缅向永历帝报捷，结果被缅人阻挡在边境，“矫诏遣返腾越”[②]。永历帝不闻此事。十二月一个明月之夜，有汉人王姓者历经险阻，从遮哈来到者梗向永历帝秘密进上一份翰林刘茝写的血疏，请求皇帝降旨晋封杨武。永历帝这才得知杨武收复腾越之事，但自己处处受缅人监视，遂将来人隐藏起来，准备让其将密敕带出。就在此时，缅人密探探得风声，报告缅王，缅王立即遣人逼问永历帝众臣，众臣皆答不知此事，因缅兵在此之前已追杀掉王姓的同伴，结果无处对证，此事便不了了之。缅人从此加强了监视，议封杨武之事便无法进行。永历帝“愤恚愈甚，自此中外隔绝不通”。永历帝就这样被缅王“所拘执，以为退师之具，其景况日蹙矣”。[③]

李定国、白文选探得永历帝仍在缅甸，他们多次上疏请求接驾，一直不见回音。这年十月，李定国驻军孟艮，准备迎永历帝至此。该地女土司聚众与李定国作梗，李定国率兵平定。而与此同时，受明总督衔的元江土知府那嵩揭起了抗清义旗，恢复维摩州，攻占石屏，进围临安府，“全滇响应”[④]。吴三桂紧急派兵前往镇压。那嵩起事仓促，兵力单弱，而李定国正“与孟艮构兵，勿能救”[⑤]，那嵩遂被围于元江城中。那嵩兵败困守孤城之际，吴三桂射书城中，“令士民缚嵩以献，免屠戮”，却“无有应者”。那嵩“亦射书城外，数三桂罪恶。城上发炮，几中三桂。三桂大怒，昼夜攻城，城遂陷”。此时为十一月初六

①邓凯：《求野录》，载《崇祯长编》第229页。

②刘茝：《狩缅纪事（外三种）》第11页。

③刘茝：《狩缅纪事（外三种）》第11页。

④屈大均：《皇明四朝成仁录》卷一二《异姓亲王死事传·李定国》，载《屈大均全集》第3册，第916页。

⑤温睿临：《南疆逸史》卷五二《李定国》，第410页。

日。城陷时那嵩“自北门策马归，西向拜曰：‘臣力竭矣，无以报陛下。’”乃举室自焚而死。[①] 李定国闻讯感叹不已，他为又失去一位忠诚的抗清战友而伤痛。

永历十四年（1660）七月，白文选得到永历帝就在阿瓦附近的确报，于是举兵入缅甸迎驾。他为减少与缅人的摩擦与冲突，特于事先派遣两骑入缅，表明接驾之意，请求给予方便和配合。缅人仍按既定方针，拒绝明人的一切迎驾行为，使者入缅境捕获即杀之。文选见无音信，随即又遣十骑前往，仍被杀于途。文选大怒，便挥兵挺进，直至阿瓦城下。缅人未料到白文选兵众来得如此迅速凌厉，缅王惧怕城被攻陷，遣使请永历帝降敕制止。使者飞至白文选军前宣读敕书，令其毋进兵。文选拒不奉诏，对使者说：“前者祁将军来，诏云‘已航闽’。若前诏为真，则今敕为赝；使今敕为真，则航闽之后何自而来？君非臣何以威众？臣非君何以使人？蛮人不足信也！”[②] 使者无言以对，去而不复返。缅人毕竟是以逸待劳，固守城池，并“伪为约和”，表示愿献出永历帝。文选信以为真，而缅人趁此机会“阴召兵。兵既集，以巨炮击文选营，文选不能支”[③]。加上粮饷匮乏，而缅人守城益坚，文选眼望永历帝所居之者梗城，痛哭引兵而去。[④]

李定国自永历帝入缅之后，一直在寻求接驾。他辗转奔波，想尽了办法，仅上疏永历帝即达三十余次[⑤]，惜无任何音讯。他又不敢向缅用兵，怕的是与缅甸结仇，永历帝因此受连累。一切努力均无效，他痛苦万分却无计可施。白文选攻缅不成，败回国内后，李定国感慨地说：“惜也，前不用吾言，今仇怨已结，在彼者危矣！”[⑥] 当此之际，他这才认识到，以和平手段争取缅甸放人已行不通，只有用动武方能

---

①温睿临：《南疆逸史》卷三五《那嵩》，第 252 页。

②邓凯：《求野录》，载《崇祯长编》第 230 页。

③温睿临：《南疆逸史》卷五二《李定国》，第 410 页。

④邓凯：《求野录》，载《崇祯长编》第 230 页。

⑤刘茝：《狩缅纪事（外三种）》第 11—12 页。

⑥温睿临：《南疆逸史》卷五二《李定国》，第 410 页。

迎接皇帝。他不再犹豫，遂于当年九月同白文选一起，从孟艮发兵，定国由左，文选由右，分道入缅，约定十月会师于洞武。

结果这次出师极不顺利，兵马尚未到达目的地，就因途中缺粮，死伤大半。李定国至武洞后，见沿江多船，便准备分将渡江至者梗迎永历帝，而自己另率一军专攻缅都阿瓦以为牵制，使其不得出兵赴援。但定国爱将靳统武却认为，我军兵少，分之力弱，不如全军攻缅都，缅都破或危必送帝求和。定国采纳了这个建议，倾全军之力攻阿瓦。阿瓦三面临江，一面通陆。白文选到后，与定国共同察看形势，引水为湖、筑木城、修浮桥，协力进攻，同时致书缅王：如果送出永历帝，我则罢兵。缅王不应。但定国同时所上的迎驾疏及致朝廷诸臣书却送到了永历君臣之手——缅王为让永历帝降敕下旨令进至阿瓦的李定国等退兵，而将疏、书交出。定国致在廷诸臣书说：

> 前此三十余疏，未知得达否？今此缅王相约，何地交递？而诸公只顾在内安乐，全不关切出险一事。奈何，奈何！

李定国的责难说对了一半，永历帝之所以不能离开缅甸，除诸臣之责，更有缅甸的阻挠。但这次永历帝却没发退兵之敕，可能有难言之痛，使他无法再发。定国、文选之军尽管士气高昂，但毕竟是劳师袭远，困难殊多。定国等人久候无音，便又拔营而去。不久，缅甸官员至者梗对永历帝之臣说："此辈真贼心，全无迎主实念。今不商议恢复地方，亦不议借象马兵粮相助，一味焚杀，将来岂能逭天诛。"① 这是强词夺理之语。缅方拒不交出永历帝而固守坚城，定国等人硬攻不下，历经艰辛远道入缅，却粮饷将尽，无处补给，岂能坐以待毙！这样一直迁延到永历十五年（1661）二月，事情毫无进展。

二十八日，永历帝收到了由缅人秘密转来的白文选的上疏，疏云：

> 臣所以不敢速破缅者，恐缅未破而害先及于皇上尔。为今之计，令多方委婉，使缅送驾出来为稳着。

---

①刘茝：《狩缅纪事（外三种）》第12页。

永历帝“答以玺书，望其迎驾，言词恳切”。[①]

此时的永历帝真有度日如年之痛，真想立即离缅归国！李定国、白文选也完全理解皇帝之心，所以极力解救，但阿瓦久攻不下，只得暂时转移。定国于距阿瓦八十里的洞泊屯兵，文选于距阿瓦一百一十里的象腿屯兵，准备打持久战。但这正给缅人以休整机会，使其从容于城外建立木城，出兵守卫，步步进逼，接连建木城，直逼近定国军营后，突然袭击，并以大象为前队，定国失利。这时文选率军赶来支援，两军合击，终于大败缅军。但时值盛暑，天气炎热，兵马干渴，难以追击。定国优待被俘虏的缅军将领，并加以释放，使其传语缅王：只求送永历帝出，即罢兵而退。缅人认为明军难以久停，必食尽而退，乃继续坚守城池，拒绝定国的要求。定国原有的战船已被藏匿，新造的十六艘战船又被摧毁五艘。[②] 定国此时已无他策，又加之“军饥疫作，死亡相继”[③]，遂退兵亦渺赖山，继而再次攻缅不胜，不得已于八月撤师回国。

就在李定国撤师前不久，缅人迫于清军的压力，设计杀害沐天波等永历帝从臣四十二人，制造了“咒水之难”。永历帝的处境已经十分危险。

白文选曾为迎驾永历帝历经险阻，这次受挫归国之后，在周围人的怂恿胁迫之下，竟与李定国不辞而别，改变节操，于十一月投降了他曾坚决反抗的清朝。对此，定国已有察觉。原来，定国曾令亲子李嗣兴率兵尾随文选而行。文选决定降清，其部下要求与李嗣兴交战，以便摆脱监视。定国不等双方交战便召嗣兴回还，沉痛地对嗣兴说：

> 吾兄弟数十人，今惟存若与吾尔，何忍更相戕！吾前所以使尔随之者，冀其悔而复回，仍与吾并力也。既勒兵相向，念已绝

---

①刘茝：《狩缅纪事（外三种）》第13页。

②温睿临：《南疆逸史》卷五二《李定国》，第411页。

③邓凯：《求野录》，载《崇祯长编》第231页。

矣，任彼所之，吾自尽吾事可尔！①

这是至诚之言。他忠于大明、忠于永历帝，虽“流离蛮貊之中，不忘故主”②，历经千难万险仍矢志不渝。他唯一的盼望是迎永历帝归国，遂为此进行不懈的努力。

三、流亡异域，抽身悔迟

一生颠沛流离、常在逃亡中度过危难的永历帝，绝没料到他逃出云南迈入缅甸国土之后，便再无自由，再无逢凶化吉的希望了。他徐图恢复的打算只是幻想，他认清了这已走错的第一步时，追悔莫及。

当时力主其移驾西南、危急时可暂入缅境之议者，主要是沐天波与马吉翔两人。两人主张一样，但目的却截然相反，入缅之后两人又都极欲实现自己的目的。马吉翔的想法与缅人的要求达成了某种一致，结果其阴谋得逞，使永历帝及其臣下一步步陷入绝境，这是永历帝始料未及的。黔国公沐天波，这位明朝开国元勋黔宁昭靖王沐英的十一世孙，对永历帝忠心耿耿。他提出赴永昌、腾越，紧急时入缅的主张，为的是使永历帝能于困境中重整旗鼓。这一提议是有充分根据的，因为沐氏家族自从沐英以来，世守云南，忠于国家，恩泽广布，不论汉人还是少数民族，很多人都对其有感情，其威望甚高。而且沐家世代与缅甸友好相处，缅甸国王、大臣也对其甚为敬重。凭借这种关系，君臣上下齐心一致是可以共渡难关的。当然，即使仓皇转移之际，他也并非消极逃窜。当大理、腾越无法立足，不得不进入缅甸之际，他思虑深远，主动提出“圣驾进，臣必居外”③ 的主张，建议文武将士分一半随永历帝入缅，以另一半奉太子留国内，监国于茶山，目的是使皇帝在缅地“亦有外援可恃。不然，深入夷穴，音耗内外不通，终

①郑达：《野史无文》卷九《李定国传》，第98页。

②温睿临：《南疆逸史》卷五二《李定国》，第412页。

③佚名：《安龙逸史》卷下，载《狩缅纪事（外三种）》第121页。

于坐困”[1]。可惜这一重要建议并未被一心想逃跑了之的永历帝所采纳，最终君臣全部入缅。永历帝入缅甸之后，形势陡变，比想象的情形要坏得多：不仅永历帝的恢复大业在这里已无从谈起，连行动自由也逐渐丧失，永历君臣陷入了困境。

沐天波首先发现了问题的严重性。三月，永历帝等人住在距缅都阿瓦尚远的井梗之时，沐天波便与华亭侯王维恭、尚书邓士廉、总兵王启隆、绥宁伯蒲缨，邀马吉翔等人集于大树之下商议，“见缅人无礼，议走户腊二撒、孟养等处”[2]。天波说：“缅酋待我等日渐无礼，不可深入。不若就此处走护勒沙，向孟艮、孟养界上去，由大撤（撒）可达交趾。”[3] 当时李定国正在户撒、孟艮一带，前往该地，是“以就定国”[4]。沐天波认为，当此之时，如此“尚可图存”，是于困中求生之计。马吉翔却坚决反对，但他提不出反对的理由，便撒泼说：“如此，我不能复与官家事，将皇上三宫交诸公为计可耳!”[5] “皇上三宫交付众位，我从此不管保护事。”[6] 负责戎政和御营警卫的马吉翔说出如此之言，分明是要挟，结果此议作罢。永历帝同其臣下继续深入缅境，从此便更难抽身。

马吉翔力主入缅完全是出于个人挟永历帝以揽权专擅的考虑。他把皇帝作为傀儡，排斥一切大臣，希望护驾者越少越好，对主张离缅归国或前来迎驾者，一概采取拒绝的态度。当永历帝向缅甸进发时，他已策动将领孙崇雅于途劫掠诸臣，竭力阻止其扈驾赴缅。而入缅之后，他生怕永历帝再离缅归国，因而阻挡一切千辛万苦率兵前来迎驾的将领。他假借永历帝的名义，颁敕传谕各关口：“朕已航闽，后有一

①刘茝：《狩缅纪事（外三种）》第8页。
②刘茝：《狩缅纪事（外三种）》第11页。
③金钟：《皇明末造录》卷下《入缅纪略》，载《狩缅纪事（外三种）》第157页。
④邓凯：《求野录》，载《崇祯长编》第228页。
⑤邓凯：《也是录》，载《崇祯长编》第211页。
⑥金钟：《皇明末造录》卷下《入缅纪略》，载《狩缅纪事（外三种）》第157页。

切兵来，都与我杀了！”[1] 他想让永历帝永远也不得回国。而居缅之时，马吉翔大权在握，大搞腐败政治，“文恬武嬉，苟延岁月，不思出险”[2]，醉生梦死，自轻自贱，在缅人面前丢尽了脸，也使永历帝的处境更加困难。

永历十三年（1659）五月，永历帝被缅人安排住入者梗之后，随驾的文武官员在行宫附近结茆为屋。者梗条件虽简陋，但如能卧薪尝胆，未尝不可作为以屈求伸、争取他日恢复的根据地。但令永历帝失望的是，不少大臣竟安于现状。居舍既落成，缅民前来贸易，人来人往如同集市，而“文武官短衣跣足混入缅妇，席地坐笑”。这是不成体统之事。当时缅甸官员见此情景很是吃惊，他们私下议论说：“天朝大臣如此嬉戏无度，天下安得不亡。”不止如此，不少官员竟聚集在一起，“张灯高饮，彻夜歌号”，尽情地享乐起来。对此，永历帝十分不安，为制止这种伤风败俗、宴安鸩毒的举动，他特设夜巡制度，“每夜派各官员巡更”，加以禁止，但却禁而不止。[3] 这年八月，永历帝左足疼痛难忍，“昼夜呻吟”，但诸臣照旧“结舍酣饮，毫无顾忌”。马吉翔及司礼监李国泰于中秋之夜畅饮于皇后之兄王维恭宅中。王维恭有一女伶黎应祥，吉翔、国泰呼其出来唱歌，应祥流着泪说：“上宫禁咫尺，玉体违和，此何等时，乃欲行乐，应祥虽小人，不敢闻命。”王维恭闻此言立即站起来杖打应祥。隔院的永历帝听到哭声，传旨责备维恭说：“皇亲即目中无朕，当念母死新丧，不宜闻乐。”而与此同时，蒲缨与太监杨国明开设赌场，公开赌博。永历帝大怒，下令锦衣卫摧毁赌场，但“诏令不行，争赌如故”。[4]

九月，缅人送来稻谷，永历帝下令分给随驾官员中生活困难者，马吉翔却据为己有，只分散给自己的亲信。廷臣对此“纷纷不平”，侍

---

①邓凯：《也是录》，载《崇祯长编》第211页。
②邓凯：《也是录·序》，载《崇祯长编》第208页。
③刘茝：《狩缅纪事（外三种）》第10页。
④刘茝：《狩缅纪事（外三种）》第11页。

卫总兵邓凯大呼道："时势至此，尚敢蒙蔽上听，升斗之惠，不给从官，良心何在?"[①] 马吉翔无法回答，却命其亲信吴承爵"猝仆凯于地，损一足"[②]，也有记载言邓凯"摭跌阶下，坠足几死"[③]。

马吉翔还利用从臣生活困难的状况，向永历帝施加压力。一天，他同李国泰一起向永历帝上奏说，在廷之臣已有三日不举火做饭者，"言之再三"，请皇帝解决。永历帝被逼得无奈，怒掷皇帝金印，命管库太监李国用将其击碎，分发给困难者。国用惶恐地跪下叩头道："臣万死不敢碎此宝。"但第二天，马吉翔同李国泰却击碎了金印，将碎块分给各员，"不分窘裕"。永历帝怒不可遏地骂道："马吉翔、李国泰二奴沽名钓誉，将朕作人情送人。赌博饮酒，挥金如土。今乃碎朕国宝，分较锱铢，良心何在?"[④] 其实，马吉翔早已丧尽了良心，可谓作恶多端，早就是死有余辜之人。他到永历帝身边之后，做尽了坏事，已多次把永历帝逼入绝境。更可悲的是，永历帝从来没有认真地从马吉翔害己、害国的行径中吸取教训，结果不断地遭受其害。马吉翔不断作恶，不断暴露，又不断蒙混过关。从某种意义上说，永历帝成了马吉翔的保护伞，而永历帝受马吉翔之害又是永历帝自招之祸。永历帝这次斥骂马、李二人，只不过是发发火而已，于事丝毫无补。

马吉翔更结党营私，所有亲属、亲信都得高官，并封官许愿。"一时在缅诸臣，毫无顾忌，每日争官争位，殆无宁宇。"当时为争官，太常博士邓居诏、行人任国玺，"几于相殴"。马吉翔的弟婿等人互相标榜，当时虽处十分困窘之中，他们已设计好了将来"出险"之后各应获得之官：马吉翔之婿礼部侍郎杨在拜相，以马吉翔之弟马雄飞为总宪。吏部侍郎邓士廉逢迎讨好马吉翔，想当尚书。而杨在"不时判乩仙"，搞扶鸾迷信，"妄传祸福，以惑人心"。他们翁婿一起狼狈为奸

①刘茝：《狩缅纪事（外三种）》第11页。

②戴笠：《行在阳秋》卷下，载《三朝野纪》第296页。

③刘茝：《狩缅纪事（外三种）》第11页。

④刘茝：《狩缅纪事（外三种）》第12页。

“蒙蔽上听”。他们看中了“年少心险，能习缅语”① 的潘璜，叮嘱其扶鸾说：“仙告我矣，某处有兵来迎，当以某日至冈上”，以“邀赏取悦”于永历帝。但马吉翔又恐露了马脚，怕李定国真的率兵前来，揭发其罪恶，而“不得自恣”，所以他又假传帝旨，令定国“勿入缅”。总之，马吉翔反复作恶，“盖难枚举。至文武升迁，仍由权贿”②，把困顿流亡之时的永历朝廷搞得乌烟瘴气。

马吉翔的专横恣肆已把永历帝置于非常困难的境地，不少有正义感的大臣对此极为反感。行人任国玺负责给太子讲课，特将宋朝末年“诸奸利害”之事汇成一帖缮写进呈御览，暗中有所影射。“马吉翔闻，恨之不置”，“次日，国泰窃袖之出”，③ 永历帝“方览一日，吉翔、国泰即匿去”④。他们生怕皇帝觉醒，看穿他们的嘴脸，便实行盗窃。然其丑行却无法遮掩，有正义感的典宝太监李崇贵对李国泰之流欺君误国的行为极为反感，乃对太子说：“历代帝王事事坏在我辈”⑤，以期引起太子对李国泰勾结马吉翔误国之事的警觉。

永历十五年（1661）二月，永历帝接到白文选密遣人送上的迎驾疏后，十分激动，恨不得马上离缅而去，但其所居的者梗四面环水，无法出入。接着他听说白文选正于七十里之外架设浮桥，准备迎驾，心中充满了希望，不料几日后缅兵却将浮桥砍断，永历帝再次陷入绝望之中。本来如臣下能积极配合，完全可使永历帝脱离险境，就是因为马吉翔、李国泰“挟驾自重，不思出险”⑥，一次次错过了迎驾成功的机会。

三月，沐天波与总兵官王启隆因见缅人又加强了对永历帝的看守而焦急万分。他们更加痛恨奸险的马吉翔与李国泰，便“插（歃）血

---

①以上多处引文引自刘茝：《狩缅纪事（外三种）》第 12 页。

②以上多处引文引自邓凯：《也是录》，载《崇祯长编》第 213 页。

③以上多处引文引自邓凯：《也是录》，载《崇祯长编》第 214 页。

④刘茝：《狩缅纪事（外三种）》第 12 页。

⑤刘茝：《狩缅纪事（外三种）》第 13 页。

⑥戴笠：《行在阳秋》卷下，载《三朝野纪》第 299 页。

密谋”，准备以死士数十人杀掉马吉翔、李国泰二人，劫持太子斩关而出，奔赴正在缅境的李定国、白文选军营之中。但不幸计谋泄露，被马吉翔、李国泰所知。马、李二人先发制人，向永历帝上奏，诬告沐天波、王启隆“结盟投缅，不利圣躬”。永历帝竟降旨将沐天波家人李成、王启隆家人何爱，“各付其主立时处死”①。沐、王除奸未成，反遭其害。从此，马吉翔更加嚣张，永历帝也更加恐惧马吉翔，出险归国之事愈加没有指望。

马吉翔、李国泰为控制永历帝互相紧紧勾结，他们经常进宫，而永历帝“必赐坐”，一坐就是半天。廷臣有事也不得进入，被挡在宫门之外，久候不果，一问，马吉翔便“答以讲书”。这是故意阻断永历帝与群臣的联系。任国玺看穿了这个阴谋，五月，他上疏“言时事有三不可解”，揭露此事说，去年臣下曾上疏请开经筵讲席，迟迟拖延了一年也未举行，“今日势如累卵，祸在旦夕，不急思出险之策，乃如此泄沓，借名讲书！”他又说，即使是讲书，也应由科道侍班进行，如议军务则有沐天波、王维恭等，轮不到马吉翔、李国泰，“岂有吉翔、国泰二人独专机密之理？”此疏可谓义正词严。对此，永历帝的反应却是第二天降旨：“着国玺献出险之策来！”任国玺立即上奏说：“能主入缅者必能主出缅。事势至此，便卸肩于建言之人，是欲箝天下之口尔。”②此语针锋相对，完全在情在理。永历帝仍然奈何不了马吉翔。王祖望、邓居诏等人也上疏弹劾马吉翔，但永历帝完全被马吉翔所左右，不敢正视，不辨是非，不予回答。小朝廷已到了无所作为、无可救药的地步。

不久，缅甸发生政变，国王之弟杀兄自立，并差官向永历帝索要贺礼，遭拒绝。七月初六日，一名缅甸大臣又前来永历行宫传达新国王之命说：“我已劳苦三载，老皇帝及大臣辈亦宜重谢我。前年五月，我王欲杀你们，我力保不肯。毫不知恩报恩。”说完，他便愤愤而去。

①刘茝：《狩缅纪事（外三种）》第13页。

②刘茝：《狩缅纪事（外三种）》第13页。

其实这时清廷已致书缅王要求交出永历帝。十六日，缅王遣使来要求永历帝派大臣数人渡江议事，永历帝之臣“皆疑惧不肯行”。十八日，缅使又前来说：“此行无他故，我王恐尔等立心不臧，欲尔等去吃咒水盟誓，尔等亦便于贸易。不然断绝往来，并日用亦艰矣。”[①] 沐天波怀疑有诈，准备拒绝。马吉翔、李国泰却说：“蛮人敬鬼重誓，可往也。”[②] 但众臣犹豫，仍决定不下。十九日黎明，马吉翔、李国泰假传永历帝之旨，令文武官员不论大小一律出行，只留大小太监十三人侍候皇上，总兵邓凯因足跛免行。[③] 诸臣仍在犹豫之时，缅人已率三千兵士包围了永历君臣所居木城，并大声呼喊：“尔大臣可俱出饮咒水！有不出者，乱枪攒刺之。”[④] 诸臣更不敢出，但考虑到自身手无寸铁，又怕僵持下去导致永历帝及其宫眷遭遇不测，无计可施，只能被迫出来。结果这是一场有预谋的大屠杀，凡出来者，缅兵立即上前，以二十人缚一人，加以杀害。沐天波见事已危急，从袖中取出随身携带的流星锤，击死缅兵九人后遇难。松滋王及马吉翔、马雄飞、王维恭、蒲缨、邓士廉、杨在、邬昌琦、任国玺、邓居诏、王祖望等及内臣李国泰、李崇实等共四十二人，皆同时被杀。

永历帝听说数千缅兵已包围行宫，大惊失色，知道性命难保，便欲与皇后自缢。留在宫中的邓凯忙上前劝说：“太后年老，飘落异域。皇上失社稷已不忠，今弃太后又不孝，何以见高皇帝于地下？”[⑤] 永历帝这才断了轻生的念头。后缅兵闯入宫中，搜取财物。永历帝及太后、皇后、太子等共二十五人被聚于一小屋，其他宫人、官员等百余人先后自缢而死。到中午时分，通事引缅甸大臣至皇宫传令说：“不可伤皇帝与沐国公。”[⑥] 但两天后，被软禁的永历帝才得知沐天波等四十二人

---

①刘茝：《狩缅纪事（外三种）》第14页。
②邓凯：《求野录》，载《崇祯长编》第233页。
③刘茝：《狩缅纪事（外三种）》第14页。
④邓凯：《也是录》，载《崇祯长编》第215页。
⑤刘茝：《狩缅纪事（外三种）》第14页。
⑥邓凯：《也是录》，载《崇祯长编》第215页。

被害及百余人自缢之事。他悲愤至极，饮食不进，数天后方食缅僧送来的食物。二十一日，永历帝被缅人送归原住处。二十五日，缅王遣使来说："我小邦王子实无伤犯诸臣之心，因各营兵杀戮村民，民恐实甚，乃甘心于诸臣，以快其忿也。幸无介介于小邦！"① 这纯属欺人之谈，但永历帝除伤心外毫无应对办法。

遭这次大屠杀之后，永历帝病倒了。缅人害怕永历帝一病而死，将无法向清朝交代，这才赶快为永历帝修整行宫，"复贡衣被锦布等物"②。这时，李定国、白文选正率兵驻扎缅境之内，一年来他们历经波折寻求永历帝而不得，绝没料到永历帝竟遭受如此惨祸！

永历帝病愈后，于十一月十八日对身边孑存的跛脚之臣邓凯喟然叹息道："太后复病，天意若不可挽回，鞑子来杀朕，使太后骸骨得归故土。当日朕为奸臣所误，未将白文选封亲王，马宝封郡王，以致功臣隳心，悔将何及！"③ 他又叹道："滇黔百姓，六师在彼苦累多年，今洪承畴、吴三桂二逆贼领虏兵在彼，又不知百姓如何苦状矣。"④ 他思念久违的国土，思念拥戴他的臣民百姓，懊悔自己为奸臣所误的种种过失，深感悔恨与遗憾，心中涌起无限的惆怅。永历帝已预感到将要遭到清人毒手。确实，此时清军正向他逼近，他已面临山穷水尽的境地。

四、希望幻灭，魂断昆明

永历十五年十二月（在1662年1、2月间），身在异邦而几乎所有随驾之臣都被缅人所害的永历帝，愈加觉得茕茕孑立，孤独得很。初二日中午刚过，突然有缅人来到者梗行宫对永历帝说："李定国兵又至

①邓凯：《也是录》，载《崇祯长编》第215—216页。
②邓凯：《求野录》，载《崇祯长编》第233页。
③刘茝：《狩缅纪事（外三种）》第15页。
④金钟：《皇明末造录》卷下《入缅纪略》，载《狩缅纪事（外三种）》第164页。

矣，马步军数万列江浒，索帝甚急！”① 对他来说，这实在是好消息。正在他惊疑参半之际，又有两名缅甸官员来到行宫参见永历帝说：“此地不便于居处，请移他所。尔国兵近我城，将发兵取道于此，恐惊官家耳。”② 话音未落，缅兵数十人闯进宫院，不容分说，把永历帝连同其所坐的杌子一同抬起来便走，并把宫眷通通叫出，让太后、皇后上轿，其余男女一律上路。宫中顿时“哭声震地”③。对这突如其来的一连串行动，永历帝简直被弄蒙了，他真不知究竟发生了什么事情。孤立无援、没有任何反抗能力的他只有任其摆布，听天由命，行走若干里之后，便乘船渡河。这时天已昏黑，永历帝不知所往。至深夜时，船停驶。由于船体太大，不能靠岸，永历帝被人背负上岸。行进中他问背者道：“卿为谁？”回答说：“臣平西王前锋章京高得捷也。”④ 永历帝听后如五雷轰顶，惊恐万分，但无可奈何，只能默然，再也没往下问。他这才知道已被骗，做了吴三桂的俘虏。一向消息闭塞的永历帝万万没有料到清军竟来得如此之速！

原来，率兵进入云南的清平西王吴三桂，早已奉朝廷之命赴缅擒拿永历帝。这年八月二十四日，他与定西将军爱星阿率军十万，分兵两路入缅甸。十一月，两路会师于木邦，接受了白文选的投降，又长驱直入，于十二月初一日抵达距缅甸国都阿瓦仅六十里的旧晚坡。大兵压境，国都岌岌可危，缅甸王臣十分恐惧，立即派缅相锡真持贝叶缅文至吴三桂军营，表示屈服，提出“愿送驾出城，但祈来兵退扎锡坡”⑤。他们最担心的是清军进攻国都阿瓦。吴三桂率军入缅的目的就是擒永历帝，现缅甸愿交出永历帝，他当然同意。于是他接受条件，并随即遣派部分将士随同缅相前往者梗骗擒了永历帝。

永历帝被立即送入吴三桂大营，他自知凶多吉少，此时反倒平静

①邓凯：《求野录》，载《崇祯长编》第234页。
②邓凯：《也是录》，载《崇祯长编》第216页。
③刘茝：《狩缅纪事（外三种）》第19页。
④邓凯：《求野录》，载《崇祯长编》第234页。
⑤戴笠：《行在阳秋》卷下，载《三朝野纪》第303页。

了许多。他被安置“公所”后，“南面坐达旦”。这时吴三桂部下各官员出于好奇心纷纷前来观看这位多年难以擒到的南明皇帝。他们“相继入见”，却都自觉不自觉地“或拜或叩首而退”。过了一会儿，吴三桂才出现在永历帝面前。开始时他“甚倨傲”，长揖不跪。永历帝见其举动与众不同，便问他是谁，吴三桂竟哑口无言，不敢回答。永历帝又追问一句，吴三桂突然双腿发软，跪了下来，“伏地不能起”。永历帝追问再三，吴三桂这才报了姓名。永历帝一听便气不打一处来，“切责良久”。吴三桂静听其责备，缄口无言，伏在地上如同死人一般。永历帝说了一通之后，又叹息道：“今亦已矣！朕本北京人，欲还见十二陵死，尔能任之乎？”他提了落叶归根、身还故国的要求，这才是最现实的问题，也是他的唯一希望，因为他有被就地处死的可能。吴三桂明确回答：“臣能任之。”永历帝没话可说了，把手一挥，令其退下。吴三桂竟伏在地上起不来，被左右搀扶出去。这时吴三桂已“色如死灰，汗浃背”。[①] 从此之后，他再也没来会见永历帝。

此时永历帝身边，随驾侍候的只有小太监五人、丑陋的宫女三四人，还有跛足的侍卫总兵邓凯。五日清晨，邓凯匍匐跪在永历帝帐前说：“今日事至此，皇上当行一烈，使老臣得其死所！”这是建议皇帝壮烈殉国，舍生取义，不可苟活偷生。永历帝却不同意自杀，他说：“固然！有太后在，且洪某、吴某世受我家恩，未必毒及我母子。”[②]他与邓凯所考虑的根本不是同一个问题。他并未想做个堂堂正正之人，为国为民凛然自持，宁死不屈，而是幻想着早已背叛明朝，并向本民族大挥屠刀的洪承畴、吴三桂不忘明朝旧恩而大发慈悲，留他一命。这与他向吴三桂所说的“欲还见十二陵死”的想法一样，心存苟且偷生之念。这种想法注定了他不光彩的结局。

初九日，吴三桂率清军拔营还滇。永历帝在严密看守下踏上归国之途。不过永历帝此时受到的还是优礼款待。尽管原来服侍宫中的各

---

①戴笠：《行在阳秋》卷下，载《三朝野纪》第305页。

②戴笠：《行在阳秋》卷下，载《三朝野纪》第303页。

官命妇及宫女等“一时尽为满师所掳”，而“平西王不能制”①，所剩宫人及太监无几。但在吴三桂的监督下，服侍永历帝者，一路之上“大小俱与马匹”，皆骑马而归。永历帝“进御膳用金碗，不用银碗”。他与太子都得到了“鲜服铺盖”，内官、宫女等也“均与衣被”。②

永历帝被缅人交与清军，这意味着他艰难支撑的永历政权，至此彻底覆灭。

永历帝被押回昆明已是康熙元年（1662）三月十二日。在此之前，清军出师告捷，永历帝被执的消息早已传遍昆明。这天，听说大军将凯旋入城的昆明百姓都涌上街头。永历帝所乘之轿在“满师持棍围绕”下，进入昆明。“及至城外，各街巷聚观，垂泣者万余人。满师弗能禁。”③ 永历帝被置于“严兵防守”的“滇故都督府”④ 的深宅大院之中。初来时，一些官员前来进见，他“闭目不视，奏语不答”⑤，陷入了深深的痛苦之中。做了十几年的明朝永历皇帝，如今竟成阶下之囚，而收拾大明天下，把他逼入绝境的竟是受明朝深恩厚泽的洪承畴与吴三桂。他不久前拒绝邓凯以死殉国的建议，实乃对洪、吴之辈有所期望。可是，自从去年于缅甸被骗执的当天见过吴三桂一面之后，他再也没见到过吴三桂。他“屡欲见三桂，三桂不肯见”⑥，洪承畴更是毫无音讯。思前想后，他提起笔来给吴三桂写了一封长信。书云：

> 将军新朝之勋臣，旧朝之重镇也。世膺爵秩，藩封外疆，列皇帝之于将军，可谓甚厚。讵意国遭不造，闯贼肆恶，突入我京城，殄灭我社稷，逼死我先帝，杀戮我人民。将军志兴楚国，饮泣秦庭，缟素誓师，提兵问罪，当日之本衷，原未泯也。奈何凭借大国，狐假虎威，外施复仇之虚名，阴作新朝之佐命。

①刘茝：《狩缅纪事（外三种）》第 19 页。
②戴笠：《行在阳秋》卷下，载《三朝野纪》第 303 页。
③刘茝：《狩缅纪事（外三种）》第 20 页。
④戴笠：《行在阳秋》卷下，载《三朝野纪》第 304 页。
⑤金钟：《皇明末造录》卷下《入缅纪略》，载《狩缅纪事（外三种）》第 165 页。
⑥戴笠：《行在阳秋》卷下，载《三朝野纪》第 304 页。

逆贼授首之后，而南方一带土宇，非复先朝有也。南方诸臣不忍宗社之颠覆，迎立南阳。何图枕席未安，干戈猝至，弘光殄祀，隆武就诛，仆于此时，几不欲生，犹暇（暇）为宗社计乎？诸臣强之再三，谬承先绪。自是以来，一战而楚地失，再战而东粤亡，流离惊窜，不可胜数。幸李定国迎仆于贵州，接仆于南安，自谓与人无患，与世无争矣。

而将军忘君父之大德，图开创之丰功，督师入滇，覆我巢穴。仆由是渡沙漠，聊借缅人以固吾圉，山遥水远，言笑谁欢？衹（只）益悲矣！既失世守之河山，苟全微命于蛮服，亦自幸矣。乃将军不避艰险，请命远来，提数十万之众，穷追逆旅之身，何视天下之不广哉？岂天覆地载之中，独不容仆一人乎？抑封王锡爵之后，犹欲歼仆以邀功乎？第思高皇帝栉风沐雨之天下，犹不能贻留片地，以为将军建功之所，将军既毁我室，又欲取我子，读《鸱鸮》之章，能不惨然心恻乎？将军犹是世禄之裔，即不为仆怜，独不念先帝乎？即不念先帝，独不念二祖列宗乎？即不念二祖列宗，独不念己之祖若父乎？不知大清何恩何德于将军，仆又何仇何怨于将军也。将军自以为智而适成其愚，自以为厚而反觉其薄，奕祀而后，史有传书有载，当以将军为何如人也！

仆今者兵衰力弱，茕茕孑立，区区之命，悬于将军之手矣。如必欲仆首领，则虽粉身碎骨，血溅草莱，所不敢辞。若其转祸为福，或以遐方寸土，仍存三恪，更非敢望。倘得与太平草木，同沾雨露于圣朝，仆纵有亿万之众，亦付于将军，惟将军是命。将军臣事大清，亦可谓不忘故主之血食，不负先帝之大德也。惟冀裁之。①

此信一腔悲愤，满纸哀怜，在谴责吴三桂背主求荣的同时希望吴三桂天良再现，不忘旧德，以生恻隐之心，可怜他这个束手待毙的落

①蒋良骐：《东华录》卷八，第137—138页。

魄皇帝。此时他最大的心愿是“以遐方寸土，仍存三恪”，即像周朝建立时那样，对前代三个王朝子孙封以爵号，以不绝其祀。这是盼望通过吴三桂请清朝封他当个安乐公，从此优游岁月，以终天年。他情愿与“太平草木”一样，同沾“圣朝”之雨露，即做一个清朝的普普通通的顺民。这显然是一份乞生书。当然，这些文字是否为他所写，已无从得知，但从其拒绝“一烈”，即挺直腰杆自杀而死，而想苟全性命之事来看，这当是其真情流露。但此信送给吴三桂之后，未被理睬。

这时，原任户部尚书龚彝具酒肴至居所，求见永历帝。守者拒之于门外，龚彝大声说道：“此吾君也！我为其臣，君臣之义，南北皆然。我只一见耳，何拒我为?”坚持要见，不肯离去。守者见驱之不动，便请示吴三桂。获得同意后，龚彝于是“入堂上，设宴”，请永历帝出来，他恭恭敬敬地行朝拜之礼。礼毕，龚彝向永历帝进酒。永历帝见这场面和举动，感动得泪流满面，“痛哭不能饮”。龚彝跪下，“伏地痛哭，亦不能起”。永历帝在他再三进劝下，接受了这个盛情，“勉饮三爵”。龚彝再次向他行礼，“拜不止”，突然间触地而死。永历帝抚着龚彝这位一度追随孙可望之人的尸体痛哭不已，几乎昏倒于地。[①]

被囚禁在昆明的永历帝奄奄一息，但仍有人对这位苦撑危局、未曾肆虐百姓的失败之君充满了同情。当永历帝乘轿进入昆明时，一些围观的八旗将士竟“望而呼‘万岁！’曰：‘此真主也！我等虽有主，今知其安在，不如奉此以成不世之功！’”[②] 这绝不是说说而已，而是有真实的行动。一名“少年骁勇”的甲喇章京，“阴连满人之壮健者”，自称平汉王。他们经过酝酿商议，准备趁城中演戏之机举事，先杀进吴三桂王府，再奉永历帝“入秦”，干一番事业。[③] 参与起事者“皆割辫而起”。可惜就在“事将成”之时，“为下所泄”。[④] 一个因犯

①戴笠：《行在阳秋》卷下，载《三朝野纪》第304页。
②戴笠：《行在阳秋》卷下，载《三朝野纪》第304页。
③刘茝：《狩缅纪事（外三种）》第20页。
④戴笠：《行在阳秋》卷下，载《三朝野纪》第304页。

过失而为甲喇章京所“扑责将毙”的“小子”“乘夜走出，报与白旗卓固山”，事情乃暴露。章京以下十一人被擒，均被“磔之于市”。[1]

此事之后，吴三桂愈加感到永历帝的存在只会带来麻烦，遂上奏清廷。不久朝廷颁旨：“着将永历正法。”定西将军爱星阿接旨后说：“永历尝为中国之君，今若斩首，未免太惨，仍当赐以自尽，始为得体。”[2] 吴三桂同意了这一处死方式。四月二十五日上午，纛章京吴国贵奉命领兵至都督府宅，将永历帝与太子及皇亲王维恭之子等抬出，至五华山西麓篦子坡头的金禅寺内[3]，“用弓弦勒死”[4]。永历帝结束了他惊心动魄、颠沛流离的三十九年生命历程。太子被杀时，年仅十二岁，他临难之时大骂吴三桂道：“黠贼！我朝何负于汝，我父子何仇于汝，乃至此耶！”可怜年幼的童子，哪里清楚政治斗争是不会有道德信义可言的。童子无辜受株连，这叫斩草除根。不止如此，吴三桂还下令“炙尸扬灰，传赐诸将”。[5] 此举意在不使永历帝有一丝遗存留于世间。同时，吴三桂再次追查不久前谋奉永历帝入秦的八旗诸将，查得有牵连者“共二千余人，皆杀之，令没其妻子”[6]。

清朝的残暴屠戮阻止不了人们对永历帝、对明朝的深情。说也巧合，天随人意，当永历帝被杀时，天气突由晴朗变阴暗，下起了大雷雨，“滇人如丧考妣”，对永历帝之死十分悲痛。许多士民“假称丁艰丧服”，一时之间昆明城里“半皆缟素”。吴三桂虽下焚尸扬灰之令，但“犹有烧化未尽者”，被昆明士民“伪称上坟，携盒出城，尽拾归”，埋葬于五华山。[7] 永历朝原大学士都匀人扶纲携其残骸于都匀城东高塘山上建衣冠冢，此乃永历帝唯一一处墓地，寄托了人们的哀思。

①刘茝：《狩缅纪事（外三种）》第20页。此所谓“卓固山”即固山额真卓布泰，他隶属镶黄旗满洲。

②刘茝：《狩缅纪事（外三种）》第20页。

③詹霖：《逼死坡头的石碑》，载《春城晚报》2011年5月9日。

④刘茝：《狩缅纪事（外三种）》第20页。

⑤戴笠：《行在阳秋》卷下，载《三朝野纪》第304—305页。

⑥戴笠：《行在阳秋》卷下，载《三朝野纪》第305页。

⑦刘茝：《狩缅纪事（外三种）》第20页。

清亡后，1912 年，云南都督蔡锷以“三迤士民”即云南士民名义于篦子坡头立“明永历帝殉国处”石碑一座。1921 年，贵州代理省长任可澄下令于都匀高塘山整修永历帝陵墓并竖立墓碑，以志纪念。如今此两处皆被当地政府定为文物保护单位。

永历帝死后，太后马氏及皇后王氏在被送往北京途中自杀而死。随永历帝入缅、还滇的唯一一位幸存之臣——总兵邓凯，拒绝接受隶镶黄旗满洲之令，自请出家入水德寺落发为僧[1]，成全了他对永历帝、对明朝的一片深情与志节。

永历朝覆灭及永历帝遇难后，晋王李定国等率领的军队仍一直坚持斗争。当年永历帝被马吉翔等人仓促拥入缅甸时，李定国追扈不及，与巩昌王白文选率兵一再寻驾不得，数年间多次挥兵入缅与缅人交战，损耗很大，无功而返，历尽艰辛，困苦万端。最终，白文选坚持不住了，在清军大举入缅之际，率部降清。此事对定国打击极大，然其抗清意志坚定，决不动摇。时定国驻军乌洞，在与当地各族融洽相处中蓄积力量，寻求战机，以便向清军发起新的进攻。他得知永历帝已被吴三桂所获之后，“愤懑欲绝”[2]，但因兵力不足，难以追战，便移师景线。康熙元年（1662）正月，移师至勐腊。时军中瘟疫盛行，营中人马病死甚多，定国虽极力支撑，亦难挽颓势。六月，定国染疾而病势沉重。他斋戒告天，自述平生所为，祷告说：“如天已绝明命，尚速予死，毋徒苦军士！”[3] 不久，永历帝被吴三桂害死于昆明的消息传来，他极度愤懑，“仰天大恸，晕绝于地。”[4] “披发徒跣，号踊抢地，吐血数升”[5]，“两目皆血泪，不食七日而薨”[6]。其逝世之日为六月二十七

①刘茝：《狩缅纪事（外三种）》第 20 页。

②邵廷采：《西南纪事》卷一〇《李定国》，载《续修四库全书》第 332 册，第 162 页。

③温睿临：《南疆逸史》卷五二《李定国》，第 411 页。

④郑达：《野史无文》卷九《李定国传》，第 99 页。

⑤王夫之：《永历实录》卷一四《李定国列传》，第 139 页。

⑥刘彬：《晋王李定国列传》，载《李定国纪年》第 194 页。

日。他于弥留之际向其子嗣兴及部将靳统武等叮嘱道："宁死荒外，勿降也。"[①] 一位忠肝义胆的名将，带着无限的遗憾而逝。定国死后，当地各族人民深切怀念，奉其为神，特建"汉王庙"予以祭祀。定国部后多降清。

永历政权覆灭后，清军加紧围剿奉永历正朔的夔东十三家反清义军，各支义军陆续失败或投降。康熙三年（1664）八月，李来亨部据守的茅麓山被清军攻破，李来亨不屈自杀。至此，大陆上公开以复明为旗帜的武装抗清运动结束了。

①叶梦珠：《续编绥寇纪略》卷四《缅甸散》，载《续修四库全书》第390册，第143页。

附录：南明五帝大事年表

说明

1. 南明五帝，包括弘光帝朱由崧、隆武帝朱聿键、鲁监国朱以海、绍武帝朱聿𨮁、永历帝朱由榔。

2. 弘光帝之后，南明有两帝并存之局，为行文方便，纪年以隆武、永历领之。

3. 五帝年龄均为虚岁。朱聿𨮁生年系推测。

万历三十年（壬寅，1602）
朱聿键 1 岁。

四月初五日，生于河南南阳唐王府邸。

万历三十五年（丁未，1607）
朱由崧 1 岁。

七月十五日，生于北京紫禁城储秀宫。

万历三十八年（庚戌，1610）
朱聿𨮁约 1 岁。

约是年，生于河南南阳唐王府邸。

万历四十一年（癸丑，1613）

朱聿键 12 岁。

朱聿鏄约 4 岁。

二人随父唐世子朱器墭居于承奉司囚所。

万历四十二年（甲寅，1614）

朱由崧 8 岁。

三月，随父福王朱常洵“之国”，定居洛阳。

万历四十五年（丁巳，1617）

朱由崧 11 岁。

受封德昌王。

万历四十六年（戊午，1618）

朱以海 1 岁。

五月十五日，生于山东兖州鲁王府邸。

天启三年（癸亥，1623）

朱由榔 1 岁。

十月十九日，生于北京桂王府邸。

天启七年（丁卯，1627）

朱由榔 5 岁。

父桂王朱常瀛之国于衡州，由榔随往。

崇祯二年（己巳，1629）

朱聿键 28 岁。

朱聿鏄约 20 岁。

二人父被毒死。唐端王惧，始为聿键请名，立为唐世孙。二人皆脱离囚所。

崇祯五年（壬申，1632）
朱聿键 31 岁。

　　袭封唐王爵。

崇祯六年（癸酉，1633）
朱以海 16 岁。
朱由榔 11 岁。

　　七月，朱以海袭封镇国将军。

　　是年，朱由榔被封为永明王，其同母兄朱由樱被封为安仁王。

崇祯七年（甲戌，1634）
朱聿键 33 岁。

　　朱聿键自请捐千金修南阳城墙。

崇祯八年（乙亥，1635）
朱聿键 34 岁。

　　因宗室换授法，朱聿键与礼部侍郎陈子壮展开辩论，陈子壮被革职下狱。

崇祯九年（丙子，1636）
朱聿键 35 岁。

　　八月朔，朱聿键不待朝旨，率勤王兵北上。下旨议罪，十一月，以越关、擅虓之罪，被削爵，废为庶人，投入凤阳高墙监禁。

崇祯十二年（己卯，1639）
朱以海 22 岁。

是年，朱以海父鲁王朱寿镛病故，嫡长兄朱以派袭鲁王爵。

崇祯十四年（辛巳，1641）

朱由崧 35 岁。

朱由榔 19 岁。

正月，洛阳城被李自成农民军攻破，朱由崧父福王朱常洵被杀，由崧逃难至怀庆，遂于此暂时栖身。

是年，朱由榔与王氏结婚。

崇祯十五年（壬午，1642）

朱以海 25 岁。

十二月，清军攻入山东兖州府，朱以海幸免于难，兄鲁王朱以派死于劫难。

崇祯十六年（癸未，1643）

朱由崧 37 岁。

朱聿键 42 岁。

朱由榔 21 岁。

七月，朱由崧终制嗣封，袭福王爵。

八月，张献忠率大西军攻占衡州。朱由榔随父出逃，二十一日于永州被擒，二十三日为焦琏所救，入广西。

是年，漕运总督兼淮扬巡抚路振飞赴任，入高墙探视朱聿键。

崇祯十七年（甲申，顺治元年，1644）

朱由崧 38 岁。

朱聿键 43 岁。

朱以海 27 岁。

朱由榔 22 岁。

二月初三日，朱由崧逃离怀庆，至卫辉依潞王朱常淓。十五日，朱以海嗣鲁王爵。

三月十九日，大顺军攻克北京，崇祯帝自杀。此月，朱由崧逃离卫辉，至淮安。朱由榔至桂林，与父兄相聚。

四月，朱以海弃兖州南奔，渡淮河。下旬，朱由崧被护送至仪真，二十九日，抵南京城外龙江关，接受群臣拜见。

五月初一日，朱由崧祭告孝陵毕，即瞻拜懿文太子陵园，随即接见群臣，共商战守大计。初三日，朱由崧监国于南京，颁监国谕，并为崇祯皇帝发丧。初五日，以史可法、高弘图、马士英为东阁大学士。初七日，以姜曰广、王铎为东阁大学士。初八日，马士英入朝。十三日，史可法请设江北四镇。十五日，朱由崧称帝于南京，以明年为弘光元年。十六日，马士英入阁办事。十七日，封黄得功、左良玉为侯，刘泽清、刘良佐、高杰为伯。十八日，史可法离朝，督师江北。二十三日，诚意伯刘孔昭廷辱吏部尚书张慎言。二十六日，召对高弘图、马士英、张慎言于行宫。

六月初六日，马士英向弘光帝荐逆案之人阮大铖，帝命复冠带陛见。高弘图、姜曰广谏阻不听，乞罢。群臣交章劾阮大铖。十日，张慎言致仕。十六日，马士英请申逆案之诛。弘光帝命严核从逆诸臣，“顺案”事起。十九日，颁诏：追复朱标、朱允炆、朱祁钰为帝，追谥建文诸臣。二十日，湖广巡按御史黄澍入朝召对，面讦马士英。此月，朱以海入浙江。朱由榔至梧州，桂王朱常瀛病故。

七月初五日，弘光帝以左懋第为北使，赴北京与清议和。初九日，下令刑部以六等定从逆诸臣罪。十三日，刘泽清上疏攻击左都御史刘宗周。二十四日，行中旨，以张有誉为户部尚书。高弘图封还诏书，不听。二十六日，尽释高墙罪宗为庶人。朱聿键获释出高墙，辗转赴南京。命潞王于杭州择广署居之。二十七日，清摄政王多尔衮致书史可法，指斥弘光朝之立为非法，要其削号归藩，望可法能识时知命，翩然来归。

八月初一日，弘光帝复东厂，多遭谏阻。十三日，太后邹氏自河南到达南京。行中旨，以张捷为吏部左侍郎，言官争之，不听。二十一日，以从逆案，牵连逮员外郎周镳、按察使司佥事雷祚下狱。三十日，行中旨，以阮大铖为兵部添注右侍郎。刘宗周疏谏，不听。此月，诏选淑女及内官。

九月初一日，高杰袭黄得功于仪真土桥。高、黄矛盾加剧，史可法和解之。初六日，内批逮巡按御史黄澍，澍入左良玉军，不至。初九日，大学士姜曰广罢。初十日，左都御史刘宗周罢。

十月初一日，吏部尚书徐石麒罢。初四日，左都御史李沾受贿事露，马士英为之请，诏勿问。初六日，大学士高弘图连上四疏乞归，允之。二十日，行中旨，以张捷为吏部尚书、蔡奕琛为吏部左侍郎、杨维垣为通政使。二十三日，阮大铖奏雷祚不忠不孝，下法司严讯。二十八日，北使左懋第被清廷强制遣还，后至沧州时又被追回软禁。此月，史可法据形势变化，看清与清议和难成，上疏提出讨闯，更要御敌，做好抗清准备。

十一月十三日，苏松巡抚祁彪佳罢。此月，朱以海奉弘光帝命移居浙江台州。

十二月初三日，弘光帝以刘泽清密议效忠、刘孔昭实心定策功，将其晋为侯爵。中旬，史可法得到北使议和不成之确报，特上疏：今和议不成，惟有言战。企盼皇上率领臣民，振作图强，积极迎战。十五日，通政使杨维垣请重颁《三朝要典》。下僧大悲于镇抚司。二十二日，刑部尚书解学龙上奏从逆诸臣罪案。二十四日，高杰北征，赴徐州。二十五日，朱聿键上疏奏请还唐王故爵，不允，乃封南阳王，命徙居广西平乐，遂离南京南下，因贫无路费，滞留苏州。此月，下僧大悲于镇抚司。

弘光元年，七月初一日后称隆武元年（乙酉，顺治二年，1645）
朱由崧 39 岁。

朱聿键 44 岁。

朱聿𨮁约 36 岁。

朱以海 28 岁。

朱由榔 23 岁。

正月十一日，刑部尚书解学龙再以从逆六案上，兼请停刑，弘光帝俱允之。十三日，总兵许定国诱杀高杰于睢州，降清。十九日，行中旨，以吏部左侍郎蔡奕琛兼东阁大学士，入阁办事。

二月初六日，以阮大铖为兵部尚书。中旬，鸿胪寺少卿高梦箕上奏北来“太子”在杭州，弘光帝遣太监召之。二十一日，进蔡奕琛礼部尚书、文渊阁大学士。三十日，诛僧大悲。

三月朔，北来“太子”至南京。初六日，廷臣会审北来“太子”于大明门外。初九日，廷臣会审北来“太子”于午门外。十三日，童妃自河南被护送至南京，旋被下狱。十五日，廷臣复审北来“太子”于大理寺。二十二日，清军取归德。二十五日，左良玉以“清君侧”为名举兵东下。

四月朔，诏史可法等入援。初四日，左良玉攻下九江，即病死。东下大军由其子左梦庚统率，继续东进。初八日，杀光时亨，赐周镳、雷𬙊祚自尽。初九日，清军占徐州。史可法连章告急，指出北兵一至宗社可虞，乞选将添兵，马士英不应。十三日，左梦庚陷安庆。清军取泗州，渡淮河，史可法退守扬州。十五日，选淑女于元晖殿。命潞王常淓移湖州，周王恭枵移江西，鲁王以海移广东。十九日，扬州被围。史可法致书清军统帅多铎，拒绝投降，决心身殉封疆。二十五日，扬州陷落，史可法殉国。弘光帝召对群臣议迁都，众臣皆无言，钱谦益力持不可。二十八日，黄得功破左梦庚军于铜陵荻港，左遂退军不前。此月，童妃死于狱中。

五月初七日，百官集议战守，各怀心事，无结果。有密议纳款于清者。初八日，援师悉溃，江防不守。清军由瓜洲渡长江，镇江失陷。初十日清晨，弘光帝传旨：三淑女在经厂者悉放还母家。南京全城紧闭。夜二鼓后，弘光帝弃南京出逃，奔向太平府。十一日，马士英挟太后奔向杭州。十二日，弘光帝奔至芜湖，入黄得功军营。十三日，左梦庚率军于九江至东流的长江中降清。十四日，清军临南京城下，忻城伯赵之龙、大学士王铎、礼部尚书钱谦益等迎降。十五日，清多铎入南京城。二十二日，黄得功死，弘光帝为叛将田雄、马得功及刘良佐所劫，献于清。弘光朝覆亡。二十五日，弘光帝被挟至南京。此月，朱聿键至杭州。

六月初八日，久负贤名的潞王朱常淓被众臣拥戴监国于杭州。初十日，朱聿键请潞王去监国之号称帝，正大位，潞王不听。十三日，贝勒博洛率清军至杭州，潞王朱常淓与巡抚张秉贞不战而降。十五日，清廷重颁剃发令。十七日，朱聿键至衢州，郑鸿逵、郑彩、苏观生共请其监国，不听。黄道周先后上三疏请聿键监国。二十六日，朱聿键被拥至建宁，二十八日，接受监国。

闰六月朔，江阴典史阎应元、陈明遇率众起兵抗清。初三日，朱聿键至水口驿，升侍郎何楷为尚书。初七日，到达福州，举行监国之礼。初九日，孙嘉绩、熊汝霖起兵余姚。十一日，郑遵谦于绍兴，于颖于萧山，张国维于东阳起兵。十二日，钱肃乐起兵于宁波，随即赴台州劝迎鲁王朱以海监国。十三日，朱大典于金华，沈宸荃、冯元飂于慈溪起兵。二十日，因拒不降清而被羁押的使臣左懋第于北京遇害。二十一日，张国维等赴台州，共请鲁王朱以海监国，鲁王允之。二十七日，朱聿键即皇帝位于福州，以福州为天兴府，称福建为福京，以是年七月初一日为隆武元年。此月，金声、江天一据徽州抗清。

七月初六日，隆武帝下令斩清招降使马得厂，颁亲征诏，决心抗清。敕各关兵将不许逆辅马士英入关。十二日，隆武帝御驾亲征，命唐王聿𨮁监国，邓王器塽协守。因父老遮道恳留，未能成行。十八日，鲁王朱以海正式监国于绍兴，以张国维、朱大典、宋之普为大学士。二十二日，隆武朝大学士黄道周自请募兵江西，率门下出征。

八月初六日，靖江王朱亨嘉僭号，称监国于桂林。十三日，隆武帝册立曾氏为皇后。十四日，祀上帝于南郊，郑芝龙、郑鸿逵称疾不从，何楷劾以无人臣礼。此月，安仁王朱由樱袭桂王爵，与永明王朱由榔移居肇庆。

九月初六日，弘光帝朱由崧被执送北京。此月，湖广总督何腾蛟、湖北巡抚堵胤锡招抚大顺军余部。杨廷麟上表请隆武帝移驻赣州。金声义军失败。兵部主事、余姚知县王正中向鲁监国进《监国大统历》。

十月初八日，督师大学士张国维下令诸营向清军发起进攻，连战十日，每日各有战绩。其中尤以十四日大捷最为出色，方国安、钱肃乐等会师抗清，攻杭州，清军大败回城。因疾风暴雨骤至，遂收兵。此月，隆武帝遣兵科给事中刘中藻颁诏浙东，鲁监国不受。金堡入浙，上书朱以海，言其坚持监国，拒不受隆武之诏，将祸患无穷。鲁监国命法司究问，金堡逃去。鲁监国朝户部主事董守谕请计兵授饷，不果行。

十一月，鲁监国拜方国安为大将。

十二月初六日，隆武帝御驾亲征，离开福州，唐王朱聿𨮁监国。二十四日，黄道周兵败婺源，被执。此月，云南土司沙定洲作乱，攻陷昆明，黔国公沐天波逃至楚雄。鲁监国以谢三宾为礼部尚书，入阁办事。鲁监国朝铸“大明通宝”钱。

隆武二年（丙戌，鲁监国元年，顺治三年，1646）

朱由崧 40 岁。

朱聿键 45 岁。

朱聿𨮁约 37 岁。

朱以海 29 岁。

朱由榔 24 岁。

正月，隆武帝在建宁。加鲁使柯夏卿、曹维才官职，遣佥都御史陆清源犒师浙东。下令禁止为己建立生祠。

二月，隆武帝废靖江王朱亨嘉为庶人。

三月朔，鲁监国朝王之仁与清军大战于钱塘江。十五日，隆武朝大学士黄道周于江宁就义。二十四日，陆清源被鲁监国朝方国安部杀害。此月，隆武帝驻师延平，诏封受招抚之大顺军余部为忠贞营，赐高一功名为高必正，李锦名为李赤心，封侯；另赐郝摇旗为郝永忠，授总兵官、都督同知；并高度赞扬李锦的婶母（即李自成的夫人）高氏，封为贞义一品夫人。张肯堂上疏请北伐。

四月，郑彩弃广信，奔入杉关，清军取抚州。

五月十七日，弘光帝朱由崧、潞王朱常淓等被杀于北京。二十七日，鲁监国江上师溃。次日，方国安仓皇拔营而逃，劫持鲁监国弃绍兴南行。此月，隆武帝杀鲁使臣陈谦。

六月，清军渡钱塘江，进兵取绍兴。鲁监国逃经台州出海至南田岛。余煌、王思任、陈函辉、陈潜夫、张国维自杀。王之仁至南京，不屈死。方逢年、方国安、阮大铖降清。隆武帝以元子生，大赦，进诸臣爵。郑鸿逵闻浙东江上师溃，弃仙霞关而逃，诏削其封爵。郑芝龙撤兵赴安平，拜表即行，诏留之，不从。仙霞关守兵皆溃。此月，桂王朱由樱死。

七月初一日，隆武帝驾至建宁。月末，张名振应黄斌卿之请，扈卫鲁监国自南田岛航海赴舟山。

八月初六日，隆武帝再临延平。十一日，清军挺入福建建宁。二十一日，隆武帝闻仙霞关失守，自延平出奔，拟移驾江西。二十二日，清军取延平。二十七日，抵达汀州。次日，清军追至，隆武帝与皇后曾氏俱被俘于汀州府堂，不久皆死。隆武朝覆亡。

十月初四日，赣州城破，杨廷麟戎服投清水塘死。十四日，朱由榔在瞿式耜、丁魁楚等人拥戴下，于肇庆监国。二十日，朱由榔闻赣州失陷，逃至梧州。此月，郑彩迎鲁监国入闽。

十一月，鲁监国驻福建长垣，重组政府，以熊汝霖为东阁大学士，封郑彩建国公、张名振定西侯。初二日，苏观生拥朱聿𨮁于广州监国。初五日，朱聿𨮁称帝于广州，以明年为绍武元年，是为绍武帝。十二日，朱由榔还肇庆，十八日称帝于肇庆，以明年为永历元年，是为永历帝。二十四日，永历帝遣彭燿赴广州宣诏，彭燿被杀，遂遣兵部右侍郎林佳鼎督兵进攻绍武朝。二十八日，永历军于三水大败绍武军。

十二月初二日，绍武朝广州总兵林察于三山口大败永历军。十五日，清将李成栋率兵突然袭取广州。绍武帝被俘，后自缢而死。大学士苏观生自杀。绍武朝覆亡。二十六日，永历帝弃肇庆，逃向梧州。

永历元年（丁亥，鲁监国二年，顺治四年，1647）
朱由榔 25 岁。
朱以海 30 岁。

正月，永历帝逃至平乐，又逃至桂林。陈邦彦起兵于顺德，攻广州。

二月初十日，清军袭平乐，趋桂林。永历帝大恐，不听瞿式耜劝阻，于十五日逃至全州。司礼监王坤、锦衣卫指挥使马吉翔扈从。瞿式耜留守桂林。鲁监国军克海澄、漳浦等地。

三月十一日，留守瞿式耜及总兵焦琏击败来犯清军。十四日，张家玉起兵于东莞。此月，孙可望率大西军余部，以平定沙定洲叛乱的名义进入云南。

四月十五日，永历帝移驻武冈，改武冈为奉天府，受制于刘承胤。此月，张名振、张煌言等接应清松江提督吴胜兆反正，率水师渡海抵崇明，遇台风而败，名振、煌言脱险逃归。

五月二十四日，刘承胤军大掠桂林。二十五日，清军攻桂林，瞿式耜、焦琏率众将其击退。

六月，永历帝密召何腾蛟入武冈议事。王太后书密诏召侯性入武冈扈驾。陈子壮起兵南海县九江村。

七月，鲁监国祭旗，率师亲征。陈子壮、陈邦彦率义兵攻广州失败。

八月二十三日，清军逼近武冈，永历帝出奔。刘承胤降清。此月，鲁监国军攻克连江。

九月朔，瞿式耜请永历帝还桂林。二十八日，清军下清远，陈邦彦英勇就义。

十月初，李成栋增兵增城。初四日，清军、义军于水上大战，张家玉军大败，家玉见大势已无法挽回，拒绝诸将血战突围之请，乃于十月初十日自投野塘而死。当时陈子壮又连续以兵攻新会、新兴，均不克，遂弃九江村入高明。二十一日，清军围攻高明，子壮等被俘，遂被械送广州。此月，鲁监国以马思理为东阁大学士，与熊汝霖共同辅政。鲁监国军克长乐、永福、闽清、罗源、宁德等县。此月，永历帝至柳州，又至象州。

十一月初六日，陈子壮拒降，于广州英勇就义。十三日，清军逼近全州，何腾蛟督郝永忠等军击退之。

十二月，永历帝移驻桂林。

是年，鲁监国遣国戚陈廷镇潜回浙东，联络佛教临济宗高僧，以争取僧俗大众，扩大影响。

永历二年（戊子，鲁监国三年，顺治五年，1648）
朱由榔 26 岁。
朱以海 31 岁。

正月二十七日，金声桓于江西南昌反清归明。此月，鲁监国移驻琅琦屿。郑彩杀大学士熊汝霖。鲁监国以钱肃乐为东阁大学士。

二月二十一日，郝永忠掠桂林，永历帝出奔。

三月初十日，永历帝至南宁，随扈大臣仅七八人。二十二日，何腾蛟、瞿式耜统军击退入犯桂林的清军。

闰三月（清历四月），李成栋于广州反清归明，佟养甲被迫从之。

四月（清历闰四月），永历帝遣吏部侍郎吴贞毓等赴广州，劳李成栋军，封李成栋惠国公、佟养甲襄平伯、杜永和江宁伯等。

五月，清军进抵南昌城下。

六月初三日，瞿式耜劳师于全州。十一日，永历帝出南宁，移驻浔州，封陈邦傅庆国公。此月，永历帝封金声桓豫国公、王得仁建武侯。鲁监国朝大学士钱肃乐病卒。

七月，永历帝移驻梧州。李成栋遣使迎驾，欲迎往广州。陈邦傅请留跸浔州。瞿式耜力请驾幸桂林。帝意未决。清军合围南昌。

八月，永历帝还驻肇庆，李成栋隆重迎驾。召瞿式耜入朝，式耜乞归，不许，仍留守桂林。命李成栋攻赣州，以解南昌之围。清军攻占同安，郑成功遣使奉表于肇庆，始奉永历正朔。此月，督师大学士吕大器讨僭乱宗人朱容藩，斩之。

九月，永历朝政悉决于李成栋养子李元胤。其后，都御史袁彭年，少詹事刘湘客，给事中丁时魁、金堡、蒙正发五人附之，揽权植党，时称“五虎”。

十月，李成栋军溃败于赣州城下，损失甚大。瞿式耜疏请永历帝回驻桂林。鲁监国朝大学士马思理卒于海岛，以沈宸荃、刘沂春为东阁大学士。孙可望平定云南全省。

十一月朔，何腾蛟复永州。十一日至十六日，忠贞营围攻长沙，激战正酣时被何腾蛟调走救援南昌。此月，瞿式耜上疏称天下大势在楚不在粤，力请永历帝移跸桂林，以图出楚之计，帝不纳。李成栋截获佟养甲通清之使，遂杀养甲。

十二月初三日，清大同总兵姜瓖举兵反清，遵用永历正朔。山西各地纷起响应。

永历三年（己丑，鲁监国四年，顺治六年，1649）

朱由榔 27 岁。

朱以海 32 岁。

正月十九日，清军破南昌。金声桓、姜曰广投水而死。王得仁突围未果，力竭被俘，后遇害。二十一日，清军袭取湘潭。何腾蛟被俘，英勇不屈，于二十七日遇害。此月，李成栋由广州率军北上，抵南雄。鲁监国移驻沙埕。

二月，李成栋率军进攻赣州。

三月，李成栋兵败信丰，落水而死。永历帝命杜永和为两广总督，代领李成栋军，驻广州。李赤心率忠贞营退走广西。

四月，堵胤锡兵败衡州，向广西撤退。孙可望遣使入永历朝乞封王爵。朝议以无异姓封王之例，拒之。永历帝乃封孙可望为景国公，赐名朝宗，刘文秀、李定国皆列侯。清军攻占福安，刘中藻自尽。

七月，堵胤锡、杨畏知矫诏封孙可望为平辽王，孙可望不受。而此前陈邦傅遣其部将胡执恭矫诏封可望为秦王，孙可望已接“诏”，滇中悉知此事。可望怒，执杨畏知、胡执恭于狱，自称秦王如故。郑彩弃鲁监国而去。张名振迎鲁监国至健跳所。

八月，清军攻陷大同，姜瓖死。

九月，张名振、阮进、王朝先等于舟山攻杀黄斌卿。

十月，鲁监国进驻舟山，张肯堂为东阁大学士。

十一月二十六日，堵胤锡病逝于浔江舟次。

十二月二十四日，永历朝于肇庆开科取士，帝临轩亲试，取中八人，授翰林院庶吉士。

永历四年（庚寅，鲁监国五年，顺治七年，1650）
朱由榔28岁。
朱以海33岁。

正月，南雄、韶州陷落。永历帝闻警出奔，李元胤留守肇庆。张煌言奉召入卫舟山，被超擢兵部左侍郎。

二月，永历帝至梧州。“五虎”失势，吴贞毓等疏论袁彭年等五人把持朝政、罔上行私、朋党误国等十大罪。帝以彭年反正有功，免议，余下锦衣卫狱。大学士严起恒等疏救不果。瞿式耜连上七疏争之，不听。

三月，王翊亲自率军航海赴舟山，朝见鲁监国，被授为兵部左侍郎。

五月，高必正、党守素入朝。金堡、丁时魁谪戍，刘湘客、蒙正发赎配追赃。

八月，孙可望统领大军进驻贵阳。

九月，清军进攻四明山诸抗清山寨，大兰山等处失守。

十一月朔，清军攻占广州。初六日，桂林失守，留守瞿式耜、总督张同敞被执。初九日，永历帝仓促弃梧州，至浔州。陈邦傅叛逃而去，帝寻至南宁。

闰十一月（清历十二月）十七日，瞿式耜、张同敞不屈遇难。永历帝封孙可望为冀王，可望不受。

十二月（清历顺治八年正月）朔，加大学士文安之太子太保，兼吏兵二部尚书，总督川湖军务。此月，孙可望平定贵州全省。

永历五年（辛卯，鲁监国六年，顺治八年，1651）
朱由榔 29 岁。
朱以海 34 岁。

正月（清历二月），永历帝驻南宁。

二月（清历闰二月），张名振杀王朝先于舟山。清军连取梧州、柳州。孙可望遣贺九仪赴南宁杀大学士严起恒，兵部尚书杨鼎和，给事中刘尧珍、吴霖、张载述等，以其阻封秦王之故。永历帝被迫正式册封孙可望为秦王。

三月，清军袭取厦门，不久被郑成功军收复。

四月，永历帝嫡母王太后病故。

五月，孙可望请永历帝移云南。郑成功部将施琅投清。

七月，张名振率师奉鲁监国攻吴淞。王翊重新组织反清武装未果，于奉化被俘。

八月十四日，王翊于定海英勇就义。

九月，舟山失守，大学士张肯堂等死难。张名振奉鲁监国航于海上。陈邦傅诱杀焦琏，以浔州降清。永历帝从南宁出奔。

十月，永历帝至新宁州。

十二月，清军攻取宾州、南宁。永历帝仓皇由水道走土司，抵濑湍。孙可望遣将前来迎驾。

永历六年（壬辰，鲁监国七年，顺治九年，1652）
朱由榔 30 岁。
朱以海 35 岁。

正月十六日，永历帝逃至广南府城。此月，鲁监国由张名振等扈驾至中左所（厦门），旋居金门。

二月，永历帝被接到贵州安隆所。孙可望改安隆为安龙，遂为行在之地。从此，永历帝受制于孙可望。

三月，孙可望遣李定国进军湖南。

五月，李定国取靖州。李元胤在防城被俘，于广州不屈遇害。

六月，李定国攻入广西，于全州、兴安接连击败清军。

七月初四日，李定国克桂林，清定南王孔有德兵败自焚。

八月，李定国将叛将陈邦傅械送贵阳。孙可望遣刘文秀出兵四川，刘文秀取叙州、重庆。李定国取梧州。

十月，李定国取衡州。刘文秀兵败保宁，大将王复臣死。败报至贵阳，孙可望罢刘文秀职，令其回云南闲住。

十一月二十三日，李定国于衡州城南设伏，击毙清敬谨亲王尼堪。

永历七年（癸巳，鲁监国八年，顺治十年，1653）
朱由榔 31 岁。
朱以海 36 岁。

正月，孙可望召李定国赴沅州议事，意欲谋害，定国不赴。

二月，李定国避孙可望，走广西。

三月，鲁王朱以海自去监国之号，奉表永历帝朱由榔，鲁监国朝至此结束。孙可望率军追击李定国，与清军相遇于宝庆岔路口，大败。李定国攻肇庆，不克，次月败退。

五月，郑成功军大破清军于海澄。

九月，张名振挥师北伐，入长江，破京口，后因粮绝而还。

是年，永历帝两次发密敕召李定国领兵入卫。

永历八年（甲午，顺治十一年，1654）

朱由榔 32 岁。

朱以海 37 岁。

正月，李定国接到永历帝密敕，许以迎驾。此事为马吉翔探得，告知孙可望。定西侯张名振、监军张煌言率水师溯长江而上，抵镇江，泊金山，遥祭孝陵。

二、三月间，李定国由广西进攻广东，连取廉州、高州、雷州。

三月，孙可望追究密敕事，杀大学士吴贞毓等十八人。张名振等率水师再入长江。

六月，李定国军进攻新会，未克，遂围之。

九月，张名振与张煌言率水师抵上海县城下。

十二月，清援军抵达新会，与李定国军大战于新会城外，定国军大败，被迫撤回广西。张名振、张煌言率军直抵南京郊外燕子矶。

永历九年（乙未，顺治十二年，1655）

朱由榔 33 岁。

朱以海 38 岁。

正月，张名振、张煌言以上游所约之师终不至，遂率师东下退出长江，进驻崇明，以为后图。

二月，郑成功改中左所为思明州。

五月，刘文秀攻常德，失利。

十月二十二日，郑成功水师至舟山，次日围城。张名振亦自崇明率兵至，参与攻城。二十八日，收复舟山。

十二月二十八日，张名振病逝于舟山。

永历十年（丙申，顺治十三年，1656）
朱由榔 34 岁。
朱以海 39 岁。

正月，永历帝在安龙，受制于孙可望，困窘万状。李定国于田州击败孙可望兵，急赴安龙。

三月，孙可望遣将白文选赴安龙，文选与李定国联合，共扈永历帝入昆明，刘文秀迎纳。永历帝封李定国为晋王、刘文秀为蜀王、白文选为巩国公。各将领均有封赐。

八月，清军复取舟山。

是年，郑成功迁鲁王朱以海于南澳。

永历十一年（丁酉，顺治十四年，1657）
朱由榔 35 岁。
朱以海 40 岁。

五月，遣张虎送孙可望家属还贵州。

八月，孙可望举兵犯云南。

九月，削孙可望爵，李定国、刘文秀、白文选统军与孙可望战于交水，大败之。册封郑成功为延平王。

十一月，孙可望败走宝庆，降清，旋至长沙。

十二月，清廷下令三路进军西南。

永历十二年（戊戌，顺治十五年，1658）
朱由榔 36 岁。
朱以海 41 岁。

正月初九日，清廷命信郡王多尼为安远靖寇大将军，率八旗军进取云南。

四月，清军占领重庆、遵义、贵阳。刘文秀病故。

七月，命李定国为招讨大元帅，赐黄钺，率师抗清。郑成功、张煌言率师北上，遇台风而退。

十月，多尼与征西大将军、平西王吴三桂，征南将军、固山额真卓布泰，五省经略洪承畴会于贵州平越府杨老堡，议定多尼为中路，自贵阳进发，吴三桂为西路，自遵义进发，卓布泰为东路，自都匀进发，分兵进取，约定于十二月会师于云南省城昆明。李定国闻讯，遣冯双礼守鸡公背，拒中路；张先璧守黄草坝，拒南路；遣白文选率众守七星关，拒北路；而自率一军守北盘江铁索桥。

十一、十二月间，夔东十三家反清义军进攻重庆，以牵制清军进攻云南，失利。永历朝三路守军皆败，李定国也于炎遮河大败，清军抵曲靖。

十二月十三日，李定国微服还昆明。十四日，永历帝召群臣议迁都，采纳沐天波西赴大理、危可入缅甸之议。十五日，永历帝率臣民弃昆明出逃，李定国率军断后。

永历十三年（己亥，顺治十六年，1659）

朱由榔 37 岁。

朱以海 42 岁。

正月，清军占领昆明。永历帝驻永昌，下《罪己诏》。李定国还黄钺，自请削秩，不许。

闰正月（清历二月）十八日，永历帝至腾越。二十一日，李定国兵败永昌磨盘山。二十九日，永历帝入缅甸。

二月（清历三月）十八日，永历帝至缅甸井梗。

三月（清历闰三月），沐天波及绥宁伯蒲缨、总兵王启隆，谋奉永历帝出缅甸，为马吉翔所阻。

约三、四月间，白文选率兵入缅迎永历帝，未果。

四月，咸宁侯祁三昇率兵迎永历帝于缅甸，马吉翔遣使以敕书止之。

五月，永历帝移驻缅甸者梗。郑成功、张煌言率水师入长江。

六月，郑成功军于瓜洲、镇江连续击败清军。

七月初九日，郑成功军进抵南京城下。十二日，郑成功军围南京城。二十四日，清军出击，郑成功军大败，后弃瓜洲、镇江，退出长江。此月，张煌言率部溯江而上，招抚南京上游州县。清漕运总督亢得时因出援镇江兵败，投水自杀。

八月，张煌言军被截断退路，队伍星散。后煌言历经险阻回到浙东海滨。

十一月初六日，元江土知府那嵩抗清失败，全家举火自焚。

是年，郑成功将鲁王朱以海迁回金门。

永历十四年（庚子，顺治十七年，1660）

朱由榔 38 岁。

朱以海 43 岁。

正月，郑成功迁朱以海至金门居住。

五月，清军攻厦门，大败。

七月，白文选举兵入缅，至阿瓦城，欲迎永历帝，为缅所拒。

九月，李定国、白文选率兵从孟艮出发，分道入缅迎永历帝，仍被缅人所拒，至次年八月方撤军。

永历十五年（辛丑，顺治十八年，1661）

朱由榔 39 岁。

朱以海 44 岁。

二月，郑成功率大军出征被荷兰殖民者占据的台湾。

三月，沐天波与总兵官王启隆等密谋除马吉翔及太监李国泰，劫持太子斩关而出，谋泄未果。

七月十九日，缅甸以饮咒水盟誓为名，杀永历帝大臣沐天波、马吉翔、王维恭、蒲缨等四十二人。

九月，吴三桂率师入缅甸。

十一月，白文选降清。

十二月初三日，缅人执永历帝献于吴三桂。永历朝覆亡。此月，郑成功收复台湾。

康熙元年（壬寅，1662）
朱由榔 40 岁。
朱以海 45 岁。

三月，吴三桂执永历帝还昆明。

四月二十五日，永历帝被吴三桂以弓弦绞死于昆明篦子坡。

五月初八日，郑成功病逝。

六月二十七日，李定国病逝。

七、八月间，张煌言接连上书请鲁王朱以海正位称帝，以号召天下，鲁王拒绝。

十一月十三日，鲁王朱以海病逝于金门。

图书在版编目(CIP)数据

南明五帝:抗争、困局与幻灭/张玉兴著.—长沙:岳麓书社,2025.5(2025.12重印)

ISBN 978-7-5538-1264-9

Ⅰ.①南… Ⅱ.①张… Ⅲ.①帝王—列传—中国—明代 Ⅳ.①K827=48

中国国家版本馆CIP数据核字(2023)第217440号

NAN MING WU DI:KANGZHENG KUNJU YU HUANMIE

南明五帝:抗争、困局与幻灭

作　　者:张玉兴

出 版 人:崔　灿

责任编辑:胡宝亮

责任校对:舒　舍

书籍设计:罗志义

岳麓书社出版发行

地址:湖南省长沙市爱民路47号

直销电话:0731-88804152　0731-88885616

邮编:410006

版次:2025年5月第1版

印次:2025年12月第2次印刷

开本:640mm×960mm　1/16

印张:41.75　插页:8

字数:586千字

书号:ISBN 978-7-5538-1264-9

定价:108.00元

承印:长沙超峰印刷有限公司

如有印装质量问题,请与本社印务部联系

电话:0731-88884129